Einführung in die Medienwissenschaft

Knut Hickethier

Einführung in die Medienwissenschaft

Verlag J. B. Metzler
Stuttgart · Weimar

Der Autor:

Knut Hickethier, geb. 1945; Studium der Literaturwissenschaft und Medienwissenschaft in Berlin; 1982 Habilitation; seit 1994 Professor für Medienwissenschaft an der Universität Hamburg. Bei J. B. Metzler sind erschienen: »Das Fernsehspiel in der Bundesrepublik«. 1980 (vergriffen). »Einführung in die Film- und Fernsehanalyse«. SM 277. 3. Auflage 2001. »Geschichte des deutschen Fernsehens«. 1998.

Bibliografische Information Der Deutschen Bibliothek
Die Deutsche Bibliothek verzeichnet diese Publikation in der Deutschen Nationalbibliografie; detaillierte bibliografische Daten sind im Internet über <http://dnb.ddb.de> abrufbar.

Gedruckt auf chlorfrei gebleichtem, säurefreiem und alterungsbeständigem Papier

ISBN 3-476-01882-2

© 2003 J. B. Metzlersche Verlagsbuchhandlung
und Carl Ernst Poeschel Verlag GmbH in Stuttgart
www.metzlerverlag.de
info@metzlerverlag.de

Einbandgestaltung: Willy Löffelhardt
Satz: Grafik-Design Fischer, Weimar
Druck und Bindung: Ebner & Spiegel GmbH, Ulm

Printed in Germany
Oktober / 2003

Verlag J. B. Metzler Stuttgart · Weimar

Inhaltsverzeichnis

Teil V: Das wissenschaftliche Feld

Teil VI: Anhang

Teil I
Einleitung

1. Vorwort

Mit der wachsenden Bedeutung der Medien in Kultur und Gesellschaft wächst der Bedarf an Orientierung und Übersicht. Denn nicht nur die Medien, ihre Bedingungen und Erscheinungsweisen, sondern auch die Ansätze, Verfahren und Ergebnisse der wissenschaftlichen Arbeit über die Medien sind vielfältig und in ihrer Gesamtheit unübersichtlich. Diese können nicht alle Details klären, sondern nur erste Wegschneisen schlagen und damit einen ersten Zugang zum Verständnis der Medien und dem, was sie strukturiert und determiniert, schaffen.

Eine Einführung in die Medienwissenschaft gibt nicht nur einen Einstieg in das Feld einer Wissenschaft, sie macht darüber hinaus sichtbar, wie sich diese Wissenschaft selbst versteht, wie sie ihre Gegenstände eingrenzt, ihre Methoden umreißt und ihre zentralen Kategorien definiert. Medienwissenschaft steht oft unter dem Legitimationsdruck zu erklären, wie sie sich zur Kommunikationswissenschaft verhält und von dieser abgrenzt.

Ist von einer **interdisziplinären oder transdisziplinären Medienwissenschaft** die Rede, ist nicht immer klar, welche Disziplinen in welcher Form miteinander in einen fruchtbaren Austausch treten sollen. In dem Maße, in dem die Medien sich immer stärker zu einem zentralen Paradigma für die gegenwärtige Kultur und für die Gesellschaft insgesamt heute herausbilden, werden sie in den Geistes-, Kultur- und Sprachwissenschaften sowie den Sozialwissenschaften zum Thema – jeweils aus der Perspektive der einzelnen Wissenschaften. Die Rechtswissenschaft schafft sich ein anderes wissenschaftliches Objekt ›Medien‹ als die Psychologie, die Informatik wieder ein anderes als die Literaturwissenschaften.

Zwei Ziele bestimmen dieses Buch: das Eigenständige der Ansätze, Konzeptionen und Positionen der Medienwissenschaft hervorzuheben und gleichzeitig die Bezüge zu den umgebenden (insbesondere den Sprach-, Literatur- und Kultur-) Wissenschaften sowie zur Journalistik/Kommunikationswissenschaft herzustellen. Dabei wird, vor allem in der Erläuterung zentraler Begriffe und Kategorien, auch ein Bezug zur Entstehung einzelner Begriffe in anderen Disziplinen hergestellt und damit eine Brücke zu den anderen Disziplinen geschlagen. Medienwissenschaft ist nicht transdisziplinär, stellt keine Metawissenschaft dar, sondern sucht interdisziplinär die Kooperation zwischen den Fächern. Interdisziplinarität meint Kooperation wissenschaftlicher Arbeit von unterschiedlichen Orten wissenschaftlichen Denkens aus.

Die vorliegende Einführung in die Medienwissenschaft vertritt ein **text- und kulturwissenschaftliches Konzept**, dessen Anfänge in der Bundesrepublik Deutschland in den Literatur- und Theaterwissenschaften der 1960er Jahre liegen und das sich seither vielfältig weiterentwickelt hat. Sie beschäftigt sich vor allem mit den technisch-apparativen Medien Film, Fernsehen, Radio und Internet und stellt hier wiederum die Produkte, also die Filme, Fernseh- und Radiosendungen sowie die Internetangebote, als Medientexte in den Mittelpunkt ihrer Arbeit. Dies schließt die Beschäftigung mit der Produktion und der Rezeption dieser Produkte nicht aus, sondern erfordert sie sogar, nur geht die Blickrichtung immer von den Produktionen aus, die sie als Medientexte im weitesten Sinne versteht.

Eine Einführung akzentuiert die innerhalb der Wissenschaft geführten Auseinandersetzungen, vereinfacht sie dabei zwangsläufig, sucht nach den Ergebnissen, fasst zusammen. Einführungen sind Standortbestimmungen der Wissenschaft. Die hier vorgelegte Einführung ist für den Einstieg in die Medienwissenschaft gedacht. Sie ist im Rahmen des Hamburger Studiengangs Medienwissenschaft/Medienkultur entstanden, die einzelnen Kapitel wurden mehrfach in Seminaren und Diskussionen erprobt. Sie wirbt um die Diskussion innerhalb des Faches, um die notwendig zu führende Debatte und die Weiterentwicklung der wissenschaftlichen Erforschung der Medien.

Das vorliegende Buch liefert eine **strukturierten Darstellung** zentraler Aspekte der Medienwissenschaft. Es geht zunächst von zentralen Begriffen und Konzepten aus, liefert aber keinen hierarchischen Aufbau, sondern beleuchtet die Medien aus unterschiedlichen Perspektiven. Es ist netzartig aufgebaut: Die einzelnen Kapitel können jeweils auch in anderer Reihenfolge als Einstieg benutzt werden. Die Darstellung verbindet alte und neue Überlegungen und Erkenntnisse zu den Medien.

Nach einer **Einleitung** (Teil I) über das Sprechen über Medien, über Mediendiskurse und Medienwissenschaft werden in Teil II **Grundbegriffe und Modelle** erläutert und dargestellt. Mit der Klärung der Begriffe ist immer auch eine Klärung des Denkens über einen Sachverhalt verbunden. In der Verständigung über die Kategorien werden auch die Bedingungen des wissenschaftlichen Handelns geregelt. Ausgangspunkt ist der Begriff der Medien, für den auf unterschiedlichen Ebenen Bestimmungen gegeben werden und die in einem Modell gebündelt werden. In einem zweiten Schritt wird der Begriff ›Kommunikation‹ erläutert, dann die Kategorien der Zeichen, des Bildes und des Textes. Der Weg führt von den kleineren Einheiten zu den größeren und zu allgemeineren, umfassenderen Begriffen: Inszenierung, Narration, Dramaturgie und Fiktion behandeln Strukturen auf der Produktebene selbst. Serie, Œuvre, Genre und Programm kennzeichnen unterschiedlich konstituierte Produktgruppen. In immer stärkerem Maße hat die Medienwissenschaft in der gegenwärtigen Mediengesellschaft mit der Analyse und Interpretation größerer Produktmengen zu tun und muss hierfür Kategorien der Orientierung anbieten und die vorgefundenen Formationen untersuchen. Der zweite Teil mündet in ein Kapitel über das Verhältnis von Produktion und Rezeption, schließt also die textbezogenen Kapitel mit einem handlungsbezogenen Kapitel ab.

In Teil III werden weiter ausgreifende **Konzepte** thematisiert, die das Individuum und die Gesellschaft in einen Zusammenhang mit den Medien bringen: Mediendispositiv, Öffentlichkeit und Medienkultur fokussieren dieses Verhältnis auf unterschiedliche Weise. Begriff und Modell des Mediendispositivs sind am engsten mit den Medien selbst, ihrer Technologie, ihren Bedingungen und Produkten sowie mit den Subjekten verbunden. Das Konstrukt der Öffentlichkeit bzw. der Öffentlichkeiten, wie es hier vertreten wird, ist auf die sozialen und politischen Aspekte der Medien ausgerichtet und vertritt ein Modell kultureller Öffentlichkeiten. Das Konzept der Medienkultur ist als Komplement zu dem der Öffentlichkeiten gedacht und stellt medienanthropologische Aspekte zur Diskussion.

In Teil IV werden die für die Medienwissenschaft zentralen technisch-apparativen Medien **Film, Fernsehen, Radio und Internet im Überblick** skizziert. Einzelne Aspekte, die in Teil I bereits angesprochen worden sind, werden aufgegriffen und auf das Einzelmedium bezogen und weitergeführt. In der Darstellung der vier Medien werden jeweils unterschiedliche Aspekte herausgestellt: Beim Film stehen die ökonomischen Strukturen im Vordergrund, beim Fernsehen Programm- und Sendungsformen. Beim Radio wird vor allem die Besonderheit des ›einsinnigen‹ Mediums und seine Auditivität behandelt, beim Computer-/Netzmedium seine Netzstrukturen. Da es ohnehin keine umfassende Darstellung der Medien und der sie betreffenden Forschungen geben kann, verstehen sich diese Übersichten als problemorientierter Einstieg in die Auseinandersetzung mit diesen Medien.

Abschließend wird in Teil V **das wissenschaftliche Feld** der Medienwissenschaft umrissen, wobei in diesen Kapiteln über Medienanalyse, Mediengeschichte und Medientheorie vor allem methodologische Fragestellungen angesprochen werden. Da für die einzelnen Sektoren der Medienwissenschaft jeweils selbst eine Vielzahl unterschiedlicher Publikationen existiert, zielt die Darstellung auf eine Diskussion der Prämissen und Bedingungen von Analyse und Theorie sowie der Formen und Konzepte der Geschichtsschreibung. Die Kapitel liefern auch Anregungen, um die Debatte über die drei zentralen Arbeitsfelder neu zu eröffnen. Was bedeutet eigentlich Analyse? Wie können wir heute Mediengeschichte schreiben? Was umfasst Medientheorie und welche Aufgaben hat sie?

Für Kritik, Anregungen, Hinweise und Unterstützung danke ich Joan K. Bleicher, Jens Eder, Ludwig Fischer, Rüdiger Maulko, Corinna Müller, Frank Schätzlein, Harro Segeberg, Wolfgang Settekorn und Hans Jürgen Wulff und nicht zuletzt Ute Hechtfischer vom Metzler Verlag. Besonderer Dank gilt Katja Schumann, die unermüdlich half, Problemfälle zu lösen, und an den notwendigen Stellen kritische Hinweise gab, Dank gilt auch den Studierenden in den Einführungskursen des Faches Medienkultur an der Universität Hamburg, die unterschiedliche Fassungen dieses Textes erprobt und diskutiert haben.

Hamburg im Juli 2003   *Knut Hickethier*

2. Medienwissenschaft: das Sprechen über Medien

2.1 Die Medien – Gegenstand vieler Wissenschaften

Viele Wissenschaften beschäftigen sich heute mit den Medien. Aufgrund ihrer wachsenden gesellschaftlichen Bedeutung wenden sich ihnen alle Kultur- und Sozialwissenschaften zu. Das hat zur Folge, dass sich die Wissenschaften – ausgehend von ihrem eigenen Fachverständnis – aus dem gemeinsamen Objektfeld der Medien ihren eigenen Gegenstand auswählen. Sie modellieren sich damit ihren spezifischen Gegenstand ›Medien‹ (vgl. Heller u. a. 2000). Zu unterscheiden sind:

1. **Wissenschaften, die Medien nur als Konstruktionselement ihrer übergeordneten Theorien benötigen** und ›Medien‹ also aus »theoriebaulicher« Notwendigkeit (Vogel 2001, S. 116) einführen. Dazu gehören z. B. die Soziologie, die Politologie und die Philosophie. Eine der einflussreichsten sozialwissenschaftlichen Theorien stammt vom amerikanischen Soziologen Talcott Parsons. Er hat in seiner soziologischen Theorie Macht und Geld, Einfluss und Wertbindung als vier ›Steuerungsmedien« der Gesellschaft ausgemacht (Parsons 1971). Dieses Medienverständnis hat die soziologische Medienbetrachtung bis hin zu Jürgen Habermas und Niklas Luhmann stark geprägt (vgl. Habermas 1982, II, S. 384 ff.). Dies hat zur Folge, dass diese Mediendefinition in der Regel nicht mit dem alltagssprachlichen Verständnis von ›Medien‹ kompatibel ist. Der Terminus ›Medium‹ wird hier benutzt, um Vermittlungs- und Verkehrsinstanzen zu kennzeichnen (z. B. ›Medium Geld‹, ›Medium Aufmerksamkeit‹).

2. **Wissenschaften, denen die Medien Material für ihre Problemstellungen liefern**, wobei diese Problemstellungen nicht primär auf die ›Medien‹ ausgerichtet sind, dazu gehören z. B. die Rechtswissenschaft, die Geschichtswissenschaft, die Pädagogik, die Psychologie. Für die **Rechtswissenschaft** sind die Medien gesellschaftliche Teilbereiche, in denen allgemein die Normen des Bürgerlichen Rechts, des Strafrechts und des Öffentlichen Rechts gelten, in denen aber auch aus den speziellen Problemen der Medien ein spezifisches ›Medienrecht‹ als Teil des Öffentlichen Rechts entstanden ist. Diese spezielle Rechtsprechung beeinflusst die Medien in nicht unwesentlicher Weise (vgl. z. B. die Fernsehurteile des Bundesverfassungsgerichts). Die **Geschichtswissenschaft** sieht in den letzten Jahren in den medialen Produktionen zunehmen auch ein dokumentarisches Material für die Geschichtsschreibung, nachdem lange Jahre Filme, Radio- und Fernsehsendungen nicht als historische Quellen akzeptiert wurden.

Für die **Pädagogik** beschreibt der Erziehungswissenschaftler Stefan Aufenanger deren Zuwendung zu den Medien: »Medienpädagogik […] fragt zum einen nach den möglichen Einflüssen von Medien auf Menschen, auf ihr Denken und Handeln, und versucht dabei, die jeweiligen Stärken und Schwächen, positive und negative Aspekte herauszuarbeiten und in ein pädagogisches Konzept zu integrieren. Zum anderen hat sie aber auch die Absicht, die Medien den Menschen vertraut zu machen, ihnen zu helfen, sich mit Medien auszudrücken, sie zur Informationsvermittlung für kreative Zwecke als auch als Werkzeug zu benutzen« (Aufenanger 1998, S. 307). Ziel der Beschäftigung mit den Medien ist also hier, etwas überspitzt formuliert, Material für pädagogische Konzepte zu gewinnen.

3. **Wissenschaften, die sich den Massenmedien zuwenden, weil ihr eigentlicher Gegenstand von Medien zum Gegenstand gemacht wurde**, wobei dieser sich in den Massenmedien verändert hat und unter den Bedingungen der technischen Überformung, der programmbezogenen Anpassung neu strukturiert wurde. Dazu gehören vor allem die sich den Künsten widmenden Wissenschaften, also die Kunst-, Musik, Theater- und Literaturwissenschaft. Der jahrzehntelang am häufigsten traktierte Themenbereich in der medienbezogenen **Literaturwissenschaft** ist die Adaption von literarischen Texten als Vorlagen für die Herstellung von Filmen, Fernseh- und Hörspielen. Die Folge war, dass zahlreiche Untersuchungen zu diesem Bereich sich im Vergleich zwischen Vorlage und Adaption erschöpften und dabei zwangsläufig zum Ergebnis kamen, dass das Original (die Vorlage) besser, weil umfangreicher und differenzierter, und die ›Verfilmung‹ eine Reduktion als nachgeordnete ›Bearbeitung‹ des Originals sei. Davon hat sich die Literaturwissenschaft nach und nach entfernt, indem sie immer stärker andere Aspekte der Medien in ihr Gegenstandsverständnis aufgenommen und sich damit auch selbst verändert hat (vgl. z. B. Hallenberger 2000, S. 551).

4. **Wissenschaften, die die Medien im beschriebenen Sinne zu ihrem zentralen und einzigen Thema machen.** Dazu zählen die Medienwissenschaft sowie die Publizistik- und Kommunikationswissenschaft (auch Journalistik). Hier besteht der Anspruch, die in den anderen Wissenschaften gewonnenen Erkenntnisse in ein Gesamtbild eines Mediums oder der Medien insgesamt zu integrieren, also der zentrale Ort für die umfassende wissenschaftliche Erschließung des Gegenstandsfeldes ›Medien‹ zu sein. Diesen Wissenschaften gilt im Folgenden vor allem das Interesse.

2.2   Medienwissenschaft – Kommunikationswissenschaft

Das Interesse konzentriert sich in dieser Einführung vor allem auf ›Medienwissenschaft‹ und ›Kommunikationswissenschaft‹. Dass es in diesem Gegenstandsfeld zwei Wissenschaften gibt, die sich in Bezug auf die Medien für zentral zuständig halten, hat zum einen historische Ursachen, zum anderen systematische Gründe. Beide Fächer gehören jeweils **verschiedenen Wissenschaftskulturen** an:

- Medienwissenschaft versteht sich wegen ihrer Herkunft aus den Literaturwissenschaften, der Theaterwissenschaft, der Volkskunde (Europäische Ethnologie) und anderen geisteswissenschaftlichen Fächern als eine Text- und Kulturwissenschaft.

- Publizistik- und Kommunikationswissenschaft sieht sich von ihrer Herkunft aus der Wirtschaftswissenschaft und ihrer Nähe zur Soziologie und Politologie vor allem als eine Sozialwissenschaft.

Die Arbeitsteilung zwischen Publizistik- und Medienwissenschaft ist Teil einer größeren Veränderung im Wissenschaftsgefüge im Verlauf des 20. Jahrhunderts. Eine neue Wissenschaft bildet sich dann heraus, wenn sich die ›Mutterwissenschaft‹ neuen Gegenständen verschließt oder die neuen Gegenstände andere Zugangsweisen erfordern, die mit dem methodischen Selbstverständnis der ›Mutterdisziplin‹ kollidieren.

Eine solche Kollision führte z. B. während des Ersten Weltkriegs zur Entstehung der Zeitungswissenschaft aus der Wirtschaftswissenschaft, also zu einer **Abspaltung eines neuen Faches von der Mutterwissenschaft**. Das Leipziger Institut für Zeitungskunde wurde 1916 durch den Nationalökonomen Karl Bücher gegründet. Es war das erste Institut des heute als Publizistik- und Kommunikationswissenschaft bezeichneten Faches. Die von der Zeitungswissenschaft verwendeten Verfahren der Interpretation und Textanalyse widersprachen dem Methodenverständnis der Wirtschaftswissenschaft. Ebenso entstand – etwa zeitgleich mit der Herausbildung der Publizistikwissenschaft – die Theaterwissenschaft aus einer vergleichbaren Konfliktlage mit der Germanistik, weil für die Analyse des Theaters auch aufführungsanalytische, sozialwissenschaftliche, ökonomische Aspekte eine Rolle spielten, die der philologischen Orientierung der Germanistik widersprachen.

Neben der Verselbständigung, die vor allem für die erste Hälfte des 20. Jahrhunderts wichtig wurde, stellte vor allem in der zweiten Hälfte des 20. Jahrhunderts die **Binnendifferenzierung innerhalb der Disziplinen** einen anderen Weg der Herausbildung neuer Wissenschaften dar. Oft gegen den Widerstand innerhalb des Faches wandten sich vor allem in den 1960er und 70er Jahren Wissenschaftler der geisteswissenschaftlichen Disziplinen den Medien zu und etablierten diese damit im Gegenstandskanon des Faches.

Die audiovisuellen Medien etablierten sich als akademisches Thema seit den 1960er Jahren vor allem in den Literaturwissenschaften und in der Theaterwissenschaft. Ursachen waren zum einen die Krise der geisteswissenschaftlichen Fächer in den 60er Jahren, zum anderen die Zuwendung der Schriftsteller zu den Medien, so dass die gegenwartsorientierte Literaturwissenschaft bei vielen Autoren neben den Buch-Texten auch deren Arbeiten für Film, Fernsehen und Radio in den Blick nahm. Daraus entstand die Medienwissenschaft, die sich zunehmend von der engen Verkoppelung von Literatur und Medienprodukten löste und anderen Aspekten der Medien zuwandte (vgl. Hickethier 2001).

In der Folge kam es seit den 1980er und 90er Jahren wiederum zu einer **Verselbständigung der Medienwissenschaft**, nicht zuletzt aufgrund der starken Nachfragen nach diesen Studiengängen wegen der expansiven Entwicklung der Medien selbst.

Die sozialwissenschaftliche Umorientierung der Publizistikwissenschaft in den 1960er Jahren führte zu einer Abwendung von den Aspekten der Fiktion und der Unterhaltung in den Medien, zur Vernachlässigung des Mediums Film und zu einer Geringschätzung qualitativer Methoden gegenüber quantitativen Verfahren. Dies begünstigte das **Entstehen der Medienwissenschaft**, die im Film und der Audiovision sowie in ästhetischen Fragestellungen ihren Schwerpunkt sah. Die Herausbildung der Medienwissenschaft bestärkten die Publizistik- und Kommunikationswissenschaft in ihrer, inzwischen teilweise offensiv vorgetragenen Ausrichtung auf eine empirisch-sozialwissenschaftliche Methodik. Umgekehrt ist inzwischen auch von einer »Medienkulturwissenschaft« die Rede (Schmidt 1991, 1999, Schönert 1996, Pias u. a. 1999, auch Hickethier 2001).

Die Ergebnisse dieser Entwicklung können auch als eine Art von Arbeitsteilung verstanden werden. Schematisch lassen sich folgende **unterschiedliche Schwerpunkte** erkennen:

- Medienwissenschaft versteht sich heute als eine Text- und Kulturwissenschaft, die Publizistik- und Kommunikationswissenschaft als Sozialwissenschaft.
- Die Medienwissenschaft beschäftigt sich überwiegend mit den Medien Film, Fernsehen, Radio und Internet und hier vor allem mit den unterhaltenden und fiktionalen Formen. Die Publizistikwissenschaft wendet sich besonders den journalistischen Formen in den Medien Presse, Fernsehen, Radio und Internet zu.
- Die Medienwissenschaft arbeitet stärker exemplarisch und analytisch-interpretativ sowie theoretisch und historisch. Die Publizistikwissenschaft geht stärker empirisch im Sinne statistischer Verfahren vor.

Was hier aufgrund der Zugehörigkeit zu unterschiedlichen Wissenschaftskulturen als Gegensatz erscheint, muss nicht zu Konflikten führen, sondern kann im Sinne einer sinnvollen Ergänzung zu Formen produktiver Zusammenarbeit genutzt werden.

2.3   Das Sprechen über Medien

Wird über die Medien geredet, wird häufig von **Diskursen** gesprochen. Mit ›Diskurs‹ wird zumeist eine Abfolge von Redeeinheiten gemeint, wobei zwei Aspekte eine besondere Rolle spielen: Zum einen wird mit Diskurs der ›argumentative Zusammenhang‹ einer Rede oder mehrerer Beiträge gemeint, zum anderen das, was sich als etwas über oder hinter den einzelnen Beiträgen bzw. Texten eines ›Redezusammenhanges‹ Stehendes herausstellt: also bestimmte Muster, Topoi etc., auf die immer zurückgegriffen wird, also eine Art ›stehende Rede‹, die aus Mustern, Wertsetzungen etc. besteht, die nur noch angesprochen, aber nicht mehr entfaltet werden müssen (vgl. auch Fohrmann/Müller 1988).

Dabei ist zu unterscheiden zwischen dem **Reden *in* den Medien** und dem **Reden *über* die Medien**, wobei sich auch das Reden über Medien eines Mediums bedient. Medien sind nicht nur ›Verstärker‹ der Rede, sie organisieren auch die Inhalte in neuer Weise und sie beeinflussen das Lesen und Betrachten, das Zuhören und Zuschauen. In den Mediendiskursen äußern sich Machtverhältnisse; sie manifestieren sich durch ihre Präsenz in der Medienkommunikation. Nicht jeder hat

z. B. Zugang zu den Institutionen der Medien, kann diese für seine Meinungen und Botschaften benutzen.

Medien wie Radio, Fernsehen, Film, Internet sind gesellschaftliche Einrichtungen, die derartige Redezusammenhänge regelmäßig, teilweise permanent herstellen und vermitteln. Medien produzieren auf diese Weise selbst Diskurse: **Mediendiskurse**, die in Radio und Fernsehen aus der Abfolge von Sendungen und deren Argumentationen und stereotypen Mustern, Wertsetzungen etc. bestehen, beim Film aus der Abfolge von Filmen in den Kinoprogrammen und im Internet aus den Text-, Bild- und Tonangeboten. Mediendiskurse haben potenziell die ganze Welt zum Thema. Wirksam werden sie jedoch dadurch, dass sie einige Themenbereiche hervorheben und andere ausgrenzen.

Von diesen Mediendiskursen abgesetzt sind die **Diskurse über Medien**. In ihnen werden die Medien, ihre Eigenschaften, ihre Inhalte, Themen, Strukturen, Probleme usf. thematisiert. Sie sind in der Regel selbst Teil von Mediendiskursen, so dass sich die Rede über Medien selbst wiederum als eine mehrfach geschichtete und ineinander verflochtene darstellt. Viele der Komplikationen im Verstehen der Medien resultierten daraus, dass der Charakter eines Diskurses nicht immer eindeutig ist.

Der **Status des Redens über Medien** kann sehr unterschiedlich sein. Das Reden kann der Unterhaltung, Selbstvergewisserung und dem Informationsaustausch dienen, aber auch dazu, das Handeln in und mit den Medien vorzubereiten. Medienwissenschaft stellt eine Form des Redens über die Medien dar. Als eine spezifische Rede dient sie dazu, qualifizierter über Medien zu sprechen und dadurch Veränderungen in den Medien zu ermöglichen.

Im Reden über Medien werden häufig auch **Metaphern** verwendet. Wenn z. B. das Fernsehen als ›Fenster zur Welt‹ bezeichnet wird oder von der ›Datenautobahn‹ des Internets die Rede ist, wenn von einem ›Showdown‹ zweier Kanzlerkandidaten gesprochen wird oder von einer ›Bilderflut‹, dann sind dies Metaphern, die etwas sofort veranschaulichen, die einen komplexen Sachverhalt verständlich machen, die aber nicht wörtlich zu nehmen sind. Metaphorisches Sprechen findet in den Medien selbst häufig statt, weil diese komplexe Sachverhalte verständlich machen müssen. Für neue Phänomene und Entwicklungen werden hilfsweise Begriffe benutzt, die aus älteren (und zumeist anderen) Sachbereichen stammen und einen Aspekt des Neuen veranschaulichen (z. B. bei ›Datenautobahn‹ die Schnelligkeit des Austausches von Signalen im Internet). Dabei legt das verwendete sprachliche Bild auch andere Eigenschaften nahe, die aber in der Sache selbst nicht gegeben sind und die deshalb auch in die Irre führen können. Metaphern müssen in der Rede über die Medien deshalb ›hinterfragt‹ und übersetzt werden.

2.3.1 Von der Alltagsrede zur Wissenschaft

Das Sprechen über Medien lässt sich mindestens dreifach unterscheiden: die **Alltagsrede**, die **kritische Rede in den Medien** selbst (als journalistische bzw. medienpublizistische Form) und die **wissenschaftliche Rede**.

Die **Alltagsrede** dient der Verständigung der Mediennutzer untereinander, sie nimmt die Inhalte der Medienangebote zum Anlass eines kommunikativen Austausches innerhalb des privaten Bereichs, sie hilft den Menschen bei der Einordnung des Vermittelten, gibt schnelle Bewertungen und Orientierungen.

Die **Rede der Medienkritik** ist professionalisiert, selbst medial vermittelt und dient durch ihre Beobachtung und Reflexion der Medien der öffentlich gemachten Selbstverständigung der Gesellschaft (Hickethier 1997). Sie hat, von der Literatur- und Theaterkritik kommend, eigene Formen und Genres ausgebildet und spezifische Sprechweisen etabliert. Mit der Ausweitung der Medienkommunikation insgesamt hat sich die Medienkritik zur **Medienpublizistik** erweitert, d. h., sie ist zu einer Sparte der aktuellen Berichterstattung geworden und unterliegt wiederum deren Produktionsbedingungen und den internen Regeln der Medieninstitutionen. Medienpublizistik ist vor allem aktualitätsbezogen, d. h. dem schnellen gegenwartsbezogenen Diskurs über die Medien verpflichtet. In den Tagesdiskurs über die Medien mischen sich zunehmend Äußerungen, die von den Medienunternehmen selbst oder in ihrem Auftrag erzeugt wurden und der Selbstdarstellung dienen. Wenn solche Texte unreflektiert im medienpublizistischen Diskurs verwendet werden, droht der Medienpublizistik ein Glaubwürdigkeitsverlust.

Wie sich die Medienpublizistik an die internen Regeln des publizistischen Arbeitens zu halten hat, so ist die **wissenschaftliche Rede** über die Medien den Wissenschaftsprinzipien verpflichtet. Sie stellt kein unkontrolliertes, ›wildes‹ Sprechen über die Medien dar, sondern muss den Kriterien der Wissenschaften genügen und an bestehende wissenschaftliche Diskurse anknüpfen. Wissenschaftliche Rede ist erklärtermaßen auf rationale Argumentation hin angelegt und zum Beleg ihrer Behauptungen verpflichtet.

2.3.2 Formen und Bedingungen wissenschaftlicher Rede

Wissenschaftliche Rede reflektiert ihre Bedingungen und vergewissert sich ihrer Begriffe, mit denen sie ihre Objekte beschribt. Sie steht innerhalb eines Systems von wissenschaftlich geklärten Aussagen (auch wenn diese teilweise widersprüchlich sind und sich auf unterschiedliche Konzepte beziehen). Ihre Methoden, mit denen sie ihre Erkenntnisse gewinnt, sind zwischen den Wissenschaftlern intersubjektiv vereinbart, d. h., sie werden im weiteren Kontext einer Wissenschaft akzeptiert. Sie lassen sich allgemein, unabhängig vom jeweils konkreten Fall einer Darstellung, benennen und begründen, sie werden immer wieder einer wissenschaftstheoretischen Revision unterzogen.

Unterscheiden lassen sich innerhalb der wissenschaftlichen Rede einige **grundlegende Formen**. Wissenschaft ist eine Untersuchung (Betrachtung) der Welt. Sie stellt eine Auseinandersetzung mit einem aus dieser Allgemeinheit der Welt ausgewählten Sachverhalt unter spezifischen (das Fach bestimmenden) Verfahren dar und will über diesen Sachverhalt gesicherte Erkenntnisse liefern.

Die **Beschreibung** ist eine Form der komprimierten Wiedergabe eines Sachverhalts, häufig des Inhalts eines Medienprodukts, oft aber auch eines anderen

Sachverhalts, wenn z. B. die Umstände der Herstellung eines Medienprodukts wiedergegeben werden.

Die **Analyse** trägt Fragestellungen bzw. ein Erkenntnisinteresse an das zu untersuchende Objekt der Betrachtung heran, gliedert das Objekt in seine Elemente und stellt diese in ihrer spezifischen Zusammensetzung dar. Für die Analyse haben die Wissenschaften unterschiedliche Methoden entwickelt, die in ihrem Kern darin bestehen, dass sie das Objekt systematisch einem Verfahren der Beobachtung unterwerfen (vgl. Kap. 18).

Die Ergebnisse der Analyse sind einzelne Befunde, die einer **Deutung bzw. Interpretation** bedürfen. Sie werden in einen argumentativen Zusammenhang gestellt und zu anderen Aussagen der Wissenschaft in Beziehung gesetzt.

Von der Wissenschaft werden häufig auch **Prognosen** verlangt, d. h. Abschätzungen zukünftiger Entwicklungen aufgrund gesicherter wissenschaftlicher Erkenntnisse. Wissenschaftliche Redlichkeit gebietet es, dabei immer auf die vielen Variablen und Unsicherheitsfaktoren hinzuweisen. Häufig ist es leichter zu sagen, was mit größter Wahrscheinlichkeit nicht eintreffen wird, als dass man positiv etwas Genaues zu dem sagen kann, was kommen wird.

Wissenschaftliche Rede bezieht sich immer auch auf das in den Wissenschaften gesammelte und strukturierte Wissen. Sie muss dabei deutlich machen, an welchem Punkt des wissenschaftlichen Erkenntnisstandes eine Untersuchung einsetzt. Neue Fragestellungen können zu einem völlig neuen Verständnis eines Sachverhalts führen. Zwar werden häufig auch schon einmal beantwortete Fragen erneut gestellt, z. B. um die Gültigkeit einer Erkenntnis zu überprüfen und unter veränderten kulturellen Bedingungen neu zu erörtern, doch ist der Gewinn an neuen Erkenntnissen bei solchen Untersuchungen begrenzt.

2.3.3 Zu den internen Bedingungen des Wissenschaftsbetriebs

Die gesellschaftliche Bedeutung von Wissenschaft beruht auf ihrer Unabhängigkeit von Tagesinteressen und Verwertungsabsichten. Wissenschaft ist jedoch auch Teil des gesellschaftlichen Lebens und dient den Wissenschaftlern dazu, ihren Lebensunterhalt zu verdienen. Wissenschaft kann dazu benutzt werden, um gesellschaftliche Anerkennung zu erringen und gelegentlich auch um Macht auszuüben.

Wissenschaftliche Rede will deshalb immer auch Hörer finden. Wissenschaftliche Beiträge, die von der Gesellschaft der Wissenschaftler (*scientific community*) nicht zur Kenntnis genommen werden, sind wie nicht geschrieben. Dies hat zur Folge, dass wissenschaftliche Rede an den **Publikationsorten** zu finden sein muss, an denen die eigene *science community* ihre Informationen einsammelt und ihre Meinungen und Positionen artikuliert. In der Regel schafft sich eine Wissenschaft selbst diese Orte (wissenschaftliche Zeitschriften, Verlage, Handbücher etc.). Medienwissenschaft besitzt jedoch nur wenige eigene Zeitschriften (*medienwissenschaft. rezensionen, montage/av*). Darüber hinaus wird an ganz unterschiedlichen Orten publiziert, so dass sich der Medienwissenschaftler auch auf ›fremden‹ Feldern nach Informationen und Wissen umtun muss.

Wissenschaftliche Rede muss sich **auf die in der Wissenschaft bestehenden Diskurse beziehen** und deren implizite und explizite Regeln einhalten. Sie muss dabei **Aufmerksamkeit wecken**, d. h., sie muss zumindest in Teilen überraschen und neugierig machen. Dies geschieht durch originelle Thesen, durch eine neue Sicht auf bekanntes Material, durch überraschende Interpretationen.

Wissenschaft dient auch dazu, innerhalb der einzelnen Disziplin sowie innerhalb des Wissenschaftsgefüges die eigene Position zu markieren und gegen andere wissenschaftliche Richtungen abzugrenzen. Manche Beiträge sind deshalb mit Blick auf die eigenen Kollegen geschrieben. Die große Zeit der **Bildung ›wissenschaftlicher Schulen‹** scheint jedoch vorbei zu sein.

2.3.4 Externe Gefährdungen der Wissenschaft

Wissenschaft ist nicht unabhängig von gesellschaftlichen Konstellationen und Einflüssen. Wissenschaftler sind keine Übermenschen. Die wissenschaftliche Rede wird manchmal von Interessengruppen in Dienst genommen. Deshalb sollte immer auch bedacht werden:

Wissenschaftliche Beiträge müssen sich um **wissenschaftliche Objektivität** und Neutralität bemühen. Sie müssen nicht nur der Wahrheit verpflichtet sein, sondern auch ausweisen, wenn sie aufgrund von Aufträgen beteiligter oder betroffener Gruppen entstanden sind. Da eine solche Kennzeichnung nicht immer stattfindet, ist bei der Lektüre von Wissenschaftsbeiträgen eine mögliche Interessengebundenheit des Autors in Rechnung zu stellen und zu ermitteln (bzw. der ›Status‹ eines Textes zu prüfen). Wissenschaft ist Teil der gesellschaftlichen Diskussion über Medien und damit – ob sie will oder nicht – an der **Bestätigung oder Kritik gesellschaftlicher Medienmacht** beteiligt.

Beiträge im wissenschaftlichen Diskurs sind nicht zu verwenden, wenn ihre Verfasser die **Grundsätze wissenschaftlicher Ethik** nachhaltig verletzt haben. Deshalb sind z. B. Autoren, die sich in der NS-Zeit politisch engagiert haben, z. B. Germanisten oder Kommunikationswissenschaftler im Dienste des Reichssicherheitshauptamtes der SS, mit Skepsis zu betrachten (vgl. dazu Conrady u. a. 1967, Jäger 1998, Hachmeister 1998).

2.4   Linguistic turn oder medial turn?

Im Jahr 1967 stellte der amerikanische Theoretiker Richard Rorty die These auf, dass Sprache als ein Konstituens des Denkens verstanden werden müsse und deshalb Philosophie immer auch über Sprache zu reflektieren habe. Rorty griff bei seinen Überlegungen, die in der Folgezeit die Kultur- und Geisteswissenschaften stark beeinflussten, einen Begriff auf, den der Philosoph Gustav Bergmann bereits 1953 eingeführt hatte: *linguistic turn*. Nach dem *linguistic turn* werden kulturelle Äußerungen jedweder Art als Äußerungen in einer ›Sprache‹ gesehen, wobei die

›verbale‹ Sprache als ein Modell verstanden wird und Kategorien für die Betrachtung der kulturellen Äußerungen bereitstellt, die für die Untersuchung von Filmen, Radiosendungen oder literarischen Texten, Theateraufführungen etc. genutzt werden können. Kulturelle Manifestationen, auch wenn sie sich nicht-sprachlicher Mittel bedienen, können also als Artikulationen in einer ›Sprache‹ verstanden werden; sie können als ›Texte‹ gelten.

Der wissenschaftliche Erkenntnisprozess wird mit Thomas S. Kuhn (1969) nicht als ein stetiger, gleichmäßig vorangehender Fortschritt von Erkenntnis verstanden, sondern als einer, der von **Paradigmen** bestimmt wird, die sich ablösen. Ein Paradigma ist in diesem Sinne ein grundlegendes Konzept oder Modell, etwas zu sehen und zu verstehen. Mit der Durchsetzung und der Installation eines neuen Paradigmas wird ein älteres, mit dem Sachverhalte weniger optimal erfasst werden können, außer Kraft gesetzt. Paradigmenwechsel verändern die wissenschaftliche Erkenntnis also durch einen ›Bruch‹ mit der Kontinuität, setzen sich aber selbst wiederum eher langsam, also innerhalb von Jahren oder Jahrzehnten durch. Die Durchsetzung des Textbegriffs als Modell für die Analyse von kulturellen Prozessen wird hier als Paradigma verstanden.

Dieses Text- und Sprachparadigma ist auch für die Beschäftigung mit Medien und Kommunikation von großer Bedeutung, denn auf ihm gründet die Vorstellung, dass wir es bei Radio, Film, Fernsehen mit Medien zu tun haben, die letztlich als eine Art ›Sprache‹ funktionieren, und dass sie auf der Existenz der mündlichen verbalen Sprache aufbauen bzw. diese zur Voraussetzung haben. Medien sind – von diesem Verständnis ausgehend – wie Sprache und Texte analysierbar und erforschbar.

Ausgehend von diesem *linguistic turn* haben sich innerhalb der Wissenschaftsentwicklung seit den 1980er Jahren andere Konzepte abzusetzen versucht, indem sie andere Aspekte der kulturellen Manifestationen, und damit auch der Medien, in den Vordergrund gestellt haben. W. J. Thomas Mitchell sprach Mitte der 80er Jahre von einem **pictorial turn** (Mitchell 1986) und sah das Bild als ein »komplexes Wechselspiel von Visualität, Apparat, Institution, Diskurs, Körper und Figurativität« (Mitchell 1997, S. 19). Eine Variation stellen die Forderungen nach einem **imagic turn** (Fellmann 1991, S. 26) und einem **iconic turn** (Boehm 1994, S. 13) dar. Bei beiden Konzepten bildet die Ausweitung der audiovisuellen Bilder den Erfahrungshintergrund.

In den 1990er Jahren entstanden weitere Konzepte: z. B. ein **performative turn** (Fischer-Lichte 2000) und ein **medial turn** (Weber 1999, Margreiter 1999). Damit sollten zum einen die Aspekte der Performanz, der Inszenierung und der Theatralität in den Vordergrund gerückt werden, zum anderen die Medien und ihre Medialität. 1988 hat Jeffrey C. Alexander von einem **cultural turn** gesprochen, andere haben den Begriff des **interpretative turn** etabliert. Mit beiden Begriffen wird eine breite kulturwissenschaftliche Orientierung in den Geistes- und Sozialwissenschaften angesprochen, die seit den 1970er Jahren entstanden ist (systematisch dazu vgl. Reckwitz 2000).

Paradigmenwechsel entstehen nicht dadurch, dass sie ausgerufen werden, sondern dass sich neue Denkmodelle innerhalb der Wissenschaften nachhaltig durchsctzen. Einen wirklichen Paradigmenwechsel im Sinne von Thomas S. Kuhn haben die aufgeführten Konzepte deshalb nicht bewirken können, sondern nur einen modifizierten *linguistic turn* entstehen lassen. Nach wie vor wird innerhalb der Wissenschaftspraxis vor allem an einem textorientierten Verständnis von Medien und Kultur festgehalten. Die neueren Konzepte angeblicher *turns* beschreiben deshalb – anders als der *linguistic turn* – »kein vollständiges ›Umschlagen‹ des wissenschaftlichen Feldes im strikten Sinn eines Kuhnschen Paradigmenwechsels, sondern eher eine graduelle Verschiebung der konzeptuellen Gewichte« (Reckwitz 2000, S. 17 f.).

Grundlegende Literatur

Habermas, Jürgen 1982: Theorie des kommunikativen Handelns. 2 Bde. Frankfurt a. M.: Suhrkamp.
Heller, Heinz-B./Matthias Kraus/Thomas Meder/Karl Prümm/Hartmut Winkler (Hg.) 2000: Über Bilder Sprechen. Positionen und Perspektiven der Medienwissenschaft (Schriften der GFF Bd. 8). Marburg: Schüren.
Hickethier, Knut 1997: Medienkritik – öffentlicher Diskurs und kulturelle Selbstverständigung. In: Weßler, Hartmut/Christiane Matzen/Otfried Jarren/Uwe Hasebrink (Hg.): Perspektiven der Medienkritik. Die gesellschaftliche Auseinandersetzung mit öffentlicher Kommunikation in der Mediengesellschaft. Opladen: Westdeutscher Verlag, S. 59–67.
Kuhn, Thomas S. 2 1976: Die Struktur wissenschaftlicher Revolutionen. Frankfurt a. M.: Suhrkamp.
Pias, Claus u. a. (Hg.) 1999: Kursbuch Medienkultur. Die maßgeblichen Theorien von Brecht bis Baudrillard. Stuttgart: DVA.
Schmidt, Siegfried J. 1991: Medien, Kultur, Medienkultur. In: Zeitschrift für Literaturwissenschaft und Linguistik, Beiheft 16. Göttingen, S. 30–51.

Weitere zitierte Literatur

Aufenanger, Stefan 1998: Medienpädagogik. In: Hickethier, Knut (Hg.): Studienband 4: Medien. Berlin: Potsdam Kolleg, S. 307–322.
Boehm, Gottfried (Hg.) 1994: Was ist ein Bild? München: Fink.
Conrady, Karl-Otto/Eberhard Lämmert/Walther Killy/Peter von Polenz (Hg.) 1967: Germanistik – eine deutsche Wissenschaft. Frankfurt a. M.: Suhrkamp.
Fellmann, Ferdinand 1991: Symbolischer Pragmatismus. Reinbek bei Hamburg: Rowohlt.
Fischer-Lichte, Erika 2000: Vom ›Text‹ zur ›Performance‹. Der Performative turn in den Kulturwissenschaften. In: Ästhetik und Kommunikation 31. Jg. (2000), H. 110, S. 65–68.
Fohrmann, Jürgen/Harro Müller (Hg.) 1988: Diskurstheorien und Literaturwissenschaft. Frankfurt a. M.: Suhrkamp.
Hachmeister, Lutz 1998: Der Gegnerforscher. Die Karriere des SS-Führers Franz Alfred Six. München: Beck.
Hallenberger, Gerd 2000: Medien. In: Harald Fricke u. a. (Hg.): Reallexikon der deutschen Literaturwissenschaft. Berlin/New York: Walter de Gruyter, Bd. II, S. 551–554.
Hickethier, Knut 2001: Medienkultur und Medienwissenschaft. Das Hamburger Modell. Vorgeschichte, Entstehung, Konzept (Hamburger Hefte zur Medienkultur 1). Hamburg: ZMM/ Universität Hamburg.
Jäger, Ludwig 1998: Seitenwechsel. Der Fall Schneider/Schwerte und die Diskussion der Germanistik. München: Fink.

Margreiter, Reinhard 1999: Realität und Medialität. Zur Philosophie des ›Medial Turn‹. In: Medien Journal 23. Jg. (1999), Nr. 1, S. 9–18.

Mitchell, W. J. Thomas 1986: Iconology, Image, Text, Ideology. Chicago: University of Chicago Press.

Mitchell, W. J. Thomas 1997: Der Pictorial Turn. In: Kravagna, Christian (Hg.): Privileg Blick. Kritik der visuellen Kultur. Berlin: Ed. ID-Archiv, S. 15–40.

Parsons, Talcott 1971: The Systems of Modern Societies. Englewood Cliffs, New Jersey: Prentice-Hall.

Reckwitz, Andreas 2000: Die Transformation der Kulturtheorien. Weilerswist: Velbrück.

Schmidt, Siegfried J. 1999: Literaturwissenschaft als Medienkulturwissenschaft. Anmerkungen zur Integration von Literatur- und Medienwissenschaft(en). In: Bodo Lecke (Hg.): Literatur und Medien in Studium und Deutschunterricht. Frankfurt a. M.: Peter Lang, S. 65–83.

Schönert, Jörg 1996: Literaturwissenschaft – Kulturwissenschaft – Medienkulturwissenschaft. In: Glaser, Renate/Matthias Luserke (Hg.): Literaturwissenschaft – Kulturwissenschaft. Positionen, Themen, Perspektiven. Opladen: Westdeutscher Verlag, S. 192–208.

Vogel, Matthias 2001: Was sind Medien? In: Ders.: Medien der Vernunft. Eine Theorie des Geistes und der Rationalität auf der Grundlage einer Theorie der Medien. Frankfurt a. M.: Suhrkamp, S. 114–158.

Weber, Stefan 1999: Die Welt als Medienpoiesis. Basistheorien für den ›Medial Turn‹. In: Medien Journal 23. Jg. (1999), Nr. 1, S. 3–8.

Teil II
Grundbegriffe und Modelle

3. Medium und Medien

Der Medienbegriff wird im Alltag, der Medienpraxis und in den Wissenschaften unterschiedlich verwendet. Seine Unschärfe macht seine Attraktivität aus, weil sich mit ihm vieles verbinden lässt. Um ihn gleichwohl nicht beliebig werden zu lassen, sind seine verschiedenen Dimensionen zu erörtern.

3.1 Zur Entwicklung des Medienbegriffs

Der vieldeutige Gebrauch des Begriffs ›Medium‹ resultiert zum einen aus der Mehrdimensionalität und Komplexität des Gegenstandsbereichs und zum anderen daraus, dass die Wissenschaften unterschiedliche Interessen und Fragestellungen verfolgen und deshalb den Begriff verschieden ›konzeptionalisieren‹ (vgl. Kap. 2). Mit der Definition des Medienbegriffs wird in der Medienwissenschaft nicht nur eine **Sprechweise** präzisiert, sondern auch das **Gegenstandsfeld der Wissenschaft** definiert. Definitionen sind deshalb nicht nur auf ihre innere Konsistenz zu überprüfen, sondern auch auf ihre Brauchbarkeit für wissenschaftliche Prozesse.

3.1.1 Historische Verengungen und gegenwärtige Überdehnungen

Der Medienbegriff hat historisch starke Wandlungen erfahren, bevor er seine heutige Bedeutung erhalten hat. Einige Stationen in der Begriffsgeschichte sollen kurz zeigen, wie unterschiedlich der Terminus ›Medium‹ benutzt wurde, bevor er zur Kennzeichnung von Kommunikationsmitteln verwendet wurde.

Die lateinische Bezeichnung *medius* meint ›in der Mitte befindlich‹, ›dazwischen liegend‹, auch ›gewöhnlich‹, ›unparteiisch‹, ›zweideutig‹, ›störend‹ und ›vermittelnd‹. Die substantivische Form *medium* meint ›Mitte‹, ›Mittelpunkt‹, ›Mittelstraße‹, ›Öffentlichkeit‹, ›tägliches Leben‹, ›Publikum‹, ›menschliche Gesellschaft‹, ›Gemeinwohl‹ usf.

Im ›Spiritismus‹ des 18. und 19. Jahrhunderts war das ›Medium‹ eine Mittelsperson, welche dank besonderer Begabungen angeblich den Kontakt zu den Geistern Verstorbener herstellen konnte und deren Äußerungen durch Tischerücken, Klopfen etc. den in einer Séance Anwesenden vermittelte. Das spiritistische Medium diente als eine Art von **Wahrnehmungserweiterung**.

Eine andere Verwendung klingt im Begriff der **Mediatisierung** an, mit dem im 19. Jahrhundert die ursprünglich reichsunmittelbaren Adligen einem anderen Fürsten untergeordnet (›mediatisiert‹) wurden. Eine solche machtpolitische Unterordnung, wenn auch ganz anderer Art, schwingt als Bedeutung heute noch mit, wenn mit der ›Medialisierung‹ bzw. ›Mediatisierung‹ die Beeinflussung von immer mehr Lebensbereichen durch die ›Medien‹ gemeint ist, wobei meist nur technisch-apparative Medien wie Film, Fernsehen, Radio, Internet in den Blick kommen (vgl. Hickethier 2000).

Eine **erste allgemeine medienwissenschaftliche Begriffsdefinition** legte Friedrich Knilli vor, wobei er von einem naturwissenschaftlichen Verständnis ausging. Er übertrug den physikalischen Begriff des Mediums (Ausbreitung von Gasen in einem Raum) auf Kommunikationsvorgänge, weil, so Knilli, jede Kommunikation ein »physikalisches Übertragungsmedium« braucht. Schall z. B. wird im luftleeren Raum nicht übertragen, sondern bedarf der Luft. Die physikalische Übertragungssituation gilt nicht nur bei der Herstellung, sondern auch für den Empfang von akustischen Signalen. Knilli bezieht sich dabei eng auf den Übermittlungsprozess beim Hören und Sehen. Für ihn wird alles, was diese Übermittlung vollzieht, zum Medium. Daraus ergibt sich eine »**Medienkette**«: die Schallwellen, Membrane im Ohr, Gehör-Knöchelchen und Körperflüssigkeiten (Knilli 1979, S. 233).

Knilli weitet den Medienbegriff aus. Letztlich kann dabei alles zum Medium werden, wie die Diskussion des Medienbegriffs in den letzten Jahren gezeigt hat. Andreas Reckwitz hat hier von einer »totalitätsorientierten Auffassung« (2000, S. 72 ff.) gesprochen. Eine Verallgemeinerung des Medienbegriffs hat auch der kanadische Medientheoretiker Marshall McLuhan (1994) propagiert. Im Anschluss an ihn konstatiert z. B. Rudolf Maresch 1996: »Überhaupt gibt es nur ›mediatisierte Beziehungen‹, zu den Dingen ebenso wie zu den Menschen. ›Lebendige Erfahrung‹ ist ohne Vermittlung von Medien, auch so vergessener altmodischer Medien wie Licht, Wasser, Sand, Wärme, Steine, Luft usw. oder so bedeutender wie Sprache, Raum und Zeit, gar nicht denkbar. Nur was von Medien zugetragen wird, ist überhaupt« (Maresch 1996, S. 13).

Durch eine solche **Überdehnung** droht der Medienbegriff seine Prägnanz und seine Trennschärfe zu verlieren. Soll sich die Medienwissenschaft mit dem Medium ›Wärme‹ oder ›Sand‹ beschäftigen? Ein solcher Medienbegriff wird für Unterscheidungen und für die Bestimmung eines wissenschaftlichen Arbeitsfeldes weitgehend unbrauchbar.

3.1.2 Der kommunikationsorientierte Medienbegriff

Die Mehrdeutigkeit des Medienbegriffs resultiert u. a. auch daraus, dass vielfältige Dinge als Vermittelndes auftreten können. Sinnvoll ist deshalb eine Differenzierung zwischen Medien und Werkzeugen. Von dieser Differenz ausgehend verwendet Matthias Vogel in seiner allgemeinen Medientheorie den Medienbegriff für die Mittel, die der »Individuierung von Gedanken« (Vogel 2001, S. 343) dienen, während dies bei einem Werkzeug nicht der Fall sein muss. Entscheidend ist also, dass es sich bei den Medien um Mittel handelt zur Formulierung von Gedanken, Gefühlen, Inhalten sowie von Erfahrungen über die Welt. Mit dem Satz »Was wir über unsere Gesellschaft, ja über die Welt, in der wir leben, wissen, wissen wir durch die Massenmedien« beginnt der Soziologe Niklas Luhmann sein Buch *Die Realität der Massenmedien* (Luhmann 1996, S. 9).

Im Folgenden wird von einem Medienbegriff ausgegangen, der die Medien der individuellen und gesellschaftlichen Kommunikation in den Vordergrund stellt. Medien und Kommunikation werden in einem engen Zusammenhang gesehen. Kommunikation bedient sich immer eines Mediums. Die Menschen, die miteinander kommunizieren, verwenden dabei Zeichen, die mit Bedeutungen in Verbindungen stehen. Kommunikation ist wiederum Voraussetzung dafür, dass die Menschen Vorstellungen erzeugen und dass Wissen entsteht.

Der Begriff ›Medium‹ oder ›Medien‹, als Sammelbegriff vor allem für die technisch apparativen Medien (Film, Fernsehen, Radio, Computer), hat sich im allgemeinen und im wissenschaftlichen Sprachgebrauch Ende der 1960er Jahre durchgesetzt, als das Fernsehen zum dominanten Leitmedium der gesellschaftlichen Kommunikation geworden war. Der Begriff wird zumeist im Plural verwendet und sollte schon damals die neue gesellschaftliche Qualität bezeichnen, die mit der Durchsetzung des Fernsehens, aber auch im Verbund mit Presse, Radio und Film, eingetreten war.

Medien sind **gesellschaftlich institutionalisierte Kommunikationseinrichtungen**, wobei zwischen den informellen und den formellen Medien unterschieden werden kann. Als **informelle Medien** gelten z. B. natürliche Verständigungssysteme (z. B. das ›Medium Sprache‹) und künstlerische Gestaltungsbereiche (z. B. ›Medium Literatur‹ oder ›Medium Musik‹), weil sie nicht primär durch gesellschaftliche Organisationen (z. B. von Unternehmen), sondern durch Konventionen bestimmt werden, die auf vielfältige Weise innerhalb einer Kultur tradiert werden. Die **formellen Medien** sind auf eine manifeste Weise in gesellschaftlichen Institutionen organisiert (z. B. Briefpost, Telefon, Fernsehen, Radio, Presse, Kino). Informelle Medien kommen ohne manifeste Institutionalisierung aus (z. B. die Sprache existiert auch ohne die Gesellschaft für deutsche Sprache und Dichtung), während die formellen Medien (z. B. das Fernsehen) einer gesellschaftlichen Institutionalisierung in Rundfunkanstalten und Fernsehunternehmen bedürfen, die die technische Distribution und die Programmproduktion organisieren und finanzieren.

3.2   Dimensionen des Medienbegriffs

Der Medienbegriff wird zum einen durch eine Differenzierung der Medienfunktionen und des Einsatzes apparativer Technik, durch eine Charakterisierung des Verhältnisses von Medien und der durch sie vermittelten Bedeutungen sowie durch eine Differenzierung des Gebrauchs der Medien genauer bestimmt.

3.2.1   Medienfunktionen

Zu unterscheiden sind vier grundsätzliche Funktionsarten in den Medien, wobei es sich bei den ersten drei Arten um Grundformen (Medien der Beobachtung, Medien der Speicherung und Bearbeitung sowie Medien der Übertragung) und bei der vierten (Medien der Kommunikation) um eine Kombination der drei vorangegangenen handelt.

1. **Medien der Beobachtung** (und allgemeiner der Wahrnehmung) sind Medien, die der Erweiterung und Steigerung der menschlichen Sinnesorgane dienen, also für das Auge (visuelle Wahrnehmung) die Brille, das Fernglas, das Teleskop, das Mikroskop u. a.; für das Ohr (auditive Wahrnehmung) das Hörrohr und das Megafon u. a. Medien der akustischen Verstärkung. Diese Medien werden in der Regel instrumentell und individuell eingesetzt, zumeist um die Wahrnehmung der einzelnen Individuen zu erweitern. Sie besitzen nur eine geringe gesellschaftliche Institutionalisierung, weil sie in der Regel keine spezifischen Inhalte erzeugen, speichern und vermitteln. Es ist auffällig, dass sich diese Medien vor allem in der visuellen und auditiven Wahrnehmung (Fernsinne), kaum aber in der taktilen, olfaktorischen und gustatorischen Wahrnehmung (Fühlen, Riechen und Schmecken), also der Nahsinne, befinden.

2. **Medien der Speicherung und der Bearbeitung** sind Medien, die dazu dienen, Informationen aufzuzeichnen, aufzuschreiben und diese damit zu einem späteren Zeitpunkt zur Verfügung zu haben. Friedrich A. Kittler hat den Terminus der »Aufschreibesysteme« geprägt und damit die Medien Grammofon, Film und Schreibmaschine erfasst (Kittler 1987). Speichermedien entlasten das individuelle Gedächtnis der Menschen, sie ermöglichen ein ›externes‹ Gedächtnis gegenüber dem ›internen‹ Gedächtnis des einzelnen Menschen. Die Schrift ermöglicht die Fixierung der gesprochenen Sprache, die Schreibmaschine stellt eine weitere Stufe der Verschriftlichung gegenüber dem Stift und der Feder dar. Die Filmkamera fixiert das Bild auf dem Filmband usf. Die Speicherung macht die Bearbeitung und Veränderung der fixierten Information erst möglich. Die Fixierung des durch die Kamera Wahrgenommenen auf das Filmband ist z. B. die Voraussetzung für Schnitt und Montage.

3. **Medien der Übertragung** sind Medien, die dem Transport von Informationen, Botschaften, Inhalten etc. dienen. Die Notwendigkeit der Überbringung von Informationen von einem Ort zu einem anderen ist ein zentraler Impuls zur Erfindung von Übertragungsmedien. Medien der Übertragung dienen in der Regel dazu, über weite Entfernungen Informationen weiterzuleiten und zielen auf eine Beschleunigung dieses Transports. Vor der Entdeckung der Elektrizität als Energiequelle dienten zahlreiche mechanische Erfindungen dazu, Signale möglichst rasch und störungsfrei über weite Entfernungen zu übertragen (Haase 1996). Zu den Übertragungsmedien gehören Kurierdienste, Brieftauben und Rauchfeuerstationen, Telegrafensysteme, Kabelnetze, Satellitenübertragungssysteme usf.

Medien haben die Tendenz, **Funktionen zu akkumulieren**. Das Telefon z. B. beginnt als Übertragungsmedium und gewinnt mit dem Anrufbeantworter zusätzlich eine Speicherfunktion; das Fernsehen beginnt ebenfalls als ein Übertragungsmedium (Live-Fernsehen), bedient sich anfangs der Speichertechnik des Films und des Speichermediums Grammofon, um sich dann in den 1950er Jahren mit der Magnetaufzeichnung (die zunächst als Speichertechnik für das Radio entwickelt wurde) auch eine eigenständige Speicher- und Bearbeitungsdimension zuzulegen. Der Film beginnt dagegen als ein Speichermedium und entdeckt die Bearbeitungsfunktion (Virage, Colorierung, Schnitt, Montage) erst später. Zur Übertragung seiner Produkte bedient er sich der konventionellen Wege des Warenverkehrs und bildet keine eigene Übertragungsform aus. Die Medien der Kommunikation drängen – historisch gesehen – auf eine derartige Akkumulation als ›Vervollständigung‹, weil sich kulturell der Anspruch auf ›Funktionsvielfalt‹ als Erwartung an die Medien herausgebildet hat.

4. Von diesen drei Medienformen abgesetzt werden deshalb als **Medien der Kommunikation** hier die Medien bezeichnet, die auf eine funktional komplex strukturierte Weise Kommunikation zwischen mehreren Menschen herstellen. Auch Medien der Speicherung und Übertragung werden zu kommunikativen Zwecken genutzt. Die Differenzierung zwischen ›Übertragung‹ und ›Kommunikation‹ soll auf einen Unterschied in den Medien aufmerksam machen: Medien der Kommunikation verbinden mehrere der medialen Grundformen und ermöglichen damit eine komplexe Kommunikation zwischen den Menschen. Medien der Kommunikation sind in diesem Verständnis akkumulierte Medien, weil sie die in den anderen Medien entwickelten Möglichkeiten der Wahrnehmungserweiterung, Speicherung, Bearbeitung und Vermittlung als Funktionen adaptieren bzw. für sich selbst neu entwickeln. Sie zielen damit nicht nur auf eine Veränderung der Raum- und Zeitstruktur natürlicher Kommunikation, sondern schaffen auch neue Kommunikationsräume.

3.2.2 Primäre, sekundäre und tertiäre Medien

Der Publizistikwissenschaftler Harry Pross hat vorgeschlagen, die Medien in primäre, sekundäre und tertiäre Medien zu unterscheiden:

Primäre Medien sind die Sprache in allen Dimensionen, non-verbale Ausdrucksweisen: Mimik, Gestik, Körperhaltung und Körperbewegung (Proxemik). Dazu gehören auch Tanz und Theater. Entscheidend ist, dass »kein Gerät zwischen den Sender und den Empfänger geschaltet ist und die Sinne der Menschen zur Produktion, zum Transport und zum Konsum der Botschaft ausreichen« (Pross 1972, S. 145).

Sekundäre Medien sind diejenigen Medien, die für die Produktion ihrer Aussagen und Inhalte den Einsatz von Geräten notwendig machen, nicht jedoch für die Rezeption bzw. den Empfang. Rauchsignale, Grenzsteine, Flaggensignale, geschriebene oder gedruckte Texte. Die Empfänger müssen die Rauchsignale entziffern, die Bedeutung der Grenzsteine erkennen, die Flaggensignale deuten und vor allem die geschriebenen und gedruckten Texte ›lesen‹ können.

Tertiäre Medien erfordern sowohl auf der Seite der Produktion als auch auf der Seite der Rezeption den Einsatz von Geräten. Dazu gehören Film, Schallplatte, Radio, Fernsehen, Computer. Ohne Geräte können diese Medien nicht funktionieren.

Diese Stufung zeigt nicht nur die zunehmende Technisierung der medialen Kommunikation, mit diesen technisch-apparativen Zusammenhängen wird auch deutlich, dass es sich nicht nur um bloße Additionen von Geräten handelt, sondern dass mit den jeweiligen Konstellationen auch ›soziale Mitteilungsordnungen‹

entstanden. Manfred Faßler und Wulf Halbach folgern daraus, dass je häufiger die
»Vermittlung durch diese gerätetechnische Medialität genutzt wird und je selbstverständlicher ihr Gebrauch als Realitätsdarstellung, -erklärung und -erzeugung
›kultiviert‹« werde, »umso schwächer« werde die »Bedeutung der angesichtigen
Kommunikation«. Der »Reichtum an Daten, Informationen und Inhalten« werde
»immer mehr an die technischen Speicher, Sender und Empfänger gebunden«
(Faßler/Halbach 1998, S. 32 f.).

3.2.3 »Das Medium ist die Botschaft«

In seinem 1964 erschienenen Buch *Understanding Media* (*Die magischen Kanäle*)
(1964/1994) hat der Medientheoretiker Marshall McLuhan einige Anmerkungen
zur Definition des Begriffs ›Medium‹ geliefert, auf die hier eingegangen werden
muss, weil in der medienwissenschaftlichen Diskussion wiederholt auf sie Bezug genommen wird. Die zentrale These seines Buches ist, das der **Inhalt jedes Mediums
ein anderes Medium ist**.

> »Diese für alle Medien charakteristische Tatsache bedeutet, dass der ›Inhalt‹
> jedes Mediums immer ein anderes Medium ist. Der Inhalt der Schrift ist Sprache,
> genauso wie das geschriebene Wort Inhalt des Buchdrucks ist und der Druck
> wieder Inhalt des Telegrafen ist. Auf die Frage: ›Was ist der Inhalt der Sprache?‹
> muss man antworten: ›Es ist ein effektiver Denkvorgang, der an sich nicht ver-
> bal ist.‹ Ein abstraktes Bild stellt eine direkte Äußerung von schöpferischen
> Denkvorgängen dar, wie sie etwa in Mustern von Elektronenrechnern erschei-
> nen könnten. Was wir jedoch hier betrachten, sind die psychischen und sozialen
> Auswirkungen der Muster und Formen, wie sie schon bestehende Prozesse ver-
> stärken und beschleunigen. Denn die ›Botschaft‹ jedes Mediums oder jeder
> Technik ist die Veränderung des Maßstabs, Tempos oder Schemas, die es der
> Situation des Menschen bringt« (McLuhan 1994, S. 22 f.).

McLuhans Darstellung ist bereits in den 1960er Jahren heftig und kontrovers
diskutiert worden, nicht zuletzt deshalb, weil er selbst widersprüchlich und
nicht methodisch-systematisch argumentiert. Wenn man das im Zitat model-
lierte Verhältnis von dem Medium und dem, was es vermittelt, nachvollzieht,
bedeutet dies Folgendes: Das Medium kann unterschiedliche Inhalte vermitteln.
Das ist zunächst unstrittig. Die von Friedrich A. Kittler (1997) und anderen ge-
zogene Schlussfolgerung, Inhalte seien deshalb völlig unwichtig, ist jedoch
falsch. Inhalte sind in der Medienkommunikation unverzichtbar, denn wir
gehen ins Kino, um einen Film zu sehen und uns seine Geschichte erzählen zu
lassen, wir sehen fern oder hören Radio, um Informationen zu erhalten oder
unterhalten zu werden usf.

McLuhans These, dass der Inhalt eines Mediums immer ein anderes sei,
impliziert eine **Hierarchie von den ›natürlichen‹ zu den technisch immer kom-**

plizierteren Medien sowie eine historische Abfolge, bei der die älteren Medien immer der Inhalt der neueren sind. Medien sind jedoch gegenüber allen anderen Medien variabel, der Film als älteres Medium kann z. B. – was häufig geschieht – die jüngeren Medien Fernsehen oder Computer zu seinem Thema und Inhalt machen.

McLuhans These ist auch in dem, was unter ›Inhalt‹ gefasst wird, unscharf. Zu differenzieren ist: Medien machen erstens andere Medien zum Thema ihrer Darstellungen, indem sie über diese berichten oder Geschichten aus deren Umfeld darbieten. Sie greifen zweitens erfolgreiche Stoffe und Inhalte auf, die bereits in anderen Medien waren, und präsentieren sie erneut in eigener medialer Fassung. Dies entspricht einer alten kulturellen Praxis, dass zentrale Geschichten den Menschen wiederholt präsentiert und in unterschiedlichen Variationen dargeboten werden. Sie greifen drittens Ausdrucks- und Darstellungsformen anderer Medien auf, wenn diese sich bewährt haben oder kulturell attraktiv sind. Das Fernsehen übernimmt filmische Darstellungs- und Gestaltungsprinzipien, theatrale Inszenierungspraktiken, journalistische Formen der Presse. Doch diese übernommenen Formen werden verändert und im Laufe der Medienentwicklung zu eigenen Formen transformiert: Die Fernsehnachrichten haben z. B. heute mit der Kinowochenschau, der Radionachricht oder dem Zeitungsartikel nur noch sehr wenig zu tun.

3.2.4 Massenmedien

Als Massenmedien werden technisch produzierte und massenhaft verbreitete Kommunikationsmittel bezeichnet, die der Übermittlung von Informationen unterschiedlicher Art an große Gruppen von Menschen dienen. Der **Begriff der ›Masse‹**, der im einfachen Wortsinn viele Beteiligte bzw. eine große Menge von Teilnehmern meint, ist relativ diffus, weil nicht eindeutig ist, ab wann eine große Menge von mit dem Medium Angesprochenen als ›Masse‹ zu bezeichnen ist. Der Begriff ist historisch beladen, weil sich in ihm die Ängste der Herrschenden vor den Beherrschten gebündelt und zu einer ›Psychologie der Massen‹ geführt hat, in der der ›Masse‹ Eigenschaften wie Unbeherrschbarkeit, Erregbarkeit, Gewalttätigkeit zugewiesen wurden. Für Gustave Le Bon ist die Masse »ein einziges Wesen und unterliegt dem Gesetz der seelischen Einheit der Massen« (Le Bon 1898, S. 10). Der Einzelne sei sich als Teil der Masse »seiner Handlungen nicht mehr bewusst«, er sei in der Masse »ein Automat«, »dessen Betrieb sein Wille nicht mehr in der Gewalt hat« (ebd., S. 18 f.).

Der Massenbegriff ist in den Zuschreibungen deutlich von Revolutionserfahrungen geprägt und deshalb oft negativ besetzt. Entsprechend war die kulturelle Bewertung der als ›Massenmedien‹ gekennzeichneten Medien oft negativ. Massenmedien können ›Massen‹ mobilisieren, denn, so meinte schon Le Bon, die Masse sei leicht zu beeinflussen: »Die Massen können nur in Bildern denken und lassen sich nur durch Bilder beeinflussen« (ebd., S. 51). Die daraus resultierende Vorstellung von der ›Gefährlichkeit‹ der Massenmedien hat deshalb seit dem Ersten Weltkrieg zu zahlreichen staatlichen Reglementierungen und Beschränkungen der Medien (z. B. des Rundfunks) geführt. Trotz dieser historischen Bedeutung des ›Masse‹-Begriffs wird hier am Begriff der ›Massenmedien‹ festgehalten.

Eine eher nüchterne und distanzierte Definition des Begriffs ›Massenmedium‹ hat sich seit den 1960er Jahren durchgesetzt. Am einflussreichsten im deutschsprachigen Bereich ist die **Definition der Massenmedien**, die Gerhard Maletzke geprägt hat. Sie ist aus der amerikanischen Kommunikationsforschung abgeleitet, die Maletzke Anfang der 60er Jahre für den deutschen Sprachbereich rezipiert hat.

> »Unter Massenkommunikation verstehen wir jene Form der Kommunikation, bei der Aussagen öffentlich (also ohne begrenzte und personell definierte Empfängerschaft), durch technische Verbreitungsmittel (Medien), indirekt (also bei räumlicher oder zeitlicher oder raumzeitlicher Distanz zwischen den Kommunikationspartnern) und einseitig (also ohne Rollenwechsel zwischen Aussagenden und Aufnehmenden) an ein disperses Publikum […] gegeben werden« (Maletzke 1963, S. 32).

Medien werden hier als technische Verbreitungsmittel verstanden, wobei der englische Begriff des ›channels‹ als Medium definiert wird. Die Kommunikation erfolgt vermittelt (also anders als in einem persönlichen Gespräch ›unter vier Augen‹), sie geht von einer Seite aus (der Kommunikationspartner ist nur Rezipient, also Aufnehmender, will er darauf reagieren, muss er sich eines anderen Mediums, z. B. des Leserbriefs, des Telefons u. a. bedienen). Das Publikum ist ›dispers‹, also nicht an einem Ort versammelt, sondern verstreut auf viele Orte.

3.3 Medialität, Medientechnik und mediale Institution

Nach dem Durchgang durch verschiedene Dimensionen des Medienbegriffs soll am Ende ein Medienmodell konzipiert werden, das einzelne Felder zueinander in Beziehung setzt.

> Medien definieren sich durch drei zentrale Aspekte, die miteinander zusammenhängen:
>
> a) ihre spezifischen medialen (ästhetischen) Eigenschaften, die im Begriff der ›**Medialität**‹ zusammengefasst werden,
> b) ihre **Technik** und
> c) ihr **Gebrauch** und ihre Institutionalisierung innerhalb der Gesellschaft. Sie bilden den Zusammenhang, durch den Bedeutungen, Themen, Inhalte medienspezifisch aufbereitet und vermittelt werden.

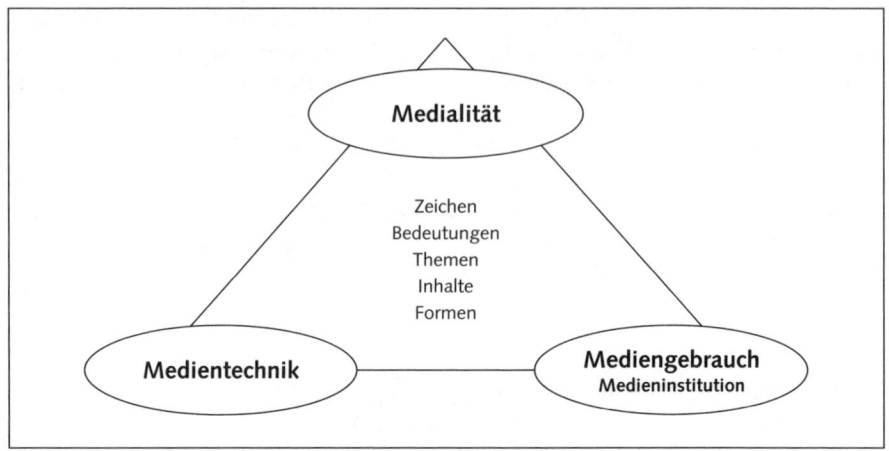

3.3.1 Medialität und Medium

Im Gegensatz zum Begriff des ›Mediums‹, der sich stärker mit einer gegenständlichen Form und der institutionalisierten Struktur verbindet, meint der Begriff **Medialität** zum einen eine Eigenschaft, die für alle Medien in gleicher Weise determinierend ist. Das Mediale ›an sich‹ ist damit etwas Medienübergreifendes, etwas Grundsätzliches, das die mediale Kommunikation insgesamt bestimmt. Zum anderen meint der Begriff das **als typisch genommene Set von Eigenschaften**, das für einzelne Medien als konstitutiv angesehen wird. Darunter wird das ›Filmspezifische‹ oder ›Filmische‹ beim Film, das ›Televisuelle‹ beim Fernsehen, das Radiofone beim Hörfunk verstanden.

Dieses **Medienspezifische** ist keine verabsolutierte, historisch unveränderbare oder gar ontologische Struktur. In älteren medienwissenschaftlichen Arbeiten wird häufig vom »Wesen« des Fernsehens oder des Films gesprochen, etwa wenn der Medientheoretiker Gerhard Eckert (1953) für das Fernsehen feststellt, dass es von seinem Wesen her nichts mit dem Film zu tun habe. Eigenschaften eines Mediums sind gegenüber solchen Auffassungen als historisch – unter spezifischen Rahmenbedingungen und in spezifischen Gebrauchssituationen entstanden – zu sehen (vgl. Hickethier 1988, S. 67 ff.).

Das Medienspezifische einzelner Medien lässt sich gerade bei den technisch-apparativen Medien kaum trennscharf abgrenzen. Viele Aspekte des Medialen treffen für mehrere Medien zu und können nicht von einem Medium allein reklamiert werden. So sind z. B. der Film und das Fernsehen in ihren medialen Eigenschaften in vielen Aspekten identisch, ebenso gibt es Überschneidungen von Radio und Fernsehen. Mit der Medialität wird also eine bestimmte Qualität (als ein Set von Eigenschaften) verstanden, die **historisch an eine kulturelle Situation gebunden ist**.

Seit den 1920er Jahren hat sich bspw. die Filmtheorie mit dem Spezifischen des Filmischen beschäftigt. So hat z. B. 1938 bereits Bruno Rehlinger in einer Arbeit unter dem Titel *Der Begriff Filmisch* in Rückgriff auf Filmtheoretiker wie Béla Balázs, Rudolf Arnheim u. a. (Rehlinger 1938, S. 98 ff.) die Medialität des Films als a) die gestaltende, Ausdruck und Kommunikation strukturierende Eigenschaft und damit die ästhetische Dimension des Films definiert und b) im Filmischen ein die Wahrnehmung der Menschen strukturierendes Moment gesehen, das kulturelle Muster der Strukturierung sowie Regeln (Konventionen) des Sehens, Sprechens und damit auch des Erkennens formuliert.

Medialität ist demnach eine Eigenschaft der Medien, die durch den kulturellen Gebrauch definiert wird. Grundsätzlich lassen sich **neben den auf Einzelmedien bezogenen Medialitätsdefinitionen medienübergreifende Formen der Medialität** bestimmen:

1. **Oralität und Literalität**: Medialität wird zum Kriterium, wo es sich um kulturgeschichtlich ›alte‹ mediale Formen handelt. Unterschieden wird dabei zwischen einigen grundlegenden Formen der Medialität. Walter J. Ong und Eric A. Havelock haben sich, angeregt durch den Medienphilosophen Marshall McLuhan, mit den Anfängen der Schriftkultur beschäftigt und hier eine Differenz zwischen den oralen, also der mündlich überlieferten, Kultur und der literalen Kultur (Schriftkultur) herausgearbeitet (Ong 1987, Havelock 1992). Dabei hat die jüngere (literale) Kulturform die ältere (orale) nicht verdrängt, sondern die oralen Formen der Erinnerung (Mnemotechnik) sind (z. T. über die Rhetorik) in die Schriftkultur gelangt und haben diese strukturiert, zum anderen haben sich die oralen Formen auch unabhängig davon erhalten.

Havelock und Ong haben darauf hingewiesen, dass mit dem Rundfunk scheinbar die orale Kultur wieder in ihr altes Recht eingesetzt worden sei, doch warnt Ong davor, hier die alte orale Kultur mit der neuen in eins zu setzen. Sinnvoller sei es stattdessen, beim Radio von einer »sekundären Oralität« (Ong 1987, S. 18) auszugehen, weil es sich hier nicht allein um eine technische Überformung handle, sondern die orale Kultur auch durch die dominante Schriftkultur geprägt sei. So sei das gesprochene Wort im Radio häufig schriftlich vorformuliert, werde abgelesen oder sei doch so weit als geschriebenes Wort von den Sprechern ›habitualisiert‹, dass hier von der ursprünglichen Oralität (die in Unkenntnis der Schrift bestand) nicht gesprochen werden könne.

2. Sinnvoll ist es deshalb, zwei weitere Medialitätsformen einzuführen und sie neben die tradierten Formen der Oralität und Literalität zu stellen:

Theatralität: Für diesen Begriff hat sich in den letzten Jahren vor allem die Theaterwissenschaftlerin Erika Fischer-Lichte eingesetzt. Er wird gegenüber den älteren Begriffen des ›Theatralischen‹ und des ›Transitorischen‹ verwendet, die stärker auf die zeitliche Vergänglichkeit einer Theateraufführung setzten. Fischer-Lichte will mit dem Begriff der ›Theatralität‹ auf den besonderen medialen Charakter des Theaters hinweisen. Sie meint damit vor allem a) die »Performance, die als Vorgang einer Darstellung durch Körper und Stimme vor körperlich anwesenden Zuschauern gefasst wird«, b) die »Inszenierung, die als spezifischer Modus der Zeichenverwendung in der Produktion zu beschreiben ist«, c) die »Korporalität, die sich aus dem Faktor der Darstellung bzw. des Materials ergibt«, und d) die

»Wahrnehmung« – und damit »den Zuschauer, seine Beobachterfunktion und -perspektive« (Fischer-Lichte 1998, S. 86).

Die großen medialen Umwälzungen sind jedoch vor allem durch die technisch-apparativen Medien zustande gekommen. Gilt das Theater im Sinne von Harry Pross noch als ein primäres Medium, so setzt die Technisierung der Kommunikation bereits mit der Schrift und dem Buchdruck ein (sekundäres Medium) und hat vor allem mit Film, Radio, Fernsehen und Internet eine weitere Stufe, die der tertiären Medien erreicht. Sinnvoll ist deshalb nicht von einer »sekundären Oralität« zu sprechen (analog müsste es auch eine sekundäre Literalität im Computer geben), sondern von der Audiovisualität.

Audiovisualität: Audiovisualität meint eine Medialität, bei der gesprochene und geschriebene Sprache mit allen Formen des Audiofonen (Geräusche, Musik etc.) sowie mit dem stehenden und bewegten Bild verbunden wird. Daraus entsteht eine eigene, in den einzelnen Medien leicht differenzierte Medialität, die bei den Medien Film (Kino), Fernsehen und zukünftig im Netzmedium (Internet) in starkem Maße durch unterschiedliche Nutzungs- und Gebrauchsformen geprägt wird.

Die Herausbildung der Audiovisualität als eine besondere mediale Eigenschaft, die eine spezifische sinnliche Wahrnehmungsqualität zur Folge hat, ist historisch aufschlussreich. Am Anfang des 20. Jahrhunderts entstehen zwei zunächst ›monosensuale‹ Medien, 1895 das (visuelle) Medium Stummfilm und etwa ab 1923 das (audiofone Medium) Radio. Sehr früh drängt die Entwicklung des Stummfilms zur Einbeziehung des Tons, ab etwa 1905 stellt der Filmunternehmer Oskar Messter so genannte Tonbilder her: Stummfilme, die mit einer akustischen Begleitung durch Grammofonplatten liefen (Jossé 1984, Müller 1994). Später wurde zum Film im Kino Musik live gespielt. Der **Tonfilm als audiovisuelles Medium** setzte sich erst Ende der 1920er Jahre mit der technisch engen Verkoppelung von Bild und Ton auf einem Zeichenträger (dem Film) durch (vgl. auch Müller 2001).

Es war offensichtlich die **technisch feste Verkoppelung von Bild und Ton**, die nicht nur die Einbeziehung von lippensynchronem Sprechen, Geräuschen und Musik ermöglichte, also akustisch mehr Informationen bot als der im Kino erzeugte Ton zum Film, sondern auch die feste, in der Wiederholung stets gleiche Verbindung von Bild und Ton, die unabhängig vom Präsentationsort und dem bei der einzelnen Aufführung des Films betriebenen situativen Aufwand ein gleich kohärentes audiovisuelles Erlebnis produzierte. Mit den Geräuschen (so genannte ›Atmosphäre‹, kurz: ›Atmo‹ genannt) kam zum Film außerdem eine verstärkte Raumillusion; der Ton ›bestätigte‹ den auf dem zweidimensionalen Bild durch die perspektivische Darstellung suggerierten Raum. Die Wahrnehmung des Tonfilms näherte sich damit der Alltagswahrnehmung durch Auge und Ohr an, bei der (in der Regel) das Visuelle und das Audiofone als eine feste sinnliche Einheit erscheinen und damit die Stabilität unserer Weltwahrnehmung ausmachen.

Auch das **Radio drängt auf eine Vervollkommnung durch das Bild**, so dass Ende der 1920er Jahre (zeitlich parallel zur Durchsetzung des Tonfilms) die ersten Fernsehversuche präsentiert werden und sich dann ab Mitte der 1930er Jahre das

Programmfernsehen etabliert (vgl. Hickethier 1998). Während der Tonfilm den Stummfilm innerhalb kurzer Zeit völlig verdrängt, verdrängt das Fernsehen das rein akustische Medium Radio nicht. Der Rundfunk besteht bis heute als eigenständiges Medium neben dem Fernsehen weiter. Auch bei den beiden Funkmedien (Radio und Fernsehen) waren die Vertriebs- und Rezeptionsstrukturen ähnlich bzw. gleich, so dass eine Substitution denkbar gewesen wäre.

Die Ergänzung des Bildes durch den Ton war fundamental, da das bewegte Bild ganz ohne Ton den Menschen unsicher macht und der Ton eine räumliche Gewissheit im Hier und Jetzt schafft. Umgekehrt braucht der Ton offenbar das Bild weniger, die akustischen Signale können Welt hinreichend signalisieren. Das Audiovisuelle stellt gegenüber solchen anthropologisch begründeten Unterschieden eine Eigenschaft der technisch-apparativen Medien dar und meint eine **enge Verbindung von technischen Bildern und technischem Ton**. Daraus entsteht eine ganz eigene sinnliche Qualität, die nicht nur beim Bild dessen medialen Charakter betont, sondern auch beim Ton.

3.3.2 Medialität und Technik

Die medialen Eigenschaften werden durch die Technik des Mediums erzeugt. Technische Prozesse sind die Voraussetzung für das Entstehen einer medialen Eigenschaft, also z. B. eines technisch hergestellten Tons, eines technischen Bildes usf. Medientechnik ist zunächst Technik im Sinne von **Verfahren, Apparatur und Energieeinsatz**.

Die Herausbildung von Verfahren entsteht in der Regel im Zusammenhang mit der Erzeugung von spezifischen Hilfsmitteln, die als Werkzeuge einsetzbar sind und zu immer komplexeren Apparaturen weiterentwickelt werden. Sie benötigen Energie, so wie auch das Sicht- und Hörbarmachen von Dingen der Umwelt den Einsatz von Energie notwendig macht: das Licht, die Schallwellen, aber auch die Elektrizität. Dabei handelt es sich nicht um eigenständige Medien, auch wenn dies im Anschluss an Marshall McLuhan (1994, S. 21 ff.) einige Autoren propagieren; sondern Energie ist Voraussetzung und Bedingung der Medien. Ohne Licht und Schall sind keine visuellen, audiovisuellen und auditiven Medien möglich, ohne Elektrizität sind wiederum die technisch-apparativen Medien nicht denkbar, sowohl in ihrer analogen als auch der digitalen Form. Dies gilt ebenfalls für die Printmedien sowie für andere Formen der kulturellen Produktion und Rezeption. Vor allem der Elektrizität kommt in der jüngeren Mediengeschichte eine besondere Bedeutung zu, geht es dabei doch gleichzeitig auch um einen Wechsel der Energieformen: beim Fernsehen z. B. um die Transformation des Lichts in elektrische Impulse und zurück in Licht; beim Radio um den Wandel von Schallwellen in Elektrizität usf.

Die ersten Erfindungen, die ab 1884 unter dem Begriff ›Fernsehen‹ entstanden, hatten z. B. mit der Technik des Programmfernsehens nur wenig zu tun, erst der gesellschaftliche Diskurs über den Gebrauch der Technik (seit Mitte der 1920er Jahre) führte dazu, die Technik so zu konfigurieren, dass daraus das Programmmedium Fernsehen wurde. Anfangs war zunächst an eine Art Bildtelegrafie gedacht worden, später kam es auch zu einer Verwendung als Raketenzieltechnik, der gesamte Bereich der Videotechnik subsumierte alle Verwendungen außerhalb des Fernsehens.

Zwar ist der Film als technisch-apparatives Medium das letzte der mechanisch-optischen Aufnahme- und Projektionsmedien (am Ende einer Kette von unterschiedlichen Aufnahme- und Wiedergabetechniken) des 19. Jahrhunderts, doch wird es sehr früh schon elektrifiziert (um den Gleichlauf der Bewegungen in Aufnahme und Projektion sowie eine gewisse Lichtintensität zu erzielen) und bildet damit auch den Ausgangspunkt für die elektrischen Medien des 20. Jahrhunderts. Alle weiteren technisch-apparativen Medien sind ebenfalls elektrische Medien, d. h., sie basieren auf der elektrischen Energie mit ihrer Gleichförmigkeit und Stetigkeit. Nur dadurch kann eine gleiche Vertaktung und Synchronisierung der technischen Prozesse mit dem Ziel konsistenter Bilder und Töne erzielt werden (vgl. Hickethier 2002).

Die **Elektrifizierung** stellt einen ersten technischen Standard der Massenmedien dar, ein weiterer wurde mit der **Digitalisierung** durchgesetzt, wobei auch hier die Digitalisierung keine Vereinheitlichung der Medien zur Folge hat. Die modernen technisch-apparativen Medien sind also Ergebnis des technisch-naturwissenschaftlichen Denkens des 19. und 20. Jahrhunderts, der industriellen Produktions- und Fertigungstechniken, und sie stellen zugleich auch einen Teil ihrer Weiterentwicklung dar.

Der **Film** ist durch die Fixierung der Bilder auf ein Filmband ein Speichermedium. Durch seine Möglichkeit der Projektion stellt er auch eine Technik der Verbreitung bereit. Zwischen der Herstellung eines Films und seiner Vorführung vor einem Publikum besteht jedoch, medientechnologisch gesehen, eine Lücke. Der Film muss über ein vorhandenes Verkehrssystem (Post, Kurierdienst) befördert werden.

Radio und Fernsehen entstanden zunächst aus der Überwindung dieses Übertragungsproblems. Anfangs wurde auf den vorhandenen Techniken der elektrischen Informationsübertragung (Telegrafie, Telefon, Funk) aufgebaut. Dafür war es notwendig, eine andere Form der Bild- und Tonherstellung zu entwickeln (beim Fernsehen mit der Auflösung der Bilder in Bildpunkte, die dann als elektrische Impulse übertragen werden können). Radio und Fernsehen besitzen zunächst keine genuinen Speichertechniken wie der Film, sondern adaptierten die vorhandenen Techniken (Grammofon, Film, Magnetband). Radio und Fernsehen stellen deshalb, technisch gesehen, **Hybridtechniken** dar (hier werden also Techniken unterschiedlicher Niveaus miteinander kombiniert).

Computer und Internet bauen auf der digitalen Informationsspeicherung und -übertragung auf. Von den technischen Voraussetzungen her ist die Rechnertechnik der Ausgangspunkt. Obwohl – wie beim Fernsehen – ein Bildschirm benutzt wird, ist die Technik eine andere, weil die Informationen nicht in Zeilen geschrieben werden. Auch hier werden bestehende Techniken adaptiert, wobei die analogen Speichertechniken in eine digitale Technik transformiert werden müssen (vgl. Kaiser 1997, S. 253 ff.).

3.3.3 Medialität und Institution

Technik wird immer erst durch eine **kulturelle Praxis** zum Bestandteil und zur Voraussetzung eines Mediums. Durch die gesellschaftliche Institutionalisierung wird die Technik gesellschaftlich eingebunden und festgelegt, wobei zumeist nicht-technische Kriterien (z. B. ökonomische) ausschlaggebend sind. Medialität als eine vor allem bei den technisch-apparativen Medien aufwändig hergestellte sinnliche Qualität bedarf einer arbeitsteilig organisierten Herstellung von Geräten und Produkten, die mit diesen Geräten vermittelt werden. Dazu ist Wissen notwendig, aber auch ein Standard technischer Produktion sowie der Einsatz von gesellschaftlichen Ressourcen.

Ein Beispiel: Um das so freizügig und individuell zu gebrauchende **mobile Telefon** (›Handy‹) als Mittel der Kommunikation benutzen zu können, bedarf es einer beträchtlichen Infrastruktur. Nicht nur muss dafür eine hoch komplexe Technik der Aufnahme und Wiedergabe von Schallwellen vorhanden sein, es muss flächendeckend eine Übertragungstechnik über Eingabepunkte und Sendeanlagen installiert sein, die benutzt werden können. Dazu bedarf es eines oder mehrerer Unternehmen mit zahlreichen Mitarbeitern, die nicht nur diese Infrastruktur bereitstellen, sondern sie auch ständig unterhalten. Diese Infrastruktur muss finanziert werden, was wiederum eine ökonomische Struktur erfordert mit Finanzierung, Kalkulation, Buchhaltung usf. Die Infrastruktur ist also als Institution unabhängig von den individuellen Nutzern von einer Gesellschaft zu schaffen.

Mit dem Begriff der **Institutionalisierung** ist gemeint, dass Medien nicht einfach nur ›da‹ sind, sondern dass sie als kulturelle Errungenschaften der Menschen z. T. komplexe und komplizierte Apparaturen voraussetzen, in denen viel gesellschaftliche Arbeit enthalten ist und deren Gebrauch mit Einfluss und Macht – z. B. über die Vorstellungen der Menschen – verbunden ist. Wer Medien benutzt und in welcher Weise, ist deshalb gesellschaftlich geregelt, durch Gesetze, Richtlinien, Eigentumsverhältnisse, aber auch durch Konventionen, Gewohnheiten etc. Sehr allgemein kann man feststellen, dass diese Nutzung umso stärker gesellschaftlichen Regelungen unterworfen ist, je verbreiteter und einflussreicher ein Medium ist. Institutionen sind »geronnene Kultur«: »Sie transformieren kulturelle Wertorientierungen in eine normativ verbindliche soziale Ordnung. Institutionen sind Ausdruck einer den Menschen gegenübertretenden objektiven Macht« (Eder 1997, S. 159). Institutionen geben Zielvorstellungen vor und sichern deren Realisierung, sie vermitteln Regeln, Normen, Angemessenheitsprinzipien des sozialen Lebens.

Grundsätzlich kann davon ausgegangen werden, dass Medien als Kommunikation organisierende Einheiten **immer gesellschaftlich institutionalisiert** sind, weil sie bei den Benutzern kulturell verankertes Wissen um ihre Funktion und ihren Gebrauch voraussetzen und nur bestimmte Umgangsweisen mit den Medien ermöglichen. Gleichwohl ist gerade der Blick auf die gesellschaftliche Institutionalisierung der Medien aufschlussreich, weil in ihr kulturelle Vorstellungen von Individuum und Gesellschaft eingeschrieben sind.

Von den drei **Basisformen der Medienorganisation (staatlich, öffentlich-rechtlich und privatrechtlich)** geht die Entwicklung immer stärker in Richtung einer Entstaatlichung und einer verstärkten privatrechtlichen Organisation, wobei ein komplexes System unterschiedlicher Aufsichts- und Kontrollinstanzen (z. B. Landesmedienanstalten, Freiwillige Selbstkontrolle Fernsehen, Rundfunkräte usw.) entstanden ist. Gerade indem die Medien so unterschiedlich institutionalisiert sind, scheinen sie auf unterschiedliche gesellschaftliche Anforderungen zu reagieren und damit die gesellschaftliche Kommunikation angemessen zu organisieren. Als solche Institutionen beeinflussen sie den Alltag ihrer Nutzer in starker Weise. Dies geschieht jedoch nicht einheitlich, sondern aufgrund der unterschiedlichen gesellschaftlichen Konstitution und der sich darin artikulierenden gesellschaftlichen Macht- und Interessenverhältnisse kann es zu Widersprüchen kommen, wenn z. B. Medien als Institutionen zum einen im Sinne ihrer Eigentümer ökonomisch gewinnorientiert arbeiten und zum anderen eine demokratische Partizipation der Mediennutzer an der gesellschaftlichen Meinungsbildung gewährleisten sollen.

Die Widersprüchlichkeit der Medien resultiert auch aus der Vielfalt der Medien (vgl. Faulstich 1994, S. 20). Für die Medienwissenschaft spielen vor allem die Medien eine zentrale Rolle, die durch ihre weitreichende gesellschaftliche Verbreitung, eine komplexe institutionelle Organisierung, ihre Manifestation in überprüfbaren und damit auch analysierbaren Medientexten und die Entstehung spezifischer Gebrauchsformen der Medien (Medienrezeption, Mediennutzung) dominant sind. Aufgrund dieser Kriterien steht in der Praxis der Medienwissenschaft vor allem die Beschäftigung mit **Film, Fernsehen, Radio und Internet (Computer) bzw. Digitalmedien** im Vordergrund (zur Genese und den Gründen vgl. Hickethier 2001).

3.4   Die Wirklichkeit der Medien

Medien sind Vermittlungsinstanzen, die zum einen zwischen Sprecher und Hörer, Produzent und Rezipient, die zum anderen zwischen dem Menschen und seiner Umwelt, die wir abgekürzt ›Realität‹ nennen, vermitteln und in der Regel diese ›Realität‹ (oder Aspekte von ihr) in einem Medienprodukt darstellen. Medien sind nicht nur ›mimetisch‹, ›reproduzierend‹ oder ›abbildend‹, sondern sie erzeugen selbst eine eigene Welt. Wir nennen in Abgrenzung zur vormedialen ›Realität‹ diese Welt und ihre Strukturen ›Wirklichkeit‹ und gehen davon aus, dass die Medien nicht nur insgesamt, sondern auch jeweils als einzelne Medien ›**Medienwirklichkeiten**‹ entstehen lassen. Dabei geht es vor allem darum, dass diese Medienwirklichkeit für den Menschen als Realität konstitutiv wird.

Diese Auffassung findet sich in unterschiedlichen Theorien über Sprache, Bilder und Medien, wobei hier nur auf die wichtigsten verwiesen werden kann. Dass Sprache selbst Wirklichkeit schafft, ist in der Sprachwissenschaft auf vielfältige Weise thematisiert worden. Dazu gehören nicht nur der Theoriekomplex der Sprechakttheorien (Austin 1972, Searle 1971), sondern auch zahlreiche andere linguistische Theorien. In der *Grammatologie*, der philosophisch inspirierten

Sprach- und Schrifttheorie Derridas, findet sich ebenfalls eine solche Auffassung von der Wirklichkeit schaffenden Kraft der Sprache (Derrida 1972). Für die Welt der Bilder hat diesen Aspekt vor allem Gernot Böhme herausgearbeitet (Böhme 1999). Für die Medien haben konstruktivistische und systemtheoretische Theorien diesen Aspekt in den letzten Jahren ebenfalls stark gemacht (Schmidt 1996, Merten/Schmidt/Weischenberg 1994, Luhmann 1996). Hier geht es um ein kulturtheoretisches Grundverständnis von der Eigenständigkeit der Medienwelten.

3.4.1 Medien und Realität

Ausgangspunkt aller Überlegungen zum Verhältnis von Medien und Realität ist die Frage, was Realität ist, nicht die Frage, ob es eine Realität gibt. Das, was Menschen ganz selbstverständlich als eine außerhalb von ihnen existente Realität wahrnehmen und kennen, ist abhängig davon, was sie wahrnehmen können und wie sie diese Wahrnehmungen aufgrund ihrer Bewusstseinsstrukturen zu einem weitgehend kohärenten Weltbild zusammensetzen.

Alles, was wir als ›Realität‹ wahrnehmen, ist **abhängig von unseren Wahrnehmungsinstrumenten, den Sinnen**. Wir können als Realität nur wahrnehmen, wofür wir ein ›Sensorium‹ besitzen. Für UV-Strahlen oder radioaktive Strahlen haben wir z. B. kein Wahrnehmungsorgan, trotzdem gibt es sie, und sie können uns schädigen. Um diese Strahlen für uns wahrnehmbar zu machen, brauchen wir ein Instrument, das sie für uns ›sichtbar‹ oder ›hörbar‹ macht, sie z. B. in das Ticken des Geigerzählers oder in die Kurve eines Oszillographen übersetzt. Es handelt sich dabei um Signale, die für uns als Zeichen für etwas, was wir sonst nicht wahrnehmen können, Bedeutung gewinnen. Mit den technischen Apparaten werden Zuordnungsregeln definiert, wie das Hörbare und Sichtbare das für uns Nichthörbare und Nichtsichtbare (die Strahlungen) kodiert (übersetzt) wird.

Das Gehirn führt die verschiedenen Sinneseindrücke zusammen und **erzeugt (konstruiert) einen für uns stimmigen Gesamteindruck**. Viele von den Wahrnehmungsorganen gelieferte Impulse werden nicht weiter beachtet und ausgesondert. Das Gehirn gleicht die Wahrnehmungseindrücke mit den bereits im Gehirn gespeicherten Erfahrungen vergangener Situationen ab. Die Strukturen, nach denen das Gehirn diese Konstruktion vollzieht, sind Resultat der Genese der Gattung ›Mensch‹, d. h., sie haben sich als optimal für das Überleben der Menschen erwiesen. ›Realität‹ ist also eine menschliche Konstruktionsleistung, die uns deshalb nicht mehr bewusst wird, weil sie quasi ›im Hintergrund‹ ständig vollzogen wird (Schmidt 1996, S. 55 ff.). Das Ergebnis ist ein **intuitives Realitätsverständnis**, das auf Stabilität und Kontinuität hin angelegt ist und sich den Menschen als Gewissheit darstellt.

3.4.2 Medienwirklichkeiten

Was hier für die Wahrnehmung nur knapp skizziert wurde, lässt sich übertragen auf kulturelles Wissen und Verhalten. Unser Realitätsverständnis besteht ja nicht nur in einem kognitiv erzeugten Konstrukt, das auf Verlässlichkeit unserer durch die Wahrnehmungsorgane getätigten Beobachtungen angelegt ist, sondern auch aus zahlreichen kulturellen Gewissheiten, Routinen und Gewohnheiten, die sich ebenfalls zu einem weitgehend konsistenten und von großen Mehrheiten der Bevölkerung wenig hinterfragten Realitätsbild verfestigt haben. Dieses kulturell erzeugte Bild von der Realität ist von dem zunächst beschriebenen Kognitionskonstrukt der Wahrnehmung zu unterscheiden, weil es sehr viele Varianten zulässt. Es ist das **Ergebnis des Lebens innerhalb einer Kultur** mit ihren spezifischen Besonderheiten, die von den Individuen erlernt werden, häufig in der Form der Nachahmung, des Erprobens und des Teilnehmens. Sprache, kognitive Schemata, Allgemeinwissen werden durch Sozialisation im Zusammenhang mit lebensweltlichen und kulturellen Praktiken und durch ein Handeln der Individuen innerhalb der Gesellschaft erworben (zur kognitionstheoretischen Sicht vgl. Schmidt 1996, S. 62 ff.).

Eine solche Auffassung lässt sich auch systemtheoretisch formulieren. Der Mensch wird mit seinen Wahrnehmungsorganen und seiner Weltkonstruktion im Gehirn als ein ›System‹ betrachtet, das nach eigenen Regeln funktioniert und nur nach diesen Regeln funktionieren kann. Diese Konzeptualisierung als ›System‹ ermöglicht es, die hier gewonnene Auffassung auch auf andere Formen der sozialen und kulturellen Organisation zu übertragen. Medien z. B. können als Systeme verstanden werden, die über spezifische Sensoren ihre Umwelt wahrnehmen und daraus ein ›mediales Bild der Wirklichkeit‹ bzw. eine nach eigenen Kriterien geschaffene eigene ›Wirklichkeit‹ erzeugen. Die Erfassung der Umwelt erfolgt z. B. nach ›journalistischen‹ Prinzipien (etwas muss ›aktuell‹ sein, es muss sich medial darstellen lassen, es muss ein Publikum interessieren usf.) und diese entsprechen nicht immer denen, nach denen die vormediale Welt organisiert ist. D. h., eine Vielzahl von Aspekten entfällt, die für andere gesellschaftliche Systeme (z. B. Wissenschaft, Kirche, Staat) wichtig sind.

Die Medien bilden also nicht eine allgemein vorhandene Wirklichkeit ab, sondern erzeugen eine eigene Medienwirklichkeit, sie produzieren Medientexte über die Welt, die nach den Bedingungen der Medien organisiert sind. Diese korrespondieren wiederum mit den Vorstellungen und Weltsichten der Medienbenutzer und zielen auf eine möglichst weitgehende Homogenisierung dieser Realitätsvorstellungen. Als Medienbenutzer wissen wir jedoch – aus unseren Erfahrungen im Gebrauch der Medien –, dass es sich bei den Medienwirklichkeiten um Konstruktionen handelt, weil zum Alltag unserer Medienwahrnehmung gehört, dass wir auf die Differenzen zwischen den in den Medien angebotenen und unseren Vorstellungen von der Welt hingewiesen werden. Die Medienwirklichkeit wird also häufig als different, wenn nicht sogar konträr zur eigenen individuellen Weltsicht der Individuen erfahren.

Für die **Praxis der Medienwissenschaft** ist hier weiter zu differenzieren. Der Verweis auf die biologische Konstruktion unserer Wahrnehmung und Kognition ist zwar grundsätzlich richtig, für die Beschäftigung mit den Medien ist sie jedoch wenig hilfreich, denn sie gilt grundsätzlich und für alle Formen der Realitätskonstruktion. Die unterschiedlichen Formen der Medienrealitäten, die kulturellen

Diskussionen um sie, ihre Weiterentwicklung, Veränderung, möglicherweise sogar ihre Bekämpfung oder Verhinderung sind dagegen sehr variabel, ihnen gilt vor allem das Interesse der Medienwissenschaft.

Grundlegende Literatur

Faßler, Manfred/Wulf Halbach (Hg.) 1998: Geschichte der Medien. München: Fink.

Hickethier, Knut 1988: Das ›Medium‹, die ›Medien‹ und die Medienwissenschaft. In: Bohn, Rainer/Eggo Müller/Rainer Ruppert (Hg.): Ansichten einer zukünftigen Medienwissenschaft. Berlin: Edition Sigma, S. 51–74.

Kittler, Friedrich A. 1987: Aufschreibesysteme 1800 – 1900. München: Fink.

Knilli, Friedrich 1979: Medium. In: Faulstich, Werner (Hg.): Kritische Stichwörter Medienwissenschaft. München: Fink, S. 230–251.

Luhmann, Niklas 1996: Die Realität der Massenmedien. Opladen: Westdeutscher Verlag.

Merten, Klaus/Siegfried J. Schmidt/Siegfried Weischenberg (Hg.) 1994: Sie Wirklichkeit der Medien. Eine Einführung in die Kommunikationswissenschaft. Opladen: Westdeutscher Verlag.

Ong, Walter J. 1987: Oralität und Literalität. Die Technologisierung des Wortes. Opladen: Westdeutscher Verlag.

Weitere zitierte Literatur

Austin, John Langshaw 1972: Zur Theorie der Sprechakte. Stuttgart: Reclam (engl.: How to do things with words: The William James Lectures delivered at Harvard University in 1955. Oxford: Oxford University Press 1962).

Böhme, Gernot 1999: Theorie des Bildes. München: Fink.

Derrida, Jacques 1972: Die Schrift und die Differenz. Frankfurt a. M.: Suhrkamp.

Eckert, Gerhard 1953: Die Kunst des Fernsehens: Emsdetten: Lechte.

Eder, Klaus 1997: Institution. In: Wulf, Christoph (Hg.): Vom Menschen. Handbuch Historische Anthropologie. Weinheim/Basel: Beltz, S. 159–168.

Faulstich, Werner [3]1994: Grundwissen Medien. München: Fink.

Fischer-Lichte, Erika 1998: Inszenierung und Theatralität. In: Willems, Herbert/Martin Jurga (Hg.): Inszenierungsgesellschaft. Ein einführendes Handbuch. Opladen: Westdeutscher Verlag, S. 81–93.

Haase, Frank 1996: Die Revolution der Telekommunikation. Die Theorie des telekommunikativen Aprioris. Baden-Baden: Nomos.

Havelock, Eric A. 1992: Als die Muse schreiben lernte. Frankfurt a. M.: Verlag Anton Hain.

Hickethier, Knut 1998: Geschichte des deutschen Fernsehens. Stuttgart/Weimar: Metzler.

Hickethier, Knut 2000: Medialisierung, Medienverschmelzung und Öffentlichkeitsvielfalt. In: Faulstich, Werner/Knut Hickethier (Hg.): Öffentlichkeit im Wandel. Bardowick: Wissenschaftler-Verlag, S. 272–284.

Hickethier, Knut 2001: Medienkultur und Medienwissenschaft. Das Hamburger Modell. Vorgeschichte, Entstehung, Konzept (Hamburger Hefte zur Medienkultur 1). Hamburg: ZMM/Universität Hamburg.

Hickethier, Knut 2002: Synchron – Gleichzeitigkeit, Vertaktung und Synchronisierung der Medien. In: Faulstich, Werner/Christian Steininger (Hg.): Die Zeit und die Medien. München: Fink, S. 111–130.

Jossé, Harald 1984: Die Entstehung des Tonfilms. Beitrag zu einer faktenorientierten Mediengeschichtsschreibung. Freiburg/München: Alber.

Kaiser, Wolfgang 1997: Technisierung des Lebens seit 1945. In: Braun, Hans Joachim/Walter Kaiser (Hg.): Propyläen Technik Geschichte. Bd. 5. Berlin: Propyläen, S. 283–529.

Kittler, Friedrich A. 1997: Kommunikationsmedien. In: Wulf, Christoph (Hg.): Vom Menschen. Handbuch Historische Anthropologie. Weinheim/Basel: Beltz, S. 649–660.

Le Bon, Gustave [6]1898: Psychologie der Massen. Leipzig (hier Stuttgart: Kröner, o. J.).

Maletzke, Gerhard 1963: Psychologie der Massenkommunikation. Hamburg: Hans-Bredow-Institut.

Maresch, Rudolf 1996: Mediatisierung: Dispositiv der Öffentlichkeit 1800/2000. In: Ders. (Hg.): Medien und Öffentlichkeit. Positionierungen Symptome Simulationsbrüche. München: Boer, S. 9–29.

McLuhan, Marshall 1994: Die magischen Kanäle. Dresden/Basel: Verlag der Kunst (engl.: Understanding Media. New York: McGraw-Hill 1964).

Müller, Corinna 1994: Frühe deutsche Kinematographie. Formale, wirtschaftliche und kulturelle Entwicklungen 1907–1912. Stuttgart/Weimar: Metzler.

Müller, Corinna 2001: Übergang vom Stummfilm zum Tonfilm. Hamburg (unveröffentl. Habilitationsschrift).

Pross, Harry 1972: Medienforschung: Film, Funk, Fernsehen. Darmstadt: Habel.

Reckwitz, Andreas 2000: Die Transformation der Kulturtheorien. Zur Entwicklung eines Theorieprogramms. Weilerswist: Velbrück.

Rehlinger, Bruno 1938: Der Begriff Filmisch. Emsdetten: Verlagsanstalt Heinrich & J. Lechte.

Schmidt, Siegfried J. 1996: Die Welten der Medien. Grundlagen und Perspektiven der Medienbeobachtung. Braunschweig: Vieweg.

Searle, John Rogers 1971: Sprechakte. Frankfurt a. M.: Suhrkamp (engl.: Speech Acts. Cambridge: Cambridge University Press 1969).

Vogel, Matthias 2001: Was sind Medien? In: Ders.: Medien der Vernunft. Eine Theorie des Geistes und der Rationalität auf der Grundlage einer Theorie der Medien. Frankfurt a. M.: Suhrkamp, S. 114–158.

4. Kommunikation

Kommunikation (von lat. *communicare*: gemeinsam machen, vereinigen, mitteilen) bezeichnet allgemein den Austausch sprachlicher und nicht-sprachlicher Äußerungen zwischen Menschen. Das ›Sich-Verständigen‹, ›Miteinander-Reden‹ und ›Sich-Austauschen‹ gehört zur anthropologischen Ausstattung des Menschen und definiert ihn als Individuum sowie als soziales und kulturelles Wesen. Kommunikation meint, in der Fortführung des Aspekts des Austausches auch den Austausch von Waren sowie den Verkehr. Kommunikation besitzt damit einen prozessualen Charakter.

Sich-Verständigen, Sich-Austauschen bedeutet, dass sich die Kommunikationspartner verstehen und **in die Rolle des anderen hineinversetzen können.** Die Zuhörenden können auf eine mögliche Intention des Sprechenden schließen, ebenso diese reflektiv ein mögliches Verhalten der Zuhörenden antizipieren. Die Möglichkeit des Rollenwechsels ist, wenn man den neueren Publikationen der Kulturanthropologie Glauben schenken darf, die Voraussetzung für kognitive Fähigkeiten (Tomasello 2002). Diese ermöglichen wiederum erst die Kommunikation mit Hilfe zusätzlicher Instrumente: mit den Medien.

Kommunikation als Austausch ist kulturell geregelt und setzt einen ›**Kontrakt**‹ **zwischen den Kommunikationspartnern** voraus. Dieser ›Kontrakt‹ wird zu Beginn der Kommunikation geschlossen, indem sich beide Kommunikationspartner auf das kulturelle Prinzip ›Kommunikation‹ einlassen. Dabei werden Vereinbarungen getroffen, die die Kommunikation regeln. Dies geschieht zumeist dadurch, dass sich beide Kommunikationspartner bestimmter Formen des Austausches bedienen und ohne dass darüber gesprochen wird. Eine dieser grundlegenden Vereinbarungen des »kommunikativen Kontrakts« ist die »**Sinn-unterstellung**«, d. h., der Rezipient unterstellt dem Sprecher, dass er eine sinnvoll strukturierte Rede führt (Wulff 1999, S. 60).

4.1 Kommunikation als sprachliches Handeln

Wichtigstes Kommunikationsinstrument des Menschen ist die Sprache. Damit ist zunächst die gesprochene Sprache gemeint. Sie ist von allen natürlichen Formen der Verständigung die wichtigste, weil sie Welt am komplexesten und differenziertesten darstellen und Bedeutungen vermitteln kann (aber sie ist nicht die einzige Form, wie wir am Beispiel der Gebärdensprache sehen können). Der Einfachheit halber wird diese Kommunikation im Folgenden als ›natürliche Kommunikation‹ bezeichnet.

Die **sprachliche Kommunikation mit natürlichen Sprachen** ist der Ausgangspunkt für die Modellbildungen der Medienkommunikation. Denn in die Kommunikation mit natürlichen Sprachen schieben sich die Medien auf unterschiedliche Weise hinein und verändern diese teilweise grundlegend. Sprachliche Kommunikation besteht aus mindestens drei Elementen: einem **Sprecher A**, einem **Hörer B** und dem **Gesprochenen (Mitgeteilten) C**.

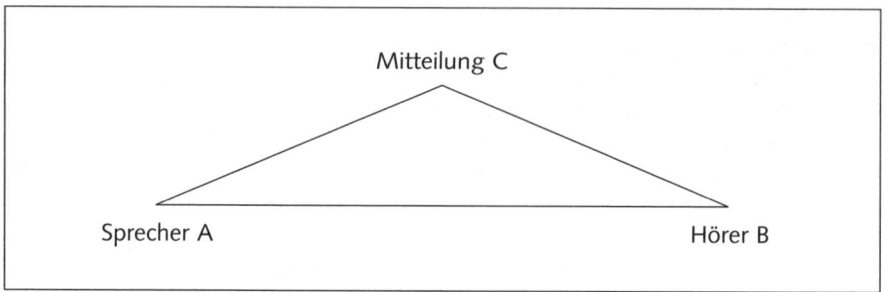

4.1.1 Das dialogische Prinzip von Kommunikation

Natürliche Sprachen erfordern in der Regel keine Beherrschung zusätzlicher technischer Hilfsmittel, sondern nur die Kenntnis der Sprache, die in der Regel (als Muttersprache) durch familiäre Sozialisation und ein Auf- und Hineinwachsen in einen Kulturraum erlernt wird. Voraussetzung ist, dass zwischen dem Sprechenden und dem Hörenden eine **raumzeitliche Einheit** besteht, also die Anwesenheit des Sprechers und des Hörers an einem gemeinsamen Ort und zur selben Zeit. Diese Bedingung wird meist nicht weiter reflektiert, weil sie anfangs selbstverständlich ist. Dass sie eine veränderbare Bedingung darstellt, rückt erst die Kommunikation mit den technisch-apparativen Medien in den Blick.

In der natürlichen Kommunikation wird der **Kommunikationsraum** in seiner Größe durch die Reichweite der Stimme des Sprechenden bestimmt. Schon im alten Griechenland zielte deshalb der Bau der Amphitheater auf eine Verstärkung der Stimme: Ihre Konstruktion besaß für die auf einem bestimmten Punkt der Bühne Stehenden einen Lautsprechereffekt. Wichtig an der natürlichen Kommunikation ist auch die **zeitliche Einheit**. Sie ermöglicht einen jederzeitigen Wechsel der Rollen innerhalb dieses Kommunikationsvorgangs: Der Hörer kann zum Sprecher und der Sprecher zum Hörer werden. Kennzeichen ist also das **dialogische (oder auch interaktive) Prinzip**. Es macht Kommunikation im Sinne eines ›Sich-Austauschens‹ erst möglich.

Differenziert man die Kommunikation nach ihren **unterschiedlichen Sprechsituationen**, ist festzustellen, dass es durchaus nicht so ist, dass jeder jederzeit sprechen kann. Kommunikationssituationen sind durch gesellschaftliche Konventionen, Rituale und Machtstrukturen häufig stark geregelt und schreiben genau vor, wer wann reden darf und wer nicht (z. B. in Gerichtsverhandlungen, bei Prüfungen, im Parlament, in Arbeitssituationen usf.).

Für die natürliche Kommunikation ist weiterhin von Bedeutung, dass **über etwas** gesprochen wird: Die Kommunikation bezieht sich also auf etwas Drittes. Ein Sachverhalt wird erörtert. Dieses Dritte muss in der Kommunikationssituation nicht anwesend sein, innerhalb der Kommunikation selbst ist es nur durch Zeichen (Sprache, Bilder, Töne) repräsentiert (vgl. Kap. 5). Neben diesem Sprechen über Sachverhalte gibt es jedoch auch Sprechhandlungen, in denen **mit dem Sprechen selbst eine Handlung vollzogen wird**, wie z. B. das Ja-Wort beim Heiraten oder die Verkündung eines Gerichtsurteils. Solche Sprechhandlungen werden in der Linguistik nach John Rogers Searle (1971) und John L. Austin (1972) als ›illokutionäre Akte‹ verstanden. Sie machen deutlich, dass im Sprechen selbst bereits ein gesellschaftliches Handeln liegt und eine Praxis begründet wird, die gegenüber einem ›Reden über‹ eigenständig ist. Im kommunikativen Prozess selbst ist also eine **gesellschaftliche Handlung** enthalten, die sich nicht in der Übermittlung von Meinungen, Bedeutungen und Inhalten erschöpft.

4.1.2 Nicht-sprachliche Elemente in der sprachlichen Kommunikation

Bedeutungsvermittlung und Bedeutungserzeugung werden auch durch **visuelle und nicht-sprachliche Mitteilungen** geprägt. Die Kommunikationspartner entnehmen dem Bild, das der Sprecher von sich vermittelt, sowie der Art, wie er etwas sagt und unter welchen Umständen, Informationen. Bereits in der natürlichen sprachlichen Kommunikation sind nicht-sprachliche Elemente enthalten. Sie werden als ›paralinguistisch‹ bezeichnet, weil sie die Sprache begleiten und dabei das Gesagte unterstreichen oder konterkarieren. Der Hörer sieht den Sprecher beim Reden und hört dessen Stimme mit ihrer Färbung. Er erlebt z. B. das Temperament des Sprechers, erkennt dessen Alter und psychische Verfassung. Der Sprecher unterstützt seine Rede durch Mimik und Gestik, durch die Verwendung von Gegenständen usf. Für die Bewertung des Gesagten spielen diese akustischen und visuellen Informationen eine entscheidende Rolle, weil sie von den Kommunikationspartnern oft für wichtiger als das Gesagte selbst genommen werden.

Die nicht-sprachlichen Zeichen haben offensichtlich andere Funktionen als die sprachlichen. Nicht-sprachliche Zeichen lassen sich dahingehend unterscheiden, dass sie zum einen **intentional** (der Sprecher unterstreicht z. B. seine Rede durch eine ausholende Geste) und zum anderen **nicht-intentional** eingesetzt werden: Wenn z. B. der Sprecher beteuert, die Wahrheit zu sagen, und dabei rot wird, nimmt der Hörer an, dass dieses Rotwerden Ausdruck eines schlechten Gewissens ist und die ›Körpersprache‹ zum Ausdruck bringt, dass er lügt. Im Mischbereich von ›intentional‹ und ›nichtintentional‹ liegt es, dass der Sprecher durch sein Erscheinungsbild – seine Kleidung, seine Frisur, aber auch seine Sprechweise – dem Hörer (und Betrachter) einen sozialen Status offenbart.

Zu den nicht-sprachlichen Zeichen gehören auch das physische Erscheinungsbild des Sprechers, seine Mimik, Gestik, seine Frisur, Kleidung, zusätzliche

Gegenstände etc. Sie sind für die Kommunikation wichtig, weil sie Bedeutungen vermitteln. Sie spielen auch in der **audiovisuellen Kommunikation** eine große Rolle, weil sie gezielt eingesetzt und zu eigenen ästhetischen Gestaltungsmitteln der Medien ausgebaut werden.

4.1.3 Kommunikation und Beobachtung

Bisher war davon ausgegangen worden, dass Kommunikation eine **willentliche Beteiligung der Kommunikationspartner** voraussetzt. Dies muss jedoch nicht der Fall sein. Wenn ein Betrachter (B) einen Menschen (A^1) in einem Café beobachtet, wie dieser seine Nachbarin A^2 mit Blicken mustert und dann einen Kaffee bestellt, teilt A^1 etwas über sich selbst als Akteur und über sein Verhältnis zur Umwelt an B mit, ohne dass A^1 sein Verhalten selbst als eine intendierte Mitteilung an B versteht (von dem er nicht weiß, dass dieser ihn beobachtet). Aus dem Beobachteten erzeugt der Betrachter Bedeutungen, z. B. dass der Caféhausbesucher A^1 seine Nachbarin A^2 ansprechen will und auf ein Abenteuer aus ist. Wenn z. B. der beobachtete Caféhausbesucher A^1 einen Flirt mit der Tischnachbarin A^2 beginnt, ihr nicht nur ›schöne Augen‹ macht, sondern ihr auch körperlich näher rückt, ihr die Hand auf den Arm legt – und sie ihm schließlich eine Ohrfeige gibt, hat der Beobachter in der Sukzession der Ereignisse eine Geschichte beobachten können. Anders formuliert: Der Beobachter B hat in dem, was sich an Interaktionen zwischen A^1 und A^2 ereignet hat, eine **Geschichte** gesehen, weil er ein Handlungsmuster wiedererkennt, das ihm aus mit anderen Mitteln erzählten medialen Geschichten bekannt ist (vgl. Kap. 8.4).

Dieses Beispiel bietet eine Brücke zur Medienkommunikation: Der Betrachter ist hier ein Beobachter, eine Kommunikation zwischen A^1 und A^2 einerseits und B andererseits hat im strengen Sinne nicht stattgefunden. Hätte B die Szene mit einer Kamera aufgenommen und sie in einem Film gezeigt bzw. im Fernsehen gesendet, wäre sie zu einem Bestandteil medialer Kommunikation geworden, weil sie von einem Autor, Redakteur, Programmplaner usf. als Mittel in einer medialen Mitteilung (Sendung) eingesetzt worden wäre. Kommunikatoren sind dann nicht A^1 und A^2, sondern der Autor, Regisseur usf. **Beobachtung kann also Teil der Kommunikation sein.**

Zu unterscheiden ist zwischen den **Akteuren in den und außerhalb der Medien**. Die Akteure im Café können zwar damit rechnen, dass sie jemand beobachtet, müssen es aber nicht. Die Akteure im Fernsehen dagegen müssen auf jeden Fall damit rechnen, dass ihnen jemand zuschaut, ja sogar, dass das Fernsehen eine besondere Bühne der Öffentlichkeit ist (vgl. Kap. 12) und ihr Verhalten Kommentierungen in anderen Medien nach sich zieht. Das Herstellen einer Sendung, ihre Präsentation innerhalb der Programmabfolge geschieht nicht ohne Absicht und ist in der Regel ein Ergebnis mehrfacher Planungsprozesse. Die Akteure innerhalb der medialen Produktionen sind dabei nicht unbedingt selbst die Urheber und Initiatoren des Kommunikationsvorgangs, sondern sind nur Objekte der Kommunikation. Aus dieser Differenz zwischen dem Kommunikator und dem

Akteur innerhalb der Sendung, der mit einem anderen Akteur spricht, entstehen in den Medien zahlreiche Probleme (z. B. das Recht am eigenen Bild vs. Urheberrecht).

4.2   Mediale Transformationen natürlicher Kommunikation

Findet die Kommunikation mit natürlichen Sprachen noch auf einer Ebene statt, die von beiden Kommunikationspartnern in gleicher Weise benutzt werden kann, verändert sie sich durch das Einbeziehen der Medien. Der Medieneinsatz dient in der Regel dazu, die natürliche Kommunikation zu erweitern. Dabei verändert sich der Charakter des Austausches.

4.2.1   Die Aufhebung der raumzeitlichen Einheit der Kommunikationssituation

Ist für die natürliche Kommunikation die raumzeitliche Einheit von Sprechendem und Hörendem entscheidend, heben die Medien diese Einheit auf und erweitern damit die Kommunikationsmöglichkeiten. Kulturhistorisch wichtigster Schritt bei dieser raumzeitlichen Veränderung war die **Einführung der Schrift**. Mit ihrer Hilfe lassen sich sprachliche Äußerungen fixieren und dauerhaft festhalten. Aus dem Sprechen und Hören wird ein Schreiben und Lesen. Das Gesprochene erscheint als Geschriebenes, die Flüchtigkeit des Sprechens wird damit aufgehoben. Der Sprecher ist als Schreibender nicht mehr in einem zeitlichen Gegenüber mit dem Lesenden. Damit ist auch die Möglichkeit des unmittelbaren Dialogs zwischen dem Sprecher (als Schreibendem) und Hörer (als Lesendem) aufgehoben. Der Leser kann den Schreibenden nicht mehr in der Formulierung seiner Worte beeinflussen.

Was wir lesen, wurde zu einer vergangenen Zeit formuliert, stellt also selbst keine Kommunikationsgegenwart dar, sondern wird dazu erst durch den Akt des Lesens und durch die Evokation einer Vorstellung im Kopf des Lesers. Die Schrift fixiert einen Bewusstseinszustand, eine Formulierung über die Zeit hinweg. Die zeitliche Distanz zwischen Schreibendem und Lesendem kann beliebig groß werden (Voraussetzung ist, dass der spätere Leser auch die Sprache des Schreibenden versteht). Durch das Lesen eröffnet sich für die Kommunikation ein **Potenzial an möglichen Kommunikationsakten**.

Die Auflösung der raumzeitlichen Einheit der Kommunikationspartner gilt für jede mediale Kommunikation. Zur **zeitlichen Trennung** kommt in weiteren Schritten der Medienentwicklung die **räumliche**. Der geschriebene Text kann vom Schreibenden weg zu einem entfernten Leser transportiert werden. Tontäfelchen, Papyrus, Pergamentrolle sind bewegliche Träger der Schrift und können das auf ihnen gespeicherte Wissen zu anderen Menschen transportieren. Zwar hat es immer auch schriftliche Zeugnisse an **ortsgebundenen Trägern** (Höhlenwände, Säulen etc.) gegeben, die wesentliche Bedeutung der Schrift liegt jedoch in ihrer Verbindung mit den **ortsungebundenen, beweglichen Trägern**. Prototypisch ist hier die Entwicklung des Buches als transportabler Speicher großer Textmengen.

Die Geschichte der Medien ist geprägt von den Bemühungen, diesen Transport über unterschiedliche Distanzen hinweg in seiner zeitlichen Dauer zu verkürzen bzw. zu beschleunigen. Der Transport von fixiertem Wissen ist über lange Zeit hinweg eng mit dem Transport von Waren aller Art verkoppelt gewesen. Eine Nachricht aus Amerika benötigte für ihren Weg nach Europa so lange, wie die Schiffe für die Ozeanüberquerung brauchten. Erst die Elektrifizierung der Nachrichtenvermittlung (Telegrafie) führte im 19. Jahrhundert zu einer grundlegenden Verkürzung der Transportzeit auf die Dauer der Weitergabe elektrischer Impulse per Überseekabel.

4.2.2 Reduktion und Erweiterung des Kommunikationsprozesses

Die Einführung der ›Schrift‹ in den Kommunikationsprozess bedeutet nicht nur eine **Erweiterung des Kommunikationsprozesses** (zeitliche und räumliche Entgrenzung), sondern auch eine **Reduktion** der Ausdrucks- und Mitteilungsformen auf im Wesentlichen einen Bestandteil: den schriftlich fixierten sprachlichen Text. Durch die Verschriftlichung entfallen eine Reihe von Mitteilungsformen, derer sich der Sprecher bedient hat und die wir paralinguistisch nennen (Erscheinungsbild des Sprechenden, Stimme, Tonfall, Färbung, mimische und gestische Artikulation usf.). Dadurch entfallen die – in der gesprochenen Kommunikation vorhandenen – Möglichkeiten, eine sprachliche Äußerung zu akzentuieren und eindeutig zu machen. Da vor allem die Kommunikationssituation des Lesenden nicht mehr mit der des Schreibenden übereinstimmt, können Missverständnisse entstehen.

In der Geschichte der medialen Kommunikation gibt es immer wieder Versuche, diese **durch die Verschriftlichung erzeugten Reduktionen zu beseitigen**, ohne die Vorzüge der schriftlichen Fixierung von Wissen aufzugeben. Schriftliche Texte können auch ›vorgelesen‹ (also wieder in mündliche Sprache ›übersetzt‹) und ›vorgetragen‹, ›rezitiert‹ und ›deklamiert‹ werden. Man erkennt in der Vielzahl der dafür existenten Bezeichnungsmöglichkeiten noch die Breite der auf diese Weise hergestellten mündlich/schriftlichen Kommunikation. Nicht nur die Predigt in der Kirche stellt eine solche mündliche Umwandlung eines schriftlichen Textes dar, auch andere Medien wie z. B. das Theater, dessen Inszenierungen in der Regel ein Text zugrunde liegt, bieten solche ›Reoralisierungen‹ von schriftlichen Texten.

Die audiovisuellen Medien wie Film und Fernsehen basieren zu großen Teilen auf schriftlichen Texten. Auch im Radio ist das Sprechen fast immer ein **Sprechen nach schriftlichen Vorlagen**. Die mediale Oralität ist also literal überformt und strukturiert. Zunehmend hat sich eine Praxis der bewussten Abweichung von schriftlich fixierten Vorlagen in der mündlichen Wiedergabe entwickelt, die als eine »inszenierte Spontaneität« kalkuliert eingesetzt wird. Ruth Ayaß hat gezeigt, wie diese Abweichungen vom Text und gezielte Inszenierungsstrategien den »typisch hohen Grad von Vorentworfenheit« des Sprechens in den Medien durch schriftliche Textvorgaben verdecken (Ayaß 2001, S. 244).

In fast allen Sprachen der Welt besteht ein Unterschied zwischen der gesprochenen und geschriebenen Sprache. Mit diesem Unterschied war seit Jahrhunderten häufig eine soziale Differenz verbunden: Die Beherrschung der Schriftsprache sicherte eine sozial höhere Stellung. Diese Differenz ist mit der Durchsetzung der allgemeinen Schulpflicht, der flächendeckenden Alphabetisierung und der Verbreitung der Schriftmedien weitgehend aufgehoben worden. In den audiovisuellen Medien wird die gesprochene Sprache medial eingesetzt, wobei sich die gesprochene Sprache den schriftsprachlichen Normen angepasst hat.

4.3   Wer kommuniziert mit wem?

Obwohl der Medienkommunikation der Charakter von Einseitigkeit und Gerichtetheit (Sprecher und Hörer sind unumkehrbar festgelegt, der Hörer kann z. B. dem Radiosprecher nicht umgehend im Radio antworten) zugesprochen wird (vgl. Kap. 4.5), ist auch sie von einer grundlegenden dialogischen Struktur. Denn der Rezipient reagiert auch hier auf mediale Angebote (z. B. des Fernsehens), allerdings nicht im gleichen Medium, sondern in anderen, z. B. wenn er mit anderen Mediennutzern über die Medienangebote spricht, andere Medien nutzt (Leserbrief, Telefon) und damit (gegenüber dem Fernsehsender) auf das Angebot reagiert. Auch das Verweigern der Kommunikation (z. B. durch das Abschalten des Fernsehers) ist letztlich als Reaktion zu verstehen. Bei der medialen Kommunikation ist deshalb immer von einer **vermittelten dialogischen Situation** zu sprechen.

4.3.1   Das dialogische Prinzip zwischen Medientext und Rezipient

Das Verhältnis von ›Sprecher‹ und ›Hörer‹ wird in der Medienkommunikation neu bestimmt, d. h., grundsätzlich gilt, dass die Identität von Sprecher und Urheber des Gesprochenen aufgehoben ist und einer vielfältigen Differenzierung Platz gemacht hat. Schon im schriftlichen Text sind innerhalb des sprachlichen Textes verschiedene ›Sprechhaltungen‹ möglich, die im Text unterschiedliche Sprecherpositionen signalisieren. In einem hier vereinfachten Modell von Kahrmann/Reiß/Schluchter ([4]1996, S. 20 ff.) wird diese Vielfalt angedeutet: Es geht von einer Sprecher(S)-Hörer(H)-Situation aus und entwickelt in einem **Autor-Erzähler-Leser-Modell** folgende Differenzierungen:

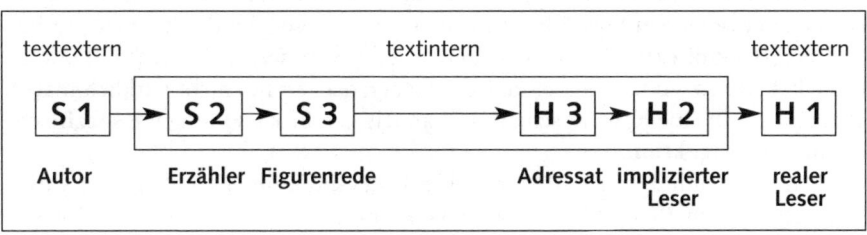

Der **Autor (S 1)** einer Geschichte, z. B. einer Erzählung (also eines fiktionalen
Textes) ist, wenn der **Leser (H 1)** die Geschichte liest (also beim Vollzug des Kom-
munikationsaktes), in der Regel nicht anwesend. Gleichwohl hat der Leser den
Eindruck, dass ihm die Geschichte, die er liest, erzählt wird. Der Text ist so konstruiert, dass sich für ihn aus dem Text ein ›**Erzähler**‹ **(S 2)** erschließt. Dieser Erzähler ist eine textinterne Instanz und nicht identisch mit dem Autor. So kann
z. B. der Autor, ein erwachsener Mann, die Geschichte eines kleinen Mädchens
aus dessen Perspektive erzählen, so dass es die Erzählerin ist. Dieser Erzähler (bzw.
die Erzählerin) richtet sich mit seiner Erzählrede an einen gedachten Leser, der
entweder direkt angesprochen wird oder der indirekt durch die Art und Weise, wie
erzählt wird, erschlossen werden kann. Dieser ›**Leser**‹ **(H 2)** kann als ›impliziter
Leser‹ bezeichnet werden. Innerhalb der Texte kann der Erzähler selbst wieder
von Figuren **(S 3)** erzählen, die ihrerseits innerhalb der Geschichte anderen etwas
erzählen. Diese innerhalb des Textes vorkommenden angesprochenen Redepart-
ner sind die **Adressaten (H 3)** der textinternen Rede (vgl. ausführlicher Kahr-
mann/Reiß/Schluchter [4]1996, S. 20–63). Dieses Modell ist in der Erzähltheorie auf
fünf unterschiedliche Kommunikationsniveaus (5 S-Ebenen und 5 H-Ebenen)
weiter ausdifferenziert. Für die audiovisuellen Medien ist dieses Modell sowohl in
fiktionalen wie nicht-fiktionalen Formen ebenfalls anwendbar. In einem Spielfilm
ist der Schauspieler der ›Sprecher‹ (S 2) von Sätzen, die der Drehbuchautor (S 1)
verfasst hat. Er kann von anderen Sprechern (S 3) erzählen, die dann auch, z. B. in
einer Rückblende, auftreten und selbst sprechen usf.

4.3.2 Die Vervielfachung des Urhebers

Das Modell differenzierter Kommunikationsniveaus ist als Versuch zu werten, aus
dem Dilemma herauszukommen, dass der eigentliche Urheber, der Autor, nicht
mehr direkt am Kommunikationsprozess beteiligt ist, sondern für den Leser – bzw.
beim Film für den Zuschauer – hinter dem Text verschwunden ist. **Der Autor ist
nicht mehr sichtbar**, von ihm ist nur der Text vorhanden.

Man kann deshalb auch sagen, dass **der Leser mit dem Text kommuniziert**.
Der Leser eines Romans hat nicht ständig den Autor vor Augen, sondern setzt sich
mit der geschilderten Welt des Romans auseinander. Durch die Lektüre werden die
Figuren in der Vorstellung des Lesers ›lebendig‹. Ebenso geschieht es beim Film. In
der Vorstellung des Zuschauers entsteht eine Welt mit Figuren, mit einer Geschichte, ohne dass er an den Regisseur oder den Drehbuchautor denkt.

Der Zuschauer kann sich jedoch auch als Kommunikationspartner eines im
Fernsehen agierenden Sprechers verstehen, wenn dieser ihn direkt anzusprechen
und den Blick direkt auf ihn zu richten scheint. Von der medialen Produktionsweise her wissen jedoch die meisten Zuschauer, dass er dies nicht wirklich macht,
sondern nur in eine Kamera schaut. Es handelt sich hier also um eine **spezifische
mediale Konstruktion**.

In der Sendung »Tagesthemen« ist z. B. der *anchorman* und Sprecher Ulrich
Wickert zu sehen. Er spricht frontal in die Kamera und damit scheinbar direkt zu

den Zuschauern. Doch ist das, was er sagt, wirklich ›seine‹ Äußerung in dem Sinne, dass er der Urheber ist? Ulrich Wickert spricht den Text, den Redakteure formuliert haben, wobei sie sich wiederum auf Texte von Nachrichtenagenturen, Korrespondentenberichten etc. stützen. Diese Texte wurden für Wickert aufgeschrieben und er liest vom Teleprompter ab. Er ist also auf jeden Fall nicht der Urheber dessen, was er sagt. Gleichzeitig sind hinter ihm Bilder zu sehen, die nicht er aufgenommen hat, es sprechen in den Filmbeiträgen andere Menschen, die teilweise auch im Bild zu sehen sind, und es sind andere Off-Stimmen zu hören.

In der medialen Kommunikation sind viele Urheber und Sprecher in unterschiedlichen Funktionen beteiligt. Nicht ein individueller Sprecher wie in der natürlichen Kommunikation spricht, sondern – wenn man so will – ein Kollektiv, eine Institution. Der Kommunikator hat sich vervielfacht. Wickert leiht als Sprecher dem eingespielten Team nur seine Stimme, das Team arbeitet mit einem spezifischen Auftrag. Ein großer Apparat, eine mediale ›Maschine‹, betreibt eine Textproduktion und Wickert erzeugt letztlich nur den ›Schein‹ eines natürlichen Sprechers.

4.3.3 Die Vervielfachung des Adressaten

Was für den Kommunikator gilt, ist ähnlich auch beim Adressaten festzustellen. Nicht immer ist der, der in den Medien angesprochen wird, auch der gemeinte Adressat. Wir sprechen bei Medientexten von unterschiedlichen Adressierungen und von einer »**Mehrfachadressierung**« (Kühn 1995, Hennig 1996, Hickethier 2001). Mehrfachadressierung meint nicht, dass die Rede an viele, sondern dass sie an viele in unterschiedlichen medialen Situationen und Konstruktionen gerichtet ist. Für die mediale Kommunikation ist entscheidend, dass die einfache Frage, wer spricht und wer zuhört, oder um mit Jörg Hennig zu sprechen »Wer spricht und wer ist gemeint?«, nicht einfach als eine schlichte Verlängerung der natürlichen Kommunikation gedacht werden kann.

Ein Beispiel soll dies veranschaulichen: In einem beliebigen Spielfilm unterhalten sich zwei Figuren miteinander. Sie unterhalten sich über ihre Beziehungen. Der Sprecher im Film richtet seine Rede an einen Hörer im Film. Dieses Geschehen scheint eindeutig, und das Medium Film überliefert es dem Zuschauer im Kino oder im Fernsehen. Es handelt sich jedoch häufig nicht um eine Dokumentation einer Situation, sondern der Sprecher hat zu einem Hörer geredet, um mit seinem Sprechen ein Publikum vor der Leinwand oder vor dem Bildschirm zu erreichen. Der eigentliche Adressat der Rede ist der Zuschauer. Es kommt also hier zu einer **doppelten Adressierung**.

Mit der doppelten Adressierung ändern sich Struktur und Inhalt der Rede. **Figuren im Film reden so, dass es für den Zuschauer einen Sinn macht**, nicht unbedingt für den im Film auftretenden Adressaten. So stellen sich z. B. die Filmfiguren durch ihre Rede dem Zuschauer vor, wenn sie zum ersten Mal in Erscheinung treten, oder sie reden über andere Figuren, damit der Zuschauer diese kennen lernt. Es gibt also expositorische Redebeiträge, ebenso kommentierende oder erläuternde, die in Richtung Zuschauer gesprochen werden und die in einer nichtmedialen Rede von Personen im Alltag so nicht stattfinden, weil die Angesprochenen ihre Vorgeschichten bereits kennen und sich nicht jedes Mal wieder erzählen bzw. weil Filmfiguren so sprechen, dass die Rede für einen vom Autor ausgedachten übergeordneten dramaturgischen Zusammenhang (vgl. Kap. 9.6.2) eine Funktion besitzt.

Eine solche doppelte Adressierung findet auch in **nichtfiktionalen Sendungen des Fernsehens** statt. Wenn sich Politiker verschiedener Couleur in der ARD-Talkrunde »Sabine Christiansen« versammelt haben, reagieren sie auf die Fragen der Moderatorin oder auf Redebeiträge der anderen anwesenden Politiker, reden aber in Wirklichkeit zum Fernsehpublikum, um diesem einen Sachverhalt deutlich zu machen, sie halten also ›Fensterreden‹. Ein ähnliches Verhalten ist auch bei Unterhaltungssendungen zu beobachten. Man kann also verallgemeinernd feststellen, dass die doppelte Adressierung (Mehrfachadressierung) ein Kennzeichen von Medienkommunikation ist.

Eine weitere Variante der Mehrfachadressierung ist auch die **Adressierungs-Verschiebung**. In einem der bekanntesten Filme von Jean-Luc Godard (»A bout de souffle«, F 1959) sehen wir Michel (gespielt von Jean-Paul Belmondo), wie er mit einem gestohlenen Auto nach Paris braust. Er ist ausgelassen und spricht mit sich selbst. Wir sehen ihn im Profil, als er sagt: »Ach, ich liebe Frankreich!« Plötzlich wendet er sich direkt und frontal zur Kamera hin und damit zum Zuschauer: »Wie bitte, Sie lieben das Meer nicht? Sie machen sich nichts aus dem Gebirge? Für Städte haben Sie auch nichts übrig? – Da kann ich nur sagen, Sie können mich ...« (Hickethier 2001).

Belmondo in seiner Rolle des Michel spricht wie Wickert in den »Tagesthemen« direkt zum Publikum, durchbricht also die Konvention fiktionaler Darstellung, nach der ein Darsteller nicht frontal in die Kamera blicken (und sich damit direkt an den Zuschauer wenden) darf, doch er bleibt innerhalb seiner Rolle: Er verändert nicht wirklich den Rahmen des Fiktionalen, sondern ›spielt‹ nur mit den Darstellungskonventionen.

Adressierungsverschiebungen finden sich auch in **nichtfiktionalen Sendungen**. In einem Interview, das Wickert innerhalb der Sendung »Tagesthemen« mit einem Korrespondenten in Washington führt, sehen wir ihn, wie er sich seinem Gesprächspartner zuwendet, der in einem Bildfenster rechts von ihm zu sehen ist. Er spricht ihn an, in seiner Körperhaltung ihm deutlich zugewendet, und dieser antwortet ihm mit einer kurzen zeitlichen Verzögerung. Wickert blickt auf eine *blue screen*, in die nur für den Zuschauer sichtbar sein Gesprächspartner in Washington eingeblendet wird. Dieser sieht – wenn technisch alles richtig läuft – auf seinem Monitor das Bild von Wickert, so wie es die »Tagesthemen«-Kamera von ihm aufnimmt und wie ihn die Zuschauer sehen. Wickert sieht ihn also gar nicht an, sondern seitlich weg auf eine Stelle, auf die für die Zuschauer gerade das Bild des Angesprochenen eingeblendet wird. Beide tun aber so, als ob sie sich wirklich ansehen würden. Die Kommunikation ist also so angelegt, dass sie nur für den Zuschauer einen plausiblen Kommunikationsraum herstellt. Dafür nehmen die im Medium Sprechenden in ihren Kommunikationshandlungen paradoxe Konstruktionen in Kauf.

Medienkommunikation ist, schon von den Rollen- und Aufgabenverteilungen her, eine **komplexe Konstruktion**. Der Eindruck, es handele sich um eine nur ins Medium des Films, Fernsehens, Radios getragene mündliche Kommunikation, ist ein medial erzeugter Schein – dem oft auch die im Medium selbst Agierenden aufsitzen.

4.4 Absicht, Intention, Manipulation

Dass der Sprecher A dem Hörer B eine Mitteilung C macht, bildete den Ausgangspunkt für die Überlegungen zur Kommunikation (vgl. Kap. 4.1). Dabei war unausgesprochen davon ausgegangen worden, dass A durch den Vorgang des Mitteilens den Hörer informieren oder unterhalten will. Der Sprecher verfolgt also eine **Absicht**, seine Mitteilung folgt einer **Intention**. B wiederum will das Mitzuteilende hören und die Intention des Sprechers verstehen. Vorausgesetzt war damit auch: A organisiert seine Information so, dass B die Absicht von A in dessen Mitteilung erkennt und sie versteht. Die Absicht strukturiert den Text der Mitteilung und ist in ihm in erkennbarer Weise enthalten, so dass der Hörer sie auch realisiert. Die Mitteilung hat ihr Ziel erreicht, wenn der Hörer die Intention erschlossen hat.

Nun ist eine solche Kommunikationssituation nicht die Regel. Zum einen muss sich die Absicht des Kommunikators nicht unbedingt im Text realisieren. Dieser kann sich z. B. über seine Absichten gar nicht im Klaren sein oder sie nicht so deutlich machen, dass der Hörer sie erkennt. Er kann sie bewusst verbergen wollen, weil er gerade nicht will, dass der Hörer seine Absichten durchschaut. Denn der Hörer könnte vielleicht sein Interesse an der Mitteilung verlieren, weil er mit den Absichten des Sprechers von vornherein nicht übereinstimmt.

Insbesondere in der medialen Kommunikation sind die Absichten der Kommunikatoren in der Regel schwer zu erkennen, da der Hörer bzw. Zuschauer nicht nachfragen, sondern der strukturierten Mitteilung nur folgen kann. Auch kann der Sprecher seine Absichten **bewusst verbergen und andere vortäuschen**, um den Zuschauer zu einem bestimmten Handeln zu veranlassen. Der Zuschauer bzw. Hörer hat auch oft den Eindruck, an einem Geschehen teilzunehmen, dass gar nicht von einer Kommunikationsabsicht bestimmt wird, sondern absichtslos präsentiert wird.

> Generell gilt, dass hinter jeder medialen Produktion auch eine Absicht steht. Jede mediale Kommunikation ist dem Verdacht ausgesetzt, dass der Kommunikator mit ihr etwas anderes erreichen will, als aus der Mitteilung hervorgeht.

4.4.1 Differenz der Kommunikationsinteressen

Da in der Medienkommunikation eine Vielzahl von Kommunikatoren an der Herstellung eines Medienprodukts beteiligt sind, divergieren ihre Absichten aufgrund ihrer unterschiedlichen Position im Medienprozess. Der Drehbuchautor möchte einen bestimmten Inhalt vermitteln, der Kameramann gelungene Bilder produzieren, der Schauspieler besonders gut präsentiert werden. Der Redakteur der Fernsehfilmabteilung möchte eine positive Besprechung durch die Kritik und viele Zuschauer erreichen, weil er damit seinen Status innerhalb des Senders festigt. Der Programmplaner dagegen möchte nur viele Zuschauer in einem für die Werbung relevanten Alter erreichen, damit viele Werbeagenturen Werbung schalten usf.

Generell gilt für kommerziell strukturierte Medien, dass ihre **Produktionen immer an zwei gegensätzliche Adressaten gerichtet** sind: zum einen an die Rezipienten, die das Produkt konsumieren, zum anderen an die Werbewirtschaft, die Werbeplätze im Umfeld des Produkts kaufen will. Ihr ist der Inhalt des Medienprodukts letztlich egal, weil sie nur an den Zuschauern interessiert ist. Wenn z. B. der ehemalige RTL-Chef Helmut Thoma seine Intention Fernsehen zu machen im Service des Mediums für den Zuschauer sieht und sagt:»Der Köder muss dem Fisch schmecken und nicht dem Angler«, dann verrät er unbeabsichtigt, dass nicht der Dienst am Kunden Priorität hat, sondern dass er den Zuschauer als Fisch versteht, den er angeln möchte – letztlich, um ihn als ›Quote‹ der Werbewirtschaft zu verkaufen. Hinter der laut verkündeten Intention, dem Kunden zu dienen, tritt eine andere Absicht, den Zuschauer einzufangen, hervor.

Die Interessen der Kommunikatoren sind also nicht immer auf ein möglichst optimales Bedienen der Erwartungen der Zuschauer ausgerichtet, sondern stärker von anderen, häufig produktionsinternen Absichten bestimmt. Drehbuchautor, Regisseur und Schauspieler haben den Produzenten als Adressaten, dieser den Redakteur im Fernsehsender, der Redakteur wiederum seinen Intendanten. Hinzu können noch unterschiedliche inhaltliche Absichten (oder auch politische Interessen) kommen, die manchmal interne (oder in die Öffentlichkeit getragene) Konflikte zwischen den Kommunikatoren auslösen.

4.4.2 Werbung und Propaganda

Häufig zielt das Interesse der Kommunikatoren auf eine direkte und sehr konkrete Beeinflussung des Rezipienten. Mit dem Medienprodukt soll eine bestimmte Wirkung erreicht werden. Werbespots erzählen z. B. von einer schönen Ferienwelt, von erotischen und sexuellen Abenteuern, die in Verbindung mit bestimmten Waren und ›Marken‹ stehen. Die Absicht des Kommunikators besteht darin, dass sich der Adressat ›Marke‹ und Produkt merkt und bei nächster Gelegenheit kauft, obwohl er damit nicht automatisch auch das präsentierte Erlebnis erwirbt. Durch den Werbespot soll er dazu gebracht werden, mit dem Produkt Assoziationen zu verbinden, die mit diesem eigentlich wenig zu tun haben.

Für die gezielte Beeinflussung hat sich der Begriff der **Manipulation** etabliert: Die Rezipienten sollen in ihrem Verhalten gesteuert werden, ohne dass sie sich dessen voll bewusst sind. Der Manipulationsbegriff wird zumeist in kritischer Absicht verwendet (Haug 1972). Auch wenn heute die Auffassung vorherrscht, dass Menschen nicht vollständig fremdgesteuert werden können, spielt die gezielte Informationslenkung weiterhin eine große Rolle. Dabei werden unter sozialpsychologischen Aspekten vor allem emotionale Anreize gegeben, wird an ein Prestige-Bedürfnis appelliert und ein Konformitätsdruck erzeugt.

Im Bereich der politischen und ökonomischen Kommunikation werden gezielt Maßnahmen der Informationslenkung, der Umformulierung, aber auch der Desinformation eingesetzt. Strategien der Informationssteuerung werden heute im Bereich der **Public Relations** bzw. der Öffentlichkeitsarbeit systematisch untersucht, formuliert und eingesetzt. In den modernen Gesellschaften gibt es ein differenziertes System von medialer Beeinflussung. In die medialen Informationssysteme geben heute politische Interessengruppen und Institutionen, Wirtschaftsverbände, Unternehmen etc. gezielt Informationen ein, um damit die Informationsvermittlung in ihrem Sinne zu beeinflussen. Häufig werden dabei Herkunft und Interessenbezogenheit der Informationen bewusst verschleiert.

Historisch wurde auch der Begriff der **Propaganda** verwendet: Der Rezipient soll zu einem bestimmten Verhalten gebracht werden, er soll z. B. einer politischen Partei oder Bewegung folgen, soll vielleicht in den Krieg ziehen, selbst wenn er dabei sein Leben verlieren kann und der Krieg ohnehin aussichtslos ist. Propaganda besteht jedoch nicht nur darin, ein Publikum gezielt zu mobilisieren, sondern auch die wahren Absichten eines politischen Systems oder einer Interessengruppe zu verdecken und von ihnen abzulenken (vgl. Diesener/Gries 1996). Die Medienproduktion der NS-Zeit bietet dafür eine Fülle von Beispielen (vgl. Hoffmann 1988). Auch in demokratischen Gesellschaften wird Propaganda betrieben, werden die Menschen durch gezielte Informationslenkung beeinflusst; durch die Konkurrenz der Medien und durch die Möglichkeit des öffentlichen Widerspruchs werden solche Strategien jedoch häufig (z. B. bei der Berichterstattung über Kriege) sichtbar gemacht, kritisiert und damit in ihrer Wirkung konterkariert.

4.5   Modelle der Medienkommunikation

Die Kommunikationswissenschaft hat unterschiedliche Modelle der Medienkommunikation entwickelt. Diese beziehen sich von vornherein auf die Kommunikation mit Hilfe der technisch-apparativen Medien. Modelle sind vereinfachte Darstellungen, die die Komplexität auf wenige Elemente reduzieren.

Modelle zeigen Relationen zwischen den Elementen, die unter einer bestimmten Fragestellung interessieren. Sie vereinfachen nicht nur durch Weglassen, sondern verändern die abzubildende Wirklichkeit auch zum Zwecke einer übersichtlichen Darstellung. Modelle dieser Art bilden nicht nur ab, sondern strukturieren unsere Vorstellung. Wir verständigen uns nicht nur mit Hilfe der Modelle, sondern beginnen, je verbreiteter ein Modell ist, in dessen Strukturen zu denken. Damit **modellieren sie unser Bild von der Wirklichkeit** (vgl. Schmidt/ Zurstiege 2000, S. 51).

Letztlich stellt jede Art von wissenschaftlicher Darstellung der Welt eine Vereinfachung dar, weil sie unter den vielen Zufälligkeiten und Besonderheiten die allgemeinen Prinzipien und dominanten Faktoren herausarbeiten will.

Modelle besitzen eine **innere Logik**. Sie sind entweder statisch (Klassifikationsmodelle, Strukturmodelle) oder prozessual konstruiert (Prozessmodell, Funktionsmodelle). Sie haben zumeist eine grafische Form, weil sich in ihr durch die visuellen Anordnungen leicht Zusammenhänge darstellen lassen. Auch der Verwendungszweck von Modellen lässt sich differenziert beschreiben. Modelle dienen der Organisation der Erkenntnisgewinnung, indem sie a) eine Vorstellung des Gegenstands entwickeln, die zu überprüfen ist, b) eine heuristische Funktion erfüllen, c) Aspekte der Erforschung strukturieren, also Planung von Erkenntnis organisieren, d) Prognosen über mögliche Folgen erlauben (vgl. Schmidt/Zurstiege 2000, S. 57 f.).

4.5.1 Das informationstechnische Modell

Eines der ältesten Modelle ist das Modell von Shannon und Weaver (1949). Es weist strukturell viele Ähnlichkeiten auf mit dem Kommunikationsmodell, das beim Gebrauch natürlicher Sprachen (und auf der Ebene der primären Medien) verwendet wurde.

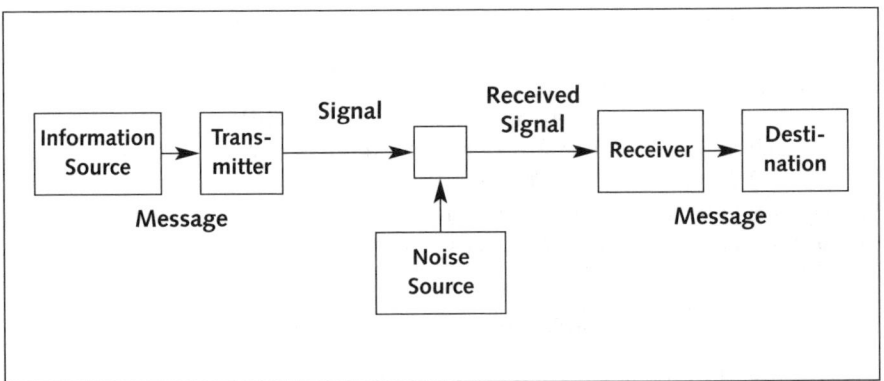

Statt ›Sprecher‹ und ›Hörer‹ stehen sich ›Sender‹ und ›Empfänger‹ gegenüber. Diese Begriffe werden auch in der Medienwissenschaft häufig verwendet.

Der Kommunikationsprozess wird hier auf einen **technischen Übertragungsvorgang** reduziert: Das ›Gesprochene‹, ›Mitgeteilte‹ wird in ein technisches Signal umgeformt (encodiert), das möglichst störungsfrei übertragen werden muss und das beim Empfänger wieder in Gesprochenes (und Hörbares) zurückgeformt (decodiert) wird. Die Übertragung sorgt dafür, dass die Signale, die vom Sender ausgegeben werden, beim Empfänger wie gesendet ankommen. Das Modell versteht Eingriffe von außen als ›Störungen‹.

Die Reduktion der Kommunikation auf die Übertragungstechnik resultiert daraus, dass zum einen die technische Übertragung von geschriebenen Sätzen (in der Telegrafie), zum anderen die oralen Sprechakte (im Radio) als Vorbild dienten. Modelltechnisch war es nur ein kleiner Schritt von der einfachen mündlichen Kommunikation zur Telegrafie, die technischen Apparaturen als zwischen die mündliche Kommunikation geschaltete Encodierungen und Decodierungen zu begreifen.

Die Anwendung dieses Modells auf den Rundfunk muss zahlreiche Reduktionen vornehmen. Fiktionale Sendungen wie z. B. Hörspiele ließen sich kaum als einfache mündliche Sprecherhandlungen erklären, ebenso wenig Sportübertragungen, Bunte Abende usf. Darin zeigte sich die Begrenztheit eines allein technisch begründeten Kommunikationsmodells.

4.5.2 Das Feldmodell der Massenkommunikation

Ein weiteres, weit verbreitetes Modell ist das Feldmodell von Gerhard Maletzke (1963). Es weist eine ähnliche Struktur wie das technische Modell von Shannon/ Weaver auf, ist jedoch gegenüber von außen kommenden Einflüssen offen und weist zahlreiche zusätzliche Faktoren auf.

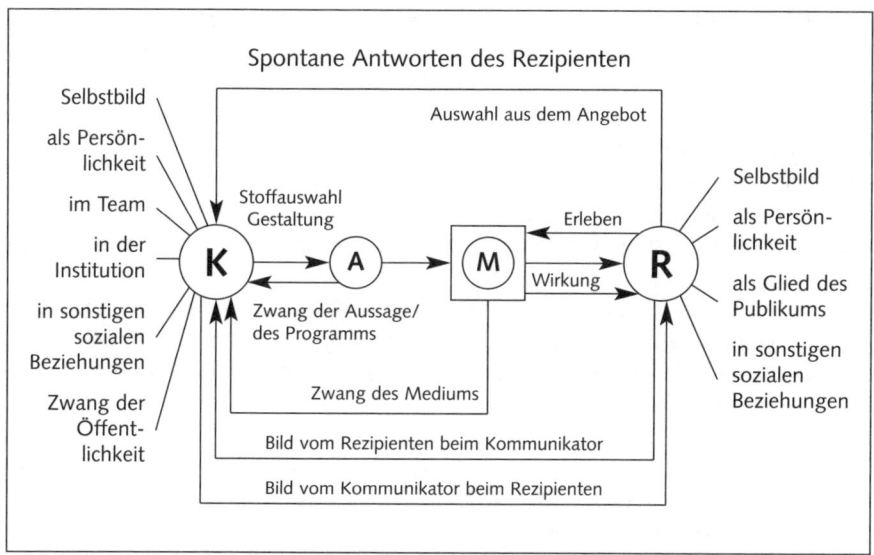

Zu erinnern ist an die Mediendefinition Maletzkes (vgl. Kap. 3.2.4). Diesem Modell liegt ein journalistisches Verständnis der Massenmedien zu Grunde, bei dem ein einzelner ›Kommunikator‹ sich einer technischen Apparatur bedient und mit ihr viele ›Rezipienten‹ erreicht. Eine komplexe Produktion von Medienangeboten, an der unterschiedliche Mitwirkende arbeitsteilig beteiligt sind, lässt sich dagegen nur schwer auf dieses Modell beziehen. Wie soll z. B. in einem Fernsehspiel der Dialog zwischen zwei Figuren gewertet werden? Wer spricht hier zu wem? Wie sind die kommunikativen Momente einer Landschaftsdarstellung, einer speziellen Filmmusik etc. zu werten? Das Modell eignet sich für die medienkulturelle Kommunikation nur bedingt.

4.5.3 Das Modell der aktiven Angebots-Nutzung

In den Modellen von Shannon/Weaver und Maletzke war ein Moment bestimmend, das für die Konstrukteure dieser Modelle selbstverständlich war: die Gerichtetheit und Einseitigkeit der Kommunikation. Daran knüpfte seit den 1960er Jahren eine breite Kritik an. Denn mit diesem Modell wird die Vorstellung einer linearen Beeinflussung des Rezipienten durch den Kommunikator impliziert. Vor allem seit den 1990er Jahren wird deshalb von einem **Transportmodell (Containermodell)** oder einem **Transfermodell** gesprochen, das kritisch zu betrachten sei, weil damit Wirkungsannahmen nahe gelegt werden, die heute nicht mehr akzeptiert werden.

Der Zuschauer wird seit den 1970er Jahren nicht nur als ein ›empfangender‹, eher passiver Rezipient gedacht, sondern als einer, der den Kommunikationsprozess – auch wenn er selbst nur zuhört und zuschaut – aktiv mitgestaltet, z. B. durch eine bewußte Aufnahme und Verarbeitung des Gesehenen und Gehörten, durch eine stärkere Selektion des Angebotes und durch eine aktive Deutung und Interpretation, bei der immer auch sein bisheriges Wissen, seine Erfahrungen und seine Interessen mit in den Kommunikationsprozess eingehen. Der Rezipient wird als ein Nutzer verstanden. Dementsprechend wird dieser Ansatz auch als »**Nutzenansatz**« (*Use-and-Gratification-Approach*) bezeichnet (vgl. Teichert 1972/73). Es wird nicht mehr gefragt: Was machen die Medien mit den Rezipienten, sondern umgekehrt: Was machen die Rezipienten mit den Medien?

Der Rezipient wählt aus dem Angebot aus, er verarbeitet das Angebotene aktiv zu einer eigenständigen Vorstellung, wobei diese Eigenständigkeit nicht Beliebigkeit meint. Der Rezipient ist auch weiterhin gebunden a) an sein im kulturellen Zusammenhang gewonnenes Wissen und die im kulturellen Kontext praktizierten Handlungsformen, b) an seinen konkreten sozialen Kontext, der häufig Wertungsmaßstäbe und auch konkret ›Weltbilder‹ vorgibt, und c) an das spezifische mediale Angebot (er ist abhängig von dem, was die Medien präsentieren). Seine Verarbeitung der medialen Angebote ist abhängig e) von der konkreten Rezeptionssituation sowie d) von seinem individuellen Wissen, seiner Verständnisfähigkeit, seiner Intelligenz, seiner emotionalen Disposition usf. (vgl. auch Rössler/Hasebrink/Jäckel 2001, Hasebrink 2003).

4.5.4 Das Koppelungsmodell

In Weiterführung des rezipientenbetonten Ansatzes hat die konstruktivistische Kommunikationswissenschaft vorgeschlagen, von einem **Modell der Kopplung** auszugehen (Schmidt 1996, S. 5).

Schmidt geht davon aus, dass Kognition und entsprechend auch Kommunikation ›operational geschlossene Systeme‹ sind, die miteinander ›**strukturell verkoppelt**‹ werden. Damit ist gemeint, dass Systeme nur nach ihren eigenen Prinzipien funktionieren und – vereinfacht formuliert – nur auf Informationen der Umwelt reagieren können, wenn diese in jeweils systemimmanente Operationen

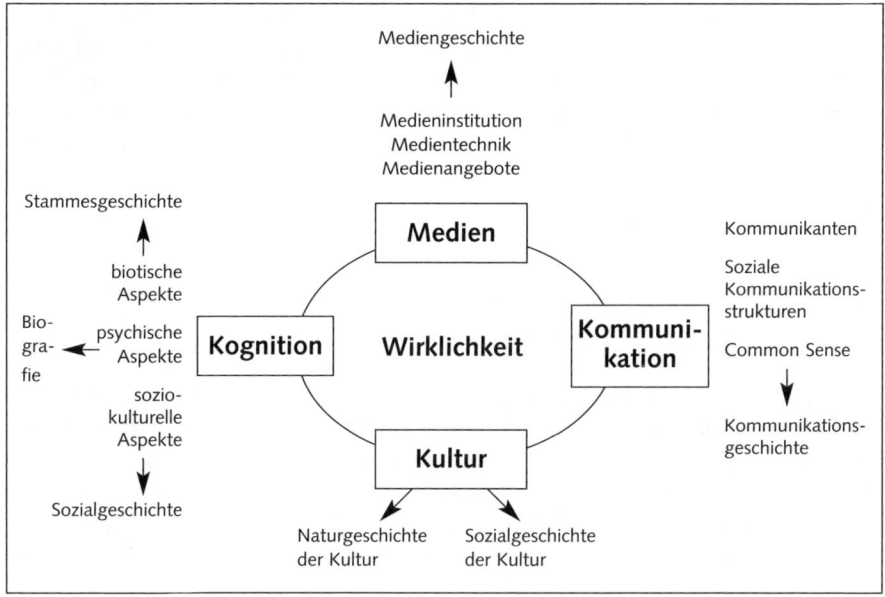

und Kategorien übersetzt werden. Eine strukturelle Koppelung ist die Herstellung einer dynamischen Übereinstimmung, wobei sich durch sie beide miteinander verkoppelten Bereiche verändern.

Kommunikation wird als ein Bereich verstanden, der kategorial von dem der Kognition getrennt ist. Es gibt keinen direkten Zugang der medial vermittelten Aussage zum Bewusstsein des Rezipienten, wie er bei Maletzke noch angelegt ist. Eine Verbindung zwischen Kommunikation und Kognition wird erst durch eine strukturelle Koppelung mit Hilfe der Sprache hergestellt. Kommunikation wird nicht einfach als ein nur in eine Richtung fließender Angebots-(Aussagen-)Fluss konzipiert, der bei einem Rezipienten aufgenommen und in Wissen und Verhalten umgesetzt wird.

Hinter Schmidts Modell steht die Auffassung, dass über ein Medium keine intendierte Botschaft transportiert werden kann, die auf die eine oder andere Weise beim Nutzer ankommt, sondern dass es allein die Nutzer sind, die den Medienangeboten Bedeutungen zuweisen. Diese Bedeutungszuweisung ist nicht beliebig, sondern erfolgt in einer von den Medienangeboten vorstrukturierten Weise, wird also durch die Angebote, ihre Strukturen und Reizkombinationen beeinflusst. Dieses neue, stark rezipientenorientierte Verständnis der Medienkommunikation hängt damit zusammen, dass im Hintergrund die Auffassung steht, dass die Medien nicht Realität ›wiedergeben‹, sondern Realität selbst durch die Kommunikation erzeugt wird, oder anders formuliert: Wirklichkeit konstruiert wird. An dieser Konstruktion der Realität haben die Medien entscheidenden Anteil.

Gegenüber den Flussmodellen der Kommunikation (vor allem Gerhard Maletzkes Modell) stellt Schmidts Modell ein Konstitutionsmodell dar, das keine implizite Ablaufstruktur enthält, sondern nur Relationen zwischen Faktoren aufzeigt. Flussmodelle verbinden sich leichter mit dem Alltagsverständnis von medialer Kommunikation, weil sie die Vorstellung einer **figuralen Konstruktion** (Kommunikator, Rezipienten) enthalten, letztlich von einer räumlichen Anordnung und einem zeitlichen Ablauf ausgehen, auf die sich alltägliche Kommunikationsverhältnisse leichter abbilden lassen und an die auch andere Aspekte der Medienkommunikation anknüpfen können.

4.6   Medienkommunikation als kulturelle Praxis

Medien in ihrer konkreten Erscheinungsweise und Struktur haben bei den verschiedenen Modellkonstruktionen Pate gestanden: Shannon/Weaver und Maletzke hatten bei der Modellbildung vor allem den Rundfunk (also Hörfunk und Fernsehen) im Blick. Ihre Modelle wurden konzipiert, als es in den einzelnen Medien wenige Angebote und wenige Programme gab. Eine lineare und eindimensionale Ausrichtung des Kommunikationsflusses auch als Wirkungskonstruktion anzunehmen, lag also nahe. Der Nutzenansatz entstand in den 1960er und 70er Jahren, als sich die Zahl der Programme (vor allem in den USA) derart erweitert hatte, dass der Zuschauer auswählen musste, ihm durch die Angebotsfülle des Hörfunks und des Fernsehens eine aktive Rolle zugewiesen wurde. Auch hier hatten die Modellkonstrukteure den Rundfunk, also Radio und Fernsehen, vor Augen. Bei Schmidt steht eine vielfältige Medienlandschaft im Hintergrund, so dass der Rezipient noch stärker in den Mittelpunkt des Modells rückt.

Die in der Kommunikationswissenschaft benutzten Modelle sind auf eine Informationsvergabe ausgerichtet. Sie beschränken sich damit im Wesentlichen auf kognitive Prozesse. Schon die den Medien wesentliche Funktion der emotionalen Steuerung (Stimulation und Befriedung) wird damit nur unzureichend erfasst. Andere denkbare Funktionen dieser Medien kommen ebenfalls nicht in den Blick. Medienkommunikation ist im umfassenden Sinn kulturelle Praxis und umfasst unterschiedliche Praxisbereiche, die miteinander in Beziehung treten (vgl. auch Kap. 10).

Produktion und Rezeption von Medienprodukten stehen sich als grundsätzlich unterschiedliche Bereiche gegenüber. Auf der einen Seite besteht eine im hohen Grad **institutionalisierte und stark arbeitsteilig organisierte Herstellung von medialen Produkten** (Inhalten, Äußerungen) mit einem hohen Personal- und Kapitaleinsatz, so dass in der zweiten Hälfte des 20. Jahrhunderts mit den Begriffen »Kulturindustrie« (Horkheimer/Adorno 1947, Adorno 1967) bzw. »Bewusstseinsindustrie« (Enzensberger 1964) ein industrieller Charakter der Produktion betont wird. Auf der anderen Seite haben wir eine **gering institutionalisierte Mediennutzung**. Der Zuschauer oder Hörer kann nicht mit einem gleichen industriellen Apparat antworten, sondern muss für sich eigene Strategien entwickeln, um auf die medialen Angeboten zu reagieren.

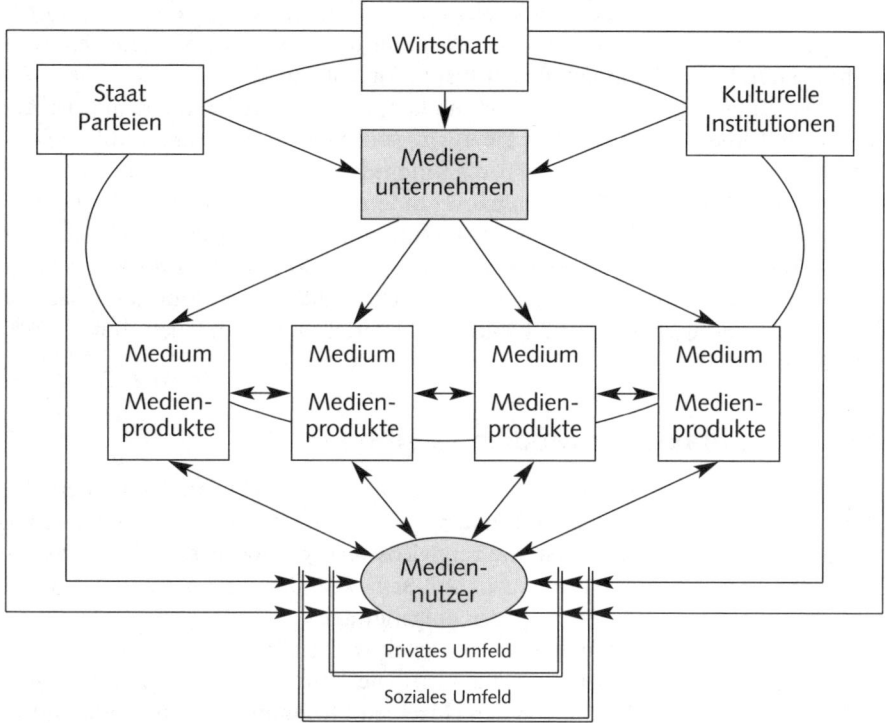

4.6.1 Die Praxis der Medienproduktion

Die Medienproduktion stellt ein eigenes und selbständiges Praxisfeld dar. Sie wird geprägt durch eine auf kontinuierliche Herstellung von Medienprodukten ausgerichtete und arbeitsteilig organisierte Institution, die gesellschaftlich durch spezifische Rechtsformen sowie soziale und ökonomische Prinzipien determiniert ist und in strukturellen Beziehungen zu anderen sozialen und ökonomischen Institutionen steht. Allgemein lässt sich die Praxis des medialen Darstellens auch als **Formgebung** verstehen. Welt in ihren Problemen und Problemlösungen darzustellen, sie als Geschichte zu erzählen, als Spektakel zu inszenieren und zum Erlebnis werden zu lassen, ist eine eigenständige kulturelle Tätigkeit, die heute in den entwickelten Informationsgesellschaften hochgradig spezialisiert und arbeitsteilig erfolgt.

Innerhalb eines solchen institutionellen Apparats wird der ›Sprecher‹ zum ›**Mitarbeiter**‹, der in sozialen Abhängigkeiten steht, im Team mit anderen arbeitet, Arbeitsverträge schließt usf. Er hat sich institutionellen Anforderungen zu stellen (Genre- und Formatansprüchen, Darstellungsregeln, festgelegten Sprechweisen etc.), die sich als Standards herausgebildet haben. Bei der Produktion ist häufig primär nicht der Hörer oder Zuschauer als Adressat im Blick, sondern aufgrund der institutionellen Produktion der **interne ›Abnehmer‹** und Vorgesetzte (die Redaktion, der Produzent, Intendant oder Medieneigentümer). Es wird häufig weniger auf die ohnehin diffuse Reaktion des Publikums, sondern stärker auf die Resonanz bei Kollegen oder auf die Kritik geachtet, weil von den internen Beurteilungen neue Aufträge und Karrieren innerhalb der Institution abhängen.

Veränderungen der Medientechnik können sich einschneidend auf die **Arbeitsverhältnisse** auswirken. Der Übergang vom Stummfilm zum Tonfilm beseitigte z. B. ganze Berufsgruppen (z. B. die Kinomusiker), schuf aber auch neue (z. B. die Tontechniker im Studio). Ähnlich veränderten auch der Wechsel des Fernsehens von der Live-Produktion zur Produktion mit Hilfe der Magnetaufzeichnung (MAZ) oder der Übergang von der analogen zur digitalen Technik die Herstellung von Medienprodukten grundlegend. Zahlreiche Studien zum Produktionsablauf in Film und Fernsehen liefern konkretes Material (z. B. Karstens/Schütte 1999, Geißendörfer/Leschinsky 2002).

4.6.2 Die Praxis der Medienrezeption

Auch die Medienrezeption stellt ein eigenständiges Praxisfeld dar, das mit dem der Produktion nicht unmittelbar verbunden ist, sondern eigenen Regeln folgt. Kennzeichen der Medienrezeption ist ihre vergleichsweise **geringe gesellschaftliche Institutionalisierung**. Der Rezipient ist mit seiner Mediennutzung zumeist allein oder nur in einen engen Personenkreis eingebunden.

Kulturelle Normen und sozialer Druck werden in den modernen Gesellschaften zunehmend indirekt (z. B. über mediale Anschauungen und Wertsetzungen) vermittelt und erfordern von den einzelnen Mediennutzern eine individuelle Anpassung an etablierte Standards. Sie vermitteln sich im Wesentlichen über eine Internalisierung und Habitualisierung von Rezeptionsweisen (Bildung von Gewohnheiten, Routinen und Rituale) und nicht durch Verordnungen bzw. das Schaffen spezieller Organisationen (wie z. B. in den 1920er und 30er Jahren durch Hörergemeinschaften und Zuschauerverbände).

Medienrezeption differenziert sich zunehmend in unterschiedlichen Formen und Praktiken aus, wobei diese häufig **milieubildend** wirken (Schulze 1992). Medienrezeption geht von einer Vielheit unterschiedlicher Medien und innerhalb dieser von einer Vielzahl unterschiedlicher Angebote aus. Mediennutzung ist deshalb nicht mehr allein die Rezeption **eines** Produkts, sondern besteht aus einem **Geflecht von ›Lektüren‹ verschiedener Medienprodukte**, die in einem direkten Kontext stehen oder die sich in einem vermittelten Zusammenhang gegenseitig ergänzen und bestätigen, sich aber auch widersprechen können bzw. vollständig different zueinander erfahren werden. Mediennutzer verfügen über ein **differenziertes Formenwissen**, um relativ schnell mediale Äußerungen in ihrem Status einschätzen zu können.

4.6.3 Medienkommunikation als Zirkulation

So wie die Situation der Kommunikationspartner in der Medienkommunikation nicht mehr dem natürlichen Sprecher-Hörer-Verhalten vergleichbar ist, ist auch nicht mehr von einem einfachen Austausch zu sprechen, sondern von einer kulturindustriellen Zirkulation, bei der innerhalb der Medienproduktion unterschiedliche Abstimmungen, Planungen, Verständigungen stattfinden, die in die Realisation der Medienprodukte mit den in ihnen enthaltenen dargestellten und inszenierten Kommunikationsvorgängen münden. Diese wiederum lösen bei den Rezipienten Kommunikationsvorgänge unterschiedlicher Art aus, die einerseits Selbstverständnis, Weltwissen und Alltagsverhalten beeinflussen und andererseits damit auf die Medien zurückwirken.

Medienkommunikation geht von einem Neben- und Miteinander der verschiedenen Medien aus. Vielfalt und Komplexität des Ineinandergreifens verschiedener Formen machen gerade ihre Besonderheit aus und führen dazu, dass sich die Medien im kulturellen Zirkulationsprozess von Weltdarstellungen und Welterklärungen ergänzen und unterstützen. Medienkommunikation als kulturelle Praxis realisiert sich einerseits in der **Bereitstellung von Weltdarstellungen** und andererseits in der **Teilhabe an ihnen**. Austausch bedeutet dabei nicht, dass Antworten und Reaktionen im gleichen Medium erfolgen müssen. Wenn z. B. nach der Ausstrahlung einer Fernsehdarstellung der Ermordung der Juden in der NS-Zeit (»Holocaust«, 1979) ca. 10.000 Telefonanrufe und ca. 10.000 Briefe bei den ARD-Anstalten eingingen, stellt dies eine Form des kulturellen Austausches dar, auch wenn die Zuschauer aufgrund des gerichteten Kommunikationsverlaufs des Mediums Fernsehen nicht im selben Medium (also dem Fernsehen) antworten konnten.

Grundlegende Literatur

Borstnar, Nils/Eckhard Pabst/Hans Jürgen Wulff 2002: Einführung in die Film- und Fernsehwissenschaft. Konstanz: UVK.

Hasebrink, Uwe 2003: Nutzungsforschung. In: Bentele, Günter/Hans-Bernd Brosius/Ottfried Jarren (Hg.): Öffentliche Kommunikation. Wiesbaden: Westdeutscher Verlag, S. 101–127.

Hennig, Jörg 1996: Wer spricht und wer ist gemeint? Zur Textfunktion und Mehrfachadressierung in Presse-Interviews. In: Hennig, Jörg/Jürgen Meiner (Hg.): Varietäten der deutschen Sprache. Frankfurt a. M.: Peter Lang, S. 291–307.

Horkheimer, Max/Theodor W. Adorno 1947: Dialektik der Aufklärung. Amsterdam: Querido.

Jarren, Otfried/Heinz Bonfadelli (Hg.) 2002: Einführung in die Publizistikwissenschaft. Bern/Stuttgart/Wien: Haupt.

Karstens, Eric/Jörg Schütte 1999: Firma Fernsehen. Wie TV-Sender arbeiten. Reinbek bei Hamburg: Rowohlt.

Maletzke, Gerhard 1963: Psychologie der Massenkommunikation. Hamburg: Hans-Bredow-Institut.

Ong, Walter J. 1987: Die Technologisierung des Wortes. Opladen: Westdeutscher Verlag.

Wulff, Hans Jürgen 1999: Darstellen und Mitteilen. Elemente der Pragmasemiotik des Films. Tübingen: Narr.

Weitere zitierte Literatur

Adorno, Theodor W. 1967: Résumé über Kulturindustrie. In: Ders.: Ohne Leitbild. Parva Aesthetica. Frankfurt a. M.: Suhrkamp, S. 60–70.

Austin, John Langshaw 1972: Zur Theorie der Sprechakte. Stuttgart: Reclam (engl.: How to do things with words: Oxford: Oxford University Press 1962).

Ayaß, Ruth 2001: Inszeniertheit von Spontaneität im Fernsehen. In: Sutter, Tilmann/Michael Charlton (Hg.): Massenkommunikation, Interaktion und soziales Handeln. Wiesbaden: Westdeutscher Verlag, S. 234–257.

Diesener, Gerald/Rainer Gries 1996: Propaganda in Deutschland. Zur Geschichte der politischen Massenbeeinflussung im 20. Jahrhundert. Darmstadt: Wissenschaftliche Buchgesellschaft.

Enzensberger, Hans Magnus 1964: Einzelheiten: Bewußtseins-Industrie. 2 Bde. Frankfurt a. M.: Suhrkamp.

Geißendörfer, Hans W./Alexander Leschinsky (Hg.) 2002: Handbuch der Fernsehproduktion. Vom Skript über die Produktion bis zur Vermarktung. Neuwied: Luchterhand.

Haug, Wolfgang Fritz 1972: Kritik der Warenästhetik. Frankfurt a. M.: Suhrkamp.

Hickethier, Knut 2001: »Wie bitte, Sie lieben das Meer nicht?« – »Bleiben Sie dran!« Mediale Inszenierungen und Mehrfachadressierungen. In: Dieter Möhn u. a. (Hg.): Festschrift für Jörg Hennig. Frankfurt a. M.: Peter Lang.

Hoffmann, Hilmar 1988: »Und die Fahne führt uns in die Ewigkeit«. Propaganda im NS-Film. Frankfurt a. M.: Fischer.

Kahrmann, Cordula/Gunter Reiß/Manfred Schluchter (Hg.) ⁴1996: Erzähltextanalyse. Königstein: Athenäum.

Kühn, Peter 1995: Mehrfachadressierung. Untersuchungen zur adressatenspezifischen Polyvalenz sprachlichen Handelns. Tübingen: Niemeyer.

Lasswell, Harold D. 1948: The Structure and Function of Communication in Society. In: Bryson, Lyman (Hg.): The Communication of Ideas. New York: Cooper Square Publ., S. 37–52.

Rössler, Patrick/Uwe Hasebrink/M. Jäckel (Hg.) 2001: Theoretische Perspektiven der Rezeptionsforschung. München: R. Fischer.

Schmidt, Siegfried J. 1996: Die Welt der Medien. Grundlagen und Perspektiven der Medienbeobachtung. Braunschweig/Wiesbaden: Vieweg.

Schmidt, Siegfried J./Guido Zurstiege 2000: Kommunikationswissenschaft. Was sie kann, was sie will. Reinbek bei Hamburg: Rowohlt.

Schulze, Gerhard 1992: Die Erlebnisgesellschaft. Kultursoziologie der Gegenwart. Frankfurt a. M./ New York: Campus.

Searle, John Rogers 1971: Sprechakte. Frankfurt a. M.: Suhrkamp (engl.: Speech Acts. Cambridge: Cambridge University Press 1969).

Shannon, Claude/Warren Weaver 1949: The Mathematical Theory of Communication. Urbana: University of Illinois Press.

Teichert, Will 1972/73: ›Fernsehen‹ als soziales Handeln. In: Rundfunk und Fernsehen Teil I: 20. Jg. (1972), H. 4, S. 421–439; Teil II: 21. Jg. (1973), H. 4, S. 356–382.

Tomasello, Michael 2002: Die kulturelle Entwicklung des menschlichen Denkens. Frankfurt a. M.: Suhrkamp.

Zoll, Ralf (Hg.) 1971: Manipulation der Meinungsbildung. Opladen: Westdeutscher Verlag.

5. Zeichen und Zeichenhaftigkeit

Werden in einem Kommunikationsprozess Medien eingesetzt, so werden in ihnen Aussagen, Meinungen, Botschaften – oder allgemein: Inhalte – mit Hilfe von Elementen artikuliert (gestaltet, geformt), die wir auf der allgemeinsten Ebene Zeichen nennen. Zeichen sind die »Währungseinheit zwischenmenschlicher Verständigung« (Assmann 1988, S. 239). Zeichen dienen nicht nur der zwischenmenschlichen Verständigung, sie werden auch »in der Eigenkommunikation«, im Denken, verwendet (Stegu 1998, S. 109). Zeichen treten nie allein auf, sondern sind Teil von Äußerungen, die wiederum in Kontexte eingebunden sind. Diese bestehen zum einen aus weiteren Aussagen, Inhalten und damit aus Zeichen, zum anderen aus Situationen, die nicht Teil der Aussagen sind, sondern einen Rahmen setzen für die Kommunikation. Kein Zeichen kommt ohne einen derartigen, das Zeichen erst als Zeichen ausweisenden und definierenden Rahmen aus.

Semiotik als Theorie der Zeichen versteht sich auf der einen Seite als eine allgemeine, die unterschiedlichsten Zeichen umfassende Theorie, auf der anderen als eine spezielle, die Zeichen eines bestimmten Mediums oder eines Bereichs darstellende Theorie (Filmsemiotik, Radiosemiotik, Theatersemiotik usf.). Für die Medienwissenschaft ist der Zeichenbegriff vor allem deshalb von Bedeutung, weil sich mit ihm auch die in den Medien vorkommenden nicht-sprachlichen Zeichen systematisch erfassen und beschreiben lassen.

5.1 Zeichen sind Stellvertreter

Alles kann Zeichen sein, aber nicht alles ist Zeichen. **Das Zeichen steht für etwas anderes**, ist also nicht etwas, das nur für sich steht. Zeichen bestehen deshalb aus Relationen. Eine Wolke ist erst einmal nur eine Ansammlung von Wassertröpfchen am Himmel. Sie kann auch als ein Zeichen für kommenden Regen angesehen werden. Ein abgeknickter Zweig ist ein beschädigter Teil eines Busches, für einen Fährtenleser ist er ein Zeichen dafür, dass hier ein Mensch durch den Wald gegangen ist. Etwas als Zeichen zu lesen und zu verstehen, ist nicht selbstverständlich, sondern muss innerhalb eines kulturellen Kontextes erlernt werden.

Ein Zeichen ist etwas, das für etwas anderes steht. Dieser scheinbar allgemeine Satz ist gerade für die Medienkommunikation von entscheidender Bedeutung. Das Zeichen ist nicht die Sache selbst, sondern es ist etwas anderes, das an ihre Stelle tritt. Im Zeichen konstituiert sich die Differenz zwischen dem Bezeichnenden und dem Bezeichneten.

Zu unterscheiden sind:

- Zeichen, die nur als Zeichen existent sind (z. B. Buchstaben, Ziffern, Abbildungen etc.) und die als **primäre Zeichen** gelten können, und

- Zeichen, die unabhängig von einer Zeichenfunktion auch noch reale Dinge, Sachverhalte sind und als solche genutzt werden können (**sekundäre Zeichen**).

Ein Baum ist einerseits ein so genanntes Holzgewächs und kann andererseits z. B. – als einzelner in einer sonst kargen Landschaft – zum Zeichen für die Widerstandskraft der ›Natur‹ werden. Das Berliner ›Brandenburger Tor‹ ist einerseits ein historisches Bauwerk und andererseits ein Zeichen (ja sogar ein ›Wahrzeichen‹) für Berlin insgesamt, für die deutsche Teilung und den Willen zur deutschen Einheit. Wenn wir etwas als Zeichen sehen, betrachten wir es nicht als reales Ding, sondern in seiner Stellvertreterfunktion: in seiner Eigenschaft, dass es für etwas anderes steht. Dinge in ihrer Zeichenhaftigkeit zu erkennen, stellt eine kulturelle, kommunikative Leistung dar, weil sich im Erkennen des Zeichencharakters die Wahrnehmung dessen, was als Zeichen identifiziert wurde, ändert.

»Wo die Dinge gegenwärtig sind, gibt es keine Zeichen, und umgekehrt. Deshalb setzt die Kunst, mit Zeichen umzugehen, die Fähigkeit voraus, die Welt auf Abstand zu halten«, konstatiert Aleida Assmann und stellt weiter fest: »Die symbolische Ökonomie erfordert hier klare (wenn auch ständig zu verschiebende) Demarkationslinien zwischen zeichenhafter und gegenständlicher Welt. Der Vorhang, der die Bühne, der Rahmen, der das Bild, der leere Raum, der die Seite umschließt, sind Beispiele für hochformalisierte Grenzen« (Assmann 1988, S. 239).

Aleida Assmann hat dieses **Prinzip von Anwesenheit und Abwesenheit** apodiktisch formuliert. Grundsätzlich ist eine solche Ausschließlichkeit innerhalb eines Kommunikationsvorgangs mit einem weitgehend homogenen Zeichensystem (also z. B. der Sprache, Malerei etc.) richtig, doch wird der Zeichenbegriff allgemeiner gefasst, so dass alles zum Zeichen werden kann, geraten wir in Grenzsituationen. Denn Dinge, für die wir in der Kommunikation Zeichen benutzen, können gleichwohl auch als Dinge anwesend sein. Solche Grenzsituationen werden in den Künsten (Installationen, Performances) zum Teil bewusst genutzt. Man kann es deshalb auch anders formulieren:

Für die Verwendung von Zeichen ist die Anwesenheit von den Dingen, die sie bezeichnen, nicht notwendig, ihre Anwesenheit ist jedoch nicht grundsätzlich ausgeschlossen.

Diese **Stellvertretung ist eine Grundvoraussetzung von Kommunikation**, denn sie erlaubt eine schnelle Verständigung über unterschiedlichste Objekte, ohne dass diese selbst immer anwesend sein müssen. Kommunizieren ist also vom Prinzip her vor allem ein Verständigen über etwas, das nicht anwesend ist (was ein Kommunizieren über etwas gegenwärtig Anwesendes nicht ausschließt). In der Kommunikation können damit Handlungen der Menschen jedweder Art vorbereitet und organisiert, begleitend gesteuert und im Nachhinein reflektiert, kommentiert, erzählt und berichtet werden.

Es liegt auf der Hand, dass Zeichen nicht identisch sind mit dem, wofür sie stehen. Diese Differenz gilt auch für Bilder, Fotografien, Zeichnungen, Piktogramme, Filme. Viele Menschen haben jedoch, wenn sie einen dokumentarischen

Bericht im Fernsehen sehen, den Eindruck, dass sie die Wirklichkeit vor sich haben. Der Realitätseindruck des Filmischen ist besonders wirksam (vgl. Kap. 11). Dennoch sehen sie nur ein fotografisches oder filmisches Bild von der Wirklichkeit, eine fotografische Aufnahme, die eine auf Film oder Magnetband oder im digitalen Speicher konservierte Information über diesen Wirklichkeitsausschnitt darstellt. Das fotografische und filmische Bild von der Wirklichkeit ist ein **Konglomerat von Zeichen**, nicht mehr.

5.2   Zeichen und Schrift

Die wichtigsten Zeichensysteme sind die der Schrift. Schriften haben sich aus Bildern entwickelt, z. B. in der altägyptischen Hieroglyphenschrift oder in der chinesischen Schrift, wobei in den Schriftzeichen die Bildherkunft oft nicht mehr erkennbar ist. Die Erfindung der **Alphabetschriften** bildete einen kulturgeschichtlich fundamentalen Einschnitt, weil damit die visuelle Darstellung eines akustischen Lauts zur Grundlage des Schriftsystems wurde. Das gesprochene Wort musste dazu in eine Kette voneinander unterscheidbarer und wiedererkennbarer Laute (Phoneme) zerlegt und diese dann einzelnen Schriftzeichen zugeordnet werden.

5.2.1 Alphabetschriften

Die Buchstaben der Alphabete (z. B. des griechischen Alphabets) haben ihren Ursprung in den Bildern. Da jedoch immer nur einzelne Laute mit einem Buchstaben verbunden werden, ist diese ursprüngliche Bildbedeutung schnell in den Hintergrund getreten bzw. nur noch als zusätzlicher Symbolwert eines Buchstabens erhalten geblieben (so ist z. B. das A einem Stierkopf als Zeichen für Männlichkeit nachgebildet, wobei der Querstrich auch als Joch – als Zeichen für den domestizierten Stier – gedeutet worden ist; ein A ist ein umgedrehtes Stierzeichen: Indem es auf den Kopf gestellt wurde, entsprach es der Gestalt eines stehenden Menschen und wurde zu dessen Zeichen).

Gegenüber Bilderschriften zeichnen sich Alphabetschriften dadurch aus, dass sie mit einem sehr kleinen Bestand an Schriftzeichen auskommen (unser Alphabet z. B. mit 26 verschiedenen Zeichen gegenüber ca. 7.000 Zeichen in der Hieroglyphenschrift und ca. 50.000 in der chinesischen Schrift). Sie sind deshalb leichter erlernbar und von einer größeren Zahl von Menschen verwendbar. Auch muss der Zeichenbestand nicht ständig aufgrund kultureller Veränderungen erweitert werden, sondern es lassen sich aus den vorhandenen Schriftzeichen ständig neue Wörter entwickeln.

Gegenüber der phönizischen und der hebräischen Schrift, die anfangs nur Zeichen für die Konsonanten kannten, stellt das griechische Alphabet eine weitere Entwicklungsstufe dar, weil es auch Zeichen für die Vokale besitzt und damit die Sprachlaute vollständig repräsentiert. Das griechische Alphabet wurde dadurch universeller einsetzbar, weil in ihm auch andere Sprachen als das Griechische abbildbar waren (vgl. Assmann 1999).

Die Schriftsysteme veränderten in ihrer Unterschiedlichkeit die Kulturen insgesamt (vgl. Assmann 1999, eine weitreichende Interpretation bei von Braun 2001), so dass sich spezielle **Verhältnisse von Mündlichkeit und Schriftlichkeit** herausbildeten. So hebt z. B. Alfred Kallir hervor, dass im Hebräischen Mündlichkeit und Schriftlichkeit lange Zeit weitgehend autonom nebeneinander bestanden hätten, während in den griechischen Schriftkultur eine »Assimilation der Mündlichkeit durch die Schriftlichkeit« stattgefunden habe (Kallir 2001, S. 49). Dadurch sei die griechische Kultur einheitlicher und letztlich universell leichter durchsetzbar gewesen.

5.2.2 Zahlen- und Buchstabensymbolik

Zwischen den Zeichen, insbesondere den Buchstaben, und dem, was sie bezeichnen, besteht im modernen semiotischen Verständnis keine direkte Beziehung. Jahrhundertelang wurde jedoch wiederholt nach **geheimen Bezügen zwischen der Welt und den Zeichen** gesucht, wurden mystische Relationen zwischen den Buchstaben und der Welt hergestellt. Da Zeichen ›Stellvertreter‹ sind, lag ein religiöser Bezug (etwa zur Stellvertreterschaft Christi) nahe bzw. umgekehrt war die Vorstellung von der Stellvertreterschaft Christi eine ganz selbstverständliche Auffassung, da sie der verbreiteten Vorstellung entsprach, dass sich das Göttliche den Menschen durch Zeichen offenbare. Dem Vorstellungskreis der Gnosis, zu der die Kabbala und andere religiöse Systeme gehören, entspringt die Auffassung, dass eine sehr enge Beziehung zwischen der Welt und den Buchstaben und Zahlen bestehe.

Ursprung dieser Vorstellungen ist die Besonderheit, dass die Buchstabensysteme (Alphabete) in verschiedenen Kulturen nicht nur Repräsentationen von Lautzeichen, sondern auch von Zahlzeichen sind. Aus dieser Zuordnung von **Buchstabe und Zahl** haben sich viele Zahlensymbole und Buchstabensymbole abgeleitet (vgl. Endres 1951, Neubauer 1978, Ruderman 1988). Im Alltag, in den Künsten und auch in den Medien spielen magische Zahlen sowie mystische Anordnungen von Buchstaben und Ziffern auch heute noch eine Rolle: zum einen in der Wertschätzung bestimmter Ziffern (z. B. 3, 7, 12), die sich in Formen und Gliederungen wieder finden, zum anderen in der Verwendung von geheimnisvollen Symbolen und Zeichen (etwa den Freimaurerzeichen auf der Dollar-Note) oder in der Verwendung von mystischen Anordnungen und Zeichen in Günter Jauchs SKL-Show.

Zahlreiche Bezüge solcher magischen Konstruktionen bestehen auch **zum Internet und den mit ihm verbundenen Phantasien**. Mit den digitalen Technologien haben sich Erlösungsvisionen verbunden (vgl. Noble 1998, auch Davis 1999). In vielen Theorien der Denkmaschinen, des Computers und der KI-Forschung (Künstliche Intelligenz) leben sowohl die Vision einer verlorenen und wieder herstellbaren Einheit von Welt und Zeichen als auch die Idee der Unsterblichkeit des menschlichen Geistes weiter (Motzek 2001).

5.3   Zeichen und Kommunikation

Das erfolgreiche Benutzen von Zeichen hängt davon ab, dass Sprecher und Hörer über eine **hinreichend große Schnittmenge an gemeinsamen Zeichen** verfügen. Der Zeichenbestand wird in der Regel mit dem Leben in einer Gemeinschaft erworben, in der diese Verbindungen von Bedeutung und Laut-/Schriftform selbstverständlicher Bestandteil der Kultur sind.

Zeichen treten nicht einzeln, sondern zumeist in Verbindungen mit anderen Zeichen auf, sie stehen dabei in einem geordneten und systematischen Verhältnis zueinander. Diese systematische Ordnung wird ein ›**Zeichensystem**‹ genannt. Es bestimmt sich durch die Zeichen mit ihren spezifischen Bedeutungszuordnungen und durch Regeln der Zeichenverwendung und -verknüpfung. Regeln dienen der Kommunikationsvereinfachung und der **Zeichenökonomie** (geringster Aufwand bei größtmöglichem Nutzen). Zeichensysteme bilden sich im Gebrauch heraus und bestimmen sich durch ihre Funktion, die sie für die Verständigung der Menschen haben. Die Regeln, nach denen Zeichensysteme funktionieren, können in einer Gesellschaft unterschiedlich verbreitet sein.

Innerhalb einer Kultur bilden sich Zeichensysteme heraus, die **unterschiedlich feste Regeln** besitzen. Das System der Verkehrszeichen ist z. B. eindeutig geregelt: Jedes Zeichen hat eine feste Bedeutung, die jeder Verkehrsteilnehmer kennen muss, um sich im Verkehr richtig zu verhalten. Andere Zeichensysteme sind weniger stark geregelt. Für die modernen Künste ist z. B. das ständig neue Erzeugen individueller Zeichen durch Verletzung geltender Zeichenregeln gerade ein konstitutives Merkmal.

Häufig werden in der Kommunikation (vor allem mit den Medien) mehrere Zeichensysteme nebeneinander verwendet. Dies erleichtert die Kommunikation, weil dadurch die Chance des Verstehens erhöht wird. Merken die Kommunikationspartner, dass sie sich nicht mit Hilfe einer bestimmten Sprache verständigen können, weichen sie in der Regel auf andere Sprachen, auf **nicht-sprachliche Zeichen** oder auf ein einfaches Verweisen auf Gegenstände aus. Dabei zeigt sich, dass es neben den kulturspezifischen auch kulturübergreifende Zeichenverwendungen gibt und sich das Verständigungsbemühen im Falle des Nichtverstehens auf als ›anthropologisch‹ eingeschätzte Zeichen verlegt.

Sind derartige Wechsel im Zeichengebrauch z. B. in der Kommunikation mit technisch-apparativen Medien nicht möglich, bestehen zwei Möglichkeiten: Der Kommunikationspartner (in diesem Fall der Rezipient) gibt sein Bemühen, das Mitgeteilte zu verstehen, auf. Er kann jedoch auch versuchen, aus Indizien des Medienangebots (Genreelemente, Präsentationsmuster etc.) auf den möglichen Inhalt zu ›schließen‹. Das kann beim Aufeinandertreffen unterschiedlicher Kulturen jedoch zu großen **Missverständnissen** führen.

5.4   Zeichen und Bedeutung

Im Alltagsverständnis gehen wir aus von einem mehr oder weniger engen Verhältnis zwischen dem Zeichen und dem, wofür es steht. Dieses Verhältnis wird in der Linguistik allgemein als **Referenz** bezeichnet (vgl Suttong/Müller 1998, S. 85–104).

Entgegen der landläufigen Auffassung, dass Zeichen für einen Ausschnitt der Wirklichkeit stehen, also etwas Reales ›bezeichnen‹, hat sich die Linguistik nach Ferdinand de Saussure darauf verständigt, dass das **Zeichen für eine Bedeutung steht**. Saussure hat zwischen dem Signifikant (*signifiant*), dem Bezeichnenden, und dem Signifikat (*signifié*), dem Bezeichneten, unterschieden. Beide zusammen bilden das Zeichen. Das Signifikat, die Bedeutung, kann in einem engen Verhältnis zu einem Wirklichkeitssegment stehen, doch besitzen wir auch Zeichen ohne eine Entsprechung zur Wirklichkeit. So gibt es z. B. das Zeichen ›Drachen‹ und wir haben beim Gebrauch dieses sprachlichen Zeichens sofort eine Vorstellung davon, was wir damit meinen, auch wenn es in der uns umgebenden Wirklichkeit keinen Drachen gibt. Wir besitzen sogar eine bildliche Vorstellung eines ›Drachens‹: Sie ist durch einen jahrhundertelangen kulturellen Gebrauch der Zeichen entstanden.

Bei der Sprache ist dieses Verhältnis relativ einfach: Es handelt sich immer um Zeichen, die in einem ›willkürlichen‹ Verhältnis zum Bezeichneten stehen. Zwischen dem Lautbild [baum] und dem ›Holzgewächs‹ aus der biologischen Gruppe der Pflanzen gibt es keine direkte Beziehung. Die Zeichen sind willkürlich (deshalb wird z. B. im Deutschen der Bedeutung ›Baum‹ das Wort mit der Buchstabenfolge ›Baum‹, im Englischen das Wort ›tree‹, im Dänischen ›træ‹, im Französischen das Wort ›arbre‹ usf. zugeordnet). Diese Zuordnung wird ›arbiträr‹ genannt. **Arbitrarität** meint also eine Willkürlichkeit in der Zuordnung von Signifikant und Signifikat. ›Willkürlich‹ meint nicht ›beliebig‹ in dem Sinne, dass die Sprachbenutzer singuläre Verknüpfungen herstellen können. Sie müssen sich, um verständlich zu bleiben, an die tradierten Verknüpfungen halten. Denn diese sind innerhalb einer Sprachgemeinschaft ›gewachsen‹, d. h., sie unterliegen ›Konventionen‹. Sprache ist deshalb aber nicht statisch, sie verändert sich in einem langfristigen Prozess des ständigen Aufnehmens neuer und Abstoßens alter Begriffe. Sprach- und kulturgeschichtlich gesehen verändert sich die Sprache nur langsam.

Der Medientheoretiker Jean Baudrillard hat angesichts der Graffiti-Bewegung ›**sinnentleerte**‹ **Zeichen** konstatiert, Zeichen also, die für ihn ohne erkennbare Bedeutung waren. Baudrillard sprach vom »Aufstand« dieser angeblich bedeutungslosen Zeichen gegenüber einer »Sphäre der erfüllten Zeichen der Stadt« (Baudrillard 1978, S. 26). Zeichentheoretisch kann es jedoch Zeichen ohne Bedeutung nicht geben. Gleichwohl ist Baudrillards »apokalyptische Vision der Medien«, so der Semiotiker Winfried Nöth, »insofern semiotisch […], als ihr zentrales Thema der Verlust der Referenz im Labyrinth der Zeichensysteme der Medien unserer Zeit ist« (Nöth 2000, S. 468).

Baudrillard ging es um die Enttäuschung, dass hinter der Graffiti-Bewegung mit ihrer Widerspruchshaltung nicht eine politische Bewegung stand, sondern ein eher jugendlich-ästhetisches Opponieren. Doch waren diese Zeichen nicht sinnentleert, sondern hatten für ihre Urheber klare Funktionen und zeigten wie Kunstwerke individuelle ›Handschriften‹. Der Publizist Michael Rutschky hat hier treffend von »Textkämpfen« gesprochen (Rutschky 1984, S. 26 ff.), die mit diesen Graffitis geführt werden, dass die Schreibflächen »eroberte Plätze« seien und die Graffiti-Sprayer sich mit ihren individuellen Schriftzeichen gegen die technisierte

Verschriftlichung der urbanen Lebensräume wendeten. Für die Medientheorie hat vor allem die Idee eines bedeutungsleeren Zeichens kulturkritische Aufmerksamkeit auf sich gezogen, weil sich damit eine Kritik an den Medien verbinden ließ.

Neben dem Zeichenverständnis, wie es sich mit Ferdinand de Saussure in der Linguistik entwickelt hat, setzten sich seit den 1960er Jahren zeichentheoretische Konzepte durch, die auf Überlegungen des 1914 verstorbenen amerikanischen Zeichentheoretikers Charles Sanders Peirce (1983) und die Arbeiten von Charles William Morris (1972) zurückgehen und die in die deutschsprachige Diskussion vor allem von Max Bense (1967) und Elisabeth Walther (1969) eingebracht wurden. Sie lieferten gegenüber den sprachwissenschaftlichen Zeichenkonzepten einen allgemein zeichentheoretischen Ansatz, weil sie umfassend auch nicht-sprachliche Bereiche in ihre Reflexion einschlossen (vgl. Nöth 2000, S. 59 ff.). Sie gewannen vor allem im Bereich der Visuellen Kommunikation, des Kommunikationsdesigns und von dort aus auch in der sich mit den audiovisuellen Medien beschäftigenden Medienwissenschaft an Einfluss.

Konnte die linguistische Zeichentheorie noch davon ausgehen, dass bei der Sprache grundsätzlich eine arbiträre Zuordnung von Bezeichnendem und Bezeichnetem bestand, so gab es vor allem in den visuellen Medien mit ihren ikonischen Zeichen ganz offenkundig Zuordnungen, die von Ähnlichkeiten ausgingen. Eine Fotografie z. B. steht in einem Ähnlichkeitsbezug zu dem, was sie abbildet. Hier erwies sich der Saussure'sche Zeichenbegriff als wenig brauchbar. Ausgangspunkt für die Bildsemiotik wurde deshalb ein Konzept, das Zeichen durch seine Zeichenrelationen (ZR) als eine ›**triadische Relation**‹ definiert.

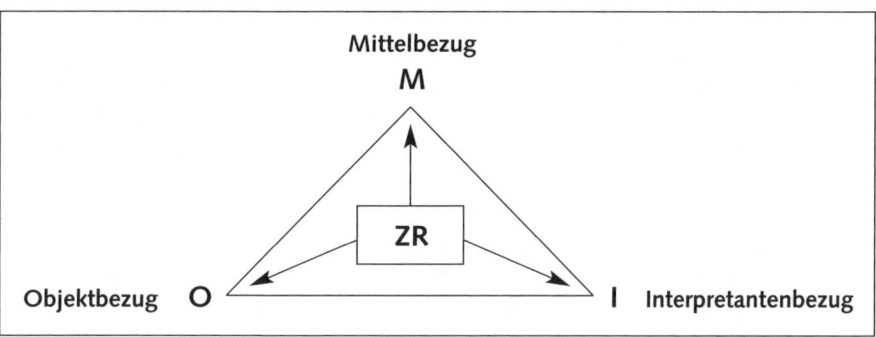

Die Zeichentheoretikerin Elisabeth Walther beschreibt diese Zeichentriade folgendermaßen: »Etwas ist also nur dann ein Zeichen, wenn es einen Mittelbezug, einen Objektbezug und einen Interpretantenbezug aufweist« (Walther 1969, S. 3). In Anlehnung an Peirce entwickelten Max Bense und Elisabeth Walther für jeden Bezug drei Unterscheidungen, von denen sich vor allem die Differenzierung des Objektbezuges durchsetzte. Unterschieden wurde zwischen einem **symbolischen**, einem **ikonischen** und einem **indexikalischen** Objektbezug.

Ein **Index** ist ein Zeichen, das eine direkte Beziehung zu seinem Objekt besitzt und meist ein Ergebnis von Beobachtungen, Vergleichen und Messungen ist.

Das Thermometer zeigt z. B. mit Hilfe von Alkohol oder Quecksilber und einer Skala Temperaturunterschiede an.

Ein **Ikon** steht zu seinem Objekt in einem Verhältnis der Ähnlichkeit, formal muss mindestens in einem Punkt eine Übereinstimmung mit dem Objekt bestehen. Visuelle Zeichen sind häufig (aber nicht immer) ikonische Zeichen. Dazu zählen nicht nur fotografische und filmische Aufnahmen, sondern auch stark schematisierte Abbildungen des Objekts, Piktogramme, Landkarten, Schemata, Diagramme (zur Problematik des Bildes vgl. Kap. 6.2). Jedes ikonische Zeichen stellt eine Reduktion des Objekts dar. Aus unterschiedlichen Erscheinungsbildern eines Objekts wird das ›Gemeinsame‹, das Charakteristische gewonnen, so dass es in den verschiedenen Realisationen immer wieder erkennbar wird.

Das **Symbol** ist ein Zeichen, das weder in einer realen Beziehung noch in formaler Übereinstimmung mit seinem Objekt steht. Einem Objekt ein symbolisches Zeichen zuzuordnen, erfolgt aufgrund einer Vereinbarung, einer Konvention, eines kulturellen Gebrauchs. Das Zeichen »VW« einem bekannten Autokonzern zuzuordnen, ist eine solche kulturelle Vereinbarung.

5.5   Kodes, Konventionen, Konnotationen

Der große Einfluss von Peirce auf die **moderne Zeichentheorie** resultiert daraus, dass er neben den symbolischen Zeichen andere Zeichen erfasst und vor allem mit dem Begriff des Ikons, der Ikonizität eine Basis für die Auseinandersetzung mit den visuellen Zeichen geschaffen hat. Für die Medienwissenschaft gewann der Ikonizitätsbegriff Bedeutung, weil er einen »unübersehbaren Vorteil« hatte: »it works« (Opl 1990, S. 57), er war brauchbar für Analyse und Theoriebildung.

Für die Untersuchung fotografischer und filmischer Bilder erwies sich der **Ikonizitätsbegriff** als tragfähig, weil er ein Bildbeschreibungs- und -analyseverfahren ermöglicht, das auf alle visuellen Zeichen anwendbar war. Als ›ikonische‹ Zeichengebilde sah schon Peirce Gemälde, Fotografien, aber auch Ideogramme, Metaphern, Diagramme an, heute würden wir dazu auch Filme, Fernsehsendungen, Piktogramme etc. zählen. Die Bildsymbole im Computerprogramm heißen heute entsprechend ›Icons‹. In der beim Ikon notwendigen Ähnlichkeitsbeziehung gibt es unterschiedliche Abstufungen, von der Fotografie bis zum stilisierten Piktogramm lassen sich unterschiedliche Grade der Ähnlichkeit feststellen. Ikonizität ist also eine graduell bestimmbare Eigenschaft.

Obwohl beim Ikon vor allem an visuelle Zeichen gedacht wird, gibt es auch eine **auditive Ikonizität**, etwa im Radio (Hörspiel), wenn Geräusche eingesetzt werden, oder auch in der Musik. »Im Theater, Film und Fernsehen ist die Ikonizität der Zeichen eine multimediale« (Nöth 2000, S. 198).

5.5.1 Zeichen und Konventionen

Die medialen Zeichen in Radio, Film, Fernsehen (aber auch in anderen Medien wie dem Plakat, der Illustrierten etc.) sind demnach zum großen Teil ikonische Zeichen. Dabei ist in den ikonischen Zeichen eine ›gestaffelte Struktur‹ zu beobachten: Die mediale Technik (das technisch-apparativ entstandene Bild) macht aus einem gesehenen Realitätsbild ein mediales Bild, das schon bei dieser Transformation Zeichencharakter besitzt. Innerhalb dieser ikonischen Zeichenebene sind jedoch auch Zeichen vorhanden, die symbolisch sind (z. B. wenn ein Schriftzug auf einer Werbetafel fotografiert wird oder spezielle Zeichensysteme wie die Sprache der Kostüme oder der Gebärden etc. fotografisch erfasst werden).

›Kodes‹ sind die syntaktischen und semantischen Regeln für den Umgang mit Zeichen (Nöth 2000, S. 216 ff.). Diese Regeln des Zeichengebrauchs werden häufig auch **Konventionen** genannt. Sie entstehen durch Vereinbarungen zwischen den Zeichenbenutzern. Innerhalb einer Kultur bilden sich Konventionen zum einen durch Setzung von Zeichenbedeutungen (z. B. durch eine gesellschaftliche Institution), zum anderen durch eine – über lange Zeit reichende – Weitergabe der kulturellen Überlieferung, ohne dass es dazu einer besonderen Vereinbarung bedarf. Konventionen gibt es sowohl für die Verwendung von arbiträren (symbolischen) als auch für die von ikonischen Zeichen. Gerade in den audiovisuellen Medien (Film und Fernsehen) spielen sie eine besondere Rolle.

In der Medienanalyse wird oft von einem **konventionellen Gebrauch** ästhetischer Mittel gesprochen, gemeint ist dann, dass bestimmte ästhetische Formen häufig eingesetzt werden, so dass sie als bekannt vorausgesetzt werden können. Mit solchen ›Gewohnheiten‹ sind auch eine Standardisierung und Schematisierung verbunden (dazu vgl. Kap. 13).

5.5.2 Denotation und Konnotation

Zeichen können unterschiedliche Bedeutungsebenen enthalten, deshalb wird zwischen ›Denotation‹ und ›Konnotation‹ unterschieden. Das fotografische bzw. filmische Zeichen bildet einen Gegenstand ab, dem zunächst eine primäre Bedeutung zugeordnet wird (Denotation). Weitere Bedeutungen (›Mit-Bedeutungen‹ – Konnotationen) sind abhängig vom Kontext. In den Medien spielen diese Konnotationen eine große Rolle, weil ihr Erkennen in der Regel ein komplexes kulturelles Wissen erfordert und sie deshalb nicht von allen Rezipienten vollzogen werden.

Eins der bekanntesten Beispiele für das Verhältnis von Denotation und Konnotation stammt von dem französischen Medientheoretiker Roland Barthes:

»Ich sitze beim Friseur, und man reicht mir eine Nummer von ›Paris Match‹. Auf dem Titelbild erweist ein junger Neger in französischer Uniform den militärischen Gruß, den Blick erhoben und auf eine Falte der Trikolore gerichtet. Das ist der Sinn des Bildes. Aber ob naiv oder nicht, ich erkenne sehr wohl, was es mir bedeuten soll: dass Frankreich ein großes Imperium ist, dass alle seine Söhne, ohne Unterschied der Hautfarbe, treu unter seiner Farbe dienen und dass es kein besseres Argument gegen die Widersacher eines angeblichen Kolonialismus gibt als den Eifer dieses jungen Negers, seinen angeblichen Unterdrückern zu dienen. Ich habe also hier ein erweitertes semiologisches System vor mir: Es enthält ein Bedeutendes, das selbst schon von einem vorhergehenden System geschaffen wird (›ein farbiger Soldat erweist den französischen militärischen Gruß‹), es enthält ein Bedeutetes (das hier eine absichtliche Mischung von Franzosentum und Soldatentum ist), und es enthält schließlich die Präsenz des Bedeuteten durch das Bedeutende hindurch« (Barthes 1964, S. 95).

Mit dem Gruß der französischen Fahne durch den farbigen Soldaten wird nicht das singuläre Ereignis des Soldaten vor der Fahne, sondern auch etwas Allgemeineres vermittelt. Diese ›kolonialistische‹ Bedeutung ist in der Konnotation des Bildes enthalten. Der Kulturwissenschaftler Klaus P. Hansen hat die kulturelle Funktion solcher »übereinander gestapelter Zeichensysteme« hervorgehoben und sie als »grundsätzliche Wirkungsweisen der Kultur« bezeichnet (Hansen 2000, S. 85). Mit dem scheinbar einfach Fotografierten werden weitreichende Bedeutungen auf eine oft suggestive und vorbewusste Weise vermittelt.

Anzumerken ist hier, dass der Gebrauch von Zeichen schon früh die Annahme nahe legte, dass sich die Bedeutung der Zeichen nicht in ihrem ›buchstäblichen Sinn‹ erschöpfe, sondern dass es weitere Bedeutungsschichten gibt, die dem ›normalen‹ Benutzer vielleicht nicht immer zugänglich sind. Erinnert sei hier an die schon angesprochenen mystischen Konzepte der Zahlen- und Buchstabensymbolik. **Mehrdeutigkeit und Bedeutungsaufladung von Zeichen** sind jedoch allgemeiner und stellen ein grundlegendes kulturelles Phänomen dar, das mit den Kategorien Denotation/Konnotation analytisch gefasst wird.

Diese Konnotationen hat Barthes selbst als ›Mythen‹ bezeichnet, weil er auf größere, für eine Kultur wesentliche Bedeutungszusammenhänge abzielte. Hier ist es sicherlich sinnvoller von kulturellen Grundmustern oder auch kulturellen Grundfiguren zu sprechen, auf die sich dann einzelne konkrete Medienproduktionen beziehen. Barthes hat später die Bedeutung der Konnotation erweitert und als textkonstituierend aufgewertet, indem sich diese Konnotation auf andere Texte bezieht, auf kulturelle Kontexte insgesamt und damit eine mehrschichtige Verankerung des konkret vorliegenden Zeichenzusammenhangs eines Textes innerhalb einer Kultur herstellt.

In Michael Curtiz' Film »Casablanca« (1943) wird zu Beginn bei einer Razzia ein Flüchtender von der Polizei erschossen: Er bricht unter dem Wandbild des General Petain zusammen, der für das Kollaborationsregime der Vichy-Regierung steht. In den Händen des Erschossenen befinden sich Flugblätter mit dem lothringischen Kreuz, dem Zeichen der Résistance. Die Gefangenen müssen durch das Tor des Justizgebäudes gehen und die Kamera fährt über die Torinschrift: »Liberté, Egalité, Fraternité«. Dazu erklingt die Marseillaise. In wenigen Momenten wird aus der Actionszene der Razzia eine politische Botschaft, die das Publikum damals sofort entziffern konnte, die heute aber von der Mehrheit der Zuschauer kaum noch erkannt wird, weil die Bedeutungen der symbolischen Zeichen vergessen sind.

Medienanalyse versucht diese unterschwellige, in der Struktur, der Anordnung der Zeichen versteckte Botschaft zu ermitteln und offen zu legen. Medienanalyse ist vor allem bei historischen Produktionen auf eine solche Analyse der ›versteckten‹ Botschaften angewiesen, weil diese einem heute nicht allgemein verbreiteten kulturellen Gebrauch entspringen. Notwendig zur Medienanalyse ist also ein breites kulturelles Wissen, um derartige Botschaften zu entschlüsseln.

5.5.3 Ikonisierung und Symbolisierung von Symptomen

In Kommunikationsverhältnissen geht es oft darum, für Zustände, Symptome, Stimmen etc. Zeichen zu finden. Symptome sind Ausdruck von Befindlichkeiten und scheinen ungesteuert zu sein. Wenn der Sauerstoffgehalt absinkt, werden wir müde und gähnen. Gähnen ist also ein Symptom, es stellt sich reflexartig ein. Menschen können aber das Gähnen auch intentional als Zeichen nutzen, indem sie das Symptom simulieren. Rudi Keller hat eine solche Verwendung eines Symptoms als Zeichen beschrieben und sie als eine **Ikonisierung von Symptomen** bezeichnet:

»Wenn ich meiner Begleiterin während eines Vortrags lautlos zu verstehen geben möchte, dass ich ihn todlangweilig finde, so kann ich dies tun, indem ich ihr zugewandt etwas übertrieben Gähnen simuliere. Eine leichte Verfremdung ist dabei notwendig, damit sichergestellt ist, dass mein Gähnen nicht als echtes Gähnen interpretiert wird« (Keller 1995, S. 162). Keller sagt nun, dass zwei Schritte notwendig sind: Als Adressat des simulierten Gähnens muss ich zum einen bemerken, dass es sich um Gähnen handeln soll, zum anderen, dass dieses simuliert wird. Symptome werden also imitiert und damit »gleichsam automatisch zu Ikonen, dadurch dass sie imitiert werden. Manche Symptome lassen sich auch bewusst inszenieren« (ebd., S. 165).

Dies gilt sowohl für die Kommunikation in alltäglichen (realen) Situationen als auch für die, in denen eine Rahmung eine Darstellung als ›**fiktional**‹ ausweist. In diesem Rahmen lässt sich der gesamte Bereich des Schauspielens als zeichentheoretisch beschreibbares Feld anfügen. Denn auch in der schauspielerischen Darstellung einer Situation wird so getan, als fände sie wirklich statt, gleichzeitig aber wird sie so gespielt, dass der Zuschauer weiß, dass es sich um ein Schauspiel und nicht um eine wirkliche Situation handelt. Das Spielen von Symptomen im Film setzt beim Zuschauer vor allem immer dann ein Erkennen des So-tun-als-ob voraus, wenn es sich um Symptome des Leidens handelt, andernfalls könnte er das gezeigte Leiden nicht als ›Unterhaltung‹ genießen.

Solche »Simulationen von Symptomen« können, wenn sie häufig wiederholt werden, auf die Ähnlichkeitsforderung verzichten. Durch die Wiederholung erzeugt der Darstellende beim Kommunikationspartner Wissen über einen Bedeutungszusammenhang, die Ikonizität wird nicht mehr wichtig, das Zeichen kann zur ›Formel‹ reduziert werden. So gibt es in vielen Filmen Stereotypen für das Erschossen-Werden, für Bedrohungssituationen usf.: Das **Symptom wird damit symbolifiziert** (ebd., S. 165 ff.).

Dieser Vorgang der Ikonifizierung und der Symbolisierung, wie es Keller nennt, ist für die **Medienkommunikation** von Bedeutung, weil hier durch den wiederholten Gebrauch von Zeichen und Bildern diese mit Bedeutung aufgeladen werden und damit ihre Zeichenstruktur verändern. Sie erscheinen einerseits als bloße ›Abbilder‹ von Realität, als Repräsentation von Natur im weitesten Sinne, sind jedoch kulturell hochgradig mit Bedeutung aufgeladen. In vielen Produktionen des Fernsehens, z. B. den Nachrichtensendungen, ist das Bildgeschehen nicht allein eine Repräsentation eines vormedialen Geschehens, sondern stellt, schon durch den Rahmen der Nachrichtensendung, einen für die Gesellschaft bedeutsamen und bestimmte kulturelle, ökonomische oder politische Verhältnisse symbolisierenden Zeichenkomplex dar. Diese Ambivalenz zwischen verschiedenen Bedeutungsebenen kennzeichnet viele Medienzeichen.

5.5.4 Die fehlende Diskretheit der audiovisuellen Zeichen

So selbstverständlich heute die Verwendung des Zeichenbegriffs ist, so weist er doch auch gerade im Bereich der visuellen Zeichen Probleme auf. Beim Gebrauch der Sprache hat sich die Konvention herausgebildet, dass wir als Benutzer einer Sprache relativ eindeutig aus dem Fluss der Laute einzelne Zeichen isolieren und einer Bedeutung zuordnen können. Das Wort ›Baum‹ ist klar abzugrenzen, in der Schrift verwenden wir dazu Leerzeichen. Wir nennen die dadurch entstehende Buchstabenfolge (Zeichen) ›distinkt‹ bzw. ›diskret‹. Sehr viel schwieriger ist es, auf einer Fotografie zu entscheiden, wo denn nun das eine Zeichen beginnt und das andere endet. Noch viel schwieriger wird es, wenn die Dinge in Bewegung geraten wie im Film. Dann sind die Zeichen noch sehr viel weniger gegeneinander abzugrenzen. Umberto Eco spricht deshalb auch bei den ikonischen Zeichen lieber von »ikonischen Äußerungen«, die nicht aus Zeichen, sondern aus Figuren bestehen (Eco 1977, S. 106).

Die Wahrnehmungspsychologie geht davon aus, dass Dinge innerhalb unserer Umgebung dann erkennbar und damit als Zeichen isolierbar werden, wenn wir sie als ›Figur‹ vor einem Hintergrund erkennen. Wir sprechen deshalb von einem **Figur-Grund-Problem**. Etwas von den hellen und dunklen Flecken auf der Filmleinwand als zusammengehörig zu erkennen, bedeutet, dass wir eine ähnliche Konfiguration in unserem Bewusstsein als ›Muster‹ gespeichert haben müssen, die wir in den Schattenverteilungen wiedererkennen. Dazu gehören relativ wenige Elemente. Wir können deshalb auch von verschiedenen Perspektiven der Aufnahme abstrahieren, können verschiedene unterschiedliche Gruppen von Gegenständen mit einem Begriff in Verbindung setzen (also den Begriff ›Baum‹ mit dem Erscheinungsbild einer Erle, einer Tanne, einer Kastanie usf. verbinden). Auch hier spielen die lebensweltliche Erfahrung und der kulturelle Kontext eine entscheidende Rolle.

Dies bedeutet, dass es für die meisten ikonischen Zeichen innerhalb fotografischer Aufnahmen keine eindeutige Zuordnung zu einer Bedeutung gibt, sondern der Kontext miteinbezogen werden muss. Ein ›Lexikon‹ der Bilder bleibt deshalb – im Vergleich zum Lexikon einer (verbalen) Sprache – immer unvollkommen.

5.6   Zeichen in den technisch-apparativen Medien

Seit den 1960er Jahren ist eine spezifische Semiotik einzelner Medien, insbesondere eine Semiotik des Films entstanden. Eine allgemeine ›**Mediensemiotik**‹ (vgl. Bentele 1981) ist noch nicht entwickelt. Die folgenden Überlegungen zu den visuellen und akustischen Zeichen stehen in einem gewissen Spannungsverhältnis zu den im Kapitel 6 (Bild und Bildlichkeit) dargestellten Überlegungen und Theorien zu den nichtsemiotischen Aspekten der Bilder (und analog auch der Töne).

5.6.1 Fotografische und filmische Zeichen

Das Problem der Ikonizität wurde vor allem am fotografischen Bild diskutiert, weil die Fotografie nicht nur als ikonisches, sondern auch als indexikalisches Zeichen gesehen werden kann: »Einerseits bildet es Realität durch (den Anschein der) Ähnlichkeit ab, andererseits ist es durch die Gesetze der Optik kausal von der Realität affiziert« (Nöth 2000, S. 496). Außerdem ist es ›arbiträr‹, weil es kultureller Konventionen bedarf, um es als Abbild eines Realitätsausschnitts zu erkennen. Nöth überliefert anthropologische Berichte, nach denen Angehörige einer Kultur ohne jegliche Kenntnis der Fotografie ein deutlich erkennbares Foto einer ihnen bekannten Gegebenheit nicht erkennen konnten (ebd.).

Mit der **Zeichenhaftigkeit der Fotografie** hat sich neben anderen vor allem Roland Barthes beschäftigt (z. B. Barthes 1964a, 1964b, 1989). Neben der allgemeinen Zeichenhaftigkeit sind vor allem spezifische Gestaltungsbedingungen einzelner fotografischer Richtungen (z. B. das Pressefoto, das Film-Standfoto etc.) zu untersuchen, weil sich hier bestimmte Aufnahme- und Darstellungsformen konventionalisiert haben. Diese Aspekte spielen auch für die auf der Fotografie aufbauenden Medien Film und Fernsehen eine Rolle.

Das **filmische Zeichen** ist komplex, weil es in der Regel nicht nur ein visuelles (fotografisches) Zeichen darstellt, sondern dabei andere Zeichenkodes einschließt. Die Filmanalyse unterscheidet heute zwischen verschiedenen Kodes, die ähnlich auch für andere Medien unterschieden werden können, weil zwischen den medienspezifischen und medienunspezifischen (aber im Medium dennoch benutzten) Zeichensystemen unterschieden werden kann:

- **Filmische Kodes** sind alle Kodes, die im Film vorkommen, aber nicht unbedingt nur im Film vertreten sind (also z. B.: die Kodes der Architektur, der Innenarchitektur und des Designs, der Kostüme, der Mode und der Frisuren, der Körpersprache, des stimmlichen Ausdrucks usf.).
- **Kinematografische Kodes** sind die Kodes, die nur im Film vorkommen, also durch Kameraoperationen, durch Schnitt und Montage entstehen.

Für die **filmischen Kodes** soll hier als Beispiel der Bereich der ›**Körpersprache**‹ skizziert werden, wobei der Begriff der ›Sprache‹ hier metaphorisch verwendet wird. Ausgangspunkt ist, dass der Körper zum Zeichenträger wird. »Die Semiotizität des menschlichen Körpers und seiner Gesten ist allerdings von vielen Umständen der kommunikativen Situation abhängig. Während etwa konventionell kodierte Gesten per Definition als semiotisch gelten, werden die Bewegungen der Arme und Hände bei praktischen Handlungen zumeist nicht als zeichenhaft wahrgenommen« (Nöth 2000, S. 301). Zu dieser ›Körpersprache‹ zählen auf der einen Seite die Physiologie des Körpers, die Körperhaltungen, die nicht-gestischen Körperbewegungen sowie die Körperorientierung im Raum. Diese Bereiche sind z. B. für kulturspezifische Bedeutungen, aber auch für geschlechtsspezifische Differenzen, für die Vermittlung von emotionalen Zuständen und inneren Befindlichkeiten zentral. Auf der anderen Seite sind es die Bereiche der Gestik, Mimik, Kinesik und Proxemik.

Die Geste wird häufig auch allgemein als bewusste Körperbewegung verstanden. Im engeren Sinne werden im Film mit ›**Gestik**‹ die Bedeutung erzeugenden Körperbewegungen der Körperextremitäten, vor allem der Hände und Arme, bezeichnet. Neben den redebegleitenden (illustrierenden) Gesten gibt es sprachersetzende Gesten, die teilweise hochgradig konventionalisiert sind und in Lexika spezifischer Gesten einzelner Bevölkerungsgruppen, Berufsgruppen erfasst werden können. Von besonderer Bedeutung sind Gesten in Theater, Film und Fernsehen, weil sie als schauspielerisch produzierte Zeichen gezielt eingesetzt werden. Für die Gestik in Theater, Film und Fernsehen lassen sich epochenspezifische, genrebezogene und schauspielereigene Gestenrepertoires (Zeichensysteme) beschreiben.

Unter ›**Kinesik**‹ werden in der Semiotik alle Körperbewegungen (also auch die Gestik) verstanden. In der Medienanalyse werden darunter in Abgrenzung zur Gestik alle weiteren Körperbewegungen der Figuren im Raum gefasst. Damit im Zusammenhang steht die ›**Proxemik**‹, in der das »räumliche Verhalten der Menschen« (Nöth 2000, S. 316 ff.) untersucht wird, wobei zumeist interkulturelle Differenzen erörtert werden. Für die Medien spielt die Proxemik, die filmische oder televisuelle Gestaltung von Nähe und Distanz, eine gewisse Rolle, weil diese wiederum mit der medialen Konstruktion von imaginären Räumen auch bedeutungstragende Funktionen übernehmen können. Proxemik und Kinesik sind als Forschungsrichtungen jedoch wenig ausgebaut, weil die Zeichenhaftigkeit hier auch deutlich geringer ausgebildet ist als bei Gestik und Mimik.

›**Mimik**‹ umfasst die Ausdrucksbewegungen des Gesichts, wobei hier die Physiognomie, also das äußere Erscheinungsbild eines Menschen, als auch der Gesichtsausdruck bedeutsam werden. Kulturgeschichtlich hat sich seit dem 18. Jahrhundert die von Johann K. Lavater stammende Annahme erhalten und im Alltagsbewusstsein vieler Menschen verankert, dass das äußere Erscheinungsbild des Gesichts im engen Zusammenhang mit der Persönlichkeitsstruktur des Menschen steht. Diesen durch nichts bewiesenen Glauben befestigen auch die Medien mit ihren Besetzungsstrategien, wenn die Helden einer Geschichte immer wieder hochgewachsen, blond und schön aussehend sind, Verbrecher dagegen finster schauen, dunkelhaarig sind und brutal wirken. Der Mimik wird in den Medien deshalb eine besondere Aufmerksamkeit geschenkt, weil das Gesicht als ›Landschaft der Seele‹ gilt und sich in der Mimik emotionale Zustände einer Figur spiegeln können. Diese sind im Spielfilm jedoch immer nur ›gespielt‹, wobei die Schauspieler-Theorien vielfältige Strategien der schauspielerischen Rollenaneignung entwickelt haben (vgl. Hickethier 1999). Relativierend gilt gerade in Film und Fernsehen, dass das, was Zuschauer als Ausdruck im Gesicht eines Schauspielers ›lesen‹, von ihnen wesentlich durch den Kontext der filmischen Darstellung ›erschlossen‹, also in das Gesicht ›hineingelesen‹ wird.

Innerhalb der Mimik spielt der **Blick** eine besondere Rolle. Blicke dienen in der zwischenmenschlichen Kommunikation als kommunikationssteuernde Elemente. Die Bewegungspotenziale des Auges, Häufigkeit, Dauer und Richtung des Blicks, der ›Blickkontakt‹, Blickwechsel, Blickvermeidung dienen einerseits der Gesprächslenkung (phatische Funktion), andererseits der Bedeutungsherstellung, indem sie Ausdrucksfunktionen für emotionale Zustände und Appellfunktionen innerhalb eines kommunikativen Zusammenhangs übernehmen.

Zu den **kinematographischen Kodes** gehören die kameraästhetischen Mittel ebenso wie die Formen des Schnitts und der Montage. Dabei handelt es sich zum einen um Flexionsformen der Zeichen (wenn z. B. etwas aus unterschiedlichen Kameraperspektiven und in Einstellungsgrößen aufgenommen wird, wenn unterschiedliche Objektive verwendet und spezifische Beleuchtungsverhältnisse erzeugt werden usf.), zum anderen um syntaktische Formen, wenn Bedeutungsveränderungen durch Einstellungsmontage und Sequenzbildung erzeugt werden (vgl. Reisz/Millar 1988; Beller 1993). Hier ist eine spezielle Filmsemiotik entstanden (Knilli 1971, Metz 1972, Eco 1972, Lotman 1977).

5.6.2 Televisuelle Zeichen

Filmische Zeichen treten nicht nur im Kinomedium Film, sondern auch im Fernsehen auf, was dazu geführt hat, dass eine spezielle Zeichentheorie des Fernsehens noch fehlt. Gleichwohl gibt es zu zahlreichen Problemen der audiovisuellen Ästhetik Beschreibungskategorien (dazu vgl. Hickethier 2001, S. 42–109). Man kann sogar soweit gehen zu behaupten, dass das Entstehen der Filmsemiotik erst durch das Videorecording, eine dem Fernsehen entstammende Technologie, möglich geworden ist. Denn etwa zeitgleich mit den ersten Videorecordern in den Universitäten, mit denen ein kontrolliertes Betrachten von Filmen möglich wurde, gibt es auch die ersten Beiträge zur Filmsemiotik.

Spezifisch televisuelle Zeichenprozesse stehen in Verbindung mit:
- dem Live-Aspekt der Fernsehproduktion (also der Gleichzeitigkeit von Aufnahme, Sendung und Rezeption),
- der Kombination von filmischen Zeichenelementen und Live-Elementen (etwa in den Nachrichtensendungen) und den damit verbundenen Unschärfen in den zeitlichen Referenzen und
- den Programmaspekten des Mediums, also der Entstehung spezifischer deiktischer Partikel in den Texten zwischen den Sendungen.

Der Live-Charakter zahlreicher Programmbestandteile des Fernsehens führt zu einem anderen, **tendenziell geringeren Inszenierungsgrad** des Gezeigten als beim

Kinospielfilm und damit in der Regel zu ambivalenteren Zeichenkonfigurationen. Durch den Live-Charakter haben vor allem die deiktischen Elemente im Fernsehen an Bedeutung gewonnen, die das Hier und Jetzt des Kommunikationsvorgangs situieren bzw. auf Referenzbereiche in einem zeitlichen Rahmen verweisen. Auch sind **neue Zeichenformationen** im Fernsehen häufig gattungsspezifischer Natur. In der nicht-fiktionalen Fernsehunterhaltung (Shows, Musiksendungen) sind ebenso wie in der Sportberichterstattung eigene Zeichenkonfigurationen (z. B. in den Torwiederholungen) entstanden. Bei den Nachrichtensendungen gibt es spezifische Wort-Bild-Verknüpfungen mit einem hohen Konventionalisierungsgrad. Im Bereich der **Infografik** erzeugt das Fernsehen neue Zeichengefüge im indexikalisch-symbolischen Bereich (vgl. Gerhard/Link/Schulte-Holtey 2001).

5.6.3 Akustische Zeichen

Bei den akustischen Zeichen wird zwischen der **gesprochenen (bzw. gesungenen) Sprache**, der **Musik** und den **Geräuschen** unterschieden. Im Bereich der Sprache haben wir es mit allen schon bekannten Formen der mündlichen Kommunikation in natürlichen Sprachen zu tun, ebenso im Bereich der Musik mit allen Formen der außerhalb des Radios bestehenden musikalischen Darbietungen und bei den Geräuschen mit allen Tönen der Lebensumwelt.

Töne, Geräusche sind nur in einer zeitlichen Ausdehnung denkbar. Ihre Vergänglichkeit kann durch die Speicherung aufgehoben werden. Alles das, was der Hörer im Radio hört, kann sowohl im Augenblick des Empfangs als **Live-Produktion** im Studio oder außerhalb davon erzeugt und hergestellt worden sein: Die Sprechenden im Radio reden in diesem Augenblick im Sendestudio, das Orchester spielt im Sendesaal des Rundfunksenders, das Fußballspiel findet im Augenblick der Übertragung im Stadion statt. Töne können aber auch als aufgezeichnete und gespeicherte (also als **Konserve**) eingesetzt werden: von einer Schallplatte, einem Tonband, einer Kassette oder CD (oder einem anderen Träger). Gespeicherte Töne können mit live erzeugten Tönen gemischt werden. Alle Töne lassen sich nicht nur technisch aufnehmen und bearbeiten, sondern auch technisch erzeugen, wobei dies beim Sprechen und bei Musik seltener geschieht als bei Geräuschen.

Da im Radio nur Töne übermittelt werden, ist ihr Entstehungszusammenhang nicht ›sichtbar‹. Für den Hörer besteht kaum die Möglichkeit, die ›**Echtheit‹ der Geräusche** zu überprüfen, wenn er nicht andere Sinne (z. B. das Auge) zu Hilfe nimmt und damit die Entstehung der Geräusche erkennt. Geräusche können heute nicht nur mechanisch, sondern auch elektronisch und digital erzeugt werden. Ein Pferd wird heute nur noch in Ausnahmefällen in ein Rundfunkstudio gebracht, um es wiehern zu lassen, der Amazonas ist für eine Radioproduktion nicht immer leicht erreichbar. Was wir beim Hören als das Klappern von Pferdehufen identifizieren, kann beispielsweise auch durch das rhythmische Aneinanderschlagen von Kokosschalen entstehen, das ›Rauschen des Amazonas‹ kann beim Plätschern in der Badewanne aufgenommen worden sein, während sich der Originalton des Amazonas eher wie ein Plätschern in der Badewanne anhört. Das durch Kokosschalen erzeugte akustische Zeichen ›Hufeklappern‹ ist deshalb keine Täuschung, sondern eben ein Zeichen. Der Hörspiel- und Feature-Autor Helmut Kopetzky konstatierte deshalb 1990: »Wenn Geräusche etwas über den Zustand der Welt aussagen sollen, müssen sie verständlich (eindeutig definiert) sein – wie z. B. ein ›Buchstabe‹ in der ›Schrift‹, ein ›Ton‹ in der ›Musik‹« (Kopetzky 1990, S. 2).

Geräusche sind in den Medien **Zeichen** (wenn sie nicht durch Störungen des technischen Übertragungskanals entstanden sind wie das Rauschen im Mittelwellenbereich). Sie sind häufig indexikalischer Natur (eine Tasse fällt herunter, Aufprall und Zerbrechen sind mit bestimmten Geräuschen verbunden). In den Medien haben Geräusche häufig ikonische Funktionen (sie setzen z. B. in einem Hörspiel auf das Erzeugen einer Vorstellung, eines Bildes). Sie können auch symbolisch eingesetzt werden (z. B. wenn das Glockenläuten im Schöneberger Rathaus in Berlin als Zeichen für den westlichen Freiheitswillen steht).

Auf den **Zusammenhang der Töne mit unseren Vorstellungen** hat Werner Faulstich hingewiesen und von einem »Realismus der Geräusche« gesprochen, der im Radio wirksam werde: »Der Realismus der Geräusche ist der Realismus der Handlung stets als der des Raums, des Ortes«, und weiter: »Die Geräusche sind die Hörbarmachung des Sichtbaren, gewissermaßen seine Vertonung, wenn auch nicht seine einzige« (Faulstich 1981, S. 42). Faulstich formuliert hier den Realismuseffekt, der gerade durch Geräusche entsteht.

Musik als Zeichen zu verstehen, ist umstritten, weil abgrenzbare ›Bedeutungen‹ schwer zu bestimmen sind, Musik gleichwohl unterschiedliche Effekte (z. B. im emotionalen Bereich) evoziert. In den technischen Medien, in denen Musik fast immer in Verbindung mit Sprache (vgl. z. B. Kap. 16.1) oder mit Bildern (vgl. Kap. 14.2.2) steht, wird Musik zeichenhaft eingesetzt, indem auf – wenn auch allgemeine – Bedeutungen gesetzt wird, die im emotionalen und stimmungsbezogenen Umfeld liegen.

5.7 Die Materialität der Zeichen

Zeichen haben einen Zeichenträger, eine materiale Basis. Zwar kann jedes Ding zum Zeichen werden, doch bei den Medien mit ihrer eingeschränkten Materialität wird diese Frage besonders wichtig. Das mediale Zeichen wird durch das **Material seines Trägers** und die Bearbeitungs- und Erzeugungswerkzeuge geprägt. Diese Prägung kann sich in der Form der Zeichen auch von der Materialität der Träger lösen. Mit der **Digitalisierung der Medien**, also der Vereinheitlichung der Trägertechnologien (oder zumindest einer Annäherung der Medientechniken), wird diese Tendenz besonders virulent.

5.7.1 Zeichen und Zeichenträger

Um in einem Kommunikationsprozess überhaupt eine Rolle zu spielen und nicht bloß in der Phantasie und Vorstellungswelt eines einzelnen Menschen zu existieren, müssen Zeichen selbst eine eigene **Materialität** besitzen – sei es als Inschrift auf einer Hauswand (›sekundäre Architektur‹), als Fernsehbild, als gesprochene Sprache oder als durch die Hände geformtes Zeichen in der Gebärdensprache. Mit einem Federhalter und Tinte wird auf Papyrus, Pergament oder Papier geschrieben, mit einem Fotoapparat, also einem Gehäuse, einer Linse und einem Verschlusssystem, sowie einer mit lichtempfindlichem Material beschichteten Platte oder einem Film wird ein Foto gemacht. Die Gegenständlichkeit der Werkzeuge erzeugt Zeichen, die selbst eine Materialität haben (zu den unterschiedlichen Materialitätsbegriffen vgl. Gumbrecht/Pfeiffer 1988).

Die **Wahl des Trägermaterials** wird durch den Gebrauch bestimmt. In Stein gemeißelte Inschriften sollen langfristig Texte erhalten, während die Papier-Kommunikation eher dem schnelleren Austausch und das Internet dem sich rasch verändernden Kommunikationsbedarf dienen. Die Materialität der Zeichenträger stellt sich auch als Problem des Speicherraums dar. Jeder, der einmal eine Zeit lang die täglich erscheinenden Zeitungen gesammelt hat, weiß, dass sich sehr schnell beträchtliche Zeitungsberge ergeben. Welchen Lagerraum bräuchte er, wenn er die gleichen Informationsmengen auf Tontäfelchen sammeln wollte? Die Entwicklung der Zeichenträger zielt auf eine **Miniaturisierung**, auf schnelle **Transportierbarkeit**, wobei der entscheidende Entwicklungssprung in der Veränderung der Zeichenträger durch die Elektrifizierung von Zeichenproduktion und Zeichentransport in den elektrischen Medien seit der Mitte des 19. Jahrhunderts erfolgte.

Zeichenträger besitzen aufgrund ihrer Materialität potenziell eine **unterschiedliche Lebensdauer**. In Stein gemeißelte Inschriften gelten allgemein als haltbarer als Dokumente aus Pergament und Papier, auch wenn die Haltbarkeit natürlich abhängig ist von Aufbewahrung, Witterungseinflüssen, willkürlichen Zerstörungen etc. Die Lebensdauer von Zeichenträgern wurde in der neuesten Zeit zum Problem, nachdem sich die Zeichenträger der technisch-apparativen Medien als – im Vergleich mit den älteren Medien – begrenzt haltbar erwiesen haben. So wird dem Film (bei optimaler Lagerung) heute eine Lebensdauer von 400 Jahren zugeschrieben, Videobänder (von denen man sich bei ihrer Einführung eine extrem lange Haltbarkeit erhoffte) erweisen sich schon nach 15 bis 20 Jahren als schadhaft. Auch die CDs und DVDs mit einer digitalen Speicherung werden aufgrund des Kunststoffträgers nur begrenzt haltbar sein.

Unterscheiden lassen sich die **Zeichengestalt und der Zeichenträger**. Auf einem Zeichenträger (z. B. Acetatfilm) können unterschiedliche Zeichen aufgebracht werden (von der filmischen Fotografie über die Kratzspuren, wie sie der Filmemacher Werner Nekes herstellt, bis zur aufgetragenen Farbkolorierung usf.). Gleichwohl ist die Möglichkeit der Zeichengestaltung nicht unbegrenzt, sondern abhängig vom Träger und den einschreibenden Werkzeugen. Die Zeichengestalt ist Ergebnis der Technik ihrer Herstellung.

Die Techniken der Medien bestimmen **Formung und Gestaltung der Zeichen**. Die Schriftarten, die wir heute noch verwenden, sind in ihren Grundformen durch die Werkzeuge geprägt, mit denen sie ursprünglich hergestellt wurden: mit dem Meißel in Stein eingegraben (z. B. die Antiqua-Schrift) und mit der

Feder geschrieben (die Fraktur-Schrift). Die unterschiedlichen Schriftarten zeigen, dass sich hier durch die Techniken Variationen ergeben haben – dass aber das Grundmuster, die ›Figur‹ des jeweiligen Buchstabens, relativ konstant geblieben ist. Diese Standardisierung ist wiederum Voraussetzung dafür, dass wir in unterschiedlichen Schriftarten geschriebene Texte problemlos lesen können. **Standardisierung** ist also ein kulturell notwendiger Prozess, um überhaupt miteinander kommunizieren zu können. Sie vereinfacht und beschleunigt Kommunikationsprozesse.

Was mit der Schrift nur ansatzweise angedeutet werden kann, gilt natürlich noch mehr für komplexere Medien und Zeichen produzierende Apparate wie den Film oder die Schreibmaschine. Sie beeinflussen durch die in ihnen als ›Programm‹ eingeschriebenen Möglichkeiten die Zeichengestaltung und damit die Gestaltung der Äußerungen, Inhalte, also der Texte insgesamt, die mit diesen Apparaturen hergestellt werden. Friedrich A. Kittler (1986) hat sich mit dem Einfluss der Apparate auf die Zeichenproduktion und den Veränderungen, die durch sie entstehen, ausführlich befasst und stellt die vielfältigen kulturellen Erfahrungen im Umgang mit den medialen Formen der Speicherung und Bearbeitung von Texten und Bildern und deren Reflexion ausführlich dar.

Wer heute Texte mit dem Computer schreibt, weiß, dass sich damit auch das Schreiben selbst verändert. Die Texte werden durch die Speichertechniken länger, man kann Zitate in unendlicher Fülle ›einscannen‹ usf. Die Textstrukturen verändern sich also durch die Schreibapparatur. Gleichzeitig wurden die Zeichen weiter standardisiert, vereinfacht und ›genormt‹. Konnte der Schreiber mit der Handschrift noch jeden Buchstaben individuell variieren, so geht dies heute nur selten – und wenn es möglicht ist, werden die Variationen in den technischen Medien nicht durch den Schreiber individuell erzeugt, sondern durch ein Computerprogramm als zufallsgenerierte (oder Random-)Schrift (z. B. der ›FF Beowulf‹ von LetterError), bei der jeder Buchstabe anders aussehen kann.

Werkzeuge prägen also Zeichengestalt und Zeichengebrauch. Doch im kulturellen Gebrauch verselbständigen sich die Zeichenformen mit fortwährender Weiterentwicklung der Werkzeuge. Sie beharren, soweit sich diese als brauchbar für die Kommunikation erweisen, in einer einmal gefundenen Gestalt und werden in ihrer Erscheinungsform idealisiert und standardisiert. Nicht jede technische Neuerung in den Medien lässt gleich andere Zeichengestalten entstehen. Andererseits produzieren die neuen Technologien auch fortdauernd neue Variationen, die jedoch oft nur kurze Zeit Bestand haben. Es gibt also keine linearen Abhängigkeiten, sondern **die Techniken der Erzeugung stehen in einer wechselseitigen Korrespondenz mit den kulturellen Gebrauchsformen.**

5.7.2 Zeichentransformation

Mit der Weiterentwicklung der technisch-apparativen Medien ist ein interessantes Phänomen zu beobachten. Medienprodukte mit einer spezifischen Zeichengestalt (z. B. ein Kinospielfilm) können auch in einem anderen Medium eingesetzt werden (z. B. im Fernsehen). Die Zeichengestalt der Filme wird dabei nicht oder nicht wesentlich verändert (z. B. nur in der Größe des gezeigten Bildes). Zeichen können also in der Medienkommunikation einen mehrfachen medialen Transformationsprozess ihrer Träger und ihrer Zeichengestalt durchlaufen. Dabei findet der Transformationsprozess weniger in der Gestalt der Zeichen als vielmehr im Trägermaterial statt, das dann wiederum eine andere Kodierung und Dekodierung der Zeichen erfordert.

Auch im **Übergang von analogen zu digitalen Zeichen** finden solche Transformationsprozesse statt. Um die Zeichen des Films zu sehen, wird der Film in der Regel auf eine Leinwand projiziert. Man kann die Filmrolle aber auch in die Hand nehmen und das einzelne Filmbild gegen das Licht halten und sieht dann auch das Bild – wenn auch sehr viel kleiner. Dieses Bild wird im Modus seiner Zeichen als ›analog‹ bezeichnet, weil es als Zeichen durch eine Ähnlichkeitsbeziehung bestimmt ist.

Um den Film im Fernsehen zu zeigen, wird das analoge Filmbild in ein elektronisches Bild umgewandelt, d. h., es wird von einem Kathodenstrahl abgetastet und in elektrische Impulse umgewandelt, die wiederum auf Frequenzen aufmoduliert und gesendet, empfangen und in ein elektronisches Bild auf dem Bildschirm zurückverwandelt werden. Der Mediennutzer muss die technischen Konfigurationen – in denen das Fernsehbild transportiert wird – selbst nicht entschlüsseln, um am Kommunikationsvorgang Fernsehen teilzuhaben. Soll der Adressat die Bilder und Töne rezipieren, müssen sie wieder in Zeichengebilde zurückverwandelt werden, die vom Adressaten als Bilder und Töne wahrgenommen werden können. Auch der Übergang zur digitalen Speicherung von Bild und Ton stellt deshalb nur eine Transformation dar.

Grundlegende Literatur

Barthes, Roland 1964a: Mythen des Alltags. Frankfurt a. M.: Suhrkamp, hier [16]1994.
Barthes, Roland 1989: Die helle Kammer. Anmerkungen zur Photographie. Frankfurt a. M.: Suhrkamp (Erstausgabe: Paris 1980).
Bentele, Günter (Hg.) 1981: Semiotik und Massenmedien. München: Ölschläger.
Eco, Umberto 1972: Einführung in die Semiotik. München: Fink.
Eco, Umberto 1987: Semiotik. Entwurf einer Theorie der Zeichen. München: Fink.
Fischer-Lichte, Erika 1983: Semiotik des Theaters. 3 Bde. Tübingen: Narr.
Hansen, Klaus P. [2]2000: Kultur und Kulturwissenschaft. Tübingen/Basel: Francke.
Hickethier, Knut [3]2001: Film- und Fernsehanalyse. Stuttgart/Weimar: Metzler.
Keller, Rudi 1995: Zeichentheorie. Zu einer Theorie des semiotischen Wissens. Tübingen/Basel: Francke.
Kittler, Friedrich A. 1986: Grammophon, Film, Typewriter. Berlin: Brinkmann & Brose.
Knilli, Friedrich (Hg.) 1971: Semiotik des Films. München: Hanser (Taschenbuch 1975: Frankfurt a. M.: Fischer Athenäum).
Metz, Christian 1972: Semiologie des Films. München: Fink.
Nöth, Winfried [2]2000: Handbuch der Semiotik. Stuttgart: Metzler.
Reisz, Karel/Gavin Millar 1988: Geschichte und Technik der Filmmontage. München: Filmlandpresse (engl.: London: Focal Press 1953).

Weitere zitierte Literatur

Assmann, Aleida 1988: Die Sprache der Dinge. Der lange Blick und die wilde Semiose. In: Gumbrecht/Pfeiffer 1988, S. 237–251.

Assmann, Jan 1999: Das kulturelle Gedächtnis. Schrift, Erinnerung und politische Identität in frühen Hochkulturen. München: Beck.

Barthes, Roland 1964b: Rhetorik des Bildes. In: Communciations 1964, S. 40–51; ausschnittweise in: Kemp, Wolfgang 1983: Theorie der Fotografie. München: Schirmer-Mosel, Bd. 3, S. 138–149.

Baudrillard, Jean 1978: Koolkiller. Berlin: Merve.

Beller, Hans (Hg.) 1993: Handbuch der Filmmontage. Praxis und Prinzipien des Filmschnitts. München: TR-Verlagsunion.

Bense, Max 1967: Semiotik. Allgemeine Theorie der Zeichen. Baden-Baden: Agis.

Boehm, Gottfried (Hg.) 1995: Was ist ein Bild? München: Fink.

Böhme, Gernot 1999: Theorie des Bildes. München: Fink.

Braun, Christina von 2001: Versuch über den Schwindel. Religion, Schrift, Bild, Geschlecht. Zürich/München: Pendo.

Davis, Erik 1999: TechGnosis: Myth, Magic + Mysticism in the Age of Information. London: Serpent's Tail.

Eco, Umberto 1977: Zeichen. Einführung in einen Begriff und seine Geschichte. Frankfurt a. M.: Suhrkamp.

Endres, Franz Carl [3]1951: Mystik und Magie der Zahlen. Zürich: Rasch.

Faulstich, Werner 1981: Radiotheorie. Eine Studie zum Hörspiel »The War oft the World« (1938) von Orson Welles. Tübingen: Narr.

Gerhard, Ute/Jürgen Link/Ernst Schulte-Holtey 2001: Infografiken, Medien, Normalisierung. Zur Kartografie politisch-sozialer Landschaften. Heidelberg: Synchron.

Gumbrecht, Hans Ulrich /K. Ludwig Pfeiffer (Hg.) 1988: Materialität der Kommunikation. Frankfurt a. M.: Suhrkamp.

Hattendorf, Manfred 1994: Dokumentarfilm und Authentizität. Ästhetik und Pragmatik einer Gattung. Konstanz: UVK/Ölschläger.

Hickethier, Knut 1999: Der Schauspieler als Produzent. Überlegungen zur Theorie des medialen Schauspielens. In: Heller, Heinz-B./Karl Prümm/Birgit Peulings (Hg.): Der Körper im Bild: Schauspielen – Darstellen – Erscheinen (Schriften der GFF Bd. 7). Marburg: Schüren, S. 9–29.

Kallir, Alfred 2002: Sign and design. Die psychogenetischen Quellen des Alphabets. Berlin: Kadmos.

Kopetzky, Helmut 1990: Inszenierte Geräusche. Vortrag auf den Berliner Hörspieltagen, November 1990 (unveröff. Manuskript).

Lotman, Jurij M. 1977: Probleme der Kinoästhetik. Frankfurt a. M.: Syndikat.

Lucke, Albert von 2002: 9–11–01. Drehzahl-Mythos. In: Ästhetik und Kommunikation 33. Jg. (2002), H. 118, S. 17–19.

Lüdeking, Karlheinz 1995: Zwischen den Linien. Vermutungen zum aktuellen Frontverlauf im Bilderstreit. In: Boehm 1995, S. 344–366.

Morris, Charles William 1972: Grundlagen der Zeichentheorie. München: Hanser.

Motzek, Margit 2001: Die erleuchtende Information. Computer und Internet als Werkzeug postmoderner Sinnstifter. Hamburg (unveröff. Magisterarbeit).

Neubauer, John 1978: Symbolismus und symbolische Logik. Die Idee der Ars combinatoria in der Entwicklung der modernen Dichtung. München: Fink.

Noble, David F. 1998: Eiskalte Träume Die Erlösungsphantasien der Technologen. Freiburg i. Br.: Herder.

Opl, Eberhard 1990: Das filmische Zeichen als kommunikationswissenschaftliches Phänomen. München: Ölschläger.

Peirce, Charles Sanders 1983: Phänomen und Logik der Zeichen. Frankfurt a. M.: Suhrkamp.

Ruderman, David B. 1988: Kabbalah, Magic and Science. London, UK/Cambridge, USA: Harvard University Press.

Rutschky, Michael 1984: Textkämpfe. In: Ders.: Zur Ethnographie des Inlands. Frankfurt a. M. Suhrkamp, S. 26–38.

Stegu, Martin 1998: Postmoderne Semiotik und Linguistik. Möglichkeiten, Anwendungen, Perspektiven. Frankfurt a. M.: Peter Lang.

Suttong, Hermann/Michael Müller 1998: Zwischen Sender und Empfänger. Eine Einführung in die Semiotik der Kommunikationsgesellschaft. Berlin: Erich Schmidt.

Walther, Elisabeth 1969: Abriß der Semiotik. In: ARCH+ 2. Jg. (1969), H. 8, S. 3–13.

6.   Bild und Bildlichkeit

Begriff und Konzept des Zeichens waren in Kap. 5 als ein Weg zur Beschreibung und Analyse sprachlicher und nicht-sprachlicher Elemente der Kommunikation dargestellt worden. Daneben entstand vor allem in den 1990er Jahren, teilweise in kritischer Auseinandersetzung mit der Zeichentheorie, eine Beschäftigung mit dem ›Bild‹, die danach fragt, was das Bild als Bild konstituiert und worin seine ›Bildhaftigkeit‹ besteht. Sie greift teilweise auf Anschauungen von den Bildern zurück, die im Widerspruch zur Zeichenhaftigkeit stehen. Basis für diese Überlegungen ist die Erfahrung, dass die **Bilder nicht in ihrem Zeichencharakter aufgehen**, sondern nicht-semiotische Aspekte eine wesentliche Rolle spielen. Dies gilt auch für den Bereich der Töne, vor allem für die Musik. Die Ursache dafür liegt darin, dass ein Bild sich aus Elementen zusammensetzt, die zeichenhaft sein können, aber nicht alle Elemente eines Bildes Bedeutung tragen müssen, sondern Grenzübergänge, Unschärfen, leere Flächen etc. bedeutungsleer sein können. Dennoch sind sie für die Bildhaftigkeit von Bedeutung.

6.1   Bildlichkeit

Die Fähigkeit, Bilder als solche wahrzunehmen, sie herzustellen und mit ihnen zu kommunizieren, gilt als eine anthropologische Fähigkeit vergleichbar der Sprache (Belting 2001, S. 57 ff., Belting/Kamper 2000), wobei damit aber keine unveränderte, sondern eine durchaus wandelbare, kulturell geformte Eigenschaft des Menschen gemeint ist (vgl. Kap. 13).

   ›Was ist ein Bild?‹ (Boehm 1995) ist eine seit der Antike immer wieder und verstärkt seit den 1990er Jahren aufgeworfene Frage. Diese wurde bis zur Erfindung der Fotografie an der Malerei diskutiert. Einerseits ist ein Bild als Nachahmung der Natur (Mimesis) verstanden worden, andererseits erschien ein Bild den Menschen immer als etwas Wunderbares. Sie haben im Bild etwas Göttliches, zumindest etwas Eigenschöpferisches gesehen. Ein Bild ist deshalb nicht nur Wiedergabe von etwas Vorhandenem, sondern bindet auch Wünsche und Gefühle. Der Streit um die Bilder wird seit Jahrhunderten um die Frage geführt: Sollen Bilder generell verboten werden, wie es in den islamischen Kulturen geschieht (weil man sich durch die Bilder angeblich von dem von Gott Geschaffenen abwendet), oder soll man (mit Bezug auf Aristoteles) die Nachahmung als eine menschliche Grundeigenschaft ansehen und deshalb, wie in den westlichen Kulturen, zum Bild in einem positiven Verhältnis stehen? Die Malerei der orthodoxen christlichen Kulturen hat sogar in den Bildern die **Inspiration des Göttlichen** gesehen, die sich des Malers nur als eines Werkzeugs bediene (ähnliche Argumentationsfiguren finden wir heute wieder, wenn literarische Texte als Ergebnis von Diskursen verstanden werden, denen die Autoren nur noch als Sprachrohr dienen).

Nachahmung wurde lange Zeit in einem sehr strengen Sinn als ›**Imitation**‹ (*imitatio*) verstanden, wobei die Malerei das wiedergeben sollte, was in der Natur besonders schön und bedeutsam war. Die bildnerische Praxis ergänzte diese Nachahmung durch *imaginatio* und *idea*, also durch die **Erfindung** von Bildern und die Vorstellung, dass die Bilder etwas hinter den Erscheinungen wirkendes Allgemeines, eine **Idee**, ein Ideal, ein Prinzip, zu verkörpern haben. Spätestens seit dem 18. Jahrhundert wird die Darstellung der Welt im Bild damit verbunden, dass sie auch **Ausdruck** eines Menschen (der Person des Malers) sein solle, der im Bild seine Gefühle und seine in ihm wohnende schöpferische Kraft (z. B. im Duktus der Malweise) sichtbar mache. Bilder sind vor allem in der neueren Zeit nicht nur Nachahmungen, sondern haben auch eine materiale Basis, die vor allem die Malerei seit der zweiten Hälfte des 19. Jahrhunderts betont hat und die Bilder als **Spuren und Markierungen** versteht. Bei der Betrachtung dieser Bilder geht es nicht mehr darum, durch das Bild etwas mitgeteilt zu bekommen, sondern das Bild als solches zu erleben. Hier wird das Schöpferische, Artifizielle weit über das Abbildende gestellt und eine Unvereinbarkeit von Kunst und Bild (»Bild ist nicht Kunst«) behauptet (Reck 2002, S. 11). Bilder, so lässt sich resümieren, enthalten immer etwas, was über ihre bloße Zeichenfunktion hinausgeht. Es lässt sich hier von einem **Effekt der Bildlichkeit** sprechen, der in Korrespondenz mit dem dispositiven Charakter von Medien steht (vgl. Kap. 11.5).

Mit der Erfindung der **technisch-apparativen Bildmedien** werden Aspekte der Bilddiskussion aufgenommen und weiterentwickelt. Dass das Bild nicht nur Zeichen ist, sondern sich darüber hinaus Effekte der Bildlichkeit beschreiben lassen, wird auch für die technischen Bilder wirksam. Die Ausbreitung von **Fotografie, Film, Fernsehen und Internet** hat zum Eindruck einer ›Bilderflut‹ beigetragen. Bilder sind heute nicht mehr so ›selten‹ wie früher, sie durchsetzen in eminenter Weise den Alltag der Menschen und sind damit selbst ›alltäglich‹ geworden. Die Massenhaftigkeit der Bilder hat die Bedeutung des einzelnen Bildes reduziert. Dadurch wurden die Bilder selbst ›entwertet‹, wie Kulturkritiker, von Walter Benjamin bis Hans Sedlmayr, festgestellt haben (Benjamin 1936; Sedlmayr 1955).

Bilder veränderten sich durch ihre **Technisierung**. Nicht nur die Reproduktion von vormals ›einmalig‹ existenten Bildern (Gemälden) durch die Kunstreproduktion (Farbfotografie, Heliogravüre, Kupfertiefdruck, Offsetdruck usf.) hat zu dieser Veränderung beigetragen, sondern auch die Herstellung von Bildern, die nur noch als vervielfacht existent sind (Fotografien, Filmbilder, Fernsehbilder). Die **technische Reproduzierbarkeit von Bildern** hat sowohl zu einer Gleichzeitigkeit und einem Nebeneinander verschiedener Bildtraditionen geführt und damit ein »imaginäres Museum« (Malraux 1960, S. 11 f.) entstehen lassen als auch darüber hinaus einen gegenüber früheren Zeiten nicht vorstellbaren visuellen Bilderkosmos geschaffen, ein »Universum der technischen Bilder« (Flusser 1989).

Das ›Bild‹ ist zum einen das **manifeste und vergegenständlichte** (also gezeichnete, gemalte, fotografierte, gefilmte) Bild, zum anderen das **mentale** Bild (*mental imagery*) in den Köpfen, das für die Vorstellung steht. Zusätzlich kann das Bild auch metaphorisch verstanden werden (z. B. als literarisches Bild) (vgl. Doelker 1997).

Schon die Antike unterschied zwischen den inneren Bildern (›*eidolon*‹, ›*phantasma*‹), den auch sprachlich auftretenden Bildern (*eikon, imago*) und den typologischen, ontologischen Bildern (*paradigma, archetypus, exemplar*) (Scholz 2000, S. 620 ff., auch Scholz 1991). Zwischen manifesten und mentalen Bildern besteht ein enger Zusammenhang. Die manifesten Bilder, die in einer Kultur entstehen, sind der Rohstoff der menschlichen Phantasien, sie formen auch die Vorstellungen, die die Menschen von der Welt haben. Die Manifestation von Bildern geht also von einer Bindung an ein Medium und damit von einer Vergegenständlichung außerhalb der je individuellen Vorstellung aus. Das Bildliche wird als ein **Formprinzip** verstanden, das sich in unterschiedlichen Medien realisieren kann: Das durch eine fotografische Aufnahme entstehende Bild kann sowohl als Foto in der Zeitung oder in einer Galerie als auch im Film, im Fernsehen oder im Internet präsent sein.

Weiterhin wird unterschieden zwischen **gegenständlichen und ungegenständlichen** Bildern, wobei ungegenständliche Bilder häufig **künstlerisch gestaltete** Bilder sind (Fricke 2001, S. 144 ff.).

6.1.1 Begrenzung, Rand, Rahmen

Bilder benötigen eine **Begrenzung**, einen Rand (der auch unscharf und diffus sein kann). Begrenzung und Rand scheiden das Bild vom Nicht-Bild, schaffen damit eine Bildfläche und definieren das Bild als Bild. Die **Rahmung** definiert das innerhalb des Rahmens Befindliche deutlich als das zum Bild Gehörende.

Bilder sind ›gestaltete Oberflächen‹ (Fricke 2001, S. 142 f.), sie sind dreidimensional (weil sie einen materiellen Träger besitzen), werden aber in ihrer Bildlichkeit nur zweidimensional genutzt. Bildwerke, die ihre materielle Dreidimensionalität für ihre Bildlichkeit benutzen, werden heute als ›Skulpturen‹ bezeichnet (Video-Installationen werden deshalb als dreidimensionale Konstruktionen häufig auch ›Video-Skulpturen‹ genannt). Diese gestalteten Oberflächen weisen eine bildräumliche Gestaltung mit linear-, farb- und helligkeitsperspektivischer Gestaltung auf, die bis zur Illusionierung eines Tiefenraums gehen kann. Diese bildräumliche Gestaltung hat durch die Rahmung ein größeres Potenzial in der Darstellung von Welt gewonnen (vgl. Gombrich 2002).

Für die Erfassung von Bildern wird zunächst das Verhältnis zwischen **Rahmen und Bildformat** und dem innerhalb des Rahmens Enthaltenen bestimmt. Eine abgebildete Figur ist nicht einfach nur abgebildet, sondern das Verhältnis der Figur zum Rahmen schafft einen Raum für diese Figur. Dazu bedarf es nicht unbedingt einer zentralperspektivischen Abbildung, der Raumeindruck entsteht auch bei nicht-perspektivischen Abbildungen. Weiterhin ist für das Bildverstehen das **Verhältnis von Teil (Detail) und Ganzem** ausschlaggebend. Die Ausschnitte eines Sachverhalts stehen in einer spezifischen Relation zu dem von ihnen repräsentierten Ganzen. Dazu zählt die **Komposition**, also die Strukturierung des Gezeigten durch die Bildung von Gewichten in den Formen und deren Verhältnis zueinander (Balance), sowie die Erzeugung von bedeutungtragenden Linien (vgl. Hickethier 2001, S. 42 ff.). Neben diese **formalen** Gestaltungsaspekte treten **inhaltliche** der Aufmerksamkeitserzeugung, etwa dass bestimmte *eyecatcher* (z. B. sexuelle Darbietungen, Gewaltaktionen etc.) die Aufmerksamkeit fokussieren können.

Im Vergleich zur Schrift ist das Bild **nicht-linear**, es ist vom Prinzip her nicht sukzessiv angeordnet, auch wenn die Augen des Betrachters das Bild ›abfahren‹, so erfolgt dies nicht wie bei der Schrift zeilenartig, sondern attraktionsorientiert. Das Bild hat also einen stärker ganzheitlich wirkenden Charakter, der Gleichzeitigkeit (und damit auch Nichtzeitlichkeit) vermittelt. Bilder können dennoch in einzelne Elemente aufgeteilt werden, die unterschiedlich strukturiert sein können: Es können große, gezeichnete, gemalte Zeichen sein, Farbflächen oder kleinteilige Bildpunkte.

Die Zusammengesetztheit von Bildern (z. B. bei den technischen Bildern aus Bildpunkten) erfordert, dass es einen Betrachter gibt, der von einem bestimmten Standpunkt aus die Bildpunkte als Bildeinheit wahrnimmt. Wer z. B. dicht vor einem Fernsehapparat sitzend das Bild betrachtet, sieht häufig nur die Zeilen und Bildpunkte, wer bei einem Großplakat in der Stadt sehr nah vor der Plakatwand steht, sieht oft die einzelnen Rasterpunkte des Bilddrucks, während sich das Gesamt des Bildes der Erfassung entzieht. Das Bild setzt also immer **einen Betrachtungsstandpunkt** voraus. Bilder sind Konstruktionen, die erst im Kopf des Betrachters, durch die Synthese der verschiedenen visuellen Eindrücke entstehen.

Die **Perspektivität der Darstellung**, die das Entstehen von Bildräumlichkeit beeinflusst, impliziert immer einen Betrachtungsstandpunkt, wobei sich die Konstruktionen der Zentralperspektive und der Mehrfluchtpunktperspektive so sehr in die Wahrnehmung von Bildern eingeschrieben haben und von den Menschen internalisiert und habitualisiert worden sind, dass sie heute als Teil der ›Natur‹ des Menschen verstanden werden. Doch es gibt natürlich auch **nicht-perspektivische Bildräumlichkeiten**, bei denen die Bildfläche insgesamt als eine Art Bildraum gesehen wird, in dem sich die Gegenstände bzw. Figuren befinden (vgl. Gombrich 2002). Diese nicht-perspektivischen Bildräumlichkeiten haben die bildende Kunst der Moderne im 20. Jahrhundert auch in Europa stark beeinflusst.

6.1.2 Bild, Körper, Unmittelbarkeit

Bilder (vor allem gegenständliche Bilder) stehen in einer engen Beziehung zum **Körper** des Abgebildeten, indem sie dessen Dreidimensionalität in eine ›Abstraktionsform‹, in eine zweidimensionale Darstellung, bringen. Hans Belting hat für die Relation ›Körper-Bild‹ eine eigene Theorie entwickelt, die dem Bild eine körpernähere Medialität zuspricht und damit auch das Bild als etwas dem Menschen Entsprechendes darstellt (Belting 2001). Diese Relation ›Bild-Körper‹ ist komplexer als es das Verhältnis der Drei- zur Zweidimensionalität nahe legt, weil auch das manifeste Bild (als Tafelbild, Skulptur, aber auch als technisches Bild) einen Körper (Bildkörper) besitzt. Die technischen Bilder von Film und Fernsehen suggerieren eine Unmittelbarkeit des Gezeigten, weil sie in der Mehrheit der Fälle eine körperliche Identität des Gezeigten behaupten und alles meiden, was dessen wahrnehmungsbezogene Wahrscheinlichkeit irritieren könnte.

Einer Vielzahl von Bildern wird eine **größere Direktheit und Unmittelbarkeit** als der Sprache und der Schrift zugesprochen. Die Auffassung, dass Bilder weltweit ohne Erlernen einer spezifischen Sprache verstanden werden können und deshalb den Bildmedien ein universaler Charakter zugesprochen werden kann, hat sich früh durchgesetzt und nimmt auch in den Theorien über das technische Bild, insbesondere über das Filmbild, einen großen Raum ein. Schon Béla Balázs reklamierte in seiner ersten Filmtheorie *Der sichtbare Mensch* von 1924 einen solchen Universalitätsanspruch für die (damals noch stummen) Filmbilder und sah im Film eine neue Weltsprache entstehen.

Das Verstehen von Bildern setzt jedoch die Kenntnis kultureller Konventionen voraus, die regeln, was mit welcher Bedeutung wie gezeigt wird. Bilder sind nur ›**mittelbar**‹ zu verstehen: Sie schaffen eine (oft diffus bleibende) ›Anschauung‹, die präzise Bedeutung des im Bild Gezeigten und mit dem Bild Gemeinten erschließt sich erst durch die Kenntnis der bildlichen (visuellen) Kodes bzw. durch eine sprachliche Benennung und Erklärung (Explikation des Bildes). **Sprachliche Erklärungen** (durch das Herstellen von Kontexten) können also Bilder genauer erschließen. Eine solche Wechselbeziehung von Sprache und Bild gilt auch für die technisch erzeugten Bilder in den audiovisuellen Medien und bestimmt die gegenwärtige Medienpraxis.

6.1.3 Embleme, Bilder und Sprache

Bild und sprachlicher Begriff stehen grundsätzlich in einer Wechselwirkung miteinander: Durch Begriffe werden uns die Bilder anschaulich, entwickeln wir Vorstellungen, ohne Begriffe und ohne Sprache könnten wir umgekehrt keine Bilder verstehen, denn mit Hilfe der Sprache schaffen wir eine Ordnung in dem, was wir sehen. Sprache ermöglicht es uns, differenzierter wahrzunehmen. Farben unterscheiden wir z. B. mit Hilfe von Begriffen (blau, grün oder mauvefarben, lindgrün und sonnenblumengelb). Eine besondere Bedeutung gewinnen deshalb die **Verbindungen von Bild und Schrift**, die auch in den technischen Medien besonders virulent sind.

Ein frühes Beispiel bilden die **Embleme**. Bei ihnen handelt es sich um Bilder, denen eine bestimmte Bedeutung, zumeist in der Form eines Epigramms zugeordnet ist. Sie bringen eine vorstellbare Sache in die konkrete sinnliche Realisation einer graphischen Darstellung. Um sie zu verstehen bedarf es eines breiten kulturellen Wissens. Dabei handelt es sich im Gegensatz zur Metapher nicht um evozierte Vorstellungsbilder, sondern die Embleme sind materialisierte Bilder, die vor allem seit Andreas Alciatus' Buch *Emblematum liber* (1531) in gedruckter Form eine große Verbreitung fanden (Kocher 2000, S. 151).

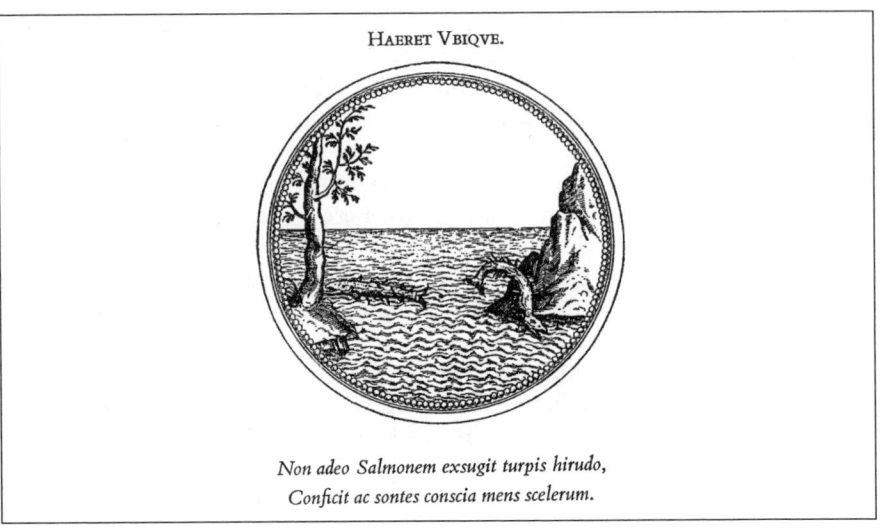

HAERET VBIQVE.

Non adeo Salmonem exsugit turpis hirudo,
Conficit ac sontes conscia mens scelerum.

Das **emblematische Bild** (*pictura*) repräsentiert, was in der *subscriptio* (der Bild-unterschrift) ausgelegt wird, die wiederum über das im Bild Gezeigte hinausweist und ihm eine besondere Bedeutung gibt. »Jedes Emblem«, so galt es für die Ba-rockzeit, »ist insofern ein Beitrag zur Erhellung, Deutung und Auslegung der Wirklichkeit« (Schöne 1968, S. 26).

Inferno

Der schlimmste Buschbrand seit Jahrzehnten hat mehrere Vororte der australischen Hauptstadt Canberra verwüstet und mindestens vier Menschen das Leben gekostet. Die Feuerwalze legte mehr als 400 Häuser in Schutt und Asche, 260 Men-schen mussten in Kliniken behandelt werden. Die Behörden riefen den Notstand aus. (Panorama)   Foto: AP

Wenn man heute z. B. Pressefotos in den Tageszeitungen betrachtet, sind Strukturen zu beobachten, die zumindest an die Emblematik erinnern. So kommt kaum ein Foto (*pictura*) ohne eine Bildunterschrift (*subscriptio*) aus, die erläutert, was genau auf dem Bild zu sehen ist, die häufig auch Ort und Zeit der Aufnahme mitteilt und eine Deutung anbietet. Häufig gewinnt das Gezeigte erst durch die präzisierende Bildunterschrift für den Betrachter eine Bedeutung. Gelegentlich gibt es auch Bildüberschriften, die zusätzliche Bedeutungserweiterungen liefern. So zeigt z. B. die *Süddeutsche Zeitung* am 20. 1. 2003 die Fotografie eines australischen Feuerwehrmanns, der vor dem Hintergrund eines großen Feuers die Hand vor das Gesicht hält. Die Bildunterschrift erläutert, dass es sich um einen der größten Buschbrände Australiens handelt, der den Kontinent bedroht, und gibt an, wo die Aufnahme entstanden ist. Die Bildüberschrift titelt »Inferno«, gibt der ganz konkreten Aufnahme eine zusätzliche Bedeutung, indem sie das dort Gezeigte mit dem konnotativen Verweis auf Dantes Darstellung der Hölle und des Fegefeuers versieht, ohne dass die Zuordnung, wie in diesem Fall, begriffsgeschichtlich immer korrekt sein muss. Entscheidend ist, dass die Bildüberschrift einen aktuell vorhandenen kulturellen Konnotationsraum und damit zusätzliche Dimensionen des Gezeigten eröffnet.

Im übertragenen Sinne können auch die audiovisuellen Bilder im Fernsehen in dieser Weise verstanden werden. In Nachrichtensendungen z. B. werden Standfotos häufig ›beschriftet‹, also mit einem sprachlichen Stichwort versehen, in Filmbeiträgen erläutert ein Off-Kommentar das Gezeigte oder ein Reporter erklärt, was zuvor, anschließend oder gleichzeitig zu sehen ist. Bild und sprachlicher Text stehen also in einem engen Verhältnis zueinander.

6.2   ›Die Krise der Repräsentation‹ und die Bildtheorien

Die Ausbreitung der audiovisuellen Medien im 20. Jahrhundert hat bei den älteren Medien zu kulturellen Umgewichtungen und neuen Funktionszuschreibungen geführt. Die reproduzierenden Funktionen (Speicherung von aktuellen und zweckbezogenen Darstellungen der Realität) gingen nach und nach auf die technisch-apparativen Medien über. Der bildenden Kunst wuchsen neue Aufgaben zu, insbesondere die Thematisierung und sinnliche Darstellung von existentiellen Grunderfahrungen und vor allem die Auseinandersetzung mit der Wahrnehmung und dem Sehen selbst. Vor diesem Hintergrund wurde die Funktion von ›Abbildung‹ eines vormedial in der Realität Vorhandenen für die Bildende Kunst problematisch. Damit wurde zwangsläufig das Repräsentations- und Referenzverhältnis von Bildern in Frage gestellt.

Ein wichtiges Thema der neueren Beschäftigung mit dem Bild ist deshalb nicht, was in den Bildern sichtbar wird, sondern immer häufiger wird diskutiert, in welchem Verhältnis Bilder zum **Nicht-Sichtbaren** stehen. Es ist letztlich eine zeichentheoretische Debatte, die aber nicht als solche geführt wird. Denn einerseits steht das Bild als Zeichenkomplex für etwas, was nicht anwesend ist, vertritt in seiner **Sichtbarkeit** etwas Unsichtbares, andererseits weist das Bild auch immer auf etwas, das über das Gezeigte selbst hinausgeht. Davon abgesetzt sind wiederum die Aspekte des **Erscheinens** und **Verschwindens**, die das Problem von Sichtbarkeit und Unsichtbarkeit in die Dimension des Prozessualen bringen. Ist es bei Hans Belting (2001) der fehlende Körper, der zum Thema wird, setzt sich Hartmut Böhme (2000) mit der entschwundenen Lebendigkeit auseinander.

Das Nicht-Sichtbare ist bei den **technischen Bildern** viel weniger zum Problem geworden. Eine Ursache dafür ist, dass bei den technischen Bildern in der Folge der Fotografie stärker vom ›**Fenster**‹-**Charakter**, dem Konzept eines Transparents, ausgegangen wird. Mit dem Bild verbindet sich die Vorstellung eines Blicks in eine Welt jenseits des Leinwand- oder Bildschirmbildes. Der Ausschnittcharakter des Gezeigten ist evident und die Herstellung einer die Einzelbilder übergreifenden und ergänzenden Vorstellung im Kopf des Betrachters die Folge. Gleichzeitig ist für die bewegten technischen Bilder ihre **Flüchtigkeit**, also ihr fortgesetztes Erscheinen und Verschwinden konstitutiv. Dadurch entsteht der Schein der Lebendigkeit des Gezeigten. Das ständige Entstehen und Verschwinden der Bilder verleiht den Bildern zusätzlich Fähigkeiten, wie z. B. die Fähigkeit der Narration.

Die »Krise der Repräsentation« (es handelt sich hier mehr um einen Zweifel an dem umfassenden Anspruch von Referenzverhältnissen) wurde im Wesentlichen in drei Debatten erörtert, die hier kurz angesprochen werden sollen: zum ersten in den die Bilder betreffenden Theorien von Foucault bis Baudrillard und deren Rezeption, zum zweiten in den Ansätzen einer von der Kunstwissenschaft ausgehenden Bildtheorie und zum dritten in den theoretischen Entwürfen zu den Computerbildern (Computervisualistik).

6.2.1 Der Zweifel an der Referenz

Der Zweifel an den Referenzbedingungen von Zeichen entstand in den 1970er Jahren in Frankreich, wobei die gescheiterten Bemühungen um eine Veränderung der Gesellschaft in der Folge der Pariser Unruhen von 1968 als auch die Erfahrungen mit den sich ausbreitenden Medien, insbesondere dem Fernsehen, wirksam waren. Jean Baudrillard sah im Verhältnis von Bildern und der in ihnen abgebildeten Realität die Realität immer mehr entschwinden, während gleichzeitig die Bilder eine neue, ihnen – in Bezug auf die Realität – letztlich nicht zukommende Bedeutung gewonnen hätten. Die Medienbilder verselbständigten sich nach seiner Auffassung in der Weise, dass das, was in den Medien als Bilder von der Welt zu sehen sei, nicht mehr der vormedialen Realität entspreche, die Bilder aber in zunehmender Weise für die Realität gehalten würden und diese damit überformten. Es gebe eine »göttliche Referenzlosigkeit der Bilder« (Baudrillard 1978, S. 10), die Bilder selbst seien zu einem ›Trugbild‹, einem ›Blendwerk‹ (»**Simulakrum**«) verdichtet, das die Wahrnehmung der Menschen präge.

Baudrillard und andere werfen vor allem den Medien vor, eine eigene Medienwirklichkeit zu schaffen, die die ›**wirkliche Wirklichkeit**‹ verstellt und eine ›**Realität aus zweiter Hand**‹ darstelle. Baudrillards Thesen greifen schon vorhandene kulturkritische Auffassungen auf (etwa die These der Kritischen Theorie vom kulturindustriellen ›Verblendungszusammenhang‹) und formulieren sie in provozierender Weise neu. Für die weitere Diskussion wurde weniger Baudrillards apokalyptische Vision als vielmehr die zeichentheoretische These von der Auflösung der Referenzverhältnisse wichtig, weil sie letztlich das alte spannungsgeladene Problem des Verhältnisses von Realität und Bildern neu formulierte.

Die **kunstwissenschaftlichen Debatten** der 1990er Jahre griffen die medientheoretischen Überlegungen Baudrillards zunächst nicht weiter auf, weil sich die Kunstwissenschaft ohnehin nicht als zuständig für die bewegten Bilder empfand. Erst mit deren Bedeutungszuwachs kam es zur Auseinandersetzung auch mit den Medienbildern. Die zeichentheoretische Konzeption des Bildes wurde abgelehnt (vgl. zuletzt Reck 2002). Aus der Wissenschaftsgeschichte des Faches ist diese Haltung leicht erklärbar. Dass Bilder als Zeichenkomplexe für etwas anderes stehen sollten (also etwas Reales abzubilden hätten), war von der modernen Malerei seit dem Entstehen der Fotografie immer wieder in Frage gestellt worden. Die Malerei der Moderne ist durch Reduktion, Abstraktion und Reflexion gekennzeichnet und wendet sich schon allein damit gegen einen als ›naiv‹ behaupteten Abbildrealismus.

Von einem alleinigen Kunstbezug distanzieren sich Vertreter der **neueren Bildforschung.** Einige Ansätze, die heute das Konzept einer ›Bildwissenschaft‹ vertreten, kommen aus ganz anderen Disziplinen als der Kunstwissenschaft (vgl. Sachs-Hombach 2000, Schirra 2002a, Schreiber 2002, Faßler 2002) und bemühen sich um einen allgemeinen, nicht nur auf Kunst bezogenen Bildbegriff.

In seiner *Theorie des Bildes* (1999) hat sich der Kunstwissenschaftler Gernot Böhme mit dem Zeichencharakter des Bildes beschäftigt und – mit Blick auf die bildende Kunst – einige Unterschiede herausgearbeitet. Böhme behauptet, es gebe bei Leonardo da Vincis Bild »Mona Lisa« keinen Referenten, auf den sich die ikonischen Zeichen des Gemäldes beziehen könnten. Denn für die Betrachtung von Leonardos »Mona Lisa« sei es beispielsweise völlig unerheblich, ob es sich, was kunstgeschichtlich zweifelhaft sei, um die Abbildung der Florentinerin Lisa del Giocondo handle. Im Bild werde ein Ideal verkörpert. Schließlich sei, wenn man von »Mona Lisa« spreche, nicht die im Gemälde abgebildete Frau, sondern das Bild selbst als solches gemeint. Dem Bildnis wird damit eine eigene unabhängige Existenz zugesprochen, unabhängig von dem, was es darstellt (Böhme 1999, S. 37 ff.).

Dass es Bilder gibt, die **als kulturelle Produktionen ein Eigenleben** entwickelt haben, die eine eigene ›Medienwirklichkeit‹ (vgl. Kap. 3.4) darstellen, setzt den Zeichencharakter des Bildes nicht außer Kraft. Bilder können sich von ihren Entstehungskontexten lösen und in neuen Kontexten einen kulturellen Symbolwert über das Abgebildete hinaus erlangen. Bildern kann in ihrer Rezeptionsgeschichte eine zusätzliche Bedeutung zuwachsen, die die ursprüngliche Bedeutung völlig an den Rand drängt. Diese kulturelle ›Aufladung‹ der Bilder erzeugt den Eindruck eines Eigenlebens.

Mit der Eigenständigkeit der ›Welt der Bilder‹ als einer Medienwirklichkeit der bildenden Kunst verbunden ist der Begriff der **Aura.** Dem einmaligen künstlerischen kommt gerade durch dieses Nur-einmal-Vorhandensein ein auratischer

Charakter zu, der, so Walter Benjamin in seinem Traktat *Das Kunstwerk im Zeitalter seiner technischen Reproduzierbarkeit* (1936), durch die technischen Reproduktionsmedien wie die Fotografie (als Medium der Kunstreproduktion) verloren ginge. Nun zeigt sich gerade an den Medien Fotografie und Film, dass der Effekt einer Aurabildung in den technisch vervielfältigten Bilderwelten nicht verschwunden und dass die Aura nicht an die Einmaligkeit, an ein Hier und Jetzt eines spezifischen Ortes, gebunden ist. Entscheidend ist der Gebrauch, der von den Bildern gemacht wird. ›Aura‹ meint eine bestimmte kulturelle Praxis des Umgangs mit den Bildern, und diese kann auch mit Reproduktionen erfolgen, mit seriellen Bildern, wie z. B. die Praxis der katholischen Heiligenverehrung mit Hilfe von Öldrucken oder auch die Bildung von Fangemeinden um Fernsehserien zeigen. Man kann von einem historischen Umschlag sprechen: Aura in einem neuen Sinn wird heute, anders als zu Benjamins Zeiten, vor allem durch die Medien und ihre Inszenierungen erzeugt.

Gernot Böhmes Beispiele für ein nicht-zeichentheoretisch bestimmtes Verständnis des Bildes – und es handelt sich bei ihnen um gegenständliche Malerei – sind zeichentheoretisch leicht zu erklären. Schwieriger wird es bei nicht-gegenständlicher Malerei. Hier ist ein Referenzbezug zu einer Gegenstandswelt weniger leicht auszumachen. Aber auch bei der **abstrakten Malerei, bei Konzept-Art und Materialkunst** (vgl. Wagner 2002) verweisen die Kunstwerke auf etwas anderes, oft schon allein dadurch, dass sie das Material, aus dem sie sind, in einem veränderten Kontext (z. B. in einem Museum, einer Galerie, einer Kunsthalle) in betonter Weise herausstellen. Referenz ist dabei in einem übertragenen oder symbolischen Sinne möglich. Diese Bilder suchen immer wieder Bedeutungen zu evozieren, wobei sie häufig zusätzlicher Erläuterungen bedürfen. Kandinsky, Klee und andere Künstler der Avantgarde haben sich deshalb häufig sprachlich zu ihren Bildern geäußert und über die Bedeutungswelten ihrer Bildwerke gesprochen (einen Überblick zur Bild-Debatte gibt Lüdeking 1995).

Der Theoretiker Hans Ulrich Reck hat sich in diesem Kontext mit der **Medienkunst** beschäftigt und eine grundsätzliche Differenz von Bild und Kunst betont: »Bild ist nicht Kunst« (Reck 2002, S. 11). Er sieht das Merkmal der Medienkunst in der »fließenden Lebendigkeit« und in der »Topologie« (also in einer Zeit- und Ortsbestimmung), wobei er den Aspekt des »Prozessualen« besonders betont (ebd.).

Alle Versuche, Bilder auf einer grundsätzlichen Ebene von ihrem Zeichencharakter zu befreien, bleiben letztlich vergeblich. Verwiesen werden kann nur auf spezifische kulturelle Praktiken, in denen aus dem Kunstcharakter eine kulturelle Sonderstellung abgeleitet wird, die einen Distinktionsgewinn im ›Kulturbetrieb‹ darstellt. Für die Adressaten der als Kunst definierten Bilder bleibt immer der Anspruch auf Bedeutung bestehen: und sei es der, dass sich diese Bedeutung nicht in einem raschen Erkennen, sondern als Rätsel, als Verborgenes, sich Verhüllendes darstellt, mit dem unausgesprochenen Ziel, der Betrachter möge sich selbst aktiv um eine Bedeutung bemühen, möge eine Bedeutung erkennen und dabei selbst Phantasie entwickeln.

6.2.2 Ikonologie und Ikonografie

Für die Bildanalyse ist lange Zeit die Frage der Repräsentation mit der Frage nach den benutzten Bildmustern verknüpft gewesen. In den christlichen Bildern finden sich ständig wiederkehrende, festgeschriebene Darstellungsformen. Auch in anderen Bereichen der Bildkunst lässt sich ein festes System der Visualisierung finden. Diese **Ikonologie** stellt gerade für den religiösen Bildbereich eine Art Regelwerk dar, das auch in den profanen Formen der bildenden Kunst lange nachwirkt. Es gibt einen Bilderkanon, eine Art von *master pictures*, der das Bildermachen nachhaltig bestimmt. Ein ähnliches Konzept taucht dann auch in der Genreanalyse auf, wenn von *master narratives* in den Genregeschichten gesprochen wird (vgl. Kap. 9). Erst mit der Moderne, also seit dem 19. Jahrhundert, hat dieses Konzept an Bedeutung verloren und wurde durch das künstlerische und kulturelle Postulat des immer Neuen (der Einmaligkeit und Originalität) ersetzt.

1912 sprach der Hamburger Kunstwissenschaftler Aby Warburg mit Blick auf den Zusammenhang von Bildwerken unterschiedlicher Kulturen von »**Bildwanderungen**«, also davon, dass Bilder sich quer durch Kulturen bewegen und dabei unterschiedlich verwendet werden. Diese Form der Wanderungen von Bildern und Mustern durch verschiedene Zusammenhänge wird dann auch für den massenmedialen Zusammenhang von Bedeutung, weil diese Form der Verwendung unterschiedlich tradierter Formen und Inhalte zu einem zentralen Prinzip der Medienproduktion wird.

Warburg bezeichnet seine Bedeutungsanalyse als »**ikonologische Analyse**« (Bialostocki 1990, S. 47), in der er nicht nur die Thematik der Gemälde genau identifiziert, sondern darüber hinaus kulturelle Wissensbestände aus anderen, der Kunstwissenschaft bislang eher fremden Gebieten einbezieht und für die Interpretation nutzbar macht. Vor allem diese Grenzüberschreitung (Interdisziplinarität) macht die Methode Warburgs auch heute noch interessant. Es geht also um eine Bedeutungserschließung durch eine Kontextualisierung, in der nach den kulturellen Bedeutungen von Bildern gefragt wird. Dabei baut die ikonographische Beschreibung auf den praktischen Erfahrungen des Betrachters innerhalb seines Kulturraums auf, während die ikonografischen Analyse die Vertrautheit mit Überlieferungtraditionen voraussetzt. Für den Film hat der Kunstwissenschaftler Erwin Panofsky eine ikonografische Analyse angeregt, also im Film nach einer »festgelegten Ikonographie« zu suchen (Panofsky 1967, S. 350). In der filmanalytischen Praxis wurde sie jedoch bislang kaum realisiert.

6.3   Der Streit um die Ähnlichkeit im Bild

Einer der zentralen Diskussionspunkte in der Bilddebatte ist das Ähnlichkeitsproblem, also die Frage nach der **Ikonizität** (vgl. Kap. 5.4). Die Ähnlichkeit der religiösen Bilder mit den realen Personen ist für die Ikonologie der christlichen Kunst von marginaler Bedeutung. Das Bild wurde als Bildschema tradiert und die im Detail festgelegten Farben, Formen, Körperhaltungen, Gesten der Figuren sicherten die Erkennbarkeit und das Verstehen des Dargestellten. Die zeichentheoretische Bildanalyse, die Bilder vor allem als ikonische Zeichen versteht, setzt gerade nicht auf ikonologisches Wissen. Für sie ist die Ähnlichkeitsbeziehung zum Bezeichneten bestimmend. Sie bezieht sich zumeist auf nicht-künstlerische Bilder.

Ähnlichkeit (Isomorphie) als Bedingung für ikonische Zeichen ist allerdings auch in der Zeichentheorie nicht unumstritten. Schon Umberto Eco hatte sich in seiner *Einführung in die Semiotik* (1972) intensiv mit dem Problem der Ikonizität beschäftigt und dabei die Frage der Ähnlichkeit als einer Bestimmung der Referenz diskutiert. Das Problem der Ähnlichkeitsbeziehung ist deshalb unterschiedlich zu verstehen:

- Als Frage nach der **Art des Objekts**, zu dem das visuelle Zeichen eine Ähnlichkeit herstellt: a) zu einem individuellen Objekt (z. B. zum Pferd Walhalla), b) zu einem ›Typus‹ des Objekts (z. B. in einem Lexikoneintrag als eine schematisierte Zeichnung eines Pferdes, das eine ›Gattung‹ der Tiere verdeutlichen soll) oder c) zu einem nicht existierenden Objekt (z. B. wenn der geflügelte Pegasus gemeint ist). Jedes Mal erkennen wir eine Art Pferd, wobei nur im ersten Fall auch ein real vorhandenes Objekt als Referenz in Erscheinung tritt.
- Als Frage danach, worin denn die Ähnlichkeit besteht: Bezieht sie sich – wie zumeist – auf die **visuelle Form** eines Objekts, stellt sich das Problem, dass diese Form sehr variabel sein kann und nur aus wenigen Prinzipien bestehen kann (z. B. welche äußere Form legen wir für ›Baum‹ fest, so dass sie erkannt wird?).
- Als ein wahrnehmungstheoretisches Problem: Die Erkennung eines Objekts aus einer Fülle von Lichtimpulsen auf der Netzhaut ist weniger eine Leistung des Auges als eines optischen Instruments, sondern eine des Gehirns, das durch eine Abgleichung der aktuellen Informationen mit den aus früheren Situationen gespeicherten und zu Mustern verdichteten Informationen und den Informationen anderer Sinne synästhetisch ein einheitliches Bild herstellt.

Christel Fricke führt den Aspekt der **kulturellen Praxis des Bildersehens** weiter und resümiert: »Unmittelbarkeit des Sehens ist eine Fiktion. Alles visuelle Wahrnehmen bewegt sich in Bahnen gegenständlicher Muster, die ihrer Funktion nach als visuelle Begriffe beschrieben werden können, die den begrifflichen, intensionalen Bedeutungen natürlichsprachlicher Prädikatsausdrücke verwandt sind. Diese können mehr oder weniger differenziert sein. Entsprechend sehen wir bestimmte Gegenstände, ›in natura‹ oder in bildlicher Darstellung, als Menschen, ohne auf Details ihrer Kleidung zu achten, wir sehen andere Gegenstände als Häuser, ohne darauf zu achten, wie viele Türen und Fenster sie haben oder wie ihr Dach geformt ist usw.« (Fricke 2001, S. 183).

Setzt Fricke auf die Konventionalität als Grundlage der visuellen Wahrnehmung, so schließen Klaus Sachs-Hombach und Jörg R. J. Schirra an die **kognitionstheoretisch begründete Auffassung der Bilderzeugung** beim Betrachter an (Sachs-Hombach/Rehkämper 2000, Sachs-Hombach 2000, Schirra 2002a).

Beliebtestes Beispiel in der Ähnlichkeitsdebatte ist die von Plinius dem Älteren überlieferte Anekdote der **Vögel des Zeuxis**. Zeuxis hatte ein Bild von Trauben gemalt und diese in einen Baum gehängt, worauf Vögel herbeiflogen und nach den Trauben pickten. Selbst die Tiere, die nichts von Kunst verstünden, seien also auf diese ›täuschend echte‹ Darstellung ›hereingefallen‹. Der aus der ›Computervisualistik‹ kommende Bildtheoretiker Jörg R. J. Schirra erklärt, dass die Vögel reflexhaft auf bestimmte ›Reize‹ reagiert hätten, weil sie offenbar in der Ferne etwas ›Fressbares‹ erkannt hätten, um dann in der Nähe recht schnell ihren ›Irrtum‹ zu erkennen (Schirra 2002b). Dieses Beispiel zeigt jedoch auch, wie mit dem Ähnlichkeitspostulat umzugehen ist. Menschen reagieren nicht nur reflexhaft, sondern sie akzeptieren Täuschungen aufgrund visueller Formähnlichkeiten, weil diese Resultat absichtsvoll gewollter kultureller Praktiken sind. Menschen wissen um die ›Täuschungen‹ (z. B. den fiktionalen Charakter von Spielfilmen) und nehmen sie nicht nur in Kauf, sondern setzten sie geradezu voraus, um bestimmte sinnliche Erlebnisse zu gewinnen, die ihnen sonst (z. B. aus ethischen Gründen) nicht möglich wären.

6.4   Das Bild in den technisch-apparativen Medien

Für die Medienwissenschaft ist die Bilddebatte ein Bezugsrahmen, auch wenn zwischen den Bildern, um die sich die Kunstwissenschaft vorrangig kümmert, und denen, für die sich die Medienwissenschaft zuständig fühlt, Unterschiede bestehen. Bei den durch Fotografie, Film, Fernsehen, Internet und Multimedia hergestellten Bildern sprechen wir verkürzt von den **technischen Bildern**‹, wohl wissend, dass manifeste Bilder immer in einer ›Technik‹ gefertigt werden. Offensichtlich ist aber die Apparatur, die sich mit der Fotografie als Werkzeug entwickelt und in den Produktions- und Distributionsapparaten von Film, Fernsehen, Internet ihre Steigerung gefunden hat, von anderer Qualität als Meißel oder Feder.

6.4.1   Der Realitätseffekt des Fotografischen

Die Fotografie bildet mit ihrem optochemisch erzeugten Bild eine der Voraussetzungen für den Film und dann des Fernsehens. Sie ist das erste Medium der ›technischen Bilder‹ und wird in den theoretischen Reflexionen des Mediums seit dem Zweiten Weltkrieg vor allem als eine ›objektive‹, weil **durch einen Apparat automatisch hergestellte, Abbildung von Welt** verstanden (vgl. Bazin 1945, S. 60). Diese Position hat sich in der Debatte über Fotografie sehr lange gehalten, aber auch vielfachen Widerspruch ausgelöst (vgl. z. B. Cavell 1971, S. 169 ff.; Arnheim 1974, S. 177). Nicht zuletzt die zunehmende Subjektivität in den Fotografien, die wachsenden Möglichkeiten der Beeinflussung der Aufnahme durch apparative Veränderungen sowie der Bearbeitung haben seit den 1970er Jahren den Menschen als Gestaltenden in den Vordergrund der Reflexion über die Fotografie gerückt.

Das Foto ist für Roland Barthes eine »**Emanation des vergangenen Wirklichen**«, von der eine »bestätigenden Kraft« ausgehe (1989, S. 99). Hinter dieser Einschätzung steht die seit der Entstehung der Fotografie vorhandene Auffassung, dass sich im fotografischen Bild die Natur selbst quasi automatisch, auf jeden Fall

aber ohne menschlichen Eingriff in die Gestaltung, einschreibe bzw. in ihm einen
›Abdruck‹ oder ›Eindruck‹ im Sinne des ›Sich-in-das-Material-Einprägens‹ hinter-
lasse (vgl. Kemp 1979 ff.).

Eine Fotografie bildet etwas **ganz Bestimmtes, letztlich Einmaliges und
Zufälliges** ab. Sie ist deshalb nach Barthes »reine Kontingenz«. »Es ist immer ein
Etwas, das abgebildet wird« (ebd., S. 38). In der Fotografie eines Menschen sehen
wir eine bestimmte Person mit konkreten Eigenschaften in einer spezifischen Situation. Die Fotografie bildet deshalb eine Einheit, einen textuellen Gesamtzusammenhang durch die ikonische Repräsentanz von Welt. Die Kohärenz besteht
gerade im kontingenten Gefüge der Hell-Dunkel- bzw. Farbwerte des fotografischen Bildes.

Die Fotografie zeigt nur Vergangenes. Ein Foto muss von einer Kamera
aufgenommen, das Filmmaterial entwickelt, fixiert werden, vom Negativ wiederum ein Abzug hergestellt werden usf. Es liegt zwischen der Aufnahme einerseits
und der fertigen Fotografie und ihrer Betrachtung andererseits immer eine zeitliche Distanz. Selbst bei einem Polaroid-Foto vergeht von der Aufnahme bis zum
sichtbar gewordenen Bild Zeit. Deshalb ist – selbst bei allergrößter Beschleunigung des Herstellungsvorgangs – das im Foto Gezeigte immer bereits vergangen
und nicht mehr Gegenwart. Es ›vergegenwärtigt‹ einen vergangenen Zustand,
weil es in seine Struktur den Augenblick der Aufnahme festgeschrieben, ›einge-
froren‹ hat, der in der Rezeption als präsentisch erfahren wird (wenn auch für
eine andere Zeit stehend). Deutlich wird diese Besonderheit, wenn wir das Bild
mit der sprachlichen Darstellung von Welt vergleichen, in die durch die Möglichkeit unterschiedlicher Tempusformen der Darstellung Historizität eingeschrieben
werden kann.

Zwei Motive verschränken sich in der Diskussion der Fotografie: Zum einen
erscheint das Foto gegenüber dem abgebildeten ›Leben‹ mit seiner Bewegtheit als
Erstarrung, als eine Fixierung, die alles Leben aus dem Abgebildeten treibt und die
dem Tod verwandt ist. Zum anderen »balsamiert« die Fotografie die Zeit ein und
schützt sie »vor ihrem eigenen Verfall« (Bazin 1945, S. 63). Indem der Betrachter
eine Fotografie von sich selbst anschaut, sieht er ein Bild von sich aus einer Zeit,
als er noch jünger war, er wird sich im Betrachten des eigenen Alterns, seiner eigenen Vergänglichkeit bewusst. Das dadurch mögliche Erschrecken hat schon am
Anfang des 20. Jahrhunderts Schauspieler (z. B. Albert Bassermann) beim Betrachten der eigenen Filme beschäftigt. Diese Debatten werden in der Diskussion um
Film und Fernsehen am bewegten Bild weitergeführt.

Die fotografische Aufnahme kann als ein **diaphanes Bild** erzeugt werden,
das, vor eine Lichtquelle gebracht, auf eine Fläche projiziert wird. Diese Kombination von fotografischer Bilderzeugung und Projektion wird für alle bildkonstituti-
ven Massenmedien prägend. Mit den Medienbildern verbindet sich häufig die
Vorstellung eines **Transparents**: Die Materialität, die für gemalte, gezeichnete oder
gedruckte Bilder offensichtlich ist, tritt bei den Medienbildern in den Hintergrund
(zwar besitzt auch das elektronische Bild eine Materialität, nur wird sie als solche
nicht wahrgenommen). Es entsteht der Eindruck, als sehe man bei den audiovi-

suellen Massenmedien durch das Bild hindurch in einen Ausschnitt der Realität. Dazu trägt die mechanische Bilderzeugung bei, aus der für das fotografische Bild (auch für das Film- und Fernsehbild) eine von der Menschenhand unbeeinflusste ›Objektivität‹ abgeleitet wird. Auch wenn zahlreiche Bildbeeinflussungsmöglichkeiten (Auswahl, Perspektive, Filterung, Bearbeitung) bestehen, gelten Medienbilder (als gegenständliche Bilder) per se als realitätsnah. Dieser **Realitätseffekt** wird durch bestimmte Schnitt- und Montagetechniken begünstigt, die vergessen lassen, dass auch bei den Film- und Fernsehbildern geschnitten und montiert wird.

Auch wenn bei den technischen Bildern von Realitätsbeziehungen durch Ähnlichkeit gesprochen werden kann, so sind in ihnen auch ikonologische Bildmuster (*master pictures*) enthalten. Fotografische Darstellungen von lebenden Personen können durch die Aufnahmeperspektive, durch bestimmte Konstellationen als **Neuversinnlichungen tradierter Bildmuster**, überlieferter Ikonen, erscheinen: James Dean z. B. als Christus, eine Mutter mit ihrem bei Unruhen umgekommenen Sohn in einer Bildkonfiguration als Pieta usf. Hier wirken sich kulturelle Traditionen aus, die im Gewand des bloß fotografischen Abbildes Bedeutungen vermitteln, auch wenn diese nicht von allen Betrachtern erkannt werden.

Nicht immer sind diese alten Bildmuster bedeutungstragend, sie können auch **bedeutungsentleert** sein, z. B. wenn es sich um sehr spezielle Festlegungen von einzelnen Heiligenikonografien, um Personifikationen (Straten 1989, S. 39 ff.) oder um die in der Emblematik festgeschriebenen Bedeutungen (ebd., S. 71 ff.) handelt. Diese Entleerung der Bilder von den ursprünglichen Bedeutungen (bei gleichzeitig erkanntem Bezug auf eine alte Bildform) ermöglicht es, diesen Bildern neue Bedeutung zuzuweisen und damit die alte Form und die kulturelle Bildtradition inhaltlich neu zu bestimmen.

Von einer »**politischen Ikonografie der Gegenwart**« hat der Hamburger Kunstwissenschaftler Michael Diers gesprochen und damit den öffentlichen Bildgebrauch einer Analyse unterzogen (Diers 1997). Damit wird vor allem deutlich, dass technische Bilder nicht nur ›einfache‹ Wiedergaben eines Realen sind, sondern mediale Formen und damit kulturelle Formulierungen eines Vorgefundenen.

6.4.2 Die Bewegtheit in den technischen Bildern

Die neuere Bilddebatte wird fast ausschließlich über stehende Bilder geführt. Die besondere Kraft der Beeindruckung und Faszination der ›Bildermedien‹ beruht jedoch zum einen darauf, dass es sich bei Film und Fernsehen um Bewegungsbilder handelt. Diese Bilder entstehen und vergehen innerhalb einer zeitlichen Phase, sie verändern sich ständig, wandeln sich von Einzelbild zu Einzelbild. Das Bild, das in der neueren Bilddebatte vor allem als Zeit überdauerndes, unveränderliches Manifestum diskutiert wird, schreibt sich als Filmbild und als Fernsehbild **die Zeit als Faktor** selbst in die eigene Struktur ein: Als Einzelbild (still) gilt es allenfalls als ein Zwischenzustand, es findet seine eigene Form erst in der Bewegung. Darin setzt es sich grundlegend von den stehenden Bildern ab, letztlich wird dieser Unterschied zur grundlegenden Differenz, die auch erklärt, warum die Bildfrage in der sich mit

Film und Fernsehen vorrangig beschäftigenden Medienwissenschaft kaum erörtert wurde.

Zum anderen liegt die Differenz der Film- und Fernsehbilder zu den stehenden Bildern darin, dass die mit dem Visuellen verknüpfte Zeitdimension auch mit dem Ton verbunden wird. Das Bild ist damit nicht nur ein bewegtes, sondern auch ein sprechendes Bild, das durch diese Einheit eine ganz andere Direktheit in der Kommunikation mit dem Betrachter erreicht. Es handelt sich also bei den technischen Bildern als audiovisuellen Bewegtbildern um eine mit den stummen, stehenden Bildern letztlich nur schwer vergleichbare Materialebene, weil die Aussagestruktur auf tief greifende Weise differiert. Das Bild transformiert sich hier in ein grundsätzlich **neues mehr-sinniges Phänomen**, in das sich durch die neuen, dem stehenden Bild nicht oder nur begrenzt zugänglichen Möglichkeiten weitere Verfahren implementieren: Sprache, Narrativik, Dramaturgie.

6.5   Täuschungen und Simulationen

In den Mediendebatten spielen die Begriffe ›Authentizität‹, ›Simulation‹ und ›Täuschung‹ immer wieder eine Rolle, wobei damit Unterschiedliches gemeint wird. In der letzten Zeit hat Christina von Braun noch den Begriff des »Schwindels« (von Braun 2001) eingeführt. Täuschungen werden eigentümlicherweise fast ausschließlich an den Bildern, nicht aber an Tönen diskutiert. Das Problem der **Imitation** (als Stimmenimitation) stellt sich als ein besonderes medientheoretisches Problem nicht in gleicher Weise. Bei der Täuschung geht es im Grunde immer um das **Verhältnis von Zeichen und Realität** bzw. von **Medien und Wirklichkeit**. Die Zunahme der Theorie-Debatten, die sich mit Täuschungen beschäftigen, zeigt, dass das Verhältnis von Realität und Zeichen offenbar komplex und widersprüchlich geworden ist. Es geht dabei vor allem um Referenzverhältnisse. Im Hintergrund steht die schon skizzierte ›**Krise der Repräsentation**‹, von der vor allem die französischen Philosophen um Michel Foucault und Jean Baudrillard gesprochen haben.

Unterschieden werden muss im Folgenden, ob es sich um bewusste Täuschungsversuche handelt (z. B. wenn der Medienjournalist Michael Born gefälschte Nachrichtenfilme herstellt und sie den Sendern als echte anbietet) oder um strukturelle, in den Medien selbst angelegte Täuschungen. Die Kennzeichnung als **Fälschung** resultiert daraus, dass Filmemacher und Film das Gezeigte als tatsächlich so geschehen und nicht vom Filmemacher inszeniert ausgeben, dies jedoch nicht der Wahrheit entspricht. Würden die Filme als ›Fiktion‹ ausgegeben, käme es nicht zur Kennzeichnung als Fälschung. Es geht also um die Differenz in der Gattungszuschreibung. Die Fernsehsender senden diese Filme im Glauben, das Gezeigte sei authentisch, weil die Filme vor dem Hintergrund, dass das dort Gezeigte möglicherweise so hätte passieren können, für Berichte eines sich tatsächlich so ereigneten Geschehens gehalten werden.

Ähnliche Fälschungen gibt es in der Geschichte der Medien vielfach, so z. B. als vor dem Golfkrieg von 1991 eine weinende Frau berichtete, sie habe gesehen, wie die irakischen Soldaten bei der Besetzung Kuwaits Babys aus den Brutkästen geholt hätten und sterben ließen. Mit dieser Geschichte wurde die Kriegsbereitschaft in den USA geschürt. Im Nachhinein stellte sich heraus, dass die Geschichte erfunden war (Bühl 1997, S. 320 f.).

Von solchen intendierten Täuschungen und bewussten ›Fakes‹ abgesehen, wird den Medien grundsätzlich der Vorwurf der **Täuschung** gemacht. Die These, dass die Täuschung den Medien strukturell als Merkmal eingeschrieben sei, nimmt die Kritik auf, die im Zusammenhang mit der Krise der Repräsentation an den Medien formuliert wird. Das Problem der Täuschung stellt sich bei den technischen Bildern besonders. Einerseits entsteht aufgrund des technischen Charakters der Bildherstellung der Eindruck, dass es sich hier um einen direkten ›Abdruck‹ der Realität handle, hier also nichts ›manipuliert‹ werden könne. Andererseits zielen die Techniken der Bildbearbeitung darauf ab, sich selbst in den Bildern unerkennbar zu machen und damit die Täuschungen zu begünstigen. Waren die frühen Fotomontagen und Bildfälschungen (Herausschneiden von Personen, Einmontieren nicht dazugehöriger Gesichter usf.) für ein medienkompetentes Auge gut sichtbar, so sind durch die **Digitalisierung der Bildproduktion und -bearbeitung** diese Veränderungen heute nicht mehr leicht erkennbar.

Wenn in Robert Zemeckis amerikanischem Spielfilm »Forrest Gump« (USA 1994) der Schauspieler Tom Hanks mit dem amerikanischen Präsidenten John F. Kennedy spricht und dieser direkt auf Hanks antwortet, ist die Bildmanipulation nicht sofort wahrnehmbar. Sie kann nur aus dem Kontext eines Medienwissens, dass beide zu verschiedenen Zeiten gelebt haben, erkannt werden. Vom »Ende des Dokumentarischen«, einem »Ende der Authentizität« bzw. einem »Ende der Historizität« aufgrund der digitalen Bildtechniken zu sprechen (Bühl 1997, S. 323 ff.), ist unangemessen.

Bei den Kategorien des Dokumentarischen und des Authentischen handelt es sich um **Zuschreibungen**, die in einem größeren Diskurszusammenhang stehen und nicht von technischen Veränderungen der Bildproduktion abhängen. Als ›authentisch‹ gilt etwas, was ›echt‹, ›ursprünglich‹ ist, was ›belegt‹ oder durch eine ›Autorität‹ eines Geistlichen bzw. Experten bestätigt wurde. Im Umgang mit Texten wurde für ›authentisch‹ erklärt, was mit Hilfe philologischer Methoden bestätigt wurde. Das Echtheits-Zertifikat war also Ergebnis einer methodischen Untersuchung. Als authentisch gilt auch oft, was sich in einem Medium der spezifischen Medialität bedient, so z. B. wenn ein Theaterregisseur unwidersprochen für das Theater behauptet: »Das Authentische ist die Gegenwart der lebendigen Spieler, Tänzer, Sänger vor lebendigen Zuschauern« (Peymann 2002, S. 171).

Für den dokumentarischen Film hat Manfred Hattendorf ›Authentizität‹ als das **Ergebnis spezifischer Strategien der Gestaltung**, also als ein **Formproblem** (Hattendorf 1994, S. 67 ff.) definiert. ›Authentisierung‹ des Gezeigten sei ein Vorgang, der auf unterschiedliche Strategien zurückzuführen sei, z. B. durch die Thematisierung der Rolle des Filmemachers im Prozess der Aufnahme, durch die Thematisierung von angeblich spezifisch authentischen Mitteln usf. Authentizität ist das Ergebnis eines **kommunikativen Prozesses**. Authentizität und Inszenierung sind in ihrem Wechselspiel und in ihrer Synthese Produkte der kommunikativen

Vereinbarungen zwischen Produzent und Rezipient. Sie sind historisch sich verändernde Prinzipien, die jeweils konkret bestimmt werden müssen.

Der Begriff der **Simulation** im Zusammenhang der Medien geht auf medientheoretische Überlegungen im Kontext der 1970er und 80er Jahre, vor allem auf Thesen von Jean Baudrillard (1978), zurück. Die Simulationsthese geht letztlich davon aus, dass die Realität durch eine **Welt referenzloser oder zumindest sich wiederum nur auf die Zeichen der Medien selbst beziehender Zeichen** verstellt sei. Die Medien seien, vereinfacht gesagt, letztlich nur Instrumente der Lüge und der Täuschung. Im ›Simulakrum‹ (Trugbild, Blendwerk, Schein) und in der ›Simulation‹ (Vortäuschung, Verstellung, Heuchelei) werden medienspezifische Eigenschaften gesehen. Der Verdacht wird gestützt durch die Erfahrung, dass wir bei dem in den Medien Gezeigten, nicht über eine vormediale Erfahrung dessen, was gezeigt wird, verfügen. Anders gesagt: Wenn wir Bilder von einem Krieg am Golf, im Kosovo oder sonst wo sehen, sind wir nicht vor Ort und können auch nicht überprüfen, ob das, was die Medien zeigen, tatsächlich in der gezeigten Weise existent ist. Wir müssen uns also an die Prinzipien der Glaubwürdigkeit und der medieninternen Legitimation halten. Dies suggeriert den Verdacht, dass alles, was wir sehen, letztlich vorgetäuscht und vielleicht eine Erfindung der Hollywoodstudios sei (vgl. auch Engell 1994).

Der Simulationsbegriff wurde auch in anderer Weise diskutiert. Den audiovisuellen Medien und besonders dem Computer wird vorgeworfen, **andere Medien**, z. B. Bilder, Schrift, **zu ›simulieren‹, also vorzutäuschen**. Hintergrund ist die Auffassung, dass die elektronischen Medien nicht wirklich Schrift und Bilder lieferten, sondern nur digitale Impulse, elektrische Schwingungen etc. und das Oberflächenbild auf den Bildschirmen letztlich nur eine Camouflage für etwas ganz anders sei. Zudem werde das Zeichen auf der Oberfläche durch das Programm generiert, sei also nicht wirklich ›vorhanden‹.

Hier ist ein verkürztes Verständnis der technischen Erzeugung von Zeichen wirksam. Letztlich sind nicht erst die Computerbilder **Bilder, die unter den Bedingungen des Mediums erzeugt wurden**, schon die Fotografie liefert Bilder unter medialen Bedingungen. Sie besitzt eine aus unterschiedlichen Punkten (Körnung) zusammengesetzte Struktur, und die für Reproduktionen (z. B. in den Printmedien) gerasterte Fotografie löst das Bild in einzelne Bildpunkte auf, die sich erst aus einer gewissen Distanz zu einem Bild zusammensetzen. Solche Rasterpunkte gibt es auch bei jedem Fernsehbild, das aus einzelnen Bildpunkten in Bildzeilen vom Kathodenstrahl auf den Bildschirm ›geschrieben‹ wird. Die Pixel (*picture elements*) des Computerbildes stehen also in einem größeren Kontext technischer Bilderzeugung. Die Vorstellung einer Simulation der Fotografie im Film, des Films im Fernsehen oder des Fernsehens im Computerbild ist also irreführend, weil sie die Transformationsprozesse, denen Bilder bei einem Medienwechsel, bei den ›Wanderungen‹ durch die Distributionsmedien, unterworfen sind, verkennt (vgl. Kap. 5.7.2).

Dass die Medienbilder als Ausdruck der Realität, ja als Realität selbst genommen werden (Immersion), ist nicht die Regel im Gebrauch der Medien. Zwar kommt es immer wieder vor, dass Zuschauer einen Schauspieler, z. B. Klaus Jürgen

Wussow, der in der »Schwarzwaldklinik« einen Klinikarzt spielte, auch in der vormedialen Realität (z. B. wenn sie ihm auf der Straße begegnen) als Chefarzt ansprechen, doch kann dies ganz unterschiedliche Gründe haben. Zu einer Überlagerung von Medienbildern und Realitätsvorstellungen kommt es vor allem dort, wo die Zuschauer keine vormedialen Erfahrungen mit einem Realitätssegment besitzen. So ist z. B. die Mehrheit der Vorstellungen von der Welt außerhalb des eigenen Lebensbereichs medial determiniert.

Die etwas aufgeregte Debatte um die Simulation und die Simulakra, wie sie die 1980er Jahre bestimmte, ist inzwischen weitgehend verstummt, denn die Konzepte der Medienwirklichkeiten als Welt der Täuschungen und Verblendungen ließen sich als ein allgemeines Modell zur Erklärung der Medien nicht halten. Denn dass die Bilder, Zeichen, Begriffe, Worte nur Stellvertreter für etwas anderes sind, dass sie eine eigene Wirklichkeit erzeugen, die sich von der vormedialen Realität unterscheidet und diese gleichwohl überformt, hat nicht dazu geführt, dass die Menschen in der Auseinandersetzung mit ihrer Umwelt handlungsunfähig wären. Auch hat die grundsätzliche Kritik an der Scheinhaftigkeit der Medienbilder nicht zu einem Verzicht auf den Mediengebrauch geführt. Ein eher pragmatischer Umgang mit den Zeichen hat sich deshalb durchgesetzt.

Grundlegende Literatur

Balázs, Béla 1924: Der sichtbare Mensch. Wien: Deutsch-Österreichischer Verlag.
Barthes, Roland 1989: Die helle Kammer. Anmerkungen zur Photographie. Frankfurt a. M.: Suhrkamp (Erstausgabe: Paris 1980).
Belting, Hans 2001: Bild-Anthropologie. München: Fink.
Benjamin, Walter 1936/1974: Das Kunstwerk im Zeitalter seiner technischen Reproduzierbarkeit. In: Ders. 1974: Gesammelte Schriften (Werkausgabe). Bd. I, 2. Frankfurt a. M.: Suhrkamp, S. 471–508.
Boehm, Gottfried (Hg.) 1995: Was ist ein Bild? München: Fink.
Kaemmerling, Ekkehard (Hg.): Ikonographie und Ikonologie. Theorien, Entwicklung, Probleme. Köln: Dumont.
Kemp, Wolfgang 1979 ff.: Theorie der Fotografie. München: Schirmer-Mosel. Bd. I: 1839–1912, 1980; Bd. II: 1912–1945, 1979; Bd. III: 1945–1980, 1983.
Sachs-Hombach, Klaus/Klaus Rehkämper (Hg.) ²2000: Bild – Bildwahrnehmung – Bildverarbeitung. Interdisziplinäre Beiträge zur Bildwissenschaft. Wiesbaden: Deutscher Universitätsverlag.

Weitere zitierte Literatur

Arnheim, Rudolf 1974: Über die Natur der Fotografie. In: Kemp 1979 ff. , Bd. 3, S. 171–181.
Baudrillard, Jean 1978: Agonie des Realen. Berlin: Merve.
Bazin, André 1945: Ontologie des fotografischen Bildes. In: Kemp 1979 ff., Bd. 3, S. 58–64.
Belting, Hans/Dieter Kamper (Hg.) 2000: Der zweite Blick. Bildgeschichte und Bildreflexion. München: Fink.
Bialostocki, Jan 1990: Skizze einer Geschichte der beabsichtigten und der interpretierenden Ikonographie. In: Kaemmerling 1990, S. 15–63.
Böhme, Gernot 1999: Theorie des Bildes. München: Fink.

Böhme, Hartmut 2000: Der Wettstreit der Medien im Andenken der Toten. In: Belting/Kamper 2000, S. 23–42.

Braun, Christina von 2001: Versuch über den Schwindel. Religion, Schrift, Bild, Geschlecht. Zürich/München: Pendo.

Bühl, Achim 1997: Die virtuelle Gesellschaft. Ökonomie, Kultur und Politik im Zeichen des Cyberspace. Opladen: Westdeutscher Verlag.

Cavell, Stanley 1971: Überlegungen zur Ontologie der Fotografie. In: Kemp 1979 ff., Bd. 3, S. 167–171.

Diers, Michael 1997: Schlagbilder. Zur politischen Ikonographie der Gegenwart. Frankfurt a. M.: Fischer.

Doelker, Christian 1997: Ein Bild ist mehr als ein Bild. Stuttgart: Klett-Cotta.

Eco, Umberto 1972: Einführung in die Semiotik. München: Fink.

Engell, Lorenz 1994: Das Gespenst der Simulation. Weimar: Verlag und Datenbank für Geisteswissenschaften.

Faßler, Manfred 2002: Bildlichkeit. Wien/Köln: Böhlau.

Flusser, Vilém 1989: Ins Universum der technischen Bilder. Göttingen: European Photography.

Fricke, Christel 2001: Zeichenprozess und ästhetische Erfahrung. München: Fink.

Gombrich, Ernst 2002: The Preference for the Primitive. Episodes in the History of Western Taste and Art. London: Phaidon Press.

Hattendorf, Manfred 1994: Dokumentarfilm und Authentizität. Ästhetik und Pragmatik einer Gattung. Konstanz: Ölschläger/UVK.

Hickethier, Knut [3]2001: Film- und Fernsehanalyse. Stuttgart/Weimar: Metzler.

Kocher, Ursula 2000: »Der Dämon der hermetischen Semiose«. Emblematik und Semiotik. In: Zimmermann, Ruben (Hg.): Bildersprache verstehen. München: Fink, S. 151–167.

Lüdeking, Karlheinz 1995: Zwischen den Linien. Vermutungen zum aktuellen Frontverlauf im Bilderstreit. In: Boehm 1995, S. 344–366.

Malraux, André 1960: Psychologie der Kunst. Das imaginäre Museum. Reinbek bei Hamburg: Rowohlt.

Panofsky, Erwin 1967: Stil und Stoff im Film. In: Filmkritik 11. Jg. (1967), S. 343–355.

Peymann, Claus 2002: Theater. In: (o. Hg.): Kulturverschwörung. Kulturinstitutionen auf dem Prüfstand für die Zukunft. Frankfurt a. M.: Suhrkamp, S. 162–179.

Reck, Hans Ulrich 2002: Mythos Medienkunst. Köln: Verlag der Buchhandlung Walther König.

Sachs-Hombach, Klaus 2000: Ähnlichkeit als kulturelles Phänomen. In: Ders./Klaus Rehkämper (Hg.): Vom Realismus der Bilder. Magdeburg: Scriptum, S. 89–106.

Schirra, Jörg R. J. 2002a: Kurze Geschichte der Bildwissenschaft. In: Magdeburger Wissenschaftsjournal 1. Jg. (2002), S. 27–38, auch: http://www.computervisualistik.de/~schirra/Work/Papers/P02/P02–2/main.html (21.7.03)

Schirra, Jörg R. J. 2002b: Täuschung, Ähnlichkeit, Immersion. Die Vögel des Zeuxis. http://www.computervisualistik.de/~schirra/Work/Papers/P00/P00–1/ (21.7.03)

Schöne, Albrecht 1968: Emblematik und Drama im Zeitalter des Barock. München: Beck.

Scholz, Oliver Robert 1991: Bild, Darstellung, Zeichen. Philosophische Theorien bildhafter Darstellung. Freiburg/München: Alber.

Scholz, Oliver Robert 2000: Bild. In: Barck, Karlheinz u. a. (Hg.): Ästhetische Grundbegriffe. Historisches Wörterbuch in sieben Bänden. Stuttgart/Weimar: Metzler, Bd. 1, S. 618–669.

Schreiber, Peter 2002: Was ist Bildwissenschaft? Versuch einer Standort- und Inhaltsbestimmung. http://www.bildwissenschaft.org/1/bildwissenschaft2.shtml (12.09.2002).

Sedlmayr, Hans 1955: Verlust der Mitte. Berlin: Ullstein.

Straten, Roelof van 1989: Einführung in die Ikonographie. Berlin: Reimer.

Wagner, Monika 2002: Das Material der Kunst. München: Beck.

7.   Text und Textualität

Zeichen stehen im Zusammenhang mit anderen Zeichen. Die Verbindung mehrerer Zeichen zu einem größeren Zeichengefüge nennen wir ›Text‹. Dabei wird davon ausgegangen, dass die Verbindung der verschiedenen Zeichen eine zusammenhängende Bedeutung entstehen lässt. Der Begriff ›Text‹ stammt vom lateinischen Begriff *textus*: Gewebe, Geflecht.

Texte definieren sich in ihrer **Textualität** im Wesentlichen auf zweierlei Weise: durch einen inneren Zusammenhalt, der sich als Kohärenz beschreiben lässt bzw. durch übergreifende Formen der Gliederung (vgl. Kap. 8) bestimmt wird, oder durch Abgrenzungen gegenüber anderen Texten sowie durch die Rahmung mit Hilfe von Paratexten. Die Textbestimmung erfolgt also aus gegenläufigen Richtungen: zum einen von innen, zum anderen von außen her.

Der Textbegriff gilt nicht nur für schriftliche, sondern auch für nicht-schriftliche Formen. Damit sind Kommunikationseinheiten gemeint, die auditiv (in Form von Musik, Geräuschen etc.), visuell oder audiovisuell (als technisch erzeugte Bilder und Ton-Bild-Verbindungen) realisiert werden, sowie solche, die räumlich erfahrbar (Installationen) sowie raumzeitlich erlebbar (Performances) sind. Die Etablierung eines solchen Text-Verständnisses steht in Verbindung mit Konzepten, die **jegliche kulturelle Artikulation als Textrealisation** verstehen und damit der kulturellen ›Lektüre‹ bzw. der Interpretation erschließen.

7.1   Textualität und Kohärenz

Zentrales **textinternes Kriterium** (Brinker 1997, S. 131) ist der Zusammenhalt der Sätze, die ›**Kohärenz**‹ (Dölling 2001, S. 43). Bei der Textstruktur steht vor allem das Mittel der **Wiederaufnahme** im Vordergrund. Der zweite Satz knüpft an den ersten an, indem sich ein Satzteil des zweiten auf einen des ersten Satzes durch eine Wortwiederholung, ein Pronomen etc. bezieht. Beispiel: ›*Der Moderator* begrüßt das Publikum. *Er* verbeugt sich und geht zu den Kandidaten.‹ Hier wird eine explizite Verknüpfung zwischen den Sätzen hergestellt. Denkbar ist auch eine implizite Verknüpfung. Beispiel: ›Der Moderator begrüßt das Publikum. Nach einem musikalischen Tusch treten die Kadidaten auf.‹ Hier wird erwartet, dass der Kommunikationspartner den Ablauf einer Unterhaltungssendung kennt, so dass für ihn beide Sätze einen zusammengehörenden Geschehensablauf wiedergeben.

Weiteres Kriterium ist die **Satzperspektive**. Hier wird ein filmischer Begriff auf den Text bezogen. Bei der sprachlichen Beschreibung einer Situation werden Bilder evoziert, die unterschiedlich nah an den Figuren und Gegenständen sind und dadurch ein Gefüge von Blicken entstehen lassen. Der russische Regisseur Sergej Eisenstein hat in seinem Aufsatz »Dickens, Griffith und wir« beschrieben, wie die Erzähltexte des englischen Romanciers Charles Dickens für den frühen Film (Griffith) die filmische Montage anregten, indem die Beschreibungen wie visuelle Einstellungen zu lesen waren (Eisenstein 1946).

Ein Beispiel aus Theodor Storms »Immensee« (1850): »An einem Spätherbstnachmittag ging ein alter wohlgekleideter Mann langsam die Straße hinab. Er schien von einem Spaziergange nach Hause zurückzukehren, denn seine Schnallenschuhe, die einer vorübergegangenen Mode angehörten, waren bestäubt. Den langen Rohrstock mit goldenem Knopf trug er unter dem Arm; mit seinen dunkeln Augen, in welche sich die ganze verlorene Jugend gerettet zu haben schien und welche eigentümlich von den schneeweißen Haaren abstachen, sah er ruhig umher oder in die Stadt hinab, welche im Abendsonnendufte vor ihm lag« (Storm 1982, S. 491).

Der sprachliche Text evoziert in unserer Vorstellung eine Bilderabfolge, die zunächst von einer Totalen ausgeht, in der wir den Mann auf der Straße vor uns sehen, dann rückt der Blick näher und konzentriert sich in einer Großaufnahme auf die Schnallenschuhe, geht dann in einem Schwenk zum Rohrstock und dessen goldenem Knopf hoch zu den dunklen Augen und den weißen Haaren, um dann wieder in eine Weiteinstellung zu wechseln auf die vor ihm liegende Stadt. Linguistisch werden die einzelnen Aussagen in diesem Textteil (die Geschichte fängt nach diesen ersten Sätzen erst an) durch explizite und implizite Wiederaufnahmen miteinander verknüpft.

Hinter Wiederaufnahme und Satzperspektive steht der **thematische Zusammenhang,** der zwischen Sätzen besteht und Kohärenz erzeugt. Als Thema wird ein ›Textkern‹ verstanden, der im Text unterschiedlich ausgeführt werden kann. Dieser Textkern ist nicht mechanisch zu erschließen, sondern hängt vom Gesamtverständnis eines Textes durch den Autor und den Leser ab. Texte können das Thema unterschiedlich (deskriptiv, argumentativ etc.) entfalten (zu weiteren Unterscheidungen vgl. Brinker 1997, S. 54 ff., auch van Dijk 1980, S. 41).

7.1.1 Text und Paratext

Zu den textinternen Kriterien der Textualität treten **textexterne** hinzu. Dabei wird unterschieden zwischen denen, die im engen Zusammenhang mit dem Text stehen und überwiegend selbst sprachlicher Art sind, und solchen, die letztlich textunabhängig und oft nicht-sprachlicher Art sind (diese Kriterien beziehen sich in der Regel auf die Kommunikationssituation). Die Grenzen sind fließend.

In der Schriftform wird ein Text z. B. dadurch als Einheit bestimmt, dass seine Sätze in einem visuellen Zusammenhang stehen (lineare Aneinanderreihung der Sätze), zum nächsten Text ein größerer Abstand besteht, er eine Überschrift besitzt und ein Urheber benannt wird. Hinzu kommen zusätzliche kleine Texte im Umfeld, die den Status des Textes benennen (beim Buch z. B. der Klappentext), sowie Kennzeichnungen, die eine Zuordnung zu Textgruppen erlauben (Gattungs- und Genrebezeichnungen), weiter werden Aussagen zum Rezeptions- und Realisationsvollzug (z. B. Regieanweisungen beim Drama) geliefert usf.

Diese zusätzlichen Texte werden nach Gérard Genette »**Paratexte**« (1989) genannt. Sie sind das »Beiwerk, durch das ein Text zum Buch wird und als solches vor die Leser und, allgemeiner, vor die Öffentlichkeit tritt«, sie sind »zwischen Text und Nicht-Text nicht bloß eine Zone des Übergangs, sondern der Transaktion« (ebd., S. 10). Für Genette bestehen solche Paratexte aus vielen Formen, Praktiken und Diskursen, abhängig von den Epochen und Kulturen. Sie sichern den kommunikativen Prozess, dienen der Steuerung der Erwartungen und der Rezeption des Textes. Unterschieden wird zwischen vielen Aspekten des Paratextes, wichtig ist hier besonders die Differenz zwischen privaten und öffentlichen Paratexten, weil sie unterschiedliche Rezeptionsweisen ermöglichen. Obwohl Genette sich dezidiert auf den Text im Medium Buch bezieht, thematisiert er den Mediencharakter des Buches selbst nicht.

Paratexte stellen **äußere Markierungen des Textes** dar, die sowohl aus textinternen als auch textexternen Elementen bestehen können. Sie signalisieren die Begrenzungen des Textes, sie geben Hinweise zur Einordnung des Textes in größere Textgruppen sowie zur Art und Weise, wie der Text zu verstehen und zu lesen ist (Autorenabsicht, Stil, besondere Eigenschaften). Der Begriff des Paratextes erweist sich gerade für die Betrachtung der Medien als produktiv, weil er viele Phänomene der Präsentation von Filmen im Kino, von Sendungen in den Radio- und Fernsehprogrammen und von Textzusammenhängen im Internet erschließen hilft. Er ist jedoch über Genettes Ansatz hinaus weiterzuentwickeln, denn in den Programmmedien wie Radio, Fernsehen und Kino gibt es **Paratexte, die sich auf mehrere Haupttexte beziehen** (Überleitungsmoderationen zwischen zwei Sendungen, Sendungsabspänne, die in die Ankündigungen der nächsten Sendung integriert sind, Trailer, die Feiertagsprogramme, Genre- oder Themenabende ankündigen usw.). Derartige ›Programmverbindungen‹ (Hickethier/Bleicher 1997) sind auch als Paratexte zu verstehen (Bleicher 2001), selbst wenn sie nicht einem einzigen Haupttext allein zuzuordnen sind.

7.1.2 Text und Kontext

Texte befinden sich in der Regel nicht von allem losgelöst in einer Art luftleerem Raum, sondern sind eingebettet in ein Umfeld, das gemeinhin als Kontext bezeichnet wird. Dabei ist zu unterscheiden zwischen

- dem Kontext, der aus **anderen Texten** besteht (z. B. die anderen Texte im Rahmen einer Anthologie, die anderen Texte innerhalb einer Zeitung, die Texte eines Werkzusammenhangs eines Autors, die anderen Texte innerhalb einer Gattung und eines Genres usf.) – dabei ist zu unterscheiden zwischen den ›real‹ anwesenden anderen Texten und den nur im Bewusstsein der Kommunikationspartner (z. B. der Kontext eines Genres) vorhandenen – und

- dem Kontext, der nicht-textuell ist. Er stellt die **Kommunikationssituation** dar, die die Textproduktion und -rezeption wesentlich beeinflusst. Zu dieser Kommunikation, die hier als ein Verhältnis von Sprecher und Hörer, von Kommunikator und Rezipient verstanden wird, gehören auch die Medien. Auch sie determinieren eine Kommunikationssituation und bestimmen damit den Gebrauch der Texte. Umgekehrt werden Kommunikationssituationen erst durch Texte und ihren Gebrauch geschaffen.

Für die Rezeption eines Textes sind Kontexte in starkem Maße bestimmend. Dies lässt sich z. B. daran erkennen, dass ein Text unterschiedliche Bedeutungen gewinnen kann, wenn er in verschiedenen Kontexten erscheint. Wird ein Text aus einem angestammten Kontext herausgenommen, sprechen wir von einer **Dekontextualisierung.** Durch sie wird der Text aber nicht in ein ›Niemandsland‹ gestellt, sondern findet sich automatisch in einem anderen Kontext wieder, weil es keinen Text ohne Kontext gibt. Dekontextualisierungen sind also immer Kontextveränderungen. Ein solcher neuer Kontext ist z. B. häufig eine wissenschaftliche Analyse.

7.1.3 Kohärenz: kommunikator-intendiert oder rezipientengesteuert

Kohärenz entsteht **im kommunikativen Gebrauch** der Texte: Kohärenz wird zum einen von den Urhebern erzeugt, zum anderen vom Adressaten hergestellt. Der Texturheber bemüht sich, den Inhalt durch kohärente Aussagen zu vermitteln. Der Rezipient will normalerweise innerhalb eines Kommunikationsvorgangs die intendierte Bedeutung erschließen, er versucht das, was die Kohärenz aus seiner Sicht stört, nicht wahrzunehmen. Die Mediennutzer wissen im Alltag ziemlich problemlos, was die Einheit eines Textes ausmacht. Ausschlaggebend ist die räumliche und zeitliche Nähe der Aussagenelemente. Zusammengehörig ist, was sich als Zeichen (gleich welcher Art) an einem Ort zusammen befindet und für den Rezipienten einen Bedeutungszusammenhang darstellt. »Der gemeinsame Ort stiftet die lektüreleitende Hypothese, dass die dort versammelten Zeichen einen sinnvollen Zusammenhang ergeben, also Text bilden bzw. ein Bild sind« (Schmitz 2001, S. 144). Orte in diesem Sinne sind die Medien.

7.2   Der Text der verschiedenen Medien

Vor dem Hintergrund des wachsenden Bildgebrauchs in den Medien wird der Textbegriff auch auf Bilder (sowohl bewegte als auch unbewegte bzw. »stille Bilder« – vgl. Bolz/Rüffer 1996) angewandt. Auf visuelle Schrift-Bild-Texte moderner Autoren hat schon früh Christina M. Weiß hingewiesen und dafür den Begriff des »Seh-Textes« geprägt (Weiß 1982). Vom »Text des Bildes« bzw. vom »Bildtext« zu sprechen, ist noch nicht lange üblich. Einleitend in einen Sammelband kunstwissenschaftlicher Bildanalysen mit dem Titel *Der Text des Bildes* reklamiert Wolfgang Kemp für den **Bildtext** »grundsätzlich die gleiche Autonomie als primärer Erzeuger von Bedeutung wie für den Sprachtext« (Kemp 1989, S. 7) und formuliert damit programmatisch, was schon zuvor lange Zeit Praxis der Bildanalyse war (vgl. auch Ehmer 1971). Da Bilder anders als sprachliche Texte organisiert sind, können sie nicht vollständig durch Beschreibungen in Sprache übersetzt werden (vgl. Kap. 5.6.1 und 6.1.1).

Medienproduktionen können als ›Texte‹ verstanden und untersucht werden. Denn bei ihnen (wie z. B. bei Filmen, Fernseh- und Radiosendungen) ist mit ihren unterschiedlichen Zeichensystemen bzw. Kodes eine solche ›Textur‹, eine solche Verflechtung stärker als bei einem nur in der Sprache realisierten Text gegeben. Martin Jurga plädiert für einen umfassend gedachten Begriff der »Fernsehtextualität« (1999), für Karl Prümm sind Fernsehserien »Supertexte« (1992). Der Filmtheoretiker Jurij M. Lotman spricht von einem »ikonischen Zeichen-Text« der fotografischen Bilder (Lotman 1977, S. 60) und für Christian Metz ist der Film ein »geschlossener Text« (Metz 1973, S. 103), ähnlich auch Raymond Bellour (1999). Häufig ist auch die Verwendung der Begriffe der Filmsprache (Eisenstein 1971), der Grammatik (Spottiswoode 1955), der Syntax (Pasolini 1971), der Rhetorik (Kaemmerling 1971, Kanzog 2001) oder der filmischen Rede (Bitomsky 1972, S. 33 ff., Lohmeier 1996), um die Textstruktur des filmischen ›Zeichenkomplexes‹ zu beschreiben. Die allgemeine Vorstellung vom Film als Text prägt heute die Methodik der Filmanalyse und hat zu unterschiedlichen, der Textanalyse angenäherten Verfahren geführt.

Für den Medientext wird zum einen die Unterschiedlichkeit der den Text konstituierenden Zeichen und Kodes (also die Art der Elemente und ihre Verknüpfungsprinzipien) bedeutsam, zum anderen ist für ihn konstitutiv, dass jeder Text an ein Medium gebunden ist, der Text also in einer Zeitung, einem Buch, einem Kalender oder auf einem Flugblatt, in einem Notizbuch, Brief oder auf einem Bierdeckel existiert.

Ein **Textverständnis bei bewegten Bildern** (Film, Fernsehen) liegt nahe, weil diese in eine zeitlich-lineare Abfolge eingebunden sind und ihnen damit literarische und dramatische Strukturen eingeschrieben werden können. Mit Bildern kann man damit auch Geschichten erzählen und Argumentationen vorführen. **Literaturverfilmungen** sind das bekannteste Beispiel einer solchen strukturellen Vertextlichung der Bilder.

Wie Bilder verstanden werden, ist in starkem Maße von den **kulturellen Traditionen** und Konventionen abhängig. Die europäisch-abendländische Bildtradition prägt unsere Bildwahrnehmung in den modernen Massenmedien immer noch entscheidend. In der Vergangenheit entstanden unterschiedliche Formen, wie Bildern Bedeutung zugewiesen wird. Dazu gehören u. a. Embleme und Allegorien, bei denen das Bild nicht nur das vordergründig Gezeigte meint, sondern durch das Arrangement der abgebildeten Dinge und Bildunterschriften auch ›Sinnbilder‹ liefert (Schöne 1964, Schöne/Henkel 1978). Ein solches ›Aufladen‹ von Bildern mit zusätzlichen Bedeutungen spielt auch heute in den audiovisuellen Medien noch eine große Rolle (vgl. 6.1.3).

7.2.1 Fotografie als Text

Von einer ›Sprache der Fotografie‹ ist die Rede, einer ›Rhetorik des Bildes‹ (Barthes 1964). Die Fotografie enthält nach diesem Verständnis eine zu entziffernde Botschaft, die verstanden werden will. Fotografien können ›gelesen‹ werden. Das Konzept der fotografischen Lektüre hat seinen praktischen Entstehungshintergrund in der Analyse von Luftbildaufnahmen im Kriege (Kemp 1979 ff., hier Bd. 3: 1983, S. 24 ff.) und meint damit eine genaue **Bildbetrachtung**. Der Begriff des Lesens wird hier metaphorisch verstanden im Sinne eines ›die Zeichen in der fotografischen Darstellung von Welt auf ihre Bedeutung hin befragen‹.

Neben die praktische, rein zweckbezogene Fotoanalyse ist die **wissenschaftliche Analyse von Fotografien** getreten, die nach den ästhetischen Prozessen der Bildgestaltung, den Bildbedeutungen und der Wahrnehmung des Fotobildes fragt. Die ambitionierteste Fotobildanalyse stammt von Roland Barthes: ›Rhetorik des Bildes‹ (Barthes 1964), die zu zahlreichen weiteren Fotoanalysen, vor allem von Werbebildern, geführt hat (vgl. Ehmer 1971). Barthes hat 1964 am Beispiel einer Spaghetti-Reklame (Panzani) eine solche Bildlektüre exemplarisch vorgeführt und hier zwischen der linguistischen Nachricht (der Texte im Bild), dem denotierten und dem konnotierten Bild unterschieden.

In einem Foto kann der Betrachter – unabhängig von der Intention des Fotografen – Details entdecken, die ihm etwas über die Zeit der Abbildung und die Welt des Gezeigten sagen. Barthes spricht von einem ethnologischen Interesse des Betrachters. Das Foto zeigt also auf eine ›unbeabsichtigte‹ Weise etwas von der Welt – und gerade darin kann es in besonderer Weise zum Zeichen werden. Die Fotografie kann z. B. als **ein soziales und kulturelles Zeichen** gelesen werden. Der Betrachter stellt eine Distanz zum Kontingenten der Fotografie fest und nimmt das Foto als Ausdruck für etwas Allgemeingültiges, als Zeichen für etwas Übergeordnetes (Barthes 1964, S. 44 ff.). Im fotografischen Porträt eines lächelnden Jungen kann z. B. der Betrachter die schlechten Zähne des Jungen bemerken und sie als ein Zeichen für den schlechten Gesundheitszustand der Kinder oder für den mangelhaften Zustand der ärztlichen Versorgung nehmen. Indem der Betrachter seinen Blick also auf ein Detail fokusiert, einen Aspekt der Fotografie, nimmt er es als Zeichen ›für‹ etwas. Das im Foto Abgebildete wird damit aus seiner Kontingenz gelöst und zum Zeichen für etwas anderes gemacht, dem Foto wird damit über das ›bloß‹ Abgebildete hinaus eine konnotative Bedeutung zuerkannt.

7.2.2 Der Film als Text

Den Film »**wie einen Text lesen**« (Paech 1986), setzt die Verfügbarkeit von Filmen und Fernsehsendungen und diese wiederum eine Speicherung der gezeigten audiovisuellen Bilder voraus. Mit dem semiprofessionellen Videorecorder außerhalb der Fernsehanstalten und unabhängig von den Medienproduzenten war diese Möglichkeit etwa Anfang der 1970er Jahre gegeben. Zu diesem Zeitpunkt entstand deshalb auch nicht zufällig die Medienwissenschaft.

»Mit dem Videorecorder habe ich einen Filmbetrachter, der mir erlaubt, in einem Film zu ›lesen‹ wie in einem Buch: Ich halte an, blättere zurück, ›lese‹ genau, Zeile für Zeile, überfliege im Schnelllauf viele ›Seiten‹ [...] Auf dem Videorecorder kann ich den Film erstmals wie einen ›Text‹ lesen, seine Strukturen herausarbeiten, sein Zeichenmaterial erkennen, vor-filmische (dargestellte) und filmische Elemente (der Darstellung) unterscheiden und in ihrem Zusammenwirken in der Bedeutungsproduktion bestimmen. Kamerabewegungen und Objektbewegungen kann ich in den jeweiligen Einstellungen isolieren und in ihrer Funktion innerhalb des Gesamttextes präzise beschreiben« (Paech 1986).

Bei den audiovisuellen Medien stellt sich die Frage nach der **Textualität** auf neue Weise, denn der Film besteht aus einzelnen Einstellungen, die durch Schnitte begrenzt und durch Montage mit anderen Einstellungen weiterer Aufnahmen verbunden sind. Der Film enthält damit eine **latente Inkohärenz** als Strukturmerkmal.

Der Film lebt in seiner Abfolge von Bedeutungsevokationen durch den wiederholten **Wechsel** zwischen den am Film beteiligten Zeichensystemen. Durch den komponierten Gebrauch des Wechsels entsteht die Vielstimmigkeit und Farbigkeit, das ›symphonische Erzählen‹ des Films. Die verbale Äußerung einer Filmfigur kann durch den Blick einer anderen erwidert werden, dieser kann über die Bildbegrenzung hinaus verweisen und nach einem Schnitt in seiner Bedeutung von einem – in einer anderen Kameraperspektive aufgenommenen – Gegenstand erläutert werden, woran sich ein Wechsel in ein anderes Geschehen einer nächsten (ganz anders strukturierten) Einstellung anschließt. Die **mündliche Äußerung** einer Figur kann auch durch einen **Blick**, eine **Körperbewegung**, durch **Musik**, durch ein **Geräusch** weitergeführt werden usf. In einem solchen – im Film fortdauernd stattfindenden – Wechsel zwischen den filmischen und kinematographischen Zeichen liegt die besondere Textstruktur des Medientextes Film (zu speziellen Wort-Bild-Verknüpfungen vgl. Hickethier 2001, S. 107 f.).

Dieser komponierte Wechsel der Mittel kann auch als Kohärenz erzeugende Strategie verstanden werden. Die audiovisuellen Texte bedienen sich dafür mehrerer Verfahren, zumeist in Kombination miteinander. Audiovisuelle Medientexte sind deshalb Texte mit geschichteten, Kohärenz bildenden Strukturen.

a) Kohärenz entsteht im Film zunächst auf der **inhaltlich-präsentativen Ebene**: das Gezeigte wird durch einen thematischen Zusammenhang, Formen der inhaltlichen Wiederaufnahme, Wiederholungen und Verweise zusammengehalten.

b) Zusätzlich gibt es auf der Bildebene **kodespezifische Kohärenzbildungen**. Dazu gehören:

- Anzeichen für den gleichen Handlungsort, die gleichen Personen, Figuren, Gegenstände, die über verschiedene Einstellungen hinweg einen Zusammenhang signalisieren;

- stilistische Gemeinsamkeiten der Inszenierung, des Arrangements;
- gleichlaufende bzw. entgegengesetzte Bewegungsrichtungen (z. B. wenn bei einer Verfolgungsjagd die Einstellungen verschiedener Autos nacheinander montiert werden, wobei das Verhältnis der Bewegungsrichtungen als ein intendiert angelegtes zu erkennen sein muss);
- Anzeichen für die Verwendung desselben filmischen Materials (Körnigkeit des Films), farbliche Einheit (gleiche Lichtverhältnisse, gleiche Valeurs, gleiche ›Stichigkeit‹);
- ein die Einstellungen übergreifender Ton (z. B. Musik, Off-Sprecher, Dialoge).

c) Die Einheit eines Films wird durch **Markierungen von Anfang und Ende** definiert. Sie werden vom Urheber bestimmt (also Markierungen des Senders, des Produzenten, des Regisseurs usf.) und können als filmische ›Paratexte‹ verstanden werden (vgl. Kap. 7.1.2). Beim Film sind dies der Vorspann (mit dem Titel und den vorangestellten Angaben über Urheber) sowie der Abspann (auf dem in der Regel alle sonstigen Beteiligten aufgeführt sind). Vor- und Abspann dienen nicht nur der Markierung von Anfang und Ende (bei Kinospielfilmen gibt es bis in die 1960er Jahre hinein noch das Filmbild mit der Inschrift ›Ende‹ bzw. ›The End‹ – nicht jedoch das Filmbild mit der Inschrift ›Anfang‹), sondern haben auch die Funktion der Kennzeichnung des ›Produkts‹, der ›Ware‹ Film. Mit ihrer Nennung erheben die Beteiligten einen Rechtsanspruch auf einen Anteil an der ökonomischen Auswertung des Films.

Aus den Markierungen von Anfang und Ende haben sich eigene Gestaltungsformen entwickelt. Vor allem der Anfang wird häufig aufwändig gestaltet. Unterscheiden lassen sich drei Formen: der Beginn des Films, der Vorspann mit seinen Credits und der Anfang der im Film erzählten Geschichte. Häufig soll durch ein opulentes ›**Opening**‹, das alle drei Aspekte kunstvoll miteinander verbindet, der Zuschauer ›in Bann‹ gezogen werden.

So kann ein Film auch ohne Vorspann mit einer Handlungssequenz beginnen und den Titel später ›nachreichen‹. Im James-Bond-Film »Thunderball« (GB 1965) wird zunächst das Signet des Verleihs (United Artists Corp.) gezeigt, dann ein für mehrere Bond-Filme wiederkehrendes Bildmotiv einer Kreisblende als Pupille mit einem Mann, der auf den Zuschauer schießt. Danach ist in einer Sequenz eine Beerdigung zu sehen, die in eine turbulente Action-Handlung übergeht. Erst danach erscheint der Titelvorspann mit einer besonderen grafischen Gestaltung, an den weitere Szenen mit der Filmhandlung anschließen. Die visuelle Eröffnung des Films ist den Zuschauern bereits aus früheren Bond-Filmen bekannt und stellt eine leicht erkennbare Verbindung zur Kinoserie insgesamt her. Hinzu kommt eine Einstimmung durch die für die Kinoserie immer gleiche Eröffnungsmusik. Diese wenigen Zeichen bilden, selbst wenn Titel und Credits noch fehlen, bereits eine Anfangsmarkierung. Der Zuschauer weiß zudem schon durch die Ankündigung am Kinoeingang und den Kauf seiner Karte, dass er jetzt einen Bond-Film sehen wird.

Thomas Peter Andersons Film »Punch-drink love« beginnt gänzlich ohne Titel und Credits. Diese Form des sofortigen Anfangs (die Filmhandlung beginnt ›in medias res‹) stellt eine Reaktion auf das Fernsehen dar, das solche Formen der Zuschauerüberwältigung entwickelt hat, um das Publikum vom Umschalten abzuhalten. Indem der Kinofilm dieses Prinzip aufnimmt, macht er daraus eine spektakelhafte Eröffnung, die dem Zuschauer eine besondere Erfüllung seiner Unterhaltungserwartung verspricht.

d) Fernsehsendungen besitzen seit Anfang der 1990er Jahre eine zusätzliche Markierung der Senderzugehörigkeit: die sog. ›Fliege‹ in einer Bildecke. Sie stellt eine **Markierung parallel zum Textverlauf** dar. Dabei handelt es sich um das Logo des Senders, das die Zuschauer daran erinnert, in welchem Programm sie sich gerade befinden (es wird in der Regel nur bei vom Sender redaktionell verantworteten Sendungen, nicht aber bei den Werbespots eingeblendet). Diese Markierung wurde eingeführt, weil die privatrechtlichen Sender anfangs ihre Programme mit zumeist in den USA eingekauften Serien füllten und damit für den Zuschauer beim Switchen nicht mehr sofort erkennbar waren.

Zu diesen filmischen Paratexten (vgl. Black 1986) kommen weitere audiovisuelle Paratextformen hinzu: einerseits **Kinotrailer** (Hediger 2001), aber auch **Filmplakate, Filmkritiken** etc. Mit den verschiedenen medialen Präsentationsformen des Films (im Kino, im Fernsehen, auf der Videokassette, auf DVD oder auch im Internet) sind unterschiedlich umfangreiche Anreicherungen des Films als Haupttext entstanden. Interessant dabei ist, dass z. B. das Kinoprogramm sowie die Videokassette oder die DVD auch Paratexte (Trailer) für andere Filme enthalten und auf diese Weise zu einer Vernetzung der Medienproduktionen beitragen.

e) Die Einheit des Films als Text kann auch **textextern** durch rahmenstiftende Merkmale der **Kommunikationssituation** signalisiert werden. In einer alltäglichen Kinovorführung werden die einzelnen Filme (Werbespots, Trailer, Spielfilm) nacheinander gezeigt, in der Regel mit einer kleinen Pause dazwischen (früher wurde häufig auch noch der Vorhang zwischen den einzelnen Teilen des Filmprogramms zu- und aufgezogen). Die Einheit des einzelnen Films ergibt sich also aus dem **visuellen bzw. audiovisuellen Kontinuum** auf der Leinwand und dessen Unterbrechungen.

f) Die von Schmitz postulierte Kohärenz durch den **gemeinsamen Ort der Zeichen**, die einen Text bilden (Schmitz 2001, S. 141), wird in der Fernsehkommunikation zunehmend brüchig, denn im Fernsehprogramm reiht sich eine Sendung an die andere, ohne dass es zwischendurch eine Pause, ein Schwarzbild etc. gibt.

7.3 Elektronisch-filmische Texte im Fernsehen

Gegenüber dem Film zeichnen sich die Texte des Fernsehens durch eine **gesteigerte mediale Komplexität** aus. Diese Behauptung erscheint zunächst irritierend, weil das Fernsehen von seinen Inhalten her in der Regel leicht verständlich ist und viele Fernsehtexte banal und trivial erscheinen. Gleichwohl ist ihre Textstruktur hochkomplex und nur die Gewohnheit des häufigen Fernsehgebrauchs führt zu dem scheinbar problemlosen Verständnis.

7.3.1 Grundformen der Fernsehtexte

Im Fernsehen ist zwischen drei verschiedenen textuellen Grundformen zu unterscheiden:

1. **Filmische Texte**: Der filmische Text wird durch den technischen Produktionsprozess von Filmaufnahme (Belichtung des Films in der Kamera), Entwicklung und Fixierung des Films, Bearbeitung durch Schnitt, Montage, Vertonung etc. bestimmt. Dies hat zur Folge, dass alles, was wir als Zuschauer im Film sehen, zum Zeitpunkt des Sehens bereits vergangen ist. Nur weil das zu Zeigende auf dem Filmband fixiert wird, ist es bearbeitbar, d. h., es kann in seiner Darstellung verändert werden: Es können Aufnahmen entfernt und andere hinzugefügt werden, es entsteht ein abgeschlossener filmischer bzw. televisueller Text, der durch externe wie interne Kohärenzbildung (im Sinne des Kap. 7.2.2) funktioniert.

Filmische Texte sind auf Trägern fixiert, wobei es im Fernsehen neben dem Film auch das elektronische MAZ-Band (Magnetaufzeichnung) und der digitale Datenspeicher sein können. Diese Fernseh-Texte werden im Weiteren als ›filmisch‹ bezeichnet, auch wenn sie auf Magnetband, DVD oder CD-ROM gespeichert werden. Denn die Gestaltungsformen des Films wurden zum Vorbild für die Formen der elektronischen Bearbeitung (Einstellungen, Bildmischung etc.). Für vorproduzierte Fernsehtexte gelten deshalb die gleichen Kohärenzbedingungen wie für den Kinofilm. Sie müssen hier nicht noch einmal erörtert werden.

2. **Fernseh-Live-Texte**: Der Live-Text ist nicht mit dem Film, sondern nur im Fernsehen zu realisieren. Er entsteht mit der elektronischen Kamera, die die Bilder per Kabel, Radiowellen oder Satellit sofort an die Fernsehsendesysteme weitergeben kann. Der Zuschauer kann ihn im Augenblick des Geschehens (mit einer winzigen Verzögerung) sehen. Der Live-Text selbst kennt keine Bearbeitung des Materials. Soll dies geschehen, muss der audiovisuelle Live-Text aufgezeichnet werden (z. B. mit Hilfe der Magnetaufzeichnung oder digital, früher auch mit der Filmkamera vom Bildschirm). Er wird damit zu einem filmischen Text, wobei die Differenz für den Zuschauer selbst nicht sofort erkennbar ist.

Der Live-Text ist also nicht mehr ein im Nachhinein des Geschehens erzeugter Text, sondern dieser entsteht **parallel zum vormedialen Geschehen**. Der Texturheber kann den Ausgang des Geschehens und damit letztlich auch die Gesamtbeschaffenheit des Textes nicht kennen. (Er kann sich natürlich Darstellungsformeln bereitlegen, doch vom Prinzip her weiß er nicht, auf welches Ende hin er seinen Text strukturiert.) Der Text konstituiert sich hier also anders, er wird durch einen vormedialen Geschehensablauf determiniert.

3. Aus beiden Grundformen sind Mischungen entstanden, kombinierte Fernseh-Texte, bei denen **in den Live-Text vorproduzierte (filmische) Texteinheiten eingebaut** werden.

7.3.2 Der elektronische Live-Text als performativer Text

Um **Live-Berichte** zu realisieren – und dazu zählen nicht nur Berichte über politische Ereignisse, sondern auch Unterhaltungssendungen, Fußballübertragungen usf. – wird eine Konstellation geschaffen, ein Produktionsrahmen mit einem oder mehreren Sprechern, Moderatoren, mit verschiedenen zuliefernden Instanzen (Kameras an verschiedenen Positionen usf.). Innerhalb dieses vorher definierten (oder während eines überraschend auftretenden Ereignisses zusätzlich erweiterten und ergänzten) ›Sets‹ von Faktoren entsteht ein ›Text in actu‹, also während des Sendens.

Dieser Text kann nur in den von der vorbereiteten Konstellation ermöglichten Formen realisiert werden. Schon allein eine spezifische technische Voraussetzung muss gegeben sein. So muss z. B. eine technische **Infrastruktur am Ort des zu zeigenden Geschehens** vorhanden sein, die aus installierten Kameras und Übertragungssystemen (Kabelanschlüssen, Stromversorgung, möglicherweise Satellitenanbindungen etc.) besteht. Hinzu kommen weitere personelle und institutionelle Faktoren. Live-Texte bedienen sich deshalb häufig fest installierter Infrastrukturen (z. B. der Fernsehstudios, Übertragungswagen, Korrespondentennetze) oder etablieren sie temporär mit großem Aufwand (etwa wenn eine Unterhaltungsshow in einer Stadthalle einer kleineren Stadt produziert wird). Im Fall einer Kriegsberichterstattung muss z. B. im Kriegsgebiet in der Regel erst eine Infrastruktur geschaffen werden. Wenn dies nicht gelingt oder verhindert wird, gibt es keine Bildberichte vom Ort des Geschehens. Mit der Schaffung oder Verhinderung von strukturellen Bedingungen wird inzwischen häufig Informationspolitik betrieben.

Live-Fernsehtexte sind deshalb, obwohl sie als scheinbar direkte Reflexe der Realität erscheinen, häufig in ihrem Entstehen **stark verregelt** und **unterliegen festen Vorabsprachen**, die auch für unerwartete Veränderungen im Ablauf gelten. Nichts ist Medienproduzenten unangenehmer als das wirklich unerwartete, spontane Geschehen, von dem sie vorher nichts erfahren haben, auf das sie nicht vorbereitet sind und bei dem keine Aufnahmeteams anwesend sind. Radikaler formuliert: Wirkliche Spontaneität ist in den Medien prinzipiell nicht möglich. Bei unerwarteten katastrophischen Ereignissen, von denen sie keine Bildberichte haben, müssen die Sendesysteme deshalb häufig auf Amateuraufnahmen von ›zufällig‹ anwesenden Passanten oder Touristen zurückgreifen.

Das Besondere des Live-Fernsehtextes ist das Fehlen der Distanz des Nachhineins. Er definiert sich durch den Prozess des Entstehens und Sendens und macht damit die **Performanz** zu seinem zentralen Bestimmungsmerkmal. Er suggeriert größte Realitätsnähe, ist aber gestaltet, weil durch die Festlegung der

Konstellationen tendenziell Abfolge und Inhalt der Elemente vorbestimmt werden (etwa bei der Durchführung einer Unterhaltungsshow), die sich aber dennoch immer wieder im performativen Geschehen verändern.

7.3.3 Kombinierte Fernseh-Texte

Performative Fernseh-Texte sind für die Medienproduzenten und Sendesysteme nicht nur aufwändig, sondern erzeugen auch bei den Mitarbeitern Stress, weil bei ihrer Entstehung viele Unwägbarkeiten enthalten und viele Störungen möglich sind. Die Fernsehinstitutionen, die auf Perfektion und kontinuierliche Ablaufproduktion ausgerichtet sind, bemühen sich deshalb, bei solchen Sendungen das Risiko des Scheiterns durch weitreichende Vorbereitungen abzufedern. Personalstarke Redaktionen planen deshalb den Verlauf solcher Sendungen und sichern diese begleitend. Fast immer werden deshalb Beiträge vorproduziert, die in die Live-Sendung miteingebracht werden können.

Im Fernsehen sind deshalb **kombinierte Live-MAZ-Texte** entstanden, bei denen im Rahmen eines Live-Textes (mit seiner performativen Texterzeugung) filmisch oder elektronisch vorproduzierte Beträge eingebaut werden. Diese schaffen innerhalb der performativen Textproduktion Pausen und dienen gleichzeitig der Steigerung der Attraktion durch den Wechsel der Gestaltungsmittel. Solche kombinierten Texte sind z. B. in den Nachrichtensendungen zu finden, aber auch in Unterhaltungssendungen, Ratgebern, Talkshows usf.

Der Live-MAZ-Text besitzt in seiner audiovisuellen Struktur einen doppelt präsentischen Charakter: Er liefert einerseits eine **Vergegenwärtigung des vergangenen Geschehens im filmischen Text**, andererseits die **Gegenwartsstruktur des Live-Textes**. Beide Prinzipien überlagern sich und werden zum Ausgangspunkt einer vom Zuschauer weitgehend homogen erfahrenen zeitlichen Einheit: einerseits gegenwärtig zu sein, andererseits auch die Vergangenheit nach Belieben in den Text zu integrieren und durch die Komprimierung unterschiedlicher Darstellungsverfahren als dicht und erfüllt erscheinen zu lassen.

»Tagesschau«-Extrasendung mit Ulrich Wickert vom 11.9.2001, ca. 16.30 MEZ

In dieser Live-Sendung der ARD sehen wir Ulrich Wickert im Tagesthemen-Design. Im Hintergrund ein Bild des brennenden zweiten Towers des World Trade Centers in New York. Es handelt sich um eine Live-Aufnahme aus New York, die zeigt, was im Augenblick der Ausstrahlung durch die ARD und damit im Augenblick der Wahrnehmung durch den Zuschauer dort gerade zu sehen ist. Er kommentiert live, was er wie die Zuschauer neu auf dem Bildschirm sieht.

Während im Bild das Hochhaus im Hintergrund brennt, bemüht sich Wickert dann, im Off sprachlich eine Zusammenfassung des Geschehens zu geben. Er berichtet von der Katastrophe: wann das erste Flugzeug in den Tower raste, was dann geschah, wann das zweite Flugzeug kam, was dann in Washington passierte. Wickert wählt die wichtigsten Stationen des mehrstündigen Ablaufs aus und erzeugt dadurch eine Kette von Meldungen, die eine Sukzession und kausale Verknüpfung herstellen. Er macht aus den einzelnen Ereignissen eine Geschichte. Dabei handelt es sich um eine sprachlich spontan erzeugte, zeitlich komprimierte Darstellung, während die Bilder weiterhin das fortlaufende Geschehen zeitgleich und ohne Zeitauslassungen zeigen.

Der Live-Charakter des Gesendeten wird deutlich, als er den Washington-Korrespondenten, der in einem Insert-Bild gezeigt wird, nach den Ereignissen befragt. In diesem Augenblick wird von der Regie wieder das Bild vom Tower eingespielt und über die Rede des Korrespondenten gelegt, bis sich Wickert einschaltet und sagt, was die Zuschauer gerade sehen: Der zweite Tower stürzt gerade in diesem Augenblick zusammen.

Wickert bemüht sich um eine weitere sprachliche Zusammenfassung, bis er verstummt und nun, ohne Ankündigung, ein Filmbericht eingeblendet wird, der mit einem Insert versehen ist, der Titel und Autorin ausweist. Die gezeigten Bilder dieses Berichts sind nicht mehr live, sondern bilden eine Auswahl aufgezeichneter Aufnahmen: Es wird der Tower gezeigt, wie er qualmt und wie das zweite Flugzeug hineinrast. Dabei werden die Stationen des Geschehens – so wie es Wickert zuvor getan hat – in der chronologischen Abfolge erzählt, dann wird nach den Zusammenhängen gefragt und anschließend wird das Hineinrasen der zweiten Maschine in den Twin-Tower noch einmal gezeigt und ein Schluss gefunden. Danach ist Wickert wieder mit einer kleinen Abmoderation im Bild.

Dieser Fernsehbericht (über eine Magnetaufzeichnung der Live-Aufnahmen hergestellt) ist ein in sich geschlossener Text, der alle Kennzeichen eines filmischen Textes aufweist: Der Filmbericht schildert ein Geschehen im Nachhinein. Das Dargestellte ist zum Zeitpunkt der Ausstrahlung und damit der Rezeption bereits vergangen. Der Bericht besitzt textbezogene Markierungen von Anfang und Ende, besteht aus einer Sukzession von Ereignissen, liefert kausale Verknüpfungen, dazwischen gibt es Auslassungen, er hat eine eigene Vermittlungsstruktur, weil er ein Ereignis, das Hineinrasen des zweiten Jets in den Tower, zweimal zeigt, quasi als Spannung erzeugende Eingangssequenz, dann innerhalb der Argumentation und Darstellung des Geschehens.

Wickerts Bericht ist ebenfalls nicht ohne Form. Er bedient den »Tagesschau«-Rahmen ganz selbstverständlich, weil er längst zu einem unhinterfragten Bestandteil seiner medialen Rede und ihm quasi zu seiner zweiten Natur geworden ist. Wickerts Bemühungen um »Zusammenfassungen« zielen gerade darauf, Auslassungen herzustellen und so im Strom des vormedialen Geschehens Ereignisse zu markieren und aus diesen einen komprimierten Text herzustellen, scheitert aber daran, dass auf der Bildebene die live gezeigten Ereignisse seine Zusammenfassungen immer wieder überholen.

7.3.4 Veränderungen der Textformen im Fernsehen

Die technisch-apparativen Medien neigen dazu, einerseits den Umfang von Texten auszuweiten, Konglomeratformen zu entwickeln und andererseits neue Texte aus der Zusammenstellung kleiner Textelemente und -partikel zu erzeugen. Im Fernsehen ist diese Neigung Folge des Programmcharakters des Mediums und lässt sich mit den **Prinzipien der Serialisierung und Magazinisierung** beschreiben. Umfangs-Ausweitung und Bricolage-Charakter von Texten bewirken die tendenzielle Auflösung des Werks im Programm.

Siegfried Zielinski (1992) hat den Begriff des »**elektronischen Textes**« entwickelt, ihn jedoch vor allem auf die Auslegbarkeit und Interpretierbarkeit von Fernsehsendungen, Videotapes und digitalen Produktionen hin beschrieben. Wichtiger ist, dass er zahlreiche **neue Textformen** generiert. Die neuen medialen Textformen im Radio und Fernsehen bleiben zum einen in ihrem **Material heterogen**, ohne dass es zur Auflösung des Textes (z. B. in Fernsehmagazin-Sendungen) kommt, zum anderen definieren sie das Prinzip der Wiederaufnahme neu und haben daraus **serielle Textformen** entwickelt. Eine Fortsetzungsserie z. B. wie »Die Lindenstraße« mit derzeit über 1000 Einzelfolgen ist zum einen ein einziger Text, besteht zum anderen gleichzeitig aus über 1000 Einzeltexten. Eine Nachrichtensendung dagegen besteht aus einem komplex verschachtelten Textgefüge mit unterschiedlichen Orts- und Zeitbezügen und wird, wie z. B. die »Tagesschau«, in unterschiedlichen Varianten jeden Tag mehrfach ausgestrahlt.

7.3.5 Textübergreifende Verknüpfungen

Fernsehtexte sind Teil eines großen Textzusammenhangs (vgl. Kap. 9.1), der sich auch materiell als eine zusammengehörende Einheit darstellt: Sie sind eingebunden in das Programm (vgl. Kap. 9.4). Im Fernsehen stoßen die Texte direkt aufeinander bzw. sind durch zahlreiche Markierungen voneinander getrennt und gleichzeitig miteinander verbunden. Diese Formen werden als ›**Programmverbindungen**‹ bezeichnet (Hickethier/Bleicher 1997). Hier hat sich seit den 1990er Jahren ein breites Spektrum von Formen entwickelt, das nicht nur der Textabgrenzung und -verklammerung dient, sondern auch andere Funktionen (vor allem die Aufmerksamkeitserzeugung und -lenkung auf die beworbenen Produkte und auf das Programm) erfüllt. Im Konzept des Programmflusses haben sie die Funktion der Angleichung der Sendungsbegrenzungen.

Historisch sind **verschiedene Formen des Übergangs** entstanden. An- und Absage sind durch Trailer ersetzt worden, aus dem Angleichen verschiedener Sendungen durch Addition ist heute vielfach eine Überlagerung der Paratexte geworden. In den 1980er Jahren hat die Beschleunigung derartiger Übergänge weitere neue Ablaufgestaltungen hervorgebracht. **Floating** als Idee einer Angleichung und Harmonisierung der Programmelemente könnte so ein nahtloses Ineinanderübergehen bedeuten, bestünde nicht für die Programmveranstalter die Notwendigkeit, immer wieder Werbung einzuschalten. Das Angleichen und Brechen des Programmkontinuums im Übergang von einer Sendung zur anderen ist deshalb als eine gestalterische Aufladung zu verstehen. Es gleicht einerseits an und schleift ab, andererseits werden diese Übergänge durch das Zwischenschalten verschiedener Partikel zusätzlich angereichert und ›verdickt‹, so dass dies als eine ›Verknotung‹ der Programmlinien verstanden werden kann (vgl. Hickethier 1997, S. 27 ff.).

7.4   Der Switching-Text als rezipientenerzeugter Text

In den bisherigen Überlegungen zum Text war allgemein zwischen einer kommunikatorgesteuerten und einer rezipientengesteuerten Kohärenzbildung unterschieden worden (vgl. Kap. 7.4). Für das Fernsehen hat vor allem die rezipientengesteuerte Kohärenzbildung seit den 1980er Jahren an Bedeutung gewonnen. Der Fernsehzuschauer kann heute mit seiner Fernbedienung zwischen den verschiedenen Programmen ohne große Umstände hin und her wechseln und schafft damit eine punktuelle (individuell erzeugte) Vernetzung der verschiedenen Programme.

Dadurch kann er **neue Texte generieren**, indem er Sinnbrücken zwischen den Fragmenten aus den verschiedenen Kanälen herstellt. Dazu muss er die Kohärenzsignale der Kommunikatorseite (z. B. die Sender-Logos in den Bildecken) bewusst negieren, sich dabei zahlreichen (nicht unbedingt allen) vorgegebenen Sinnzusammenhängen verweigern. Der Rezipient destruiert also durch sein Switchen die vorgegebenen Sinneinheiten und versteht die eingesammelten Fragmente als Material für die Erzeugung neuer Texte. Hartmut Winkler hat dieses Generieren von Texten durch das Switchen Ende der 80er Jahre als **rezipientengesteuerte Medientexte** beschrieben.

»Im Beispiel der Collage ist bereits angesprochen, dass mit Effekten auch zwischen den durch Switching freigestellten Sequenzen gerechnet werden muss. Im auffälligsten Fall springt gleichzeitig in drei Programmen, einer Sportsendung, einem Tarzanfilm und einer soap opera, jeweils einer der Protagonisten in jeweils einen Pool. Durch die hohe Standardisierung der im Fernsehen gezeigten Situationen sind Zufälle wie dieser keineswegs so selten wie es scheinen mag, und auch die Tatsache, dass es sich um zufällige Effekte handelt, schließt diese aus dem Prozess der Signifikation nicht von vornherein aus. Alle neuere Kunst und nicht zuletzt die technischen Bilder selbst haben dem Zufall Eingang in die Signifikationsprozesse verschafft und das Publikum gelehrt, Mixturen aus Zufälligen und intentionalen Strukturen zu deuten.

Hintereinander geschaltete Bilder kommentieren sich gegenseitig; schon sehr früh hat die Montagetheorie darauf hingewiesen, dass Bedeutungseffekte zwischen aufeinander montierten Sequenzen sich auch dann ergeben, wenn die Montage willkürlich, nicht also durch Intention eines Autors verbürgt ist. Die Sinnerwartung auf Seiten des Rezipienten oder, schwächer, seine Gewohnheit, das ihm begegnende Material in einen kontinuierlichen Fluss von

> Assoziationen einzubetten, wird auch dann ›Bedeutungen‹ generieren, wenn das schwache Bewusstsein diese abweist und sich bemüht, die Trennung der unterschiedlichen Inhalte aufrechtzuerhalten« (Winkler 1990, S. 140).

Es handelt sich hier also um eine vom Rezipienten selbst erzeugte Textbildung, die jedoch nur in dem seltenen Fall, dass der Rezipient ein Videoband mitlaufen lässt und damit den von ihm generierten Text fixiert, auch einer wiederholten Lektüre bzw. Betrachtung zugänglich ist.

Das Beispiel des Switching-Textes macht – verallgemeinert – deutlich, dass **Kohärenzbildung und Sinnerzeugung** in einem engen Verhältnis stehen und dass sie vor allem als **ein in der Rezeption verankerter Prozess** zu verstehen sind. Hartmut Winkler (1990) hat auf das in die Rezeption eingeschriebene Bemühen des Zuschauers hingewiesen, in dem Nacheinander auch disparater Einstellungen einen Bedeutungszusammenhang zu sehen. Dies ist als eine kulturelle Disposition zu sehen, die durch den kulturellen Gebrauch von Filmen und Fernsehsendungen angelegt ist und sich in der Medienwahrnehmung der Rezipienten zu einer festen Erwartungshaltung habitualisiert und internalisiert hat.

Sinnerzeugung und Bedeutungsherstellung geschehen in jedem Augenblick der Rezeption. Es findet ein **ständiges Abgleichen der medialen Angebote auf ihre Sinnhaftigkeit** hin statt, durch den Rezipienten werden ständig die Angebote auf mögliche Kohärenzen mit den vorangegangenen geprüft und Zusammenhänge hergestellt, die sich für ihn als sinnvoll erweisen. Andere, die keinen Sinn ergeben, werden als unsinnig verworfen.

Es lässt sich deshalb die These aufstellen, dass Kohärenzbildung nicht primär durch den Kommunikator (den Autor), sondern durch den Rezipienten im Augenblick der Rezeption erfolgt. Ein solches **rezeptionsbezogenes Kohärenzmodell**, das im Gegensatz zu den tradierten linguistischen Modellen der Textkohärenz (vgl. Brinker [4]1997) steht, ist jedoch noch genauer auszuformulieren. Wir sehen mit Blick auf die Entstehung neuer Medien, etwa im Bereich der digitalen Kommunikation, dass die zufallsbezogene Kohärenzbildung und Kontexterzeugung neue Dimensionen angenommen hat.

7.5   Der Hypertext

Mit dem Internet ist eine weitere Textform, der **Hypertext**, entstanden, bei der das Kohärenzproblem neu diskutiert werden muss, weil sich der Hypertext durch Offenheit, Variabilität, Kombinatorik und Partizipation auszeichnet (vgl. auch Porombka 1999).

Als **Hypertext** wird ein Text im Internet und auf CD-ROM verstanden, der über Adressierungsfunktion der Links technisch feste Verknüpfungen mit anderen Texten aufweist. Alle auf diese Weise miteinander verknüpften Hypertexte bilden ein Hypertext-System.

»Hypertext wird häufig auch als ›nicht-linearer‹ bzw. nicht-sequentieller Text bezeichnet«, weil das Lesen eines Hypertextes »dem Wechsel zwischen

Buchtext, Fußnoten und Glossar« ähnelt. »Hypertext-Systeme bestehen aus Texten, deren einzelne Elemente (Begriffe, Aussagen, Sätze) mit anderen Texten verknüpft sind.« Texte können auch »mit Daten in einer Datenbank, mit Bildern, Filmen, Ton und Musik verbunden werden. Deshalb sprechen viele Autoren inzwischen von Hypermedia statt von Hypertext, um die Multimedia-Eigenschaften des Systems zu betonen.« Das »Hypertext-System besteht aus Blöcken von Text-Objekten; diese Textblöcke stellen Knoten in einem Gewebe oder Netz dar; durch rechnergesteuerte, programmierte Verknüpfungen, den Links, wird die Navigation von Knoten zu Knoten gemanagt, das sog. ›Browsing‹« (Schulmeister 1996, S. 226 f.).

Im Sinne der bisherigen Bestimmungen von medialen Texten handelt es sich bei einem Link um einen Paratext, der aber nicht nur zu einem Haupttext gehört, sondern **zu verschiedenen Haupttexten**. Die schon bei den programmbezogenen Paratexten von Film, Fernsehen und Radio vorhandene Möglichkeit, sich auf mehrere Haupttexte zu beziehen, wird hier zum konstitutiven Prinzip.

Kurt Fendt hat für Hypertexte **vier Merkmale** benannt: Sie seien »nichtlinear (mehr-linear, nicht-sequentiell), holistisch, prozesshaft, partizipativ« (Fendt 2001, S. 106).

7.5.1 Nicht-Linearität

Hartmut Winkler formuliert mit Bezug auf die technische Apparatur: »Hypertextsysteme sind Maschinen, die Texte quer zum Verlauf des linearen Syntagmas miteinander verknüpfen« (Winkler 1997, S. 41). Der Leser kann bei der Lektüre eines ›nicht-linearen‹ Textes zunächst den Text linear (durch Lesen von Wörtern und Sätzen) verfolgen, dann per Link in einen anderen Text wechseln und hier nun wiederum eine neue Teilstrecke einer linearen Rezeption unterziehen. Über einen weiteren Link kann er wieder zum nächsten Text kommen usf. Nicht-linear ist die Verknüpfung, weil jeweils mindestens zwei Wege offen stehen: im ersten Text linear weiter zu lesen (wenn er noch nicht zu Ende ist) oder in den anderen Text zu wechseln. Die Lektüreschritte dazwischen sind (bei nicht-visuellen Texten) weiterhin linear.

Solche Strukturen gab es bereits vor dem Entstehen von Hypertexten, beispielsweise in Lexika und Enzyklopädien, bei denen der Leser durch Verweiszeichen auf andere Eintragungen und Stichwörter verwiesen wird. Das Neue des Hypertextes besteht in der technisch festen Verknüpfung, die bereits durch Tastendruck den Wechsel zu einem Text, der an einem ganz entfernten Ort gespeichert sein kann, herstellt.

7.5.2 Prozesshaft, partizipativ, holistisch

Kurt Fendts Kennzeichnung des Hypertextes als ›**prozesshaft**‹ meint das Dynamische, sich immer wieder durch die jeweils individuelle Rezeption gesteuerte Verändernde des vom Lesenden wahrgenommenen Textzusammenhangs. Der Text in seiner im Lesen realisierten Gestalt entsteht erst durch die Partizipation des Lesers. Auch dies ist natürlich nicht neu. Bei jedem Buch hat der Leser immer die Freiheit, im Text zu springen, im Kriminalroman z. B. zuerst die Auflösung zu lesen oder etwa in modernen Texten, den Text als Collage zu verstehen. Den Leser aktiv am Sinngebungsprozess zu beteiligen, entspricht modernen Autorenkonzepten. Diese **Lesersteuerung** der Rezeption wird beim Hypertext jedoch gesteigert und technisch etabliert. Bedingt durch den Bildschirm werden kleinere Texteinheiten gewählt und so miteinander verknüpft, dass durch das immer weitere Anhängen von Texten per Link an einen Text lesergesteuert so genannte Textkaskaden entstehen können (Wingert 1996, S. 201 ff.). Die Kennzeichnung als ›**holistisch**‹ meint, dass Hypertexte, die diese neue Struktur auch aktiv gestalten, einen ganzheitlichen Anspruch haben. Sie sind durch Übersichten so konstruiert, dass sie – wie bei einem Inhaltsverzeichnis – auf ›Bildschirmseiten‹ per Bildsymbol, Überschrift oder Bild Möglichkeiten der Wahl geben, eine weitere Rezeption diese Wahl sogar voraussetzt. Hier ist also nicht nur ein System verschiedener Texte im Sinne Schulmeisters gemeint, sondern ein einzelner Text mit einer Hypertextstruktur.

Diese neue Textform geht letztlich auf Überlegungen von Vannevar Bush zurück, die dieser 1945 in seinem Aufsatz *As we may think* formuliert hat, indem er sich mit der Verarbeitung großer Datenmengen beschäftigte und nach dem Vorbild des assoziativen Denkens ein Modell einer individuellen Informationssuche und -verknüpfung entwarf, das er ›**Mem**ory **Ex**tender‹) nannte. Damit sollten an einen Leser sämtliche Texte, auf die sich ein Text als Referenz (z. B. per Literaturverweis) bezog, wiedergegeben werden. Auch wenn diese Maschine nie realisiert wurde, war damit die für den Hypertext zentrale Idee formuliert (Fendt 2001, S. 107 ff., Winkler 1997, S. 45 ff.). Weitere Stationen waren das Informationssystem ›Xanadu‹ des amerikanischen Computeringenieurs Ted Nelson, der auch den Begriff des ›Hypertextes‹ prägte, das Hypertextsystem ›Augment‹ von Douglas C. Engelbart, schließlich die Entwicklung des World Wide Web (WWW) nach einem Vorschlag von Tim Berners-Lee vom Kernforschungsinstitut Cern auf der Basis der Programmiersprache HTML und des Protokollsystems HTTP.

Wie bei allen technischen Medienrealisationen ist auch das WWW keine vollständige Realisierung der ursprünglichen Visionen. Wichtigste **Einschränkungen** sind:

- Das WWW trennt zwischen der Herstellung der Texte (Authoring) und der Suche nach ihnen sowie ihrer Nutzung (Browsing);
- es gibt keine direkte Verbindung zwischen dem Computer des Lesers und dem Speicher des Autors, die Verbindungen sind serververmittelt;
- der Leser kann nur die Links benutzen, die schon vorhanden sind, also nichtselbsttätig das Netz vervollständigen;
- Interaktivität wird durch spezielle Foren (Newsgroups, Chatrooms) organisiert.

7.5.3 Multimedialität und Hypertext

Eine weitere Besonderheit des Hypertextes liegt in seiner Möglichkeit, neben den sprachlichen Texten auch Bilder, Grafiken, Filmsequenzen, akustische Texte und Musik, einbinden zu können. In diesem Fall wird von **Hypermedia** gesprochen. Karin Wenz (2001) hat mit Rückgriff auf Irmela Schneider (1994) und Christian W. Thomsen (1994) von einer **Hybridstruktur der Texte** gesprochen und damit einen Begriff aus der Biologie in den kulturellen Diskurs auf die Zeichen- und Textproblematik übertragen. Damit wird eine Verbindung von disparaten, aus unterschiedlichen Kontexten stammenden Zeichenkomplexen bezeichnet, wie sie bei multimedialen Hypertexten zustande kommt, wie sie aber auch schon bei illustrierten Büchern des Mittelalters zu beobachten ist.

7.5.4 Instabilität

Die Hypertextstruktur ermöglicht also den vereinfachten Zugang zu anderen Texten, die im engeren oder weiteren Kontext des Ausgangstextes stehen. Sie eröffnet dem Suchenden einen Zugang zu einer Art von **Archiv** und scheint einen Einstieg in das ›grenzenlose‹ Wissen der Welt zu eröffnen. Grundsätzlich gilt jedoch: Es sind nur Verknüpfungen zu anderen Texten zu finden, die als solche auch installiert wurden, d. h., zu zahlreichen – vor allem älteren – Texten gibt es keine Verweise. Denn Verknüpfungen werden nicht von einem allgemeinen Archivsystem, sondern interessegesteuert von einzelnen Betreibern dieser Seiten installiert. Die dabei zu findenden Texte sind – unter wissenschaftlichen Gesichtspunkten – von ganz unterschiedlicher Qualität.

Die Kennzeichnung der Hypertextverbindungen als ›technisch feste‹ Verknüpfungen ist so zu verstehen, dass diese ›automatisch‹ über ein Programm erfolgen, das über die technisch-apparative Struktur einen entsprechenden Befehl (per Mausklick) ausführt. Es meint nicht, dass diese Verbindung auch auf lange Zeit dauerhaft sein muss. Hier ist zwischen den Datenspeichern CD, DVD etc. auf der einen und dem Internet auf der anderen Seite zu unterscheiden. Bei CD und DVD werden die Daten des Textes auf einen Träger gespeichert und mit diesem Träger verbunden. Ist der Nutzer im Besitz dieses Speichers (und eines diesen Speicher lesefähigen Abspielgerätes) kann er – wie bei einem Buch – jederzeit auf den gespeicherten Text zurückgreifen. Internet-Texte dagegen können von einem zum anderen Tag spurlos verschwinden. Sie werden von den Servern genommen und sind damit nicht mehr zugänglich.

Eine Studie der Biologen John Markwell und David W. Brooke hat ergeben, dass es deutliche Verfallszeiten für Links gibt. Von den 515 Internetverweisen eines Biologie-Kurses waren nach zwei Jahren 85 nicht mehr verfügbar (16,5 %) und die Zahl der ›lebenden‹ Links nahm kontinuierlich ab. Deutlich waren die Unterschiede: Staatliche und institutionelle Links hatten die längste Lebensdauer (96 %), von den universitären Verweisen ›überlebten‹ 82,5 % und von den kommerziellen nur 60 % (zit. n. Röttger 2002). Für wissenschaftliche Texte, die auf Nachprüfbarkeit der von ihnen benutzten Quellen Wert legen, ist also das Internet eine zweifelhafte Bezugsgröße.

Grundlegende Literatur

Bellour, Raymond 1999: Der unsichtbare Text. In: montage/av 8. Jg. (1999), H. 1, S. 8–17.
Brinker, Klaus [4]1997: Linguistische Textanalyse. Eine Einführung in Grundbegriffe und Methoden. Berlin: Erich Schmidt.
Genette, Gérard 1989: Paratexte. Frankfurt a. M./New York: Campus.
Hediger, Vinzenz 2001: Verführung zum Film. Der amerikanische Kinotrailer seit 1912. Marburg: Schüren.
Hickethier, Knut [3]2001: Film- und Fernsehanalyse. Stuttgart/Weimar: Metzler.
Jurga, Martin 1999: Fernsehtextualität und Rezeption. Opladen/Wiesbaden: Westdeutscher Verlag.
Paech, Joachim 1986: Den Film lesen wie einen Text. Anmerkungen zum praktischen Umgang mit Filmen. In: medien praktisch (1986), H. 1, S. 10–13.
Schneider, Irmela 1994: Hybridkultur. Eine Spurensuche. In: Thomsen, Christian W. (Hg.): Hybridkultur (Arbeitshefte Bildschirmmedien 46). Siegen: Universität Siegen, S. 9–24.
Schulmeister, Rolf 1996: Grundlagen hypermedialer Lernsysteme. Theorie – Didaktik – Design. Bonn u. a.: Addison-Wesley.

Weitere zitierte Literatur

Barthes, Roland 1964: Rhetorik des Bildes. In: Communciations 1964, S. 40–51 (ausschnittweise in: Kemp 1979 ff., Bd. III: 1945–1980, S. 138–149).
Barthes, Roland 1989: Die helle Kammer. Anmerkungen zur Photographie. Frankfurt a. M.: Suhrkamp (Erstausgabe: Paris 1980).
Bitomsky, Hartmut 1972: Die Röte des Rots von Technicolor. Kinorealität und Produktionswirklichkeit. Neuwied/Darmstadt: Luchterhand.
Black, David 1986: Genette and Film. Narrative Level in the Fiction Cinema. In: Wide Angle 8. Jg. (1986), H. 3/4, S. 19–26.
Bleicher, Joan Kristin 2001: Nur ein toter Zuschauer ist ein guter Zuschauer. Programmverbindungen als Paratexte im Fernsehen. In: Navigationen. Siegener Beiträge zur Medien- und Kulturwissenschaft 1. Jg. (2001), Nr. 1, S. 77–88.
Bolz, Norbert/Ulrich Rüffer (Hg.) 1996: Das große stille Bild. München: Fink.
Bush, Vannevar 1945: As we may think. In: Atlantic Monthly 176 (Juli 1945), S. 101–108.
Dijk, Teun A. van 1980: Textwissenschaft. Eine interdisziplinäre Einführung. Tübingen: Niemeyer.
Dölling, Evelyn 2001: Multimediale Texte: Multimedialität und Multicodalität. In: Hess-Lüttich, Ernest W. B. (Hg.): Medien, Texte und Maschinen. Angewandte Mediensemiotik. Wiesbaden: Westdeutscher Verlag, S. 35–50.
Ehmer, Hermann K. 1971: Analyse einer Doornkaat-Reklame. In: Ders. (Hg.): Visuelle Kommunikation. Köln: DuMont, S. 162–178.
Eisenstein, Sergej 1946: Dickens, Griffith und wir. In: Ders.: Gesammelte Aufsätze. Zürich: Arche o. D., Bd. I, S. 60–136.
Eisenstein, Sergej 1971: Perspektiven. In: Knilli, Friedrich (Hg.): Semiotik des Films. München: Hanser, S. 27–37.
Fendt, Kurt 2001: Die Kohärenz des Nicht-Linearen. Über den Erwerb komplexen Wissens in Hypertextsystemen. In: Hess-Lüttich, Ernest W. B. (Hg.): Medien, Texte und Maschinen. Angewandte Mediensemiotik. Wiesbaden: Westdeutscher Verlag, S. 105–137.

Hickethier, Knut 1997: »Bleiben Sie dran!« Programmverbindungen und Programm. Zum Entstehen einer Übergangsästhetik im Fernsehen. Das Programm und seine Verbindungen. In: Hickethier/Bleicher 1997, S. 7–14.

Hickethier, Knut/Joan K. Bleicher (Hg.) 1997: Trailer, Teaser, Appetizer. Programmverbindungen im Fernsehen. Hamburg: Lit.

Kaemmerling, Ekkat 1971: Rhetorik als Montage. In: Knilli, Friedrich (Hg.): Semiotik des Films. München: Hanser, S. 94–109.

Kanzog, Klaus 2001: Grundkurs Filmrhetorik. München: diskurs film.

Kemp, Wolfgang 1979 ff.: Theorie der Fotografie. München: Schirmer-Mosel. Bd. I: 1839–1912, 1980; Bd. II: 1912–1945, 1979; Bd. III: 1945–1980, 1983.

Kemp, Wolfgang (Hg.) 1989: Der Text des Bildes. Möglichkeiten und Mittel eigenständiger Bilderzählung. München: edition text + kritik.

Lohmeier, Anne-Marie 1996: Hermeneutische Theorie des Films. Tübingen: Niemeyer.

Lotman, Jurij M. 1977: Probleme der Kinoästhetik. Einführung in die Semiotik des Films. Frankfurt a. M.: Syndikat.

Metz, Christian 1973: Sprache und Film. Frankfurt a. M.: Athenäum.

Pasolini. Paolo 1971: Die Sprache des Films. In: Knilli, Friedrich (Hg.): Semiotik des Films. München: Hanser, S. 38–55.

Porombka, Stephan 1999: Hypertext. Zur Kritik eines digitalen Mythos. München: Fink.

Prümm, Karl 1992: Der Supertext des neuen Fernsehens. Die Lindenstraße als Erzählung des Echtzeitmediums. In: Agenda 15. Jg. (1992), H. 1, S. 9–11.

Röttger, Berndt 2002: Fäulnis im Computernetz. Biologen entdecken eigenartige Krankheit. In: Hamburger Abendblatt v. 30. 4. 2002.

Schmitz, Ulrich 2001: Stets heikle Kohärenz in Text-Bild-Gefügen. Sinnsuche auf Papier und Sinnsuche am Computer. In: Hess-Lüttich, Ernest W. B. (Hg.): Medien, Texte und Maschinen. Wiesbaden: Westdeutscher Verlag, S. 141–166.

Schöne, Albrecht 1964: Emblematik und Drama im Zeitalter des Barock. München: Beck.

Schöne, Albrecht/Arthur Henkel 1978: Emblemata: Handbuch zur Sinnbilderkunst des XVI. und XVII. Jahrhunderts. Stuttgart: Metzler (Sonderausgabe).

Spottiswoode, Raymond 1955: A Grammar of the Film. An Analysis of Film Technique. London: Faber and Faber.

Thomsen, Christian W. 1994: Zu Möglichkeiten medialer Narrativik in hybriden Architekturen. In: Ders. (Hg.): Hybridkultur (Arbeitshefte Bildschirmmedien 46). Siegen: Universität Siegen, S. 47–64.

Weiß, Christina M. 1982: Seh-Texte. Zur Erweiterung des Textbegriffs in konkreten und nachkonkreten visuellen Texten. Saarbrücken: Diss.

Wenz, Karin 2001: Zeichen lesen. Hypertext revisited. In: Hess-Lüttich, Ernest W. B. (Hg.): Medien, Texte und Maschinen. Angewandte Mediensemiotik. Wiesbaden: Westdeutscher Verlag, S. 92–103.

Wingert, Bernd 1996: Kann man Hypertext lesen? In: Matejovski, Dirk/Friedrich Kittler (Hg.): Literatur im Informationszeitalter. Frankfurt a. M./New York: Campus, S. 185–218.

Winkler, Hartmut 1990: Switching – ein Verfahren gegen den Kontext. In: Hickethier, Knut/Hartmut Winkler (Hg.): Filmwahrnehmung. Berlin: Edition Sigma, S. 137–142.

Winkler, Hartmut 1997: Docuverse. Zur Medientheorie der Computer. München: Boer.

Zielinski, Siegfried 1992: Auslegung von elektronischen Texten. In: Brackert, Helmut/Jörn Stückrath (Hg.): Literaturwissenschaft. Ein Grundkurs. Frankfurt a. M.: Fischer, S. 237–249.

8. Inszenierung, Narration und Fiktion

Die Anordnung des Materials, das Arrangement und die Inszenierung des zu Zeigenden, die Festlegung der Reihenfolge von Aussagen, Dramaturgie und Erzählstrategien geben dem Text einen spezifischen Charakter und eine Gestalt. Diese Formung wird als eine ›Metastruktur‹ des Textes verstanden, die über die textkonstituierende Kohärenzbildung hinausgeht.

In ihrer Vielfalt resultieren die Möglichkeiten dieser übergreifenden Formgebung zum einen aus den unterschiedlichen Kommunikationssituationen, zum anderen aus den unterschiedlichen Vermittlungsabsichten und -strategien der Texturheber und nicht zuletzt den unterschiedlichen Erwartungshaltungen und Bedürfnissen der Rezipienten. Texte lassen sich nach ihrer **informierenden, unterhaltenden und appellativen Funktion** unterscheiden, also danach, ob sie über etwas **erzählen** und etwas **darstellen**, die Rezipienten **erfreuen, erregen und entspannen** oder die Rezipienten zu einem bestimmten Verhalten, einer Handlung **veranlassen** wollen. In vielen Texten sind diese Funktionen gemischt.

8.1 Form und Formbemühung

›Form‹ wird in der Philosophie- und Ästhetikgeschichte zumeist dem ›Inhalt‹ oder der ›Idee‹ bzw. grundsätzlicher auch der ›Materie‹, dem ›Stoff‹ gegenübergestellt. Das Geformte steht dem Ungeformten gegenüber (Städtke 2001). Die Form macht damit etwas sichtbar, was im Ungeformten noch nicht erkennbar, allenfalls als Möglichkeit angelegt ist (Bormann u. a. 1972). Wird das Erzähl- und Darstellbare als Ungeformtes verstanden und die Darbietung in einem Medium als etwas Geformtes, besteht die Formung darin, dass das Geschehen mit einem Konzept der Darstellung verbunden wird.

Medien sind deshalb in einer grundsätzlichen Weise **Institutionen der Formgebung**, weil alles, was in den Medien präsentiert wird, immer eine Form besitzen muss (auch wenn diese als solche nicht allen Nutzern immer erkennbar ist) (vgl. auch Paech 1998). Indem **Medien** etwas Darzustellendes und zu Zeigendes in eine Form bringen (es ›formulieren‹), ›bändigen‹ sie das Darzustellende durch die Darstellung, ›bezwingen‹ sie es damit auch, machen es beherrschbar (vgl. Kap. 7.5.1). Einem Sachverhalt Form zu geben, bedeutet einerseits das Vorgefundene nach menschlichen Prinzipien zu organisieren (ein Geschehen z. B. in der Gestalt einer ›Geschichte‹ zu fassen), andererseits dem jeweils Einzelnen und Kontingenten des Geschehens ein wiedererkennbares, damit auch wiederholbares Darstellungs- und Erzählmuster zu unterlegen und es darauf auszurichten. Oft kommt es bei einem Medientext vor allem auf die Form an, weil in ihm schon längst Bekanntes noch einmal, aber in einer anderen, neuen Gestalt präsentiert wird.

Formgebung hängt von den medialen Eigenschaften ab, die die Form determinieren, das Geschehen also in eine spezifisch sinnliche Darbietungsform (z. B. in audiovisuelle Filmbilder und Filmtöne) überführen. Der Prozess der medialen Formgebung ist in der Regel als eine Kette von **Transformationen** und damit als ein Prozess des **Formwandels** zu verstehen: Aus einem Geschauten wird eine mündliche Mitteilung, aus dieser eine Agenturmeldung, aus dieser eine schriftliche Meldung, aus dieser wiederum eine audiovisuelle Nachricht in der »Tagesschau«. Oder aus einem in der Phantasie eines Autors vorgestellten Geschehen wird ein mündlicher Bericht, aus diesem eine literarische Erzählung, aus dieser ein Drama und eine Aufführung, aus beidem wiederum ein Spielfilm. Die Vielfalt der Textformen ist das Ergebnis von Formbemühungen und Formveränderungen. Für diese Formgebung sind die Begriffe heterogen: Inszenierung, Spiel, Darstellung und Erzählung, Fiktion, rhetorische Gliederung und Dramaturgie, Stil.

8.2   Inszenierung

Die Inszenierung bildet den Grundtypus der Überführung des Ungeformten in eine Form. ›Inszenierung‹ kommt vom ›In-Szene-Setzen‹. Die Inszenierung eines Geschehens ist notwendig, um über dieses miteinander kommunizieren zu können. Auf der Bühne wird etwas für den Zuschauer arrangiert, vor der Kamera etwas für die filmische Aufnahme ›eingerichtet‹: ein Ereignis, ein Vorgang oder eine Geschichte. Dass etwas inszeniert wird, bedeutet, dass ein Ereignis, ein Vorgang, ein Geschehen nicht ›für sich‹ spricht, sondern einer speziellen Präsentationsweise, eben einer besonderen Form bedarf. Die Inszenierung geschieht für jemanden, sie benötigt in der Regel ein Publikum. Das **Nicht-Inszenierte** ist das Ungeformte, das ›Ungestellte‹, das für die Wahrnehmung und Kommunikation nicht ›zugerichtet‹ wird. Der Begriff ist Siegfried Kracauers Filmtheorie entlehnt, wobei Kracauer damit die nicht bühnenhaft inszenierte Realität meint (Kracauer 1973, S. 95 ff.). Inszenierung bedeutet Auswahl, Gliederung, Strukturierung, Arrangement, Formgebung.

8.2.1   Steigerung des Eindrucks und Erzeugen von Wirkung

Seine **Herkunft vom Theater** stellt den Inszenierungsbegriff in einen Kontext weiterer Begriffe: Aufführung, Rolle, Schauspieler und Darsteller, Schauplatz und Zuschauer (vgl. Fischer-Lichte 1998). Die Herkunft von der Bühne meint mit ›Inszenieren‹ einen spezifischen Vorgang: Ein literarisches Werk, ein Drama, eine Folge von Dialogen wird in ein Agieren von Personen umgesetzt, die den Text in Bewegungen und mündliche Rede, in Interaktion, in Spiel transformieren. Die Inszenierung soll das im Text Enthaltene zur Anschauung bringen, soll die Wirkung des Geschriebenen verstärken, letztlich auch etwas darin nicht Ausgesprochenes sichtbar und erlebbar machen. Dazu müssen alle Elemente der Inszenierung, Bühnenbild, Licht, Kostüme, Maske, Besetzung der Rollen mit den Darstellern, deren Spiel und Aktion, das Sprechen, die Musik, in eine stimmige Form gebracht werden, sie müssen sich ergänzen und gegenseitig steigern. Was zunächst wie eine bloß technische Synthese der Mittel erscheint und in der Geschichte der Inszenierung anfangs durchaus auch so verstanden wurde (Fischer-Lichte 1998, S. 83 f.), wurde im 19. Jahrhundert und darüber hinaus zu einem selbständigen Kunstwerk, zum Bühnenkunstwerk, bei Richard Wagner dann zu einem »Gesamtkunstwerk«.

›Inszenierung‹ meint das genaue Zusammenspiel der einzelnen Elemente einer Aufführung. Der Gesamteindruck ist entscheidend. Die einzelnen Elemente sollen nicht mehr als solche wahrgenommen werden, sondern aufeinander abgestimmt sich zu einem homogenen Ganzen zusammenschließen.

Die Entwicklung der Inszenierungskunst in der zweiten Hälfte des 19. Jahrhunderts zielt darauf, durch das genau abgestimmte Zusammenspiel der einzelnen Elemente eine neue Qualität der **sinnlichen Beeindruckung**, eine ästhetische Überwältigung des Publikums zu erreichen. Das Inszenieren wurde mit der Entstehung der technisch-apparativen Medien zu einem selbstverständlichen Teil ihrer Praxis: als Formgebung eines Geschehens in einem Medium sowie als Transformation eines Stoffes aus einem Medium (z. B. Drama) in ein anderes Medium (Film).

8.2.2 Inszenieren in Fiktion und Nonfiktion

Der Begriff der Inszenierung und des Arrangements ist deutlich abzugrenzen vom Begriff der Fiktion. Inszeniert werden nicht nur fiktionale Texte (z. B. Dramen), sondern auch nicht-fiktionale Produktionen. Die Vorstellung, die ungestellte Realität könnte einfach ungebrochen in nichtfiktionale (dokumentarische) Produktionen überführt werden, verkennt den grundsätzlichen Charakter des medialen Kommunikationsprozesses. Eine Inszenierung findet bei jeder medialen Produktion statt. Auswahl, Aufbereitung und Präsentation sind notwendige Faktoren der medialen Kommunikation. Inszenierung hat deshalb nichts mit ›Vortäuschung‹ und ›Unwahrheit‹ von Aussagen zu tun.

Nicht-fiktionale Texte werden ebenfalls inszeniert und arrangiert, ohne dass sie deshalb weniger ›faktisch‹ bzw. dokumentarisch wären. Jede dokumentarische Aufnahme setzt voraus, dass eine Kamera ›vor Ort‹ ist, dass eine Filmkassette eingelegt und die Kamera im richtigen Moment eingeschaltet wird usf. Sie setzt also vor der Aufnahme die Existenz einer medialen Infrastruktur voraus. Zumeist werden die einzelnen Aufnahmen selbst mit ihren Einstellungen, ihrer Perspektivität usf. vorab geplant. Jedes mediale Produkt steht außerdem vor der Entscheidung, aus dem Aufgenommenen auswählen und aus dem Ausgewählten eine neue Ordnung herstellen zu müssen. Für die politische Kommunikation in den Medien gilt dies in besonderer Weise.

Über die Zulässigkeit von **Inszenierungen im Dokumentarischen** hat es in der Bundesrepublik wiederholt heftige Debatten gegeben. Der Dokumentarfilmer Klaus Wildenhahn vertrat z. B. in den 1970er Jahren die These, dass der Dokumentarfilm für die Aufnahme nichts arrangieren dürfe, sondern ein Geschehen so aufzunehmen habe, wie es sich ereigne – mit der Konsequenz, dass ein Geschehen, dessen Aufnahme nicht glückte, eben unwiederbringlich für den Film verloren sei (Wildenhahn 1973). Demgegenüber vertrat der Filmpublizist und Filmtheoretiker Klaus Kreimeier die These, dass das bloße Abfilmen der sichtbaren Wirklichkeit letztlich schierer Naturalismus sei und nichts über die Wirklichkeit vermittle, weil diese sich nicht im Sichtbaren manifestiere. Die Wirklichkeit müsse stattdessen durch Konstruktion, Montage erst sichtbar gemacht werden (vgl. auch Paech 1990/91).

Inszenierungen unterliegen der **Bewertung der Zulässigkeit der Mittel**: Wildenhahn glaubte, wenn er ohne arrangierende Maßnahmen bei der Aufnahme auskomme, greife er nicht in ein vormediales Geschehen ein. Dabei stellt schon sein Auftreten mit Kamera und Team einen Eingriff in eine vormediale Realität dar, ebenso seine Bearbeitung der Aufnahmen im Nachhinein. Für Kreimeier ist letztlich das Wissen über einen Sachverhalt (z. B. über die Arbeitsverhältnisse, Ausbeutungssituationen etc.) wichtiger als das Sichtbare. Die richtige Inszenierung wird damit wichtiger als das, was als Material für die Inszenierung benutzt wird. Die Kontroverse machte deutlich, dass auch für dokumentarische Produktionen die Kategorie des Inszenierens von Bedeutung ist.

8.2.3 Gegenläufige Inszenierungsinteressen

Für die Fernsehdokumentation und für die Aufbereitung des politischen Geschehens zur Nachricht ist die **Inszenierung des Nichtfiktionalen** von vornherein sehr viel weniger strittig, weil die apparativen Bearbeitungsprozesse dokumentarischer Materialien sehr viel offenkundiger als beim Film sind.

Viele Darstellungen des aktuellen politischen Geschehens finden in einem vorgegebenen situativen Rahmen (z. B. auf einer Pressekonferenz) mit einem weitgehend vorgegebenen Ablauf (Erklärung, Nachfragen, Stellungnahmen) statt, sie sind selbst bereits inszeniert. Die Medienmitarbeiter können diese für sie hergestellten Inszenierungen nur bedingt beeinflussen, können aber das dort Präsentierte noch einmal durch Auswahl und Kommentierung einer eigenen Inszenierung unterwerfen.

Es kommt also zu **sich überlagernden Inszenierungsstrategien**. Deutlich wird dieses Problem gegenläufiger Inszenierungsinteressen bei der Präsentation von Politik in der Berichterstattung über Parteitage, Wahlkampfveranstaltungen, TV-Duelle, parlamentarische Debatten usf. Diese Inszenierungen werden sowohl auf der Seite der Politik (also der Objekte der Berichterstattung) organisiert als auch auf der der Medien. Wenn sich unterschiedliche Inszenierungsabsichten überschneiden, entscheidet sich in der Endbearbeitung des Medienprodukts, welche Inszenierungsabsicht sich letztlich **durchsetzt**.

8.2.4 Inszenierungsgesellschaft

Der Begriff der Inszenierung hat sich inzwischen auch in anderen Bereichen des kulturellen und gesellschaftlichen Lebens etabliert. Das Auftreten am Arbeitsplatz und in Alltagssituationen, im Urlaub und bei kulturellen Veranstaltungen wird häufig ›inszeniert‹, die Gestaltung von Stadt- und Gartenanlagen, von Designproduktionen und Werbung erscheint heute vielfach als ›Inszenierung‹. Für Herbert Willms und Martin Jurga ist die Inszenierung inzwischen zu einem sozialen Strukturprinzip geworden (Willems/Jurga 1998).

Erika Fischer-Lichte hält bei dieser Ausweitung des Begriffs als Differenz fest, dass bei den Theater- und Medieninszenierungen den Betrachtern immer bewusst sei, dass es sich um Inszenierungen handle, während im Alltag das Inszenierte häufig als ›natürlich‹ wahrgenommen werde und gerade deshalb besonders wirksam sei. Fischer-Lichte sieht deshalb die Inszenierung als eine »**Institution menschlicher Selbstauslegung**« an: »Der Mensch tritt sich selbst – oder einem anderen – gegenüber, um ein Bild von sich als einem anderen zu entwerfen und zur Erscheinung zu bringen, das er mit den Augen eines anderen wahrnimmt bzw. in den Augen eines anderen reflektiert sieht« (Fischer-Lichte 1998, S. 88).

In den elektronischen Medien, in denen Fiktion und Nicht-Fiktion im Programm dicht nebeneinander stehen, hat es in den letzten Jahren zunehmend ein **Verwischen der Differenzen zwischen den als solche ausgestellten Inszenierungen und den verdeckten** gegeben. Damit wird die grundsätzliche Inszeniertheit aller Medienproduktionen sichtbar, ebenso auch, dass sich in vielen Medienproduktionen unterschiedliche Selbst- und Fremdinszenierungen überlagern und gegenseitig durchdringen.

8.3   Spiel

Im Spiel wird nichts berichtet, sondern es findet eine **Interaktion mit anderen** statt, eine Interaktion, die sich im Vollzug erschöpft. Das Spiel kann ungerichtet und gerichtet sein: Es kann wie z. B. bei einem kindlichen Spiel in sich kreisen, es kann aber auch, wie bei einem Wettkampf, das Ziel haben, einen Sieger zu ermitteln. Für die Medienkommunikation wird das Spiel vor allem deshalb wichtig, weil es als eine eigenständige Form der medialen Kommunikation in Erscheinung tritt: als Spiel mit anderen Menschen, bei dem Medien eingesetzt werden, und bei einem Bericht über ein Spiel, an dem die Mediennutzer als Zuschauer ›dabei‹ sind, ohne aber selbst eingreifen zu können. Vor allem in den Funkmedien hat sich **die Form des Spiels als nichtfiktionale Unterhaltung** etabliert: Quiz und Gameshow bilden zentrale Beispiele für die durch die Medieninstitutionen selbst inszenierten Spiele.

Das **Miteinander-Spielen** ist eine Eigenschaft des Menschen, die anthropologischer Natur ist. Spielen stellt eine Entlastungs- und Verarbeitungsform dar, die Menschen erproben und erfahren sich und die anderen. Beim Spiel gibt es nur Mitspielende: Das Spiel erfüllt sich im Spiel selbst. Gleichzeitig erfüllt das Spielen auch Funktionen: für das eigene Selbstverständnis und die Kenntnis der eigenen Person, für die Orientierung im zwischenmenschlichen Miteinander und in der Umwelt. Diese Funktionen sind nicht immer intentional angelegt und wir müssen uns dessen beim Spielen nicht bewusst sein. Am Unbeschwertesten wird gespielt, wenn das Spiel ohne Blick auf mögliche Funktionen des Spielens bleibt.

Spiele sind in ihrer Struktur nicht völlig offen, sondern finden innerhalb eines abgesteckten Rahmens statt, der entweder institutionell gegeben ist oder durch eine Vereinbarung der miteinander Spielenden festgelegt wird. Diese **Regeln** dienen dazu, das Spiel zu strukturieren und durch die dabei formulierten Begrenzungen zu bereichern, spannender und unterhaltender zu machen. Sie geben dem Spiel häufig eine auf einen Endpunkt hin ausgerichtete (finale) Struktur. Eine Spielpartei wird damit zum Gewinner bzw. Sieger im Spiel. Dies macht z. B. die hohe Attraktivität des Fußballspiels in den Medien aus.

Bei der Darbietung von Spielen in Radio und Fernsehen spielen die Hörer oder Zuschauer in der Regel selbst nicht mit, sondern können an ihnen nur in der Rolle des Publikums teilhaben. Es handelt sich hier um **betrachtete Spiele, wobei die Betrachtung der Unterhaltung dient.** Ganz offensichtlich ist es für Menschen nicht nur reizvoll, selbst zu spielen, sondern auch anderen Menschen beim Spielen zuzuschauen. **Spiele vor einem Publikum** sind deshalb keine Erfindung der modernen Massenmedien, sondern es gibt sie schon seit Jahrtausenden. Dem Betrachten von Spielen kann deshalb ein anthropologischer Charakter zugesprochen werden.

Wesentlich ist an diesen Spielen vor einem Publikum, dass sie diesem als Form bekannt und vertraut sind: Das Publikum muss die Regeln zumindest umrisshaft kennen, es müssen einzelne Spielparteien identifizierbar seien, das Spiel muss in seinem Ergebnis insofern offen sein, dass zwar die Art des Ergebnisses bekannt ist, nicht aber, wer von den Spielparteien am Ende siegreich sein wird. Dies gilt sowohl für Gameshows als auch für Spiele des Sports (z. B. Mannschaftsspiele). Es handelt sich vom Prinzip her um **Wettkampfspiele.** Das erregende und Emotionen stimulierende Moment bei medialen Spielen liegt in der Konstruktion, dass es am Ende einen Gewinner geben wird und sich der Zuschauer (bzw. Zuhörer) über ein Parteiergreifen, eine Sympathiezuwendung oder gar eine Identifikation mit einer der Spielparteien in das strukturierte Geschehen involviert.

Spiele können Spannung bei den Zuschauern erzeugen – und dies in anderer Weise als fiktionale Formen der Erzählung, in denen bei Beginn der Sendung das Ende bereits feststeht und der Betrachter es auch in der Regel durch textinterne Hinweise erahnen kann. Im Gegensatz zur Fiktion gibt es beim nichtfiktionalen Spiel letztlich keinen Autor, der alles in der Hand hat. Zwar kann es einen Erfinder einer Unterhaltungsshow geben, er kann die Regel erfinden, das Ambiente entwickeln, die Spieler und das sonstige Personal festlegen – aber mit Spielbeginn kann er nur noch wenig eingreifen und dirigieren. Beim nicht-fiktionalen Spiel spielt das **Moment des Zufalls** eine entscheidende Rolle. Dies erhöht den Reiz für den Betrachter, weil damit das Erregungspotenzial des (im Rahmen der Spielmodalitäten zugelassenen) Unvorhergesehenen wächst.

Der Informationswert des Spielergebnisses hat nur innerhalb der Welt des Spiels Gewicht, außerhalb dieser Welt ist er in der Regel von geringer Bedeutung. Die große Beliebtheit von nicht-fiktionaler Unterhaltung beim Publikum resultiert vor allem aus dem Sich-Einlassen-Wollen auf eine Form.

8.4   Darstellung und Erzählung

Darstellen und Erzählen sind die unterschiedlichen Möglichkeiten des **Berichtens**. Es wird über etwas berichtet, indem dieses ›dargestellt‹, also ›gezeigt‹, wird oder indem von ihm ›erzählt‹ wird. Beide Vermittlungsformen sind Ergebnisse von Strategien des Kommunikators, also des Darstellers bzw. Erzählers. Diese Strategien werden sowohl von den medialen Möglichkeiten bestimmt als auch durch die von Darstellern und Erzählern gewählte Form.

8.4.1 Modi der Darbietung

Wenn von unterschiedlichen Modi der Darbietung die Rede ist, so wird davon ausgegangen, dass sich zwei Modi der Vermittlung grundlegend unterscheiden: der Modus des Erzählens und Berichtens und der Modus des Darstellens und Vorführens. Das Erzählen, Sprechen, Sagen (*telling*) gilt als eine ›diegetische‹ Form der Weltdarstellung; das Zeigen, Vorführen, Darstellen als eine ›mimetische‹ Form (vgl. Wulff 1999, S. 56 ff.). Beide Grundformen haben die Absicht, Welterfahrung zwischen Kommunikationspartnern zu vermitteln und bedürfen der Herstellung eines diese Vermittlung ermöglichenden Rahmens.

> Im **Modus des Erzählens** ist der Erzählende und Berichtende als Urheber anwesend. Die Erzählung ist seine Rede, auch wenn er nicht unbedingt als eine gesonderte Erzählerfigur auftreten muss. Bericht und Erzählung sind grundlegende Formen; traditionsreiche Textgattungen sind Nachricht, Essay, Märchen, Geschichte, Novelle und Roman. Sie treten in unterschiedlichen Medien auf.
>
> Im **Modus des Darstellens** wird das, was vermittelt wird, präsentiert. Der Erzählende ist als Sprecher nicht anwesend, sondern die Figuren sprechen selbst (Figurenrede). Die Welt wird vorgeführt entweder durch Darsteller, die eine Situation ›vorspielen‹, oder durch filmische Aufnahmen, die die Welt als eine gegenständliche repräsentieren. Das Drama kennt deshalb (abgesehen von einigen Regieanweisungen) nur die Figurenrede, der ›absolute Film‹, wie er vor allem in den 1920er Jahren propagiert wurde, zielte auf eine abstrakte oder rein gegenständliche Welt im Film.

Es liegt auf der Hand, dass es zahlreiche **Mischformen** gibt und dass die Entwicklung der filmischen, televisuellen und radiofonen Ausdrucksformen in der Kombination und Mischungen der Prinzipien des Darstellens und Erzählens liegen.

Hans Jürgen Wulff hat auf einige **Verschränkungen von Erzählen und Darstellen** am Beispiel des Films hingewiesen. ›Zeigen‹ ist danach nicht ›natürlich‹, sondern immer konventionell strukturiert und »durch einen intentionalen Objekt- und Adressatenbezug gleichermaßen« in ein »kommunikatives Verhältnis eingebunden« (Wulff 1999, S. 59). Für den Filmwissenschaftler David Bordwell handelt es sich um **diegetische** und **mimetische Narration**. Mit dem Mimetischen in diesem Verständnis sind Drama und Theater angesprochen, mit dem Diegetischen das Erzählen im engeren Sinne, bei dem ein Geschehen nicht vor den Augen des Betrachters gezeigt wird, sondern durch die Worte des Erzählers in der Vorstellung der Zuhörenden entsteht. Diese Differenz geht auf die aristotelische Unterscheidung zurück zwischen a) dem Zeigen eines Geschehens in einer dramatischen Handlung, die als Nachahmung, als Imitation (Mimesis) verstanden wird, in der der Autor durch die Figuren spricht, und b) dem Erzählen einer Handlung durch einen Erzähler, wobei immer deutlich ist, dass der Erzähler selbst spricht und er nicht den Eindruck erweckt, dass die Figuren sprechen (Bordwell 1985, S. 3 ff.).

Die audiovisuellen Medien verbinden die diegetische und die mimetische Narration: **Sie erzählen, indem sie zeigen, und sie erzählen durch Sprechen über etwas, was sie nicht zeigen.** Dadurch ist die Möglichkeit eines ästhetischen ›Überschusses‹ in beiden Richtungen gegeben: Im Präsentativen sind ›sinnliche‹ Momente enthalten, die sich als visuelle und akustische Reize nur im Schauen und Hören erfüllen, ohne erzählerische Funktion zu gewinnen, umgekehrt kann durch das Erzählen vermittelt werden, was nicht zeigbar und hörbar ist.

8.4.2 Erzählen

Mit **Erzählen ist die Mitteilung über Welt in Form von Zeichen** gemeint. Damit ist eine anthropologische Dimension des Erzählens angesprochen, die als grundlegend verstanden wird. Der Mensch kann Welt nicht nur direkt erfahren und erleben, er kann sie auch erzählt bekommen. Erzählungen sind bipolar: Sie verweisen zum einen auf das, wovon sie erzählen, also die Welt, zum anderen auf die Kommunikationspartner: den Erzählenden und den Zuhörenden. Der Erzähler verfügt über das Wissen von der Welt, von der er erzählt, aber auch der Adressat muss bereits vorab eine gewisse Kenntnis der Welt besitzen, an der die Erzählung anknüpfen kann. Die Erzählung enthält also dem Adressaten bereits Bekanntes als auch Unbekanntes. Denn um das Unbekannte in eine Vorstellung überführen zu können, muss es für den Adressaten ›verstehbar‹ gemacht werden.

Große Teile unserer Vorstellungswelt sind **nicht direkt erfahren oder erlebt**. Das Erzählen und Darstellen von Welt macht uns diese zugänglich, wo wir sie nicht direkt erfahren und erleben können (entlegene Territorien, fremde Kulturen, unzugängliche Bereiche der eigenen Gesellschaft, vergangene Lebenswelten, andere individuelle Erlebnisse). Sie reichern unser eigenes Weltbild an und intensivieren und beschleunigen Kommunikation, weil wir nicht mehr nur über die eigenen Erfahrungen miteinander kommunizieren, sondern auch über die erzählten und dargestellten Erfahrungen, die in ihren medialen Formen immer auch verdichtete und intensivierte sind. Der Systemtheoretiker Niklas Luhmann hat sein Buch *Die Realität der Massenmedien* mit dem inzwischen viel zitierten Satz begonnen: »Was wir über unsere Gesellschaft, ja über die Welt, in der wir leben, wissen, wissen wir durch die Massenmedien« (Luhmann 1996, S. 9).

Wie formt das Erzählen das zu Erzählende? Narration bedeutet, ein vorgefundenes bzw. erfundenes Geschehen in **Segmente** zu unterteilen, von denen einige als zu erzählende Ereignisse ›behalten‹, andere dagegen weggelassen und nicht erzählt werden. Der als kontinuierlich gedachte vormediale Geschehensfluss wird also fragmentiert, die Fragmente werden neu zusammengesetzt, wobei die Erzählung diese Fragmente als für die Darstellung des Geschehens wichtiger erachtet als die weggelassenen. Dieses **Auslassen ist konstituierendes Merkmal des Erzählens**, die Auslassung selbst ist im Text als eine Veränderung zwischen zwei in der Erzählung dargestellten Ereignissen erfahrbar. Narration bedeutet damit auch, das zu Erzählende als einen zeitlichen Verlauf zu strukturieren, also nicht (wie bei einer Fotografie) die Welt in einem fixierten Zustand darzustellen, sondern als eine Folge von Zuständen, ein **Sukzession**, ein Nacheinander von Ereignissen.

»Das allgemeinste Aufbauprinzip, das die Erzählkunst mit jeder Sprachkundgebung zunächst teilt«, so schrieb Eberhard Lämmert 1955, »ist das Prinzip der Sukzession, in der sie allein dargeboten und auch aufgenommen werden kann. Das mähliche ›Werden‹ charakterisiert deshalb das Sprachkunstwerk als Ganzes wie auch seine konkreten Einzelformen in einem viel eigentlicheren Sinne als das Ganze und die Teile eines Bild-Kunstwerkes« (Lämmert 1955, S. 19 ff.)

Wenn die Narration als eine anthropologische Eigenschaft und Fähigkeit gesehen werden kann, die sich nicht allein auf die natürliche (verbale) Sprache beschränkt, sondern sich auch anderer Zeichensysteme und Kodes bedienen kann, dann ist das Erzählen ein **medial übergreifendes Formprinzip**, das auch durch Töne und Bilder realisiert werden kann. Erzählen kann sich auch einer Kombination verschiedener Zeichensysteme bedienen, kann zwischen ihnen wechseln und damit ganz andere Erzählstrategien entwickeln.

Narration erzeugt damit einen eigenen gestalteten (d. h. ästhetisch strukturierten) **Kosmos**, wobei diese Welt als eine durch die Erzählung und ihr Formprinzip geschaffene erscheint. Das Erzählte wird in der Regel durch Anfang und Ende als in sich **Geschlossenes** begrenzt und strukturiert. Dass sich innerhalb der Fiktion beispielsweise alle Teile, alle Geschehnisse, alle Formen aufeinander beziehen sollen, sich aus diesem Zusammenhang die Funktionalität des jeweils einzelnen Elements erklärt und damit auch einen **Sinn** erhält, ist eine der Grundannahmen des Erzählens überhaupt. Deshalb gewinnen **Anfang und Ende** für den Werkcharakter zentrale Bedeutung.

Nun ist offenkundig, dass es **andere Formen des Erzählens** gibt, die den hier skizzierten Bedingungen von Anfang und Ende des erzählten Kosmos anscheinend nicht mehr gehorchen. Vor allem in den Medien finden sich Formen, die zum einen auf die Fixierung eines Endes des Erzählens als ein die Erzählung insgesamt strukturierendes Prinzip verzichten und zum anderen das Fragmentierte selbst als Unabgeschlossenes und in sich wenig Homogenes und Kohärentes erhalten.

Der **Verzicht auf die gestaltende Einbeziehung des Endes** (indem von Anfang an auf dieses vom Erzähler schon gewusste Ende hin erzählt wird) wird vor allem in den seriellen Erzählungen der elektronischen Medien praktiziert, besonders dort, wo es sich um so genannte ›Endlosserien‹ handelt, also Serien, deren Ende bei Produktionsbeginn nicht absehbar ist (die aber gleichwohl irgendwann enden, weil ihre Produktion aufgrund von nachlassendem Zuschauerinteresse eingestellt wird). Für den Zuschauer werden damit die finalen Lösungen immer weiter hinausgeschoben, bis sie oft kaum noch eine Rolle spielen.

Auch hier gilt das Erzählen als Prinzip der Formung, denn **die Serie schafft eine differenzierte Form**: Zwar ist der Gesamtzusammenhang der Serie als Erzählkosmos nicht von Anfang an überschaubar, wohl aber der Erzählzusammenhang einer Folge, die in sich eine jeweils abgeschlossene Erzähleinheit anbietet, weil sie erst einmal ein Ende findet. In solchen komplexen Erzählungen wie den Serien mit ihrem teilweise beträchtlichen Bestand an einzelnen Folgen (z. B. die »Star-Trek«-Serie, aber auch »Die Lindenstraße« oder »Gute Zeiten, schlechte Zeiten«) ist der Eindruck eines eigenen Kosmos offensichtlich sogar noch gesteigert, weil sie in ihrer Dauer über Jahre hinweg Langzeiterzählungen etablieren, in die der Zuschauer wieder und wieder einsteigen kann und die durch ihre oft nur langsame und graduell sich verändernde Erzählwelt den Eindruck einer ›**parallelen Welt**‹ erzeugen, die neben der Alltagswelt der Zuschauer existiert.

Grundsätzlicher ist die Beobachtung, dass das Erzählen offenbar auf die Synthese der aus den Geschehensprozessen herausgelösten Ereignisse nicht angewiesen ist. Konnte ›Geschlossenheit‹ noch als ein Merkmal für das ›bürgerliche‹ Erzählen im 19. Jahrhundert Geltung beanspruchen, gilt sie in der Gegenwart offenbar nur noch in eingeschränktem Maße. Das **Fragment** ist ein Strukturierungsprinzip des Erzählens der Moderne und dann in der Folge auch der Postmoderne des 20. Jahrhunderts.

Im Film (z. B. in »Pulp Fiction«) kann es z. B. ausreichen, Ereignisse in ein **Nacheinander von Einstellungen und Sequenzen** zu bringen, ohne dass eine explizite Verknüpfungen im Sinne eines ›Wenn dies, dann das‹ notwendig ist. Der Zuschauer stellt aufgrund seines umfangreichen Medienwissens selbst Verbindungen zwischen dem Gezeigten her, ›schließt‹ von dem einen auf das andere und erzeugt eine in sich plausible Vorstellungswelt.

8.4.3 Der Bericht als Erzählung

Im **medialen Sprechen über Welt** haben sich zwei Richtungen herausgebildet, die eng verwandt sind: die Formen des **Erzählens im engeren Sinne** (Narration) und die Formen des (eher journalistischen) **Berichtens**. Die Differenzen liegen im unterschiedlichen Anspruch auf den Wahrheitsgehalt des Erzählten bzw. Berichteten und darin, wie sich dieser in der Form der Darstellung realisiert und in welchen stilistischen Merkmalen er signalisiert werden soll. Mit ›Wahrheit‹ wird meist ›Authentizität‹ des Erzählten bzw. Berichteten, also das Referenzverhältnis der Erzählung zum Erzählten gemeint.

Literarisches Erzählen wird weitgehend nur auf **fiktionale Textformen** bezogen verstanden. Deren Authentizitätsanspruch wird geringer eingeschätzt (die Geschichte ist ›ausgedacht‹) als der von nicht-fiktionalen Texten. Ihnen wird jedoch ein Wahrheitsanspruch in einem übergeordneten Sinne zuerkannt: Fiktionale Texte treten mit dem Anspruch auf, ›es könnte so sein‹, und bringen in den individuellen Geschichten grundlegende Gewissheiten über den Menschen zur Anschauung.

Der Bericht, die Dokumentation und die Nachricht als **nicht-fiktionale Textformen** gelten dagegen in höherem Maße als authentisch, weil der Bericht in seinen Tatsachenaussagen dem Berichteten direkt entsprechen und nicht ›ausgedacht‹ sein soll. Die getroffenen Aussagen sollen einer Überprüfung am Berichteten in der vormedialen Welt standhalten und selbst bereits mehrfach kontrolliert sein. Dieser Anspruch, der von den Adressaten in der Regel nicht überprüft werden kann, verbindet sich mit **bestimmten stilistischen Merkmalen** des Berichts, die ihn als ›objektiv‹ erscheinen lassen, weil sich der Berichtende z. B. jeglicher Emotion enthält und durch konkrete Ortsangaben, Namensnennungen, Zeitangaben etc. die Tatsächlichkeit des Berichteten unterstreicht.

Es gibt in den Medien zahlreiche Beispiele für fiktionale Produktionen, die sich mit einem dokumentarischen Gestus versehen und **Nicht-fiktionalität vortäuschen**. Dadurch wird versucht, eine größere Suggestivität zu erzeugen. In Orson Welles' legendärem Hörspiel »Krieg der Welten« von 1938 wurde auf diese Weise der Eindruck erweckt, es seien tatsächlich Mars-Bewohner auf der Erde gelandet, sodass es bei den Hörern zu Fluchtbewegungen gekommen sein soll. Wolfgang Menges Fernsehspiel »Smog« von 1972 zeigte eine Umweltkatastrophe im Ruhrgebiet und bediente sich als Fernsehspiel der Form einer Nachrichtensendung. Auch hier glaubten viele Zuschauer, der Smogalarm habe tatsächlich stattgefunden. Die journalistische oder dokumentarische Form sagt also per se noch nichts über den tatsächlichen Referenzstatus des Vermittelten aus.

In einigen Nebenbemerkungen ist Niklas Luhmann in seinem Buch *Die Realität der Massenmedien* (1996, S. 54 ff.) auch auf die journalistischen Formen und damit auf die Formen des Berichtens eingegangen. Er hat darauf hingewiesen, dass das **journalistische Sprechen**, das scheinbar ›objektiv‹ Welt vermittelt, nur eine besondere, kulturgeschichtlich ausgebildete **stilistische Form des Erzählens** darstellt, bei der bestimmte, auf das Subjekt des Berichtenden oder des Erzählers verweisende Passagen unterbunden werden, Emotionen reduziert und spezifische Verweise auf die Faktizität des Berichteten eingebracht werden. Der Bericht kann dementsprechend als eine Unterform der Erzählung im allgemeinen Sinne verstanden werden (vgl. dazu Hickethier 1997, 2000).

8.4.4 Darstellen und Zeigen der Welt

Welt nicht zu erzählen, sondern zu zeigen und im Zeigen darzustellen, gilt als Kennzeichen der ›dramatischen Künste‹, als die Theater, Film, Fernsehen und Radio auch bezeichnet werden, wobei beim Film sowie bei Fernsehen und Radio nur die fiktionalen szenisch-dramatischen Sendungen gemeint sind. Anders als beim Erzählen ist hier der Erzähler nicht Teil der Darstellung, sondern die Figuren sprechen sich selbst.

Auch beim Zeigen geht es um Vermittlung, Darstellung und Konstruktion von Welt, wobei dem Zeigen eine größere ›**Direktheit**‹ innewohnt, weil der Zuschauer den Eindruck erhält, er könne sich von einem dargestellten Geschehen selbst ein Bild machen. Der Zuschauer hat die Vorstellung einer unmittelbaren Teilhabe und eines Dabeiseins.

Dabei findet das Zeigen von Welt in einer sukzessiven Abfolge von Szenen statt: Diese kann eine dramatische Abfolge darstellen, in der **Kausalitäten** zwischen zwei Geschehnissen vermittelt werden, die Welt wird damit als eine letztlich sinnhaft strukturierte vermittelt, in der alles seine Funktion besitzt, alles auf ein Ende hinzielt. Ein solches Zeigen ist dem Erzählen verwandt, bei dem der Erzähler auf das Ende hin erzählt und der Zuhörer – in Erwartung eines Endes, in dem alles, was ihm erzählt wurde, sich zu einem Ganzen fügt – dem Erzähler folgt. Im Zeigen sind bereits erzählerische Muster implementiert.

In den audiovisuellen Medien verbinden sich **Erzählen und Darstellen zu einer Einheit**: Im Film und im Fernsehen können Stilmittel des Erzählens und des Zeigens sich mischen und neue Formen eingehen. Es ist ganz offensichtlich schwer, innerhalb eines zeitbasierten Mediums Welt nur zu zeigen, ohne dass der Zuschauer das Zeigen nicht als ein Erzählen versteht. Selbst in Andy Warhols Filmen aus den 1960er Jahren (»Sleep« oder »Empire State Building«), in denen eine Kamera in einer bzw. wenigen, kaum variierten Einstellungen über Stunden hinweg nur Schlafende bzw. die Spitze des Empire State Buildings zeigt, sucht der Zuschauer nach den kleinen Veränderungen, die es erlauben, aus dem bloß Gezeigten eines Zustandes eine Form von ›Wenn-dann‹-Veränderungen, also eine Folge von Kausalitäten zu machen und darin die Erzählung zu sehen.

8.5   Fiktionalität

Das Verhältnis von Dokumentation und Fiktion war bereits im Zusammenhang mit dem Inszenierungsproblem angesprochen worden (vgl. Kap. 8.2). Medienprodukte sind in der Regel leicht danach zu unterscheiden, in welchem Modus sie etwas präsentieren, ob sie den Anspruch erheben, ›dokumentarisch‹ zu sein, oder ob sie kein direktes Referenzverhältnis zur vormedialen Wirklichkeit für sich beanspruchen, also **fiktional** sind. Dass dies für die Rezeption von Bedeutung ist, erkennen wir dann, wenn wir uns als Zuschauer durch ein Fernsehprogramm zappen und relativ schnell wissen, ob wir auf eine ›fiktionale‹ oder eine ›nicht-fiktionale‹ Sendung gestoßen sind. Der Realitätscharakter, der dem Gezeigten zugebilligt wird, wird jedesmal fast schon ›automatisch‹ neu justiert: Dem nicht-fiktionalen (auch als ›faktual‹ bezeichneten) wird ein größerer Realitätsgehalt beigemessen. Wir ordnen das Gesehene sofort aufgrund von ganz unterschiedlichen Merkmalen dem Bereich der Fiktion oder dem der Non-Fiktion zu: Hinweise auf reale Personen, die wir aus anderen Medien als Personen des öffentlichen Lebens identifizieren können, bzw. Hinweise auf Schauspieler, konkrete Ereignisse der Öffentlichkeit oder der Vorstellungswelt sowie unterschiedliche Modi der Darstellung (dokumentarischer Gestus vs. fiktionaler Gestus der Darstellung und der Erzählung) ermöglichen die Differenzierung.

Die **Unterschiede zwischen fiktional und nicht-fiktional sind unscharf.** Alexander Kluge hat für die Differenz von fiktionalen und dokumentarischen Texten (in diesem Fall: Filme) folgende Unterscheidung vorgeschlagen:

- Die Gliederungen nicht-fiktionaler Texte folgen in der Regel einer Sachlogik, einer Gewichtung nach Wichtig/Unwichtig, einem Prinzip der Reihung und der argumentativen Entfaltung eines Sachverhalts.

- Die Gliederungen fiktionaler Texte konzentrieren sich in der Regel darauf, eine Geschichte menschlicher Beziehungen darzustellen. »Es ist der Wunsch, diese persönlichen Beziehungen in Form der Spielhandlung wiederzuerkennen, die Welt in menschliche Beziehungen zu zerlegen« (Kluge 1975, S. 204).

Eine trennscharfe Unterscheidung stellt dies nicht dar, da es zahlreiche Überschneidungen gibt: Nicht nur gibt es viele dokumentarische Darstellungen von Biografien, die gerade die zwischenmenschlichen Beziehungen zum Gegenstand einer dokumentarischen Darstellung machen, es gibt umgekehrt fiktionale Darstellungen über ›Sachthemen‹, etwa wenn reale Begebenheiten in einer Darstellung fiktional aufbereitet werden. Zahlreiche ›Zwischengenres‹ sind in den letzten Jahren entstanden, die die Grenzüberschreitung zum ästhetischen Prinzip machen wie z. B. ›Docudrama‹, ›Dokumentarspiel‹ oder ›Tatsachenspiel‹ usf. Eine besondere Aufmerksamkeit haben in der letzten Zeit Filme gefunden, in denen fiktionale und dokumentarische Elemente sich mischen. Vor allem die Filme von Heinrich Breloer (»Das Beil von Wandsbek«, »Die Staatskanzlei«, »Wehner«, »Die Manns«) haben dieses Verfahren perfektioniert.

8.5.1 Fiktionalität als kulturelle Konvention

Fiktionalität beruht auf einer Vereinbarung zwischen Kommunikator und Rezipient, auf dem ›kommunikativen Kontrakt‹ (Wulff 1999, S. 60), nach dem das als fiktional ausgewiesene Spiel (z. B. durch den Einsatz von Schauspielern, die eine ›Rolle‹ spielen) als ›möglich‹ und ›plausibel‹ angenommen wird. Der Zuschauer weiß grundsätzlich, dass es sich um ein Spiel handelt, er nimmt das Spiel jedoch nicht als eine ›Täuschung‹ oder ›Lüge‹, sondern akzeptiert die durch die Fiktion erzeugte ›eigene Welt‹ als eine mögliche und billigt ihr zumindest für die Zeit des Zuschauens den Realitätsanschein zu.

Es ist die Konstruktion des ›Als-ob‹, die eine **kulturelle Konvention** darstellt und die zumindest für die abendländischen Kulturen eine grundsätzliche Basis bildet. Denn durch sie lassen sich menschliche Konflikte kulturell ›durchspielen‹, Kausalitäten erkennbar machen und als Konstruktionen gesellschaftlich etablieren, Ursachen modellhaft diskutieren und Konsequenzen erörtern. Die Bewertung von menschlichen Verhaltensweisen kann auf diese Weise per Anschauung wirksam vorgeführt werden, in der Hoffnung, dadurch Normen und Wertsetzungen dauerhaft zu vermitteln.

Für die Medien ist diese Konvention von zentraler Bedeutung. Im ›kommunikativen Kontrakt‹ ist vereinbart, dass ein Mord innerhalb einer fiktionalen Darstellung kein wirklicher Mord ist. Zuschauer müssen deshalb nicht entsetzt aufschreien und die Polizei verständigen, wenn sie einen Mord auf der Bühne, im Kino oder im Fernsehen sehen, denn es ist kein wirklich stattfindender, sondern nur ein ›vorgespielter‹ Mord. In Jane Campions Spielfilm »The Piano« (1993) unterbrechen Maoris bei den neuseeländischen Siedlern die Theateraufführung eines »Blaubart«-Stückes, weil sie annehmen, dass der Mann auf der Bühne die Frau tatsächlich ermorden will. Fiktionalität als Darstellungsmodus ist den Maoris unbekannt. Ihre kulturelle Praxis unterscheidet sich damit maßgeblich von der der Briten. Der fiktionale Mord kann aufgrund des ›kommunikativen Kontrakts‹ als Unterhaltung wahrgenommen werden. Auch bei anderen Sujets der Darstellung und anderen Themen ist dieses ›Als-ob‹ hilfreich, weil es damit potenzielles Verhalten darstellbar macht. Fernsehen als eine Agentur von gesellschaftlichen Modernisierungsstrategien lebt wesentlich von der Vermittlung neuer Verhaltensweisen durch die fiktionale Darstellung (Hickethier 1999a, b).

8.5.2 Die Eigenwelt der Fiktion

Wer einen Spielfilm, ein Fernsehspiel sieht, ein Hörspiel hört oder einen Roman liest, ist häufig von der sich darin entfaltenden Welt so ›gefangen‹, dass er sie als ganz eigene Welt erlebt und sich in sie hineinversetzt. Der fiktionale Text gewinnt gegenüber der Realität Autonomie, ihm wächst ein ›Für-sich-sein‹ zu. Käte Hamburger hat in *Die Logik der Dichtung* (1957, S. 26) die Besonderheit der Fiktion als »Nicht-Wirklichkeit« dargestellt, die Bedeutung der Rahmensetzung für die Wahrnehmung eines Textes als Fiktion betont und eine Reihe von Strukturmerkmalen des fiktionalen Textes herausgearbeitet (z. B. das epische Präteritum). Doch es sind weniger solche bestimmbaren Merkmale als vielmehr äußere Zuweisungen und kommunikative Zuschreibungen (z. B. die Kennzeichnung als ›Spielfilm‹ mit spezifischem Unterhaltungsversprechen) und die daraus resultierende Bereitschaft, sich auf das ›Als-ob‹ der fiktionalen Konstruktion einzulassen. Der Betrachter, Hörer, Leser geht einen Kontrakt ein, er will sich in die Geschichte ›hineinziehen‹ lassen, er erwartet das Entstehen einer eigenen Welt, in der die Figuren wie in einem verdichteten und komprimierten Leben handeln.

> Der Kosmos der fiktionalen Welt lebt von der **Verdichtung und Komprimierung** des Geschehens ebenso wie von der **Dehnung und ausgreifenden Darstellung** von Situationen; er lebt von der Etablierung von Konsekutionen und Kausalitäten und davon, dass in deren Konsequenz das diffuse ›Leben‹ in eine strukturierte Ordnung, einen eigenen Sinnzusammenhang gebracht wird.

Erzählen wird von den Adressaten deshalb als **Sinnstiftung** erfahren, zugleich als ein ästhetischer Widerstand gegen die Unerbittlichkeit des alltäglichen Ablaufs der Zeit mit der ihm eingeschriebenen Finalität des Lebens für jeden einzelnen Menschen. Der Hörspieldramaturg Heinz Schwitzke hat dies am Beispiel des Hörspiels formuliert, indem er das Hörspiel als eine künstlerisch gestaltete Wirklichkeit mit ihrem ganz eigenen Zeitmaß ansieht, der es gelinge, die normale Wahrnehmung der Alltagszeit zu durchbrechen (Schwitzke 1963, S. 28 f.). Damit hat sich häufig eine kulturkritisch-melancholische Haltung gegenüber den Medien verbunden. Sie ist ähnlich auch in Roland Barthes' Fototheorie (1989) oder bei Günter Anders' apokalyptischer Vision der Medien (Anders 1956) zu finden. Als letzte Hoffnung wird der als unerträglich empfundenen Wirklichkeit die Eigenwelt des künstlerischen Werks, also der Fiktion, gegenübergestellt, die als das von der Wirklichkeit abgewandte ›Andere‹ verstanden wird.

8.6   Rhetorische Gliederung vs. Dramaturgie

Form als eine übergeordnete Struktur zeigt sich vielfach bereits als eine Dimension der Gliederung des Materials. Dabei stellt die Gliederung des Ablaufs eine zeitliche Dimension dar, die ›Anordnung‹ eine eher räumliche Dimension und das Arrangements eine eher lockere Form der Strukturbildung, die auch leichter zu verändern ist.

8.6.1 Gliederung

Für die Textkohärenz sind **Gliederungen** von großer Bedeutung, weil die Mediennutzer durch lang anhaltenden Mediengebrauch Schemata, Muster und Abfolgeprinzipien längst als ›natürlich‹ verinnerlicht (habitualisiert) haben. Gliederungen gehen auf Erwartungen der Mediennutzer ein, steuern aber auch umgekehrt die Rezeption. Indem in einer Darstellung ein der je konkreten und individuell erzählten Geschichte zugrunde liegendes Muster erkannt wird, weiß der Betrachter auch, dass dieses Muster Teil eines größeren Gefüges (z. B. einer dramaturgischen Konstruktion) ist. Damit wird dem Betrachter vermittelt, dass nach dem bis dahin Gesehenen noch mit weiteren Teilen der Darstellung in einer bestimmten Konstellation zu rechnen ist. Ziel einer Gliederung ist es, die Aufmerksamkeit der Mediennutzer zu wecken und diese über die Dauer der Rezeption des Angebots zu halten. Gliederungen zielen also auf eine **Wirkung bei den Adressaten** ab.

Eine der ältesten Lehren, wie ein Text zu strukturieren sei mit dem Ziel, seine Wirkung bei den Hörern bzw. Lesern zu steigern, ist die **Rhetorik**. Sie ist *nicht* eine Theorie zur Überredung der Hörer mit Hilfe von effekthascherischen Mitteln, sondern sucht eine Argumentation so zu strukturieren, dass der Redner das, was er vermitteln will, optimal organisiert. Da jede Rede, jeder Bericht, jeder Text eine Struktur enthält, kommt es also darauf an, sich dieser Struktur bewusst zu sein und sie gegebenenfalls zu verbessern.

In der Anordnung des Textes und seiner Argumente (*dispositio*) – unterschieden wird hier noch zwischen einer textexternen und einer textinternen – wird häufig ein Text nach folgenden Aspekten gegliedert:

- Einleitung (*exordium*)
- Darlegung des Sachverhalts (*narratio*)
- Begründung des jeweiligen Standpunkts (*argumentatio*)
- Widerlegung der gegnerischen Einwände (*refutatio*)
- Schluß (*conclusio, peroratio*) (vgl. Fischer 1973, S. 139)

Da es um die Aufmerksamkeit und Überzeugung der Rezipienten geht, muss Einförmigkeit und Langeweile vermieden werden. Sachverhalte werden nicht immer nur in ihrer Chronologie dargestellt, sondern häufig werden Umstellungen z. B. in der Zeitabfolge (Vorgriffe, Rückgriffe), wechselnde Perspektiven etc. eingeführt (Lausberg 1967, S. 27 ff.; dort auch mehr zur *dispositio*).

Über die Gliederungsmöglichkeiten eines Textes gibt es seit den antiken Rhetorik-Lehren eine Vielzahl unterschiedlicher Konzepte (vgl. auch Ueding 2000, S. 55–78). Gliederungen sind zudem von der Kommunikationssituation und dem Genre bzw. dem Format (vgl. Kap. 9) geprägt. Nachrichtensendungen gliedern ihre Meldungen z. B. nach dem Prinzip des so genannten Nachrichtenwerts, bei dem das Wichtigste zuerst mitgeteilt wird, also das Prinzip abfallender Bedeutung benutzt wird. Je überraschender das Ereignis, umso größer der Nachrichtenwert (Schulz 1989). »Die Katastrophe ist die Nachricht par exellence« (Lindner 1990, S. 127). Die Abfolge der Meldungen kann aber auch dem Prinzip einer Sachhierarchie folgen (Außenpolitik, Innenpolitik, Kultur, Sport, Human Interests).

Zu unterscheiden sind weiterhin **normative** Ansätze, die Regelwerke aufstellen, wie ein Text ›richtig‹ zu strukturieren sei, und **deskriptive Ansätze**, die an vorhandenen Texten analytisch Gliederungen beschreiben. Jede Filmanalyse, jede Analyse von Fernseh- oder Radiosendungen enthält in der Regel eine Beschreibung des Aufbaus dieses medialen Textes. Häufig gibt es Mischungen von deskriptiven und normativen Konzepten, d. h., bei der Betrachtung von fertigen, meist erfolgreichen und prominenten Texten wird eine Systematisierung der Elemente entwickelt und diese dann zur Norm erklärt. In der Regel gelten normative Konzepte, wenn sie einmal Geltung erlangt haben, so lange, bis neue Texte vorliegen, die gegen die normativ aufgestellten Regeln verstoßen und dennoch (oder gerade deswegen) erfolgreich sind. Denn immer dann, wenn eine Norm permanent umgesetzt wird, führt sie zu einer Gewöhnung und Ermüdung der Adressaten, so dass jeder Regelverstoß aufs Neue Aufmerksamkeit erregt und Interesse weckt.

In den zahlreichen auf dem Markt befindlichen Anweisungsbüchern, wie ein Drehbuch zu schreiben sei (**Drehbuch-Manuals**), finden sich solche normativen Konzepte wieder. Ein prominentes Beispiel leitet die Beschreibung des Drehbuchs folgendermaßen ein:

> »Ein Standard-Drehbuch hat etwa 120 Seiten, das sind etwa 2 Stunden Film. Man rechnet eine Seite Drehbuch pro Minute Film. Es tut nichts zur Sache, ob das Buch nur aus Dialog, nur aus Handlung oder aus beidem besteht. Eine Seite Drehbuch entspricht einer Minute Film – so lautet die Regel.
>
> 1. Akt: die Exposition. Der Anfang ist der 1. Akt, die Exposition (setup), die ersten 30 Seiten. Auf diesen 30 Seiten wird die Geschichte etabliert. Jeder Kinobesucher trifft üblicherweise seine Entscheidung – bewußt oder unbewußt –, ob er den Film ›mag‹ oder nicht. [...] Es dauert ungefähr zehn Minuten. Das entspricht zehn Seiten Drehbuch. Der Leser sollte sofort gefesselt sein« (Field u. a. 2000, S. 12).

Mit den Begriffen der Drehbuchanweisungen lassen sich viele Filme in ihrer Struktur beschreiben. Die Begriffe gelten jedoch nicht, wie viele der Drehbuch-Anweisungen immer wieder behaupten, für *alle* Filme, noch nicht einmal für alle erfolgreichen Filme.

8.6.2 Dramaturgie

Als Beispiel für Binnengestaltung steht hier die Gliederung fiktionaler Texte, insbesondere von Dramen und ihren medialen Realisationen (vgl. auch Hickethier 2001, S. 201–209).

Dramaturgie kann ›**Theorie des Dramas**‹ (wie in der ›Hamburgischen Dramaturgie‹ Gotthold Ephraim Lessings), ›**Berufsfeld des Dramaturgen**‹ in Theater, Fernsehen, Film und Radio (wie in der Berufsvereinigung der Dramaturgen, der ›Dramaturgischen Gesellschaft‹) oder ›**Gestaltung des Ablaufs**‹ in einem zeitbasierten Produkt in den Medien bedeuten.

Hier ist nur von Dramaturgie in der letzten Bedeutung die Rede. Ein Theaterstück, ein Film, ein Fernsehspiel, ein Hörspiel ist in der Regel in Szenen gegliedert bzw. in Sequenzen, die sich als Handlungseinheiten darstellen. Eine Handlungseinheit ist eine Sequenz mit einer einheitlichen Handlung und wird durch anders geartete Handlungen in vorhergehenden und nachfolgenden Sequenzen begrenzt. Handlung selbst ist eine Kette von Interaktionen der Figuren, die sich auch als eine Kette von Ereignissen darstellt, die in der Regel in Ausschnitten präsentiert werden.

Die tektonische Form der Dramaturgie: Die traditionelle Form der Dramaturgie – sie wird auch als ›geschlossene Form‹ bezeichnet – geht auf die **Poetik von Aristoteles** zurück. Der ›Beginn‹ der Darstellung bzw. Erzählung ist auch eine Eröffnung, die den Leser oder Zuschauer faszinieren und begeistern soll. Sie führt außerdem in die Geschichte ein, denn der Zuschauer weiß noch nichts von dem, was auf ihn zukommt. Sie wird **Exposition** genannt: Die Figuren, der Ort des Geschehens und das Problem, der Konflikt, um den es geht, werden eingeführt. Exposition und Eröffnung müssen nicht identisch sein, können es aber. In vielen populären Filmen (Mainstream-Filmen) wird die Eröffnung mit einem Showteil oder einer besonders spektakulären Action-Szene gestaltet, die noch wenig Informationen zu den drei Aspekten der Exposition (Figuren, Ort, Geschehen) liefert.

Um die Geschichte nach der Exposition ›in Gang‹ zu bringen, gibt es zumeist ein Ereignis, das zur Beschleunigung des Vorgangs beiträgt und einen Konflikt etabliert bzw. einen bereits angelegten und latent vorhandenen offenkundig macht und vorantreibt. Ein solches Ereignis wird **Wendepunkt** genannt. Die Konstruktion eines solchen Wendepunktes kann ganz unterschiedlich sein. Die Geschichte spitzt sich nun in den einzelnen Szenen zu, es kommt zu einem oder mehreren **Höhepunkten**, weitere Wendepunkte lassen unverhofft ein glückliches oder ein schreckliches Ende erwarten. Dadurch kann es zu Verzögerungen in der auf eine Lösung, einen Ausgang zustrebenden Geschichte kommen, die **Peripetien** genannt werden. Schließlich drängt alles auf einen Ausgang, eine **Lösung des Konflikts**, wobei das Ende sich in der Regel entweder als Happy End oder tragischer Schluss darstellt. Nach dem zumeist emotionalen Ende (häufig einen Show-down zwischen Gut und Böse) gibt es oftmals eine Art **Ausklang**, um die Anspannung, in die der Zuschauer versetzt wurde, wieder abklingen zu lassen.

Eine solche Beschreibung von Dramaturgie ist notwendigerweise sehr schematisch. Die Regelhaftigkeit der hier beschriebenen Konventionen der Dramaturgie wird in der Praxis immer wieder durch zahlreiche Varianten, Ausnahmen und Besonderheiten gebrochen. Konkrete Medienproduktionen zielen häufig darauf, beständig neue Variationen dieses Grundschemas zu finden (vgl. Rabenalt 1999, Eder 2000, Hickethier 2001).

Dieses Dramaturgie-Modell wird auch als ›geschlossene Form‹ verstanden, weil sich der **dramatische Bogen‹** von einem Anfang zu einem Ende hin spannt und das Ende häufig schon im Anfang angelegt ist. Die Konflikte, die in der Darstellung aufgetürmt werden, werden am Ende alle beseitigt oder gelöst, der Zuschauer geht *nicht* mit offenen Fragen nach Hause. Dies gilt auch für epische Texte, wie ein instruktives Buch über Romananfänge zeigt (Klotz u. a. 1965).

Offene Formen der Dramaturgie: Die Bezeichnung ›**offene Form**‹ legt schon begrifflich eine Abgrenzung zur ›geschlossenen Form‹ nahe. Historisch hat sie sich in Abwehr der konventionellen Form der aristotelischen Dramatik entwickelt, die über zahlreiche Dramaturgie-Handbücher (z. B. Freytag 1992) bis ins 20. Jahrhundert tradiert wurde.

Offen kann die Textform darin sein, dass es keinen dramatischen Bogen gibt, der alles überspannt. Stattdessen gibt es eine Vielzahl kleinerer Bögen, die dadurch entstehen, dass sich das Drama in einzelne Episoden gliedert, die mehr oder weniger unabhängig voneinander sind. Am Ende kann deshalb der Zuschauer auch mit ›offenen‹, also innerhalb des dramatischen oder filmischen Geschehens nicht beantworteten Fragen entlassen werden. Die Dramatiker der Wiener Moderne (Hofmannsthal, Schnitzler) um die Wende vom 19. zum 20. Jahrhundert haben sich solcher Formen bedient, aber auch Hollywood-Filme der Gegenwart (»Short Cuts«, »Magnolia«) kennen solche Formen.

Massenmediale Dramaturgieformen: Aus diesen Formen der Episoden-Dramatik und der offenen Form der Dramaturgie haben sich weitere mediale Formen in Film, Fernsehen, Radio entwickelt. Das Fernsehen kennt bspw. verschiedene Formen der **Seriendramaturgie**, bei der z. B. die einzelnen Serienepisoden (Serienfolgen) mit einem ›offenen Ende‹ aufhören, um den Zuschauer dazu zu bringen, sich die nächste Folge eine Woche später oder am nächsten Tag anzusehen (vgl. Hickethier 1991).

8.7   Stil

Als übergreifende Form für mediale Texte wird häufig auch der Stil-Begriff verwendet. Er ist jedoch als eine operationalisierbare Kategorie relativ unentwickelt. Im Anschluss an Boris Ejchenbaum, der in den 1920er Jahren die Filmstile durch das Prinzip des Fotogenen, die Montage und die Rhythmizität definiert sah, hat Klaus Kanzog den Filmstil als Teil einer Filmrhetorik zu definieren versucht (Kanzog 2001, S. 112 ff.). Davon abgesetzt wird als Stil in der Regel ein vereinheitlichendes Prinzip verstanden, das sich deutlich von den üblichen konventionalisierten Darstellungsformen abhebt, z. B. wird von einem expressionistischen Stil im deutschen Stummfilm der frühen 1920er Jahre gesprochen. Für den Film werden damit vor allem eine bestimmte Art und Weise der Beleuchtung, des Kulissenbaus und des Schauspielens gemeint, die sich zu einer rhythmisierten Darstellung zusammenfinden. Dieses Merkmal der Einheitlichkeit ist jedoch nicht unumstritten, und es schwingt noch mit, wenn z. B. der Filmhistoriker Jürgen Kasten den Stilbegriff für den expressionistischen Film ablehnt und den Expressionismus durch eine gemeinsame Weltanschauung begründet sieht (Kasten 1990, S. 19 ff.).

Stil ist als Formkennzeichen auf unterschiedlichen Ebenen anzutreffen: zum einen bei Filmen eines Werkzusammenhangs (z. B. eines Regisseurs), einer Filmgruppe (z. B. des Film noir) oder einer durch einen Produktionskontext definierten Gruppe von Medienproduktionen. ›Stil‹ ist also als ein »Konfrontationsbegriff« (ebd.) zu verstehen, der Abgrenzungsfunktionen gegenüber anderen Produktgruppen übernimmt. Häufig lässt sich ein gemeinsamer Stil als eine Kombination von einheitlich verwendeten Produktionsmerkmalen im Nachhinein beschreiben, wenn Medienproduktionen einer Zeit sich von denen einer späteren Epoche durchgängig unterscheiden (z. B. beim Film noir).

8.8   Gegen die Macht der Form

Gegenüber den produktionsästhetisch bestimmten Formen und Formprinzipien, von denen bisher die Rede war, steht die rezeptionsästhetische Formung von Textmaterial, das die Medien bieten bzw. ihnen entnommen werden kann, wie sie beim ›Switching-Text‹ (vgl. Kap. 7.4) beschrieben wurde. Die Gliederungen und Ordnungen, die das Switchen erzeugt, sind die des ungeordneten Puzzles. Es entstehen unerwartete Collagen und überraschende Montagen, die Welt stellt sich nicht mehr als sinnhaft strukturierte Gesamtheit dar, die sich aus der Vielheit der Angebote ergibt, sondern als eine Welt der *bricolage*, der gebastelten Welt, die sich in ihren Fragmenten immer weiter auflöst.

Gegenüber der Rezeptionshaltung der ›**Versenkung**‹ in das eine eigene Welt erzeugende Werk tritt die ›**Zerstreuung**‹ durch das vielfache Nebeneinander. Der Wechsel wird zum Grundprinzip der Darstellung. Die Auflösung der Struktur führt zu einer Entropie in der Darstellung selbst: Alles wird in gleicher Weise gültig, wird in der Wertigkeit beliebig, die Rezeption stellt sich als Spur auf der Fährte des Zufalls dar.

Gegen die vom switchenden Zuschauer erzeugte Entropie der Bedeutungen behaupten das mediale Erzählen und Darstellen jedoch weiterhin den Versuch von konsistenter und sinnhafter Organisation von Welt.

Grundlegende Literatur

Bordwell, David 1985: Narration in the Fiction Film. London: Methuen/Routledge.
Eder, Jens ²2000: Dramaturgie des populären Films. Hamburg/Münster: Lit.
Fischer-Lichte, Erika 1998: Inszenierung und Theatralität. In: Willems/Jurga 1998, S. 81–90.
Hickethier, Knut ³2001: Film- und Fernsehanalyse. Stuttgart/Weimar: Metzler.
Kracauer, Siegfried 1973: Theorie des Films. Frankfurt a. M.: Suhrkamp (engl.: Oxford 1960).

Paech, Joachim 1990/1991: Zur Theoriegeschichte des Dokumentarfilms. In: Journal Film (1990/91), H. 23, S. 24–29.

Paech, Joachim 1998: Intermedialität. Mediales Differenzial und transformative Figurationen. In: Helbig, Jörg (Hg.): Intermedialität. Theorie und Praxis eines interdisziplinären Forschungsgebiets. Berlin: Erich Schmidt, S. 14–30.

Wulff, Hans Jürgen 1999: Darstellen und Mitteilen. Elemente der Pragmasemiotik des Films. Tübingen: Narr.

Weitere zitierte Literatur

Anders, Günter 1956: Die Antiquiertheit des Menschen. München: Beck.

Barthes, Roland 1989: Die helle Kammer. Anmerkungen zur Photographie. Frankfurt a. M.: Suhrkamp (Erstausgabe: Paris 1980).

Bormann, Claus von u. a. 1972: Form und Materie. In: Ritter, Joachim (Hg.): Historisches Wörterbuch der Philosophie. Darmstadt: Wissenschaftliche Buchgesellschaft, Sp. 977–1030.

Field, Syd u. a. 2000: Drehbuchschreiben für Fernsehen und Film. Ein Handbuch für Ausbildung und Praxis. München: List.

Fischer, Ludwig 1973: Rhetorik. In: Arnold, Hein Ludwig/Volker Sinemus (Hg.): Grundzüge der Literatur- und Sprachwissenschaft. München: dtv, Bd. I, S. 134–156.

Freytag, Gustav 1992: Die Technik des Dramas. Darmstadt: Wissenschaftliche Buchgesellschaft (Reprint der 13. Aufl. Leipzig 1922).

Hamburger, Käte 1957: Die Logik der Dichtung. Stuttgart: Klett.

Hickethier, Knut 1991: Die Fernsehserie und das Serielle des Fernsehens. Lüneburg: Universität.

Hickethier, Knut 1997: Fernsehnachrichten als Erzählung der Welt. Überlegungen zu einer Theorie der Nachrichtenerzählung. In: Rundfunk und Fernsehen 45. Jg. (1997), H. 1, S. 5–18.

Hickethier, Knut 1999a: Fernsehen und kultureller Wandel. In: Jürgen Wilke (Hg.): Massenmedien und Zeitgeschichte. Konstanz: UVK 1999, S. 143–159.

Hickethier, Knut 1999b. Orientierungsvermittlung, Verhaltensmodellierung, Sinnstiftung – Zu den gesellschaftlichen Funktionen der Medien. In: Medien + Erziehung 43. Jg. (1999), Nr. 6, S. 348–351.

Hickethier 2000: Fernsehnachrichten: Geschichten aus 1001 Nachrichten. In: Message (2000), H. 2, S. 70–74.

Kanzog, Klaus 2001: Grundkurs Filmrhetorik. München: diskurs film.

Kasten, Jürgen 1990: Der expressionistische Film. Münster: MAkS Publikationen.

Klotz, Volker u. a. 1965: Romananfänge. Versuche zu einer Poetik des Romans. Berlin: Colloquium.

Kluge, Alexander 1975: Die realistische Methode und das sog. ›Filmische‹. In: Ders.: Gelegenheitsarbeit einer Sklavin. Zur realistischen Methode. Frankfurt a. M.: Suhrkamp, S. 201–209.

Lämmert, Eberhard 1955: Bauformen des Erzählens. Stuttgart: Metzler.

Lausberg, Heinrich ³1967: Elemente der literarischen Rhetorik. München: Hueber.

Lindner, Rolf 1990: Medien und Katastrophen. Fünf Thesen. In: Dreitzel, Hans Peter/Horst Stenger (Hg.): Ungewollte Selbstzerstörung. Reflexionen über den Umgang mit katastrophalen Entwicklungen. Frankfurt a. M./New York: Campus, S. 124–134.

Luhmann, Niklas ²1996: Die Realität der Massenmedien. Opladen: Westdeutscher Verlag.

Rabenalt, Peter 1999: Filmdramaturgie. Berlin: Vistas.

Schulz, Winfried 1989: Massenmedien und Realität. In: Kaase, Max/Winfried Schulz (Hg.): Massenkommunikation. Theorien, Methoden, Befunde. Opladen: Westdeutscher Verlag.

Schwitzke, Heinz 1963: Das Hörspiel. Dramaturgie und Geschichte. Köln/Berlin: Kiepenheuer & Witsch.

Städtke, Klaus 2001: Form. In: Karlheinz Barck u. a. (Hg.): Ästhetische Grundbegriffe: historisches Wörterbuch in sieben Bänden. Stuttgart/Weimar: Metzler, Bd. 2, S. 462–494.

Ueding, Gert ³2000: Klassische Rhetorik. München: Beck.

Weber, Stefan 1999: Die Welt als Medienpoiesis. Basistheorien für den ›Medial Turn‹. In: Medien Journal 23. Jg. (1999), Nr. 1, S. 3–8.

Wildenhahn, Klaus 1973: Über synthetischen und dokumentarischen Film. Frankfurt a. M.: Kommunales Kino.

Willems, Herbert/Martin Jurga (Hg.) 1998: Inszenierungsgesellschaft. Ein einführendes Handbuch. Opladen/Wiesbaden: Westdeutscher Verlag.

9. Serie, Œuvre, Genre und Programm

Der einzelne mediale Text steht innerhalb eines größeren Zusammenhangs anderer Texte bzw. Produkte. Weil Medien immer auch mit ›Reproduktion‹, ›Vervielfältigung‹, ›Verbreitung‹ zu tun haben, spielt dieses Phänomen der über das einzelne Produkt hinausgehenden Einheiten eine zentrale Rolle. Produktgruppen treten in unterschiedlichen Formationen auf: als **reale Produktansammlungen**, z. B. als Archive oder Bibliotheken, die sowohl gesellschaftlich institutionalisiert als auch auf privater Basis entstehen können. Zu ihnen gehören auch Bestandsverzeichnisse, Kataloge und Listen der dort vorhandenen Produktbestände, die eine Übersicht geben und die realen Bestände strukturieren und den Zugang erleichtern.

Unabhängig von den konkreten Produktsammlungen bestehen **nicht-manifeste Gruppenbildungen.** Der Zusammenhang ›impressionistische Malerei‹ besteht z. B. unabhängig davon, in welchem Museum impressionistische Bilder hängen. Das Genre ›Kriminalfilm‹ existiert unabhängig davon, in welchem Archiv die einzelnen Filme lagern und wer die Rechte an ihnen besitzt.

Es geht also um gruppenbildende **Formprinzipien,** die als die verschiedenen einzelnen Produktionen übergreifend gedacht werden. Zum einen sind es virtuelle Zusammenhänge (z. B. die ›Welt aller Texte‹ und unterschiedlicher Produktgruppen, wie das Œuvre eines Autors oder das Genre), zum anderen Produktgruppierungen, die durch Präsentationen in einem Programm oder in einem Portal entstehen. Anhand solcher Gruppierungen lässt sich der Blick darauf richten, wie Kulturen mit größeren Beständen an medialen Produktionen umgehen und welche Formen sie dafür entwickeln.

9.1 Die Welt der Texte, die Welt der Filme

Jeder Text bezieht sich immer auch auf andere Texte, selbst wenn er dies nicht in expliziter Weise herausstellt. Er benutzt Formen des Darstellens, die bei Lesern, Zuschauern und Hörern eingeführt sind, er greift Argumente aus anderen Texten auf und beantwortet sie, er variiert Bilder, Motive, Figuren, Handlungsformen und -orte. Der einzelne Text steht auf diese Weise im Dialog mit der **Welt der Texte**, zwischen den Texten entstehen Beziehungen, die ›intertextuell‹ genannt werden. Wenn in der Diskussion über Filme z. B. von ›dem Film‹ die Rede ist, dann ist häufig die Summe aller einzelnen Filme gemeint, ebenso betrifft die Rede vom ›Fernsehen‹ häufig das Medium als Summe seiner Produktionen.

9.1.1 Textreihen

Die ›Welt der Texte‹ entsteht dadurch, dass zu einem Text ein neuer hinzukommt, aus einem Text eine **Reihe von Texten** wird. Diese stellt zunächst eine zeitliche Entstehungsabfolge dar, wird jedoch als ein Durchbuchstabieren von Möglichkeiten, etwas textuell darzustellen, verstanden. Diese Textwelt erweitert sich ständig durch neu hinzukommende Texte, sie verändert sich auch dadurch, dass sich die hinzukommenden Texte auf unterschiedliche Vorläufer beziehen. Welche der potenziell möglichen intertextuellen Bezüge verwirklicht werden, ist letztlich vom **kulturellen Standort** abhängig, von der Perspektive, unter der die mit diesen Textwelten Agierenden die Texte sehen.

Ist die ›Welt der Texte‹ die Summe der bisher realisierten textuellen Möglichkeiten, so tritt dem jeweils einzelnen, besonderen Text die ›**Welt der Texte‹ als ein Allgemeines** gegenüber. Der einzelne Text bildet eine Herausforderung des Allgemeinen (vgl. Kap. 18.2): Er vergewissert sich nicht nur im Allgemeinen seiner eigenen Gültigkeit, sondern sucht nach der Differenz, der noch nicht formulierten Abweichung von ihm. Er kann auch die ›Welt der Texte‹ grundsätzlich in Frage stellen, indem er Formen und Prinzipien der Textproduktion negiert (um selbst am Ende doch in die ›Welt der Texte‹ aufgenommen zu werden). In den Textwelten existieren **Motivketten, Erzähltraditionen**, auf die sich Texte beziehen. Einzelne Texte gewinnen gegenüber anderen eine herausgehobene Bedeutung und können zu einem Kanon zusammengefügt werden. Historisch entstehen ständig neue Binnengruppierungen, die für einzelne Kulturen eine besondere Bedeutung gewinnen. Die ›Welt der Texte‹ ist also in sich dynamisch gestaltet und verändert sich permanent.

Die ›Welt der Texte‹ bezieht sich in der Regel nur auf **die im Bewusstsein der Menschen existenten Texte**. Kein einzelner kann alle Produktionen kennen und vor diesem Hintergrund eine neue Produktion bewerten. Texte können, z. B. durch Kriege, verloren gehen, sie können in Archiven und Bibliotheken, den manifesten Orten von Textsammlungen, vergessen werden und wieder neu auftauchen (z. B. bei Ausgrabungen antiker Gräber). Filme, Radio- und Fernsehsendungen, digitale Texte können ebenso wie Kodizes und Papyri verloren gehen, weil man ihre Aufbewahrung für nicht notwendig erachtet oder sie vernichtet hat. So sind in Deutschland von **den frühen Stummfilmen** bis 1914 noch ca. zehn Prozent erhalten, von den Radiosendungen der Weimarer Republik existieren nur noch wenige und vom Fernsehen der NS-Zeit gibt es nur noch vereinzelte Ausschnitte. Selbst von den Anfängen des Internets existieren kaum noch gespeicherte Produkte.

9.1.2 Filmwelten, Medienwelten

Jean-Luc Godards *Einführung in eine wahre Geschichte des Kinos* (1981) stellt den Versuch dar, Beziehungen zwischen den Filmen, die quer zu den chronologischen Ordnungen der Filmgeschichtsschreibung stehen, darzustellen. Godard macht einzelne Motive sichtbar, stellt Verweisketten her, entdeckt Zitate usf. Er setzt sich also mit Formen auseinander. Die Welt des Films – und Gleiches gilt auch für Fernsehen und Radio – ist eine Welt von Formen, die wieder und wieder benutzt und variiert werden. Die Kenntnis der Formen trägt zum **Verstehen der Medien** bei. Im Umgang mit den Texten lernen wir sie verstehen, indem wir Muster wiedererkennen, Strukturen erzeugen und Bedeutungen bilden.

Seit den Anfängen der Medien vermitteln die medialen Texte, anfangs eher verdeckt, später offen, **ihre textuellen Bedingungen** mit und üben in sie ein. Mit dem wachsenden ästhetischen Selbstbewusstsein der Medien wird diese Vermittlung mehr und mehr explizit als ästhetisches Gestaltungsprinzip nach außen gekehrt: als Reflexion des eigenen Mediums, z. B. wenn Filme immer häufiger das Filmemachen, die Filmproduktion oder das Kino selbst zum Sujet des Films machen. ›Selbstreflexiv‹, ›selbstbezüglich‹, ›selbstreferentiell‹ sind die Kennzeichnungen solcher **Selbstthematisierungen der Medienwelt**, die mehr und mehr als die eigentliche Welt der Erfahrungen und des Erlebens verstanden wird.

Mediale Texte beziehen sich nicht nur auf den unüberschaubaren Kosmos medialer Manifestationen, sondern auch enger auf einzelne Gruppen von medialen Texten. Diese Gruppen stellen **Ordnungssysteme** dar, die unterschiedlich sind und mit denen die Vielzahl der einzelnen Produktionen sortiert und strukturiert werden kann. Diese Ordnungen sind Resultate der kulturellen Praxis. Als solche sind sie **ambivalent**: Sie sind einerseits schematisch, andererseits variabel, einerseits bestimmt und definitiv, andererseits aber auch unbestimmt und unscharf. Was ein ›Genre‹ ist, ist z. B. von der Genretheorie her klar definierbar, andererseits aber bleibt die Zuordnung einzelner Werke zu einem Genre oft ›unscharf‹, weil eine Definition, die alle Möglichkeiten umschließt, nicht handhabbar ist und weil die Definition der Grenzen des Genres zu deren Überschreitung herausfordert.

Einzelne Produktionen können zumeist **mehreren Ordnungskategorien zugeordnet** werden. So kann z. B. der Film »The Maltese Falcon« (USA 1941) dem Genre ›Detektivfilm‹, dem Stil des ›Film noir‹, der Gruppe der Literaturverfilmungen (er wurde nach dem gleichnamigen Roman von Dashiell Hammett verfilmt), dem Filmwerk von John Huston (Regie) oder dem des Schauspielers Humphrey Bogart zugeordnet werden. Alle Gruppenzuordnungen gelten als gleichberechtigt; die Ordnungssysteme sind miteinander vernetzt und die Knotenpunkte in den Netzen stellen die einzelnen Produktionen dar. Die **Zuordnung eines Produkts zu einer Gruppe** regelt sich durch die kommunikativen Interessen.

Die hier vorgeschlagenen Produktgruppierungen bilden nur die wichtigsten. Unterschieden wird zwischen der Serie, dem ›Œuvre‹, dem Genre und dem Programm. Diese Gruppenbildungen weisen unterschiedliche Größen auf: Das Œuvre ist am kleinsten und überschaubarsten, es kann letztlich auch nur aus einem Film bestehen. Der Genrezusammenhang ist bereits deutlich größer, für die Existenz eines Genres ist nicht nur eine gewisse Dauer seiner Existenz vonnöten (so wird z. B. der ›Film noir‹ nicht als eigenes Genre bezeichnet, ebenso wenig die Ost-West-Geschichte, die in der Zeit des Kalten Krieges entstand), sondern auch eine gewisse (allerdings unbestimmte) Zahl von Produktionen. Das Programm ist die umfangreichste und zugleich diffuseste und instabilste Gruppe.

9.2   Die Welt der Serie

Der Übergang von einer Produktion zu mehreren ist fließend. Reihenbildung setzt bereits dort ein, wo zwei verschiedene Produkte einen Zusammenhang herstellen. Reihen sind **als Bewegungen in doppelter Richtung** zu verstehen: zum einen als Entstehungsbewegung ›vorwärts‹ gerichtet (von der Vergangenheit des früheren Textes in die Gegenwart des aktuellen), zum anderen als Reflexions- und Thematisierungsrichtung ›rückwärts‹ (von der Gegenwart des aktuellen Beispiels in die Vergangenheit seiner Vorläufer). Der Rückgriff auf eine andere Produktion geschieht als Reflexion und Bezugnahme. Die vorwärts gerichtete Produktion von Reihen meint die serielle Produktion, die von vornherein als solche intendiert ist und deren Elemente sich wiederholen und erkennbar variiert werden.

Das serielle Prinzip begründet sich im »Noch einmal«: Es bedeutet bei der erzählten Geschichte eine **Wiedererzählung**, bei einer Bühneninszenierung die **zweite, dritte oder 88. Aufführung**, die zwangsläufig nicht völlig die Gleiche ist wie die erste. Die **Wiederholung** der Vorführung einer auf einem Träger fixierten Produktion, z. B. eines Films, stellt eine **Vervielfachung** dar und zeigt den immer gleichen Film, auch wenn das Publikum und die Rezeptionssituation nicht dieselben sind. In der wiederholten Betrachtung erlebt sich der Zuschauer jedes Mal als ein anderer, sei es bei der 45. Wiederbetrachtung des jährlich wiederholten Fernsehsilvestersketches »Dinner for one« (NDR 1961) oder beim Kultfilm »Casablanca«, wobei das Kulthafte in der lustvoll gesuchten Wiederholung besteht.

Der Weg von der Wiederholung eines Produkts führt zur Reihe ähnlicher, in der Struktur gleicher, in ihrer erzählerischen und inhaltlichen Ausgestaltung aber variierten Produktionen, die als **Fortsetzung** einer ersten Geschichte hergestellt werden. Häufig entstehen sie dadurch, dass der Autor, überrascht vom Erfolg, vom Verleger, Theaterintendanten, Film-, Fernseh-, oder Radioproduzenten angehalten wird, eine ähnliche Geschichte noch einmal zu schreiben, und der Autor sich desselben Personals und des gleichen Handlungsortes bedient und eine ähnliche Geschichte erfindet oder dass er einfach die Handlung der ersten Geschichte chronologisch weiterschreibt. In einer auf permanente Bereitstellung neuer Angebote ausgerichteten Medienwelt ist der Schritt von der zunächst nicht beabsichtigten zur geplanten Herstellung von weiteren Produktionen ähnlicher ›Machart‹ nur sehr klein, er erfolgt fast zwangsläufig. Produktionen werden in Serie hergestellt, also **seriell produziert**, und folgerichtig auch als Serie konzipiert.

Zwei **Grundformen medialer Serialität** sind dabei zu erkennen:

- die **serielle Produktion als Folge einer periodischen Konstruktion** von Sendungen in der Form regelhaft wiederkehrender Reihen; in der Regel geschieht dies bei Produktionen, die auf Aktualität im engeren oder weiteren Zusammenhang angelegt sind: Tageszeitungen, Wochenschauen, Radio- und Fernsehnachrichtensendungen, aber auch andere Formen mit weiter gespannten periodischen Erscheinungsweisen;
- die serielle Form als inhaltlich **seriell erzählte und dargestellte Folge von Geschichten**. Dabei handelt es sich um mediale Fortsetzungsgeschichten in unter-

schiedlichen Formen: vom Mehrteiler über die Fortsetzungsgeschichte, die Serie mit abgeschlossenen Handlungen in den einzelnen Folgen bis zu den täglich erscheinenden ›Endlosserien‹ und den Reality-Serien wie »Big Brother«.

9.2.1 Fiktionale Serien

Die Vorstellungen, die mit dem Begriff ›Serie‹ verbunden werden, sind heute wesentlich durch die **fiktionalen Serien im Fernsehen** geprägt. Die tägliche Präsentation von neuen Sendungen führte rasch zur Festlegung von Sendeplätzen und ihrer Besetzung mit mehrteiligen Produktionen. Wichtigste Vorläufer waren

- der **Zeitungsroman**, der sich als in Fortsetzungen abgedruckte (in England seit dem 18. Jahrhundert), dann auch in Fortsetzungen geschriebene (in Frankreich seit 1842 mit Eugène Sues Roman *Die Geheimnisse von Paris*) Form etablierte,
- der **Kolportageroman** (ein in Fortsetzungen gelieferter Roman in Heftchenform, seit dem 19. Jahrhundert),
- die **Kinofilmserie** (seit den 1910er Jahren mit Detektiv- und Abenteuerserien),
- die **Radioserien** (seit den 1920er Jahren in den USA als vor allem von Waschmittelfirmen gesponsorte melodramatische ›Soap Operas‹) sowie
- der **Illustriertenroman** in den 1950er Jahren der Bundesrepublik (vor allem in der *Hör Zu* mit den vom Hör-Zu-Chefredakteur Eduard Rhein unter dem Pseudonym Hans Ulrich Horster geschriebenen Romanen wie z. B. »Ein Student ging vorbei«).

Die periodische Weitererzählung einer Geschichte entspricht dem menschlichen Rezeptionsrhythmus. Eine sukzessiv aufgebaute Welt der Geschichte entsteht, die sich in den Fortsetzungen vervollständigt, erweitert und ständig modifiziert. Der Leser, Hörer oder Zuschauer baut sich damit in seiner Vorstellung einen eigenen Kosmos auf, der durch die Dauer der Rezeption den Charakter einer ›parallelen Welt‹ zu seiner erlebten Alltagswelt erhält. Die Gruppe der einzelnen Serienfolgen schließt sich zu einem weitgehend homogenen Tableau zusammen, das sich gleichzeitig in der Vielzahl der Figuren und den vielsträngigen Handlungsführungen differenziert (Hickethier 1991a).

Dass es sich bei Serien um Produktgruppen handelt, wird häufig vergessen, selbst wenn von ihnen wie z. B. der wöchentlich einmal ausgestrahlten »Lindenstraße« (ARD seit 1985) im Sommer 2003 bereits die 930. Folge und bei der werktäglich gezeigten Daily Soap »Gute Zeiten, schlechte Zeiten« (RTL seit 1992) die 2.750. Folge erreicht wurde. Die Welt der einzelnen Serie wird bei derartigen Folgenzahlen unübersichtlich, wie schon bei Eugène Sues Zeitungsroman *Die Geheimnisse von Paris* 1844 beklagt wurde. Gleichwohl erfreuen sich Serien einer ungebrochenen Beliebtheit, weil sie gerade durch die Unübersichtlichkeit ›Lebensnähe‹ signalisieren und – im besonders verbreiteten Genre der Familiengeschichte – der Selbstvergewisserung der Individuen anhand von erzählten anderen Lebensbegegnungen und Lebensgeschichten (nach dem Muster ›Klatsch und Tratsch‹) dienen.

Weil die serielle Produktion ein den Massenmedien inhärentes Prinzip ist, entstehen zahlreiche **unterschiedlich akzentuierte Serienwelten**, die nebeneinander bestehen, dann auch aufeinander Bezug nehmen, indem sie voneinander Formen entlehnen und sich gegenseitig zitieren. Auf diese Weise können unterschiedliche Neigungen und Präferenzen des Publikums bedient werden und sich unterschiedliche Teilpublika herausbilden.

9.2.2 Periodische Reihen

Gruppenbildungen von gleichen Sendungen entstehen durch die periodische Präsentation (täglich, wöchentlich oder monatlich) einer neuen Ausgabe einer Publikation, wobei die Inhalte von Ausgabe zu Ausgabe wechseln, intern aber ein Schema vorhanden ist, das Form, Umfang und Platzierung benennt. Die Rahmen dieser Produktformen sind in der Regel konstant bzw. werden nur in größeren Zeitabständen erneuert (relauncht). Aufgrund der **konstanten Präsentationsform** wird die Aufmerksamkeit der Betrachter stärker auf den zu vermittelnden Inhalt gelenkt.

Ähnlich wie in fiktionalen Serien entsteht auch bei den periodischen Reihen eine eigenständige Produktwelt, wobei hier die Produktgruppe aufgrund des immer ausgestellten Realitätsanspruches stärker als eine Art **periodisch geöffnetes Fenster** in eine andere Welt verstanden wird. Die Welt der »Tagesschauen« erscheint nicht als ein Kosmos vieler einzelner »Tagesschau«-Sendungen, die man als je einzelne in der Erinnerung gespeichert hat, sondern als eine, durch die »Tagesschau« wahrgenommene Welt. Die Produktgruppe verschmilzt also in der Vorstellung der Nutzer zu einem zusammenhängenden Wahrnehmungsraum. Dabei prägen **die Präsentationsstrukturen** die sendungsbezogene Darstellung dieser Welt und damit auch die Vorstellung der Zuschauer von dieser Welt. Dies betrifft vor allem die Vorstellung vom politischen Geschehen.

9.3   Das Œuvre – der biografische Werkzusammenhang

Einzelne Produktionen lassen sich entstehungsgeschichtlich dadurch in einem Zusammenhang sehen, dass sie von einem gemeinsamen Urheber stammen. Durch die Professionalisierung der Medienproduktion entstehen Gemeinsamkeiten zwischen den Texten eines Urhebers. Auch wenn der Autor versucht, sich bewusst immer wieder von seinen vorangegangenen Arbeiten abzusetzen, lassen sich Gemeinsamkeiten im Stil, in der Figurencharakterisierung, den Einfällen bzw. den Aussagen über die Welt erkennen.

9.3.1 Lebensgeschichte und Werk

Die Arbeiten eines Urhebers werden als **Œuvre** bezeichnet. Dabei wird allgemein davon ausgegangen, dass sich anhand der chronologischen Abfolge der einzelnen Produktionen Weiterentwicklungen erkennen lassen: Gängige Unterscheidungen sind ›Frühwerk‹, ›Hauptwerk‹, ›Spätwerk‹, weitere: Differenzierung und Vervollkommnung, Aufstieg und Abstieg. Hinter der Herstellung eines solchen biografischen Werkzusammenhangs steht die Vorstellung, dass man Werke besser versteht, wenn man sie auf die Biografie ihres Urhebers bezieht. Die **Lebensgeschichte** wird als Erklärungsfolie für ein Werk genutzt und soll Rätselhaftigkeiten deuten helfen. Die einzelnen Produktionen werden dabei als – wie auch immer verschlüsselter – Ausdruck dieses Künstlers verstanden, als Botschaften, die das Ich des Künstlers – auch gegen dessen Intentionen – aussendet.

Eine andere Konzeption vom Urheber – die diesen z. B. als ein **Produkt seiner Zeit und seiner Generation** versteht – führt entsprechend dazu, weniger die Biografie zum roten Faden der Analyse der verschiedenen Produktionen zu machen, sondern stärker den kulturellen Zusammenhang einer Epoche oder den Erfahrungshorizont einer Altersgruppe. Daraus resultieren Auffassungen, den Autor nicht als ›Schöpfer‹ der Werke zu verstehen, sondern nur als ›**Sprachrohr**‹: Der Diskurs oder der Zeitgeist bedienen sich eines Autors, um durch diesen zu sprechen. Diese – zunächst vielleicht etwas befremdliche – Vorstellung (befremdend, weil sie den Autor in einer passiven Rolle sieht) kann auch in einer ›aktiven‹ Form beschrieben werden: Der Autor greift nur auf, was in seiner Zeit als Potenzial vorhanden ist, er wählt daraus aus und erschafft damit seine Werke, die aber nur erfolgreich sind, wenn er Stimmung, Lebensgefühl und Erwartungen seines Publikums trifft.

Das Interesse der Gesellschaft an biografischen Werkdarstellungen ist – trotz der bereits jahrzehntelang betriebenen Problematisierung des Konzepts – ungebrochen: Die Rückbindung eines Werkes an einen individuellen Lebensweg stellt eine Vereinfachung einer möglicherweise komplexen Begründung dar: Von ihr wird in der Regel die Erklärung erwartet, warum es diesem Autor gelingt, etwas Besonderes und Faszinierendes zu erzeugen – und Millionen anderer Menschen nicht. Die Biografie ist jedoch eine erklärungsschwache und zudem fragwürdige Konstruktion von Werkzusammenhängen, weil sie den Einfluss zahlreicher anderer Faktoren marginalisiert, die häufig für das Zustandekommen einzelner Produktionen entscheidender sind als der Lebensweg eines Autors.

9.3.2 Autorschaft und Auteurismus

Œuvre-Konstruktionen sind im Bereich der Film-, Fernseh- und Radioproduktionen problematisch. Ist bei einem literarischen Text noch vorstellbar, die Urheberschaft bei einem allein schreibenden ›Autor‹ festzumachen, so ist dies bei audiovisuellen und auditiven Produktionen schwieriger, weil immer mehrere Personen beteiligt sind: neben dem Drehbuchschreiber (Autor) der Regisseur, Dramaturg bzw. Redakteur, Sprecher bzw. Schauspieler, Komponist und Musiker usf. Es lassen sich deshalb unterschiedliche Werkzusammenhänge herstellen, in denen ein und derselbe Film stehen kann. So erscheint z. B. der Film »Metropolis« (D 1926) nicht nur als Teil des Œuvres von Fritz Lang, der Regie führte, sondern auch im Œuvre der Drehbuchautorin Thea von Harbou, in dem der Schauspielerin Brigitte Helm oder des Schauspielers Heinrich George sowie des Ufa-Produzenten Erich Pommer.

Nach dem Zweiten Weltkrieg entstand im Umkreis der französischen Filmzeitschrift *Cahiers du cinéma* das Konzept, in Filmen die ›Handschrift‹ *eines* Urhebers zu entdecken. Der Regisseur wurde als **auteur** entdeckt, der mit der Kamera »wie ein Schriftsteller mit seinem Federhalter« schreibt (Astruc 1964, S. 114). Sah Alexandre Astruc hier vor allem den künstlerisch ambitionierten Regisseur als einen *auteur* an, so suchten die Kritiker der Zeitschrift *Cahiers du cinéma*, unter ihnen André Bazin, François Truffaut, Jean-Luc Godard, paradoxerweise den ›auteur‹ im amerikanischen Genrekino, das gerade den Regisseuren wenig Handlungsspielraum eingeräumt hatte.

Aus der **politique d'auteurs** entstand in der amerikanischen Rezeption eine **auteur theory** (vgl. dazu Distelmeyer 2003, Felix 2002). Das Konzept des ›auteurism‹ hielt sich bis ins ›postmoderne Kino‹ (Eder 2002) und erfuhr gerade in der Zeit des proklamierten Todes des Autors eine unerwartete Festigung und neue Aufwertung. Denn die Autorenschaft ließ sich als ›Markenzeichen‹ aufbauen und ermöglichte es, Filme entsprechend günstiger zu verwerten. Der Autor/Auteur konstituierte sich im Netzwerk der globalen Medienindustrie neu (Distelmeyer 2003). »Am Autorenkino schreiben alle als Autoren mit: Filmindustrie, Filmemacher, Filmkritiker, Filmwissenschaftler – und Filmzuschauer. Ob man nun von der ›persönlichen Handschrift‹ eines Autors spricht, von seiner Verwandlung in eine ›Struktur‹ oder von seiner ›Einschreibung‹ in den filmischen Text: Das Autorenkino ist stets auch eine ›vision du monde‹ des Cineasten« (Felix 2002, S. 48).

Im neuen **Konzept des Auteurismus** (*auteurism*), das den Begriff nicht mehr nur auf den Autor (als Verfasser des Drehbuchs) bezieht, sondern vor allem den Regisseur meint, tritt die Urheberschaft der anderen künstlerischen Mitarbeiter in den Hintergrund. Der Aspekt der kollektiven Leistung verliert an Bedeutung. Als Konzept der ›Markenbildung‹ etabliert sich der Name des Regisseurs als Instrument des kulturellen ›Brandings‹ von Medienprodukten und damit aus ökonomischen Gründen (vgl. Kap. 13).

9.4   Gattung – Genre – Format

Für die gesellschaftliche Kommunikation über Medienproduktionen erweisen sich angesichts der wachsenden Zahl von Angeboten **urheberunabhängige Kategorien** als brauchbarer. Der Name Michael Curtiz verbindet sich z. B. nur für Cineasten mit dem Film »Casablanca«. Ebenso können nur wenige mit den Namen Hans Deppe und Franz Antel etwas anfangen, wohl aber mit der Kategorie ›Heimatfilm‹, für die beide Regisseure stehen.

Bei den technisch-apparativen Medien hat sich der Gebrauch anderer Gruppenbezeichnungen (Gattung, Genre, Format) eingebürgert. Sie definieren sich durch Gemeinsamkeiten in der Struktur. Dabei handelt es sich letztlich um einen **zirkulären Definitionsvorgang**: Filme, die gemeinsame Motive, Erzählstrukturen, Themen etc. besitzen, lassen sich in einer Gruppe zusammenfassen. Dabei werden die Motive, Erzählstrukturen, Themen etc. auf das in den verschiedenen Filmen Gemeinsame verallgemeinert und als Prinzipien des Genres ausgegeben. Diese Prinzipien werden wiederum normativ gegenüber einzelnen Filmen als Maßstab zur Beurteilung der Frage genommen, ob diese zum Genre gehören oder nicht.

9.4.1 Genre und Gattung

Als ›**Genre**‹ wird eine Produktgruppe bezeichnet, die durch eine als typisch gesetzte soziale oder geografische Lokalisierung, spezifische Milieus, Figurenkonstellationen, Konfliktstrukturen, spezielle Stoffe bzw. durch besondere spezifische emotionale oder affektive Konstellationen zu kennzeichnen ist (vgl. Hickethier 2002).

Ausgangspunkt einer Genreentwicklung ist die **Produktion**. Der Erfolg eines Films soll durch Varianten seines Erzählkonzepts verlängert werden. Als Ergebnis der auf den Markt ausgerichteten standardisierten Produktionsbedingungen der amerikanischen Kulturindustrie wird das Genre lapidar als durch ein Storyschema und erzählerische wie dramatische Konventionen definiert. Auf der Seite der **Rezeption** setzt das Genre ein nachhaltiges Interesse voraus, wieder und wieder die gleichen Geschichten zu erleben. Dieses Interesse stellt sich dann ein, wenn Geschichten von existentiellen Grundfragen einer Kultur handeln, z. B. von der tragischen oder gescheiterten Liebe (Melodram), von Grenzüberschreitungen und Normverstößen (Kriminalgeschichte), vom Krieg (Kriegsgeschichte) usf. Genres können in diesem Sinne auch mit Thomas Koebner als **master narratives** verstanden werden.

Obwohl umgangssprachlich und im publizistischen Zusammenhang ›Gattung‹ oft synonym mit ›Genre‹ verwendet wird, definiert die Medienwissenschaft die **Gattung** nicht durch eine inhaltliche Struktur, sondern durch den Modus der Darstellung (z. B. Spiel-, Dokumentarfilm) und durch die Verwendung (z. B. Werbe-, Lehr-, Experimentalfilm).

Der Unterschied zwischen ›Genre‹ und ›Gattung‹ lässt sich an einem Beispiel veranschaulichen: Das **Krimigenre** wird durch das Vorhandensein wesentlicher Handlungskonstellationen (Verbrechen und Aufklärung des Verbrechens) definiert. Dieses Genre kann in unterschiedlichen Filmgattungen (Spielfilm, Animationsfilm) vertreten sein. Es durchdringt darüber hinaus auch Gattungsformen in anderen Medien; der Krimi ist als Genre z. B. im Roman und in der Erzählung, im Hörspiel und Fernsehspiel, im Drama und als Bühnenaufführung sowie im Spielfilm vertreten. Genres sind also grundsätzlich keine medienspezifischen Formen, sondern treten als **intermediale Konstruktionen** übergreifend in vielen Medien auf, wenn auch mit unterschiedlicher Dominanz. Gleichwohl bilden sie innerhalb der einzelnen Medien eigene Traditionen heraus (z. B. Kriminalfilm im Kino vs.

Krimiserie im Fernsehen), die sich in jeweils eigenen Genrehistoriografien darstellen lassen.

Genrebezeichnungen sind **Verständigungsbegriffe**. Sie dienen der Kommunikation über Medienprodukte auf der Rezipienten- und der Produzentenseite sowie der Verständigung zwischen ihnen. Genres stehen für Organisation von Wissen über die filmische Gestaltung und regulieren die Produktion von Filmen. Sie geben Orientierungen vor, stiften Erwartungen und determinieren die Rezeption. Als Begriffe der Verständigung stehen sie in Beziehung zu Filmeigenschaften und werden durch ihre Verwendung innerhalb der Diskurse geprägt. Innerhalb dieser Diskurse können Genres durchaus Unterschiedliches bedeuten. Genrebegriffe sind in ihrer Funktion variabel, jedoch nicht beliebig veränderbar. Sie sind in ihren Bedeutungen abhängig vom kulturellen Gebrauch und gewinnen als Schemata intersubjektive Funktionen. Sarah Berry definiert sie deshalb als »Vehikel für die Zirkulation von Filmen innerhalb der industriellen, kulturkritischen und wissenschaftlichen sowie der alltagsbezogenen (populären) Diskurse« (Berry 1999, S. 26).

9.4.2   Genre und Format

Neben dem Genrebegriff hat sich in den letzten Jahren zunehmend auch der Begriff des Formats durchgesetzt. Zum einen verstecken sich dahinter Genrebegriffe, wie z. B. in der Fernsehfilm-Produktion (auch Produktion von TV-Movies), in der auch der Format-Begriff verwendet wird (vgl. dazu Hickethier 2000b), zum anderen wird damit die spezifisch kommerzielle Ausgestaltung und lizenzgebundene Festlegung von Formen von (zumeist seriell hergestellten und gesendeten) Produktionen verstanden.

> Im Fernsehen wurde der Genrebegriff zunehmend durch den Begriff des ›**Formats**‹ abgelöst. Das Format ist in starkem Maße auf eine mögliche Zuschauergruppe und ihre Unterhaltungserwartung ausgerichtet und orientiert sich direkt an messbaren Zuschauerquoten. Kennzeichen des Formats ist es, dass es alle Formtraditionen negiert, sofern diese sich nicht in berechenbaren Zuschauererwartungen und damit in Einschaltquoten manifestieren. Das Format lässt sich damit auch als ein medienindustriell optimiertes Genre verstehen.

Gerd Hallenberger sieht das Format im Zusammenhang mit der ›Idee‹ einer seriellen Sendung und definiert das Format als einen »globalen Markenartikel« (vgl. Hallenberger 2002, S. 131 f.). Als Musterbeispiel gilt die Sendung »Glücksrad«, eine weltweit erfolgreiche Gameshow, die von den Sendern in Lizenz erworben wird. Die Lizenznehmer müssen sich verpflichten, das Inszenierungskonzept ohne Abweichungen zu übernehmen. Die Lizenzgeber wollen auf diese Weise die ›Produktmarke‹ »Glücksrad« im Erscheinungsbild weltweit gleich halten und damit den Erfolg erhöhen. Die Lizenznehmer akzeptieren diese Bedingung, weil sie hoffen, am internationalen Erfolg der Sendung partizipieren zu können und damit für die Werbewirtschaft attraktiv zu sein.

Beim Genre geht es um eine fortdauernde **Variation eines oder mehrerer Grundmuster**, beim Format dagegen um die strikte Einhaltung des vorgegebenen und vertraglich festgeschriebenen Konzepts. Das Format will gegenüber dem Genre ›zeitlos‹ sein und den Erfolg dauerhaft fixieren. Gegenüber dem auf Tradierung und Entwicklung setzenden Genreverständnis geht das Format vom Markt aus, sucht zunächst die vorgefundenen Elemente eines Genres geplant zu differenzieren und diese Varianten erneut in Lizenz zu vermarkten. Die jeweils erweiterten ›Bausätze‹ werden auf ihre ›Marktfähigkeit‹ getestet und zu einer Sendung bzw. einem Programm synthetisch zusammengefügt (vgl. Hickethier 1999).

Fernsehfilm und TV-Movie haben zahlreiche Genrevarianten und -mischungen entwickelt (vgl. Ramirez 2000). Davis unterscheidet z. B. zwischen den verschiedenen TV-Movie-Subgenres im Bereich des Melodrams: ›Women in Jeopardy‹ (Frauen geraten in extreme Situationen); das traditionelle ›Melodrama‹ (eine Frau versucht ihr Glück zu erreichen und erleidet schwere Schicksalsschläge); ›Disease of the Week‹ (die Krankheit der Woche); das ›Gesellschaftsdrama‹ (bei dem aus einem Schicksalsschlag soziale Konflikte entstehen) (Davis 2000, S. 32 ff.). Wie das Genre zielt das Format auf eine kontinuierliche, serielle Produktion sowie auf eine ständige Anpassung der Angebote an erkennbare ›Geschmacks‹-Veränderungen des Publikums (Hickethier 1999, S. 204 f.).

Auch beim **Hörfunk** wird vom Format gesprochen. Der Formatbegriff zielt hier auf das Programm. **Programmformatierung** meint vor dem Hintergrund der privatrechtlichen Radiosender einerseits eine Vereinheitlichung der Sendetypen innerhalb des Programms, um damit die Kontinuität des Programms, also den Programmfluss, zu betonen, und andererseits eine Akzentuierung des Angebots auf ein bestimmtes Publikumssegment hin. Diese Vereinheitlichung wird im ›Formatradio‹ (Prüfig 1999) durch einen einheitlichen Moderationsstil und über die Durchsetzung eines einheitlichen Musikstils erreicht. Damit erhält das Programm einen ›Gesamtgestus‹, der entweder mehr ironisch-jugendlich, mehr dynamisch-lautstark oder mehr versöhnlich-langsam ist (Hickethier 1999, S. 205 f.). Solche Einordnungen von Medienprodukten in Gruppen dienen der Steuerung der medialen Kommunikation in besonderer Weise. Ihre Bedeutung hat mit der Ausweitung der Angebote bei weiterhin begrenzter Nutzungszeit durch das Publikum zugenommen.

9.5   Das Programm

Die Weitung des Blicks vom Zeichen auf den Text, vom Text auf die Textgruppe führt zwangsläufig zur nächsten Stufe: von der Textgruppe zum Programm (vgl. auch Hickethier 1991b, 1993, 2000a, Bleicher 1996, 1997). Das Programm ist als eine Ankündigung und ein Angebotsversprechen einerseits **virtuell und veränderbar**, andererseits ist der sich im Programm realisierende Produktverbund **manifest**, weil konkrete Produktionen in einer zeitlichen Abfolge gesendet wird.

Das **Programm als Produktgruppe zerfällt nach der Sendung jedoch sofort wieder in seine Bestandteile** (die einzelnen Sendungen), weil dieses Programm als solches in der Regel nicht konserviert und gespeichert wird. Gleichwohl ist das Programm von großer kultureller Bedeutung: zum einen weil es über die in ihm sich **darbietenden Angebotsmengen** die Kultur stark beeinflusst, zum anderen weil es selbst als Form so wenig fassbar ist und sich eher hintergründig über seine Strukturen auf das Alltagsleben der Zuschauer auswirkt. **Programmanalyse** meint deshalb in einem medienkulturellen Sinn nicht Programmstatistik (wie sie für das Fernsehen vor allem von Udo Michael Krüger seit vielen Jahren im Auftrag von ARD und ZDF betrieben wird – vgl. Krüger 2001, 2002), sondern **Analyse der Gestaltung und der Form von Programmen**.

Joachim Paech sieht im Programm ein **Kennzeichen der Moderne**, dem die Auflösung der Programme als Merkmal der Postmoderne entspricht (Paech 1990). Programme wurden vor allem als massenmediale Präsentationsformen im 20. Jahrhundert dominant. Gleichwohl ist eine Programmtheorie erst in den 1970er und 80er Jahren entstanden.

> Im deutschen Sprachgebrauch wurde mit Programm lange Zeit nur die **Ankündigung einer Darbietung** gemeint. Der Programmbegriff hat sich mit der Entstehung der technisch-apparativen Medien weiterentwickelt und ist insgesamt vieldeutig. Für die Medien meint er nicht nur die Ankündigung, sondern auch **die tatsächlich realisierte Veranstaltungsabfolge** (beim Computer heute auch das Bedienungssystem von elektronischen Apparaturen).

9.5.1   Vom Varieté über das Kino zu Radio und Fernsehen

Von der Theater-, Zirkus- und Varieté-Veranstaltung mit ihrem Nummernprogramm wird der Programmbegriff um die Jahrhundertwende vom Kino übernommen, das sich selbst aus seiner frühen Integration innerhalb der Varietéprogramme herauslöst und das Programmprinzip auf die Abfolge mehrerer (häufig zehn und mehr) kurzer Filmstreifen überträgt.

Das **frühe Kinoprogramm** ist zunächst nichts anderes als der Spielplanzettel des Varieté- oder später des Kinotheaterbesitzers: Dieser stellt zusammen, was er gerade an Filmen vorrätig hat, was er bei einem Vertrieb wie z. B. Pathé oder später Messter angeboten erhielt und erworben hat bzw. was der Vertrieb ihm selbst bereits als ein fertiges Programm zusammengestellt anlieferte. Beim 15-minütigen Bioskop-Filmprogramm bestand der Reiz für das Publikum darin, das es das, was es gerade im Varieté live gesehen hatte, nun in einer Variation mit anderen Darstellern im Film noch einmal sah. Die Besonderheit des Films innerhalb des theatralen Kontextes bestand in der medialen Brechung der Darstellung.

Bioskop-Programm der Brüder Skladanowsky
im Berliner Wintergarten im November 1895

1. Italienischer Bauerntanz, ausgeführt von 2 Kindern
2. Komisches Reck (Brother Milton)
3. Das boxende Känguruh (Mr. Delaware)
4. Jongleur (Petras)
5. Acrobatisches Potpourri (8 Personen)
6. Kammarintzky, russ. Nationaltanz (3 Gebr. Tscherpanoff)
7. Serpentintanz (Mlle. Ancion)
8. Ringkampf zwischen Greiner und Sandow
9. Apotheose (Gebr. Skladanowsky).

Quelle: Zglinicki 1956, S. 241

Mit dem Übergang vom Filmverkauf zum Filmverleih in den 1910er Jahren entstand ein neues mediales System: Ankündigung und reale Angebotsabfolge im präsentierten Programm treten weiter auseinander. Das Programm umfasst nicht mehr nur die Filmabfolge der einzelnen Kinoveranstaltung, sondern auch die eines größeren Zeitraums. Der Verleih stellt das **Programm als Verleihstaffel** zusammen, das der Kinotheaterbesitzer im Blind- und Blockbuchverfahren mietet und auf das er selbst wenig Einfluss hat.

Die meist zweistündige Kinoveranstaltung umfasste schon während des Ersten Weltkriegs nur noch wenige Filme. In der NS-Zeit wurde die Programmgestaltung auf die **Abfolge: Wochenschau, Kultur- bzw. Kurzfilm und Hauptfilm** (meist ein Spielfilm) durch das Reichsfilmgesetz von 1934 verbindlich festgelegt. Verboten wurde aus Gründen der ökonomischen Verwertung der teuren Spielfilme die Vorführung von zwei Spielfilmen in einer Vorstellung. Die festgelegte Abfolge hielt sich in dieser Form bis in die 1960er Jahre.

Nach dem Kino übernahm das **Radio** ab Mitte der 1920er Jahre den Programmbegriff. Er umfasst beim Radio nicht mehr nur die Bezeichnung der Ankündigung des Sendevorhabens, sondern auch das Angebot selbst, den ständigen Fluss des Gesendeten. Der Programmbegriff löste sich von der Veranstaltungsform, das Programm mit seinem wachsenden Umfang wurde zu einem Spezifikum der Funkmedien (Radio und Fernsehen) (vgl. Leonhard 1997). Das **Radioprogramm der Berliner Funkstunde** von 1924, also nicht ganz ein Jahr nach Programmbeginn des Senders, nannte sich anfangs noch bezeichnenderweise »Vortragsfolge«. Die Sendungen von 10.00 bis 16.00 Uhr (4.00 nachmittags) wurden jeden Tag zur gleichen Zeit gesendet und enthielten am frühen Nachmittag (ab 2.30 nm.) noch Sendelücken. Eine lückenlose Programmabfolge war noch unbekannt. Auch bestand die Vorstellung, das Programm sei eine Reihe von einzelnen, jeweils mehr oder weniger aktuellen Serviceleistungen. Diese Vorstellung vom Programm als Serviceleistung steht bis heute in Konkurrenz zur Idee des Programms als Produktgruppe.

Radioprogramm der Berliner Funkstunde vom 16.11.1924

10.00 vm.	Bericht über Kleinhandelspreise der wichtigsten Lebensmittel in der Zentralmarkthalle
10.15 vm.	Erste Bekanntgabe der neuesten Tagesnachrichten
11.15 vm.	Funkbörse (Die Notierungen der Berliner und Hamburger Produktenbörse)
12.10 nm.	Kurzer Tendenzbericht der Berliner Vorbörse
12.15 nm.	(Übermittlung des Zeitzeichens)
1.05 nm.	Zweite Bekanntgabe der neuesten Tagesnachrichten. Wetterdienst
2.15 nm.	Kurzer Tendenzbericht der Berliner Börse
3.00 nm.	Funkbörse (amtliche Notierungen der Berliner und Hamburger Produkten- und Viehbörse; amtliche Devisen)
4.00 nm.	Funkbörse (Getreide Hamburg; Berliner Kolonialwaren-Großhandelspreise)
4.30 nm. –6.15 nm.	Unterhaltungsmusik (Berliner Funkkapelle)
6.20 nm.	Ratschläge fürs Haus
6.30 nm.	Zehn Minuten für die Hausfrau
7.00 nm.	Tausend Worte Französisch
7.45 nm.	Vortrag des Herrn Oberregierungsrat Dr. Bogusat vom Reichsgesundheitsamt: »Volksmedizin und Aberglaube«
8.30 nm.	Solisten-Konzert
	Anschließend: Dritte Bekanntgabe der neuesten Tagesnachrichten, Zeitansage, Wetterdienst, Sportnachrichten, Theaterdienst.
10.30 nm.	Schachfunk. Herr Nebermann.

Quelle: Die Funk-Stunde Nr. 1/1924

Das **Programm ist zugleich eine Distributionsform** der Medienprodukte. Anders als beim Kino, bei dem die Filme für eine Vielzahl von Filmtheatern hergestellt und zu den Kinotheatern per Warenverkehr transportiert werden müssen, kann ein Radiosender mit nur einer Speichereinheit (anfangs Wachsmatrize und Schallplatte, später Tonband und CD) tendenziell alle Gerätebesitzer innerhalb seines Sendegebiets fast ohne zeitliche Verzögerung erreichen. Das Radio konnte deshalb auch auf der Seite der Produktion sehr viel leichter Programme anbieten, die aus vielen unterschiedlichen Sendungen zusammengesetzt und täglich verschieden waren, weil sich der Sender ein **zentrales Archiv seiner Tonträger** (akustische Speicher) zulegte und nach Bedarf auf derartige ›Tonkonserven‹ zurückgriff. Solche zentralen Bildspeicher gibt es beim Kino nicht.

Das Publikum konnte beim Hörfunk seine Rezeptionszeiten ausdehnen, weil es sich nicht mehr zu einem gesonderten öffentlichen Veranstaltungsort begeben musste, sondern sich individuell dem Radioapparat und damit dem Programm zuwenden konnte. Das sich dementsprechend **ausweitende Programm** bedurfte einer stärkeren Strukturierung. Die Vielzahl der ganz unterschiedlichen Angebote – von der Musiksendung über die Unterhaltung zur Fiktion bis hin zum Vortrag und zur Nachrichtensendung – wurde früh in ein relativ **festes Schema** gebracht: zur leichteren Planung für die ›Programmmacher‹ und zur besseren Orientierung für den Hörer. Im Radio gewann das Programm als Darbietungsform damit eine neue Qualität, die es grundsätzlich von den Programmen der Veranstaltungsmedien unterschied.

Die audiovisuelle Bilderproduktion des **Fernsehens** bediente sich des vom Radio geschaffenen Vertriebssystems, der Radiowellen. Anders gesagt: Auch das Fernsehen ist über die Ausstrahlung via Radiowellen zunächst als ein Medium der Verbreitung konzipiert worden, nicht als ein von der Speicherung her gedachtes und konstruiertes Medium. Seit den 1950er Jahren entwickelte es eigene Programmmodelle.

9.5.2 Das Programm als kulturelle Organisationsform

Das Programm stellt in den Funkmedien letztlich eine Präsentationskontinuität dar, die auf Unendlichkeit ausgerichtet ist. Es ist – systematisch gesehen – durch die **Zusammenfügung ganz unterschiedlicher Formen** gekennzeichnet. Diese gründet sich als Prinzip zum einen im Modell der **Aneinanderreihung von Attraktionen**, wie sie die Unterhaltungsmedien als Prinzip entwickelt hatten, zum anderen in den **Formen journalistischer Weltvermittlung**, wie sie die Presse im 19. Jahrhundert herausgebildet hatte. In die Form des publizierenden Nebeneinanders von informativen und unterhaltenden Darstellungsformen unterschiedlichster Art hatten sich vor allem großstädtische Erfahrungsweisen eingeschrieben (Lindner 1990). Auch die Rundfunkprogramme, die das Nebeneinander unterschiedlicher Informationen und Erfahrungen in ein zeitliches Nacheinander überführen, bauen auf dieser, in der westlichen Zivilisation entstandenen ›Mentalität der Moderne‹ auf und setzen ihre Präsentationsform des »raschen Wechsels der Erfahrungen« als eine nicht mehr hinterfragte Basis von Weltrepräsentation voraus.

Vor allem mit dem Fernsehen wird diese Vielheit, der ständige Wechsel, das Neben- und Nacheinander als eine **neue kulturelle Organisationsform** wahrgenommen. Dabei werden vor allem zwei Charakteristika der Funkmedien miteinander verbunden:

- Das Programm wird als ›**Programmfluss**‹ (*flow of broadcasting*) verstanden. Dabei wird häufig auf die vom Filmtheoretiker Siegfried Kracauer bemühte Metapher vom »Fluss des Lebens« (vgl. Kracauer 1973, S. 95 ff.) zurückgegriffen und die **Kontinuität des Sendens** betont.
- Die Rundfunkmedien können Töne und Bilder von einem Ereignis übermitteln, die fast **zeitgleich** im Augenblick ihrer Aufnahme vom Zuschauer auf dem Bildschirm wahrgenommen werden (vgl. Kap. 7.5.2). Der Fernsehzuschauer hat über diesen **Live-Charakter** und die daraus sich ableitende »Augenzeugen-Ideologie« (Friedrich Knilli) den Eindruck von unmittelbarer Teilhabe, vom Dabeisein bei einem entfernten Ereignis.

Am »Fluss des Lebens« und ›live‹ an der »ungestellten Realität« teilzuhaben
(Kracauer 1973), indem man dem Fluss des Programms zuschaut, ist die – von den
Machern unterstützte – Selbstsuggestion des Zuschauers. Dabei ist nichts unge-
stellt, ist alles in ›Ordnungen‹ gebracht, hierarchisiert, vorgeplant. Die Abfolge der
Sendungen bildet keine absichtslos zustande gekommene Kette, sondern stellt eine
Ordnung dar: Die zeitliche Reihung gewichtet das Präsentierte, bringt es – bezo-
gen auf die Zeitbudgets der Nutzer – für diese in eine hierarchische Struktur, die
das Präsentierte in leicht zugänglichen und weniger zugänglichen Zeiten platziert.
Diese Anordnungen sind als solche dem Publikum in der Regel nicht bewusst, sie
bedeuten jedoch eine ›Vorsortierung‹ der Angebote, indem die einen stärker in die
Hauptnutzungszeit des Mediums, die anderen mehr in Randzonen gerückt werden
und damit für ein großes Publikum eher ›unsichtbar‹ werden.

Das Fernsehen hat die mediale Form des Hier und Jetzt mit der Satelliten-
technik global ausgeweitet, hat damit auch – mit allen strukturellen, inhaltlichen
und ästhetisch-formalen Begrenztheiten und Defiziten – jenes **»global village«**
Marshall McLuhans, jenes große globale Dorf, in dem alle mit allen vernetzt sind
und nichts geheim bleibt, zur Mediennormalität, zumindest der westlichen Kulturen, werden lassen. Das Fernsehen liefert der Anschauung von der Welt in vorher
ungeahntem Maße neues Material. Dabei löst es die vorgefundenen kulturellen
Wertigkeiten und Anordnungsmuster langfristig auf und ersetzt sie durch die vom
Fernsehen geprägte – so wie das auch die anderen Medien tun. Dies ist nicht
grundsätzlich negativ, weil Kultur sich ständig neu justiert und verändert.

Diese Ordnungen des Programms sind als vorgegebene Planungsstrukturen
vorhanden. Weil sich das Füllen der Strukturen mit dem, was Programmmacher im
Betriebsjargon leicht zynisch als »Programmware« bezeichnen, von Tag zu Tag ändert, erscheint das Programm als eine sinnlich erfahrbare Menge von Gestaltetem
immer wieder anders und wird nicht wirklich als Form erkannt. So wie das Programm jeden Tag vor den Augen der Zuschauer neu entsteht, zerfällt es auch immer
wieder neu, löst sich auf, vergeht – und gerade dies unterstützt den **Eindruck von
Leben**, gleichgültig wie künstlich oder wie real es dem Zuschauer erscheint.

9.5.3 Programmkonzept – Programmschema – Programmrealität

Die Programme des Fernsehens entstehen aufgrund der **Konzepte** von Pro-
grammmachern (Redakteuren, Programmplanern, Intendanten), in die Intentionen und Vorstellungen von den Erwartungen der Nutzer ebenso eingehen wie Vor-
gaben der gesellschaftlichen Rahmenbedingungen der Massenmedien. Ob Medien
öffentlich-rechtlich oder privatwirtschaftlich organisiert sind, ob sie Richtlinien
und Gesetzen folgen müssen, beeinflusst ihre Angebote ebenso wie Dispositionen
der Medienmanager. In den Programmkonzepten formuliert sich eine Sicht
davon, wie das Medium Welt zu vermitteln habe.

Programmkonzepte kristallisieren sich in **Programmschemata**. Mit ihrer
Festlegung und regelmäßigen Aktualisierung wollen die Programmmacher ihre An-

gebote möglichst eng mit dem Alltag der Zuschauer verkoppeln. In den Schemata sind Modelle für die Mediennutzung enthalten. In sie ist zugleich eine Strategie der das Programm veranstaltenden Institution zur Gewinnung von Zuschauern eingeschrieben. Sie stellt im Prinzip die Programmphilosophie der Macher dar.

Das Programmangebot ist nicht identisch mit den Programmschemata. Der Vergleich von Schema und **Realität des ausgestrahlten Programms** zeigt, dass sich die Medien in unterschiedlicher Weise abweichend von den vorgefassten Programmabsichten auf die sich ständig verändernden Kommunikationsbedürfnisse der Gesellschaft einlassen. Das Außerkraftsetzen der Programmschemata bei sportlichen oder politischen Anlässen ist ein immer wiederkehrendes Beispiel, ebenso bei Katastrophen oder bei anderen überraschenden, nicht vorher planbaren und im Schema fixierbaren Ereignissen. Daraus ergibt sich die **Struktur des realen Programmablaufs**.

Ein Programmschema für das ARD-Programm ›Erstes Deutsches Fernsehen‹ zeigt die komplexe Angebotsstruktur des Fernsehens heute:

ARD-Programm 23.6.2003 (Montag)	
5.30	Morgenmagazin
9.00	heute
9.05	Die glückliche Familie (Familienserie)
10.00	heute
10.03	Das Sommerfest der Volksmusik
12.00	heute mittag
12.15	ARD-Buffet
13.00	Mittagsmagazin
14.00	Tagesschau
14.03	Sportschau live (Tennismeisterschaften von England)
17.00	Tagesschau
17.15	Brisant
17.43	Regionales
17.55	Verbotene Liebe (Daily Soap, 2000. Folge)
18.25	Verbotene Liebe (Daily Soap)
18.50	Großstadtrevier (Krimiserie)
19.50	Das Wetter
19.55	Börse im Ersten
20.00	Tagesschau
20.15	Zauberhafte Heimat. Musikalische Tagestour durch Leipzig
21.00	Report aus München
21.45	Die Todesfahrt der Goya (Dokumentation)
22.30	Tagesthemen
23.10	Beckmann (Talkshow)
0.00	Polylux (Magazin)
0.30	Nachtmagazin

0.50	Der unheimliche Komplize (Kriminalfilm)
2.20	Tagesschau
2.25	Fliege – Die Talkshow
3.25	Bahnstrecken
3.55	ARD-Buffet
4.45–5.30	Report

Quelle: rtv magazin 25/2003

Das Programm dauert 24 Stunden, dem Zuschauer wird permanent etwas angeboten. Kennzeichen ist die **Vertaktung des Programms** in weitgehend genormten Schritten etwa im 15-Minuten-Rhythmus (mit Sendeeinheiten von 15-, 30-, 50-bzw. 60- und 90-Minuten-Sendungen). Sie stützt eine **Verrasterung durch Nachrichtensendungen** (»heute« und »Tagesschau«). Die »Tagesschau« um 20.00 Uhr bildet die Wegmarke zwischen dem Tagesprogramm (bis hin zum Vorabendprogramm 18–20.00 Uhr) und dem Abend- und Nachtprogramm. Das Nebeneinander von ›heute‹ und ›Tagesschau‹ weist auf die Kooperation von ARD und ZDF am Vormittag hin.

9.5.4 Prinzipien der Programmgestaltung

Als **Grundprinzipien der Programmgestaltung** lassen sich folgende Muster erkennen:

1. Der **Wechsel von Thema und Form**: Tagsüber wird im Nacheinander der Sendungen zwischen den Programmgattungen, der Thematik etc. gewechselt, die Abläufe sind in der Regel werktags von Tag zu Tag gleich gestaltet. Im Abendprogramm gibt es einen Wechsel in der Hauptsendung von Wochentag zu Wochentag, so dass jeder Tag seine eigene Programmfarbe erhält.
2. Das **Stripping**: Werktags wird nicht nur tagsüber ein gleiches oder ähnliches Abfolgeschema eingehalten, es folgen jeden Tag die gleichen Sendungen. Dieses Prinzip wird vor allem von den privatrechtlichen Programmen verwendet. RTL zeigt z. B. werktags (im Juni 2003) von 14.00 bis 17.30 mehrere Gerichtssendungen nacheinander.
3. Die **Blockbildung**: Um aus dem Programmablauf der kleinteiligen Verrasterung herauszuspringen und neue Aufmerksamkeit zu schaffen, werden Events durch das Zeigen mehrerer Folgen einer Serie nacheinander oder mehrerer Serien eines Genres (Krimiserien vorzugsweise) geschaffen.
4. Der **Themenabend**. Auch hier handelt es sich um eine Art von Blockbildung, wenn bei den Dritten Programmen beliebte Serienfolgen (z. B. »Stahlnetz«) vergangener Jahrzehnte wiederholt und häufig durch kleine Interviews mit Stars angereichert werden (Typus »Gernsehabend«, SFB). Die Gemeinsamkeit wird durch dieselbe Gattung bzw. mehrere Folgen einer Serie hergestellt. Daneben gibt es den ›echten‹ Themenabend, wie ihn das deutsch-französische

Kulturprogramm Arte pflegt: Zu einem Thema werden verschiedene Beiträge versammelt, die sich ergänzen. Diese »**konzentrische Programmanordnung**« um eine Hauptsendung ist eine alte Idee des frühen Fernsehens (Eckert 1953).

Zu diesen die Tages- und Wochenabläufe kennzeichnenden Formen der Programmstrukturierung kommen weitere:

5. Die Verbindung der letztlich **industriell-linearen Zeitstruktur** des Programms mit tradierten kulturellen **zyklischen Gliederungen**. Sie dient der Anpassung des Programms an den Zuschaueralltag: Wochenenden werden deutlich anders als Werktage strukturiert (dies hängt auch mit dem größeren Zeitbudget der Zuschauer am Wochenende zusammen), auf Feiertage und die Jahreszeiten wird Rücksicht genommen. Allerdings gibt es keine Unterscheidung zwischen Sommer- und Winterprogramm, hier hat sich die Gleichförmigkeit linearer Zeitstrukturen durchgesetzt.

6. Die **Verkettung der Sendungen durch Zwischenstücke**. Programmverbindungen, Trailer, Werbespots, Sponsor-Auftritte, Ansagen etc. sollen das letztlich Disparate der einzelnen Sendungen abschleifen und – neben ökonomischen Aspekten – den Zuschauer einerseits durch das Programm lenken, ihm andererseits immer neue Sendungen versprechen, um ihn auf diese Weise an das Programm zu binden. Das Programm gewinnt durch diese Partikel den **Charakter eines permanenten Versprechens**: ›Was wir demnächst zeigen, ist noch viel besser als das, was wir gerade gezeigt haben‹ (vgl. Hickethier/Bleicher 1997).

9.6   Hypertexte, Portale, Listen

Das Internet mit seinen vielfältigen Zugangsmöglichkeiten zu anderen Texten stellt sich als eine extreme Erweiterung der Angebotsmengen dar und fordert in neuer Weise die Bewältigung des Problems von Textmassen. Weil der Zugang zu einer schier unbegrenzt erscheinenden Vielzahl an Texten möglich ist, sind neue Ordnungsprinzipien notwendig. Diese befinden sich in einer dynamischen Entwicklung, deshalb werden hier nur einige benannt.

Der **Hypertext** stellt mit seinen technisch festen Verknüpfungen (Links) bereits eine Ansammlung von Texten dar, wobei die Verknüpfung des einen Textes mit anderen durch denjenigen bestimmt wird, der den Text ins Netz stellt (vgl. Kap. 7.5). Über die Gesamtstruktur der Textgruppe besteht bei den Beteiligten keine Vorstellung.

Das **Portal** bidet eine weitere Form der im Netz vorhandenen Textgruppen, bei dem über eine Zugangsseite ein strukturiertes Angebot weiterer Internetseiten erschlossen wird. Portale sind ebenfalls produzentenorientiert, fassen häufig lokale, regionale und anbieterbezogene Gruppen zusammen und erleichtern damit den Netzbenutzern die Suche nach bestimmten Angeboten. **Institutionen** besitzen in der Regel eigene Portale, die die Nutzer (›Besucher‹) in ihrer Suche lenken. Portale können ihre Angebote strukturiert darbieten, z. B. wenn die Kommunen (www.hamburg.de; www.berlin.de) aktuelle Informationen über das Geschehen in der Stadt, Kinoangebote, Adressenverzeichnisse, Behördenzugänge etc. vermitteln oder wenn die Universitäten ihre Informationen zusammenstellen (z. B. http:// www.uni-hamburg.de). Auch **Einzelpersonen** können auf ihren Homepages Portale einrichten (z. B. sammeln Donald Roos und Robert Jan van Noort Links zur Typographie und zu Schriften auf dem Portal www.typebase.com, auf dem auch Links zu anderen Typographie-Portalen zu finden sind). Portale enthalten oft (nicht immer) spezielle Suchmaschinen, die innerhalb der in den Portalen versammelten Dateien die Suche erleichtern, aber auch außerhalb davon die Suche organisieren können.

Suchmaschinen stellen nutzerorientiert Link-Listen für Textgruppen zusammen, die in der Regel stichwortbezogen aufgebaut sind. Sie verweisen auf die im Netz gefundenen Texte, wobei die dort aufgeführten Links direkt zu den Texten führen können. Diese Textgruppen sind wenig stabil, variieren von Suchmaschine zu Suchmaschine und erfassen selbst von den in den Netzen findbaren Texten nur einen Bruchteil. Es entsteht jedoch bei vielen Usern der Eindruck, als hätte ihnen die Suchmaschine bereits alle oder fast alle Texte, in denen der Suchbegriff vorkommt, vermittelt.

Diese zunächst rein nutzerorientierte Form der Gruppenbildung und die durch die Suchmaschinen geschaffene Erleichterung des Findens von gesuchten bzw. nur vermuteten Texten hat sich zu Beginn des 21. Jahrhunderts stark verändert. Firmen haben das Durchsuchen der Dateien kommerzialisiert und Suchmaschineneinträge kostenpflichtig gemacht. Solche Einträge werden dann in den Listen der Suchmaschinen weit vorn platziert, so dass User sie bevorzugt anklicken. Der ›Klick‹ der User auf diese Seiten stellen die Firmen (z. B. Overture und Lycos) den Unternehmen, die diese Einträge in Auftrag gegeben haben, in Rechnung. Angesichts der Unübersichtlichkeit der in den Netzen zugänglichen Dateien ist dies für diese offenbar sehr interessant, so dass der Umsatz von Lycos im Jahr 2002 bereits 668 Mio. Dollar betrug (Panovsky 2003).

Grundlegende Literatur

Bleicher, Joan Kristin (Hg.) 1996: Fernseh-Programme in Deutschland. Konzeptionen, Diskussionen, Kritik. Ein Reader. Opladen: Westdeutscher Verlag.
Distelmeyer, Jan 2003: Vom Licht des Ich zur Wiedergeburt der Geschichte. Entwurf einer kontextorientierten Werkanalyse am Beispiel von Oliver Stone. Diss. Hamburg.
Hallenberger, Gerd 2002: Fernsehformate und internationaler Formathandel. In: Hans Bredow Institut (Hg.): Internationales Jahrbuch Medien. Baden-Baden: Nomos, S. 130–138.
Hickethier, Knut 1991a: Die Fernsehserie und das Serielle des Fernsehens. Lüneburg: Universität.
Hickethier, Knut 1999: Genre oder Format? Veränderungen in den Fernsehprogrammformen der Unterhaltung und Fiktion. In: Gottberg, Joachim v./Lothar Mikos/Dieter Wiedemann (Hg.): Mattscheibe oder Bildschirm. Ästhetik des Fernsehens. Berlin: Vistas, S. 204–215.
Hickethier, Knut 2002: Genretheorie und Genreanalyse. In: Felix, Jürgen (Hg.): Moderne Film Theorie. Mainz: Bender, S. 62–103.
Leonhard, Joachim Felix (Hg.) 1997: Programmgeschichte des Hörfunks in der Weimarer Republik. 2 Bde. München: dtv.

Paech, Joachim 1990: Das ›Programm der Moderne‹ und dessen postmoderne Auflösungen: Vom Werk zum Text zu Multimedia. In: Ders./Andreas Schreitmüller/Alfred Ziemer (Hg.): Strukturwandel medialer Programme. Vom Fernsehen zu Multimedia. Konstanz: UVK, S. 13–30.

Prüfig, Katrin 1999: Formatradio – ein Erfolgskonzept? Ursprung und Umsetzung am Beispiel von Radio FFH. Berlin: Vistas.

Weitere zitierte Literatur

Astruc, Alexandre 1964: Die Geburt der neuen Avantgarde: die Kamera als Federhalter. In: Kotulla, Theodor (Hg.): Der Film. Manifeste, Gespräche, Dokumente. Bd. 2: 1945 bis heute. München: Piper, S. 111–115.

Berry, Sarah 1999: Genre. In: Miller, Toby/Robert Stam (Hg.): The Blackwell Companion to Film Theory. Malden, Mass.: Blackwell, S. 25–44.

Bleicher, Joan Kristin (Hg.) 1997: Programmprofile kommerzieller Anbieter. Opladen: Westdeutscher Verlag.

Davis, Sam 2000: Quotenfieber. Das Geheimnis erfolgreicher TV-Movies. Bergisch-Gladbach: Bastei/Lübbe.

Eckert, Gerhart 1953: Die Kunst des Fernsehens. Emsdetten: Lechte.

Eder, Jens (Hg.) 2002: Oberflächenrausch. Postmoderne und Postklassik im Kino der 90er Jahre. Münster: Lit.

Faulstich, Werner 1988: Die biographische Filminterpretation. In: Ders.: Die Filminterpretation. Göttingen: Vandenhoeck & Ruprecht, S. 30–44.

Felix, Jürgen 2002: Autorenkino. In: Ders. (Hg.): Moderne Film Theorie (filmstudien Nr. 3). Mainz: Bender, S. 13–61.

Godard, Jean-Luc 1981: Einführung in eine wahre Geschichte des Kinos. München: Hanser.

Hickethier, Knut 1991b: Aspekte der Programmtheorie des Fernsehens. In: Communications 16. Jg. (1991), H. 3, S. 329–347.

Hickethier, Knut 1993: Dispositiv Fernsehen, Programm und Programmstrukturen. In: Ders. (Hg.): Institution, Technik und Programm. Rahmenaspekte der Programmgeschichte des Fernsehens (Geschichte des deutschen Fernsehens, Bd. 1). München: Fink, S. 171–243.

Hickethier, Knut 2000a: Rundfunkprogramme in Deutschland. In: Hans-Bredow-Institut (Hg.): Jahrbuch Rundfunk und Fernsehen 2000/2001. Baden-Baden: Nomos, S. 208–222.

Hickethier, Knut 2000b: Fernsehfilm? TV-Movie? Reality Soap? Gibt es noch eine Dramaturgie des deutschen Fernsehfilms. In: Dramaturg. Nachrichten der Dramaturgischen Gesellschaft 2 (2000), S. 4–21.

Hickethier, Knut ³2001: Film- und Fernsehanalyse. Stuttgart/Weimar: Metzler.

Hickethier, Knut/Joan K. Bleicher (Hg.) 1997: Trailer, Teaser, Appetizer. Zu Ästhetik und Design der Programmverbindungen im Fernsehen. Hamburg: Lit.

Kracauer, Siegfried 1973: Theorie des Films (Siegfried Kracauer Schriften Bd. 3). Frankfurt a. M.: Suhrkamp.

Lindner, Rolf 1990: Die Entdeckung der Stadtkultur. Soziologie als Erfahrung der Reportage. Frankfurt a. M.: Campus.

Panovsky, Georg 2003: Gute Geschäfte mit bezahlten Sucheinträgen. Pressetext Deutschland. http://www.pressetext.de/pte.mc?pte=030207018

Ramirez, Alicia 2000: Schreiben für die Privaten. In: Syd Field u. a.: Drehbuchschreiben für Fernsehen und Film. München 2000, S. 174–183.

Zglinicki, Friedrich von 1956: Der Weg des Films. Die Geschichte der Kinematographie. Berlin: Rembrandt-Verlag.

10. Produktion und Rezeption

Medienprodukte werden hergestellt und gelesen, gesehen, wahrgenommen. ›Kommunikation‹ wird medienwissenschaftlich auf die technisch-apparativen Medien bezogen als ›Produktion und Rezeption‹ definiert (vgl. Kap. 3). Produktion und Rezeption sind **kulturelle Praktiken**, die in der Schaffung von Technologien und ihrer sozialen Organisierung eigenen Regeln folgen und damit einerseits kulturell definiert sind, andererseits selbst definieren. Der Begriff der kulturellen Praktiken wird im Kap. 13 weiter erläutert. Im Folgenden geht es darum, mediale Produktion und Rezeption als besondere mediale Vorgänge zu erörtern und ihre Formen exemplarisch an einzelnen Medien zu erläutern.

Medienproduktion setzt in aller Regel **mehrschichtige Produktionsprozesse** voraus: die Herstellung des medialen Speichers und des Distributionssystems, die ihrerseits wiederum in unterschiedlich vielen Produktionsprozessen einzelne Elemente der Technik herstellen. Die Herstellung des Massenmediums Buch z. B. setzt ein sehr präzise gearbeitetes System beweglicher Lettern voraus, deren Herstellung im 15. Jahrhundert eine weit entwickelte Technologie darstellte (vgl. Giesecke 1991), die Technik der Papierherstellung, präziser Druckverfahren, die Idee und das Verfahren des Buchbindens usf. Um Bücher herstellen zu können, bedurfte es skriptografischer Vorlagen, die in etablierten Schreibwerkstätten und von qualifizierten Schreibern (Autoren) hergestellt wurden. Schließlich gehört dazu auch ein etabliertes System des Vertriebs (des Buchhandels), dann auch sozialer Speichersysteme (der Bibliothek). Alle diese Bereiche bilden rasch arbeitsteilige Produktions- und Distributionsprozesse, spezialisierte Berufe und differenzierte Arbeitsverfahren heraus.

Die beim Buchdruck erstmals **technologisch hochstehend entwickelte Form der Produktion** findet sich in ähnlicher Weise auch bei den weiteren Massenmedien, insbesondere beim Film, Fernsehen und Radio. Der Film z. B. setzt die präzise Technologie der Filmkamera und des Filmprojektors voraus, der nach den ersten Anfängen rasch elektrifiziert wurde. Er erfordert ein auf die Optik der Kamera abgestimmtes optochemisches Filmband als Speicher der Kameraaufnahmen, dann auch Schneide- und Bearbeitungsgeräte usf. Die Herstellung der Filme führt zum Bau spezifischer Produktionsräume (Ateliers), einer speziellen Beleuchtungstechnik, spezifischer Tonaufnahmesysteme usf. Zahlreiche, z. T. sehr spezielle Qualifikationen bilden sich dann in der produktionstechnischen wie inhaltlichen Organisation der Herstellung heraus.

Arbeitsteilige Produktion ist Kennzeichen der Medien, die große Produktmengen immer wieder neu erstellen und verbreiten. In der medienwissenschaftlichen Diskussion wird die Herstellung der medialen Apparaturen (z. B. der Aufnahme- und Speichersysteme, der Distributionstechniken und der Wiedergabegeräte) wenig beachtet. Aber auch in der Herstellung der Produkte selbst ist die Arbeitsteiligkeit ein determinierendes Prinzip.

Neben der arbeitsteiligen Herstellung von Medienangeboten im Rahmen medienindustrieller Fertigungsprozesse existieren auch ›**ganzheitlich**‹ **gedachte Produktionsweisen**, wobei jedoch die Herstellung der Produktionsapparaturen davon ausgenommen ist. Beim Film sind z. B. die Laienproduktion (z. B. der Amateurfilm) oder die semiprofessionelle bzw. professionelle Autorenproduktion ohne großen ›Apparat‹, mit geringen Mitteln und in Aufhebung der Arbeitsteilung betrieben worden. Auch hier werden allenfalls einige Funktionen von einem Einzigen in Personalunion miteinander verbunden, längst jedoch nicht alle. Die meisten Filme benötigen mehrere Darsteller, in der Herstellung mehrere Mitarbeiter, für den Vertrieb werden wiederum andere Spezialisten benötigt.

Das Konzept einer ganzheitlich gedachten Produktionsweise ist deshalb vor allem **ein ästhetisches Programm**, um neue Darstellungsstile, Erzählweisen, Bildgestaltungen und Inhalte durchzusetzen. Neben dem Konzept der dänischen *Dogma*-Gruppe um Lars von Trier in den 1990er Jahren kann als das prominenteste Konzept das des Autorenfilms, wie es in den 1950er Jahren in Frankreich entwickelt wurde, gelten. Mit der Kamera in der Hand wie mit einer Feder schreiben zu können (Astruc 1948), ist eine Vision, die zu zahlreichen ästhetischen Innovationen (z. B. zum ›Autorenfilm‹) geführt hat. Die Vereinigung verschiedener – vor allem der zentralen künstlerischen – Produktionstätigkeiten in einer Hand (etwa bei den Regisseuren der französischen *Nouvelle vague* oder des deutschen Autorenfilms der 1960er und 1970er Jahre) konzentrierte sich deshalb immer nur auf wenige Arbeitsfelder. Das Prinzip der Arbeitsteilung bei den medienindustriellen Produktionsformen wurde davon nicht grundsätzlich angetastet.

Zwischen medialer Produktion und Rezeption besteht ein **strukturelles Ungleichgewicht**. Der stark arbeitsteilig organisierten Herstellung von medialen Produkten mit einem hohen Personal- und Kapitaleinsatz auf der einen Seite steht auf der anderen Seite eine individualisierte Rezeption von Medienprodukten durch die Zuschauer, Hörer und Leser gegenüber. Aus der Perspektive der Mediennutzer ist diese Rezeption jeweils ganz individuell. Um sie zu einer berechenbaren Größe innerhalb der Medienproduktion werden zu lassen, muss die Rezeption selbst ›aufbereitet‹ werden, d. h. in für Produktion und Distribution verwertbare ›Daten‹ überführt werden.

10.1 Medienproduktion

Die technisch-apparativen Medien Film, Fernsehen, Radio zeichnen sich durch einen periodischen bzw. kontinuierlichen Programmbetrieb mit einem hohen Bedarf an jeweils neuen Produktionen aus. Von einer Präsentation wöchentlich neuer Filme im Kino ausgehend, erweitern Radio und Fernsehen die Präsentation von Angeboten zu einem Programmbetrieb mit täglich neuen Angeboten (was die erneute Sendung älterer Produktionen miteinschließt). Das Internet hält permanent Angebote bereit, die der Nutzer abrufen kann. Diese werden zumindest in

Abständen aktualisiert, was einen einsatzbereiten Produktionsbetrieb erforderlich macht. Das fortlaufend neue Angebot an Medienproduktionen muss also hergestellt werden. Diese Herstellung erfolgt zu großen Teilen in gesonderten Produktionsbetrieben. Produktion und Distribution stellen sich damit als zumeist unterschiedliche mediale Praxisbereiche dar.

10.1.1 Die Ökonomie der Medienunternehmen

Medienproduktion ist ein Teil der Wirtschaft, sie stellt Medienangebote als Produkte (die als Waren, Dienstleistungen und besondere Güter gelten können) her, die sich durch ihren besonderen Charakter als Kulturgut auszeichnen (Altmeppen 1996). Als eine spezielle Ökonomie wird sie durch einen politischen Rahmen (Medienpolitik, Mediengesetze und Medienrechtsprechung) determiniert (Jarren 1999). Diese Rahmungen sind in der Bundesrepublik Deutschland unterschiedlich gestaltet, eine einheitlich strukturierte Medienökonomie gibt es deshalb nicht. Buchgewerbe, Presse und Film sind privatrechtlich organisiert, Teile der Filmproduktion werden staatlich subventioniert (Filmförderung). Radio und Fernsehen sind im Bereich der Distribution (der Sender) sowohl öffentlich-rechtlich (ARD, ZDF), staatlich (Deutsche Welle) als auch privatrechtlich (RTL, SAT.1 u. a.) organisiert.

Die unterschiedliche organisatorische Verfasstheit hat **historische Ursachen**. Die zunächst als Speichermedien konfigurierten Medien wie das Buch, die Zeitung, der Film (aber auch das Grammofon) sind in der Regel privatrechtlich organisiert. Die als Distributionsmedien implementierten Medien wie Radio und Fernsehen wurden zumeist als staatliche oder öffentlich-rechtliche Medien aufgebaut. Bei ihnen führte die anfangs geringe Zahl vorhandener Kanäle bzw. Frequenzen und die große Reichweite der Medien sowie die Angst staatlicher Instanzen vor der Macht der Medien zu einer stärkeren gesellschaftlichen Kontrolle der Verbreitungsform. Mit der Funktionsakkumulation der Medien zu Massenmedien (vgl. Kap. 3) haben sich die Organisationsformen unter historisch unterschiedlichen Konstellationen vermischt und wurden immer wieder neu formuliert.

Produktion und Distribution sind bei den einzelnen Medien unterschiedlich eng miteinander verkoppelt. Sind beim Buch Produktion und Vertrieb zumeist getrennt, bilden sie bei der Presse in der Regel eine Einheit. Beim Film treten Produktion und Vertrieb (bzw. Verleih) früh auseinander. Bei Radio und Fernsehen waren Produktion und Distribution anfangs als Einheit gedacht worden (in der Praxis wurden aber immer auch auf der Schallplatte oder als Film gespeicherte Produkte anderer Hersteller eingesetzt), sie fallen heute jedoch immer stärker auseinander: Sendeunternehmen treten sowohl als Produzenten als auch als Aufkäufer von Sendungen auf, die von ihnen unabhängige Produzenten hergestellt haben. Eingebürgert hat sich, dass das Sendeunternehmen die tagesaktuelle Berichterstattung im Eigenbetrieb ›fährt‹, die Herstellung von fiktionalen, unterhaltenden und anderen nicht-aktuellen Programmformen zunehmend an andere Produzenten auslagert (Outsourcing).

Mit der Ausweitung des Programms auf einen 24-Stunden-Umfang und dem Aufbau von mehreren Programmen nebeneinander können die Sender nicht mehr den Programmbedarf allein decken, so dass neben der **Eigenproduktion** als weitere Formen die **Auftragsproduktion** (eine Produktionsfirma stellt für einen Festpreis eine Produktion her), die **Koproduktion** (die Produktionsfirma beteiligt sich an den Kosten und erhält dafür Rechte an der Produktion) und schließlich die unabhängig vom Sender produzierte und in Lizenz für einige Ausstrahlungen erworbene **Kaufproduktion** stehen.

Bei der Herstellung sind Fernsehen und Film seit den 1960er Jahren in Deutschland eine enge Verbindung eingegangen, so dass heute von einer **Film- und Fernsehwirtschaft** gesprochen wird. Seit den 1980er Jahren ist daneben mit der Ausbreitung des Computers und der Ausweitung der digitalen Netze eine eigenständigen **Telematik-Wirtschaft** entstanden, die inzwischen auch als ›Times‹-Markt (Telekommunikation, Informationstechnologien, Medien, Entertainment, Sicherheit) bezeichnet wird.

Die unterschiedliche Verfasstheit der Medien (öffentlich-rechtlich vs. privatrechtlich) steht im engen Zusammenhang mit der **Finanzierung**. Für jede Medienproduktion gilt, dass zwischen Ausgaben (Produktions- und Vertriebskosten) und Einnahmen eine Balance bestehen muss. Da sich Medien mit ihren Angeboten in der Regel nicht allein über die von den Mediennutzern kommenden Entgelte refinanzieren können, werden weitere Finanzierungsquellen gesucht. Die Einnahmen stammen deshalb aus unterschiedlichen Quellen (Verkaufserlöse, Lizenzhandel, Gebühren, Subventionen). Prototypisch ist hier der Zeitungs- und Zeitschriftenbereich zu sehen, bei dem von einem ›**doppelten Markt**‹ gesprochen wird: Zeitungen und Zeitschriften werden einerseits an die Leser verkauft, andererseits werden Seiten der Printprodukte an die Werbung und die werbetreibende Wirtschaft verkauft, die wiederum daran interessiert sind, über diese Produkte die Leser zu erreichen. Dies gilt heute auch für das privatrechtliche Fernsehen und in begrenzten Programmbereichen (Vorabendprogramme und Werbefernsehen) der öffentlich-rechtlichen Sender.

Betriebswirtschaftlich lassen sich **unterschiedliche Märkte** bestimmen, auf denen die Medienunternehmen agieren, und hier lassen sich auch jeweils ganz unterschiedliche Positionen eines Unternehmens ausmachen:

1. **Beschaffungsmärkte**: Medienunternehmen müssen Mitarbeiter (Autoren, Regisseure, Darsteller, Redakteure, Techniker usf.) gewinnen und mit ihnen Ideen, Stoffe, Drehbücher, Regiekonzepte, darstellerische Leistungen etc. Sie müssen die für die Produktion notwendigen technischen Apparaturen und Materialien (z. B. Rohfilm) beschaffen. Sie müssen aber auf dem Programmmarkt auch fertige Sendungen einkaufen usf.
2. **Finanzierungsmärkte**: Medienunternehmen müssen für die Produktion Finanzmittel beschaffen, wenn sie nicht über einen genügend großen Bestand an Eigen-

kapital verfügen, was bei den wenigsten Unternehmen der Medienbranche der Fall ist. Zu diesen Finanzierungsmärkten gehören nicht nur Bankkredite, sondern auch Medienfonds, staatliche Subventionen und Förderungen. Als ›geldwerte‹ Leistungen zählen dazu auch Bereitstellungen von Produktionsmitteln im weitesten Sinne durch andere Unternehmen (im Rahmen von Product Placing, Sponsoring etc.).

3. **Absatzmärkte:** Medienunternehmen müssen ihre Adressaten (Leser, Hörer, Zuschauer, Nutzer) erreichen, ihre Werbekunden ansprechen, wobei diese Absatzmärkte nicht nur national, sondern auch international existent sind.

Auf diesen Märkten agieren nicht nur die privatrechtlichen Firmen, sondern auch die öffentlich-rechtlichen Unternehmen: Auf den Absatzmärkten konkurrieren sie um die Zuschauer und in unterschiedlicher Weise um die Werbekunden, auf den Beschaffungsmärkten um Mitarbeiter, bei Material und Produkten stehen sie ebenfalls in Konkurrenz zueinander. Bei der Finanzierung haben die öffentlich-rechtlichen Unternehmen zwar durch ihre Gebührenfinanzierung eine Sonderstellung, diese schränkt jedoch auch ihre Handlungsfreiheit auf den Absatzmärkten (Begrenzung der Werbezeiten) und auf den Beschaffungsmärkten (sie können z. B. für Sportübertragungen nicht jeden Preis bezahlen) ein (vgl. Altmeppen 1996).

Entscheidend für die **Marktmacht** der Medienunternehmen sind Größe und wirtschaftliche Potenz (vgl. exemplarisch Kap. 14). Die ökonomischen Rahmenbedingungen beeinflussen Inhalt und Gestaltung der Produktionen bis in viele Details, auch wenn Förderungen, Subventionen oder auch die Gebührenfinanzierung von Medienproduktionen eine allzu strikte kommerzielle Orientierung einschränken können.

10.1.2 Ablauf der Produktion

Medienproduktion vollzieht sich in weitgehend **standardisierten Abläufen**. Diese Standardisierung hat vor allem zwei Ursachen: Sie soll die Qualität des Produkts sichern, die Fertigstellung innerhalb eines begrenzten Zeitraums ermöglichen und die Herstellungskosten gering halten und kalkulierbar machen. Standardisierungen sind deshalb mit der Überführung einer eher improvisierenden Produktionsweise, wie sie zumeist in den Anfangszeiten eines jeden Mediums anzutreffen ist, in eine routinierte, d. h. zumeist mehrfach durchgeplante und vorstrukturierte Produktion verbunden. Diese vorgeplante Produktionsweise wird häufig als ›professionell‹ bezeichnet. In der historischen Entwicklung eines Mediums werden jeweils unterschiedliche Formen der Produktion als ›professionell‹ bezeichnet, die Profession ist von den technischen Bedingungen und organisatorischen Ausdifferenzierungen des Mediums abhängig (vgl. Hickethier 2002).

Am Beispiel des Spielfilms und des TV-Spielfilms sollen diese standardisierten Ablaufstrukturen veranschaulicht werden (vgl. Karstens/Schütte 1999, Geißendörfer/Leschinsky 2002). Über die Filmproduktion gibt es die meisten Produktionsdarstellungen, weil sich mit dem Filmemachen selbst offenbar ein besonderer Reiz verbindet (vgl. auch Manthey 2000). Die hier beschriebenen Abläufe finden sich in modifizierter Form auch in anderen industrialisierten Medienproduktionsweisen.

10.1.3 Wie entsteht ein Film?

In einem der ersten Bücher über den Film schildert der Regisseur Urban Gad 1921 die einzelnen Produktionsetappen des Films (Gad 1921). Der Ablauf der Filmproduktion hat sich seither nicht wesentlich verändert. Ausgangspunkt ist das **Manuskript** eines Drehbuchautors. Es legt die Handlung fest (Gad nennt Exposition, Haupthandlung, Peripetie, Katastrophe, Schlussszene), weiterhin sind Rollen und Szenerien angegeben. Die ›**Filmfabrik**‹ bildet dann mit Atelier, den Werkstätten, der Technik etc. die organisatorische Einheit, in die das Drehbuch als ›Vorlage‹ für den Film eingebracht wird. Der **Regisseur** entwickelt aus dem Drehbuch den Drehplan, Kulissen werden hergestellt, Außenaufnahmen festgelegt. **Schauspieler** proben mit dem Regisseur ihre Darstellung, schließlich wird die Szene mit der Kamera aufgenommen. Am Schluss werden die Aufnahmen **montiert und geschnitten**, der Film wird mit **Titel und Vorspann** in eine fertige Form gebracht. Schließlich wird der gesamte Film in einem Kino einer »würdigen **Vorführung**« zugeführt.

Schon Anfang der 1920er Jahre ist die **Filmproduktion hochgradig arbeitsteilig**, mit dem Autor, dem Regisseur, dem Kameramann, den Beleuchtern und Technikern in den Ateliers, den Cuttern am Schneidetisch und nicht zuletzt den Produzenten sind Spezialisten mit ihren jeweils besonderen Fähigkeiten am Werk. Arbeitsteilige Produktion ist zu planen, da die Experten zur rechten Zeit vor Ort und einsatzbereit sein müssen. Die einzelnen Schritte der Produktion müssen deshalb vorab genau festgelegt werden. Mit der Arbeitsteilung haben sich Spezialisten für einzelne Produktionsschritte herausgebildet, zahlreiche, sich immer weiter differenzierende **Berufsbilder** sind entstanden (vgl. Geißendörfer/Leschinsky 2002, S. 6 ff.). Daneben gibt es weiterhin Mitarbeiter, die als so genannte ›Allrounder‹ meist vielfältige Querschnittsaufgaben erfüllen müssen.

Filmproduktion gliedert sich heute im Wesentlichen in **drei Phasen**, wobei diese Phasen nicht immer trennscharf voneinander abgegrenzt sind:

* Stoffentwicklung,
* Projektentwicklung und
* Produktion.

Zur **Stoffentwicklung** gehören alle Phasen von der ersten Idee über das Exposé, zum Treatment bis zum Drehbuch, wobei jeweils mehrere Fassungen von unterschiedlichen Ideengebern, Dramaturgen und Autoren erstellt werden können. Erst wenn eine erste Drehbuchfassung von einem Produzenten bzw. weiterhin auch von einem geldgebenden Verleih oder Fernsehsender akzeptiert wurde (vgl. Kauschke/Klugius 2000), geht es in die weitere **Projektentwicklung** mit der genauen Kalkulation des Projekts, der Auswahl des Regisseurs, der Besetzung der

Hauptrollen und der Wahl der Drehorte (›Motive‹). Die genaue Kostenkalkulation führt schließlich zur **Produktion** (Heid 2002).

Diese setzt sich aus drei einzelnen Phasen zusammen:

- Produktionsvorbereitung (Preproduction),
- Dreharbeiten (Production) und
- Endfertigung (Postproduction).

Die **Produktionsvorbereitungen** bestehen aus der Zusammensetzung des künstlerischen und technischen Stabes, zu dem neben dem Regisseur auch der Produktionsleiter, die erste und zweite Aufnahmeleitung, das Produktionssekretariat, die Filmgeschäftsführung, Regieassistenz, der Kameramann und die Kameraassistenz, Tonmeister und Tonassistenz, Script/Continuity, Cutter und Cutterassistenz, Spezialisten für die Szenografie (Filmarchitektur), Außen- und Innenrequisite, Kostüm, Garderobe, Maske, Beleuchtung und Bühne, Casting und zahlreiche andere Funktionen (u. a. die Produktionsfahrer) gehören. Vom Zusammenspiel dieser einzelnen Funktionen hängt das Gelingen eines Films wesentlich ab.

Wenn die organisatorischen Vorbereitungen abgeschlossen sind, wird für die **Dreharbeiten** ein Herstellungsplan erarbeitet (das gesamtplanerische Handeln wird mit Daten des Ablaufs versehen). Aus dem Drehbuch wird ein Drehbuchauszug erstellt, der die Grundlage für die logistische Planung darstellt und für jede Szene ein Auszugsblatt enthält. Diese werden nach ihrer Rückbindung in die Kostenplanung wiederum nach Motiven, Schauspielern und anderen Anforderungen geordnet und daraus wird ein Drehablauf (Drehplan) erstellt, in dem auch die einzelnen Tagesleistungen festgelegt werden. Der Ablauf der Dreharbeiten wird in einzelnen Tagesdispositionen fixiert und in den Tagesberichten kontrolliert, das Controlling überprüft die Einhaltung der Kosten. Versicherungen sind in der Regel vorher abgeschlossen, Drehgenehmigungen (bei Außenaufnahmen) bereits eingeholt worden. Die Aufnahmen des Tages werden in der Regel umgehend zum Kopierwerk gebracht, so dass am nächsten Tag auch Aufnahmen (Muster) per Augenschein kontrolliert und gegebenenfalls Szenen noch einmal nachgedreht werden können.

Die **Endfertigung** (*postproduction*) beginnt nach dem Ende der Dreharbeiten (vgl. Burder 1999). Der Cutter setzt (häufig unter Mitarbeit des Regisseurs und des Kameramanns) aus den – in der Regel nicht chronologisch – gedrehten Aufnahmen mit Hilfe des Drehbuchs eine Rohfassung des Films zusammen. Dabei wird in einem Rohschnitt (*roughcut*) der Film auf Ablauffehler hin korrigiert, werden Tempo, Timing und dramaturgischer Ablauf geprüft und in einem Feinschnitt schließlich gemeinsam mit dem Regisseur dessen Fassung (*directors cut*) hergestellt. Diese kann dann vom Produzenten, Verleih oder Fernsehsender noch verändert werden. Nach dem Feinschnitt wird eine Tonfassung mit Sprechern, Filmmusik und Geräuschen hergestellt (vgl. Dosch 2002), für die gegebenenfalls Texte nachsynchronisiert werden. Parallel dazu wird eine Bildendfertigung im Kopierwerk (Farbkorrekturen, Tricks, Blenden, Titelsequenzen) hergestellt. Zunehmend geht man in der Endfertigung zu digitalen Bearbeitungen über (vgl. Maas 2002).

Der hier idealtypisch beschriebene Ablauf gilt für die Spielfilmproduktion und in reduzierter Form für **dokumentarische Filme**. Die **tagesaktuelle Form der Berichterstattung** folgt anderen Regeln der Produktion, weil hier die Produktionsvorbereitung aufgrund bestehender Netze und ständig abrufbereiter Aufnahmeeinheiten etc. einerseits kürzer, andererseits (bei Großveranstaltungen) langfristiger dauert. Der Einsatz elektronischer Kameras erübrigt den Zwischenschritt über das Kopierwerk und führt zu einer elektronischen Endfassung, wenn nicht die Aufnahme live über den Sender geht.

10.1.4 Strukturelle Aspekte der Produktion

Die einfache Beschreibung des Ablaufs einer Produktion hat bereits deutlich gemacht, wie sehr der Ablauf von der Ökonomie determiniert wird. Dem **Drehbuch** kommt bei der Medienproduktion in Film, Fernsehen (und eingeschränkt auch beim Radio) eine besondere Rolle zu, weil sich mit ihm das Endprodukt planen und berechnen lässt. Filme werden gelegentlich jedoch auch ohne Drehbuch gedreht und entstehen spontan in einem gemeinsamen Arbeitsprozess der Beteiligten (Rainer W. Fassbinder drehte z. B. einige Filme ohne Drehbuch). Das Drehbuch stellt für die Mehrheit aller Fälle eine Art ›Masterplan‹ dar, aus dem der Drehplan entwickelt wird. Das Drehbuch und die daraus resultierenden Planungen helfen, die Risiken der Produktion zu reduzieren.

Die Produktion der einzelnen Sequenzen orientiert sich in der Regel nicht an der im fertigen Film vorgesehenen Reihenfolge, sondern wird von den ökonomischen Notwendigkeiten der Filmproduktion bestimmt. Tritt z. B. ein Darsteller in der ersten und letzten Sequenz im Film auf, werden die Dreharbeiten so organisiert, dass er nicht während der gesamten Drehzeit anwesend ist, sondern die Sequenzen, in denen er eingesetzt wird, werden unmittelbar nacheinander gedreht. Damit werden die Kosten für den Darsteller gering gehalten. Auf diese Weise ergibt sich eine **diskontinuierliche Produktionsweise**, die wiederum eine genaue Kontrolle über die Aufnahmen erfordert, damit es in der Montage des Films nicht zu Anschlussfehlern kommt. Das Beispiel zeigt, dass die ökonomischen Rahmenbedingungen der Herstellung eine eigene Produktionslogik erzeugen.

In der Filmproduktion gehen die stark schematisierten Ablaufstrukturen und die gleichwohl von vielen Unwägbarkeiten, Pannen, Irrtümern, Improvisationen und kurzfristigen Änderungen geprägten ›intuitiven‹ Entscheidungen (»Das macht man so!«) eine enge Verbindung ein, die die Filmherstellung für viele Beteiligte immer wieder als ereignis- und erlebnisreich erscheinen lassen.

Beschreibt man heute die Filmherstellung, so lassen sich die einzelnen Produktionsstufen auch in **vier großen Phasen** zusammenfassen (nach Iljine/Keil 1997, S. 185 ff.):

1. **Der kreative Prozess**: Stofffindung, Stoffentwicklung, Schaffung eines ersten Exposés (3–5 Seiten) mit Handlungsgerüst und Skizze der Figuren, so dass die Grundidee sichtbar wird; das Treatment mit einer ausführlichen Darstellung

der Story, der Handlungsorte und Figuren (30–60 Seiten) und dem Drehbuch (120–150 Seiten), für das in der Regel mehrere Fassungen hergestellt werden, bis gedreht werden kann (zum Drehbuch vgl. Field u. a. 2000, Schütte 1999, Kasten 1990).

2. **Der strategische Prozess**: Packaging und Finanzierung. Liegt das Drehbuch vor, wird ein Regisseur gesucht, muss eine Besetzung der Rollen gefunden werden, werden bei notwendigen Außenaufnahmen die Drehorte ermittelt und die Ateliers gebucht. Mit einem Gesamtpaket werden mögliche Filmverleihe oder Fernsehsender gesucht, ein mögliches Zielpublikum anvisiert und die Finanzen beschafft. Diese Phase kann sich über einen längeren Zeitraum hinziehen, wenn z. B. für einen Film verschiedene Institutionen Fördergelder in die Produktion geben sollen und sich deshalb der Produzent oder Regisseur oft monatelang um die Finanzierung bemühen muss (zur Finanzierung vgl. auch Clevé 1998).

3. **Der operative Prozess**: Vorbereitung der Dreharbeiten, die Dreharbeiten selbst und die Endfertigung, die natürlich auch in starkem Maße kreative Elemente enthalten, aber doch im Wesentlichen durch das Drehbuch determiniert sind (zur Regie vgl. Travis 1999).

4. **Der Verwertungsprozess**: Marketing, Promotion und Werbung, Verleih bzw. im Fernsehen die Ausstrahlung (zum Marketing vgl. Auer 2000).

Der medienindustrielle Fertigungsprozess verschwindet hinter dem Produkt, das sich in seiner Endgestalt dem Betrachter zumeist als eine selbstverständliche Abfolge von Bildern und Sequenzen, Handlungen und Dialogen präsentiert. Der Fertigungsprozess ist im Film als ein solcher nicht mehr sichtbar.

10.1.5 Ablauf von der fertigen Produktion zur Sendung

Neben der Produktion steht die **Distribution von Medienangeboten**. Sie soll hier am Beispiel des privatrechtlichen Fernsehens angesprochen werden. In dem Maße, wie Medienprodukte für die Sendung (Präsentation des Programms) nicht mehr direkt hergestellt, sondern vorproduziert (und als gespeicherte Produkte jederzeit einsetzbar sind) bzw. international als vorproduzierte Produktionen eingekauft werden, kommt der Auswahl, Zusammenstellung und Präsentation von Programmen besondere Bedeutung zu.

Auch der Weg von der fertigen Produktion zur Ausstrahlung in einem Fernsehprogramm ist bei den großen Sendeunternehmen inzwischen weitgehend standardisiert. Grundlage bildet eine umfangreiche **Programmplanung** mit einem ausgearbeiteten Programmkonzept, in dem die Zielgruppen anvisiert und die Strategien des Programms festgelegt werden. Die Programmplanung ist das Herzstück des Sendeunternehmens. Sie richtet die eigene Programmgestaltung auf möglichst hohe Zuschauerzahlen in anvisierten Zuschauersegmenten aus und organisiert das Programm in seinen Details. Bei aktuellem Bedarf wird das festgelegte Pogrammschema verändert (vgl. Kap. 9.3). Ziel ist es, das Publikum ›bei der Stange‹ zu halten, anders formuliert: mit möglichst allen zur Verfügung stehenden Mitteln einen *audience flow* zu erzeugen (Szezinski 2002).

Steht fest, welche einzelnen Sendungen für einen Tag vorgesehen sind, fügt die Redaktion ›Langablaufplanung‹ (Bröckerhoff 2002) die redaktionellen Sendungen mit den Werbespots und den Trailern für die eigenen Sendungen und sonstigen Elementen der Programmpräsentation zu einem **Programmfluss** zusammen. Dazu erstellt sie einen genauen Plan über festgelegte Sendetermine, die von der Programmplanung vorgesehenen, in der Regel bereits vorproduzierten Sendungen, die gebuchten Werbezeiten und lässt die Produktionsbänder auf Dauer, technische Qualität etc. überprüfen. Nach dem fertig gestellten Langablauf ordnet die Motivdisposition entsprechend dem Werbeplan der gebuchten Werbung die einzelnen Motive (Copy Assignment) den im Schema festgelegten Werbeblöcken zu, während die **On-Air-Promotionsplanung** mit der Produktion der Trailer für das eigene Programm beginnt, da die Ankündigung weiterer Sendungen innerhalb des Programms zu den wichtigsten Präsentationsformen des Senders gehört. In der Sendeablaufplanung (Kurzablaufplanung) werden die einzelnen Bestandteile »frame-genau« (in Schritten von $1/25$ Sekunden) abgestimmt. Dabei werden auch die Design-Elemente des Programms wirkungsvoll platziert.

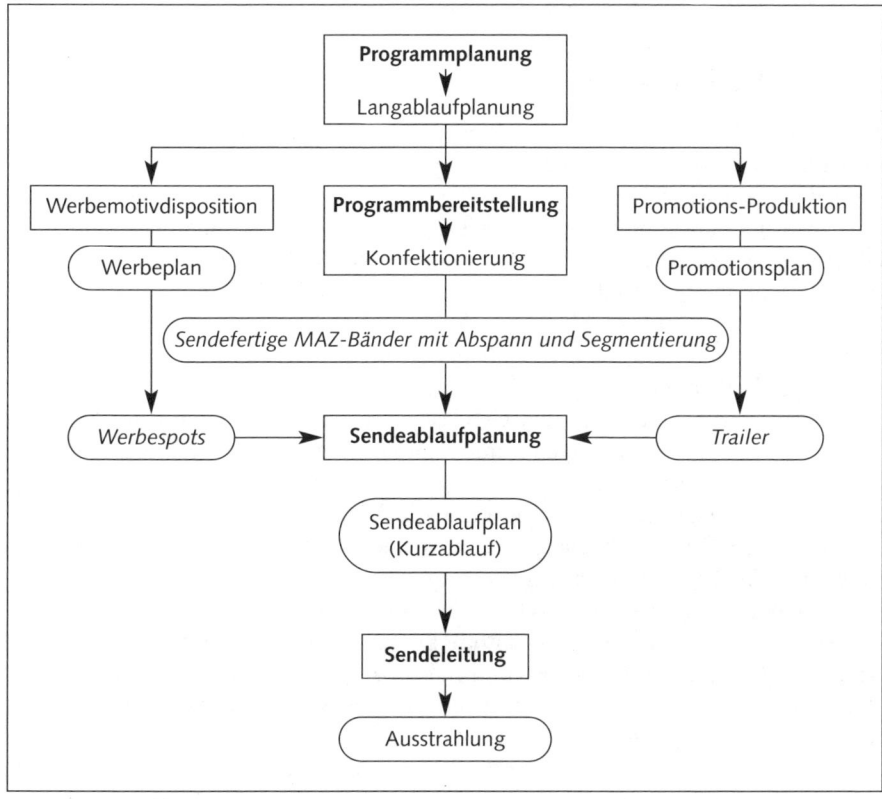

Sendeablaufplanung (Bröckerhoff/Hickethier nach Karstens/Schütte 1999, S. 380 ff.)

Die knappe Skizze zeigt, welch ein Aufwand nicht nur für die Produktion, sondern auch für die Präsentation von Medienangeboten betrieben wird. Ursache dafür ist nicht nur die Konkurrenz der Sendeunternehmen um die Aufmerksamkeit der Zuschauer, die zu einer derartigen Perfektionierung führt, sondern auch das Bemühen, einen genau aufeinander abgestimmten Programmfluss zu erzeugen. Dieser soll keine ›Lücken‹ aufweisen und durch ein ›nahtloses‹ Aneinanderfügen der verschiedenen Angebote ein intensiv verdichtetes Ganzes entstehen lassen (zum Programmfluss Hickethier/Bleicher 1997).

Die Perfektion des Programmablaufs lässt die Konstruktion, das ›Gemachte‹ von Programm und Sendungen in den Hintergrund treten, der Schein einer ›eigenen Fernsehwelt‹ soll sich für den Zuschauer ›zwanglos‹ ergeben. Es sind nicht mehr einzelne Kommunikatoren, die durch ihre Sendungen den Zuschauer ansprechen, hier spricht das Sendeunternehmen mit seinem gesamten Programm als eine Art idealer ›Gesamtkommunikator‹, oder anders ausgedrückt: Es etabliert sich dadurch nicht zuletzt eine kulturelle Praxis, das Angebotene weniger als eine intentionale ›Rede‹ zu verstehen als vielmehr eine eigene Welt der Emotionen, Stimmungen und Haltungen zu erzeugen, in die der Zuschauer ›eintauchen‹ und die er zu seiner eigenen werden lassen kann.

10.2   Medienrezeption

Medienrezeption ist, verglichen mit Produktion und Distribution, in **geringem Maße gesellschaftlich institutionalisiert**. Medien werden vor allem individuell und in kleinen Gemeinschaften (z. B. der Familie oder zusammen mit Freunden) genutzt. Eine Institutionalisierung der Medienrezeption erfolgt im Wesentlichen auf indirektem Wege über eine Internalisierung und Habitualisierung von Rezeptionspraktiken (Gewohnheiten, Routinisierungen und Ritualen) bei den Individuen.

Für die Planung von Medienproduktion und -distribution stellen Zuschauer, Hörer und Leser als Nutzer von Medienangeboten einen **Faktor der Unsicherheit und der Unberechenbarkeit** dar. Da Medienunternehmen in demokratischen und marktwirtschaftlich organisierten Gesellschaften davon abhängig sind, dass ihre Angebote vom Zuschauer ›angenommen‹ und genutzt werden (weil sonst die Werbeunternehmen keine Werbung ›schalten‹ und damit die Einnahmen ausbleiben bzw. die öffentliche Legitimation als gesellschaftlich finanziertes Medienunternehmen schwindet), sind sie begierig zu erfahren, wie und in welcher Weise die Adressaten ihrer Angebote diese tatsächlich nutzen.

Ist bei Presse und Kino das Rezeptionsinteresse noch relativ unaufwändig zu ermitteln, weil die Lektüre einer Zeitung ihren Kauf und die Filmbetrachtung im Kino den Erwerb einer Eintrittskarte voraussetzten, so ist dies bei den Funkmedien Radio und Fernsehen bedeutend schwieriger. Dies ist die Stunde der **Rezeptions- und Nutzungsforschung**.

Um etwas über die Medienrezeption zu erfahren, gibt es mehrere Möglichkeiten: Man kann als Forscher sein eigenes Nutzungsverhalten per **Introspektion** beobachten und verallgemeinern. Dies geschieht in vielen Fällen, vor allem wenn es um die Analyse ästhetischer Produktstrukturen geht, für die häufig ein idealisiertes Modell eines Rezipienten angenommen wird und daraufhin eine ›Rezeptionsästhetik‹, also eine Beschreibung der Produktstruktur in Hinblick auf ein mögliches Rezeptionsverhalten, entwickelt wird. Die eigene Rezeption zum Maßstab für die Beschreibung und Analyse der Mediennutzung anderer oder gar aller Rezipienten zu nehmen, ist jedoch falsch, zum einen weil damit von einem einheitlichen Rezeptionsverhalten ausgegangen wird, was nicht zutrifft, zum anderen weil der Medienforscher Medien von vornherein mit anderen Augen betrachtet als der ›normale‹ Mediennutzer (vgl. Mikos 1994). Auch die Beobachtung der Mediennutzung der Mitmenschen seiner engeren Umwelt ist für den Medienforscher wegen der mangelnden Repräsentativität der Beobachteten wenig aussagekräftig. Sinnvoller ist es deshalb, auf die repräsentative und methodisch abgesicherte Rezeptions- und Mediennutzungsforschung zurückzugreifen (vgl. Krotz 2003).

10.2.1 Grundannahmen der Rezeption

Die Rezeptionsforschung wird von zwei zentralen Grundannahmen geprägt: von der Auffassung eines passiven und eines aktiven Rezipienten. Die ältere Auffassung ist die **Wirkungshypothese**, die die Anfänge der Kommunikationsforschung im Zweiten Weltkrieg prägte. Die Medienangebote werden als *stimuli* für den Rezipienten verstanden und erzeugen bei diesem eine Wirkung, erzeugen einen *response*. Die Botschaft des Kommunikators bildet sich direkt in den Köpfen der Rezipienten ab und strukturiert deren Bewusstsein. Der Rezipient wird eher als ein passiv Ertragender gedacht. Empirische Untersuchungen ergaben jedoch, dass sich die Rezeption sehr viel komplexer gestaltet.

In den 1970er Jahren setzte sich in Deutschland eine andere Vorstellung durch, die den Rezipienten eher in einer aktiven Rolle sieht, insem er sich durch Auswahl und Präferenzen an der Wahl der Angebote, die er nutzt, beteiligt. Er ist den Kommunikationsangeboten nicht einfach nur ausgeliefert, sondern erwartet von diesen einen Nutzen für sich selbst, der ganz unterschiedlich ausfallen kann. Dieser ›**Nutzenansatz**‹ (*use-and-gratification-approach*) setzt voraus, dass der Rezipient auch wirklich zwischen den Angeboten wählen kann. Das aktive Moment dieses modernen Rezipienten ist auf unterschiedlichen Ebenen angesiedelt: Zum einen ist jede Rezeption als kognitive Tätigkeit selbst bereits eine aktive Leistung des Gehirns, jede Bedeutungsherstellung ist ein aktiver Prozess des Rezipienten, der in den grafischen Verteilungen eines Bilds eine Bedeutung sieht. Zum anderen bedeutet auch die Zuwendung zu einem Medium bereits ein Aktivum, selbst wenn der Rezipient noch so desinteressiert und müde ist. Hinzu kommt, dass Rezeption zumeist in einem interaktiven Feld mit anderen Menschen erfolgt. Nur weil uns das unbewegte Sitzen vor dem Fernsehapparat und im Kino zur Gewohnheit geworden ist, erscheint uns diese Haltung als passiv. In Wirklichkeit findet jedoch ein komplexer Wahrnehmungsprozess mit hoher eigener Beteiligung des Rezipienten statt.

10.2.2 Quantitative Rezeptionsforschung

Im Folgenden geht es weniger um die Darstellung der Ergebnisse der quantitativen Rezeptionsforschung, sondern um eine Skizze des Aufwandes, den die Medienindustrie betreibt, um tagesaktuelles Wissen über den Rezipienten und seine Mediennutzung zu erhalten. Am umfangreichsten ist die **Rezeptionsforschung beim Fernsehen**, weil es hier um das meiste Geld geht. Zuschauen wird hier zu einer medienindustriellen Größe und nur als solche interessiert sie die Fernsehunternehmen und die werbetreibende Wirtschaft. An der Art der Zuwendung zum Programm und an qualitativen Eigenschaften des Zuschauens sind diese weniger interessiert, ebenso wenig am individuellen Zuschauen. Entscheidend ist die Anzahl der Zuschauer, deshalb werden quantitative Methoden bevorzugt. Sie gehen vom Paradigma des Messens aus und haben stark operationalisierte Verfahren entwickelt (vgl. Daschmann 2003).

Die Reduktion der Rezeption auf quantitative Daten entspricht einem stark von der Werbung geprägten Interesse. Der Werbung kommt es vor allem darauf an, dass die Zuschauer mit den Werbebotschaften in Berührung kommen. Hinter einem solchen Verhalten steht eine einfache Wirkungsannahme: Je häufiger ein Rezipient mit einer Werbebotschaft in Kontakt tritt, so die allgemeine Annahme, umso mehr prägt sich dieser die Werbebotschaft ein. Kenntnis des Produkts und dessen positive Konnotation sind dann bei Kaufakten häufig entscheidend. Von Bedeutung am Rezeptionsverhalten sind also die **Einschaltquoten**, die in einem aufwendigen Verfahren gemessen werden.

Das **Messen des Zuschauerverhaltens** folgt den Regeln der Demoskopie und hat sich mit der Entwicklung des Fernsehens verfeinert. Die Zuschauerforschung ist deshalb zu einer eigenständigen Branche der Medienindustrie geworden. Seit 1950 gibt es die ersten Befragungen zum Fernsehen durch Programmzeitschriften (*Funk und Familie*), seit 1953 betrieb der NWDR in Hamburg regelmäßig Zuschauerbefragungen. Ab 1963 ermittelte Infratam das Zuschauerverhalten, ab 1975 übernahm das Institut für Teleskopie die Einschaltquotenmessung. Ab 1985 schlossen sich ARD, ZDF sowie SAT.1 und RTL zu einer Arbeitsgemeinschaft Fernsehforschung (AGF) zusammen, die die Gesellschaft für Konsumgüterforschung (GfK) in Nürnberg mit der Auswertung der Zuschauernutzung beauftragte. Die breite Trägerschaft sollte dem Verdacht einer möglichen Manipulation der Daten von vornherein entgegenwirken.

Für die Erhebung der Zuschauerdaten hat die GfK ein **repräsentativ ausgewähltes Panel** von 5.640 Haushalten (im Jahr 2001) zusammengestellt, in denen 12.860 Menschen ab einem Alter von drei Jahren leben. Die Familienmitglieder melden sich bei einer mit dem Fernsehgerät und der Telefonleitung verbundenen Box (GfK-Meter) mit Hilfe einer Fernbedienung an und ab. Die Box registriert jedes Umschaltverhalten, die Daten werden von einem zentralen Rechner in Nürnberg jede Nacht per Telefonleitung abgefragt. Bereits in den Morgenstunden des nächsten Tages liegen dann die ersten Auswertungen (»TV-Quick«, Minutenverläufe) vor, damit können Sehbeteiligung, Marktanteil,

Brutto- und Nettoreichweite der einzelnen Sendungen für jede Minute ermittelt werden.

Die Daten sind nach statistischen Grundsätzen überprüft. Ob die Testpersonen auch tatsächlich ferngesehen haben, wenn sie eingeschaltet haben, wird durch interne und externe Gegenproben (*Coincidental Checks*) überprüft. Zwar beteiligen sich manche Testpersonen an den Panels der GfK auch, weil sie glauben, »das Fernsehen verändern zu können«, doch bleiben die Einflussmöglichkeiten begrenzt. Entscheidender in der **Kritik der Einschaltquotenmessung** sind andere Aspekte:

1. Als ein **quantitatives Verfahren** erlaubt es keinerlei Aufschluss über die Art und Weise der Fernsehrezeption. Gemessen wird bei diesem Verfahren nur, wer vor dem Fernsehapparat anwesend war. Die Aufmerksamkeit für das Programm, Akzeptanz oder Ablehnung werden nicht ermittelt.
2. Zweifel wurden an der **Repräsentativität des Panels** geäußert. So werden nur Privathaushalte in das Panel einbezogen, keine Geräte in Gaststätten, Hotels, Büros (Peick 2002). Erst 1999 kam außerdem ein so genanntes ›Ausländerpanel‹ hinzu, das für die ca. 7 Mio. nicht-deutschen Mitbürger steht (Lilienthal 1998, S. 970). Weiterhin stehen die einzelnen Panelteilnehmer für unterschiedlich große Zielgruppen (Karstens/Schütte 1999, S. 405 f.). Wenn Zielgruppen enger gewählt werden, kann es geschehen, dass »weniger als zehn eingeschaltete GfK-Meter« »für die Hochrechnung herangezogen werden müssen« (Koch 1994, S. 322).
3. Zweifel entstanden auch an der **Validität und Reliabilität** der Daten. Irritiert haben auch Pannen bei der Datenermittlung (vgl. Der Spiegel 1994). Die Fernsehunternehmen halten ihre Kritik zurück, um nicht potenzielle Werbekunden zu verunsichern und abzuschrecken.

Auch gibt es keine ›genaueren‹ Zahlen über das Zuschauerverhalten, so dass die Werbewirtschaft weiß, dass sie keine direkte Erfolgsmessung für ihre Werbebotschaften erwarten kann. Die GfK-Daten sind nicht allgemein zugänglich, sondern gehen nur den Auftraggebern und der interessierten Wirtschaft zu.

Neben den GfK-Daten werden von unterschiedlichen Auftraggebern immer wieder Untersuchungen zu spezifischen Problemstellungen des Zuschauerverhaltens in Auftrag gegeben. Die wichtigste Untersuchung ist die – seit 1964 inzwischen alle fünf Jahre von ARD und ZDF durchgeführte – ›Langzeitstudie Massenkommunikation‹, die Daten über die Mediennutzung und -bewertung erhebt (ARD/ZDF Medienkommission 2000). Basisdaten liefert auch die Zeitschrift *Media Perspektiven* mit einer jährlich erscheinenden Übersicht über die ›Daten zur Mediensituation in Deutschland‹ (Media Perspektiven 1987 ff.). Eine Übersicht über die Mediennutzung im internationalen Vergleich haben Uwe Hasebrink und Anja Herzog vorgelegt und dabei betont, dass die Medien zwar technisch immer gleich (oder doch ähnlich) sind, dass sie aber aufgrund ihrer Integration in die Alltagskulturen der verschiedenen Länder und Sprachräume damit auch etwas jeweils verschiedenes seien (Hasebrink/Herzog 2002, S. 108 f.).

Als einen der wichtigsten Befunde sei hier die Entwicklung der Nutzungsdauer der Medien angeführt, der zugleich immer wieder als ein Indiz für die Medialisierung der gesellschaftlichen Kommunikation verwendet wird.

Nutzungsdauer der Medien 1980 bis 2000 (in Min./Tag)

Medien	1980	1985	1990	1995	2000
Fernsehen	125	121	135	158	185
Hörfunk	135	154	170	162	206
Tageszeitung	38	33	28	29	30
Zeitschriften	11	10	11	11	10
Bücher	22	17	18	15	18
CDs/Schallplatten/Kassetten	15	14	14	13	36
Video	–	2	4	3	4
Videotext/PC-Nutzung	–	–	–	13	–
Internet	–	–	–	–	13
Gesamt	**346**	**351**	**380**	**404**	**502**

Quelle: Eimeren/Ridder 2001; auch Media Perspektiven Basisdaten 2001, S. 68

10.2.3 Qualitative Rezeptionsforschung

Aufgrund der Fixierung der Medienindustrie auf quantitative Rezeptionsforschung betreibt sie nur noch selten eine qualitative Zuschauerforschung (vor allem in Einzelprojekten der Landesmedienanstalten). Diese qualitative Forschung ist deshalb vom Umfang her deutlich geringer als die quantitative Forschung, ihre Ansätze sind jedoch vielfältiger (vgl. Krotz 2003). In der letzten Zeit gab es verstärkte Bemühungen, die quantitative Forschung durch qualitative Ansätze zu erweitern, ohne die sozialwissenschaftlichen Paradigmen aufzugeben (vgl. Meyring [8]2003). Die grundsätzliche Differenz zu den interpretativen kulturwissenschaftlichen Ansätzen bleibt jedoch bestehen, wenn sie nicht wie z.B. bei Bonfadelli adaptiert und den sozialwissenschaftlichen Paradigmen angepasst werden (Bonfadelli 2002, S. 54 ff.). Während die quantitativen Verfahren das Nutzungsverhalten verrechen- und berechenbar machen und dazu die Vielfalt der Nutzungsweisen in konsistenten Typen fassen müssen, geht es den qualitativen Verfahren darum, diese Vielfalt sichtbar zu machen, unterschiedliche Lesarten der medialen Texte und ihre Differenzen ›auszubuchstabieren‹ sowie ›extreme‹ Formen der Rezeption zu fassen, um die Möglichkeiten des Mediengebrauchs zu erkunden.

Auf eine implizite Weise wird qualitative Rezeptionsforschung innerhalb der kulturwissenschaftlichen Medienforschung bei jeder Produktanalyse betrieben, weil es bei ihr immer auch um Sinnverstehen, Deutung und Umgang mit den

Medien geht (vgl. Kap. 18). Davon unabhängig ist die explizite Zuwendung zur Rezeption als einer qualitativ eigenständigen Leistung, die getrennt vom Medientext gesehen werden kann und einen eigenständigen Sinn enthält. Jede qualitative Rezeptionsforschung geht davon aus, dass die entstehende Bedeutung, der erzeugte Sinn nicht mit dem Medienprodukt identisch ist. Als eine eigenständige Leistung der Rezeption resultiert die Bedeutung aus einem Zusammenwirken von Textinhalt, -struktur und dem vom Rezipienten mitgebrachten Weltverständnis, seinem Wissen und dem situativen Kontext des Rezipienten.

Qualitative Rezeptionsforschung hat eine Vielzahl unterschiedlicher Konzepte entwickelt, von denen hier zwei angesprochen werden.

Das Konzept der **Cultural Studies** (vgl. Kap. 13) geht grundsätzlich davon aus, dass die Nutzer eines Mediums aufgrund ihrer sozialen Herkunft, Bildung und Ausbildung sowie ihrer Geschlechtszugehörigkeit, ethnischen Herkunft und anderer Variablen Medienprodukte unterschiedlich wahrnehmen und damit auch in den Medienangeboten unterschiedliche Bedeutungen erkennen. Stuart Hall entwickelte 1973/1993 am Beispiel des Fernsehens das **Konzept der Lesarten**, nach dem die medialen Texte, die eine gesellschaftlich dominante Ideologie transportieren, auf Zuschauer treffen, die von ihrer sozialen Lage her von der medial überlieferten Ideologie abweichen oder ihr sogar widersprechen. Hall ging davon aus, dass die Zuschauer vom Prinzip her drei Positionen zur vermittelten Ideologie einnehmen können: a) Sie können die dominante Position, die von der Sendung nahe gelegt wird, übernehmen (dies geschieht, wenn die Zuschauer sozial in die bestehende Gesellschaft integriert sind); b) Sie können eine oppositionelle Position einnehmen (wenn sie der in der Sendung vermittelten Auffassung widersprechen) sowie c) eine ausgehandelte Position anstreben, die dadurch entsteht, dass der Zuschauer in die von ihm übernommene dominante Position Elemente des Widerspruchs integriert (vgl. auch Fiske 2001, S. 28 ff.).

Dieses Modell der Rezeption, das sehr stark von einem Konzept des sozialen Kampfes ausgeht, erweist sich in der Anwendung auf konkrete Rezeptionssituationen als produktiv. Ein Zuschauer kann z. B. in einem Kriminalfilm in der Figur des Kommissars den Hüter der Ordnung sehen, der diese sichert und das Verbrechen erfolgreich bekämpft. Damit nimmt er eine dominante Position im Sinne der intendierten Botschaft des Films ein. Er kann aber auch im Kommissar nur einen Vertreter eines Männlichkeitsprinzips sehen, dem er selbst anhängt, und an ihm spezifische Handlungseigenschaften bewundern. Er kann bestimmte Motive des gewaltsamen Dazwischengehens in einer Situation goutieren, weil sie seinem eigenen Sozialverhalten entsprechen oder seiner Weltsicht, wobei er selbst ein vergleichbares Verhalten persönlich gar nicht realisieren können muss. Umgekehrt kann eine Zuschauerin im männlichen Helden nur eine typische Macho-Figur sehen und ihn negativ konnotieren. Dass sich die Zuschauerin über kurz oder lang aus einer solchen Sendung ausschalten würde, macht deutlich, dass die Rezeption auch mit dem Vergnügen am Gezeigten sowie mit einer Unterhaltungserwartung verbunden ist.

John Fiske zeigt mit Verweis auf die Arbeiten von David Morley, wie die ursprünglichen klassenbezogenen Gegensätze des Konzepts der Cultural Studies heute nicht mehr zutreffen, sondern bestimmte Rezeptionspositionen quer durch die sozialen Gruppen reichen und ganz unterschiedliche Rezeptionsformen entstehen lassen (Morley 1980).

Das Fernseherlebnis konstituiert sich aus **dem medialen Text (der Sendung) und der Handlung des Zuschauers,** wobei die Texte teilweise nur in Ausschnitten bzw. in einigen Motiven zentral in den Blick geraten. Auch lassen sich medienüberschreitende Rezeptionspositionen ausmachen, wobei sich die Forschungen der Cultural Studies vorwiegend auf die Formen der Populärkultur beziehen. Hier schließen sich weitere Befunde der Cultural Studies über den Mediengebrauch an (vgl. Kramer 1997, Winter/Mikos 2001, Adelmann u. a. 2001). Dazu in Bezug gesetzt werden müssen qualitative Untersuchungen zur Rezeption, die unabhängig vom Konzept der Cultural Studies in Deutschland entwickelt worden sind (Winkler 1991, Keppler 1994, Krotz 2001). Lothar Mikos hat darauf hingewiesen, dass ein solches, aktives Rezeptionsverständnis von einer »Polysemie« der Texte ausgeht, denn bei der Rezeption werden Bezüge zu anderen medialen und kulturellen Formen außerhalb des konkreten Medienprodukts hergestellt (in Winter/Mikos 2001).

10.2.4　Medienbiografien

Medien konstituieren im 20. Jahrhundert das Bewusstsein der Menschen in einem entscheidenden Maße, sie prägen die Vorstellungswelt, beeinflussen das Handeln und Verhalten in unterschiedlichen Situationen. Historisch haben sich für die einzelnen Medien unterschiedliche Rezeptionspraktiken herausgebildet, die sich als eine Geschichte des Zuschauens, Hörens, Lesens darstellen lässt (vgl. zum Fernsehen Hickethier 1998b).

Medien bestimmen damit auch auf eine wenig bewusst wahrgenommene Weise die Ausgestaltung des individuellen Lebens. Biografien lassen sich – so eine Hypothese – auch als Konstruktionen von medialen Erlebnissen darstellen, an ihnen lässt sich Mediengeschichte erleben. Anfang der 1980er Jahre hat es einen Versuch gegeben, im Gefolge des Konzepts der *oral history* mediengeschichtliche Erinnerungen, die meistens Erinnerungen an Rezeptionserlebnisse waren, zusammenzutragen und nach den Spuren der Medien in den Lebensgeschichten der Menschen zu fragen (vgl. Hickethier 1980, 1982, Kübler 1982, Rogge 1982). Der Ansatz wurde in den folgenden Jahren auf unterschiedliche Weise fortgesetzt (Raumer-Mandel 1990, Hackl 2001) und stellt eine Brücke her zu den Arbeiten der Cultural Studies (vgl. Krotz 2003). Neben die individuellen Biografien traten die Generationskonstruktionen, von denen Jochen Hörisch die ›68er‹-Generation als die letzte Generation mit einem konsistenten Mediennutzungsbild und die »89er« als erste »Nichtgeneration« (Hörisch 1997, S. 14) ausmacht, weil die das Generationenbild profilierende Mediennutzung unübersichtlich und unscharf geworden sei.

10.2.5 Mikroökonomie der Mediennutzer

Wird von der Rezeption der Bogen wieder zur Ökonomie der Medienunternehmen geschlagen, steht dieser mit ihren betriebswirtschaftlichen Berechnungen
eine eigene Ökonomie der Zuschauer gegenüber, eine, die von den Wünschen und
Emotionen handelt und nach den eigenen Regeln der Subjekte funktioniert.

Der Begriff der Mikroökonomie ist in Anlehnung an Félix Guattaris *Mikro-
Politik des Wunsches* (Guattari 1977) formuliert und zielt auf eine politisch gedachte Einheit von Gesellschaftlichkeit und Individualität. Er intendiert eine von
den Subjekten her gedachte Ökonomie, die für einen inneren Zusammenhang des
Mediengebrauchs steht und damit die Emotionen und Erfahrungen der Individuen im Umgang mit den Medien erschließt. Damit sollen die positiven wie negativen Leistungen der medialen Bilder und Sprache, der technischen Musik und
Töne für die Individuen in einem eigenen Modell gefasst werden. Ein solches Vorhaben kann bisher nur als eine Zielperspektive konzipiert werden, die auch die bisherigen Forschungen zur Mediennutzung (Hasebrink 2001a, 2001b, Rössler/Hase-
brink/Jäckel 2001) und zum Zuschauer (z. B. Strauß 1998) einbezieht.

In den 1990er Jahren sind derartige Ansätze immer auch unter makroökono-
mischen Gesichtspunkten betrachten worden, wenn z. B. von einem ›**Zeitbudget**‹
der Mediennutzer ausgegangen wird, ohne die Gesamtheit der individuell verfüg-
baren Zeit überhaupt nur ansatzweise in den Blick zu bekommen. Ähnlich wird
auch von einem ›Emotionshaushalt‹ der Individuen gesprochen oder vom einem
›**Mood Management**‹ durch die Medien. Auch die vor allem durch die Arbeiten
von Georg Franck ins Spiel gebrachte »**Ökonomie der Aufmerksamkeit**« (1998)
bietet hier nur Bausteine (vgl. auch Hickethier/Bleicher 2002). Anders formuliert:
Medienwissenschaft muss für sich selbst ein eigenes Modell des zuschauenden, zuhörenden und lesenden Subjekts formulieren.

Grundlegende Literatur

Altmeppen, Klaus-Dieter (Hg.) 1996: Ökonomie der Medien und des Mediensystems. Grundlagen, Ergebnisse und Perspektiven medienökonomischer Forschung. Opladen: Westdeutscher Verlag.
Geißendörfer, Hans W./Alexander Leschinsky (Hg.) 2002: Handbuch der Fernsehproduk-
   tion. Vom Skript über die Produktion bis zur Vermarktung. Neuwied/Kriftel: Luchter-
   hand.
Hall, Stuart 1973/1993: Encoding and Decoding in the Media Discourse. Stencilled Paper Nr. 7.
   Birmingham: CCCS; auch in: During, Simon (Hg.) 1993: The Cultural Studies' Reader. Lon-
   don/New York: Routledge, S. 90–103.
Hasebrink, Uwe 2001a: Publikum, Mediennutzung und Medienwirkung. In: Jarren, Otfried/
   H. Weßler (Hg.): Journalismus – Medien – Öffentlichkeit. Kommunikationswissenschaft für
   Medienpraktiker. Wiesbaden: Westdt. Verlag, S. 337–425.
Karstens, Eric/Jörg Schütte 1999: Firma Fernsehen. Wie TV-Sender arbeiten. Reinbek bei Ham-
   burg: Rowohlt.
Kauschke, Andree/Ulrich Klugius 2000: Zwischen Meterware und Maßarbeit. Markt- und Be-
   triebsstrukturen der TV-Produktion in Deutschland. Gerlingen: Bleicher.

Krotz, Friedrich 2003: Qualitative Methoden der Kommunikationsforschung. In: Bentele, Günter/Hans-Bernd Brosius/Otfried Jarren (Hg.): Öffentliche Kommunikation. Handbuch Kommunikations- und Medienwissenschaft. Wiesbaden: Westdeutscher Verlag, S. 245–261.

Mikos, Lothar 1994: Fernsehen im Erleben der Zuschauer. Vom lustvollen Umgang mit einem populären Medium. München: Quintessenz.

Rössler, Patrick/Uwe Hasebrink/Michael Jäckel (Hg.) 2001: Theoretische Perspektiven der Rezeptionsforschung. München: R. Fischer.

Winkler, Hartmut 1991: Switching – Zapping. Ein Text zum Thema und ein parallellaufendes Unterhaltungsprogramm. Darmstadt: Verlag Jürgen Häusser.

Weitere zitierte Literatur

Adelmann, Ralf u. a. (Hg.) 2001: Grundlagentexte zur Fernsehwissenschaft. Konstanz: UVK.

ARD/ZDF Medienkommission (Hg.) 2000: Massenkommunikation 2000. Images und Funktionen der Massenmedien im Vergleich. Eine Studie der ARD/ZDF Medienkommission. Frankfurt a. M.: Media Perspektiven.

Astruc, Alexandre 1948: Die Geburt einer neuen Avantgarde: die Camera als Federhalter. In: Kotulla, Theodor (Hg.): Der Film – Band 2: 1945 bis heute. München: Piper, S. 111–115 (frz.: ›Naissance d'une nouvelle avant-garde‹: La Caméra Stylo. In: L'Ecran Français No. 144, Paris, 30. 3. 1948).

Auer, Manfred 2000: Top oder Flop? Marketing für Film- und Fernsehen. Gerlingen: Bleicher.

Bonfadelli, Heinz 2002: Medieninhaltsforschung. Konstanz: UVK.

Bröckerhoff, Daniel 2002: Von der fertigen Produktion zur Ausstrahlung – die interne Ablauforganisation innerhalb von privaten Fernsehsendern in Deutschland. Hamburg (unveröff. Seminararbeit).

Burder, John 1999: Handbuch der Postproduction für Film und Video. Köln: der videoverlag.

Clevé, Bastian (Hg.) 1998: Investoren im Visier. Film- und Fernsehproduktionen mit Kapital aus der Privatwirtschaft. Gerlingen: Bleicher.

Daschmann, Gregor 2003: Quantitative Methoden der Kommunikationsforschung. In: Bentele, Günter/Hans-Bernd Brosius/Otfried Jarren (Hg.): Öffentliche Kommunikation. Handbuch Kommunikations- und Medienwissenschaft. Wiesbaden: Westdeutscher Verlag, S. 262–283.

Dosch, Friedrich M. 2002: Tonendfertigung. In: Geißendörfer/Leschinsky 2002, S. 282–289.

Eimeren, Birgit van/Christa-Maria Ridder 2001: Trends in der Nutzung und Bewertung der Medien 1970 bis 2000. Ergebnisse der ARD/ZDF-Langzeitstudie Massenkommunikation. In: Media Perspektiven 11 (2001).

Field, Syd u. a. [7]2000: Drehbuchschreiben für Fernsehen und Film. Ein Handbuch für Ausbildung und Praxis. München: List.

Gad, Urban 1921: Der Film. Seine Mittel – seine Ziele. Berlin: Schuster & Loeffler.

Giesecke, Michael 1991: Der Buchdruck in der frühen Neuzeit. Eine historische Fallstudie über die Durchsetzung neuer Informations- und Kommunikationstechnologien. Frankfurt a. M.: Suhrkamp.

Guattari, Félix 1977: Mikro-Politik des Wunsches. Berlin: Merve.

Hackl, Christiane 2001: Fernsehen im Lebenslauf. Eine medienbiografische Studie. Konstanz: UVK.

Hasebrink, Uwe 2001b: Die Zukunft der Mediennutzung. Muster der Integration alter und neuer Medien. In: Maier-Rabler, Ursula/Michael Latzer (Hg.): Kommunikationskulturen zwischen Kontinuität und Wandel. Universelle Netzwerke für die Zivilgesellschaft. Konstanz: UVK, S. 333–346.

Hasebrink, Uwe/Anja Herzog 2002: Mediennutzung im internationalen Vergleich. In: Hans Bredow Institut (Hg.): Internationales Handbuch Medien 2002/2003. Baden-Baden: Nomos, S. 108–129.

Heid, Manfred 2002: Die Produktion eines Fernsehfilms. In: Geißendörfer/Leschinsky 2002, S. 144–163.

Hickethier, Knut 1980: Kino und Fernsehen in der Erinnerung ihrer Zuschauer. In: Ästhetik und Kommunikation 11. Jg. (1980), H. 42, S. 53–66.

Hickethier, Knut 1982: Medienbiografien – Bausteine für eine Rezeptionsgeschichte. In: Medien + Erziehung 26. Jg. (1982), H. 4, S. 206–215.

Hickethier, Knut 1998a: Geschichte des deutschen Fernsehens. Stuttgart/Weimar: Metzler.

Hickethier, Knut 1998b: Rezeptionsgeschichte des Fernsehens – Ein Überblick. In: Klingler, Walter/Gunnar Roters/Maria Gerhards (Hg.): Medienrezeption seit 1945. Forschungsbilanz und Forschungsperspektiven. Baden-Baden: Nomos, S. 125–137.

Hickethier, Knut 2000: Fernsehen, Modernisierung und kultureller Wandel. In: Flach, Sabine/Michael Grisko (Hg.): Fernsehperspektiven. Aspekte zeitgenössischer Medienkultur. München: KoPäd, S. 18–36.

Hickethier, Knut 2002a: Geschichte der Fernsehproduktion. In: Geißendörfer/Leschinsky 2002, S. 224–237.

Hickethier, Knut/Joan K. Bleicher (Hg.) 1997: Trailer, Teaser, Appetizer. Zu Ästhetik und Design der Programmverbindungen im Fernsehen. Hamburg: Lit.

Hickethier, Knut/Joan K. Bleicher (Hg.) 2002: Aufmerksamkeit, Medien und Ökonomie. Münster: Lit.

Hörisch, Jochen (Hg.) 1997: Mediengenerationen. Frankfurt a. M.: Suhrkamp.

Iljine, Diana/Klaus Keil 1997: Der Produzent. München: TR-Verlagsunion.

Jarren, Otfried 1999: Medienregulierung in der Informationsgesellschaft. In: Publizistik 44. Jg. (1999), S. 149–164.

Kasten, Jürgen 1990: Film schreiben. Eine Geschichte des Drehbuchs. Wien: Hora Verlag.

Keppler, Angela 1994: Tischgespräche. Über Formen kommunikativer Vergemeinschaftung am Beispiel der Konversation in Familien. Frankfurt a. M.: Suhrkamp.

Koch, Thomas 1994: Gutes nach Art des Hauses. Der Umgang mit den Quoten grenzt oft an Scharlatanerie. In: Gangloff, Tilmann P./Stephan Abarbanell (Hg.): Liebe, Tod und Lottozahlen. Fernsehen in Deutschland. Wer macht es? Wie wirkt es? Was bringt es? Hamburg/Stuttgart/Frankfurt a. M.: Steinkopf/GEP, S. 321–324.

Kübler, Hans Dieter 1982: Medienbiographien – ein neuer Ansatz der Rezeptionsforschung? In: Medien + Erziehung 26. Jg. (1982), H. 4, S. 194–205.

Lilienthal, Volker 1998: Leitwährung unter Druck. Politische Funktion und Probleme der Fernsehforschung. In: Klingler, Walter/Gunnar Roters/Oliver Zöllner (Hg.): Fernsehforschung in Deutschland. Baden-Baden: Nomos, Bd. 2, S. 967–985.

Maas, Alfred 2002: Nachbearbeitung einer Fernsehproduktion. In: Geißendörfer/Leschinsky 2002, S. 290–300.

Manthey, Dirk (Hg.) [2]2000: Making of … Wie ein Film entsteht. Reinbek bei Hamburg: Rowohlt.

Mayring, Philipp [8]2003: Qualitative Inhaltsanalyse. Grundlagen und Techniken. Weinheim/Basel: Beltz.

Media Perspektiven 1987 ff.: Media Perspektive Basisdaten: Daten zur Mediensituation in Deutschland. Frankfurt a. M.: Media Perspektiven.

Peick, Markus (Red.) 2002: Quoten-Erhebung mit Unsicherheiten. In: 3sat.online: nano. http://www.3sat.de/3satframe.php3?a=1&url=http://www.3sat.de/nano/bstuecke/28403/ (1. 2. 2002).

Raumer-Mandel, Alexandra 1990: Medien-Lebensläufe von Hausfrauen. München: TR-Verlagsunion.

Rogge, Jan Uwe 1982: Die biographische Methode in der Medienforschung. In: Medien + Erziehung 26. Jg. (1982), H. 5, S. 273–288.

Schütte, Oliver 1999: Die Kunst des Drehbuchlesens. Bergisch Gladbach: Bastei Lübbe.

Spiegel 1994: Eine schöne Schlappe. In: Der Spiegel 1994, H. 54, S. 67–69.

Strauß, Bernd (Hg.) 1998: Zuschauer. Göttingen u. a.: Hogrefe.

Szezinski, Volker 2002: Programmplanung Privatfernsehen. In: Geißendörfer/Leschinsky 2002, S. 80–82.

Travis, Mark W. 1999: Das Drehbuch zur Regie. Wie Regisseur und Filmteam erfolgreich zusammenarbeiten. Frankfurt a. M.: Zweitausendeins.

Teil III
Konzepte

11. Mediendispositiv

Zu den Erklärungskonzepten der Funktion und Bedeutung von Medien und Individuum und Medien und Gesellschaft gehört das Mediendispositiv, das sich gegenüber den Konzepten ›Öffentlichkeit‹ und ›Kultur‹ am engsten auf die Medien selbst bezieht.

11.1 Der Begriff des Dispositivs

Der Begriff des Dispositivs stammt aus dem Französischen (»dispositif«) und meint alltagssprachlich »Vorrichtung«, »Anordnung«, »Anlage«, »Apparat« (Dammann 2002, S. 6). Der Begriff wird von den französischen Kultur- und Medientheoretikern (Michel Foucault, Gilles Deleuze, Jean-Louis Baudry, Jean Comolli) in der Überführung in einen theoretischen Begriff selbst bereits unterschiedlich verwendet (Leister 2002). Der Medienwissenschaftler Joachim Paech hat auf die widersprüchliche Theoriegeschichte aufmerksam gemacht (Paech 1997). Die französischen Konzepte wurden dann in den USA rezipiert und hier unter dem Begriff der **Apparatustheorie** diskutiert (Hak Kyung Cha 1980; Rosen 1986; kritisch dazu Caroll 1988). Seit Ende der 1980er Jahre wurde der Ansatz auch in Deutschland, jedoch zumeist unter dem Begriff des Dispositivs, aufgenommen. Dass dabei eine spezifisch deutsche Rezeption der Theorie vorliegt, die auch verengend nur Teile der französischen wie amerikanischen Diskussion aufgenommen hat, hat Jan Hans (2001) angemerkt.

Ungeachtet aller Kritik an den theoretischen Prämissen (vgl. Paech 1997) erweist sich das Konzept des Dispositivs als produktiv, weil es hilft, die mediale Struktur zu ordnen und einen Rahmen für Fragestellungen und Untersuchungsansätze zu entwickeln.

Der Begriff hat seinen Ausgangspunkt in den Theorien Michel Foucaults. Er meint eine **gesellschaftliche Konstruktion, die regelt, wie etwas wahrgenommen wird**. Die dadurch geschaffenen Wahrnehmungsdispositionen stehen in engen Beziehungen zur gesellschaftlichen Macht. Dispositive regeln für Foucault z. B., was gesellschaftlich als ›normal‹ bzw. ›anomal‹ gilt, wie Wissen, Wahrheit, Sexualität konstruiert und wie diese Bereiche gesellschaftlich bewertet werden. Sie manifestieren sich in gesellschaftlichen Debatten und Diskussionen, ebenso in Gesetzen, Regelwerken, pädagogischen Belehrungen, aber auch in Institutionen, architekturalen Einrichtungen etc. »Das Dispositiv selbst ist das Netz, das zwischen diesen Elementen geknüpft werden kann« (Foucault 1978, S. 119 f.). Für Foucault hat das Dispositiv »eine vorwiegend strategische Funktion«, indem es Machtverhältnisse aufrechterhält und damit den Status quo einer Gesellschaft sichert und durch Ausgrenzung der möglichen Irritationen ›stabilisiert‹ (ebd.).

Wichtig ist für Foucault also das **netzhafte Zusammenwirken verschiedener Ebenen**, auf denen sich gesellschaftliche Normen und Werte formulieren, sich durchsetzen und damit Macht ausüben. Sie materialisieren sich auch in Produkten und gebauten Räumen, also z. B. in der Architektur von Bewachungs- und Beobachtungseinrichtungen wie Gefängnissen, Psychiatrien usf. Diese Dispositive ›umstellen‹ das Subjekt und steuern seine Wahrnehmung der Welt. Sie bestimmen auf eine – in ihrem Wirken oft unerkannte, weil nicht bewusste und deshalb als ›natürlich‹ genommene – Art und Weise, wie wir Welt wahrnehmen. Es liegt nahe, eine solche Konstruktion auch auf die Medien als gesellschaftliche Wahrnehmungsinstanzen zu beziehen, auch wenn dies Foucault selbst nicht explizit getan hat.

Dispositive sind Anordnungen unterschiedlicher Art, die regeln, wie die Menschen innerhalb einer Kultur etwas wahrnehmen, die Sichtbarkeit erzeugen, ohne selbst sichtbar zu sein. **Mediendispositive** sind »optische Maschinen, um zu sehen, ohne gesehen zu werden« (Deleuze 1991, S. 154). Sie organisieren Wahrnehmung auf eine zumeist nicht bewusste und deshalb oft als ›natürlich‹ bzw. selbstverständlich angenommene Weise.

Begriff und Konzept bilden zum einen ein **heuristisches Instrument**, zum anderen eine **theoretische Konstruktion**, in der Aussagen über die Medien enthalten sind. Diese Aussagenanteile im Konzept des Dispositivs verweisen auf weitere Theorien, das Konzept versteht sich also als ›anschlussfähig‹, insbesondere für kulturtheoretische und kulturgeschichtliche Aussagen und Befunde. In der wissenschaftlichen Praxis hat das Konzept des Dispositivs deshalb vor allem in den Bereich der Mediengeschichtsschreibung Eingang gefunden (vgl. Paech 1991, Sierek 1993, Elsner/Müller/Spangenberg 1993, Lenk 1997, Hickethier 1991, 1992, 1993, 1998).

11.2   Das Kino-Dispositiv

Ausgangspunkt der Überlegungen zu den Mediendispositiven ist das Kino, weil hier eine technische Anordnung besteht, die diese netzartige ›Umstellung‹ des Subjekts geradezu sinnfällig macht. Sie weist Korrespondenzen zu zahlreichen anderen Aspekten der medialen Organisation auf und erzeugt schließlich einen Effekt, der offensichtlich wenig mit den Inhalten, sondern mehr mit der medialen Wahrnehmungskonstruktion zu tun hat.

Beim Kino handelt es sich um eine Veranstaltung, bei der sich viele Menschen in einen öffentlichen Raum begeben. Teilweise zu Hunderten sitzen sie in einem Raum etwa zwei Stunden lang und schauen gebannt auf eine Leinwand, während von einem Projektor hinter ihnen Licht und Schatten auf diese Leinwand projiziert werden. Um diese Licht- und Schattenbewegungen zu sehen, sitzen sie bei völliger Dunkelheit diszipliniert in engen Sitzreihen, bewegen sich etwa zwei Stunden lang nicht und sehen sich Bilder von Menschen und Dingen an, die sich teilweise sehr heftig auf dieser Leinwand bewegen. Diese Bilder werden von den Betrachtern fast immer als

Abbilder von Realität wahrgenommen und dieser Realitätseindruck hängt offensichtlich mit dieser Form der Anordnung von Mensch und Technik zusammen. Diese Anordnung von Technik (in diesem Fall der kinematografischen Projektion) und Zuschauern ist spezifisch für das Kino. Wir nennen sie ein **Kino-Dispositiv**. Es stellt eine Art von Rahmen für die mediale Wahrnehmung dar und erzeugt spezifische Effekte.

Jean-Louis Baudry stellte einen Zusammenhang zwischen dem **Höhlengleichnis Platons**, das von der Erkenntnisfähigkeit des Menschen handelt, und dem Kino her. Platon hatte den Menschen als einen gefesselt in einer Höhle Sitzenden beschrieben, der vom Höhleneingang, durch den Licht in die Höhle dringt, abgewendet ist und auf die gegenüberliegende Höhlenwand blickt. Die Schatten und Lichter, die der Mensch auf der Wand sieht, hält er für die Realität und ist sich dessen ganz sicher, weil er eben noch nie in das gleißende Licht, das zum Höhleneingang hereinkommt, gesehen hat und es wohl auch nicht aushalten könnte. Die Schattenbilder besitzen also einen **Realitätsanschein**.

Die Analogie zur Kinokonstruktion ist offensichtlich, es ist jedoch nicht mehr als eine Analogie. Gleichwohl hat auch Baudry bei Platon die Formulierung eines ›Mythos‹ gesehen, eine ›Wunschkonstruktion‹, die dann latent in der Geschichte immer vorhanden gewesen sei und die zu zahlreichen Vorformen des Kinematografischen und schließlich zur Kinematografie und ihren Weiterentwicklungen im Fernsehen und letztlich im Computerbild geführt habe.

»Bevor das Kino die Erfüllung technischer Voraussetzungen und eines bestimmten Gesellschaftszustandes war (die für seine Realisierung und seine Vollendung notwendig waren), mag es zunächst das Ziel eines Wunsches gewesen sein, den übrigens sowohl sein unmittelbarer Erfolg als auch das von seinen Vorfahren geweckte Interesse hinlänglich zum Ausdruck brachten. Ein Wunsch, sagen wir mit Bedacht, eine Form von verloren gegangener Befriedigung, die auf die eine oder andere Form wiederzuerlangen das Ziel seines Dispositivs ist (bis hin zu ihrer Simulation) und zu welcher der Realitätseindruck den Schlüssel zu liefern scheint« (Baudry 1994, S. 1059).

Diese These einer ›**Wunschkonstellation**‹, die die Entwicklung der Medien vorantreibe, die also letztlich auch das Movens der Mediengeschichte darstelle, hat vor allem in der Debatte über die neueste Medienentwicklung eine Rolle gespielt. Auch für das neue Netzmedium, für Computer/Internet, hat der Medienwissenschaftler Hartmut Winkler eine solche Wunschkonstellation in Anschlag gebracht (Winkler 1997, S. 17). Dabei muss sie den an den Prozessen konkret Beteiligten selbst gar nicht bewusst sein, sondern sich als gesellschaftlicher Druck in Richtung der Lösung eines Problems manifestieren (z. B. der Wunsch nach der Speicherung von zeitlichen Darstellungen, der zur Erfindung des Films für bewegte Bilder, des Grammofons (für Musik und gesprochene Sprache) geführt hat.

Dieser Aspekt der Wunschkonstellation macht als Erweiterung des Dispositiv-Konzepts einen grundsätzlichen theoretischen Aspekt deutlich: **Viele mediale Effekte und Resultate sind nicht Ergebnis intentionaler Prozesse und langfristig durchgesetzter Strategien.** Es gibt hier auch keine ›Drahtzieher‹ geheim angelegter Manipulationen, sondern es gibt – gerade auch im Bereich der medialen Kommunikation – ungewollte Effekte und Wirkungen. Vieles geschieht ›hinter dem Rücken der Beteiligten‹ – aber aufgrund ihres durchaus gewollten Mittuns und aufgrund einer akzeptierten Beteiligung.

Die französischen Theoretiker Baudry, Comolli, Deleuze und Metz bewegte beim Kino vor allem das Problem des **Realitätseindrucks**: Wie lässt es sich erklären, dass der Zuschauer im Kino das, was er auf der Leinwand sieht, als Realität (auch als fiktionale Realität) annimmt, obwohl er sich der Künstlichkeit des Arrangements in jedem Augenblick eines ›zurücklehnenden Nachdenkens‹ bewusst ist? Wie kommt es auch, dass wir diese Form des Arrangements so selbstverständlich nehmen und dass dieser Realitätseindruck als ›natürlich‹ erscheint?

Das Konzept des Dispositivs geht von einem **Effekt der Anordnungsstruktur** und des Zusammenwirkens verschiedener Faktoren aus. Diese Effekte ereignen sich in unserem Bewusstsein und entstehen unabhängig von den je konkreten Inhalten der einzelnen Filme. Joachim Paech hat darauf hingewiesen, dass sich dieser Realitätseindruck nicht nur bei den Hollywood-Filmen der ›klassischen‹ Ära einstellt, sondern auch bei anderen Filmen, und er hat vorgeschlagen, dass zu den »technisch-apparativen Dispositionen innerhalb eines Dispositivs« (also dem so genannten kinematographischen ›Basisapparat‹) noch »kulturelle, soziale etc. Dispositionen der Kinozuschauer« (Paech 1997, S. 411) hinzukommen müssen, um diese Konstruktion angemessen zu beschreiben.

Technische Anordnung, kulturelle Ritualisierungen sowie unsere Wahrnehmung als Subjekt gehen offenbar eine enge Verbindung ein, die weitgehende Auswirkungen auf die kulturellen Gewohnheiten und Gewissheiten hat. Man könnte sogar so weit gehen zu sagen, dass **wir als Subjekte in starkem Maße geprägt und damit mit geschaffen werden** (vgl. Hans 2001), oder anders formuliert, dass die Medien die Menschen in ihrem Bewusstsein und ihren Verhaltensweisen in starker Weise **modellieren**.

Der Dispositiv-Ansatz bringt als medientheoretischer Ansatz unterschiedliche Theorieprobleme miteinander in Verbindung, wobei hier einige angedeutet werden.

11.2.1 Wahrnehmung und technische Apparatur

Das im Dispositiv-Konzept gefasste **Mensch-Technik-Verhältnis** unterscheidet sich von tradierten Vorstellungen dadurch, dass die Technik nicht als bloßer Transporteur von Bedeutungen gesehen wird, sondern dass die Technik selbst Wahrnehmungseffekte – unabhängig von den Inhalten – produziert. Dies lenkt den Blick der Theoriebildung auf die Technik und stellt sie in den Mittelpunkt. In den frühen Theorien zum Dispositiv sind explizit technikkritische Aspekte enthalten, denn in der technisch-apparativen Einbindung des Menschen ist implizit auch ein **Vorwurf der technisch-apparativen Manipulation der Subjekte** verborgen.

Gleichzeitig stellt sich die Frage, wie notwendig das Arrangement in genau dieser Weise für die Entstehung des Realitätsanscheins ist und ob bei einer Veränderung eines technischen Elements das Dispositiv in sich zusammenbricht. Es zeigt sich in der Mediengeschichte, dass die **technischen Elemente veränderbar sind**, ohne dass bestimmte Effekte verloren gehen. Die technischen Veränderungen erzeugen selbst wiederum neue Formen des medialen Wahrnehmens. So führte z. B. die Verlagerung der Bedienungselemente des Fernsehers vom Apparat weg in die Hand des Zuschauers (Fernbedienung) dazu, dass der Zuschauer mit dem Zappen und Switchen durch die Programme Sendungen nicht mehr ganz sieht, sondern sich mit bloßen Fragmenten begnügt.

Zur technischen Apparatur kommen weitere Faktoren, die die mediale Anordnung ergänzen. Technik ist räumlich in einer Konstellation zum Betrachter platziert. Dies führt in der Regel zu besonderen **architektonischen Raumformen** (Kinoarchitektur), zu bestimmten **zeitlichen Strukturen der Präsentation** (Veranstaltungsform), daran binden sich **ökonomische, juristische, administrative Strukturen** (Kinozensur, Kinosteuer, FSK-Bewertung etc.). Das Dispositiv wird also in spezifische **gesellschaftliche Institutionalisierungen** eingebunden, die Teil der Anordnungsstruktur werden. Dabei erweisen sich einzelne Strukturmomente als besonders prägend, andere erscheinen eher als akzidentiell. Stark determiniert die Technik diese Struktur, weniger stark die politische Verfasstheit der Kinowirtschaft (staatlich vs. privatwirtschaftlich). Die Konstruktion des Kinos als Rezeptionsform des Films wirkt sich bestimmend auch auf Filmvorführungen außerhalb des Kinos (z. B. im nicht-gewerblichen Raum) aus, selbst bei der Vorführung von Filmen, die nicht für das Kino produziert wurden (z. B. bei Amateurfilmen), im privaten Bereich gibt diese Kinostruktur noch einen wirksamen, weil in den Betrachtern habitualisierten, Rahmen ab.

11.2.2 Subjektkonstitution und mediale Wahrnehmung von Welt

Wenn die Mensch-Technik-Konstruktion die Wahrnehmung des Zuschauers so stark beeinflusst, ist davon auszugehen, dass sie sich in unsere Wahrnehmung einschreibt und in dem Maße verinnerlicht wird, dass wir sie als Teil unserer Natur verstehen. Man kann es auch so formulieren, dass sich in den Subjekten eine ›innere Apparatur‹ aufbaut, die eine Entsprechung zur äußeren Apparatur darstellt und dadurch eine entsprechende Wahrnehmung ermöglicht. Zwischen dieser gedachten ›inneren Apparatur‹ und dem von Sigmund Freud so benannten »psychischen Apparat« (»Wir nehmen an, dass das Seelenleben die Funktion eines Apparates ist«, Freud zit. in: Baudry 1994, S. 1049) oder auch der von Felix Guattari so benannten »Wunschmaschine« bestehen offenkundige Korrespondenzen (vgl. auch Bartels 1990, S. 452 ff.). Hier setzen dann psychoanalytische Kinotheorien an.

Modelltheoretisch ist eine solche Konstruktion durch ihre **Symmetrie von innerer und äußerer Apparatur** in ihrer Klarheit beeindruckend, es stellen sich jedoch zahlreiche Fragen:

- Wenn die Mediendispositive (und wir gehen davon aus, dass es neben dem Kino auch noch andere gibt) z. B. durch eine Programmvervielfachung und die Fernbedienung eine Möglichkeit fragmentierter Rezeption von Sendungen schaffen, führt dies unter dem Aspekt der medialen Konstitution der Subjekte auch zu ›zerstreuten‹ Subjekten, Subjekten also, die keine geschlossene ›Identität‹ aufweisen, sondern nur noch aus unterschiedlichen Identitätsfragmenten bestehen?
- Kann es auch sein, dass wir als medial geprägte Menschen auch die nicht-mediale Umwelt mit den Augen der Medien sehen, also Spannungsstrukturen erwarten, eine auf beschleunigten Ablauf ausgerichtete Erwartung erzeugen, eine bestimmte Ereigniskonstruktion sehen wollen usf.? Prägt die Mediensicht also auch unsere Sicht der nicht-medialen Welt?

Wir können auch unabhängig von psychoanalytischen Konstruktionen diese ›innere Apparatur‹ als eine **angeeignete kulturelle Form** verstehen, als ›Habitus‹ (Bourdieu 1974, S. 143), der durch die kulturelle Praxis selbst zum konstitutiven Teil unserer eigenen Identität geworden ist.

11.2.3 Wahrnehmungsorganisation und kulturelle Tradition

Dass der Realitätseffekt im Kino so nachhaltig eintritt, hängt auch damit zusammen, dass sich in die Gestaltung des Filmbildes auf der Leinwand **kulturell tradierte Bildkonstruktionen und Sehweisen** eingeschrieben haben.

Das Filmbild folgt – aufgrund der Konstruktion der Filmkamera – den Prinzipien der Perspektive (insbesondere der **Zentralperspektive** sowie der analog entwickelten Mehrfluchtpunktperspektive), wie sie seit der Renaissance unsere abendländische Kultur geprägt hat und wie sie in der jahrhundertelangen Tradition der Gottesdienste im kirchlichen Dispositiv, der staatlichen Machtrepräsentation in der großen Staatsaktion bis zur Rezeption von Theater- und Kinoaufführungen steht.

Die Anordnung des Kinos mit seinen frontal auf die Leinwand ausgerichteten Sitzreihen verlängert diese axiale Blickkonstruktion des Zuschauers, fixiert diesen gleichzeitig auf seinem Sitzplatz in den Reihen, so dass er dadurch in einen Wahrnehmungsraum eingespannt ist. Gerade weil der Zuschauer auf seinem Platz fixiert ist, kann er die Bewegungsabläufe optimal aufnehmen, kann diese mental mitspüren, sich in sie hineinfühlen. Es handelt sich hier um eine ästhetische Anordnung (›ästhetisch‹ wird hier im Sinne von ›Wahrnehmung organisierend‹ verstanden), weil dadurch die intendierten Bewegungsabläufe, Rhythmen und Sinnkonstruktionen im Film vom Zuschauer optimal aufgenommen werden können.

Eine solche **Stillstellung des Zuschauers** stellt eine kulturgeschichtlich enorme zivilisatorische Leistung dar. Noch in der zweiten Hälfte des 19. Jahrhunderts ist eine solche Stillstellung überhaupt nicht selbstverständlich, sondern das Publikum liebte es z. B. im Varieté herumzulaufen, so dass eine solche enge Bestuhlung, wie sie heute in die Kinos üblich ist, undenkbar war. Eine derartige Stillstellung der Zuschauer bündelte die **Aufmerksamkeit** und schaltete damit Ablenkungen (Zerstreuungen) weitgehend aus. Wir können auch in anderen Medien und ihren Nutzungspraktiken solche Strategien der Aufmerksamkeitslenkung und -steigerung finden (vgl. Kap. 13).

Der Aufmerksamkeitssteuerung dient auch die **Abdunklung des Kinoraums**, die gleichzeitig Voraussetzung für das optimale Bild ist. Sie setzte sich erst zu Beginn des 20. Jahrhunderts endgültig durch. Voraussetzung war die Einführung einer elektrischen Saalbeleuchtung. Noch um die Jahrhundertwende beschwerte sich z. B. im Londoner Covent Garden das Publikum über die Abdunklung des Zuschauerraums. Man ging in solche Vergnügungsveranstaltungen auch, um selbst gesehen zu werden (Schivelbusch 1986, S. 193 ff.). Die Abdunklung des Kinoraums war aber notwendig, damit das Projektionsbild überhaupt gesehen werden konnte. Anfangs wurde die relativ kleine Projektionsfläche noch durch Wandschirme gegen das Raumlicht abgeschirmt, doch dies erwies sich auf Dauer und bei größer projizierten Bildern als wenig praktikabel. Einer der Effekte der Raumabdunkelung war die Steigerung der Zuschauerkonzentration auf das Filmbild. Damit wurde die direkte Korrespondenz von Bewusstsein, Wahrnehmung und Filmbild erleichtert. Reduziert wurden gleichzeitig andere Kommunikationsformen (das gegenseitige Beobachten der Zuschauer), wodurch sich das Kino-Dispositiv als eine spezifische kulturelle Anordnungsstruktur herausbildete.

11.2.4 Individuum und gesellschaftliche Macht

Diese Anordnung von technischer Apparatur und Zuschauer ist eingebettet in einen **öffentlichen Raum**, der für alle Menschen in einer Gesellschaft unter bestimmten Bedingungen (Altersbeschränkungen, Bezahlung einer Eintrittskarte etc.) zugänglich ist. Dieser steht in einer Tradition öffentlicher Veranstaltungsmedien (Theater, Kirche, Vortrag, Varieté, Zirkus, Konzert usf.), wobei das Kino das modernste in dieser Reihe der Veranstaltungsmedien ist und einen **technisierten Wahrnehmungsraum** darstellt. Zudem gehört auch der architektonische Raum mit seinen eingeschriebenen Gebräuchen und Nutzungsformen zum Dispositiv, ebenso die Vorschriften (Gesetze, Verordnungen, Richtlinien), die die Bedingungen dieses Raums regeln, über die wiederum staatliche und gesellschaftliche Machtinstanzen indirekt Einfluß auf das Medien nehmen (»Sicherung der öffentlichen Ordnung«).

Die Menschen, die Filme sehen wollen, versammeln sich zu bestimmten Anfangszeiten und erfahren sich in der Rezeption als eine ›Gemeinschaft‹, ein ›**Publikum**‹, indem spontan auf bestimmte audiovisuelle Phänomene reagiert wird. Diese sich einstellenden Effekte werden als ›kollektivierend‹ erfahren und können auch für andere, das Kino übergreifende Ziele genutzt werden. Hier sind ›**Mobilisierungs**‹-

Effekte möglich, die insbesondere politisch unter bestimmten Machtkonstellationen (z. B. im ›Dritten Reich‹) genutzt werden können.

Es ist jedoch die Frage, ob eine solche Ausnutzung der Mediendispositive durch gesellschaftliche Machtinstanzen als ›Missbrauch‹ oder als Konsequenz des Dispositivs gesehen wird. In demokratisch verfassten Gesellschaften mit einer gewünschten Pluralität der Meinungen wird von einem Mediendispositiv erwartet, dass es die Darstellung unterschiedlicher Positionen und differenter Meinungen ermöglicht. Ganz offensichtlich gibt es auch unterschiedliche Affinitäten: Das Fernsehen mit seiner Programmstruktur (vieles Gegensätzliches zusammenzufügen) und der unkontrollierbaren individuellen Nutzung steht offensichtlich demokratischen Gesellschaftsstrukturen näher als das Kino mit seiner auf Überwältigung des Zuschauers angelegten Angebotsstruktur.

Zum Verhältnis von Mediendispositiv und Macht gehören alle sonstigen gesellschaftlichen Regeln, die den Gebrauch des Mediums definieren (alle Mediengesetzgebungen z. B.), aber auch die in der Gesellschaft geführten Diskussionen und Debatten über die Medien. In ihnen verfestigen sich bestimmte Positionen zu ›**Redegewissheiten**‹. Deren System nennen wir ›**Diskurs**‹. Zum Dispositiv der Medien gehören also auch die Diskurse, die über die Medien geführt werden.

11.3 Das Fernseh-Dispositiv

Als Herausforderung des Dispositiv-Ansatzes, der zunächst nur für das Kino entwickelt wurde, stellt sich das Fernsehen dar, weil auch in diesem Medium Filme gesehen werden (heute mehr als im Kino) und hier ganz offensichtlich eine andere Mensch-Technik-Relation vorliegt.

Die **Mensch-Apparat-Anordnung des Fernsehens** kennzeichnet zunächst eine dem Kino vergleichbare Blick-Konstellation: Der Zuschauer ist in einer zentralen Achse auf das bewegte Bild ausgerichtet. In diesem ist, wie im Kinobild, bei vergleichbarer Flächigkeit des Bildes und Randbegrenzung des Bildkaders die Perspektivität des fotografischen Bildes mit den Fluchtpunktperspektiven eingeschrieben. Dadurch wird ähnlich dem Kinobild ein Realitätseindruck vermittelt bzw. suggeriert.

Die Nähe der dispositiven Anordnungen des Kinos wie des Fernsehens verweist auf gleiche gesellschaftliche Bedingungen in der Genese der Erzeugung technischer Bilder und ihre Funktionalität in den modernen Massengesellschaften und ermöglicht eine **partielle Überschneidung der Dispositive**. Folge davon ist, dass Kinofilme im Fernsehen ähnlich rezipiert werden können wie im Kino. Die **Differenzen der Fernsehanordnung zum Kino** sind jedoch genauer zu betrachten.

1. Beim Fernsehen ist eine Abdunkelung des Umraums nicht notwendig. Die Herstellung einer Helligkeitsdifferenz zum kommunikativen Umfeld wird dadurch ermöglicht, dass der **Bildschirm leuchtet**.
2. Beim Fernsehen ist die Projektionsrichtung gegenläufig zum Zuschauerblick: Der Zuschauer ist nicht zwischen dem Projektionsapparat und der Projektions-

fläche eingespannt, sondern wird mit dem Bild konfrontiert, das in umgekehrter Richtung (also **entgegen der Blickrichtung des Betrachters**) auf dem Bildschirm, von einem Kathodenstrahl, erzeugt wird, so dass die Bilder als Lichtemanationen des Apparats und nicht als Widerschein erscheinen.

3. Beim Fernsehen ist eine andere **Platzierung des Zuschauers** möglich, sie erfolgt jetzt im privaten Wohnumfeld und nicht mehr in einem gesellschaftlich gesondert institutionalisierten Aufführungsraum (dem Kino bzw. Lichtspieltheater). Aufgehoben sind tendenziell die mit der Kinopräsentation verbundenen kulturellen Konventionen, der Veranstaltungscharakter der Kinoaufführung mit ihrer zeitlichen wie räumlichen Fixierung des Zuschauers vor der Bildfläche. Der Zuschauer kann ohne Umstände aufstehen und sich im Raum bewegen, kann dadurch aus dem Blickkontakt mit dem Bildschirm geraten, diesen nur noch in extrem verzerrter Seitensicht wahrnehmen, kann sogar ganz den Raum verlassen und an der Fernsehkommunikation nur mehr akustisch teilhaben, kann wieder zurückkommen etc. Die axiale Ausrichtung des Zuschauers auf die auf der Bildfläche entstehende Botschaft ist durch die in den privaten Raum des Zuschauers verlegte Fernsehanordnung tendenziell aufgehoben.

Ergebnis dieser veränderten Struktur im Fernseh-Dispositiv ist eine **neue Beweglichkeit des Zuschauers**. Diese steht im Kontext großer kulturgeschichtlicher Tendenzen, die auf eine stärkere Individualisierung und Flexibilisierung ausgerichtet sind. Neben der ›traditionellen‹ Form der Rezeption, die am Kinoerlebnis orientiert ist, sind im Fernsehen andere Nutzungen des Mediums möglich geworden. Man kann durch die Programme switchen, nebenbei Hausarbeiten verrichten, Zeitung lesen, Mahlzeiten einnehmen und andere Nebentätigkeiten betreiben, die im öffentlichen Raum des Kinos so nicht möglich wären. Der Zuschauer kann auch den ganzen Abend vor dem Fernsehapparat verschlafen. Er ist in der Form seiner Nutzung ganz ›privat‹, auch wenn die Programmangebote weiterhin ›öffentlich‹ sind.

Kulturell bedeutet die neue Beweglichkeit des Rezipienten einen gesellschaftlichen Verzicht auf die physische Kontrolle und Disziplinierung der Zuschauer. Die Rezeption bei Fernsehen und Radio unterliegt nicht mehr der direkten gesellschaftlichen Kontrolle wie im Veranstaltungsmedium Kino. Dies hat zur Folge, dass vor allem im Fernseh-Dispositiv von den Zuschauern eine erhöhte **Disziplinierung im psychischen Bereich** erwartet wird. Diese entsteht dadurch, dass die Individuen die Wahrnehmungsdisziplinierungen des Kinos verinnerlicht haben und ihnen bereitwillig folgen, weil sie von ihnen unter der Maßgabe der Freiwilligkeit und der individuellen Variation abverlangt werden und ihr Befolgen erhöhten Rezeptionsgenuss verspricht.

Das Fernsehdispositiv ermöglichte nicht nur eine Befreiung von äußeren Zwängen der Wahrnehmung, sondern setzte auf eine Intensivierung und Beschleunigung. Das Fernsehen ›beseitigte‹ den Raum zwischen den Ereignissen und verkürzte die Übertragungszeit der Mitteilungen zwischen dem Ereignis und dem Zuschauer. Die **Live-Übertragung** markierte dann auch eine wesentliche Differenz des Fernsehens zum Kino, das über Fähigkeit zur Gleichzeitigkeit der Teilhabe an einem entfernten Ereignis nicht verfügt. Die Verbindung mit Darstellungsstrukturen des Films (Perspektivwechsel, Schnitt, Montage) führte dazu, dass in der Fernsehwahrnehmung Verkürzungen, Paralleldarstellungen, Zeit- und Raumsprünge zu neuen Selbstverständlichkeiten wurden. Das Fernsehen besitzt also eine enorme Zeit und Raum strukturierende Funktion. Vor allem der Live-Aspekt, der dem Medium grundsätzlich eigen ist, führt zu dem Effekt, dass der Eindruck entsteht, man koppele sich am gesellschaftlichen Geschehen an, wenn man fernsieht.

11.4 Das Radio-Dispositiv

Mediendispositive werden bislang mit Blick auf die Bildmedien beschrieben. Wenn es um das Zusammenspiel von Apparateanordnung und Zuschauerpositionierung, von Organisationsform der Produktion sowie die Wünsche und Erwartungen an das Medium geht, dann ist das Radio-Dispositiv von besonderem Interesse. Dass sich ein Mensch am Anfang der Rundfunkgeschichte mit einem Detektorgerät, einem langen Draht (Antenne) und Kopfhörern ausrüstet, geduldig an einem Anzeiger dreht, bis er im Kopfhörer Töne hört (als Musik, Stimmen) und diese Töne den Anspruch erheben, von der »Berliner Funkstunde« zu stammen oder aus Moskau oder London, macht die Apparat-Mensch-Anordnung des Radios plastisch anschaulich. Die Mensch-Technik-Beziehung ist hier körperlich sehr eng, wird aber schon bald mit der Verbesserung der Technik durch den Röhrenverstärker, die Lautsprechertechnik etc. aus dieser Enge befreit.

Das Dispositiv des Rundfunks erprobt historisch seine Anordnungsstrukturen. Denn ob ein **individueller oder kollektiver Empfang** dem Medium angemessener ist, ist nicht von vornherein klar. Neben der frühen Entwicklung der Technik zum zwar massenhaften, aber letztlich individuellen Empfang kommt es durch die Verbesserung der Lautsprechertechnik schon in den 1920er Jahren zu Radiovorführungen in öffentlichen ›Funkstuben‹ und zum ›Saalfunk‹. Der Hörfunk wird Musiklieferant für Tanzdielen, Krankenhäuser, Eisenbahnen und Schiffe (Lenk 1997, S. 72 ff.). Die Übertragungen von Radiosendungen auf öffentlichen Plätzen führen zur Kundgebungstechnologie, bei denen öffentliche Räume (mit Hilfe von Lautsprechern) beschallt werden (in den 1930er bis 1950er Jahren vor allem unter politischen Zielsetzungen, seit den 1970er Jahren überwiegend aus Unterhaltungsgründen: Popkonzerte, Umzüge wie die ›Love Parade‹ als Teil einer medialen ›Event‹-Kultur).

Für das Radio wurde der **individuelle Empfang im privaten Bereich** zum bestimmenden Prinzip, wobei dies ein Resultat komplexer gesellschaftlicher Entscheidungen war (Lenk 1997, S. 86) und letztlich dem Bedürfnis einer »hochmobilen Lohnbevölkerung« entgegenkam, die »ausgesprochen familiaristisch und häuslich-isolationistisch orientiert« ist (Dröge/Kopper 1991, S. 61). Der Rundfunk löst sich entschieden vom Veranstaltungsprinzip (auch wenn er in seiner Programmstruktur daran immer wieder erinnert und mit öffentlichen Darbietungen gern darauf zurückkommt), bei dem das Publikum zum kulturellen Ereignis zu kommen hat. Stattdessen beließ er das Publikum, wo es war, und kam nun zu ihm, per Radiowellen.

Die mediale Konstruktion des Rundfunks etablierte in den 1920er Jahren ein **medial neues Prinzip**, denn der Rundfunk war nun für den Hörer permanent präsent. Dieser musste nur das Radio einschalten und er war sofort bei einem akustisch vermittelten Ereignis dabei, das offenbar permanent im Äther anwesend war, unsichtbar, nicht fühlbar und ohne Apparatur auch nicht hörbar. Das kulturelle Angebot des Radios verursachte (abgesehen vom Gerätekauf und den Rundfunkgebühren) keine Kosten. Rundfunk ist vom Prinzip her ein **Medium des kollektiven Reichtums**, nicht eines des Mangels, bei dem für jede Nutzung extra zu bezahlen ist.

Mit den von der Radioapparatur erzeugten Tönen werden Inhalte vermittelt und Bedeutungen beim Hörer erzeugt. Es entsteht der Eindruck von **Anwesenheit der Stimmen und Töne** im Raum des Hörers und gleichzeitig einer **Abwesenheit**, weil wir die Sprechenden nicht sehen können. Dadurch entsteht eine seltsame Ambivalenz, der die Hörer zu entgehen suchen, indem sie aufgrund des Gehörten in der Regel Vorstellungen imaginieren (vgl. Kap. 4.6.5).

Rundfunk ist deshalb strukturell ein **Medium der Individualisierung und Zerstreuung**. Seine Programmmacher haben gegen diese Auffassung immer angearbeitet, weil die Zerstreuung gegenüber der Kontemplation und Vertiefung kulturell abgewertet wurde. Einzelne Sendeformen (z. B. das Hörspiel und Feature) haben deshalb schon früh auf konzentriertes Zuhören gesetzt und dieses immer wieder in einem oft ganz anders ausgerichteten Programmumfeld behauptet.

Auch ist der Rundfunk gezielt für propagandistische Zwecke eingesetzt worden, bei denen es z. B. in der NS-Zeit um die Einbindung der Hörer in eine ›Volksgemeinschaft‹ ging. Dabei zielte man nicht in erster Linie darauf, die Hörer über das Radio mit ideologischen Botschaften zu ›bereden‹, sondern auf eine radiofone Vereinnahmung, indem das Medium seine medialen Besonderheiten einsetzte und damit ein oft musikalisches Gemeinschaftserlebnis (z. B. in der Reihe »Das Wunschkonzert«) und eine direkte Verknüpfung mit dem Weltgeschehen (z. B. durch die Nachrichten von der Kriegsfront) erzeugte.

Rauschhafte Teilhabe, ein **Sich-eins-Fühlen mit der größeren Gemeinschaft** waren Ziel und Effekt einer propagandistischen Nutzung des Mediums. Der dispositive Effekt bestand in dieser Verbindung von Information über die Welt und die Wirklichkeit bei gleichzeitiger Transformation des Hier und Jetzt des Hörens in ein Dabeisein. Nicht die ideologische Indienstnahme eines Mediums war deshalb in der NS-Zeit das Problem, sondern die Überführung der Ideologie in eine mediale Struktur und ein mediales Ereignis.

11.5   Gibt es ein Dispositiv des Internets?

Für das Internet bzw. die computergestützte Kommunikation (die über das Internet auch noch andere Nutzungsmöglichkeiten einschließt; vgl. Kap. 17) ist eine spezifische Anordnungsstruktur festzustellen und zu beschreiben. Gegenüber dem Fernsehapparat ist der Benutzer dem Bildschirm des Computers sehr viel näher gerückt, er ist diesem durch eine komplexe Bedienungsstruktur (Keyboard, Mouse) und über die notwendigen Befehlseingaben direkter verbunden. Bei den Mediendispositiven des Kinos, Radios und Fernsehens war für den Dispositiv-Charakter bestimmend, dass sich benennbare Effekte einstellten, unabhängig von den jeweils einzelnen Inhalten. Eine dem Realitätseffekt im Kino oder dem Teilhabeeffekt im Fernsehen vergleichbare Wirkung ist beim Netzmedium jedoch noch nicht auszumachen. Vielleicht ist das Gefühl, an allem Wissen der Welt partizipieren zu können, zahlreiche Tätigkeiten rund um die Welt per Internet vollziehen zu können – also ein gewisses Omnipotenzgefühl –, die Basis für einen derartigen mit dem Internet verbundenen Effekt. Doch scheint die Entwicklung des Mediums noch nicht weit genug vorangeschritten zu sein, um definitive Aussagen treffen zu können.

Am Dispositiv-Konzept von Gilles Deleuze anknüpfend, der am Dispositiv vor allem eine »**andauernde Instabilität**« aus den gegenläufigen Bewegungen von Auflösung und Stabilisierung von Wahrnehmungsrahmungen hervorgehoben hat, hat Arndt Neumann versucht, für das Internet analoge Strukturen herauszuarbeiten: Im Netz, dessen Entstehung sich der militärischen Sicherung der Kommunikation im Krisen- und Kriegsfall verdankt (vgl. Kap. 17), bildet sich durch die dynamische Nutzung durch sich entfaltende Individuen »eine Subjektivität, die der Disziplinierung und der instrumentellen Vernunft entflieht« (Neumann 2002, S. 11). Neumann sieht eine Parallele zur Guerilla: »Sowohl bei der Guerilla als auch beim Internet findet sich der Nicht-Ort als ein wesentliches Moment. Die Ablösung des Stellungskrieges und des fest umrissenen Ortes der Kasernen durch die fortwährende Bewegung findet im Übergang von der Hegemonie des Fernseh-Dispositivs zu der des Internet-Dispositivs seine Entsprechung« (ebd., S. 12).

Diese Entgegensetzung von einem statischen, eher auf feste Rahmung und starre Strukturen ausgerichteten Fernseh-Dispositiv und dem Internet-Dispositiv als einem eher instabilen, flüssigen, sich bewegenden und ständig verändernden Dispositiv scheint jedoch stark geprägt zu sein von den Such- und Erprobungsbewegungen bei der Einführung des neuen Mediums. Hier ist noch eine weitere Konsolidierung des Mediums und eine endgültige Formung abzuwarten. Gegenwärtig zeichnet sich eher die Tendenz einer **Verfestigung** ab, weil Überschüsse an Innovationen abgebaut, Freiräume reduziert und die Kommunikation im Netz stark kommerzialisiert werden.

11.6   Mediendispositive allgemein

Der Zeithistoriker Bernd Weisbrod hat 2002 auf einer Tagung über die Rolle der Medien in der Zeitgeschichte von einer dispositiven Struktur der Medien insgesamt gesprochen, wobei er jedoch vor allem die audiovisuellen Medien meinte. Eine solche Konstruktion macht jedoch wenig Sinn, weil sie die unterschiedlichen Effekte spezifischer medialer Anordnungsstrukturen verwischt. Fruchtbar könnte eine derartige Konstruktion dort sein, wo bestimmte Medien mit verwandten oder ähnlichen medialen Strukturen auf ihre Effekte hin untersucht werden würden, also z. B. Medien, die vor allem durch das Merkmal der Visualität (oder der Oralität) bestimmt sind. Hier ist weiter nachzudenken.

Dispositive sind – modelltheoretisch gedacht – in der Form von Anordnungen bzw. Ordnungen zunächst vor allem **statische** Konstruktionen. Sie verändern sich in der Geschichte oft schon dadurch, dass scheinbar nebensächliche technische Veränderungen zu ganz anderen Formen des Zuschauens und Wahrnehmens der medialen Welt führen. Sie werden häufig als Zusatzgeräte eingeführt (Fernbedienung, Videorecorder), akkumulieren also Funktionen, können aber auch wieder auseinander treten (z. B. die Spielkonsolen von Videospielen) usf. Insofern ist eine **Dynamisierung der Mediendispositive** bei den technisch-apparativen Geräten zu beobachten.

Allgemein konstituieren die Medien das Subjekt (Hans 2001), oder anders formuliert: Die Medien modellieren den Menschen als kulturelles Wesen. In der Technik-Mensch-Anordnung ist das betrachtende Ich ein zentraler Faktor.

Wenn ein wichtiger Effekt des Dispositivs der Realitätsanschein des Gezeigten ist, stellt sich die Frage danach, welche Bilder der Betrachter von der Welt und welche er auch und gerade vom Menschen erhält. Vor allem die **Wahrnehmung der Geschlechtlichkeit** und ihrer Eigenschaften und Funktionen wird durch die Medien in besonderer Weise geprägt. Grundsätzlich wird hier nach dem englischen Sprachgebrauch zwischen ›sexus‹ und ›gender‹ (als der kulturellen Konstruktion von Geschlechtlichkeit) unterschieden.

Einflussreich ist hier Laura Mulveys Aufsatz »Visuelle Lust und narratives Kino« (1973, dt. 1980) gewesen, in dem das Kino – also auch das Kino-Dispositiv – als eine **männlich determinierte Wahrnehmungskonstruktion** beschrieben wird, in der die Frauen nur als Objekte in Erscheinung treten. Mulveys Kritik des Kinos hat in den 1970er Jahren das Entstehen nicht nur einer feministischen Filmtheorie, sondern auch einer feministischen Filmpraxis begünstigt, bei der es den Frauen darum ging, nicht mehr nur als Objekt männlicher Schaulust auf der Leinwand zu erscheinen, sondern selbst – anstelle der Männer – hinter der Kamera zu stehen und ein anderes Kino zu erzeugen. Eine zentrale Rolle spielte dabei auch die Zeitschrift *Frauen und Film*, die dieses Konzept propagierte und daraus das Programm einer neuen und anderen Filmpraxis entwickelte (Möhrmann 1980; für die feministische Filmtheorie stellvertretend Nabakowski/Sander/Gorsen 1980, Koch 1989, Schlüpmann 1990, Butler 1997). Inzwischen ist dieser Ansatz aufgrund seiner Fixierung auf das Hollywood-Kino insbesondere der klassischen Ära als zu eng kritisiert worden. Gleichwohl gewann er großen Einfluss auf die Vorstellungen von der Wahrnehmung im Kino.

Männlichkeit und Weiblichkeit als kulturelle Konstruktionen werden durch die Rollenbilder, durch das Verhalten der Figuren in Spielfilmen, Fernsehspielen und Serien, aber auch in den Dokumentationen, Nachrichten usf. vermittelt und – weil sie mit dem Gestus naturhafter Erscheinungsweisen auftreten – weitgehend unreflektiert von den Zuschauerinnen und Zuschauern angeeignet. Die genderorientierte Medienwissenschaft beschäftigt sich vor allem mit den Phänomenen der Präsentation und Repräsentation von Geschlechtlichkeit in den Medien und der Übernahme der hier erzeugten Bilder in das Selbstverständnis des Publikums sowie des kollektiven Geschlechterverständnisses einer Gesellschaft. In der Folge der **femi-**

nistischen Kritik hat es jedoch auch in den Medien selbst Veränderungen gegeben, d. h., die tradierten kulturellen Konstruktionen werden heute in den Medienproduktionen selbst reflektiert, aufgeweicht und zunehmend durch differenzierte Darstellungen der Geschlechter ersetzt.

Die mediale Modellierung des Menschen als eine Subjektkonstitution durch die Medien erfolgt jedoch nicht nur über die kulturelle Determination der Geschlechter, sondern auch auf der Ebene der Zeitvorstellungen, des Raumverständnisses, der Differenz von eigener und fremder Kultur und der Zugehörigkeit zu ihr usf. (vgl. Kap. 13).

Das Konzept des Mediendispositivs geht von **Effekten** des Mediums aus, die als weitgehend unabhängig von den jeweiligen konkreten Inhalten der Medienproduktionen gesehen werden. Effekte ereignen sich ungewollt und zumeist auch unreflektiert hinter dem Rücken der Zuschauer. Sie sind auch nicht durch eine Auseinandersetzung mit dem jeweils konkreten einzelnen Produkt zu erkennen, sondern stellen ein Ergebnis langfristiger kultureller Praxis mit den Medien dar. Sie sind eine theoretische Konstruktion, die Erfahrungen im Umgang mit den Medien erklärt.

> Mediendispositive konstruieren eine größere Ordnung, in der mediale Kommunikation zu sehen ist, primär vom **Spannungsverhältnis ›Technik-Subjekt‹** her. Sie gehen vom Einzelnen und seiner Rezeption aus und untersuchen aus der Perspektive des Subjekts, wie Machtinstanzen auf die mediale Wahrnehmung des Einzelnen einwirken. Es ist in diesem Sinne ein **medienkritisches Konzept**, das versucht, die unbewussten und verborgenen Mechanismen der Medienkommunikation sichtbar zu machen und damit auf inhärente Beeinflussungsstrukturen hinzuweisen.

Grundlegende Literatur

Baudry, Jean-Louis 1994: Das Dispositiv: Metapsychologische Betrachtungen des Realitätseindrucks. In: Psyche 48. Jg. (1994), H. 11, S. 1047–1074.

Baudry, Jean-Louis 1993: Ideologische Effekte erzeugt vom Basisapparat. In: Eikon (1993), H. 5, S. 36–43; mit einem Vorwort von Siegfried Zielinski, S. 34–35.

Deleuze, Gilles 1991: Was ist ein Dispositiv? In: Ewald, François/Bernhard Waldenfels (Hg.): Michel Foucaults Denken. Frankfurt a. M.: Suhrkamp, S. 153–162.

Elsner, Monika/Thomas Müller/Peter M. Spangenberg 1993: Zur Entstehungsgeschichte des Dispositivs Fernsehen in der Bundesrepublik Deutschland der fünfziger Jahre. In: Hickethier, Knut (Hg.): Institution, Technik und Programm. Rahmenaspekte der Programmgeschichte des Fernsehens (Geschichte des Fernsehens in der Bundesrepublik Deutschland, Bd. 1). München: Fink, S. 31–66.

Foucault, Michel 1978: Dispositive der Macht. Über Sexualität, Wissen und Wahrheit. Berlin: Merve.

Hickethier, Knut 1993: Dispositiv Fernsehen, Programm und Programmstrukturen. Institution, Technik und Programm. Rahmenaspekte der Programmgeschichte des Fernsehens. München (Geschichte des deutschen Fernsehens. Seine Programme 1950–1992. Hg. v. Helmut Kreuzer und Christian W. Thomsen, Bd. 1), S. 171–243.

Lenk, Carsten 1997: Die Erscheinung des Rundfunks. Einführung und Nutzung eines neuen Mediums 1923–1932. Opladen: Wesdeutscher Verlag.

Mulvey, Laura 1980: Visuelle Lust und narratives Kino. In: Nabakowski/Sander/Gorsen 1980, 1. Bd., S. 30–46.

Paech, Joachim 1997: Überlegungen zum Dispositiv als Theorie medialer Topik. In: Medienwissenschaft (1997), H. 4, S. 400–420.

Rosen, Philip (Hg.) 1986: Narrative, Apparatus, Ideology. A Film Theory Reader. New York: Columbia University Press.

Wenzel, Eike 2000: Gedächtnisraum Film. Die Arbeit an der deutschen Geschichte in Filmen seit den sechziger Jahren. Stuttgart/Weimar: Metzler.

Winkler, Hartmut 1997: Docuverse. Zur Medientheorie der Computer. München: Boer.

Weitere zitierte Literatur

Bartels, Klaus 1990: Kybernetik als Metapher. Der Beitrag des französischen Strukturalismus zu einer Philosophie der Information und der Massenmedien. In: Brackert, Helmut/Fritz Werfelmeyer (Hg.): Kultur. Bestimmungen im 20. Jahrhundert. Franfurt a. M.: Suhrkamp, S. 441–474.

Bourdieu, Pierre 1974: Zur Soziologie der symbolischen Formen. Frankfurt a. M.: Suhrkamp.

Bourdieu, Pierre 1982: Die feinen Unterschiede. Frankfurt a. M.: Suhrkamp.

Butler, Judith 1997: Körper von Gewicht. Die diskursiven Grenzen des Geschlechts. Frankfurt a. M.: Suhrkamp.

Caroll, Noël 1988: Mystifying Movies. Fads and Fallacies in Contemporary Film Theory. New York: Columbia University Press.

Dammann, Günter 2002: ›Le dispositif‹ als ›das Dispositiv‹. Bemerkungen zum Fall einer Nicht-Übersetzung. In: Tiefenschärfe (2002), H. 2, S. 4–6.

Dröge, Franz/Gerd G. Kopper 1991: Der Medien-Prozess. Zur Struktur innerer Errungenschaften der bürgerlichen Demokratie. Opladen: Westdeutscher Verlag.

Hak Kyung Cha, Theresa (Hg.) 1980: Apparatus. Cinematographic Apparatus: Selected Writings. New York: Tanam Press.

Hans, Jan 2001: Das Medien-Dispositiv. In: Tiefenschärfe (2001), H. 2, S. 22–28.

Hickethier, Knut 1991: Apparat – Dispositiv – Programm. Skizze einer Programmtheorie am Beispiel des Fernsehens. In: Ders./Siegfried Zielinski (Hg.): Medien/Kultur. Schnittstellen zwischen Medienwissenschaft, Medienpraxis und gesellschaftlicher Kommunikation. Knilli zum Sechzigsten. Berlin, S. 421–447.

Hickethier, Knut 1992: Kommunikationsgeschichte: Geschichte der Mediendispositive. Ein Beitrag zur Rundfrage »Neue Positionen zur Kommunikationsgeschichte«. In: Medien & Zeit 7. Jg. (1992), H. 2, S. 26–28.

Hickethier, Knut 1998: Geschichte des deutschen Fernsehens. Stuttgart/Weimar: Metzler.

Koch, Gertrud 1989: »Was ich erbeute, sind Bilder«. Zum Diskurs der Geschlechter im Film. Frankfurt a. M.: Stroemfeld/Roter Stern.

Leister, Oliver 2002: »Das ist ein Dispositiv, das geht, es läuft!« In: Tiefenschärfe (2002), H. 2, S. 7–9.

Möhrmann, Renate (Hg.): Die Frau mit der Kamera. Filmemacherinnen in der Bundesrepublik Deutschland. Situation, Perspektiven. München: Hanser.

Nabakowski, Gislind/Helke Sander/Peter Gorsen (Hg.): Frauen in der Kunst. 2 Bde. Frankfurt a. M.: Suhrkamp.

Neumann, Arndt 2002: Das Internet-Dispositiv. In: Tiefenschärfe (2002), H. 2, S. 10–12.

Paech, Joachim 1991: Eine Dame verschwindet. Zur dispositiven Struktur apparativen Erscheinens. In: Gumbrecht, Hans Ulrich/K. Ludwig Pfeiffer (Hg.): 1991: Paradoxien, Dissonanzen, Zusammenbrüche. Situationen offener Epistemologie. Frankfurt a. M.: Suhrkamp, S. 773–790.

Schivelbusch, Wolfgang 1986: Lichtblicke. Zur Geschichte der künstlichen Helligkeit im 19. Jahrhundert. Frankfurt a. M.: Fischer.

Schlüpmann, Heide 1990: Unheimlichkeit des Blicks. Das Drama des frühen deutschen Kinos. Frankfurt a. M.: Stroemfeld.

Schulze, Gerhard 1992: Die Erlebnisgesellschaft. Frankfurt a. M.: Campus.

Sennett, Richard ³1985: Verfall und Ende des öffentlichen Lebens: Die Tyrannei der Intimität. Frankfurt a. M.: Fischer.

Sierek, Karl 1993: Aus der Bildhaft. Filmanalyse als Kinoästhetik. Wien: Sonderzahl.

Steinbuch, Karl 1968: Die informierte Gesellschaft. Reinbek bei Hamburg: Rowohlt.

Witte, Karsten (Hg.) 1972: Theorien des Kinos. Ideologiekritik der Traumfabrik. Frankfurt a. M.: Suhrkamp.

12.   Öffentlichkeit und Öffentlichkeiten

Öffentlichkeit ist eine auch **in der Alltagsrede über die Medien etablierte Katego-rie**, wobei sie häufig sehr verkürzt als eine Art substantielle Institution verstanden wird (»die Öffentlichkeit sagt …«). Doch: ›**Öffentlichkeit**‹ **ist ein theoretisches Konstrukt**. Über Fragen der Öffentlichkeit wird in den Text- und Kulturwissen-schaften intensiv gearbeitet (vgl. Hohendahl 2000), auch wenn die hier vertretenen Theorien stärker sozialwissenschaftlich begründet sind.

Bis in die 1960er Jahre war der Begriff der Öffentlichkeit mit dem Entstehen der ›**öffentlichen Meinung**‹ (Noelle-Neumann 1966) verbunden. Diese setzt sich in der Regel aus den publizierten Meinungen in der Presse, in Radio, Fernsehen und anderen Medien zusammen. Sie stellte sich schon im 18. Jahrhundert als Sum-me der Meinungen in den Salons, Kaffeehäusern und anderen Institutionen, also der ›veröffentlichten Meinungen‹ von Journalisten, Autoren, Politikern etc., dar. In ähnlicher Weise setzt sich auch **Öffentlichkeit** aus verschiedenen Einzelphänome-nen zusammen, von denen wir annehmen, dass sie einander ergänzend zusam-menwirken. Häufig tun sie dies jedoch nicht.

Der ›öffentlich-rechtliche‹ Rundfunk leitet seine Bezeichnung nicht von einer spezifischen, ihm eigenen Substanz des Öffentlichen ab, sondern er heißt so, weil seine juristische Konstruktion nach den Regeln des ›öffentlichen Rechts‹, also des Staats- und Verwaltungsrechts, formuliert ist. Der ›private Rundfunk‹ ist fol-gerichtig nur darin ›privat‹, dass er sich nach dem Privatrecht konstituiert und ein-zelnen Menschen als Privateigentum gehört, die mit ihm Gewinn oder Verluste machen. Seine Tätigkeit, Programme auszustrahlen, Unterhaltung und Informa-tion zu liefern, erzeugt genauso Öffentlichkeit wie die Programmtätigkeit des öf-fentlich-rechtlichen Rundfunks. Deswegen ist es sinnvoller, statt vom ›privaten‹ vom ›**privatrechtlichen**‹ **Rundfunk** zu sprechen.

12.1   Der Öffentlichkeitsbegriff

›Öffentlichkeit‹ ist, historisch gesehen, eine eher neue Kategorie (vgl. auch Führer/ Hickethier/Schildt 2001, dort auch weitere Literaturangaben, ebenso Faulstich/Hicke-thier 2000). In Johann Heinrich Zedlers *Großem vollständigem Universallexikon* von 1740 wird als ›öffentlich‹ verstanden, was allen durch ein von Natur zustehendem Recht gemein ist und jeder den Umständen entsprechend nutzen, aber keiner zu sei-nem Eigentum erklären kann. Aufgezählt werden: »die Erde, die Luft, das Feuer, das Wasser«, also die vier Grundelemente, aus denen schon die Antike die Welt zusam-mengesetzt sah. Ein unmittelbar gedachtes ›**Allgemeines**‹ ist hier der Ausgangspunkt.

Das heutige Verständnis des ›Öffentlichen‹ unterscheidet sich von Zedlers Vor-stellungen beträchtlich. Öffentlichkeit selbst erscheint als eine, wenn auch immateriell gedachte, Institution, die sich vor allem in den Medien materialisiert (aber mit ihnen nicht identisch ist) bzw. durch diese hergestellt wird. Eine Vorstellung, wie noch 1955 im Brockhaus zu lesen, dass öffentlich sei, was »**vor Aug und Ohr**« aller freien Bürger verhandelt werde, gilt heute nur noch als Sonderfall vor dem Hintergrund der die gesellschaftliche Kommunikation determinierenden Massenmedien.

In der Geschichte dieses Begriffs wird sichtbar, dass es gesellschaftlich einen funktionalen Bereich, einen Raum, eine Einrichtung gibt und geben muss, in dem oder in der die Gesellschaft Dinge regelt, die die Gesellschaft insgesamt betreffen. **Öffentlichkeit ist damit der Ort, an dem über die Angelegenheiten der Gemeinschaft bzw. der Gesellschaft gesprochen bzw. entschieden werden muss.** Die bürgerliche Gesellschaft setzte seit dem 18. Jahrhundert als Prinzip die ›bürgerliche Öffentlichkeit‹ durch, bei der möglichst viele (im Ideal alle) Bürger eines Gemeinwesens über die allgemeinen, alle betreffenden Angelegenheiten einen **Konsens zwischen den divergierenden Partialinteressen** finden. Dass die Akteure in der Öffentlichkeit als Interessenvertreter einzelner gesellschaftlicher Gruppen (z. B. die Gewerkschaftsvertreter vs. die Vertreter der Arbeitgeber) auftreten und diese Interessen entschieden behaupten, ist nicht nur legitim, sondern sogar zwingend notwendig. Öffentlichkeit ist ein Ort der gesellschaftlichen Auseinandersetzung, des Konflikts und der Kontroverse. Zwischen den Positionen muss jedoch dort, wo sie konträr sind, ein Ausgleich gefunden werden. Nur so wird langfristig der innere Frieden in der Gesellschaft gewährleistet, der für die Gesellschaft effizienteste Weg zur Bedürfnissicherung aller Bevölkerungsgruppen gefunden und das Fortbestehen der Gemeinschaft bzw. der Gesellschaft garantiert.

Die Interessenvertreter der verschiedenen gesellschaftlichen Gruppen geben sich beim Argumentieren häufig als Anwälte des Allgemeinwohls aus. Dabei wird oft auf gesellschaftliche **Normen und Werte** Bezug genommen, die in der Öffentlichkeit diskutiert werden und sich als Ergebnis häufig so verfestigt haben, dass sie den Mitgliedern einer Gesellschaft als ›selbstverständlich‹ und ›naturhaft‹ erscheinen‹. Auf diese Prinzipien (Ideale, Werte) als Diskurselemente beziehen sich die Akteure mit ihren Kommunikationsbeiträgen, sie argumentieren mit ihnen (oft auch in einer die eigentlichen Interessen der Redenden verschleiernden) und verfestigen sie damit gleichzeitig weiter, weil sie auf diese Weise deren Status als Legitimationsinstanz bestätigen.

12.1.1 Jürgen Habermas und das Ideal der Öffentlichkeit

›Öffentlichkeit‹ ist als Begriff und als wissenschaftliches Konzept im deutschen Sprachraum entstanden (vgl. Hölscher 1979) und findet nur wenig Entsprechung in anderen Wissenschaftskulturen. International ist es üblich, mit Wortkombinationen mit ›**public**‹ zu arbeiten, wobei aber vor allem von Offenheit (im Gegensatz zur Abgeschlossenheit) der Kommunikation bzw. vom Verhandeln von Themen von öffentlichem Belang (›res publica‹) in der Öffentlichkeit ausgegangen wird (Kleinsteuber 2000).

Ein eigenständiges deutsches Verständnis von einer (eher idealtypisch interpretierten) Öffentlichkeit entstand, wie Jürgen Habermas (1962) darstellt, im 18. Jahrhundert, einer Phase des Kampfes des deutschen Bürgertums um Anerkennung im öffentlichen Raum. Die von Habermas entwickelte Konstruktion der Öffentlichkeit bewertet das kulturelle und politische Räsonnement vor dem Hintergrund der deutschen Geschichte hoch und schätzt dagegen die politische Funktion von Auseinandersetzung über Macht und Einfluss auf Regierung und Staat gering ein.

Öffentlichkeit grenzt sich einerseits von der **Privatheit** der Familie, der Ökonomie etc. und andererseits vom **Arkanum**, dem geheimen Kreis um den Herrscher, ab. Letztlich sind nach der zivilen bürgerlichen Auffassung alle allgemeinen Angelegenheiten öffentlich zu machen. ›Öffentlich‹ meint in diesem Zusammenhang die **Zugänglichkeit** der Verhandlungen, zumindest für solche, die als Bürger aktive Beteiligungsrechte haben. Wo die Grenzen gegenüber dem staatlich notwendigen Geheimnis, wo gegenüber der Privatheit der Bürger die Grenzen zu ziehen sind, ist bis heute heftig umkämpft, wie ein Blick auf die aktuellen Diskussionen zeigt (vgl. Westerbarkey 1991, S. 21 ff.).

Mit dem Entstehen der **Massenmedien** veränderten sich alle Öffentlichkeitsformen entscheidend, denn zu den realen Räumen der Öffentlichkeit (Forum, Agora, Marktplatz, Salon, Kaffeehaus, Straße) traten die Medien hinzu und bildeten zunächst eigene Veranstaltungsöffentlichkeiten (Theater, Zirkus, Varieté, Kino), in denen der konkrete Raum häufig mit Medienangeboten strukturiert wurde. In einem weiteren Schritt lösten sich die Medien von diesen Veranstaltungsräumen und schufen durch die Ausstrahlung von Programmen eigene ›virtuelle‹ Orte des Austausches, die potenziell von allen Mediennutzern gleichzeitig wahrgenommen werden konnten. Daraus ist ein **komplexer Zusammenhang medialer Öffentlichkeiten** geworden, der differenzierten Bedingungen unterliegt und eigene Regeln entwickelt hat (vgl. Hohendahl 2000). Medien, so kann man zugespitzt sagen, dienen in der intersubjektiven Kommunikation primär der Herstellung von Öffentlichkeit. Diese stellt, wie es der Publizist Zimmermann formulierte, »das unentbehrliche Betriebsgeräusch der Medienmoderne« (Zimmermann 2000) dar.

12.1.2   Öffentlichkeit und Gegenöffentlichkeit

Noch Ende der 1960er Jahre blieb der Begriff der Öffentlichkeit in der Massenkommunikationsforschung sehr allgemein. Nach Gerhard Maletzke ist »Massenkommunikation grundsätzlich immer ›öffentlich‹« (Maletzke 1963, S. 24), Medien und Öffentlichkeit wurden in getrennten Fachdiskursen erörtert.

Dem Ideal einer universell gedachten Öffentlichkeit wurden in den 1960er und 70er Jahren neue, gesellschaftskritisch motivierte Ansätze gegenübergestellt. Sie gingen vom ›Aufklärungsideal‹ in den Anfängen der bürgerlichen Öffentlichkeit aus und suchten in einer kritischen Wendung Modelle für neue Öffentlichkeitsformen zu gewinnen. Aus der Vorstellung einer (sich auf die 1920er Jahre beziehenden) Opposition zweier Öffentlichkeiten (›bürgerlich‹ vs. ›proletarisch‹) entstand das Konzept einer ›**Gegenöffentlichkeit**‹ (Negt/Kluge 1972).

Für den Soziologen Oskar Negt und den Filmemacher Alexander Kluge ist die Strukturierung von Öffentlichkeit eine Frage der Organisation von Macht und der zulässigen bzw. möglichen kollektiven Erfahrungsbildung. Damit gerät das normative Konstrukt der idealen bürgerlichen Öffentlichkeit – bei Habermas verstanden als Artikulationsform eines Protests und Machtanspruchs gegenüber feudaler Herrschaft – seinerseits unter den Verdacht, Herrschaft zu formieren und zu legitimieren sowie Repression auszuüben. Die Vorstellung von zwei sich antagonistisch gegenüberstehenden ›Öffentlichkeiten‹ wurde in den 1970er Jahren von vielen Autoren erörtert. Dabei bezogen sie die als grundlegend gesehene Opposition zweier Öffentlichkeiten fast ausschließlich auf den Prozess der demokratischen Willensbildung.

Die Kritik des traditionalen Öffentlichkeitsbegriffs und die Suche nach Differenzierungen in den 70er Jahren führte im Anschluss an Negt/Kluge dazu, neu entstehende Öffentlichkeiten unter dem Terminus der ›**Alternativkultur**‹ zu erörtern, wobei dieser Begriff immer mehr als nur den Raum der Kommunikation in einem gesellschaftlichen Milieu meinte und im Sinne eines weiten Kulturverständnisses alle Aspekte des Lebens einschloss. Der Bezug zu bestimmten Milieus wurde im Begriff und Konzept der ›**Stadtteilöffentlichkeiten**‹ angesprochen. Hier knüpfte man an die Erfahrung traditionaler Öffentlichkeitsräume innerhalb der Stadt an und strukturierte diese neu.

Aus heutiger Sicht stellt diese Gegenübersetzung den Einstieg in eine weiter greifende Differenzierung der einmal als einheitlich und universell gedachten Öffentlichkeit in mehrere partikulare Teilöffentlichkeiten dar. Die Überlagerung der traditionell raumbezogenen und zumeist urban gedachten Öffentlichkeiten durch **neue, massenmediale Öffentlichkeitsformen** bedeutet strukturell etwas Neues: Die ›Dispositive der Medien‹ erzeugen massenhaft verbreitete Angebote bei gleichzeitiger individueller Rezeption und Nutzung. In den von den Massenmedien durchgesetzten Öffentlichkeiten tritt damit an die Stelle des kommunizierten ›**Räsonnements**‹ der sich miteinander verständigenden Bürger der individuelle ›**Konsum**‹ von Produkten der ›Massenkultur‹.

Diese Veränderung wird bei Habermas als ein »Zerfall« von Öffentlichkeit gesehen. Die massenmediale Verfügbarmachung öffentlicher Kommunikation zerstört nach diesem Modell das kritische Potenzial der Öffentlichkeit. Dagegen ist festzuhalten, dass die Umstrukturierung der Öffentlichkeit durch die Massenmedien nicht nur negativ zu sehen ist, sondern strukturell auch neue Möglichkeiten für einzelne Gruppen und Individuen bietet, sich einerseits über die gesellschaftlichen Belange in gruppenspezifischer Weise zu informieren, andererseits auch die eigenen Interessen zu vertreten.

Die systemtheoretisch orientierte Öffentlichkeitstheorie hält die ›Reduktion‹ der öffentlichen Kommunikation aller mit allen auf die Veröffentlichung von Kommunikationsangeboten und ihre ›Nutzung‹ für charakteristisch für die ›**massenmediale Öffentlichkeit**‹ (Gerhards/Neidhardt 1991). Zu den Kommunikationsprodukten haben per Medium zwar tendenziell alle einen Zugang, ihre ›Verarbeitung‹ zur eigenen Meinung und Erfahrung – bei Habermas gedacht im ›öffentlichen‹ Austausch der Individuen – gehört nicht mehr zu den zentralen Organisationsprinzipien dieser massenmedialen Öffentlichkeit. Meinungsbildung und Erfahrung werden in anderen Formen von Öffentlichkeitsbildung (Kleingruppen, Vereine etc.) aufgegriffen, gehen also nicht völlig unter. Viele der produktiven Transformationen medialer Protestformen seit den 1960er Jahren entwickelten sich außerhalb der Massenmedien – setzten aber auf deren Informationsverbreitung und Emotionalisierungspotential.

In der kritischen Diskussion der Medien seit den 70er Jahren wurde immer wieder die **ökonomische Determination** der Medienöffentlichkeit beklagt, die diese zu einem ›Markt der veröffentlichten Meinungen‹ gemacht habe. Damit werde die Unabhängigkeit der Öffentlichkeit gefährdet und der Macht und dem Einflussverlangen der wirtschaftlichen Gruppen Vorschub geleistet. In der Tat verstehen sich die Medien auch aufgrund ihrer Expansion immer stärker als ›Marktunternehmen‹, die teilweise die wirtschaftlichen Interessen über die publizistischen Aufgaben stellen.

In der theoretischen Diskussion wurde der **Marktbegriff** selbst jedoch immer deutlicher zum Synonym für ›Öffentlichkeit‹. Zum einen erschien vielen die ökonomische Bedingtheit gesellschaftlicher Kommunikation als selbstverständlich, zum anderen wurden viele Folgen, die die ›Ökonomisierung‹ der Medien mit sich brachte, erst mit der Expansion der Medien in den 1980er und 1990er Jahren sichtbar. Beim Fernsehen und Hörfunk treten solche ökonomischen Interessen häufig nur verdeckt in Erscheinung, wenn es z. B. um die Einschaltquoten geht und damit um das sichtbar werdende Medienverhalten des Publikums. Von Interesse ist die Einschaltquote für die Medien, weil sie für die Werbepreise und damit die Einnahmen der Medienunternehmen von Bedeutung ist. Ob damit eine größere oder kleinere ›Öffentlichkeit‹ entsteht, ist den Medien letztlich gleichgültig.

12.1.3 Wer agiert wie in den Öffentlichkeiten?

Die genauere Betrachtung der Öffentlichkeit als Marktgeschehen zeigt, dass das ›Öffentlich-Machen‹ eines Sachverhalts als Agieren in der Öffentlichkeit nicht etwa nur als ein altruistischer Wettstreit um das beste Argument verstanden werden darf. Habermas' Öffentlichkeitsmodell des konsensuellen Konfliktausgleichs zwischen divergierenden Interessengruppen geht letztlich davon aus, dass die Kontrahenten miteinander einen Ausgleich suchen. Dazu benötigen sie in der Regel die Öffentlichkeit jedoch nicht. Entscheidend ist für die medialen Öffentlichkeiten, dass die Kontrahenten die Öffentlichkeit nutzen, um für ihre Positionen Bündnispartner bei anderen Gruppen (oder bei der ›Allgemeinheit‹) zu suchen. Es geht im Diskurs der Öffentlichkeit also darum, mit den Mitteln der Ansprache, der Argumentation, der Überredung etc. ein Publikum für die eigene Sache zu gewinnen, es zu einem bestimmten Handeln zu bewegen (z. B. eine Ware zu kaufen, eine Partei zu wählen, für eine ›gute‹ Sache Geld zu geben usf.). Es werden dabei nicht nur rationale Argumente vorgebracht, sondern häufig wird zuerst sehr genau erkundet, wie denn ein Publikum für eine Sache einzunehmen sei. Dabei sind emotionale Aspekte von großer Bedeutung. Oft wird auch über einen Umweg eine Position bekämpft, wird indirekt argumentiert und abgelenkt, werden Scheindebatten geführt.

Die Erarbeitung derartiger Strategien, die dann oft zu Kampagnen führen, hat zunächst in der Werbung zu einem ausgefeilten Sortiment von Techniken und Verfahren geführt, die dann auch in der Politik eingesetzt wurden. ›**Public Relations**‹ (›Öffentlichkeitsarbeit‹) stellt heute ein umfangreiches Arbeitsfeld dar. Dabei wird oft sehr genau geplant, wer wo mit welcher Darstellung öffentlich in Erscheinung tritt. Was dem Publikum als ›natürlicher‹ und ›spontaner‹ Prozess der Öffentlichkeit erscheint, ist auf diese Weise ein Ergebnis genauer Kalkulation von kommunikativen Handlungen. Häufig erscheint das Fehlen eines solchen planenden und kalkulierenden **Kommunikationsmanagements** als ein chaotischer und misslungener öffentlicher Diskurs (etwa das Handeln der Bundesregierung in den ersten drei Monaten nach der Bundestagswahl 2002). Daran zeigt sich, dass das öffentliche Bild von einem Sachverhalt heute vielfach (nicht immer und in jedem Fall) eine gezielt hergestellte und bewusst beeinflusste Konstruktion darstellt.

Das Agieren im öffentlichen Raum unterliegt **Regeln**. Welche Mittel dabei als zulässig gelten und welche nicht, darüber setzen sich die Akteure in der Öffentlichkeit immer wieder auseinander. Häufig entzünden sich die Debatten über die Zulässigkeit von Mitteln und Strategien der Meinungsbeeinflussung an Konfliktfällen und an Skandalen. Skandale selbst stellen Normkonflikte dar: Zwischen dem Normverständnis einer Person oder einer Gruppe und anderen Personen oder Gruppen besteht eine Differenz, die dazu führt, dass sich eine Konfliktpartei darüber öffentlich erregt. Skandale können eine klärende Funktion haben.

12.2 Universale ›Öffentlichkeit‹ vs. mediale ›Öffentlichkeiten‹

Schon bei der hier angedeuteten Öffentlichkeitsstruktur liegt eine grundsätzliche Dichotomie nahe:

- Einem **allgemeinen Öffentlichkeitsbegriff mit Universal-Anspruch** (›Öffentlichkeit‹ im Singular) steht
- eine **Vielzahl medial definierter Öffentlichkeiten** (›Öffentlichkeit‹ im Plural) gegenüber.

Auszugehen ist also von einem **doppelten Öffentlichkeitsbegriff**, der einerseits den tradierten Begriff einer universellen ›Öffentlichkeit‹ als einer umfassenden Kategorie (als Ideal) einschließt, andererseits die Existenz einzelner, vornehmlich medial definierter (empirisch darstellbarer) ›Öffentlichkeiten‹ erkennt.

Die Vorstellung der Existenz **pluraler Öffentlichkeiten** geht davon aus, dass Öffentlichkeiten als partielle Kommunikationsräume nicht mehr von allen Bürgern in gleicher Weise genutzt werden, sie sich teilweise auch ausschließen und zueinander in Opposition treten können. Sie verhalten sich zumindest nicht von vornherein kompensatorisch zueinander und ergänzen sich nicht in jedem Fall zu ›der‹ Öffentlichkeit.

Gerhards/Neidhardt unterscheiden drei Ebenen der Öffentlichkeit – **Encounteröffentlichkeit, Veranstaltungsöffentlichkeit und Massenmedienöf-**

fentlichkeit –, die ineinander greifen, um wirksam zu werden, und dabei einerseits eine Zunahme der Leistungsfähigkeit und Professionalisierung und andererseits eine Abnahme des Publikumseinflusses mit sich bringen (Gerhards/ Neidhardt 1991, S. 55 f.).

Es ist deshalb sinnvoll, auch kategorial von einem **Nebeneinander vieler unterschiedlich strukturierter Öffentlichkeiten** auszugehen und ihre jeweiligen Bedingungen und Funktionsweisen genauer zu untersuchen. Für den Bereich der neuen digitalen Netzkommunikation hat z. B. der Publizist Florian Rötzer die These aufgestellt, dass »ein ungeheuer **komplex verschachteltes System von kommunikativen und räumlichen Öffentlichkeiten** ganz verschiedener Größenordnungen und Reichweiten, ein Gewebe aus Öffentlichkeiten [entstanden sind], die sich überschneiden, überlagern, ausschließen, sich wechselseitig beeinflussen oder unabhängig voneinander sind« (Rötzer 1996). Jürgen Fohrmann und Arno Orzessek sprechen neuerdings von »zerstreuten Öffentlichkeiten« (2002), wodurch eine assoziative Verbindung zu den Ansätzen der ›De-Zentrierung‹ von Identität und der ›de-zentrierten Subjekte‹ (vgl. Kap. 13.3.4) hergestellt wird.

Notwendig ist die genaue Untersuchung der Binnenstruktur einzelner Öffentlichkeiten sowie ihrer Differenzen und Gemeinsamkeiten in einem übergreifenden Zusammenhang. Es ist deshalb konsequent, die wiederholte Beschwörung des Ideals der universellen Öffentlichkeit durch eine Erforschung der pluralen Öffentlichkeiten zu ersetzen.

12.2.1 Pluralität der Kommunikationsräume

Öffentlichkeit als Raum zu verstehen, ist nahe liegend. Dieser ›Raum‹ muss ›verschließbar‹ sein, sonst wäre es kein gesonderter Raum. Die ›verschlossene Tür‹ versinnbildlicht das Abschließen, die Herstellung von Nicht-Öffentlichkeit, ihr Öffnen die Zugänglichkeit. In der Geschichte konstituierte **die Örtlichkeit des Diskurses über öffentliche Angelegenheiten** einen politischen Kommunikationsraum.

Die Agora der griechischen Polis wurde zum Raum politischer Kommunikation, die **Reichweite der Stimmen der Redner und die Sichtbarkeit der Sprechenden** definierten die räumlichen Begrenzungen der Öffentlichkeit. Die Erweiterung der Kommunikationsanforderungen führte zur Errichtung entsprechender Räumlichkeiten. So entstanden in der Antike spezifische Gebäude für Kultur und Unterhaltung, die sich von politischen Funktionsbauten deutlich unterschieden, etwa das Amphitheater und das Kolosseum. Für alle Varianten gilt, dass öffentliche Kommunikation, soweit sie sich auf direkten Austausch begrenzt, auf der Deckungsgleichheit von Kommunikation und Raum beruht.

Zwei grundsätzlich unterschiedliche Raumvorstellungen haben sich für die Öffentlichkeit herausgebildet:

1. Das **Forum-Modell**: Auf einem Forum versammeln sich die Bürger und tauschen sich als mehr oder minder Gleichberechtigte miteinander aus, bilden sich eine Meinung, indem sie selbst aktiv in den Diskussionsprozess eingreifen.

2. Das ›**Arena**‹-**Modell**: Zwischen den Agierenden im Rund der Arena und den sich auf Galerien darüber Befindlichen wird unterschieden. Die einen handeln und die anderen schauen zu und haben nur eine begrenzte Möglichkeit, sich aktiv zu verhalten: indem sie Befall spenden oder ihrem Missfallen Ausdruck geben. Es liegt auf der Hand, dass mit diesen Metaphern zum einen eher die nicht-mediale, zum anderen die eher massenmediale Öffentlichkeit zu fassen ist (Plake/Jansen/Schumacher 2001, S. 28 ff.).

Der historisch enge Zusammenhang von Öffentlichkeit, Raum und direkter Kommunikation wurde – innerhalb der neueren Entwicklung – durch die Einführung **technischer Apparaturen (Medien)** transformiert. Diese ermöglichten es, den Ort, an dem über öffentliche Angelegenheiten kommuniziert wurde, von den Beteiligten zu trennen. In die Öffentlichkeit konnten auf diese Weise sehr viel mehr Bürger einbezogen werden. Dabei veränderte sich zwangsläufig die Struktur der Kommunikation. Aus den Aktivbürgern der direkten Demokratie wurden dabei **massenmedial** informierte Wahlbürger in der Repräsentativdemokratie. Ebenso wurden aus dem Publikum des Theaters Rezipienten audiovisueller Medienangebote. Zwangsläufig verändert sich damit auch die technisch übermittelte Kommunikation.

Die Parlamentsverhandlung oder die Theateraufführung basieren z. B. auf direkter und oraler Kommunikation. Werden sie über das Fernsehen verbreitet oder am nächsten Morgen in den Printmedien kommentiert, so greift die Logik der Massenmedien. Die Übertragungen sind **Produkte** der Massenmedien und das Übertragene gewinnt damit Produkteigenschaften. Reden werden nicht mehr primär aus der Logik eines parlamentarischen Streits heraus verstanden, sondern als Auftritte von Protagonisten und Antagonisten, es geht um die Dramaturgie des Ablaufs von Opening und Exposition, Steigerung und Höhepunkt, Finale mit Sieg und Niederlage (vgl. Kap. 8.6.2).

Selbst dort, wo derartige Überformungen weniger greifen, wirken die Verknappung der Zeit in den Programmen, die Präsentationsmuster von Pointierungen, des Schlagabtausches formend auf das Darzustellende. Die Pars-pro-toto-Argumentation der Fernsehdramaturgie arbeitet auch mit Gesten, unbeobachtet geglaubten und dennoch vom Teleobjektiv der Fernsehkamera ›eingefangenen‹ mimischen Ausdrucksweisen, die häufig als eine ›echte‹ Reaktion auf ein Statement verstanden werden.

Im Gesamtfeld ›Öffentlichkeit‹ lassen sich unterschiedliche Kommunikationsstrukturen darstellen, wobei die Teilung in **differente Kommunikationsräume** nicht überdecken darf, dass Medien den gesamten Prozess – z. B. in der Form von Mehrfachadressierungen von Botschaften – überformen: Politiker sprechen zwar im Bundestag vor Parlamentariern, halten aber faktisch ›Fensterreden‹ an das Fernsehpublikum. Die Teilnehmer von TV-Talkshows tauschen sich weniger mit ihren Gesprächspartnern aus, sondern produzieren sich vor ihren Zuschauern und für sie (vgl. Kap. 4.3.3).

Alle Räume der Öffentlichkeit sind **durch Kommunikation definierte Räume**. Etwas ›öffentlich‹ machen meint zumeist, Themen, Inhalte, Botschaften in einen

Raum der gesellschaftlichen Kommunikation einzubringen. In den massenmedialen Öffentlichkeiten werden diese Kommunikationsräume durch die Bedingungen des jeweiligen Mediums mitstrukturiert und durch neue, aus der Technik und ihrem Gebrauch resultierende Effekte überschrieben. Sie werden mit Eigenschaften kombiniert, die einerseits mit dem ursprünglichen Raumverständnis von Öffentlichkeit kompatibel sind (Kommunikationshandeln von Akteuren), andererseits dieses jedoch auch transzendieren (z. B. Diskursivität, Visualität der verhandelten Themen). Grundlegend ist dabei die Erkenntnis, dass »Kommunikation nicht nur durch den Raum bedingt ist, sondern dass sie zugleich Raum stiftet und gestaltet« (Kleinsteuber 2000).

Die Differenz der verschiedenen Konzepte zeigt, dass hier von unterschiedlichen Positionen aus ein Bedürfnis nach der Bestimmung des öffentlichen Raums entstanden ist.

- Erstens ist nach den Strukturen medialer Öffentlichkeiten als **durch die Medien organisierte Öffentlichkeitsräume** zu fragen (z. B. nach dem Entstehen von ›Kino-‹, ›Radio-‹ und ›Fernsehöffentlichkeit‹), bei denen sich gegenüber den Versammlungsöffentlichkeiten die Raum- bzw. Zeitdeterminanten verändern.
- Zweitens sind die Prozesse der **Ausweitung, Entgrenzung und Überlagerung** unterschiedlicher lokaler, regionaler und überregionaler Öffentlichkeiten zu untersuchen, die durch die Medien beeinflusst und eventuell sogar vorangetrieben werden.
- Drittens sind auch die Möglichkeiten der **Fiktionalisierung, der Entertainisierung und Virtualisierung der öffentlichen Räume** und der in ihnen geführten Kommunikation durch die Medien zu ermitteln.

Dem Raumkonzept von Öffentlichkeit entspricht auch, dass mit der wachsenden Privatisierung vormals öffentlicher Stadträume (Passagen etc.) und einer zunehmenden Konsumorientierung eine Tendenz zur Erlebnisorientierung Platz gegriffen hat, die zur Herausbildung spezifischer neuer **Erlebnisöffentlichkeiten**, etwa in den Freizeit- oder Lifestyle-Parks (Schulze 1992), führt. Sie verbinden sich vielfältig mit Entwicklungsstufen der medialen Inszenierungen, bis hin zur Installation ›virtueller Welten‹. Damit gewinnen die sozio-kulturellen Funktionen, die Öffentlichkeit neben den politischen Aufgabenzuweisungen immer schon hatte, neue Bedeutungen für die hoch industrialisierten und massenmedial geprägten Gesellschaften.

12.2.2 Die Öffentlichkeit der verschiedenen Medien

Wenn von den durch das Medium gestifteten spezifischen Räumen der öffentlichen Kommunikation die Rede ist, werden damit vor allem die **Presse**, der **Hörfunk** und das **Fernsehen** gemeint. Seltener wird Öffentlichkeit im Zusammenhang mit dem **Kino** erörtert. Der Filmwissenschaftler Karsten Witte spricht beispielsweise vom Kino als einem »gesellschaftlichen Raum« (Witte 1972, S. 7). Als größere neuere Beschreibung der mit dem Übergang vom 19. zum 20. Jahrhundert entstehenden Kinoöffentlichkeit kann Heide Schlüpmanns Darstellung des frühen deutschen Kinos gelten. Sie vertritt die These, dass das Kino die bürgerlichen Kräfte versammelt, »die in der Geschichte der bürgerlichen Öffentlichkeit nicht zu ihrem Recht gekommen waren« (Schlüpmann 1990, S. 13). Vor allem Frauen haben in den Darstellungen von Schauspielerinnen im ›sozialen Drama‹ im Kino eine neue, durchaus emanzipativ wirkende Öffentlichkeit gefunden, weil im Kino als neuem Kommunikationsort ein anderes Verhalten möglich war als in den bereits bestehenden Öffentlichkeiten (z. B. des Theaters).

Auch beim Radio entsteht sehr früh eine eigene Öffentlichkeit, die zum Teil aus den Arbeiter-Radiogemeinschaften und Radio-Bastelclubs entstand. Solche partikularen Öffentlichkeiten sind gerade für die Frühzeiten eines Mediums immer wieder festzustellen. Sie sind jedoch zumeist wenig stabil, weil sich mit der Ausdehnung der Mediennutzung auch eine Verallgemeinerung der entstehenden Öffentlichkeiten vollzieht.

Mit der **Netzkommunikation** der ›neuen Medien‹ wird der Begriff medial konstituierter Öffentlichkeiten in den 1990er Jahren neu aktiviert, weil die Interaktivität und der Übergang von der Massenkommunikation zur Individualkommunikation die tradierten Auffassungen von Öffentlichkeit ganz offensichtlich in Frage stellen. Neue und sehr unterschiedliche »arenas of electronic politics« (Poster 1995) sind entstanden, die sich in den Netzen als *virtual communities* in der Regel gegenseitig nicht zur Kenntnis nehmen und oft nicht einmal voneinander wissen. Chatgroups, News-Foren, E-Mail-Listen und vieles mehr sorgen für ganz neue Öffentlichkeitskonstruktionen, die sich in ihren Dimensionen ständig verändern und noch detailliert erforscht werden müssen.

12.3   Veränderungen der Öffentlichkeitsgrenzen

Die Massenmedien und die von ihnen beeinflussten bzw. durch sie neu hervorgebrachten Öffentlichkeiten erzeugen Grenzverschiebungen: zum einen gegenüber dem Bereich des politischen Handelns im Arkanbereich der Macht, zum anderen gegenüber dem Bereich des Privaten (Westerbarkey 1991).

12.3.1   Der Arkanbereich der Politik und die Öffentlichkeit

War bis in die Mitte des 20. Jahrhunderts hinein der politische Bereich der Macht und der Machtentscheidungen weitgehend von der Öffentlichkeit abgegrenzt, so führte die Medialisierung der Öffentlichkeit zu einer Veränderung des politischen Handelns.

Indem durch die Medien die politisch Handelnden immer stärker zu einer öffentlichen Erklärung ihrer Entscheidungen herausgefordert werden, teilt sich das politische Handeln in ein Agieren in den Medien und in eine weiterhin **im Arkanbereich verbleibende politische Entscheidung**, die mehr und mehr zu einer nicht öffentlich gemachten Strategieerörterung wird. Es ist nicht so, dass die Medialisierung dazu führt, dass nun auch alle politischen Entscheidungen öffentlich getätigt werden – ganz im Gegenteil. Wenn Politik ohnehin hauptsächlich Kommunikation ist, dann bedient sich das politische Agieren auf den Podien der Massenmedien immer stärker der Formen der Medien, die emotional wirksam sind, Eindruck erzeugen, ohne dass sich die Agierenden dabei allzu konkret in ihren wirklichen Entscheidungen festlegen. Das politische Agieren in den Medien wird dabei häufig durch die Kommunikationsstrategien des Begriffe-Besetzens, der Neudefinition eines Sachverhalts durch neue Bezeichnungen etc. bestimmt.

Die **Grundlagen der Politik** werden in den Medien in der Regel nicht erörtert, auf sie wird nur Bezug genommen (vgl. auch Meyer 2001). Ausführlicher werden dagegen die politischen Handlungen als Prozesse der Entscheidungsfindung präsentiert. Dies geschieht zumeist dadurch, dass die Entscheidungsfindung nicht selbst, sondern dass das Ergebnis von bereits anderswo getroffenen Entscheidungen verkündet, berichtet oder kommentiert wird. Den größten Raum nimmt der Prozess der Legitimierung politischer Handlungen bzw. ihrer Träger ein. Da Politik in demokratisch verfassten Gesellschaften auf die Legitimation durch die Zustimmung der Bevölkerung angewiesen ist, bedarf sie der Medien und ihrer Vermittlungsarbeit (vgl. Hickethier 2003).

Für die Politik bilden die Medien **Synchronisierungsinstanzen.** Sie vermitteln die einzelnen und speziell geführten Diskussionen in den verschiedenen gesellschaftlichen Gruppierungen auf einem allgemeinen Niveau miteinander, markieren erreichte Positionen, machen Richtungsvorgaben und vermitteln den jeweiligen gesellschaftlichen Diskussionsstand an die einzelnen Individuen. Dabei wird eine inhaltlich neutrale Position der Medien erwartet, wobei diese jedoch häufig nur scheinbar existiert, weil auf diese Agenturen selbst Einfluss genommen wird: durch ökonomische Bedingungen der Medien und durch politischen Druck, durch die Inszenierung von politischen Ereignissen, durch die Zulieferung von gezielt hergestellten Informationen (PR) usf. (ebd.).

Für die Zuschauer ist Politik ein vor allem in den Medien stattfindendes Ereignis. Inwieweit die Medien verändernd auf das vormediale politische Geschehen einwirken, ist ihnen in der Regel nicht transparent. Für das **Publikum entkoppeln sich häufig Ergebnisse und Entscheidungen**, da für die Mediennutzer Politik intransparent, langwierig und kompliziert erscheint. Kausalitäten werden nicht erkannt, von den Akteuren auch häufig verdeckt oder gar ins Gegenteil verkehrt. Diese Entkoppelung der politischen Zusammenhänge wird zusätzlich durch Inszenierungen und Präsentationen von Politik verstärkt, die letztlich inhaltsleer sind oder oft bewusst falsche Zusammenhänge suggerieren: wenn z.B. Maßnahmen durchgesetzt werden, die die Arbeitslosigkeit senken sollen, aber erkennbar dazu nicht geeignet sind, wenn politische Erklärungen abgegeben werden zu Problemen, die wenig relevant sind usf.

12.3.2 Die Überlagerung von Öffentlichkeit und Privatheit durch die Medien

Der andere Gegenbegriff zur Öffentlichkeit ist die **Privatheit.** Sie wird als individueller bzw. familiärer, oft auch ›intimer‹ Raum verstanden, der sich vom Raum der Öffentlichkeit abgrenzen lässt. Dabei gehen nicht alle gesellschaftlichen Räume in dieser Dichotomie auf. Es gibt zahlreiche – häufig tabuisierte – Grenzbereiche. So gelten z. B. Räume der wirtschaftlichen Produktion (z. B. Fabriken etc.) als nicht-öffentliche Räume, diese sind jedoch den individuellen Privaträumen der Menschen nicht gleichzusetzen (vgl. auch Herrmann/Lünenborg 2001).

Durch die Etablierung von Radio, Fernsehen und Computer/Internet innerhalb des privaten Lebensbereichs der Bürger wird diese **Abgrenzung von Öffentlichkeit und Privatheit** tendenziell aufgelöst und verwischt, so dass für die daraus entstehenden ›Zwischenformen‹ neue Bestimmungen zu finden sind. Neben der Verwischung der Raumgrenzen findet sowohl eine Ausweitung des durch Kommunikation bestimmten Raums (in den technisch-apparativen Medien) als auch seine völlige Neustrukturierung (im Computer/Netzmedium) statt, wobei der ursprünglich als homogen gedachte öffentliche Raum nun ›Lücken‹ aufweist und in diesen ›Lücken‹ nicht existent ist (z. B. dort, wo etwas nicht an die Medienkommunikation angeschlossen bzw. durch sie vermittelt ist bzw. sich völlig als ›Netzzusammenhang‹, als ›Hyperraum‹ und eben als ›virtueller Raum‹ versteht).

Mit dieser Verwischung der Abgrenzung verändern sich auch die **Handlungsrollen** für die Akteure, die, wie bereits Richard Sennett (1985) gezeigt hat, mit der Scheidung von Öffentlichkeit und Privatheit verbunden sind. Die von Sennett konstatierten Veränderungen, auch wenn ihre Diagnose im Detail umstritten ist, werden durch die Medienentwicklung beschleunigt und intensiviert.

Die **Verschränkung von Privatheit und Öffentlichkeit** in und mit den Medien ist ein gravierender Vorgang:

- Zum einen wird die öffentliche Kommunikation via Massenmedien aus der alleinigen Zugehörigkeit zu den öffentlichen Plätzen der Stadt herausgelöst und in die einstmals abgeschirmten privaten Räume der Bürger implantiert. Radioapparat, Fernseher und Computer stehen in privaten Räumen. Sie ziehen damit das politische und kulturelle Geschehen bis in die Küche und das Schlafzimmer. Damit verändern sich einerseits zwangsläufig auch die Wertigkeiten des Politischen und Kulturellen, andererseits wird dadurch das Private aufgesprengt: **Das Öffentliche ist auch im Privaten präsent** – und sei es nur medial und als Thema.
- Zum anderen wird auch das **Private in den öffentlichen Raum gebracht**, indem die audiovisuellen Medien z. B. das Intime, das Erotische und Sexuelle aus dem Privatbereich herauslösen und zu ihrem Thema machen.

Die **Implantierung der Öffentlichkeit erzeugenden Medien in den Privatbereich** blieb weitgehend unstrittig und ist von den Bürgern in ihrer übergroßen Mehrheit gewollt, weil sie (durch den dadurch möglich gewordenen Wissens-, Erfahrungs- und Erlebnisgewinn) den individuellen Handlungsraum vergrößert und eine erweiterte individuelle Disposition schafft. Die **Thematisierung der Privatheit in den Öffentlichkeit erzeugenden Medien** ist jedoch umstritten und immer wieder skandalträchtig. Viele Bürger sehen darin eine Bedrohung ihrer individuellen Privatsphäre, weil sie fürchten, dass sich damit auch die Kontrolle des privaten Bereichs ausdehnt, und weil die in den Medien ausgestellte Privatheit die eigenen Normen und Werte – und auch den eigenen Geschmack und das eigene Wohlbefinden – irritiert.

Nur so lassen sich die öffentlichen Diskussionen um die Serie »Big Brother« erklären, in der sich eine Gruppe von Menschen in einem Container einsperren lässt und ihre privaten Lebensformen öffentlich vorlebt. Dass sich dabei Formen der Selbstdarstellung und Selbstinszenierung neu definieren, im scheinbar ›Ungestellten‹ Inszenierungen untergebracht werden, ist ein weiterer Effekt der Vermischung von Privatheit und Öffentlichkeit durch die Medien (vgl. Weiß/Groebel 2002).

12.4   Unterhaltungsöffentlichkeiten

Für das Zustandekommen von Öffentlichkeit sind nicht alle Medien von gleicher Bedeutung. Den traditionell als **Massenmedien** bezeichneten Medien kommt eine größere gesellschaftliche Relevanz zu als den Medien der Individualkommunikation, auch wenn die Gebrauchs- und Funktionszusammenhänge nicht scharf abzugrenzen sind. Oft genügen schon wenige technisch-apparative Veränderungen, um zu neuen Mediennutzungen zu führen. Die explosionsartige Zunahme der Handybenutzung, die Instrumentalisierung des Internet für die Organisation von politischem Protest usf. sind dafür Beispiele. In der Mediengeschichte lassen sich immer wieder Veränderungen in der Nutzung der Medien und die überraschende, oft provokative Stiftung von Öffentlichkeiten finden.

Massenmediale Öffentlichkeiten definieren sich durch **Informationsvermittlung** und **die Bildung** ›öffentlicher Meinungen‹, die sich im Rahmen der zumeist politologischen und soziologischen Theoriebildung in der Regel auf das politische Wissen beziehen und deshalb auf Programmbereiche wie Nachrichten, politische Dokumentationen, Gesprächssendungen, Wahlkampfberichterstattung etc. ausgerichtet sind. Dieses Programmspektrum ist jedoch über die explizit politische Berichterstattung hinaus als Öffentlichkeit konstituierend anzusehen.

Mediale Öffentlichkeiten schließen das gesamte mediale Angebotsspektrum ein, also auch Formen der Fiktion und der Unterhaltung. Mediale Öffentlichkeiten sind zunehmend auch **Unterhaltungsöffentlichkeiten**, die im Gegensatz zur Informationsvermittlung und Meinungsbildung im politischen Bereich eigene Funktionen (z. B. emotionale Orientierung, allgemeine Weltorientierung, Sinnstiftung sowie Wertevermittlung und Wertefindung) erfüllen. Dabei ist der Unterhaltungsbegriff hier nicht wertend gemeint und umfassend gedacht: Er meint nicht nur die auf ein großes Publikum zielenden Unterhaltungsformen (wie z. B. Gameshows im Fernsehen), sondern auch Formen der anspruchsvollen Unterhaltung wie die *Faust*-Inszenierung Peter Steins, die ja auch eine Form von Unterhaltung für ein sich als ›Bildungselite‹ verstehendes Publikum darstellt.

Unterhaltungsöffentlichkeit und politische Öffentlichkeit sind nicht wirklich voneinander abgegrenzt. Immer wieder kommt es zu Überschneidungen und Vermischungen. Denn weil viele Unterhaltungsformen von einem großen Publikum als ›nicht-politisch‹ verstanden werden, werden Unterhaltungssendungen

z. B. im Fernsehen häufig von Politikern als ›Foren‹ genutzt, um die eigene Präsenz in den Medien zu verbreiten und darüber – selbst wenn sie nur Smalltalk über ihre individuellen Hobbys und Neigungen betreiben – letztlich doch auch politisch wirksam zu werden.

12.5   Öffentlichkeit, Publikum, Akteure

Für das Entstehen von medialen Öffentlichkeiten ist die Existenz des **Publikums** eine zentrale Voraussetzung. Öffentlichkeit selbst wird häufig mit ›dem größtmöglichen Publikum‹ gleichgesetzt. Doch die neuere Medienentwicklung zeigt, dass diese durch einzelne Medien, ihre Programme bzw. Sendungen erreichten Publika immer kleiner und differenzierter werden. Öffentlichkeit und Publikum sind als Kategorien gleichwohl different. Mit Publikum wird häufig das Bedeutungsfeld einer ›passiven‹ Rezeption von Medienangeboten verbunden. Sennett unterscheidet z. B. zwischen ›Akteur‹ und ›Zuschauer‹ (Sennett 1985, S. 225 ff.). In der neueren Medienforschung ist der Begriff des ›Passiven‹ im Zusammenhang der Rezeption durch ein Modell eines **aktiv handelnden Medienrezipienten** ersetzt worden (vgl. Kap. 10.2.1).

12.5.1   Das Gemeinschaftserlebnis

Der Begriff der Öffentlichkeit betont in noch stärkerem Maße das aktive Moment sowie die Interaktion zwischen den in der massenmedialen Öffentlichkeit Agierenden. Intendiert ist hier eine wie auch immer geartete Stiftung von Gemeinsamkeit zwischen den im öffentlichen Raum Handelnden, wobei diese jeweils genauer als **Kollektivität**, als **Gemeinschaftlichkeit** zu fassen ist. Beide Begriffe sind schillernd, weil sie politisch aufgeladen sind. Der Begriff des ›Kollektivs‹ ist vor allem im linken politischen Spektrum seit den 1920er Jahren verwendet worden, während der der Gemeinschaft zur gleichen Zeit eher im rechten politischen Lager Heimat gefunden hat und durch eine Gemeinsamkeit des Fühlens und Strebens bestimmt wurde. Eine wissenschaftliche Erneuerung des Gemeinschaftsbegriffs durch den Soziologen Ferdinand Tönnies in den späten 1980er Jahren hat sich nicht durchsetzen können.

Unabhängig davon haben sich in der Mediennutzung immer wieder unterschiedliche Teilpublika, Nutzergruppen etc. gebildet. So wie in der Anfangszeit des Rundfunks von ›Hörergemeinden‹ die Rede war, wird auch nicht zufällig im Bereich der neuen Netzkommunikation von entstehenden ›Nutzergemeinschaften‹ gesprochen. Im Zusammenhang der Thematisierung historischer Bilder und der ›öffentlichen Erinnerung‹ historischer Ereignisse in den Medien kommen ›Erinnerungsgemeinschaften‹ ins Spiel, die Teile des »Kollektiven Gedächtnisses« bilden. Es wird sogar die Formierung eines ›**sozialen Körpers**‹ durch die Massenmedien konstatiert.

Zu unterscheiden ist weiterhin zwischen den Akteuren, die den Rahmen dieser Öffentlichkeit konstituierenden Räume und medialen Anschlussstellen schaffen und aufrechterhalten (z. B. Medienunternehmer), und den Akteuren, die in den

Räumen der Öffentlichkeiten selbst auftreten und handeln. Die **Differenzierung der Handlungsrollen** ist für die Entstehung unterschiedlicher Öffentlichkeiten konstitutiv.

12.5.2 Veränderungen in den Öffentlichkeiten

Öffentlichkeiten sind keine statischen Phänomene. Zumeist werden für ihre Veränderung übergeordnete Theorien der kulturellen und sozialen Veränderung, des ›Wandels‹, der ›Transformation‹, der ›Differenzierung‹ oder der ›Modernisierung‹ herangezogen. Dabei beschränken sich die Umstrukturierungen nicht auf den technischen und medialen Bereich, sondern zielen auf das Entstehen einer **neuen Qualität von Öffentlichkeit.**

Zum einen lassen sich Funktionsübertragungen feststellen, die von älteren auf neuere Medien vorgenommen werden, wobei seit langem gilt, dass vollständige Substitutionen von Medien nicht stattfinden. Zum anderen sind Fokusverschiebungen zu beobachten, also neue Bewertungen bestehender Öffentlichkeiten. Und schließlich können Entwicklungen als **Differenzierung** (Zunahme an Komplexität), **Verflechtung** (Medien- und Öffentlichkeitsverbände) und **Verschmelzung** (Synkretismus z. B. im Bereich der Multimedia) konstatiert werden.

Veränderungen werden unterschieden zwischen **intendierten** (deren Intentionalität durch Zeugnisse belegt werden kann) und **nichtintendierten,** die einerseits durch Handlungen selbst wiederum herbeigeführt wurden, sich andererseits aber auch als Effekte ergeben können. Deutlich wird hier von einem prozesshaften Aufeinandereinwirken unterschiedlicher Intentionen der Akteure innerhalb der Öffentlichkeiten ausgegangen, wobei die Veränderungen nicht immer nur als Ergebnis von Handlungskompromissen zu sehen sind, sondern die unterschiedlichen Formen der Durchsetzung, Veränderung und Überlagerung von Handlungsintentionen zu untersuchen sind. Daneben gibt es die – zumeist langfristig wirksamen – Veränderungen von Öffentlichkeiten, die ohne erkennbare Intentionalität als Folgen struktureller Transformationen zustande kommen.

Die Analyse der **Funktionsweisen einzelner Öffentlichkeiten** kann auch dazu dienen, Prozesse der gesellschaftlichen Kommunikation insgesamt besser zu erklären. Dies erscheint längerfristig von Interesse, weil sich das Öffentlichkeitsproblem mit den globalen (und besonders den europäischen) Entwicklungen sowie den durch die Technik gestellten Herausforderungen einerseits und andererseits mit der beginnenden Neuzentrierung der Bundesrepublik auf eine neue/alte Hauptstadt immer drängender und auf vielfältige Weise neu stellen wird.

12.6   Historisches Beispiel einer Kinoöffentlichkeit

Die Skizze der historischen Kinoöffentlichkeit der 1950er Jahre kann die Möglichkeiten einer Erforschung der medialen Öffentlichkeiten, insbesondere die der Unterhaltungsöffentlichkeiten, demonstrieren (zu den Frühformen vgl. Schlüpmann 1990, 1998, 2002).

Die Öffentlichkeit des Kinos wurde in der Bundesrepublik der 50er Jahre trotz grundgesetzlich festgelegter Zensurfreiheit durch den Staat in starkem Maße reguliert (Freiwillige Selbstkontrolle der Filmwirtschaft – FSK; Filmbewertungsstelle FBW und der Interministerielle Ausschuss der Bundesregierung, der für die Kontrolle der Filmeinfuhr zuständig war). Darin drückte sich ein großes Misstrauen des Staates gegenüber den Bürgern und eine Angst vor der Macht des Films aus. Diese Angst war sicherlich auch motiviert durch die Erinnerung an die Propagandafunktion des Films in der NS-Zeit, wobei deren tatsächlicher Effekt letztlich unklar ist.

Mit diesen Reglementierungen wertete der Staat die Kinoöffentlichkeit unbeabsichtigt auf, gab ihr einen politischen Charakter, denn der **Kampf gegen die Filmzensur**, vor allem von der Filmkritik getragen, wurde dadurch zu einem Kampf um die Freiheit der öffentlichen Meinung im Film und im Kino. Der Öffentlichkeitscharakter des Kinos wurde – paradoxerweise – dadurch sichtbar, dass der Zugang zu ihm reglementiert war. So gab es teilweise strikte Altersbeschränkungen, vereinzelt auch polizeiliche Aufführungsverbote strittiger Filme. Hier spielten vor allem moralische Aspekte eine Rolle. Die Bundesrepublik gab sich als Staat trotz aller verbaler Freiheitsbekundung restriktiv, die Sicherung der bestehenden Verhältnisse und die Wahrung der konservativen Normen und Werte waren ihr wichtiger als die pluralistische Freiheit der Meinungen.

Die Kritik daran war jedoch möglich und führte auch in den 1960er Jahren zu einem Abbau der Restriktionen. Im Grunde ging es um zwei Aspekte bei der Diskussion um die Kino- und Filmöffentlichkeit: Zum einen wurde der politische Charakter des Kinos bewusst gemacht und auf die Filmfreiheit wie die Presse- und Rundfunkfreiheit ein Verfassungsanspruch erhoben, zum anderen entstand hier eine neue Form der Unterhaltungsöffentlichkeit, die gegenüber den klassischen meinungsbildenden Medien wie der Presse oder dem Radio einen eigenen Charakter besaß.

Die Kinoöffentlichkeit wurde ganz direkt zum **Ort von Kontroversen** um einzelne Filme. Nicht nur vor und nach der Vorführung kam es zwischen den Zuschauern oft zu anhaltenden Diskussionen, vereinzelt auch zu heftigen Auseinandersetzungen. Zwei Konfliktfälle polarisierten die Kinoöffentlichkeit: Der erste Konfliktfall war 1950/51 der **Streit um den Film »Die Sünderin«** (D 1950). Der Film führte 1951 zu einem Eklat in der Freiwilligen Selbstkontrolle (FSK). Der Film verstieß nach Auffassung des Arbeitsausschusses gegen das sittliche Empfinden, weil u. a. die Protagonistin (dargestellt von Hildegard Knef), die einen unheilbar erkrankten Künstler pflegt, wieder in die Prostitution gerate. Der Produzent Rolf Meyer und der Regisseur Willi Forst lehnten jede Änderung des Films ab. Der Film wurde mit Schnittauflagen und Jugendverbot freigegeben. Die evangelische und die katholische Kirche sahen ihre Interessen in der FSK nicht mehr vertreten. Geistliche riefen in den Kirchen zum Boykott des Films auf und ließen Jugendliche Stinkbomben in die Kinos werfen. In der Öffentlichkeit kam es zu heftigen Auseinandersetzungen.

Der Skandal verselbständigte sich, er betrieb damit auch Werbung für den Film. Circa fünf Millionen Zuschauer sahen den Film in den ersten vier Monaten, zahlreiche Kinos mussten Sondervorstellungen geben. Mit dem Abebben des Streits um den Film ging auch die Besuchernachfrage zurück. Den Kirchen war es bei ihrem demonstrativen Engagement in diesem Fall weniger um den Film als vielmehr um die Stärkung ihrer Position in der FSK gegangen. In der Folge dieses Streits kam es zu einer Neuorganisation der FSK mit einem stärkeren Einfluss von Staat und Kirchen in den FSK-Gremien. Der Streit um »Die Sünderin« wurde schließlich bis zum Bundesverwaltungsgericht getragen, das in seinem Urteil 1954 die »Filmfreiheit« der »Kunstfreiheit« gleichsetzte. Das Urteil änderte jedoch an der Spruchpraxis der FSK wenig (Stettner 1992). Die **Skandalisierung des Films** durch die Kirchen zeigte deutlich die Struktur einer gelenkten Kampagne, die den Film, das Objekt des Skandals, nur zum Anlaß für die Durchsetzung ganz anderer Zielsetzungen nahm – in diesem Fall die Verstärkung der kirchlichen Position innerhalb der Zensurinstanz und in der Öffentlichkeit.

Der zweite große, die 1950er Jahre kennzeichnende Konfliktfall war die **Auseinandersetzung um den »Jud-Süss«-Regisseur Veit Harlan.** Der Streit um den Regisseur wurde in den 50er Jahren zum Dauerkonflikt, vor allem nachdem dieser zweimal gerichtlich von der Mitschuld am ›Dritten Reich‹ freigesprochen worden war. Harlan hatte den Prozess von 1949 durch geschickte Selbstinszenierung dazu benutzt, das anfangs gegen ihn gerichtete öffentliche Klima ›umzudrehen‹ und Presse und Öffentlichkeit für sich einzunehmen. Doch auch nachdem er »mangels Beweisen« freigesprochen wurde, gingen die Proteste, polizeilichen Eingriffe, Schlägereien, Demonstrationen und Gegendemonstrationen bei der Aufführung seiner Filme weiter, weil er zum Symbol für den Fortbestand der Eliten des »Dritten Reiches« in der Bundesrepublik geworden war. Deutlich zeigte sich damit, dass nicht jede geschickte Inszenierung die Öffentlichkeit beeinflussen konnte und dass ein neues kritisches Selbstbewusstsein in der Gesellschaft entstanden war.

Ein drittes Beispiel bildete die **ekstatische und tumulthafte Jugendöffentlichkeit** mit ihren Aktionen anlässlich der Aufführungen von Bill Haleys Rock-n'-Roll-Film »Außer Rand und Band« (»Rock Around the Clock«) ab 1956. In vielen Städten der Bundesrepublik lieferte sich die Polizei Straßenschlachten mit Hunderten von Jugendlichen und setzte Wasserwerfer ein (vgl. Kraushaar 1996, 1500 ff.). Deutlich ist hier bereits der typische Charakter einer medialen Öffentlichkeit, die ihr Zentrum in der Unterhaltung hat. Hier gab es ein sehr spezifisches Publikum, das sich deutlich von anderen Publika abgrenzte, die auch gar nicht den Zugang zur dieser punktuell entstehenden Öffentlichkeit suchten.

In ihrer medialen Struktur war die **Kinoöffentlichkeit mehrdimensional**: Nach außen hin war sie politisch und umstritten, wie die Konflikte zeigten, nach innen war sie weniger auf eine explizite politische Debatte ausgerichtet, sondern stellte eine Unterhaltungsöffentlichkeit dar. Deren Bedeutung lag in der in den Filmen dargestellten Erörterung von Lebensentwürfen, Verhaltensweisen und grundsätzlichen Werten wie Schuld und Sühne, Verantwortung, Rechte und Pflichten sowie in der Darstellung von Glück, Liebe und Tode. Der Film stiftete damit längerfristige Orientierungen, indem er, eingepackt in Geschichten um Menschen und ihre Beziehungen, zeigte, wie andere lebten und wie man vielleicht auch leben

konnte. Darin bestand langfristig eine zentrale Funktion des Kinos, dass es die tradierten Lebensverhältnisse in Frage stellte, weil es andere vorführte und damit
längerfristig zur Veränderung von Normen und Werten beitrug.

Am Ende der 1950er Jahre zeichneten sich bereits **grundlegende Veränderungen der Kinoöffentlichkeit** ab: Neben das Kino traten andere Orte des Film-
einsatzes: das Fernsehen als eine weitere mediale Öffentlichkeit sowie der Filmein-
satz in anderen Lebensbereichen wie der Schule und der Erwachsenenbildung
(Hickethier 2002).

Die **Kinoöffentlichkeit heute** ist weniger politisch aufgeladen und medial
vielschichtiger geworden. Kontroversen über einzelne Filme werden heute in anderen Medien (Fernsehen, Radio, Internet, Presse) ausgetragen. Solche öffentlichen
Tumulte, wie sie das Kino der 1950er Jahre hervorbrachte, finden heute nur noch um
Fernsehsendungen (wie »Big Brother«) statt. Dennoch hat sich auch hier die Qualität verändert. Weil heute sehr viel mehr Medien zur Äußerung und Selbstdarstellung genutzt werden können, finden Proteste immer weniger in der Straßen-
öffentlichkeit, sondern mehr in den technischen Medien selbst statt. Durch die
Vielzahl der Angebote wie der Artikulationsmöglichkeiten wird die Besonderheit
des jeweils einzelnen Produkts nachrangig, es entstehen weniger leicht Konflikte.
Große produktbezogene Gemeinschaften resultieren heute weniger aus einer Ablehnung, sondern stärker aus eine Fan-Begeisterung für ein Produkt bzw. einen Produktverbund (Beispiel: die »Harry Potter«-Verfilmungen), wobei sich auch hier
zwischen der Kampagnenerzeugung und Eventproduktion einerseits und deren
spontane Verselbständigung andererseits ähnliche Spannungen ergeben wie in den
1950 Jahren.

Dennoch ist auffällig, dass auch heute noch die Öffentlichkeit des Kinos in sehr
viel stärkerem Maße von **Versammlungsformen** determiniert wird als das Fernsehen
oder das Radio. Die Ursachen liegen in der Medialität des Kinos als medienkons-
titutiver Form, die entsprechende Öffentlichkeitsformen evoziert. Auch wenn das
Fernsehen sich mit seinen in öffentlichen Plätzen und Räumen produzierten Unterhaltungsshows und mit anderen Fernsehereignissen an die Veranstaltungsöffentlichkeiten angenähert hat, entstehen Öffentlichkeitsformen, die das Fernsehen selbst
thematisieren, vorrangig im Fernsehen und ganz selten nur auf der Straße.

Grundlegende Literatur

Bentele, Günter/Manfred Rühl (Hg.) 1993: Theorien öffentlicher Kommunikation: Problemfel-
    der, Positionen, Perspektiven. München: Ölschläger.
Fohrmann, Jürgen/Arno Orzessek (Hg.): Zerstreute Öffentlichkeiten. Zur Programmierung des
    Gemeinsinns. München: Fink.
Führer, Karl Christian/Knut Hickethier/Axel Schildt 2001: Öffentlichkeit – Medien – Geschichte.
    Konzepte der modernen Öffentlichkeit und Zugänge zu ihrer Erforschung. In: Archiv für
    Sozialgeschichte 41. Jg. (2001), S. 1–38.
Gerhards, Jürgen/Friedhelm Neidhardt 1991: Strukturen und Funktionen moderner Öffentlich-
    keit. Fragestellungen und Ansätze. In: Müller-Doohm, Stefan/Klaus Neumann-Braun (Hg.):
    Öffentlichkeit, Kultur, Massenkommunikation. Oldenburg: BIS, S. 31–90.

Habermas, Jürgen 1962: Strukturwandel der Öffentlichkeit. Neuwied/Berlin: Luchterhand.
Jarren, Otfried (Hg.) 1996: Medien und politischer Prozess: Politische Öffentlichkeit und massenmediale Politikvermittlung im Wandel. Opladen: Westdeutscher Verlag.
Meyer, Thomas 2001: Mediokratie. Die Kolonisierung der Politik durch die Medien. Frankfurt a. M.: Suhrkamp.
Negt, Oskar/Alexander Kluge 1972: Öffentlichkeit und Erfahrung. Frankfurt a. M.: Suhrkamp.
Schulze, Gerhard 1992: Die Erlebnisgesellschaft. Frankfurt a. M.: Campus.
Sennett, Richard [3]1985: Verfall und Ende des öffentlichen Lebens: Die Tyrannei der Intimität. Frankfurt a. M.: Fischer.

Weitere zitierte Literatur

Bentele, Günter/Michael Haller (Hg.) 1997: Aktuelle Entstehung von Öffentlichkeit. Konstanz.
Faulstich, Werner/Knut Hickethier (Hg.) 2000: Öffentlichkeit im Wandel. Neue Beiträge zur Begriffsklärung. Bardowick: Wissenschaftler-Verlag.
Herrmann, Friederike/Margret Lünenborg (Hg.) 2001: Tabubruch als Programm. Privates und Intimes in den Medien. Opladen: Leske & Budrich.
Hickethier, Knut 2002: Die bundesdeutsche Kinoöffentlichkeit in den fünfziger Jahren. In: Schreitmüller u. a. (Hg.): Zwischen-Bilanz. Eine Festschrift zum 60. Geburtstag von Joachim Paech. Im Internet: www.uni-konstanz.de/FuF/Philo/LitWiss/MedienWiss/fest2002/zdm/main.htm (18. 4. 2002).
Hickethier, Knut 2003: Der politische Blick im Dispositiv Fernsehen. Der Unterhaltungswert der Politik in der medialen Republik. In: Weißbrod, Bernd (Hg.): Die Politik der Öffentlichkeit – Die Öffentlichkeit der Politik. Göttingen: Wallstein, S. 79–96.
Hölscher, Lucian 1979: Öffentlichkeit und Geheimnis. Eine begriffsgeschichtliche Untersuchung zur Entstehung der Öffentlichkeit in der frühen Neuzeit. Stuttgart: Klett-Cotta.
Hohendahl, Peter Uwe 1974: Literaturkritik und Öffentlichkeit. München: Piper.
Hohendahl, Peter Uwe 2000: Öffentlichkeit – Geschichte eines kritischen Begriffs. Stuttgart/Weimar: Metzler.
Kleinsteuber, Hans Jürgen 2000: Öffentlichkeit und öffentlicher Raum. In: Faulstich/Hickethier 2000, S. 34–47.
Kluge, Alexander 1985: Die Macht der Bewusstseinsindustrie und das Schicksal unserer Öffentlichkeit. Zum Unterschied von machbar und gewalttätig. In: Bismarck, Klaus von u. a. (Hg.): Industrialisierung des Bewusstseins. München: Piper, S. 50–129.
Kraushaar, Wolfgang 1996: Die Protest-Chronik. 3 Bde. Hamburg: Rogner und Bernhard.
Luhmann, Niklas [2]1996: Die Realität der Massenmedien. Opladen: Westdeutscher Verlag.
Maletzke, Gerhard 1963: Psychologie der Massenkommunikation. Hamburg: Hans-Bredow-Institut.
Noelle-Neumann, Elisabeth 1966: Öffentliche Meinung und soziale Kontrolle, Tübingen: Mohr.
Oy, Gottfried 2001: Die Gemeinschaft der Lüge. Medien- und Öffentlichkeitskritik sozialer Bewegungen in der Bundesrepublik. Münster: Westfälisches Dampfboot.
Plake, Klaus/Daniel Jansen/Birgit Schumacher 2001: Öffentlichkeit und Gegenöffentlichkeit im Internet. Wiesbaden: Westdeutscher Verlag.
Poster, Mark 1995: CyberDemocracy: Internet and the Public Sphere. Irvine, Cal. Im Interntet: http://www.hnet.uci.edu/mposter/writings/democ.html (1995).
Rötzer, Florian 1996: Öffentlichkeit und Aufmerksamkeit. In: Telepolis. http://www.heise.de/tp/deutsch/inhalt/co/2094/1.html (21.7.03).
Schlüpmann, Heide 1990: Unheimlichkeit des Blicks. Das Drama des frühen deutschen Kinos. Frankfurt a. M.: Stroemfeld.
Schlüpmann, Heide 1998: Abendröthe der Subjektphilosophie. Eine Ästhetik des Kinos. Frankfurt a. M./Basel: Stroemfeld.

Schlüpmann, Heide 2002: Öffentliche Intimität. Die Theorie im Kino. Frankfurt a. M./Basel: Stroemfeld 2002.

Schmidt, Siegfried J. 1996: Kultur. In: Ders.: Die Welt der Medien. Grundlagen und Perspektiven der Medienbeobachtung. Braunschweig/Wiesbaden: Vieweg, S. 35–40.

Stettner, Peter 1992: Vom Trümmerfilm zur Traumfabrik. Die ›Junge Film-Union‹ 1947–1952. Hildesheim: Olms.

Töteberg, Michael 1990: Filmstadt Hamburg. Von Emil Jannings bis Wim Wenders: Kino-Geschichte(n) einer Großstadt. Hamburg: VSA.

Weiß, Ralph/Jo Groebel (Hg.) 2002: Privatheit im öffentlichen Raum. Medienhandeln zwischen Individualisierung und Entgrenzung. Opladen: Leske & Budrich.

Westerbarkey, Joachim 1991: Das Geheimnis. Zur funktionalen Ambivalenz von Kommunikationsstrukturen. Opladen: Westdeutscher Verlag.

Witte, Karsten (Hg.) 1972: Theorie des Kinos. Ideologiekritik der Traumfabrik. Frankfurt a. M.: Suhrkamp.

Zielinski, Siegfried 1981: Veit Harlan. Analysen und Materialien zur Auseinandersetzung mit einem Film-Regisseur des deutschen Faschismus. Frankfurt a. M.: R. G. Fischer.

Zimmermann 2000: Skandal als Instrument der Aufklärung. Empörung reinigt die Luft: Die von Medientheoretikern längst totgesagte bürgerliche Öffentlichkeit hat in multimedialer Verwandlung überlebt. In: Süddeutsche Zeitung v. 18./19. 3. 2000.

13.   Kultur und Medienkultur

Kultur ist ein Doppelcharakter eigen: Sie stellt den **Rahmen** für einzelne kommunikative Vorgänge und ist zugleich auch **das im Rahmen Befindliche**. Die Medien und die mit ihnen verbundene Kommunikation thematisieren selbst wiederum Kultur, machen sie also zu ihrem Inhalt. Medienkultur bedeutet: Kultur ist **öffentlich** und determiniert in ihrem öffentlichen Charakter auch die Bedingungen des Privaten, indem sie die dort geltenden Spielregeln festlegt (z. B. welcher Umgang zwischen den Geschlechtern gepflegt wird, wie das Verhältnis der Eltern zu den Kindern ist, in welchen Formen sich Sexualität und Normalität ausprägen, wie sich der Alltag organisiert). Kultur stützt sich deshalb auf **Kommunikation**, weil sie diese Regeln des Zusammenlebens durch Diskurse festlegt und das Verhalten der Menschen durch Diskurse steuert.

In dem hier entwickelten Verständnis von Medienkultur wird von einem **subjektorientierten Konzept** ausgegangen, das den Einzelnen in einem Spannungsverhältnis zu den Medienanordnungen sieht. Diese beinhalten, wie im Konzept des **Mediendispositivs** angelegt, nicht nur die technischen, sondern auch die sozialen und kulturellen Verhältnisse (vgl. Kap. 11), sie umfassen ebenfalls die spezifischen Formen der öffentlichen Kommunikation mit ihrer Konstruktion von **Öffentlichkeiten**, wobei sich hier als besondere Varianten die Formen der kulturellen Öffentlichkeiten ergeben (vgl. Kap. 12), und sie formulieren sich aus in der in diesem Kapitel skizzierten Darstellung der Spanne zwischen **anthropologischen Aspekten** und der **Subjektkonstitution** (Kap. 13.3), der Modellierung der **Medien als Agenturen** im Dienste Gesellschaft (Kap. 13.4). In der Skizzierung eines kulturwissenschaftlichen Ansatzes ist die Dispositiv-Konstruktion eine sehr dicht auf die Subjekte bezogene Anordnung. Im medienkulturellen Konzept wird dann jedoch der Umstand der globalen Ausweitung der Medien zum Problem, weil sie die extremste Externalisierung vom Subjekt aus darstellt. Deshalb weitet sich der Blick von den Agenturen zum Aspekt der **Medienglobalisierung** (vgl. Kap. 13.5).

13.1   Was meint ›Kultur‹?

Der Begriff der Kultur ist vieldeutig. Seine Gegenbegriffe ›Natur‹, ›Technik‹ und ›Zivilisation‹ machen bereits die unterschiedlichen Dimensionen sichtbar. Die durch ihn gestifteten Gemeinschaften, Gewohnheiten und Lebenspraxen zeigen den vielfältigen Gebrauch des Begriffs. Zwei grundsätzlich konträre Konzepte lassen sich erkennen: das Konstrukt eines weitgehend homogenen Raums des Miteinanders der Menschen, bei dem Fremdes ausgegrenzt wird, und die Vorstellung einer aus der Differenzierung des Selbstverständnisses, der Werte und Praktiken resultierenden Vielfältigkeit und Pluralität, die dem Einzelnen weitreichende Freiheiten der individuellen Ausgestaltung des eigenen Lebens lässt (vgl. Orth in Nünning 2003). Der Begriff Kultur ist eng verbunden mit dem Begriff der Identität, und es liegt nahe, dass zu ihrer Herausbildung die Medien als Mittel der Kommunikation, des Gedächtnisses und der Erinnerung wesentlich beitragen.

Die Medien sind heute Orte der kulturellen Identitätsbildung und Sinnstiftung. In ihnen werden Weltdeutungen in unterschiedlichen Dimensionen (von der Erklärung eines Alltagsvorgangs bis zur weltpolitischen Trendschau) verhandelt. Indem alle in einer Kultur Lebenden an diesen in den medialen Debatten stattfindenden Weltdeutungen teilhaben, kommt der Teilnahme an der medialen Kommunikation die Funktion zu, die früher z. B. Gottesdienste mit ihren fest gefügten Liturgien ausübten: die Integration des Einzelnen in die Gemeinschaft, das Kollektiv. Dabei kreuzen sich vielfältige Strömungen: von der lokalen An- und Einbindung bis zur Globalisierung und Internationalisierung von Kultur, den Tendenzen der Vermischung und Neuformulierung (Hybridisierung, Kreolisierung etc.; vgl. Wagner 2001, S. 17 f.).

13.2 Kultur als Text und Handlung

Für das Verständnis von Kultur ist die Dichotomie von ›Text‹ und ›Handlung‹ bestimmend. ›**Kultur als Text**‹ wird umfassend verstanden und meint alle gestalteten Produkte des Menschen. Besondere Aufmerksamkeit gilt den Künsten und der Kunst insgesamt. Kultur als Text ist – wie bei allen Texten – etwas Abgeschlossenes, Materialisiertes. ›**Kultur als Handlung**‹ ist zum ersten das Ritual, also die Handlung in einer genau festgelegten Form, zum zweiten die Routine im Sinne einer immer wiederkehrenden Handlung und zum dritten Interaktion in einem sehr weiten Sinn. Handlungen in diesem Sinne müssen nicht unbedingt etwas Abgeschlossenes und Wiederholendes (im Sinne von z. B. medial fixierten Handlungen) darstellen, sondern können sich auch durch Gleichzeitigkeit von Ereignis und medialer Teilhabe auszeichnen, so dass verschiedene Formen der Einbindung der Menschen (als Rezipienten) in das Ereignis möglich sind.

Aus dieser **Dichotomie** ergeben sich unterschiedliche Vorgehensweisen: Kultur zum einen als textanalytisches und kunstanalytisches Objekt von den Geisteswissenschaften, zum anderen als Handlung und als Praxis von den Sozialwissenschaften her zu erschließen. Häufig sind Text und Handlung jedoch eng miteinander verzahnt: Texte bilden die Basis für bestimmte Handlungen, aus den Handlungen erwachsen wiederum bestimmte Texte, und diese wiederum sind Teil einer kulturellen Praxis.

1. Texte (z. B. mediale Werke) **auf ihre Bedeutung für eine Kultur hin zu befragen** und zu erforschen, ist seit langem zentrale Aufgabe von Kritik und Wissenschaft, denen es um ein ›Verstehen‹ der Texte in ihrem kulturellen Kontext sowie um die Art und Weise, wie Leser den Text gebrauchen, geht. Dieses Konzept lässt sich auch mit dem Begriff »Text in der Kultur« bzw. »Text dieser Kultur« präzisieren, wie es der Semiotiker Roland Posner einmal genannt hat, hier allerdings mit Blick auf eine kultursemiotische Analyse von Texten (Posner 1991, S. 46).

Texte als Ausdruck der Kultur zu lesen, sie **als Ergebnis kultureller Praxis zu verstehen**, bedeutet, nach den spezifischen Lesarten zu suchen und Kontexte von Texten zu ermitteln, in denen diese eine besondere Bedeutung erhalten. Der Text, funktional auf einen Kontext bezogen, lässt spezifische Zeichenverwendungen erkennen und weist den Texten einen spezifischen Sinn zu. Texte können auch als Dokumentationen von kulturellen Handlungen gelesen werden, d. h., in den Texten wird danach gesucht, was über kulturelle Prozesse einer Zeit sichtbar wird.

Das Konzept ›**Text als Kultur**‹, wie es sich in den 1990er Jahren entwickelt hat, zielt darauf, Texte‹ in einer interkulturellen Betrachtungsweise auf die in ihnen enthaltenen Formen und Strategien der Selbst- und Fremderfahrung hin zu befragen (vgl. Bachmann-Medick 1996, S. 12). Wenn der Textbegriff auch auf mediale Produktionen ausgeweitet wird, dann kann dies als ein spezifischer analytischer Ansatz für die medienwissenschaftliche Film- und Fernsehanalyse sowie für die Analyse anderer medialer Produktionen verstanden werden.

2. Spannender aus heutiger Sicht ist die Umkehrung: kulturelle Handlungen nicht in den Texten aufzusuchen, sondern die **kulturellen Handlungen selbst als Text** zu verstehen und zu lesen. »Kultur ist vielmehr eine Konstellation von Texten, die – über das geschriebene oder gesprochene Wort hinaus – auch in Ritualen, Theater, Gebärden, Festen usw. verkörpert sind. Solche Ausdrucksformen sind höchst aufschlussreich, wenn es darum geht, das Netzwerk historischer, sozialer, geschlechtsspezifischer Beziehungen im Licht ihrer kulturellen Vertextung, Symbolisierung zu rekonstruieren. Ziel ist es, im Horizont der Metapher von ›Kultur als Text‹ Zugang zu den Selbstbeschreibungsdimensionen einer Gesellschaft zu finden« (Bachmann-Medick 1996, S. 10).

Mit diesem Ansatz wird also die kulturelle Handlung als eine spezielle Art von Text aufgefasst, der ›lesbar‹ ist, wobei hier von mindestens zwei unterschiedlichen Lesarten ausgegangen wird: Zum einen muss der in den kulturellen Handlungen Involvierte den Ablauf der Handlungen kennen und im Sinne von Kenntnis und Beherrschung der Handlungsform verstehen, um diese erfolgreich vollziehen zu können; zum anderen muss der von außen auf die Handlung Schauende diese Handlung ebenfalls ›lesen‹ können. Das scheinbar bloße Kommunikationsereignis wird in diesem letzteren Sinne als eine »Kunstform« (Geertz 1983, S. 246) gelesen, »die dem Paradigma westlicher Literatur und Kunst nicht nachsteht« (Bachmann-Medick 1996, S. 24).

Die Provokation dieses Ansatzes erschließt sich erst, wenn man weiß, dass es bei Clifford Geertz, der diesen Ansatz beispielhaft vorgeführt hat, zunächst um das verstehende ›Lesen‹ indonesischer Kulturpraktiken, insbesondere um die Interpretation des balinesischen Hahnenkampfes, geht. D. h., ästhetische Gestaltungskategorien wie ›Dramaturgie‹, ›Eröffnung‹, »Exposition‹, ›Konflikt‹ etc. werden bei der Beschreibung des Hahnenkampfes und seiner gesellschaftlichen Funktionen angewendet, aber auch Motive wie »Tod, Männlichkeit, Wut, Stolz, Verlust, Gnade und Glück« (Geertz 1983, S. 246) werden als philologische Kategorien genutzt. Sie dienen der Beschreibung eines Ereignisses in einer fremden, nicht-westlichen Kultur und zielen auf eine »**dichte Beschreibung**« (ebd., S. 10), die Geertz deshalb als

›dicht‹ bezeichnet, weil in die Beschreibung bereits eine Interpretation eingeht. Denn nur so kann das Ereignis überhaupt (aus einer Sicht von außen) als ein sinnhaftes Geschehen, als Bedeutung verstanden werden.

Bei einer solchen »dichten Beschreibung« besteht jedoch die Gefahr, dass das kulturelle Ereignis vorschnell auf eine bestimmte kulturelle Interpretation, auf eine *einzige* Bedeutung hin verengt wird und dass damit andere Aspekte und Lesarten vernachlässigt werden (zur Kritik an Geertz und der ethnologischen Interpretation vgl. Crapanzano 1996). Auch wenn aus kulturwissenschaftlich-ethnografischer Sicht die Textorientierung eher problematisch ist, weil sie den prozessualen Charakter von Kultur zugunsten einer Produktorientierung vernachlässigt, bietet die Textualität von Kultur einen Einstieg für eine **kulturorientierte Medienanalyse**, weil sie in den zeitbasierten Medien den prozessualen Aspekt zum Thema machen kann.

An das Konzept ›Kultur als Text‹ anknüpfend wird die kulturelle Handlung auch in ihrer Prozesshaftigkeit gesehen, am kulturellen Geschehen also der **Aspekt des ›Performativen‹** genauer herausgestellt. Die kulturelle Handlung erscheint damit als eine ›Aufführung‹, in der es theatrale, dramaturgische und narrative Aspekte gibt, Protagonisten, Konflikte etc. Das damit verbundene Modell des ›performativen Textes‹ hat sich bislang vor allem in der Theaterwissenschaft durchgesetzt, weil es dort als Beschreibungsansatz für die Zeitstruktur von Aufführungen verwendet werden konnte, während es im Bereich der audiovisuellen Medien (Film und Fernsehen) bislang kaum Anwendung fand. Die zeitliche Strukturierung war hier ohnehin immer ein Reflexionsgegenstand sowohl des medialen Textes als auch der auf das Medium bezogenen Handlung.

Das Konzept ›Kultur als Text‹ gewann seine Faszination dadurch, dass es nicht so sehr als Konzept der Beschreibung der eigenen Kultur, sondern für die Analyse anderer Kulturen entwickelt wurde. Der Ansatz von Clifford Geertz stellt eine von mehreren ethnografischen Positionen dar, auf ihn haben sich seit Mitte der 1990er Jahre die kulturwissenschaftlichen Ansätze in verschiedenen Wissenschaften bezogen (stellvertretend für andere: Bachmann-Medick 1996, Böhme/Scherpe 1996).

Die ethnografische Methode ist kein Verfahren, das allein der Ethnologie vorbehalten ist, sondern wird auf die Betrachtung der eigenen Kultur übertragen. Der **ethnografische Blick auf die eigene Kultur** ist letztlich ein künstlich angenommener: Ich begebe mich als Beobachter in eine künstliche Distanz, um in dieser angenommenen Rolle das bislang Vertraute der eigenen Kultur als etwas Fremdes, Rätselhaftes zu erleben. Ziel ist das erneute Nachdenken über Kultur, indem diese nicht als selbstverständlich genommen wird, sondern das Selbstverständliche als rätselhaft und damit erklärungsbedürftig erscheint. Diese Methode einer »Ethnographie des Inlands« zu betreiben, ist seit den 1980er Jahren zu einer Form der Distanz schaffenden Analyse der kulturellen Verhältnisse geworden. Michael Rutschky hat sie in essayistischer Weise erprobt. Das »Inland als Ausland« diene dazu, »näher an die Dinge« heranzukommen (Rutschky 1988). Als Methode einer ›Binnenethnografie‹ führt sie dazu, die Besonderheiten der eigenen Kultur zu erkennen.

Der ethnografische Blick kann also als ein **analytisches Verfahren** verstanden werden, um einen komplexen kulturellen Vorgang, der zunächst aufgrund der eigenen Zugehörigkeit zur Kultur als bekannt und vertraut erscheint, plötzlich ›fremd‹ wirken zu lassen. Durch die so gewonnene analytische Distanz und ein dabei zu entwickelndes Erstaunen über das Beobachtete können neue Einsichten entwickelt werden und neue Erkenntnisse über kulturelle Vorgänge entstehen (Hansen 2000, S. 32 ff.).

Den Blick systematisch auf kulturelle Prozesse und Phänomene zu lenken mit der Möglichkeit, diese unterschiedlich zu lesen und zu verstehen, ist das Ziel der sozialwissenschaftlichen Richtung der **Cultural Studies**, wie sie seit den 1960er Jahren am Centre for Contemporary Cultural Studies (CCCS) in Birmingham entwickelt worden ist (Lindner 2000). Im Zentrum der Arbeiten der Cultural Studies – wenn man diese Forschungsrichtung einmal stark vereinfacht – stehen die Bedingungen der kulturellen Selbstvergewisserung von gesellschaftlichen Gruppen sowie von Einzelnen in ihrem Lebenszusammenhang, im Alltag und in ihren kulturellen Repräsentationen. Cultural Studies untersuchen die kulturellen Kontexte und den unterschiedlichen Gebrauch, den gesellschaftliche Gruppen von allgemeinen kulturellen Angeboten machen. Dabei gibt es eine Tendenz, die Alltagsverhältnisse von sozial benachteiligten Gruppen in den Vordergrund zu rücken. Jugendliche Subkulturen, die Arbeiterklasse, Geschlechterverhältnisse, ethnische Gruppen standen deshalb bisher im Vordergrund des wissenschaftlichen Interesses (vgl. auch Bromley/Göttlich/Winter 1999).

Eine der grundlegenden Annahmen der Cultural Studies besteht darin, dass es zwar umfassende Angebote einer Massenkultur gibt, dass diese jedoch immer auf unterschiedliche Interessen und Zielsetzungen unterschiedlicher gesellschaftlicher Gruppen treffen und deshalb auch unterschiedliche kulturelle Praxisformen nach sich ziehen. Die Basisannahme der Existenz verschiedener Kulturen innerhalb eines Kulturraums ist Voraussetzung für die Erforschung von interkulturellen Zusammenhängen zwischen den kulturellen Praktiken verschiedener Bevölkerungsgruppen.

Die Auffassungen der Cultural Studies wurden in Deutschland bereits in den 1970er Jahren zur Kenntnis genommen und haben vor allem die neueren Ansätze der Volkskunde/Europäischen Ethnologie, der Kultursoziologie und der entstehenden Medienwissenschaft beeinflusst. Dies geschah zumeist, ohne dass sie als besonderes Konzept ausgewiesen wurden, da sie gerade in ihrem umfassenden Verständnis von kultureller Produktion und Rezeption von der Sache her als selbstverständlich erachtet wurden. In den 1990er Jahren wurde die Rezeption der Cultural Studies vor allem in den Sozialwissenschaften von einer jüngeren Generation von Wissenschaftlern neu eingefordert (vgl. überblickgebend Bromley/Göttlich/ Winter 1999, auch Krotz 1992, Müller 1993, Hasebrink/Krotz 1996).

Innerhalb der Medienwissenschaft hat sich seit Ende der 1980er Jahre eine besondere kulturwissenschaftliche Akzentsetzung (›**Medienkulturwissenschaft**‹ bzw. ›**Medienkultur**‹) herausgebildet (vgl. auch Bohn/Müller/Ruppert 1988). Hier stehen vor allem text- und bildwissenschaftliche Aspekte im Vordergrund (vgl. Schmidt 1991, Schönert 1998, Pias u. a. 1999, Hickethier 2001b), die Frage der unterschiedlichen Lesarten, wie sie Stuart Hall für die Cultural Studies auch methodisch kategorisiert hat (Hall 1973/1993), ist hier ebenfalls immer als konstitutiv angenommen worden, aber nicht in vergleichbar prägnanter Weise ausgearbeitet und empirisch überprüft worden.

13.3   Medienkultur

Kultur als Kommunikation bedient sich der **Texte** und **Zeichen** sowie der **Medien**. Medien sind Instanzen der Thematisierung von Kultur, aber sie sind selbst auch Teil der Kultur, indem sie nicht nur Kultur zum Thema, also von Darstellung und Kritik, machen, sondern selbst Kultur ›produzieren‹ und Kultur sind. Da dieser ›aktive‹ Anteil der Medien an der Kultur zunimmt, ihre Strategien und ihre Repräsentationsformen immer neue Gestalt annehmen, werden sie immer stärker zu zentralen Orten von Kultur. Es ist deshalb bereits von einer ›**Medialisierung**‹ der **Kultur** die Rede, was etwas irreführend ist, denn Kultur ist immer schon an Medien (unterschiedlicher Art) gebunden gewesen. Wenn heute von einer ›Medialisierung‹ die Rede ist, dann ist damit die wachsende Bedeutung der technisch-apparativen Medien (Film, Fernsehen, Radio, Internet, CD, DVD u. a.) gemeint. Diese herausgehobene Position der Medien innerhalb der kulturellen Prozesse der letzten Jahrzehnte wird mit dem Begriff der ›**Medienkultur**‹ verdeutlicht.

Im Mittelpunkt von Medienkultur als Konzept steht das **Verhältnis der Medien zum Subjekt**, deshalb wird im Folgenden zunächst von einer am Mediendispositiv (vgl. Kap. 11) ausgerichteten Perspektive ausgegangen und auf den Aspekt einer Medienanthropologie eingegangen, um dann den Ansatz der medialen Formung des Subjekts vorzustellen. Von dort aus wird eine Erweiterung zum Konzept der Medien als kulturelle Agenturen gesucht und dann das noch weiter ausgreifende Konzept von lokaler/regionaler Ausrichtung vs. globalisierter Perspektive angesprochen.

13.3.1   Medienkultur und Medienanthropologie

Die technikorientierte Sicht der Medien, die diese lange Zeit ausschließlich als Produkte der industriellen Technik und damit im Gegensatz zur Kultur als etwas ›Geistigem‹ gesehen hat, hat seit den 1920er Jahren immer wieder beklagt, dass die Medien die Kultur zerstörten und damit den Menschen von sich selbst entfremdeten. Das Fernsehen beispielsweise verhindere letztlich das Sehen der Menschen, das Radio führe zur Degeneration des Sprechens. Günter Anders, hier stellvertretend für die Kulturkritik zitiert, schrieb 1956: »Da uns die Geräte das Sprechen abnehmen, nehmen sie uns auch die Sprache fort; berauben sie uns unserer Ausdrucksfähigkeit, unserer Sprachgelegenheit, ja unserer Sprachlust – genau so wie uns Grammofon- und Radiomusik unserer Hausmusik beraubt« (Anders 1956, S. 107).

Gegenüber dieser technikbezogenen Kritik der Medien, die auf eine kulturelle Entfremdung abzielt, ist in den letzten Jahren eine auf den Menschen bezogene Richtung der Medientheorie entstanden, die den Zusammenhang von Wahrnehmung und Medien herausstellt und die Medien als eine **Verlängerung der**

menschlichen Wahrnehmungsorgane versteht. So wie das Auto dem menschlichen Bedürfnis entspringt, sich schneller als mit den eigenen Füßen fortzubewegen, so können die Medien als Verlängerung der Sinne verstanden werden. Das Radio kann also als ›Sinnesprothese‹ des Ohrs verstanden werden, um zu hören, was anderswo an einem entfernten Ort gerade geschieht. Es steht dann in einer Apparatelinie mit dem Telefon. Das Fernsehen kann als eine Art von ›Sehhilfe‹ verstanden werden, nämlich um zu sehen, was sich an anderer Stelle der Welt ereignet. Seine Gerätelinie ist dann konsequenterweise die der Brille, des Fernglases, des Fernrohrs und des Teleskops. Medien erscheinen hier also als **Instrumente**, um eine als Mangel empfundene Ausstattung des menschlichen Körpers zu beseitigen, die Medien dienen damit der Vervollkommnung des Menschen.

Ebenso entspringen auch die anderen Medien ureigenen Bedürfnissen des Menschen: Dinge, Aussagen, visuelle Ereignisse sollen ihn über die Begrenztheit seines zeitlichen Daseins hinaus erhalten, ihn quasi ›unsterblich‹ machen, indem Nachfolgende sich ihn immer wieder ansehen und anhören können. Die Idee der **Speicherung von Ereignissen** in der Form ihrer Beschreibung und Erzählung, der Fixierung des Sprechens in akustischen Speichern, der Fixierung des Gesehenen in stehenden und dann in bewegten Bildern resultiert aus einem dem Menschen eigenen Verlangen, das einmal erzeugte Wissen trotz der Begrenztheit des individuellen Gedächtnisses (als einem internen Wissensspeicher) nicht zu verlieren. Einem solchen Verständnis entsprechend ist **die Entwicklung der Medien Teil der kulturellen Konstitution des Menschen**.

Hier setzt nun die Historische Anthropologie ein, die sich mit der Konstitution des Menschen befasst und als **Kulturanthropologie** darauf zielt, »menschliche Lebens-, Ausdrucks- und Darstellungsformen zu beschreiben, Gemeinsamkeiten und Differenzen herauszuarbeiten, Ähnlichkeiten und Unterschiede in Einstellungen und Deutungen, Imaginationen und Handlungen zu analysieren und so ihre Vielfalt und Komplexität zu erforschen« (Wulf 1997, S. 13). So wie die Sprache und die Künste zu den universellen Voraussetzungen der Menschwerdung gehören und diese sich in ihnen manifestiert (vgl. Frey 1994), so sind auch Medien konstitutiv für den Menschen, wenn wir sie als Werkzeuge und Repräsentationsinstanzen verstehen.

Gegenüber den oft nur vereinzelten Kunsterfahrungen des Menschen in vergangenen Jahrhunderten stehen die Menschen heute in einem zeitlich umfangreicheren Kontakt mit den Medien. Mehr als drei Stunden täglich wenden sie sich dem Fernsehen zu, noch länger dem Radio. Andere Medien ergänzen diesen Mediengebrauch. Dadurch entsteht eine starke Verdichtung der Medienangebote innerhalb der Lebensumwelt der Menschen. Medien sind deshalb auch Agenturen der Gesellschaft, mit denen sich die Gesellschaft als Gesellschaft selbst erhält: **Der Mensch wird durch sie zu einem kulturellen Wesen geformt**.

Die Erweiterung der menschlichen Wahrnehmung durch die Medien zielt also nicht primär auf das Individuum, sondern auf das Gattungswesen Mensch. Nicht jeder Einzelne muss individuell und selbstorganisierend den Blick mithilfe des Fernsehens in die Ferne werfen können, sondern dieses ›In-die-Ferne-Sehen‹

wird gesellschaftlich organisiert. Medienanthropologie ist also kulturell fundiert (einen eher naturalistischen als kulturalistischen Ansatz bietet Schwender 2001).

Diese Vorstellung der Medien als technische Verlängerung der menschlichen Wahrnehmungsorgane steht im deutlichen Gegensatz zur These vom Kulturverfall durch den Medieneinsatz, von der Zerstörung des Menschen durch die Medien. Nimmt die Kulturkritik den Medien gegenüber eine **kritische** Haltung ein, so ist der medienanthropologische Ansatz eher **apologetisch**, weil er die Medien als eine zwangsläufige Weiterentwicklung menschlicher Sinnesleistungen ansieht, die nicht grundsätzlich negativ einzuschätzen ist.

Eine Darstellung der Medien im Rahmen der Historischen Anthropologie hat Friedrich A. Kittler vorgelegt und sie als eine Geschichte der **Medientechnik** beschrieben, die von Schrift und Buchdruck über Telegraf und Analogtechnik zur Digitaltechnik reicht und darauf zielt, dass in nicht allzu ferner Zukunft »die technische Signalverarbeitung an die Grenzen physikalischer Machbarkeit stößt« und dann »die Geschichte der Kommunikationstechniken buchstäblich abgeschlossen« wird (Kittler 1997, S. 660). Innerhalb eines Ansatzes zur Historischen Anthropologie, die auf »Vielfalt und Komplexität« (Wulf 1997, S. 13) der Kultur setzt, zeichnet Kittler einen linear gehaltenen Weg der Kommunikationsmedien in einen letztlich apokalyptischen Zustand. Als Endpunkt sieht er die Kommunikationstechniken – »ohne Referenz auf den oder die Menschen« von künstlichen Intelligenzen benutzt – als eine Aufhebung und ein Ende auch der Medienanthropologie. Nicht alle technikbezogenen Überlegungen zur Medienanthropologie müssen jedoch derart pessimistisch enden, letztlich haben sich alle früheren Endzeitvisionen nicht bewahrheitet. Wenn ein technologischer Schub innerhalb einer historischen Phase zu einem Ende kommt, muss dies nicht ein Ende der Mediengeschichte bedeuten, weil andere Aspekte, z. B. die Ausdifferenzierung der kulturellen Praktiken, in den Vordergrund treten und damit weitere Veränderungen der Kommunikation erzeugen können.

Die Linearität des Kittlerschen Ansatzes resultiert daraus, dass er die Ebenen der **medialen Texte und Handlungen** ebenso wie die Ebene der **kulturellen Praktiken** systematisch ausblendet. Eine Medienanthropologie lässt sich auch als eine Geschichte der vom Menschen hervorgebrachten ›**Großen Erzählungen**‹ schreiben, als eine der immer wieder neu inszenierten Figuren und gestalthaften Verkörperungen, als eine der sich in den Künsten verkörpernden Emotionen usf.

Bleiben wir beim technikbezogenen Ansatz einer Medienanthropologie, ist noch von Bedeutung, dass die Techniken nicht selbständig auftreten, sondern **gesellschaftlich institutionalisiert** sind. Um eine letztlich dann doch noch unvollkommene Medientechnik, die der Vision der Sinnesprothesen noch nicht vollständig entsprechen kann, einsatzfähig zu machen, muss die Ausstrahlung von Mitteilungen der Einzelnen gesellschaftlich organisiert werden. Das bedeutet, der Zugang zum Senden wird beschränkt, steht nur noch Privilegierten offen, die auch Mitteilungen als Geschichten, Darbietungen jedweder Art herstellen können. Das Medium wird als eine Programmveranstaltung organisiert.

13.3.2 Die Modellierung des Menschen durch die Medien

Als Teil des kulturellen Umfeldes betreiben Medien eine Modellierung des Menschen. Dies entspricht auch dem **medienanthropologischen Verständnis**. Das **Dispositiv** als eine Form der Machtausübung führt nicht nur zu einer Disziplinierung der Körper, wie es Foucault für das 18. und 19. Jahrhundert beschrieben hat, sondern über die Medien und die Apparate des Sehens auch zur Disziplinierung der Wahrnehmung. Man kann die Anordnungen von Darbietung und Betrachtung, wie sie Theater, Film, Fernsehen und andere Medien bieten, als Formen der Aufmerksamkeitserzwingung ansehen (vgl. Kap. 11).

Wenn also der Mensch als kulturelles Wesen durch die Medien modelliert wird (und die Medien sind dabei nicht die einzigen kulturellen Instanzen), müssen sich diese medialen Modellierungen auch benennen lassen. Der dabei entstehende Katalog an **medialen Effekten** ist offen und veränderbar. Die Einführung des Buchdrucks z. B. führte nicht nur zu einer Verbreitung des vorher nur handschriftlich überlieferten Wissens, sondern machte auch das Geheimwissen der Berufsgilden öffentlich. Sie verhalf der Volkssprache zur Anerkennung, beförderte das ›stille Lesen‹ gegenüber dem Vorlesen und wertete orale und taktile Informationen ab (Giesecke 1998, S. 33). Sie verbesserte die öffentliche Verwaltung, die Wissenschaft, führte zu einer Ausdifferenzierung von literarischen Formen usf. (Herwig 2001, S. 36 f.).

Auf der strukturellen Ebene lassen sich folgende **Effekte der technisch-apparativen Medien** stichwortartig zusammentragen:

1. Die Medien konstruieren das **Zeitgefühl**, sie tragen insbesondere in der Moderne zur Durchsetzung einer linearen Zeitauffassung bei. Sie greifen zyklische Zeitformen auf und transformieren diese in lineare Strukturen (etwa in Programmstrukturen). Sie verankern die Erfahrung der zeitlichen Begrenzung und der daraus entstehenden Notwendigkeit von Komprimierung von Vorgängen, der Ballung von Information in begrenzten Zeiteinheiten sowie der **Normierung von Zeit**. Die Medien werden zu »sozialen Zeitgebern« (Neverla 1990), es entstehen neue, von den Individuen auch direkt erlebte Spannungen zwischen den real bestehenden und den im Subjekt internalisierten (›gefühlten‹) Zeitstrukturen. »Zeitverlust«, »Zeitgewinn«, »Zeitnot« werden zu neuen Begriffen in der Zeiterfahrung (vgl. Neverla 1991, 1992, Hickethier 1990).
2. Sie etablieren die **Zeichenhaftigkeit von Welterfahrung** als eine Gewissheit. Welt als medial vermittelte ist eine durch und durch aus Zeichen bestehende Welt. Zwar wurde immer schon die Welt daraufhin betrachtet, ob Anzeichen möglicher Gefahren erkennbar waren, doch in der gegenwärtigen Medienkultur sind die Zeichen für Veränderungen vielfältiger, weniger eindeutig und sehr viel direkter auf die Kultur selbst bezogen. Die Zeichen beziehen sich auch immer stärker auf hoch spezialisierte Wirklichkeitsfelder (Börse, soziale Systeme etc.), die immer schwerer durchschaubar sind. Jonathan Crary hat darauf hingewiesen, dass um die Jahrhundertwende zum 20. Jahrhundert die Möglichkeit

der »rein visuellen Wahrnehmung« entdeckt wurde, also das Zeichenhafte sich bei einigen Menschen nicht mehr zu einem ›Realitätseindruck‹ zusammenfügte, (Crary 2002, S. 83) und verweist hier auf eine in dieser Zeit stattfindende Veränderung der kulturellen Wahrnehmung.

3. Durch die Anordnung der technisch-apparativen Medien findet eine **verstärkte Aufmerksamkeitssteuerung** statt. Die Medien fokussieren die Wahrnehmung in einer tief greifenden Weise. Aufmerksamkeitsweckung selbst wird umgekehrt zu einem zentralen Prinzip der Medien (vgl. Franck 1998, Hickethier/ Bleicher 2002). Die mediale Steuerung führt einerseits zu einer dauerhaften Aufmerksamkeitsbindung über einen längeren Zeitraum – und dies auch bei einem vielteiligen und in sich fragmentierten Angebot. Im Kino mit seiner Fixierung der Zuschauer in den Sitzreihen, der Abdunklung des Kinoraums, der Zentrierung des Geschehens auf der Leinwand durch Dramaturgie und Kameraführung wird der Blick des Zuschauers diszipliniert. Das Fernsehen und mehr noch der Computer gehen von dieser Blickdisziplinierung aus, führen sie weiter, indem sie die Kinoerfahrung als internalisierte voraussetzen. Andererseits produzieren sie eine Vielfalt sich widersprechender Reize, so dass es zu ständiger Ablenkung, Zerstreuung und Destruktion kommt. Zwischen der Aufmerksamkeitsweckung und -bündelung einerseits und der Zerstreuung bzw. Ablenkung andererseits besteht ein graduelles Feld von Möglichkeiten, sie stellen keinen sich ausschließenden Gegensatz dar.

4. Medien dienen der **Formierung von Emotionalität**. Kulturgeschichtlich geht es seit dem 18. Jahrhundert um die Kontrolle und Beherrschbarkeit der Affekte und ihrer Überführung in steuerbare Emotionen. Medien stimulieren Emotionen, binden diese an die Rezeption medialer Produkte, so dass die Medien die Emotionen der Nutzer nicht nur erregen, sondern auch beruhigen können. Darin liegt eine wesentliche Modellierungsleistung der Medien, weil sie mit der Bindung von Emotionen an den Medienkonsum auch die Ausschaltung der Emotionen in anderen Bereichen des Lebens (Arbeit, Verkehr, Verwaltung) ermöglichen. Das Fernsehen mit seinem Angebot an fiktionalen Formen (vom Spielfilm über den Fernsehfilm und der Serie bis zu den Unterhaltungsformen der Sportübertragungen, Gameshows und Talkrunden) liefert ein breites Spektrum ständiger vom Zuschauer selbst gewählter Emotionsstimulierungen. Die Medien werden deshalb auch als Instrumente eines ›Mood Managements‹ verstanden.

5. Medien sortieren Welt in **Wichtiges und Unwichtiges**, sie schaffen damit Hierarchien in der Weltwahrnehmung durch die Wahl ihrer Themen, sie bieten Akzentsetzungen und Bewertungen an. Die Themengebung in den Nachrichten, die Wahl des zu Erzählenden in den Fiktionssendungen und Filmen, die Geschichten und Anekdoten in den Talkshows, die Anlässe und Situationen in den Unterhaltungssendungen usf. – sie bieten Vielfalt und Vielfarbigkeit und verdecken damit, dass sie sich auf wenige Grundmuster und Basisereignisse reduzieren lassen.

6. Medien geben in ihren Darbietungen Beschreibungen und Darstellungen von Menschen in ihrem Verhalten, sie liefern damit **Modelle und Muster von Ver-**

haltensweisen, um (in einem sehr weit gefassten Sinne) erfolgreich zu sein. Medien strukturieren damit die ›Angemessenheit‹ bzw. ›Unangemessenheit‹ des individuellen Verhaltens. Dies geschieht nicht nur in den offen sachbezogenen und dokumentarischen Formen, sondern ebenso (und teilweise) wirkungsvoller in den fiktionalen Formen (z. B. Spielfilmen).

7. Medien übernehmen damit **Sozialisationsfunktionen** für die Heranwachsenden, aber sie steuern auch das erwachsene Publikum in seiner Orientierung und seinem Verhalten in der Umwelt. Sie steuern damit die Prozesse der gesellschaftlichen Anpassung (auch dort, wo sie Spielräume gewähren).

Mediendispositive und Subjekt sind jedoch nicht linear aufeinander bezogen, ihr Verhältnis enthält Irritationsmöglichkeiten. Zum einen sind die Mediennutzer als Subjekte in den Medienanordnungen nicht willenlos. Sie können diese durch eine eigensinnige Vergabe ihrer Aufmerksamkeit abweichend der Produzenten-Intentionen bzw. durch eigene Veränderungen der Situationsbedingungen der medialen Kommunikation **subversiv** unterlaufen. Zum anderen kann sich die mediale Schulung der Aufmerksamkeit ihren gesellschaftlichen Kontrollen entziehen und **unerwünschte Effekte** erzielen, z. B. Vernachlässigung gesellschaftlich erwünschten Wissens (wie Schreib-, Lese- und Rechenfähigkeit) zugunsten von Unterhaltungswissen (Kenntnis von Figuren und Verhaltsweisen medialer Produkte).

13.3.3 Individualisierung und Entkörperlichung der Umwelt

Die Entwicklung des Mediengebrauchs ist auf **Individualisierung** ausgerichtet. Von den kollektiven Rezeptionsformen (Theater- und Kinoveranstaltung) geht der Weg bei Radio und Fernsehen zu einer zeitgleichen, aber räumlich getrennten Rezeption in den privaten Lebensbereichen. Stellt sich hier noch durch eine Imaginierung von zeitgleich mitnutzenden Einzelnen die Vorstellung eines ›dispersen Publikums‹ (Maletzke) ein, wird auch diese Vorstellung durch die Aufhebung einer zeitgleich stattfindenden Rezeption im Internetgebrauch außer Kraft gesetzt. Dass das Subjekt diese Vereinzelung nicht als Isolation und Entfremdung erfährt, hängt nicht mit den massenmedial immer wieder neu erzeugten Glücksversprechen zusammen, sondern auch damit, dass soziale Gemeinschaft immer häufiger auch als eine medial hergestellte erfahren wird.

Zur medialen Modellierung des Menschen gehört auch die **Entkörperlichung** von Selbstdefinition und Kommunikation durch die Medien. Schon das Buch und das stille Lesen bedeuten eine Verschiebung der Weltwahrnehmung hin zur symbolischen Darstellung, wie viel mehr dann erst noch die Rezeption von Kino, Radio und Fernsehen, die Realitätshaltung behaupten, aber alle Ähnlichkeiten auf der Basis einer Symbolstruktur organisieren (vgl. Kap. 5.5.3 und 6.4).

Die Welt wird im intensivierten Medienkonsum der Moderne mehr und mehr als Zeichen und Zeichenuniversum wahrgenommen. Dies ist Resultat einer Veränderung der Umwelt insgesamt, die in ihrer Komplexität vielfach nicht mehr anders erfassbar ist. Das Individuum erhält damit gegenüber der Umwelt aber auch eine neue Souveränität. Es ist nicht mehr gebunden an die Materialität der Dinge, an das Hier und Jetzt von Geschehnissen. Medien heben den ›iron cage‹ (Rolf Lindner) von Kulturverhältnissen auf, ›verflüssigen‹ sie und erweitern damit auch die Möglichkeiten des Individuums. Der medial erweiterte Mensch ist nicht ärmer, sondern reicher in seinen kulturellen Möglichkeiten.

13.3.4 Fragmentierung oder Einheit des Subjekts

Die medial erzeugten Effekte zeichnen sich dadurch aus, dass sie nicht wirklich eindeutig und vor allem nicht linear ableitbar sind. Angesichts der Vielfalt und Differenziertheit der audiovisuellen Angebote vor allem des Fernsehens in den letzten beiden Jahrzehnten entstand die These, dass dies als Fragmentierung der Angebotswelt zu verstehen sei, die in der Rezeption eine Desintegration des Publikums und in einem weiteren Schritt eine Fragmentierung der Subjekte zur Folge habe. Im Hintergrund stehen Diskurse über die De-Zentrierung von Identität in den modernen Gesellschaften, von einem Verlust an stabiler Selbstwahrnehmung und einer Zerstreuung (*dislocation*) des Subjekts (Laclau 1990). Aus soziologischer Perspektive wird die De-Zentrierung mit den umfassenden und kontinuierlich stattfindenden Veränderungen der Moderne in Verbindung gebracht (Giddens 1990), wobei die theoretischen Konzepte dahingehend variieren, was sie als Ursache in den Mittelpunkt ihrer Überlegungen stellen (vgl. stellvertretend Hall 1994).

Für die Erörterung des Zusammenhangs von Medienkultur und Subjektkonstitution ist entscheidend, dass in fast allen Ansätzen **kulturelle Identität durch Imaginationen** hergestellt wird, sei es durch das Konstrukt »vorgestellter Gemeinschaften« wie der Nationalkultur, durch die Herstellung von Traditionen, Gründermythen, durch die Behauptung von Homogenität und damit verbunden der Herstellung von Differenzen in sozialen, ethnischen u. a. Bereichen. Dabei spielen die Medien eine zentrale Rolle. Sie stiften gerade gegenüber einer in den Lebensverhältnissen erfahrenen ›Zerstreuung‹ neue Identitäten, indem sie die kulturellen Imaginationen bereitstellen.

Die These von der **Fragmentierung der Subjekte durch die fragmentierten Angebote der Medien** geht gegenüber diesem Verständnis von einer linearen Übertragung einer Angebotsstruktur auf die Subjektstruktur aus. Eine solche plane Übertragung, wie sie auch in vielen Wirkungsvorstellungen der Medienforschung enthalten ist, ist jedoch nicht gegeben. Über die identitätsstiftenden Dimensionen der Medien ist bislang wenig gearbeitet worden, weil bisher vor allem der Nachweis der Desintegration und der Zerstreuung im Vordergrund stand. Vor allem die **Rolle der ›großen Erzählungen‹ für die Identitätsstiftung** ist hier zu untersuchen, ebenso ist die Rolle der **dominanten Filmgenres** und der **großen Programmformen des Fernsehens** daraufhin zu betrachten. Im Western thematisiert z. B. die nordamerikanische Kultur ihren Gründungsmythos, im Kriminalfilm werden die urbanen Konstruktionen der Gesellschaft von Recht und Ordnung immer wieder neu erörtert usw.

Auf der Ebene der Mediennutzung hat Angela Keppler darauf hingewiesen, dass der »Diversität« der Medienangebote nicht unbedingt eine »Departementalisierung« der Öffentlichkeit gegenüberstehe, dass sich der »Entgrenzung« der modernen Medien eine »Begrenzung« in den Nutzungsweisen und Aneignungsformen durch das Entstehen von Communities entgegenstelle (Keppler 2002, S. 57 ff.). Die Communities der Internetnutzer, die Fanbeziehungen vieler Serien-Zuschauer (von der »Lindenstraße« bis zu »Star Trek«) bedeuten ein Ausschließen der anderen Serienwelten, bedeuten die Herstellung einer eigenen Erlebenswelt. Das Präferieren bestimmter Unterhaltungsgenres, die Bevorzugung einiger Programme für die eigene Orientierung in den Weltnachrichten, die Fixierung auf einen Showmaster oder Fernsehstar – es gibt zahlreiche Formen der Mediennutzer, die Vielfalt und Fragmentierungen zu reduzieren, die medialen Angebote auch homogener zu gestalten und damit mit den Subjekten in Übereinstimmung zu bringen.

Subjektkonstitution folgt anderen Regeln als denen der Programmherstellung und Marktaufstellung von Unternehmen. Gegenüber den Angeboten fragmentierter Weltdarstellung kann sich das Subjekt gerade in seiner Identität erfahren, sei es in der Form der gelangweilten Ablehnung der Vielzahl der Angebote, sei es auf der zappenden Suche nach dem ›richtigen‹, dem erwünschten Angebot, das es dann vielleicht gar nicht gibt. Gerade **in der Vielfalt des medial Differierenden erfährt das Subjekt auch seine Differenz gegenüber dem medialen Schein**.

13.4   Die Medien als Kulturagenturen

Im Modell des Dispositivs waren die Medien als Anordnungen verstanden worden, die aus der Technik, den kulturellen und sozialen Institutionen sowie den gesellschaftlichen Diskursen bestehen. In ihrem Brennpunkt steht das Subjekt. Richtet sich der Blick stärker auf die Medien selbst in der Beziehung zwischen Individuum und Gesellschaft, so erscheinen sie als Agenturen, die das ›Geschäft‹ der Subjektmodellierung im Auftrage der Gesellschaft betreiben. Einen Ansatz einer »Agenturtheorie der Medien« hat Helmut Schanze (1994) vorgelegt. Auch wenn bei seinen Überlegungen vor allem ökonomische Aspekte im Vordergrund stehen, lässt sich dieses Konzept auch in einer medienkulturellen Perspektive anwenden. »›Agenten‹ handeln stellvertretend, aber in einem hohen Maße selbständig und eigeninteressiert« (ebd., S. 84). Die Medien verbinden die Aufträge der Gesellschaft (die sich weiter differenzieren lassen) mit ihren eigenen Interessen und gestalten sie auf ihre weise »professionell« (ebd.) aus.

Der **Auftrag an die Agenturen** wird von der Gesellschaft in den Diskursen (die die Medien wiederum selbst bereitstellen) formuliert, genauer: in Presse-, Rundfunk- und Mediengesetzen festgeschrieben und im Grundgesetz verankert, das diesen Agenturen vor allem einen unabhängigen Status zugesteht. Die Aufgabe besteht – vereinfacht gesagt – in der schon erwähnten Identitätsstiftung, die über die Formen der Information, Unterhaltung und Belehrung geleistet wird. Der Adressat dieser Agenturtätigkeit sind die einzelnen Individuen, die sich als Publikum den Medien gegenüber formieren. Für sie stellen die Medien Wissens- und Handlungsvoraussetzungen zur Verfügung, um den gesellschaftlichen Erfordernissen adäquat zu handeln. Vor allem die Information wird als Voraussetzung für das Fortbestehen der Gesellschaft verstanden. Diese wird von den Agenturen selbst als eine dauerhafte (periodisch regelmäßig gelieferte), aber gleichwohl auf den Tag bezogene angeboten.

Von besonderem Interesse sind aus einer medienkulturellen Perspektive jedoch die Aspekte, die weniger deutlich hervortreten und nicht in den politik- und kommunikationswissenschaftlichen Erörterungen der Medien behandelt werden, sondern die, die sich auf den Zusammenhang von Kultur, Medien und Subjekt beziehen lassen. Zum einen handelt es sich dabei um eine sehr tief greifende Beeinflussung der menschlichen Wahrnehmung: auf die **Gestaltungsmöglichkeit von Zeit und Raum**, auf das **Verhältnis der medialen Produktionen zueinander** und auf die **Funktionen der Medien und ihrer Modellierungen** des Menschen für die Gesellschaft.

13.4.1 Die mediale Strukturierung von Zeit und Raum

Zur medienanthropologischen Perspektive gehört auch, dass Medien, als Instrumente zur Erweiterung der den Menschen gegebenen Sinne verstanden, darauf abzielen, die räumlichen und zeitlichen Bindungen des Menschen partiell aufzuheben, dem Menschen zumindest mit Hilfe der Medien die Möglichkeiten zu geben, die Gestaltung von Zeit und Raum zu beeinflussen. Dies wird nur durch die mediale Konstruktion, mit Hilfe von Zeichen das Abwesende anwesend zu machen, möglich.

Zeit und Raum sind kulturelle Konstruktionen, wobei die Medien sowohl in ihrer Darstellung von Welt als auch in ihrer medialen Struktur unabhängig von den Inhalten einerseits die Zeit- und Raumvorstellungen verändern, andererseits durch vormediale neue Erfahrungen (z. B. die Beschleunigung der Fortbewegung des Menschen durch neue Verkehrsmittel) selbst verändert werden. Die **mediale Darstellung von Zeit und Raum** verändert zwar nicht das reale, körperliche Hier und Jetzt des Menschen, stellt aber eine ästhetische Erfahrung von Zeit und Raum dar. In Erwin Panofskys Formulierung von der »Verräumlichung der Zeit« und der »Dynamisierung des Raums«, die er im Film beobachtete, klingen diese medialen Veränderungen der Zeiterfahrung an (Panofsky 1967).

1. Der **Film** fixiert Bewegungsabläufe auf einem Träger und speichert sie damit in Einzelbildern (18, 24 oder 25 Bilder pro Sekunde). Er ›verortet‹ damit ein Geschehen als Zeichengestalt und hebt so die **Ortsbindung** des vormedialen Geschehens auf. Die Aufnahme einer Militärparade Kaiser Wilhelms II. vor dem Berliner Schloss Anfang des 20. Jahrhunderts wird als Film überall zeigbar, die Einmaligkeit dieses Vorgangs wird durch die filmische Reproduktion und Vervielfachung durch zahlreiche Kopien und deren Aufführung in den unterschiedlichen Kinos aus der Ortsbindung herausgenommen. Die Veränderungen in der Raumrepräsentation wirken sich auf die Raumvorstellungen der Mediennutzer aus, die mediale Kommunikation konstituiert eigene Kommunikationsräume, die zu eigenen Kulturräumen werden (vgl. auch Ronneburger 1990).

Gleichzeitig wird die **Zeitlichkeit** verändert. Der zeitliche Ablauf der Parade Kaiser Wilhelms II. wird innerhalb einer Filmeinheit komprimiert und wird damit zu einem Strukturelement eines Produkts. Der Betrachter muss für die Erfahrung der filmischen Zeit eine Eigenzeit aufwenden, Filmzeit und Wahrnehmungszeit werden eng geführt. Dadurch kommt es zum Erlebnis von Gegenwärtigkeit der Militärparade (die real schon längst in der Vergangenheit liegt). Weil die im Film ablaufende Zeit eine an ein Produkt gebundene Zeit (Produktzeit) ist, kann sie verändert und bearbeitet werden. Dem Betrachter wird eine völlig neue sinnliche Erfahrung ermöglicht, wenn der Film und damit das abgebildete Geschehen rückwärts läuft. Der Film kann auch schneller abgespielt werden, wodurch sich das Geschehen auf eine mechanische Weise beschleunigt. Weil der Film durch Schnitt und Montage verändert werden kann, können komplexe Zeitfiguren (Rückblenden, Vorgriffe) erzeugt werden. Zeit wird damit im Film zu einem **ästhetisch gestaltbaren Element**. Filmgeschichte ist nicht zuletzt auch eine der veränderten Zeitbearbeitung, die bis zur rasanten Beschleunigung der Zeit im Videoclip führt und zu neuen Gleichzeitigkeitserfahrungen (z. B. durch die Form der Parallelmontage usf.).

Die ästhetische Zeit wird zum einen als **Irritation** des auf die Umwelt gerichtete Zeit-Raum-Gefühls und des In-der-Welt-Seins des Betrachters erfahren, zum anderen als **Bestätigung**: Weil die ästhetisch gestaltete Zeit sich als eine mediale Zeit darstellt, bestätigt sie die Differenz von Medium und Realität. Indem der Film eine bis dahin ästhetisch nicht erlebte Gestaltung der Zeit erlaubt, etabliert er sich als Instanz, gesellschaftlich neue Möglichkeiten spielerisch (durch Figuren in den Filmen) zu erproben – und setzt sich damit von der Realität des Alltagslebens ab.

2. Das **Fernsehen** z. B. nimmt die filmischen Raum-/Zeitstrukturen auf und erweitert sie um neue mediale Möglichkeiten, die sich nicht auf der Ebene der Fixierung von zeitlichen Abläufen in einem Produkt bewegen. Fernsehen beschleunigt den Transport der audiovisuellen Einheiten von der Produktion zur Rezeption, hebt ihn quasi auf. Damit erzeugt es (in seinen Live-Berichten) den Eindruck einer direkten Teilhabe an einem Geschehen an einem anderen Ort.

Eine neue **mediale Ubiquität** stellt sich ein, der Zuschauer kann medial sowohl in Washington, London und Paris sein, ohne den Ort, an dem er sich befindet, zu verlassen. Er erlebt Geschehen, das außerhalb der Reichweite seines eigenen Handelns ist, er erlebt damit eine »geteilte Gegenwart« (Keppler 2002, S. 57). Diese Konstruktion ist als eine paradoxale mehrfach auch in ihren Folgen beschrieben worden. Der Kulturwissenschaftler Jonathan Crary hat z. B. daraus die These abgeleitet, das Fernsehen und mehr noch der Computer wirkten sich – gerade weil sie das mediale Schweifen durch die Welten erlaubten – als »antinomadische Verfahren« aus und führten zu einer Fixierung des Menschen an einem Ort. Sie seien »Methoden des Aufmerksamkeitsmanagements, die mit Teilung und Sedentarisierung [Sesshaftmachung – KH] arbeiten und die Körper kontrollierbar und nützlich machen, gerade wenn sie die Illusion der Auswahl und der ›Interaktivität‹ verbreiten« (Crary 2002, S. 66).

Das Fernsehen kann die neue mediale Form der Teilhabe, die sich als Live-Erfahrung formuliert, jedoch auch mit den filmischen Möglichkeiten der Vergegenwärtigung vergangenen Geschehens kombinieren. Dadurch vermischen sich

Gegenwart und Vergangenheit, aber nicht so, wie es die Kulturkritik, etwa von Günter Anders, angenommen hat (Anders 1956), dass dadurch das reale Raum-Zeitgefühl aufgehoben werde, sondern als eine Überlagerung und Schichtung. Der Eindruck der realen Raum-Zeit-Kontinuität wird bestätigt, die Teilhabe an den Raum-Zeit-Konstruktionen des Fernsehens erscheint als eine **verdichtete und gesteigerte Form von Leben und Welterfahrung**, die als stimulierend verstanden wird. Die audiovisuellen Medien erscheinen auf diese Weise als eine neue gesteigerte menschliche Welt.

13.4.2 Intermedialität

In Kulturen bilden Tradierung und Weitergabe des Vorhandenen eine zentrale Aufgabe. Sie sind der Kulturproduktion als Wiederholung, Wiederaufnahme, Motivgeschichte, Adaption etc. eingeschrieben. Die Übernahme von Formen und Inhalten der länger bestehenden Medien durch die später entstandenen lässt sich als Notbehelf (Mangel an eigenen Stoffen), aus der Erprobung und Erkundung der eigenen medialen Möglichkeiten in der Auseinandersetzung mit den vorhandenen erfolgreichen Mustern oder als schlichte ökonomische Verwertungsoptimierungen (Risikominderung durch Anknüpfen an Bekanntes) erklären. Die Inhalte der Medien seien immer andere Medien, hatte Marshall McLuhan erklärt (McLuhan 1994, S. 22). Es handelt sich hier nicht um die ›Simulation‹ eines anderen Mediums, wie vereinzelt angenommen wird, sondern um den **Prozess der Intermedialität**. Betrachtet man den Zusammenhang genauer und löst ihn aus dem Kontext der Medieneinführung, so ist hier von einer medialen Spiegelung zu reden, weil in der Mitte der Medienrelationen das Subjekt steht, in ihm fokussieren die vielfältigen Verflechtungen auf der Erscheinungsebene der diversen Medien.

Das Aufgreifen erfolgreicher oder erfolgversprechender Formen und Inhalte anderer Medien führt zu medial neuen Darbietungen eines schon vertrauten Inhalts, der jedoch anders erzählt und präsentiert wird. Der Film nach der Literatur erzählt die literarische Geschichte als filmische Geschichte sinnlich neu, das Radiostück nach dem Theatertext und der Theateraufführung präsentiert selbst in der um das Visuelle reduzierten akustischen Form eine neue Form, die die Vorstellungswelt der Hörer anders als die der Theaterbesucher stimuliert. Es handelt sich hier vor allem **um einen Formwandel**. Der mediale Wechsel findet heute tendenziell in alle Richtungen statt: Die Verfilmung neben der Buchversion nach dem Film, die Radioadaption eines Dramas ebenso wie die Theateraufführung eines Hörspiels sind heute eine kulturelle Selbstverständlichkeit.

Mediengeschichtlich lässt sich zeigen, dass der Reiz der frühen Filme darin bestand, etwas Bekanntes medial neu gefasst zu sehen: der bekannte Realitätsausschnitt nun als Film, die Varieté-Nummer nun als Filmsketch, der wiederum im Varieté gezeigt wurde und dort als Höhepunkt und ›Rausschmeißer‹ diente. Die mediale Brechung wurde zum Reiz des neuen Mediums, aus der Transformation der alten Formen in das neue Medium entstanden jedoch auch neue Formen: So

führt z. B. das serielle Prinzip im Kino zur Kinofilmserie und im Fernsehen zu
›Daily Soaps‹, ›Doku Soaps‹ und zur ›Reality Soap‹ wie »Big Brother«. Der mediale Wechsel erlaubt sinnliche Nuancen und Variationen und bietet damit über die
kulturelle Selbstbestätigung hinaus eine Möglichkeit der sinnlichen Erweiterung
der darüber stattfindenden Orientierung in der Welt.

13.4.3   Funktionen und Folgen der Agenturen

Als Mittel zur **Identitätsbildung** und damit auch der Abgrenzung des Einzelnen
von der Umwelt dienen die Medien der Selbstidentifizierung des Menschen. Sie ermöglichen darüber hinaus die **Konstruktion von Welt** durch den Menschen, also
die Fähigkeit des Menschen, sich der verändernden Umwelt anzupassen und diese
wiederum selbst zu verändern und sie seinen Wünschen und Vorstellungen anzu-
gleichen. Diese beiden Funktionen haben die Medien mit den Künsten gemeinsam
(vgl. Frey 1994, S. 323 ff.). Die technisch-apparativen Medien der Massenkommunikation sind jedoch umfassender als die Künste, da sie auch der konkreten **Orientierung des Menschen** innerhalb seiner Lebensumwelt dienen und sein Alltags-
handeln mit strukturieren helfen (vgl. Hickethier 1999). Von einer Zunahme der
Medien in den gesellschaftlichen Räumen, von einer wachsenden »Mediatisierung«
der sozialen Beziehungen, von Kultur und Gesellschaft spricht der Münsteraner
Medienwissenschaftler Friedrich Krotz (2001), so dass ihnen verstärkt Aufmerksamkeit geschenkt werden muss.

Die Modellierung der Menschen durch die Medien erfolgt in den technisch-
apparativen Medien primär über die Form der **Unterhaltung**. Gerade weil die Medien mit ihren Angeboten nicht in der Form der Unterweisung und Belehrung
auftreten, sondern Emotionssteuerung zumeist in der Form der Narration, also
durch das Erzählen von Geschichten betreiben, weil die Informationsvergabe auf
Verständlichkeit und Kurzweiligkeit setzt, sind die Medien so erfolgreich. Der Mediengebrauch erfolgt zudem auf der Basis der **Freiwilligkeit**. Der modellierende
und disziplinierende Charakter der Medien wird dadurch verdeckt, dass die Menschen den Gebrauch der Medien scheinbar allein bestimmen.

In den Mediendiskursen formulieren die Medien, **wie Welt zu sehen ist**.
Joshua Meyrowitz hat aus den Befunden zahlreicher empirischer Untersuchungen
über den Fernsehgebrauch in den USA drei zentrale Linien medialer Modellierung herausgearbeitet. Danach haben sich dort vor allem langfristige strukturelle
Verschiebungen in den Weltbildern der Menschen ergeben, weil das Fernsehen für
viele Menschen Einblicke in ihnen bislang unbekannte und unzugängliche Lebensbereiche ermöglicht hat. Kindern sei über das Fernsehen ein früher Zugang zur
Welt der Erwachsenen erschlossen worden, deshalb hätten sich die Grenzen zwischen Erwachsenenwelt und Kinderwelt verwischt. Ebenso sei den Frauen, die
früher zu Hause abgeschieden von der Öffentlichkeit der Männer lebten, nun ein
Einblick in diese Öffentlichkeiten gewährt worden. Dies habe zur Emanzipations-
bewegung der Frauen beigetragen. Schließlich sei durch die größere Nähe, aus der
das Fernsehen die Politiker zeige, auch eine Entauratisierung der Politik entstan-

den (vgl. Meyrowitz 1987). Doch gegen diese von Meyrowitz gezeigten Tendenzen stehen auch gegenläufige Beobachtungen einer neuen Art von Kindheit, neuer Geschlechterkämpfe und einer neuen Form gezielter Aurabildung der Politik gerade mit Hilfe der Medien.

Insbesondere auf die **Einschätzung der eigenen Kultur** haben die Diskurse der Medien entscheidenden Einfluss, indem sie bestimmte ›Redefiguren‹ permanent wiederholen und damit zu ›Redegewissheiten‹ werden lassen. Was als ›**Fremdheit**‹ empfunden wird, ist häufig ein Ergebnis der Medien. Die Medien gehen dabei oft unreflektiert vor, betreiben Diskriminierung teilweise aber auch aus Kalkül, um Leser oder Zuschauer zu gewinnen. Sie bestätigen und verfestigen damit Vorurteile. Ob in den Medien von »Einwanderung« oder von »Zuwanderung« gesprochen wird, macht einen Unterschied. Auch dass z. B. von einer »Ausländerkriminalität« gesprochen wird, erzeugt medial Ausländerangst. Deutlich lassen sich auf diese Weise Diskriminierungen erkennen, die häufig mit der Differenz zwischen individuellen Erfahrungen und allgemeinen Vorurteilen arbeiten (z. B. nach dem Muster »Der Jude, den ich kenne, ist ganz nett, aber die Juden sind eine Bedrohung der Welt«) und die langfristig Aggressivität schüren. Die Diskurse der Medien erzeugen also ein **kollektives Wissen** und beeinflussen damit das Alltagsbewusstsein der Menschen.

Die audiovisuellen technisch-apparativen Medien neigen dazu, sich an **großen Mehrheiten** zu orientieren und dabei Minderheiten zu vernachlässigen. Medien erleichtern großen Bevölkerungsgruppen den Zugang zu kulturellen Produktionen der symbolischen Repräsentanz (insbesondere in den künstlerischen Formen). Die mit dieser Vergrößerung der Reichweite verbundene ›**Demokratisierung**‹ von Kultur ist damit erkauft, dass die Medien die ortsgebundenen Formen der Kultur in der Regel einem **Transformationsprozess** unterwerfen. Medien erzeugen auch Meinungen, indem sie die bei Mehrheiten vorhandenen konsensfähigen Positionen zu Mainstream-Positionen verallgemeinern. Medien dienen auch der Integration von Gruppen und Gesellschaften, indem sie ihren Nutzern bestimmte Auffassungen von Welt bieten. Daraus können weitgehend einheitliche Vorstellungen von der Welt erwachsen, aber auch ganz unterschiedliche, teilweise sogar gegenläufige Weltanschauungen.

Medien dienen deshalb der **Stabilisierung von gesellschaftlichen Systemen**, sie erhalten und stärken institutionalisierte Macht und fördern individuelle Bekanntheit, Prominenz und Startum. Sie können jedoch auch gesellschaftliche Systeme erschüttern und institutionalisierte Macht **subversiv unterwandern** und damit in Frage stellen. Der Untergang der DDR war zumindest zum Teil auch Resultat des Einflusses westlicher Medien, die im Bewusstsein der DDR-Zuschauer das Bild einer möglichen anderen Welt zeigten.

13.5 Regionale Medienkulturen und Medienglobalisierung

Wenn die Medien als Agenturen die Menschen kulturell formen, formen sie auch die Welt des Menschen. Wenn sie als Extensionen der menschlichen Wahrnehmung für die Menschen als Medienpublikum die »unerreichbare Welt in die erreichbare

Welt« (Keppler 2002, S. 55) ›hineinholen‹, müssen die Medien in dieser Welt auch selbst sein, müssen dort zumindest Außenposten halten. Damit stellt sich die Frage nach der weltumspannenden Struktur der Medien selbst.

Die Medien an den verschiedenen Orten der Welt sind von ihrer **technischen Struktur** her überall mehr oder weniger gleich. Technik selbst besitzt in ihren Standards einen globalisierenden Charakter. Different ist der Gebrauch, der von den Medien in den verschiedenen Kulturen gemacht wird. Wie ausgeprägt diese Differenz ist, hängt wiederum von der Technik der Verbreitung der Medien ab. Film, Fernsehen, Radio und Internet besitzen aufgrund ihrer Technologien unterschiedliche Neigungen zur Globalität.

1. Der **Film** etablierte sich ab 1895 zunächst als ein **globales Medium**, das nach dem raschen Ende von technisch unausgereiften Konkurrenztechniken (zuletzt Skladanowskys ›Bioskop‹) von der Apparatur der Brüder Lumière und deren weltweitem Einsatz durch die französische Firma Pathé bestimmt wurde. Betrieben wurde hier mit den zeitlich kurzen filmisch-fotografischen Darstellungen (in bewegten Bildern) ein internationaler Austausch an Weltdarstellungen. Die Kinooperateure der Firma Pathé, die von Frankreich aus die Filme weltweit (schon 1896/97 auch in China) verbreiteten, produzierten in der Regel in den Ländern, in denen sie ihre Filme zeigten, selbst wiederum neue Aufnahmen, die sie dann umgekehrt in Europa vorführten. Dass dabei andere Kulturen aus europäischer Perspektive wahrgenommen wurden, weil französische Kinooperateure die Aufnahmen herstellten, lag auf der Hand, war damals jedoch noch kein Problem.

Die weitere Entwicklung des Films etwa ab 1905/07 führte dann jedoch zu einer zunehmenden **Regionalisierung des Films** durch die Ausbildung von national operierenden Filmproduktionen (zumeist in den größeren westlichen Industrieländern) und zu einer stärkeren lokalen Einbindung in die bestehenden Kulturen durch den Bau von festen Filmtheatern. Die Bindung des Films an die nationalen Kulturräume wurde während des Ersten Weltkriegs durch politische und ökonomische Umstrukturierungen verfestigt und durch die staatliche Indienstnahme verstärkt (das deutsche Militär z. B. initiierte 1917 die Gründung des großen Filmkonzerns Ufa). Die nationale Einbindung des Films wurde mit der Transformation des Stummfilms zum Tonfilm Ende der 1920er Jahre (Ausrichtung auf einen Sprachraum) weiter verstärkt.

Die Globalisierung des Films war trotz verstärkter Anstrengungen der amerikanischen Filmindustrie (Hollywood) – die aufgrund der Ausrichtung auf eine ihrer Herkunft nach multinationale Bevölkerung in den USA für eine globale Produktion die weltweit besten Voraussetzungen mitbrachte – nur partiell erfolgreich (Hickethier 2001a). Neben dem Hollywood-Film existieren heute immer noch – wenn auch mit unterschiedlichem ökonomischen Gewicht – zahlreiche **regionale und nationale Filmkulturen.** Die indische Filmindustrie z. B., deren Produkte auch in Afrika stark rezipiert werden, produziert heute mehr Filme als Hollywood, ebenso auch die europäische Filmwirtschaft, wenn man Europa schon als eine kulturelle Einheit begreifen will. Die gleichwohl vorhandene Dominanz des amerikanischen Films in Europa seit den 1920er Jahren hat wesentlich zur Durchsetzung amerikani-

scher Kulturformen beigetragen, weil der Film durch seine mediale Veranschauli-
chung von anderswo gelebtem Leben zahlreiche kulturelle Stimuli bietet.

2. Das **Radio** ist aufgrund seiner Verbreitung über Radiowellen (anfangs
Mittel- und Langwelle) sowie seiner immateriellen Produktstruktur ebenfalls international angelegt, wobei eine Globalisierung in der Hand weniger Unternehmen
durch die bereits zu Beginn (in den 1920er Jahren) betriebene **staatliche Kontrolle und Beherrschung** der Rundfunkinstitutionen gar nicht erst zustande kam.
Die Bindung des Radios an die gesprochene Sprache führte weiterhin zu einer
stärkeren Ausrichtung auf die sprachlich bestimmten Kulturräume. Eine **Regionalisierung des Hörfunks** fand mit seiner technischen Ausrichtung auf die UKW-
Ausstrahlung hin statt, die neben der verbesserten Sendequalität auch eine Ange-
botsvermehrung (mehrere Programme nebeneinander) ermöglichte und damit
eine Differenzierung im regionalen und lokalen Bereich erlaubte. Radio ist heute
von seiner Informationsvergabe her vor allem ein lokales und regionales Medium.
International im Radio ist dessen starke Musikausrichtung, die wiederum zu einer
Durchsetzung und Ausbreitung einer globalen und internationalen Musikkultur
beiträgt. Trotzdem bleibt die Orientierung auf den Sprachraum für große Bevölkerungsgruppen weiterhin bestimmend. Am Radio können die Verquickungen
globaler, internationaler, regionaler und lokaler Kulturräume exemplarisch stu-
diert werden.

3. Das **Fernsehen** wiederum begann zunächst auf der **regionalen Ebene** (aufgrund seiner technischen Ausrichtung auf die im UKW-Bereich liegenden Fernseh-
übertragungsfrequenzen), wobei ein grenzüberschreitender Effekt (*spill over*) von
Anfang an bestand und z. B. die spezifische Mediensituation in der DDR determinierte. Der Aufbau technischer Verbindungsnetze (Richtfunkstrecken, später Satellitenübertragungssysteme, Kabelnetze) führte zu einer stärkeren **Internationalisierung**, wobei es sich auch hier um eine von den nationalen Medieninstitutionen
(staatlich, öffentlich-rechtlich, kommerziell) kontrollierte Entwicklung handelte,
die diese Internationalisierung lange Zeit auch durch mediale Transformationen
(Adaption, Synchronisation, Voice over, Untertitelung, Formatangleichung etc.)
kaschierte und abschwächte.

Zur Internationalisierung tragen der Programmaustausch zwischen den verschiedenen nationalen Fernsehsystemen sowie der Programman- und -verkauf bei,
wobei teilweise auf filmische Produktformen und -strategien zurückgegriffen wird
(z. B. erfolgt der globale Vertrieb von amerikanischen Fernsehserien seit den 1950er
Jahren über die Vergabe von Lizenzen der **filmisch** produzierten Serienfolgen, die als
Filme und nicht als Sendungen über die elektronischen Netze vertrieben werden).

Globalisierungstendenzen lassen sich im Fernsehen auf der ökonomischen
Ebene bei der Reduktion staatlicher Bindungen und Einflussbegrenzung öffentlich-rechtlich konstruierter Medien mit dem Entstehen weltweit operierender Medienkonzerne (Sony/Time-Warner, Murdoch, Bertelsmann, Berlusconi, Kirch u. a.)
beobachten. Gleichwohl bleibt (bislang noch) die Unterschiedlichkeit nationaler
und regionaler Fernsehkulturen erhalten, nicht zuletzt deshalb, weil sie sich tief in
die bestehenden regionalen Kulturen eingeschrieben haben. Am Fernsehen lassen

sich deshalb besonders gut **Formen der kulturellen Vermischung** beobachten, die seit Anfang der 1990er Jahre als **Hybridisierung** thematisiert wurde (Thomsen 1989, Schneider 1990, Krewani 2001).

4. Das **Internet** ist von vornherein als ein international operierendes Medium angelegt, wobei zentrale Globalisierungsinstanzen nur sehr eingeschränkt bestehen. Die Globalisierung durch weltweite Nutzung von Angeboten und regionale bzw. lokale Ausrichtungen gehen Verbindungen ein und schaffen neue Formen der medialen Kommunikation (E-Mails, Chatrooms etc.), so dass man hier von einer neuen und in ihrer Entwicklung genau zu beobachtenden Vermischung sprechen kann.

Die zunächst augenfällige Tendenz zur Vereinheitlichung und medialen Überformung von Kultur durch die Medien – so zeigt der kurze Durchgang – ist durchaus widersprüchlich und wirkt sich nicht generell als eine inhaltliche Homogenisierung aus. Stattdessen ist eine Angebotsvielfalt und -differenzierung zu beobachten, wie sie bis zur Mitte des 20. Jahrhunderts in keiner Kultur vorhanden war.

Im internationalen Zusammenhang bedeutet die Einführung der Medien in allen Ländern eine **kulturelle Transformation**. Denn die Medien sind von ihrer Technologie her westlichen Ursprungs, in ihrer Formung als Programmmedien und in den Formen ihrer gesellschaftlichen Institutionalisierung ebenfalls Ergebnis westlicher Kulturtraditionen und der Moderne. Auch wenn deshalb andere kulturelle Inhalte in den unterschiedlichen nationalen und regionalen Mediensystemen (z. B. im Fernsehen) vermittelt werden, findet mit der Medialisierung der Kulturen außerhalb des westlichen Kulturraums eine kulturelle Vermischung statt. Fundamentalisten (z. B. die Taliban in Afghanistan) haben deshalb wiederholt die Existenz von Fernsehen und anderen Medien in ihrem Machtbereich unterbunden, weil sie damit hofften, durch eine solche mediale Abschottung des eigenen Landes gegenüber dem Rest der Welt alte traditionale Kultur erhalten bzw. wieder neu etablieren zu können. Dabei haben sie verkannt, dass solche Medienstrukturen wiederum eng verbunden sind mit der Struktur einer modernen, arbeitsteilig produzierenden Gesellschaft, für die die Medien spezifische Qualifikationen einüben: ein auf Konkurrenz und Innovation ausgerichtetes Denken, eine gesteigerte Gegenwartsbeachtung (Aktualität), eine Verhaltensflexibilität und eine Mobilität, sich auf wechselnd benötigte Verhaltens- und Gestaltungsmuster einlassen zu können, usw.

Grundlegende Literatur

Bachmann-Medick, Doris 1996: Kultur als Text. Die anthropologische Wende in den Literaturwissenschaften. Frankfurt a. M.: Fischer.

Bromley, Roger/Udo Göttlich/Carsten Winter (Hg.) 1999: Cultural Studies. Grundlagentexte zur Einführung. Lüneburg: zu Klampen.

Geertz, Clifford 1983: Dichte Beschreibung. Beiträge zum Verstehen kultureller Systeme. Frankfurt a. M.: Suhrkamp.

Giesecke, Michael 1998: Der Buchdruck in der frühen Neuzeit. Eine historische Fallstudie über die Durchsetzung neuer Informations- und Kommunikationstechnologien. Frankfurt a. M.: Suhrkamp.

Hall, Stuart 1994: Die Frage der kulturellen Identität. In: Ders.: Rassismus und kulturelle Identität. Ausgewählte Schriften. Bd. 2. Hamburg: Argument, S. 180–222.

Hickethier, Knut 2001a: Hollywood, der europäische Film und die kulturelle Globalisierung. In: Wagner 2001, S. 113–131.

Keppler, Angela 2002: Begrenzung und Entgrenzung. Zur Dialektik medialer Kommunikationen. In: Fohrmann, Jürgen/Arno Orzessek (Hg.): Zerstreute Öffentlichkeiten. Zur Programmierung des Gemeinsinns. München: Fink, S. 53–64.

Kittler, Friedrich 1997: Kommunikationsmedien. In: Wulf 1997, S. 649–660.

Krotz, Friedrich 1992: Kommunikation als Teilhabe. Der ›Cultural Studies Approach‹. In: Rundfunk und Fernsehen 40. Jg. (1992), H. 3, S. 317–342.

Krotz, Friedrich 2001: Die Mediatisierung kommunikativen Handelns. Der Wandel von Alltag und sozialen Beziehungen, Kultur und Gesellschaft durch die Medien. Wiesbaden: Westdeutscher Verlag.

Lindner, Rolf 2000: Die Stunde der Cultural Studies. Wien: WUV/Universitätsverlag.

Neverla, Irene 1992: Fernseh-Zeit. Zuschauer zwischen Zeitkalkül und Zeitvertreib. München: Ölschläger.

Nünning, Ansgar/Vera Nünning (Hg.) 2003: Konzepte der Kulturwissenschaften. Theoretische Grundlagen – Ansätze – Perspektiven. Stuttgart/Weimar: Metzler.

Panofsky, Erwin 1967: Stil und Stoff im Film. In: Filmkritik 11. Jg. (1967), S. 343–355.

Pias, Claus u. a. (Hg.) 1999: Kursbuch Medienkultur. Die maßgeblichen Theorien von Brecht bis Baudrillard. Stuttgart: DVA.

Wagner, Bernd 2001: Kulturelle Globalisierung: Weltkultur, Glokalität und Hybridisierung. In: Ders. 2001, S. 9–38.

Wagner, Bernd (Hg.) 2001: Kulturelle Globalisierung: zwischen Weltkultur und kultureller Fragmentarisierung. Frankfurt a. M.: Hessische Gesellschaft für Demokratie und Ökologie/Essen: Klartext.

Wulf, Christoph (Hg.) 1997: Vom Menschen. Handbuch Historische Anthropologie. Weinheim/Basel: Beltz.

Weitere zitierte Literatur

Anders, Günther 1956: Die Antiquiertheit des Menschen. München: Beck.

Berg, Jan u. a. 1981: Sozialgeschichte der deutschen Literatur von 1918 bis zur Gegenwart. Frankfurt a. M.: Fischer.

Böhme, Hartmut/Klaus R. Scherpe (Hg.) 1996: Literatur und Kulturwissenschaften. Positionen, Theorien, Modelle. Reinbek bei Hamburg: Rowohlt.

Bohn, Rainer/Eggo Müller/Rainer Ruppert (Hg.) 1988: Ansichten einer künftigen Medienwissenschaft. Berlin: Edition Sigma.

Crapanzano, Vincent 1996: Das Dilemma des Hermes: Die verschleierte Unterwanderung der ethnographischen Beschreibung. In: Bachmann-Medick 1996, S. 161–193.

Crary, Jonathan 2002: Aufmerksamkeit. Wahrnehmung und moderne Kultur. Frankfurt a. M.: Suhrkamp.

Franck, Georg 1998: Ökonomie der Aufmerksamkeit. München: Hanser.

Frey, Gerhard 1994: Anthropologie der Künste. München: Alber.

Giddens, Anthony 2001: Konsequenzen der Moderne. Frankfurt a. M.: Suhrkamp (engl.: The Consequences of Modernity. Cambridge: Polity Press 1995).

Hall, Stuart 1973/1993: Encoding and Decoding in the Media Discourse. Stencilled Paper Nr. 7. Birmingham: CCCS; auch in: During, Simon (Hg.) 1993: The Cultural Studies' Reader. London/New York: Routledge, S. 90–103.

Hansen, Klaus P. [2]2001: Kultur und Kulturwissenschaft. Tübingen: Francke.

Hasebrink, Uwe/Friedrich Krotz (Hg.) 1996: Die Zuschauer als Fernsehregisseure? Zum Verständnis individueller Zuwendungs- und Rezeptionsmuster. Baden-Baden/Hamburg: Nomos.

Herwig, Henriette 2001: Wendepunkte der Mediengeschichte und ihre Auswirkungen auf das Lesen und die Literatur. In: Hess-Lüttich, Ernest W. (Hg.): Autoren, Automaten, Audiovisionen. Neue Ansätze zur Medienästhetik und Telesemiotik. Wiesbaden: Westdeutscher Verlag, S. 35–56.

Hickethier, Knut 1990: Die Zeit und das Fernsehen. In: Ästhetik und Kommunikation 20. Jg. (1990), H. 73/74, S. 137–144.

Hickethier, Knut 1999: Orientierungsvermittlung, Verhaltensmodellierung, Sinnstiftung – Zu den gesellschaftlichen Funktionen der Medien. In: Medien + Erziehung 43. Jg. (1999), Nr. 6, S. 348–351.

Hickethier, Knut 2001b: Medienkultur und Medienwissenschaft. Das Hamburger Modell. Vorgeschichte, Entstehung, Konzept (Hamburger Hefte zur Medienkultur Nr. 1). Hamburg: Zentrum für Medien und Medienkultur.

Hickethier, Knut/Joan K. Bleicher (Hg.) 2002: Aufmerksamkeit, Medien und Ökonomie, Münster u. a.: Lit.

Krewani, Angela 2001: Hybride Formen. New British Cinema – Television Drama – Hypermedia. Trier: WVT.

Laclau, Ernesto 1990: New Reflections on the Revolution of our Time. London u. a.: Verso.

Maletzke, Gerhard 1963: Psychologie der Massenkommunikation. Hamburg: Hans-Bredow-Institut.

McLuhan, Marshall 1994: Die magischen Kanäle. Dresden/Basel: Verlag der Kunst (engl.: Understanding Media. New York: McGraw-Hill 1964).

Meyrowitz, Joshua 1987: Die Fernsehgesellschaft. Weinheim/Basel: Beltz.

Müller, Eggo 1993: Pleasure and Resistance. John Fiskes Beitrag zur Populärkulturtheorie. In: Montage/AV 2. Jg. (1993), H. 1, S. 52–66.

Neverla, Irene 1990: Der soziale Zeitgeber Fernsehen. In: Medien & Zeit (1990), Nr. 1, S. 3–11.

Neverla, Irene 1991: Fernsehen als Medium einer Gesellschaft in Zeitnot. In: Media Perspektiven (1991), Nr. 3, S. 194–205.

Posner, Roland 1991: Kultur als Zeichensystem. Zur semiotischen Explikation kulturwissenschaftlicher Grundbegriffe. In: Assmann, Aleida/Dietrich Harth (Hg.): Kultur als Lebenswelt und Monument. Frankfurt a. M.: Fischer, S. 37–74.

Ronneburger, Franz 1990: Wandel von Raumvorstellungen durch Medienkommunikation. In: Publizistik 35. Jg. (1990), H. 3, S. 257–266.

Schanze, Helmut 1994: Ansätze zu einer Agenturtheorie der Medien unter besonderer Berücksichtigung des Fernsehens. In: Ders. (Hg.): Medientheorien – Medienpraxis. Fernsehtheorien zwischen Kultur und Kommerz (Arbeitshefte Bildschirmmedien Nr. 48). Siegen: Universität Siegen, S. 79–86.

Schmidt, Siegfried J. 1991: Medien, Kultur, Medienkultur. In: Zeitschrift für Literaturwissenschaft und Linguistik, Beiheft 16, S. 30–51.

Schneider, Irmela (Hg.) 1990: Film, Fernsehen & Co. Zur Entwicklung des Spielfilms in Kino und Fernsehen. Heidelberg: Carl Winter.

Schönert, Jörg 1996: Literaturwissenschaft – Kulturwissenschaft – Medienkulturwissenschaft. In: Glaser, Renate/Matthias Luserke (Hg.): Literaturwissenschaft – Kulturwissenschaft. Positionen, Themen, Perspektiven. Opladen: Westdeutscher Verlag, S. 192–208.

Schwender, Clemens 2001: Medien und Emotionen. Evolutionspsychologische Bausteine einer Medientheorie. Wiesbaden: deutscher Universitätsverlag.

Thomsen, Christian W. (Hg.) 1989: Cultural Transfer or Electronic Imperialism? The Impact of American Television Programs on European Television. Heidelberg: Carl Winter.

Teil IV
Medienübersichten

14. Film

14.1 Film und Kino

Ist vom ›Film‹ die Rede, wird damit fast immer das Medium **Kino** gemeint, das das erste Medium der technisch produzierten Bewegungsbilder darstellt. Das Kino hat als Medium die Technik der Kinematografie gesellschaftlich institutionalisiert und die Kultur des 20. Jahrhunderts wesentlich geprägt. Mit ›Kino‹ wird jedoch in den öffentlichen Debatten oft auch nur das ›Filmtheater‹ als **Abspielort** von Filmen gemeint. Neben dem Kino sind weitere Abspielorte entstanden: das Programmmedium **Fernsehen**, der Mediensektor **Video** mit der privaten Videogeräteausstattung (2001 über 67 % aller Haushalte) sowie der Videokauf- und -verleihmarkt, der ebenfalls Filme präsentiert. Seit wenigen Jahren entsteht ein wachsender **DVD**-Markt, der den Videokassettenmarkt mehr und mehr ersetzen wird.

Film stellt als ein Speichermedium ein **Produktionsmittel** dar, das als optochemischer Speicher neben den elektronischen Speichern (Magnetaufzeichnung, Video) und der digitalen Speicherung (CD-ROM, DVD, Computer) der Herstellung von audiovisuellen Produkten dient, wobei sich zwischen diesen drei Produktionsmitteln in den letzten Jahren zahlreiche Kombinationen ergeben haben. Der Film als **eine Wahrnehmung organisierende Form** bleibt bei dieser Entwicklung dominant und hat durch seine Gestaltungsweisen die neueren elektronischen und digitalen Formen stark beeinflusst. Diese sind ohne die Struktur des Filmischen nicht denkbar. Gleichwohl gibt es umgekehrt auch im Kinofilm ästhetische Anleihen aus den elektronischen und digitalen Medien, wie nicht zuletzt Filme wie »Tron«, »Das Netz« oder sogar »Lola rennt« zeigen.

Die Unschärfe in der Begriffsverwendung verweist darauf, dass heute der **Film im Kontext der anderen audiovisuellen Medien** zu sehen und nicht mehr einzig auf das Kino beziehbar ist. Auf vielen Ebenen der Produktion und Distribution, der Ästhetik der Produktionen und der Rezeption durch die Zuschauer und Nutzer bestehen Verflechtungen, so dass hier von einem sich immer weiter verdichtenden **Medienverbund** zu sprechen ist.

14.2 Die Medialität des Films

Die Medialität des Films ist in der Filmtheorie immer wieder erörtert worden. Ging es dabei in den frühen Kinotheorien (Münsterberg, Balázs, Arnheim) darum, ›Wesenseigenschaften‹ herauszuarbeiten, ist das Ziel heute eher, die medialen Eigenschaften im Verhältnis zu den Eigenschaften anderer Medien zu bestimmen.

14.2.1 Technik und Ästhetik des Films

Der Film im Kino ist das erste technische audiovisuelle Medium und hat großen Einfluss auf die weitere Entwicklung der technisch-apparativen Medien insgesamt genommen. Zwar gab es mit den vorkinematografischen Techniken schon vor dem Film technisch-apparative Medien, diese blieben allerdings eher singulär und bildeten nicht wie der Film einen Einstieg in den Verbund mit anderen Medien. Die kinematografische Technik wurde konstitutiv für Produktion und Rezeption, sie ist – obwohl zunächst noch mechanisch (bzw. mit der Federspannungen betrieben) – schon bald elektrifiziert worden und damit Teil eines neuen **elektrisch-elektronischen Medienzusammenhangs geworden,** der zu einer immer stärkeren Vernetzung und Durchdringung der verschiedenen Medien geführt hat. In der Herausbildung einer technischen Ästhetik der bewegten Bilder und der audiovisuellen Verbindungen wird der Film zu einem **Basismedium,** das die Gestaltungsprinzipien der nachfolgenden technisch-apparativen Medien (Radio, Fernsehen und auch das Internet) stark beeinflusst.

In der **Kamera** wird der durch das Objektiv beobachtete (wahrgenommene) Ausschnitt von Umwelt als Bild auf einen Träger, den mit einer lichtempfindlichen Schicht versehenen Film (aus Polyester, früher Zelluloid und dann Acetat), fixiert. Nach Entwicklung und Bearbeitung des Films (zu den einzelnen Stufen vgl. Monaco 1980) wird diese Aufnahme von einem **Projektor** durch ein Objektiv auf die Leinwand geworfen. Dem Verkleinerungsprozess des Abgebildeten bei der Aufnahme entspricht die Vergrößerung des Bildes bei der Projektion, wobei diese das Bild in der Regel überlebensgroß projiziert.

In der Anfangszeit des Films war das auf dem Filmband Aufgenommene so lange zu sehen, wie das Filmband in einer Filmkassette reichte, also etwa ein bis drei Minuten. Sehr früh entdeckte man, dass Filmstreifen mit Aufnahmen unterschiedlicher Art aneinander geklebt werden konnten und dass damit in der Rezeption etwas anderes sichtbar wurde als nur eine einmal aufgenommene Umwelt. Die Abfolge verschiedener Aufnahmen wurde als eine Einheit wahrgenommen. Der nächste Schritt war, die Aufnahmen in kleinere Einheiten zu zerschneiden und die so entstandenen Sequenzen von Bildern unterschiedlich zusammenzumontieren. Durch **Schnitt und Montage** entstanden neue Effekte, vor allem der Eindruck von Kausalität und Parallelität. Die Filmemacher lernten sehr schnell, dass man auf diese Weise nicht nur etwas abbilden, sondern auch ganz neue Zusammenhänge schaffen und **sinnhafte Abfolgen** erzeugen konnte, also dass sich mit den Bildern Geschichten erzählen ließen.

Die Zerlegung verschieden langer Aufnahmen in kleinere, wechselnd montierte Sequenzen entsprach den Prinzipien der menschlichen Wahrnehmung: Der Mensch kann nur schwer dauerhaft auf einen Punkt blicken, er wechselt immer wieder den Blick, fokussiert neu und nimmt auf diese Weise seine Umwelt suchend und beobachtend wahr. Der Film greift dieses **Prinzip des Wechsels** auf, macht es zu einem bestimmenden Merkmal seiner Darstellung (vgl. Hickethier 2001). Film zeigt ein Geschehen, zeigt einen Raum durch die Montage von Aufnahmen aus unterschiedlichen Blickwinkeln . Der Betrachter kann durch diesen Wechsel den Blick auf die Leinwand über lange Zeit konstant erhalten und erfährt ihn auch als unterhaltsam. Er selbst erzeugt im Bewusstsein aus den wechselnden Sequenzen und Einstellungen ein kohärentes Geschehen und einen kohärenten Raum.

Daraus ergibt sich als weiteres Prinzip des Films, dass er sich aus einzelnen Partikeln (Einstellungen) zusammensetzt, dass dieses Zusammengesetztsein mit Lücken arbeitet und diese vom Betrachter in seinen Vorstellungen ergänzt und überbrückt werden. Es ist das Prinzip der **partikularistischen Welterstellung**, die die Welt im Kopf der Betrachter entstehen lässt und die das Gezeigte in der **Diegese** zu einem erzählten Ganzen synthetisiert.

Weil der Film das Abzubildende in den wechselnden Einstellungen mal nah, mal entfernter zeigt, weil sich der Kamerastandpunkt mal dichter und mal weiter weg vom Gegenstand befindet, geht der Film über eine Imitation der menschlichen Wahrnehmung hinaus und schafft mit dem filmischen Blick im Betrachter eine Art von Omnipotenzgefühl gegenüber dem Gezeigten, weil er durch den Film scheinbar Zeit und Raum beherrscht. War ursprünglich Bewegung im Film nur als Bewegung der Objekte vor der Kamera gedacht, so erscheint der Wechsel der Kameraposition von entfernt zu nah und umgekehrt als gedachte Bewegung der Kamera, die sich schließlich auch konkret realisieren ließ, indem man die Kamera auf alle nur denkbaren Bewegungsmittel (vom Pferd bis zum Auto) platzierte und damit neue Effekte erzielte (ebd., S. 55 ff.).

Die Entwicklung der kinematografischen Mittel des Films steht in einer strukturellen Beziehung zur **Filmproduktion**. Dass der Film sich durch Schnitt und Montage konstituiert, führt dazu, dass die einzelnen Teile des Films nicht während der Aufnahme, sondern erst am Ende aller Aufnahmen zusammengesetzt (montiert) werden. Dies hat zur Folge, dass mit der Industrialisierung des Films schon in den 1910er Jahren eine neue Form der Filmproduktion etabliert wurde: Der Film wird nicht in der Abfolge der einzelnen Szenen gedreht, wie sie der Zuschauer zu sehen bekommt, sondern nach außerfilmischen (ökonomischen, situativen) Gründen, z. B. der Verfügbarkeit der Darsteller, der Anreisekosten für einen Drehort usf. Als Folge dieser Bedingungen wird in der Regel **diskontinuierlich** gedreht, und die auf diese Weise hergestellten Aufnahmen werden erst am Schneidetisch in die innerhalb der Narration als ›richtig‹ empfundene Reihenfolge gebracht.

Diese **diskontinuierliche Produktionsweise** erfordert wiederum eine genaue Planung, eine gute Vorbereitung sowie eine laufende Kontrolle des Gefilmten bereits während des Drehens (vgl. Kap. 10). Daraus entsteht – auch dies hier nur verkürzt – eine hochgradig arbeitsteilig organisierte Produktion mit einem – in der Regel – aufwendigen Personalstab und einem beträchtlichen Einsatz an finanziellen Mitteln.

Auf diese Weise gehen **Ökonomie und Ästhetik** eine enge Verbindung ein. Jeder Film ist deshalb in seiner Struktur nicht nur

- ein **audiovisuelles Angebot** für die Betrachter, er ist zugleich
- ein **Produkt einer technischen Apparatur und einer mit dieser verkoppelten Industrie**, und er ist

- ein **Ergebnis einer ökonomischen Unternehmung** mit einem spezifischen institutionellen Aufwand an Organisation, Infrastruktur, Verfahrensregeln und Wissen.

Es ist wenig sinnvoll, zwischen ›kommerziellen‹ und ›nicht-kommerziellen‹ Filmen zu unterscheiden, denn letztlich braucht jeder Film finanzielle Mittel, ist also in seiner Entstehung ökonomisch bedingt, selbst dann, wenn er von einem Dritten subventioniert, gesponsert oder von einem Mäzen finanziert wird. Nicht alle Filme sind jedoch auf die Erzielung von Gewinnen ausgerichtet, sondern können auch dazu dienen, in nicht-gewerblichen Zusammenhängen (Bildungs- und Sozialeinrichtungen, Vereinen, künstlerischen Zusammenhängen) eingesetzt zu werden. Umgekehrt gibt es – insbesondere in der Unterhaltungsfilmproduktion – Filme, die ausschließlich dazu hergestellt werden, Gewinn zu erzielen.

14.2.2 Das Filmische als Aufgabe der Theorie des Films

Eine Bestimmung der **Medialität des Films** hat als einer der Ersten Bruno Rehlinger in einer Arbeit unter dem Titel *Der Begriff filmisch* (1938) vorgelegt. Rehlinger hat sich in seiner in der NS-Zeit erschienenen Dissertation auf Filmtheoretiker wie Béla Balázs, Rudolf Arnheim, Fedor Stepun, Joseph Gregor u. a. gestützt, die zu dieser Zeit aus Deutschland – wegen ihrer jüdischen Herkunft oder aus politischen Gründen – emigrieren mussten.

Was ›das Filmische‹ konkret ist, bildet sich durch den kulturellen Gebrauch des Films heraus. Die »von der technischen Erscheinung Film« gegebenen Ausdrucksmittel sind relativ rasch benannt:

> Diaphane (durchleuchtete) Bilder werden in einem bestimmten Tempo präsentiert, so dass sich der Eindruck einer Bewegung im Gezeigten einstellt. Diese Bilder sind zumeist fotografisch hergestellt und zeigen einen Wirklichkeitsausschnitt oder geben vor ihn zu zeigen. (Es können aber auch gezeichnete oder sonst wie animierte Bilder sein.) Die Bildabfolgen lassen sich so gestalten, dass unterschiedliche Darstellungen aufeinander folgen (Montage und Schnitt), so dass ein Perspektivwechsel entsteht. Dadurch sind Auslassungen in einem gezeigten Geschehen möglich und das Gezeigte kann narrative Formen annehmen. Zu den Bildern können Töne (Stimmen, Musik, Geräusche) treten, zum einen als Kinotöne (im Kinoraum beim Filmabspiel separat vom Film erzeugte Töne), zum anderen als Filmtöne, wenn diese mit dem Träger der Filmbilder eng verbunden sind (als Licht- oder Magnetton).

Für den Filmtheoretiker Rudolf Kersting ist das ›Filmische‹ das Ergebnis »von Relationen zwischen Bildern und Tönen« und nicht etwas »substantiell Handgreifliches, das jeweils durchs Movie hindurch seine Identität bewahrte« (Kersting 1989, S. 13 f.). Die »Offenheit des relationalen Feldes« sieht Kersting durch **drei Strategien gebändigt, die formgebend den Film in Geschichte und Gegenwart bestimmen:**

- die »kinematografische Apparatur Kamera-/Projektormechanik), die das Bild als einheitliche Beziehung zwischen Fotogrammen erzeugt«;
- die »filmgeschichtliche Herausbildung eines dramaturgischen und schnitttechnischen Standards, der Bildelemente allein nach Maßgabe ihrer funktionalen Eignung für eine nahtlose imaginative Totalität organisiert«, und
- die klassischen filmtheoretischen Legitimationsdiskurse, die bestimmte bildorganisatorische Praktiken je nach deren Ausrichtung auf ursprünglich sinnhafte Bezugszentren (›Wesen des Filmischen‹) privilegieren / ausschließen« (ebd.).

Die heute wohl einflussreichste Bestimmung des Filmischen hat Gilles Deleuze mit seinen beiden Bänden *Das Bewegungs-Bild* und *Das Zeit-Bild* (1989/91) vorgelegt. Deleuze unterscheidet in seiner stark auf das Bild ausgerichteten und sich auf die Zeichentheorie von Charles S. Peirce berufenden Filmtheorie auf der Ebene des Bewegungsbildes zwischen einem »Wahrnehmungsbild«, einem »Affektbild« und einem »Aktionsbild« und entwickelt eine Theorie der Bildbestimmung, die im zweiten Band über das Zeitbild weit über eine Bestimmung des Filmischen hinausgeht und eine Filmphilosophie umreißt.

Auch Deleuze geht von der Montage, genauer: von einem »rationalen Schnitt«, aus, der zwischen die Einstellungen gesetzt, eine letztlich organische Welt entstehen lässt, die eine Welt der Emotionen und Handlungen ist. Diese Welt entsteht vor allem im ›klassischen‹ Film der 1930er bis 50er Jahre. Der moderne Film dagegen basiere auf »irrationalen Schnitten« und Brüchen, »die einen neuen, nicht fassbaren Zwischenraum zwischen den Einstellungen deutlich machen« (Bellour 1997, S. 43). Der moderne Film tendiert bei Deleuze in seinen extremsten Werken dazu, »die verschiedenen Bildkomponenten in einen autonomen Text und ein autonomes Bild aufzuspalten, die zugleich sichtbar und lesbar sind, zusammengehören und getrennt voneinander sind« (ebd., S. 44).

Neben der Medialität des Films als einem Bestimmungsversuch, der die kulturgeschichtlich gänzlich neue Ausdrucks- und Wahrnehmungsform mit deren eigenen Gestaltungs- und Wirkungsweisen in ihrem historischen Wandel erfasst, steht die **Ästhetik des Kinos als Erlebnisraum**, die – ausgehend vom Film – das gesamte zeitliche und räumliche Erlebnisarrangement umfasst. Die Medialität des Films ist gegenüber der Ästhetik des Kinos insofern different, als sie – vor dem Hintergrund der anderen audiovisuellen Medien, insbesondere des Fernsehens – das Filmische als ein Prinzip begreift, das heute auch in anderen Medien (also außerhalb des Kinos) wirksam ist und durch die anderen Medien (vor allem das Fernsehen) selbst wiederum Veränderungen erfahren hat.

14.3   Institution und Organisation des Films

Der Film weist zum einen komplexe Organisationsstrukturen auf, die an Vielfältigkeit und Unübersichtlichkeit nur noch von denen des Mediums Computer/Internet überboten werden. Er stellt sich zum anderen als eine Institution und als kulturelle Macht dar, die gesellschaftlich informell organisiert ist.

Ist vom ›Film‹ allgemein die Rede, wird damit nicht in erster Linie das Zelluloid- oder Acetatband gemeint, sondern die ›kulturelle Macht‹ und Institution Film, so wie ähnlich von der ›Institution Literatur‹ oder ›dem Theater‹ gesprochen wird. In diesem Sinne stellt er eine Form der gesellschaftlichen Selbstverständigung dar, eine spezifische ästhetische Art und Weise, vom Menschen und seinen Problemen zu handeln. Gleichzeitig ist er auch ein wirtschaftlicher und kulturpolitischer Faktor, ein Mittel der nationalen Repräsentanz im internationalen Bereich (z. B. auf den Filmfestivals).

Eine solche ›**Institution Film**‹ ist letztlich virtuell, weil sie vor allem die Bedeutung meint, die dem Film als Medium von den Menschen zugewiesen wird und die sich im Diskurs über den Film, in individuellen Einschätzungen, kulturellen Nutzungsweisen und im Stellenwert innerhalb der Kulturpolitik ausdrückt. Zur ›Institution Film‹ gehören dann im Weiteren auch die konkreten Filmunternehmen, -verbände und dort organisierten Institutionen, die sich ganz materiell als Aktiengesellschaften, GmbHs, als Vereine und Behörden konkretisieren und Einfluss auf den Film in vielfältiger Weise nehmen.

Der Film wird als Ausdruck **nationaler und kultureller Repräsentanz** gesehen, weil er in den öffentlichen Diskursen als eine (moderne) Kunstform gilt und erst in zweiter Linie als ein Medium. Beim Film (und damit ist hier primär das Kinomedium Film gemeint) lässt sich aufgrund seines einheitlichen technischen Standards, seiner Produktstruktur und damit seiner internationalen Vergleichbarkeit besonders gut eine Präsenz auf internationaler Ebene erreichen. Aufgrund des Realitätsscheins seiner Darstellung, seiner Unterhaltsamkeit, seiner fiktionalen Form (als Spielfilm) bzw. seines künstlerischen Anspruchs als Dokumentarfilm gilt er als Ausdruck einer Kultur und letztlich als Ausdruck eines Landes.

Die kulturelle **Anerkennung des Films als Kunst und Medium** ist noch nicht sehr alt. Zwar haben Glanz und Aura des Films und seiner Stars immer auch das Publikum und die Politik fasziniert, so dass sich Zuschauer für Stars begeisterten und Politiker gern mit Filmstars sehen ließen, doch galt der Film – im Vergleich etwa mit der Literatur, dem Theater und der Musik – bei den geistigen Eliten als zweitrangig, häufig auch als eher trivialer Nachkömmling der Künste, der bis in die Gegenwart gegenüber den anderen Künsten um seine künstlerische Reputation kämpfen muss.

Der **gesellschaftliche Diskurs über den Film** ist deshalb in Deutschland relativ gering ausgebaut, wenn man ihn beispielsweise mit dem Filmdiskurs in Frankreich vergleicht (vgl. Weber 2001). So gibt es in Deutschland gegenwärtig keine dominierende deutschsprachige filmtheoretische Zeitschrift, und die Zahl der Filmliteratur publizierenden Verlage ist eng begrenzt. Der Diskurs über den Film ist weitgehend ein Spezialistendiskurs der Cineasten. Nur für populäre Bücher über Stars oder für Romane zum Film existiert ein breiterer Markt.

Im Gegensatz zu anderen Massenmedien bleiben **Struktur und Kontur der Filmindustrie** für die Öffentlichkeit weitgehend undurchsichtig. Ist das Pressewesen durch die Existenz großer Verlagseinheiten geprägt, sind Radio und Fernsehen durch übersichtliche Rundfunk- und Fernsehanstalten bzw. große Medienkonzerne strukturiert, so erscheint die Filmwirtschaft eher diffus und vielfältig. Dies hängt nicht zuletzt mit der Vernetzung im audiovisuellen Bereich (Film, Fernsehen, Video, Computer) und der Verflechtung der AV-Branche mit den Pressekonzernen zusammen. Die ökonomische Parzellierung in viele kleine und kleinste Produktionsunternehmen, in unterschiedliche Spezialfirmen und Dienstleister führt zu einer für die Öffentlichkeit **unübersichtlichen Wirtschaftsstruktur.**

Aufgrund der **geringen Kapitalausstattung** und ihrer Betriebsform als GmbH sind viele Unternehmen nicht zur Offenlegung ihrer Eigentumsverhältnisse und ökonomischen Strukturen verpflichtet. Markttransparenz gegenüber anderen ist bei vielen Beteiligten häufig eher unerwünscht. Selbst große Unternehmensgruppen, wie z. B. die Kirch-Gruppe bis 2002 eine war, sind an vielen kleineren und mittleren Unternehmen beteiligt, ohne dass dies der Öffentlichkeit bekannt ist.

Traditionell gliedert sich die Filmindustrie in drei große Bereiche (Dadek 1957, Moths 1978): **Filmproduktion** (Produktionsgesellschaften, Studios etc.), **Filmverleih** und **Filmtheater.**

14.4   Filmproduktion

Zum Bereich der Filmproduktion gehören alle Aspekte der Filmherstellung, von der Planung bis zur Ausführung. Generell gilt, dass sich die filmgeschichtlich anfangs vorhandene Einheit von Filmherstellung, Filmvertrieb und Filmvorführung unter Funktionsaspekten rasch aufgeteilt und zu immer weiteren Spezialisierungen geführt hat (vgl. auch Jacobsen/Kaes/Prinzler 2003). Diese Differenzierung ist nicht als ein linearer und stetig verlaufender Prozess zu sehen, denn in der Filmgeschichte hat es immer wieder Bemühungen gegeben, alle Bereiche in einer Hand zu vereinigen. Bei derartigen Konzentrationsbestrebungen, alle Ebenen der Verwertung von der Herstellung bis zum Abspiel zu kontrollieren, spricht man von einer **vertikalen Konzentration**, im Gegensatz zu einer **horizontalen Konzentration**, bei der z. B. ein Kinotheaterbesitzer immer mehr Kinotheater erwirbt oder ein Verleihunternehmen andere Verleihe aufkauft und zu einer marktbeherrschenden Größe anwächst. Filmgeschichtlich sind derartige Entwicklungen relativ gut von Dieter Prokop (1970) aufgearbeitet worden, für die Gegenwart fehlen entsprechende Untersuchungen.

14.4.1 Medienkonzerne

Zwar gibt es heute in Deutschland keine monopolartigen Filmkonzerne mehr, doch besitzen die großen, auf mehreren Sektoren tätigen Medienkonzerne (die heute nicht mehr monolithisch, sondern als Konglomerate, bestehend aus diversen Einzelunternehmen, organisiert sind) in der Regel auf allen Ebenen der Filmproduktion selbst Unternehmen und können durch deren Zusammenwirken synergetisch Kosten sparen.

Als letzter Versuch eines vertikal organisierten, auf dem Film als Basismedium aufbauenden Konzerns in Deutschland kann die **Kirch-Gruppe** gelten, die sich jedoch – nach der Insolvenzanmeldung einiger ihrer Unternehmen im April 2002 – in der

Auflösung befindet. Zu ihr gehören ganz oder in nennenswerten Anteilen zahlreiche Unternehmen (Media Perspektiven Basisdaten 2001), darunter allein im Produktionsbereich neben vielen anderen (ganz oder in Anteilen) die Neue Deutsche Filmgesellschaft NDF, München; Roxy-Film GmbH & Co KG, München; Unitel Film- und Fernseh-Produktionsgesellschaft, München; Iduna-Film Produktionsgesellschaft, München; im **Synchronisationsbereich** die Johannistal Synchron, Berlin; Plaza Synchron GmbH, München; im **Verleihbereich** die Neue Constantin-Film, München; Obelisk Verleih, München; im Bereich der **Rechteverwertung** und des **Rechteerwerbs** die Beta-Film, München; ISPR, München (Sportrechte); im Bereich **Videoproduktion und -vertrieb** die Taurus Video, München; Medien Plus; MDM Media Direktversand; Video Trade und im Bereich der **Filmtheater** die Cinedom Köln (Multiplex-Kinos). Hinzu kommen Fernsehsender (SAT.1, Pro Sieben, Kabel 1, DSF, DF 1 u.a.), die für die Fernsehauswertung von Filmen wichtig sind.

An der Konzernbildung von Leo Kirch, der sein Unternehmen seit Ende der 1950er Jahre mit Krediten aufbaute, kann man erkennen, dass nicht mehr die Filmproduktion selbst zum Entstehen von Konzernen führt, sondern der **Handel mit Film- und Fernsehverwertungsrechten**, den Kirch mit dem Fernsehen virtuos betrieben hat. Deutlich wird am Beispiel Kirch, dass für Außenstehende eine Zugehörigkeit einzelner Filmproduktionsfirmen zur Kirch-Gruppe aus dem Namen nicht ablesbar ist. Stattdessen entsteht der Eindruck einer Vielfalt von Anbietern. Eine solche Aufgliederung eines Unternehmens in viele Einzelfirmen dient jedoch nicht nur der Verschleierung von Konzernmacht, sondern vor allem aufgrund der damit verbundenen Spezialisierung der Einzelfirmen einer Kostenreduktion und einer effektiveren Unternehmenssteuerung.

Ähnliche Konstellationen eines Medienkonglomerats wie bei Kirch lassen sich im Bereich der Filmproduktion auch für den **Bertelsmann-Konzern** beschreiben, der mehrheitlich an der Ufa Film und Fernsehen GmbH beteiligt ist, die wiederum zahlreiche Anteile an diversen Firmen im Film- und Fernsehbereich hält.

14.4.2 Studiokomplexe

Die Filmindustrie in Deutschland wird geprägt durch drei große Standorte, an denen wiederum einzelne Studiokomplexe angesiedelt sind:

* München mit der **Bavaria Atelierbetriebsgesellschaft**
* Hamburg mit **Studio Hamburg**
* Berlin/Potsdam mit **Studio Babelsberg**.

Seit einiger Zeit besteht in **Köln-Ossendorf**, unterstützt durch die forcierte Medienpolitik der Landesregierung von Nordrhein-Westfalen, ein weiteres, von der Magic Media Company (MMC) betriebenes, neues Film- und Fernsehproduktionszentrum.

Diese Studiokomplexe stellen einzelnen Filmproduktionsfirmen Studiobauten, Betriebstechnik, Kopierleistungen, Schnitteinrichtungen und digitale Nachbereitungsanlagen zur Verfügung. Zwischen den vier Studiokomplexen besteht ein harter Konkurrenzkampf in der Akquisition neuer Produktionsprojekte.

Der Boom vor allem im Fernsehbereich hat in den 1990er Jahren zu zahlreichen neuen Investitionen geführt, auch zum Neubau in Köln. Da hinter derartigen Studiokomplexen auch der politische Wille steht, die jeweilige Region als Medienproduktionsort auszubauen, werden diese Einrichtungen auf unterschiedliche Weise subventioniert. Die traditionellen Standorte, wie z.B. Hamburg, die nicht auf derartige Subventionen hoffen können, haben wahrscheinlich in absehbarer Zeit das Nachsehen. Ossendorf ist unter diesem Aspekt des Ausbaus der Film- und Fernsehproduktion zu sehen. Der Bedarf an Produktionshallen ist sehr viel geringer als die Studioflächen, die bereitgestellt werden, da bei vielen Filmproduktionen die Tendenz besteht, nicht im Studio, sondern an realen Schauplätzen zu drehen. Als Folge des Kapazitätsausbaus im Studiobereich in den 1990er Jahren verschärfte sich der Konkurrenzkampf der Studiobetriebe um die begrenzte Zahl von Produktionsprojekten enorm (Klawitter 2002, S. 103).

Am Beispiel von **Studio Babelsberg** lässt sich die Struktur derartiger Studiokomplexe beschreiben. Das Unternehmen ging 1991/92 durch Privatisierung aus den DEFA-Studios Babelsberg hervor und ist im Besitz des französischen Medienkonzerns Vivendi Universal (früher Compagnie Générale des Eaux (CGE)). Die ersten fünf Jahre wurde das Studio von Pierre Couveinhes und Volker Schlöndorff geleitet. Nach einem Firmenumbau seit 1997 gliedert es sich unter der »Medienstadt Holding Babelsberg« in:

- »Studio Babelsberg« als Atelierbetriebsgesellschaft, die Studios und Technik bereitstellt,
- »Babelsberg Film«, eine Produktionsgesellschaft vor allem für große Kinospielfilme,
- »Babelsberg Independents«, die sich als Filmproduktionsfirma um den allerjüngsten deutschen Film kümmert,
- »Babelsberg TV«, eine Firma, die Fernsehproduktionen herstellt, und
- »Studiotour Babelsberg«, ein Unternehmen, das Publikumsführungen über das Studiogelände vermarktet.

Um den Firmenkomplex von Studio Babelsberg haben sich ca. 100 kleinere und mittlere Filmproduktionsfirmen unterschiedlicher Art angesiedelt. Das Spektrum reicht von der Ufa-Tochter Grundy, die hier Daily Soaps (u.a. »Gute Zeiten, schlechte Zeiten« für RTL) produziert, über Dieter Geislers CineVox und Volker Schlöndorffs Produktionsfirma Hallelujah-Film bis zu kleineren Firmen, die sich auf Serviceleistungen in unterschiedlichen Bereichen spezialisiert haben. Die Hoffnung solcher Studiokomplexe besteht im Synergieeffekt, darin, von den kurzen Wegen zwischen den vielen Spezialisten zu profitieren.

14.4.3 Produktionsfirmen mittlerer und kleiner Größe

Die Produktionsfirmen mittlerer Größe sind entweder aus den älteren Produktionsfirmen der Kinobranche hervorgegangen oder im Vorfeld der ZDF-Gründung Ende der 1950er, Anfang der 60er Jahre als Auftragsproduzenten für das Fernsehen entstanden bzw. in der Folge des Aufbaus privatrechtlicher Fernsehunternehmen seit Mitte der 80er Jahre neu gegründet worden. Viele Unternehmen produzieren sowohl für das Kino als auch für das Fernsehen. Koproduktionen mit dem Fernsehen sind nicht selten.

Insgesamt stellt sich die Produktionsseite als sehr zersplittert dar, so dass der Medienwissenschaftler Bastian Clevé konstatierte, »dass von einer **Filmindustrie** nicht gesprochen werden kann« (Clevé 1995, A.3.4, S. 28). 1996 produzierten

- 79,7 % der an der Produktion von erstaufgeführten Kinospielfilmen beteiligten Produktionsfirmen (55 Firmen) nur einen Film,
- 14,5 % (10 Firmen) waren an der Produktion von 2 Filmen beteiligt und
- 4,4 % (3 Firmen) waren an der Produktion von drei Filmen beteiligt.
- 1,4 % (1 Firma) war mit fünf Filmen vertreten.

Als **produzentenbezogene Kleinfirmen** gibt es zahlreiche weitere Produktionsfirmen, die einzelne Regisseure und Autoren gegründet haben, um eigene Produktionen zu bewerkstelligen, oft auch nur, um die eigene Arbeit als Firma in Rechnung stellen und mit den entstehenden Unkosten verrechnen zu können. Derartige Produktionsfirmen werden oft ironisch »Rucksackproduzenten« genannt, weil ihre Firmeneinrichtung angeblich in einen Rucksack passe, den ein Autor und Regisseur mit sich trägt. Entstanden ist diese Produktionsform vor allem im Kontext des deutschen Autorenfilms, da die Regisseure glaubten, auf diese Weise ihren Filmen ihre eigene ›Handschrift‹ möglichst genau einschreiben zu können (vgl. auch Elsaesser 1994). Zahlreiche Produktionsfirmen jüngerer deutscher Regisseure wie Rainer Werner Fassbinder, Alexander Kluge oder eben Volker Schlöndorff entstanden auf diese Weise, nicht zuletzt auch deshalb, weil die etablierten Firmen in den 1960er Jahren den damaligen ›Jungfilmern‹ keine Arbeit boten. Das Autorenkonzept hat sich langfristig als Konzept der Produktionsorganisation nicht bewährt, da gute Regisseure nicht immer zugleich auch gute Produzenten, Drehbuchautoren und Cutter sein müssen. Heute sind viele dieser Regisseursfirmen anerkannte Produktionsfirmen und produzieren auch Filme anderer Regisseure (Iljine/Keil 1998).

Die in Deutschland vorhandene Zersplitterung der Filmproduktion erweist sich insofern als nachteilig, weil dadurch eine für die Etablierung hoher Standards notwendige **kontinuierliche Produktion von Filmen** nur begrenzt zustande kommt. Gleichzeitig bleibt dieser Zustand der Filmproduktion erhalten, weil viele mittlere und kleine Unternehmen durch Auftragsproduktionen des Fernsehens ein Auskommen finden, andererseits bei der Produktion eigener Kinofilme wegen der Subventionierung des Films durch regionale und nationale Filmförderungseinrichtungen gestützt werden. Dass eine solche Praxis unter rein ökonomischer Perspektive kritikwürdig ist, wie viele Filmpublizisten betonen, bleibt unbestritten, andererseits hat eine solche ›kleinteilige‹ Struktur auch etwas mit der spezifischen Filmkultur in Deutschland zu tun.

14.4.4 Filmförderung und Filmfinanzierung

Aufgrund der Kulturhoheit der Länder existieren in fast allen Bundesländern (mit Ausnahme von Rheinland-Pfalz und Bremen) eigene **regionale Filmförderungen**. Sie sind finanziell unterschiedlich ausgestattet und fördern verschiedene Bereiche, von der Projektentwicklung über das Drehbuch, die Filmproduktion bis zum Verleih, der Herstellung von Kopien, der Synchronisation u. a. m.

Diese Förderung unterstützt die Filmherstellung immer nur zu einem Teil und finanziert einen Film nie vollständig. Dieser Umstand und die chronische Unterfinanzierung der deutschen Filmwirtschaft hat dazu geführt, dass viele Regisseure und Produzenten die Förderungen der Länder miteinander zu kombinieren versuchen. Da die regionalen Förderungen jedoch an einen so genannten ›Ländereffekt‹ gebunden sind, d. h., die geförderten Filme thematisch mit dem Land zu tun haben sollen oder die Produktion im fördernden Land durchgeführt werden muss, bleiben Folgen für die ästhetische Gestalt eines Films nicht aus. Die Filmdramaturgie unterliegt oft vordergründigen Finanzierungsrücksichten: Häufig beginnt die Handlung eines Films deshalb in einem Bundesland und wird in einem anderen fortgesetzt. Es liegt auf der Hand, dass derartige ›Reisefilme‹ nicht unbedingt sinnvoll sind.

Weiterhin existieren drei **länderübergreifende Filmförderungen**: Die Filmförderungsanstalt FFA in Berlin, die Filmförderung des Bundesinnenministeriums und das Kuratorium Junger deutscher Film in Wiesbaden. Bei diesen Förderungen steht teilweise die Wirtschaftlichkeit im Vordergrund, wonach wirtschaftlich erfolgreiche Produzenten dadurch ›belohnt‹ werden, dass sie Mittel für die Produktion weiterer Filme erhalten (Referenzfilmmodell) (Clevé 1995, S. 23 f.). Schließlich gibt es im Rahmen der **Europäischen Union** über »Eurimages« und verschiedene »Media«-Programme weitere Fördermittel.

Die Unübersichtlichkeit des ›Förderungsdschungels‹ hat dazu geführt, dass viele Produzenten oft bis zu zwei Jahren mit der Finanzbeschaffung für ein Projekt beschäftigt sind, bevor sie sich an die Realisation eines Films wagen. Dementsprechend haben Filmproduzenten und ihre Interessenverbände wiederholt vorgeschlagen, die verschiedenen Förderungen zusammenzulegen, bisher wurde ein solcher Vorschlag nicht realisiert.

14.4.5 Weitere Finanzierungsmöglichkeiten

Über den Umfang der auf dem Kapitalmarkt gewonnenen Finanzierungsmittel gibt es keine öffentlich zugänglichen Statistiken. Bereits in den 1970er Jahren etablierten sich **Medienfonds** (Abschreibungsmodelle), bei denen es darauf ankommt, mit den Filmen vor allem Verluste zu erwirtschaften, die die Anleger steuerlich absetzen können. Noch Ende der 1990er Jahre erschien dies als eine Alternative zur staatlichen Filmförderung (vgl. Clevé 1998). Für eine **Kreditfinanzierung** durch Banken fehlen den Produzenten in der Regel die Sicherheiten, allenfalls große Konzerne wie Bertelsmann oder Sony können sich darüber Finanzmittel beschaffen.

Den Weg über die **Aktienfinanzierung** haben erst wenige Unternehmen wie Fleb-
bes CinemaxX und die Kinowelt Medien unternommen, viele scheuen diesen Weg,
nicht zuletzt deshalb, weil dann Gewinn und Verlust offen bilanziert werden müssen. Mit dem Niedergang des ›Neuen Marktes‹ der Technologie- und Medienunternehmen (insbesondere durch die Krise von Kirch, EM.TV und der Kinowelt) ist
die Euphorie einer alternativen Finanzierung verflogen.

14.5   Filmverleih

Der Filmverleih nahm in den 1950er Jahren als vermittelnde Instanz zwischen Filmproduktion und Filmtheatern eine dominante Stellung ein. Diese Dominanz ist
verloren gegangen. In der anhaltenden Kinokrise seit 1958 mussten zahlreiche Verleihunternehmen aufgeben: die Constantin und die Gloria überlebten die 60er
Jahre, ein anhaltender Erfolg blieb jedoch auch ihnen versagt. Die legendäre Film-
unternehmerin Ilse Kubaschewski verkaufte 1973 ihren Gloria Filmverleih und
zog sich aus dem Filmgeschäft zurück. Die deutsche Verleihbranche ist heute stark
aufgesplittert. Wenige mittlere Unternehmen betreuen oft nur sechs, sieben neu
produzierte Filme im Jahr, zahlreiche Kleinverleiher bedienen Spezialinteressen.
Zwar gibt es gegenwärtig 129 Filmverleihfirmen in Deutschland, doch wird der
Verleih der Spielfilme heute von den **Tochterfirmen amerikanischer Verleihunternehmen** dominiert: Neben Buena Vista, Columbia Tristar, Fox, United International Pictures (UIP) bestimmt vor allem Warner Bros. das Marktgeschehen. Mit
Blockbuchung, massiver Werbung und dem Einsatz einer Vielzahl von Kopien
sicherten sich die amerikanischen Verleihe den beherrschenden Anteil des deutschen Verleihmarktes. In den 1990er Jahren betrug er zwischen 80 und 90 Prozent.

Verleihumsatz nach Herstellungsländern					
	1992	**1994**	**1996**	**1998**	**2000**
insg. in Mio. DM	369,8	525,8	560,0	692,3	693,4
davon					
Deutschland	9,5 %	10,1 %	15,3 %	8,1 %	9,4 %
USA	82,8 %	81,6 %	75,1 %	85,4 %	81,8 %
Großbritannien	2,5 %	4,8 %	7,0 %	5,2 %	5,1 %
Frankreich	2,7 %	1,5 %	1,0 %	0,7 %	0,9 %
Italien	0,2 %	0,1 %	0,1 %	0,3 %	0,2 %
Sonstige	2,3 %	2,0 %	1,5 %	0,3 %	2,5 %
Quelle: Neckermann 2001a, S. 508					

Bei dem (im Vergleich mit Fernsehen und Video) geringen Volumen des Kinomark-
tes liegt es auf der Hand, dass der **Erfolg einzelner Filme** bereits die Nutzungszahlen
erheblich beeinflusst. Der Anteil deutscher Filme steigt, wenn wenige Erfolgsfilme
wie z. B. »Lola rennt« oder »Good bye, Lenin« mehrere Millionen Zuschauer haben,

dazu gehören aber auch Erfolgsfilme wie »Der Schuh des Manitu«. Zumeist bleiben es jedoch wenige Einzelfilme, so dass es der deutschen Filmwirtschaft auf Dauer vor allem an Kontinuität jährlich neu erfolgreicher Produktionen mangelt.

Größter konzernunabhängiger deutscher Kinofilmverleiher war Ende der 1990er Jahre die **Kinowelt Medien AG**, die in den letzten Jahren den drittgrößten Schweizer Filmverleiher Rialto Film, die Duisburger Atlas Air und den Frankfurter Filmverleih Pandora aufgekauft hatte. Von der Kirch-Firma Taurus-Film erwarb die Kinowelt Medien 1998 die Verwertungsrechte (außer Fernsehen) an über 5.000 Filmen, darunter zahlreiche Filmklassiker. Möglich wurde diese expansive Verleih- und Firmenpolitik dadurch, dass die Kinowelt Medien sich als Aktiengesellschaft organisierte und damit über genügend Kapital verfügt. Die Kinowelt Medien AG schätzte jedoch den Markt falsch ein und übernahm sich am Handel mit Hollywood-Filmen. Im Herbst 2001 musste das Unternehmen Insolvenz anmelden.

Zu den **mittleren deutschen Unternehmen** gehören neben dem Filmverlag der Autoren, der Tobis und der Constantin auch der Senator Filmverleih, die CineVox Film und der Jugendfilm-Verleih. Neu in das Verleihgeschäft eingestiegen ist der Musikkonzern Polygram, der auch als Filmproduzent auftritt. Eine Kooperation der deutschen Unternehmen wird immer wieder versucht, längerfristig (seit 1985) sind damit vor allem Tobis und Constantin erfolgreich gewesen.

Für die **Filmkunstprogramme** bieten neben dem Verleih der Freunde der deutschen Kinemathek auch der Atlas Filmverleih und die Neue Filmkunst Walter Kirchner Filme an, für politisch akzentuierte Filme stehen der Basis Filmverleih, Unidoc und für Filme aus den neuen Bundesländern und der DDR der Progress Filmverleih. Einige Programmkinos haben auch einen angeschlossenen Verleih wie den Abaton Filmverleih (Hamburg) und den Sputnik Filmverleih (Berlin), einige Filmemacher wie Lothar Lambert oder Christoph Schlingensief nennen einen Filmverleih ihr eigen.

In den 1990er Jahren beteiligten sich einige deutsche Verleihe – nicht zuletzt weil sie an kassenträchtigen internationalen Produktionen nicht herankamen – finanziell an der Produktion deutscher Filme. Auch kleinere Verleihe beteiligen sich immer wieder an Produktionen und garantieren auf diese Weise, dass ein deutscher Film überhaupt in die Kinos gelangt. Denn immer noch gilt, dass die Hälfte aller in Deutschland geförderten Filme keinen Verleih findet.

14.6   Filmtheater

»Als Dreh- und Angelpunkt in der Filmwirtschaft«, schreibt Adrian Kutter in einer Analyse der Entwicklung der Filmtheater nach 1945, »wird dem Filmtheater eine höchst undankbare Aufgabe zuteil. Zum einen ist das Filmtheater auf Gedeih und Verderb den Verleihern ausgeliefert, ohne irgendwelchen Einfluss auf deren Filmangebot nehmen zu können. Zum anderen muss das Filmtheater mit dem ihm zur Verfügung gestellten Filmmaterial sein Publikum zufrieden stellen und trägt damit das volle Risiko von Erfolg und Misserfolg jeden Films« (Kutter 1972, S. 126).

Die Kinokrise seit dem Ende der 1950er Jahre traf die Filmtheater besonders hart und führte zu einer weitgehenden **Umstrukturierung der Filmtheater-Branche**. Zahlreiche Kinos, vor allem die als Familienbetrieb geführten, mussten schließen. Von den 7.085 Kinos im Jahre 1959 waren 1975 noch 3.094 Kinos existent. Gleichzeitig fand eine starke Konzentration statt und einige große Filmtheaterketten beherrschen heute den Markt. Seit Anfang der 1990er Jahre ist die Zahl der Kinos wieder langsam gestiegen: auf 3.817 Kinos im Jahre 1995 in den alten Bundesländern und 523 in den neuen Bundesländern. Im Jahr 2001 gab es insgesamt 4.659 ortsfeste Filmtheater.

Inzwischen wird heute weniger die Zahl der Kinos als die Zahl der in den Kinos bespielten Leinwände gezählt, weil bei einem Kino die Spanne zwischen einer Leinwand und 19 Leinwänden betragen kann.

14.6.1 Konzentration im Filmtheaterbereich

Filmtheater werden seit ihrem Entstehen in Deutschland vor allem als Familienbetriebe geführt, nur vergleichsweise wenige Kinos waren Teile einer Theaterkette (z. B. die Ufa-Lichtspieltheater als Teil des Ufa-Konzerns). In der Kinokrise der 1960er und 70er Jahre entstanden erste **Kinoketten** (u. a. durch die vom Filmunternehmer Riech aufgekauften Ufa-Filmtheater). Die Kinoketten versuchten durch ihre vergrößerte Marktmacht dem ökonomischen Druck der Verleihe Widerstand zu bieten und durch ihre größere Zahl an Abspielstätten die Kinoauswertung zu optimieren. Hinzu kam die von Riech eingeführte Praxis, große Kinos in viele kleinere Projektionsräume aufzuteilen, um in diesen ›Kinocentern‹ auf die unterschiedlichen Interessen des Publikums besser reagieren zu können. Dennoch ging der Kinobesuch weiter zurück, stellten viele Kinos, vor allem in den Stadtrandlagen, den Betrieb ein. An diese Praxis schloss die Entwicklung der Multiplex-Kinos an.

Als Beispiel für die **Konzentration im Filmtheaterbereich** kann das Unternehmen Kieft & Kieft gelten. Es gehört den Geschwistern Heiner und Marlies Kieft, die die Theaterkette aus dem Familienunternehmen des Vaters, der in Lübeck ab 1948 ein Filmtheater betrieb, formten. Sie setzten in den 1970er Jahren auch die Aufteilung der alten Lichtspieltheater in mehrere Abspielräume durch, stiegen dann ab 1989/90 in den neuen Bundesländern groß ein und übernahmen dort 31 Kinos. In Lübeck bauten sie das erste deutsche Multiplex-Theater. Deutlich zeigt gerade das Beispiel Kieft & Kieft, dass es nur größeren Unternehmen auf der Ebene der Lichtspieltheater möglich ist, gegenüber den dominanten Verleihen eine starke Position aufzubauen und sich zu behaupten.

Seit 1990 werden vor allem von den Kinoketten wie Riech/Ufa, CinemaxX/Flebbe, Kieft & Kieft neue Kinocenter (**Multiplex-Kinos**) gebaut, die durch eine komfortable Ausstattung Bequemlichkeit und gute Sicht, beste Projektion und Klang sowie eine breite Filmauswahl bieten. Zusätzlich enthalten sie Bars, Bistros, Shopping- und andere Serviceeinrichtungen. Damit folgt die Kinotheaterbranche dem in anderen Konsumbereichen ausgebildeten Trend zum erlebnisorientierten Konsum, wie ihn die Einkaufszentren, Shopping Malls, Freizeitcenter u. a. längst erfolgreich vorführten und wie ihn die Werbetheorie unter dem Stichwort des erlebnisbezogenen Einkaufens propagiert hat. Die für den Multiplexbau erforderlichen Investitionen konnten viele Familienbetriebe nicht aufbringen. Deshalb ging parallel zur Ausbreitung der Multiplex-Kinos das Kinosterben der traditionalen Filmtheater weiter.

Der Anteil der Multiplex-Kinos am Kinomarkt ist in den 1990er Jahren stark gewachsen. Bis zum Jahr 2000 wurden insgesamt 128 Multiplexe eröffnet. Von den 152,5 Mio. Kinobesuchern 2000 gingen bereits 61,6 Mio. in ein Multiplex-Kino, also 40,4 % der Kinobesucher. In fast allen größeren Städten gab es Multiplexkinos, an einigen Orten bestand sogar ein Überangebot an Kapazitäten (Overscreening), so dass nicht alle Multiplexkinos rentabel arbeiteten (Neckermann 2001a, S. 512). Im Jahr 2001 zeichnete sich deshalb der Beginn einer Krise in der Multiplex-Entwicklung ab, die vor allem zu einem Ende der Expansion der Multiplexkinos führte und die Ufa-Gruppe im Jahr 2003 zur Aufgabe zwang.

Multiplex-Kinos in Deutschland

Eröff. Jahr	Multiplex kumuliert			%-Anteil am		
	Zahl	Leinwände	Plätze	Saalbestand	Besuch	Umsatz
1990	1	14	2.833			
1991	6	81	21.834	2,2	3,2	3,9
1992	7	91	24.086	2,5	6,5	8,2
1993	10	113	28.902	3,0	7,8	9,4
1994	21	134	34.709	3,5	8,7	10,5
1995	17	185	46.715	4,7	11,0	13,4
1996	30	304	78.008	7,5	14,6	17,1
1997	52	510	125.878	11,9	22,5	25,5
1998	77	726	177.143	16,4	30,3	33,6
1999	104	957	234.080	20,6	34,4	38,5
2000	128	1.163	285.136	24,3	40,4	44,2

Quelle: Neckermann 2001a, S. 512

Wie groß die gegenwärtigen Veränderungen im Kinobereich sind, wird auch daran deutlich, dass die Unternehmen bei einem Gesamtumsatz von ca. 1,5 Mrd. DM im Jahr 1997 ca. 800 Mio. DM in die Kinos investiert haben. Allein zwischen 1995 bis 1997 wurde 908 Kinosäle neu gebaut oder nach einem Umbau wiedereröffnet, davon 373 im Bereich der Multiplex-Kinos. Vor allem diese neu und wieder eröffneten Kinos brachten den Besucherzuwachs. Während die Zahl der Leinwände in den 1990er Jahren anstieg, sank die Zahl der Kinogebäude.

Neben den allgemeinen Kinos, die sich in ihrer Programmgestaltung an die von den Verleihen herausgebrachten Neuproduktionen halten bzw. ein gemischtes Programm präsentieren, haben sich auch in den 1990er Jahren die **Programm- oder Studiokinos** gehalten, die künstlerisch anspruchsvolle Filme präsentieren.

Entwicklung der Filmtheaterstruktur in Deutschland 1991–2000					
Jahr	Leinwände	Sitzplätze in Tsd.	Gebäude/ Center	Kinoorte	Unter- nehmen
1991	3.706	763	2.037	—	1.197
1992	3.658	725	1.965	—	1.174
1993	3.735	745	1.999	—	1.205
1994	3.795	741	1.985	—	1.216
1995	3.901	730	1.899	1.109	1.223
1996	4.070	760	1.895	1.101	1.230
1997	4.284	772	1.817	1.093	1.210
1998	4.435	801	1.768	1.073	1.189
1999	4.651	835	1.730	1.064	1.173
2000	4.734	870	1.865	1.054	1.200
Quelle: Neckermann 2001a, S. 511					

Sie halten einen Anteil von 19 % an der Zahl der Filmtheater (Filmförderungsanstalt 1997, S. 29). Diese Studiokinos sind entweder in der ›Gilde deutscher Film-
kunsttheater‹ oder in der ›Arbeitsgemeinschaft Kino e.V.‹ organisiert bzw. schätzen
sich selbst als Studiokinos ein. Sie finden ihr Publikum unter den an der Filmkunst
interessierten Zuschauern und haben sich auch im Umfeld der neuen Multiplex-
Kinos halten können, wie eine Untersuchung der Filmförderungsanstalt zeigt (Bähr
1998, S. 14 f.).

Andere Formen des Kinos – wie z. B. die **Autokinos** oder die **Aktualitäten-
kinos** (aki), die in den 1950er Jahren entstanden – konnten sich nicht halten. Dominant bleibt für die 1990er Jahre mit den Multiplex-Kinos die Entwicklung zu mehr
Kinokomfort, einer effizienteren Filmauswertung und damit einer neuen ›Industrialisierung‹ des Kinokonsums.

Eine technische und rezeptionsästhetische Steigerung der Multiplex-Kinos
ist durch die **Imax-Kinos** mit ihren 600 qm großen Leinwänden in Gang gekommen, die den Schauwert und Illusionsdruck noch weiter betonen. Bei der Größe
der Leinwände soll der Zuschauer nicht mehr alles auf einen Blick mitbekommen,
sondern den Eindruck gewinnen, sich in dieser dargestellten Welt selbst zu bewegen. Hydraulisch bewegte Sitze vollziehen Bewegungen auf der Leinwand (z. B. bei
Autorennen) synchron nach. Das Publikum in diesen, auch Futuroscop genannten
Kinos bestaunt die Effekte und Leistung der Apparaturen, weiß aber um die Differenz zwischen den audiovisuellen Welten und der ›realen Wirklichkeit‹. Der
quantitative Ausbau der Imax-Kinos steckt jedoch noch sehr in den Anfängen. Sie
spielen am Filmmarkt auf absehbare Zeit keine dominante Rolle, weil für ihren
Betrieb speziell produzierte Filme (70 mm horizontal geführt gegenüber 35 mm
vertikal geführt beim Normalfilm) notwendig sind. Derartige Filme sind innerhalb der Verwertungskette ›Kino – Video – Fernsehen – DVD‹ nicht optimal aus-
zuwerten.

Die **Differenzierung der Kinorezeption** hielt sich in Grenzen, wohl nicht zuletzt deshalb, weil der Kinobesuch selbst inzwischen nur noch eine von mehreren Formen der Filmrezeption darstellt (vgl. auch Paech/Paech 2000). Viele Sonderformen des Kinobetriebs konnten unter dem starken ökonomischen Druck in den letzten Jahren nicht weiter bestehen. In der ›Erlebniswelt‹ Kino formulierte sich ein vereinheitlichender Trend des Filmabspiels.

14.6.2   Gegenwärtige Kinosituation

Die **Zusammenarbeit der Filmwirtschaft mit dem Fernsehen** ist heute selbstverständlich, beide sind Teil einer weitgehend zusammengewachsenen Film-Fernseh-Branche, in der die alten Kampfrufe »Keinen Meter Film dem Fernsehen« (Walter Koppel 1957) längst vergessen sind (vgl. auch Kauschke/Klugius 2000). Kontroversen über die Differenz von Film und Fernsehen dienen heute in erster Linie dazu, bei den Verhandlungen zwischen Film und Fernsehen Vorteile für die eigenen Interessen herauszuschlagen. Derartige Debatten finden regelmäßig bei der etwa alle vier Jahre anstehenden Novellierung des Filmförderungsgesetzes statt.

Zu den großen Filmproduzenten gehören inzwischen die Fernsehanstalten selbst. Die größten Studiokomplexe der Bundesrepublik, die Bavaria Atelierbetriebsgesellschaft in München und Studio Hamburg, gehören überwiegend den Rundfunkanstalten (die Bavaria gehört mehrheitlich WDR und SDR, Studio Hamburg dem NDR). Die **Aufwendungen für die Filmwirtschaft** nur von ARD und ZDF erreichten 1996 1,8 Mrd. DM, die Nachfrage der privatrechtlichen Fernsehunternehmen stieg im gleichen Jahr bereits auf 3,5 Mrd. DM (Media Perspektiven 1998, H. 1, S. 2). Darin sind enthalten: Auftragsproduktionen, Erwerb von Ausstrahlungsrechten, Synchronisation, Kopierkosten Ateliermiete etc. Insgesamt betrugen die Aufwendungen von ARD und ZDF für die Filmwirtschaft von 1960 bis 1996 bereits 23,5 Mrd. DM. Damit wird deutlich, dass eine radikale Trennung von Film und Fernsehen heute auf der Produktionsseite nicht mehr möglich, aber auch nicht wünschenswert ist. Wenn heute von ›Filmindustrie‹ die Rede ist, dann vor allem dank der zahlreichen Aufträge des Fernsehens an die Filmproduktionsfirmen.

Auch auf der **Rezeptionsseite** wird diese Einbindung des Kinos in das audiovisuelle Medienensemble deutlich. Trotz des gegenwärtigen Aufwinds, in dem sich das Kino befindet, bleibt der ›Spezialcharakter‹ des Kinos als Abspielort erhalten. Im Vergleich mit der Fernsehnutzung wird dies besonders deutlich. Im Jahr 2000 betrug die durchschnittliche Sehdauer der Erwachsenen in der Bundesrepublik (bei einer Geräteausstattung von über 98 % der Haushalte) täglich 185 Minuten. Auf nur 50 Millionen erwachsene Zuschauer umgerechnet, ergeben sich jährlich ca. 56.270 Mio. Zuschauerstunden Fernsehen. Ihnen stehen bei etwa 150 Mio. Kinobesuchen im Jahr und einer Dauer von jeweils ca. 2 Stunden pro Besuch nur 300 Mio. Zuschauerstunden im Kino gegenüber. Damit werden die Relationen in der Nutzung der beiden audiovisuellen Medien deutlich, die auch etwas über die **unterschiedliche Bedeutung der Medien im individuellen Wahrnehmungshaushalt** sichtbar machen. Nun gilt eine solche Rechnung sicherlich nur begrenzt, weil die Angebotsstrukturen unterschiedlich sind (das Fernsehen zeigt ja z. B. nicht nur Spielfilme), sich die Zuschau-Intensität und auch die Zusammensetzung der Publika unterscheiden.

Zum audiovisuellen Medienensemble gehört auch **Video**. Erreichten die Kinos 1995 einen Gesamtumsatz von 1.183 Mio. DM, so betrug der Umsatz der Videotheken im Kassettenverleih 740 Mio. DM und im Kassettenverkauf 1.040 Mio. DM (insgesamt also 1.780 Mio. DM). Damit zeigt sich, dass das Kino als Abspielort von Filmen inzwischen den dritten Platz nach Fernsehen und Video beim Erreichen des Publikums einnimmt.

Ungeachtet des quantitativ geringen Umfangs des Kinomarkts kommt dem Medium Kino innerhalb der **kulturellen Öffentlichkeit** eine bedeutende Rolle zu. Ihm wird von den anderen Medien als dem – immer noch ersten – Abspielort neuer Kinospielfilme hohe Aufmerksamkeit geschenkt. Premieren neuer Filme im Kino werden (vergleichbar den Kritiken von Theaterpremieren) besonders ausführlich besprochen. Ereignisse wie Filmpreisverleihungen, Festivals etc. finden große Beachtung. Eine vergleichbare Aufmerksamkeit erfahren die anderen Abspielorte von Filmen nicht. Die Ursache dieser unterschiedlichen Beachtung liegt zum einen in der längeren kulturellen Tradition des Kinos, zum anderen aber auch darin, dass das Kino als besonderer Erlebnisort verstanden wird.

14.7   Erlebnisort Kino

Darin unterscheidet sich das Kino vom Fernsehen: Das Fernsehen ist als Medium innerhalb der privaten Lebenswelt jederzeit zugänglich, es erfordert wenig Aufwand an Zuwendung, ermöglicht jederzeit, sich wieder abzuwenden, ›wegzuzappen‹ und auszuschalten. Fernsehen ist ein Medium, das in einigen kulturellen Milieus nur als »**Restzeitmedium**« (Peter Christian Hall) genutzt wird. Kino dagegen setzt Bereitschaft und einen gewissen Aufwand an Zuwendung voraus: Der Zuschauer muss einen Film auswählen, das Kino aufsuchen, Eintritt bezahlen – und erwartet dann auch, dass ihm etwas geboten wird. Dieser Rahmen führt zu einer **erhöhten Aufmerksamkeit**, die der Zuschauer dem Kinoangebot entgegenbringt. Das Kino bietet damit auch mehr Möglichkeiten innerhalb der von Gerhard Schulze bereits Anfang der 1990er Jahre beschriebenen Entwicklung zur »Erlebnisgesellschaft« (Schulze 1992, S. 52 ff.), für die Ausrichtung des Lebens, vor allem im Freizeitbereich, auf stimulierende Eindrücke und sinnlich-mediale Ereignisse. Kino ist der »Erlebnisort« par excellence (vgl. Schenk 2000).

Langfristig hat damit das Kino auf die Konkurrenz des Fernsehens mit einer Veränderung des Angebots reagiert. Die Besonderheit des Kinos, das als eine Art ›**Zusatzangebot**‹ **zur audiovisuellen Grundversorgung** der Menschen durch das Fernsehen zu verstehen ist, hat dazu geführt, dass die Kinogeschichten immer deutlicher einen spektakelhaften Charakter annahmen und zusätzliche Reizaufladungen durch aufwendige optische Inszenierungen erfuhren – mit üppigen Ausstattungen, Special Effects, prominenten Schauspielern, emotionalisierten Geschichten. Nicht filmische Alltagsgeschichten erzeugen die großen Kinoerfolge, sondern überraschende, unmöglich erscheinende und überwältigende Stories faszinieren das Publikum. »Traumfabrik« und »Fluchtort aus dem Alltag« zu sein, wurde deshalb dem Kino lange Zeit vorgeworfen. Heute werden in solchen Eigenschaften eher positive Merkmale gesehen: inmitten der Vielzahl von Informationsangeboten die Menschen immer wieder neu faszinieren und begeistern zu können. Das Kinopublikum sucht also im Kino vor allem die **großen emotionalen Erlebnisse**. Von einem »Wahrnehmungsrausch« im Kino spricht der Filmpublizist Georg Seeßlen (2002). Dazu gehört aber auch immer eine aktive Beteiligung der Zuschauer, wie Gerhard Schulze bereits 1992 konstatierte (Schulze 1992, S. 437), denn das Kino könne zwar **Material für ein Erlebnis** schaffen könne, dieses sei aber im wesentlichen eine innengeleitete, »subjektbestimmte, reflexive und unwillkürliche Konstruktion« (ebd.) und deshalb nur begrenzt von außen steuerbar ist.

Es sind oft nur wenige Filme, die innerhalb eines Jahres zu besonderen ›Ereignissen‹ werden, die von ihrer Geschichte und Gestaltung her ein großes Publikum faszinieren, über die ›man‹ spricht und die sich durch Werbung, PR und Mundpropaganda rasch zu Erfolgsfilmen entwickeln. Dabei nehmen amerikanische Filme zumeist eine Spitzenstellung ein, weil hier der finanzielle Aufwand ungleich größer ist als bei deutschen Produktionen.

Kino-Charts in Deutschland letztes Wochenende im Jahr 2002

Rang	Filmtitel	Besucher 26.–29.12.	seit Start	Kopien	Besucher pro Kopie	Woche
1. (1)	Herr der Ringe – Die zwei Türme	2.082.263	5.629.205	1.266	1.644	2
2. (2)	James Bond – Stirb a. e. a. Tag	388.656	4.282.495	874	444	5
3. (3)	Harry Potter II	376.056	8.767.962	1.025	366	7
4. (4)	Sweet Home Alabama	354.213	696.954	511	693	2
5. (5)	Der Schatzplanet	125.734	729.136	605	207	4
6. (6)	Santa Clause II	57.394	829.406	475	120	6
7. (7)	The Tuxedo – Gefahr im Anzug	51.803	437.936	339	152	4
8. (8)	Like Mike	35.750	178.138	400	89	3
9. (9)	Bowling for Columbine	31.196	278.907	86	362	6
10. (–)	Der Sohn der Braut	25.378	25.378	59	430	1
11. (10)	Die Entdeckung des Himmels	21.244	45.909	53	400	2
12. (14)	Dämonisch (Frailty)	16.776	81.484	106	158	3
13. (13)	Solino	16.147	435.652	109	148	8
14. (12)	Der Mann ohne Vergangenheit	14.470	251.544	58	249	7
15. (11)	Der Pianist	14.441	578.438	112	128	10

Quelle: Media Control / Der Tagesspiegel vom 2.1.2003

Auffällig ist, dass sich die großen Einspielergebnisse in der Regel auf wenige Filme – und hier vor allem auf die amerikanischen Produktionen – konzentrieren. Zwar ist die Zahl der gespielten Filme vor allem in den Großstädten wie Berlin, Hamburg, München und Köln hoch, doch das große Geschäft wird vor allem mit wenigen Filmen gemacht.

An den Daten kann man die Verleihstrategien zumindest ansatzweise gut erkennen. Die großen ›Blockbuster‹ werden mit einer hohen Kopienzahl gestartet, quasi ›in die Kinos gedrückt‹, so dass das Publikum kaum an ihnen vorbeikommt. Entsprechend hoch sind auch gleich die Zuschauerzahlen. ›Fantasy‹ und ›Action‹ dominieren dabei als Genres die ersten Positionen der Charts. Es überwiegen dabei die amerikanischen Produktionen. Der deutsche Film »Solino«, der schon in der achten Woche lief, brachte es seit seinem Start nur auf 435.652 Zuschauer, soviel schaffte der James-Bond-Film fast in einer Woche.

14.8 Kinobesuch und Zielgruppen

Seit dem Höhepunkt der Kinobesucherzahlen in den 1950er Jahren (817,5 Mio. Besucher 1956) hat das Kino einen beständigen Rückgang der Zuschauerzahlen und 1992 einen Tiefststand mit 93,5 Mio. (in den alten Bundesländern) erreicht. Seit dieser Zeit hat die Zahl der Kinobesucher langsam wieder zugenommen.

Entwicklung des Filmbesuchs in Deutschland in den 1990er Jahren		
Jahr	Besucher in Mio.	Kartenumsatz in Mio. DM
1991	120,0	980,7
1992	105,9	891,4
1993	130,5	1.170,0
1994	132,8	1.228,0
1995	124,5	1.183,4
1996	132,9	1.314,2
1997	143,1	1.468,6
1998	148,9	1.600,2
1999	149,0	1.580,5
2000	152,5	1.612,5
Quelle: Neckermann 2001a, S. 505		

Auch wenn das Kino heute generell in der Bevölkerung ein positives Image besitzt (vgl. Neckermann 2001b, S. 518), spielt der Kinobesuch im Rahmen der Freizeittätigkeiten bei der Bevölkerung insgesamt eher eine untergeordnete Rolle.

Das Kinopublikum umfasste bis zum Ende der 1950er Jahre alle Altersgruppen und soziale Schichtungen, mit der Kinokrise seit Ende der 50er Jahre blieben vor allem die Älteren dem Kino fern. Seit den 1970er Jahren ist deshalb das Kinopublikum ein **junges Publikum**: »Etwa 70 % aller Kinobesucher sind nicht älter als 29 Jahre. Die Altersgruppe [...] repräsentiert auch die Leute, die nicht gelegentlich mal ins Kino gehen, sondern die regelmäßig gehen, weil der Kinobesuch ein fester Bestandteil ihres Freizeitverhaltens darstellt« (PR 1995).

In den 1990er Jahren haben sich vor dem Hintergrund der insgesamt wieder steigenden Besucherzahlen (1997 waren es 143,1 Mio. Besucher, 2000 152,5 Mio. Zuschauer im Kino) leichte Veränderungen ergeben, die vor allem darauf zielen, dass das Kinopublikum langfristig älter wird. Zunahmen bei den Kinobesuchern fanden vor allem bei den unter 16jährigen und den über 50jährigen statt. Für das Kinojahr 1997 ermittelte deshalb Gerhard Neckermann bei der Auswertung von Daten der Gesellschaft für Konsumgüterforschung (GfK) folgende Altersstruktur:

Altersstruktur der Kinobesucher 1993 bis 2000
(verkaufte Eintrittskarten nach Altersgruppen) in Mio.

	1993	1995	1997	1999	2000
unter 10 Jahre	6,4	9,4	8,5	10,1	9,2
10–15 Jahre	6,9	6,8	7,3	10,1	9,1
16–19 Jahre	19,9	19,7	20,9	15,4	19,9
20–24 Jahre	30,5	25,2	30,0	30,2	30,1
25–29 Jahre	21,5	19,0	20,4	20,5	21,3
30–39 Jahre	15,6	15,9	20,0	25,4	24,7
40–49 Jahre	7,2	8,1	11,0	12,9	13,7
50–59 Jahre	6,8	5,6	7,1	6,2	6,7
60 Jahre u. m.	2,8	3,2	3,4	3,5	4,0

Quelle: Neckermann 2001b, S. 514

Dem Niedergang der Kinobesuche bis Anfang der 1990er Jahre steht also ein **langsamer Wiederanstieg** gegenüber, der gleichzeitig mit leichten Veränderungen in der Zusammensetzung der Zuschauerstruktur einhergeht. So gehen vor allem mehr Angestellte am Ende der 90er Jahre ins Kino, zudem hat der Kinobesuch in den Kleinstädten zugenommen. Auch wenn sicherlich noch kein eindeutiger Trend erkennbar ist, scheint sich eine Abkehr von einem hauptsächlich jugendlichen Großstadtpublikum und damit eine Verbreiterung des Kinobesuchs in andere soziale Gruppierungen anzudeuten.

Grundlegende Literatur

Deleuze, Gilles 1989/1991: Das Bewegungsbild. Kino 1/Das Zeitbild. Kino 2. 2 Bde. Frankfurt a. M.: Suhrkamp.

Hickethier, Knut [3]2001: Film- und Fernsehanalyse. Stuttgart/Weimar: Metzler.

Elsaesser, Thomas 1994: Der Neue Deutsche Film. Von den Anfängen bis zu den neunziger Jahren. München: Heyne.

Kauschke, Andree/Ulrich Klugius 2000: Zwischen Meterware und Maßarbeit. Markt- und Betriebsstrukturen der TV-Produktion in Deutschland. Gerlingen: Bleicher.

Manthey, Dirk (Hg.) [2]2000: Making of. Wie ein Film entsteht. Reinbek bei Hamburg: Rowohlt.

Jacobsen, Wolfgang/Anton Kaes/Hans Helmut Prinzler (Hg.) [2]2003: Geschichte des deutschen Films. Stuttgart/Weimar: Metzler.

Prokop, Dieter 1970: Soziologie des Films. Neuwied/Berlin: Luchterhand.

Schenk, Irmbert (Hg.) 2000: Erlebnisort Kino. Marburg: Schüren.

Zielinski, Siegfried 1989: Audiovisionen. Kino und Fernsehen als Zwischenspiele in der Geschichte. Reinbek bei Hamburg: Rowohlt.

Weitere zitierte Literatur

Auer, Manfred 2000: Top oder Flop? Marketing für Film- und Fernsehproduktionen. Gerlingen: Bleicher.

Bähr, Rolf 1998: Statistische Studiokinos. In: Filmecho 18 (1998), S. 14–15.

Bellour, Raymond 1997: Denken, erzählen. Das Kino von Gilles Deleuze. In: Fahle, Oliver/Lorenz Engell (Hg.): Der Film bei Deleuze. Le cinéma selon Deleuze. Weimar/Paris: Verlag der Bauhaus-Universität/Presses de la Sorbonne, S. 22–61.

Clevé, Bastian 1995: Der Filmbetrieb in Deutschland. In: Handbuch Kultur und Medien. Lieferung 1995.

Clevé, Bastian 1998: Investoren im Visier. Film- und Fernsehproduktionen mit Kapital aus der Privatwirtschaft. Gerlingen: Bleicher.

Dadek, Walter 1957: Die Filmwirtschaft. Grundriss einer Theorie der Filmökonomik. Freiburg: Herder.

Filmförderungsanstalt 1997: Geschäftsbericht 1997. Berlin.

Filmstatistisches Jahrbuch 1997. Hg. von der SPIO. Wiesbaden: SPIO.

Hickethier, Knut 1998: Studio Babelsberg: der private Medienweg. In: epd medien Nr. 6 v. 28. 1. 1998, S. 3–6.

Iljine, Diana/Klaus Keil 1998: Der Produzent. München: TR-Verlagsunion.

Kersting, Rudolf 1989: Wie die Sinne auf Montage gehen. Zur ästhetischen Theorie des Kinos/Films. Frankfurt a. M.: Stroemfeld/Roter Stern.

Klawitter, Nils 2002: Prinzip Gießkanne. Nordrhein-Westfalen setzt mehr als jedes Bundesland auf die Medienbranche. In: Der Spiegel 40, S. 102–105.

Kutter, Adrian 1972: Die wirtschaftliche Entwicklung der deutschen Filmtheater nach 1945. Biberach: Kutter (Eigenverlag).

Media Perspektiven Basisdaten 2001. Hg. von Media Perspektiven. Frankfurt a. M.

Moths, Eberhard 1978: Film und Wirtschaft. Bonn: Der Bundesminister für Wirtschaft (Studienreihe 23).

Neckermann, Gerhard 2001a: Multiplexe in der Krise? In: Media Perspektiven (2001), H. 10, S. 505–513.

Neckermann, Gerhard 2001b: Das Kinopublikum 1993–2000. In: Media Perspektiven (2001), H. 10, S. 523.

PR 1995: PR und Forschungsgesellschaft Werbung im Kino (Hg.) 1995: Der Kinobesucher in der MA 95. Hg. von FDW Werbung im Kino. Hamburg (Oberhafenstr. 1, 20097 Hamburg).

Rehlinger, Bruno 1938: Der Begriff filmisch. Emsdetten: Lechte.

Roeber, Georg/Gerhard Jacoby 1973: Handbuch der filmwirtschaftlichen Medienbereiche. München: Saur.

Schulze, Gerhard 1992: Die Erlebnisgesellschaft. Frankfurt a. M./New York: Campus.

Seeßlen, Georg 2002: Warte bis es dunkel ist. Geht im Kino das Licht aus, ist alles möglich: Das Schönste und das Schrecklichste. In: Die Zeit Nr. 52 v. 18. 12. 2002, S. 59.

Weber, Thomas 2001: Kino in Frankreich. In: Weber, Thomas/Stefan Woltersdorff (Hg.) 2001: Wegweiser durch die französische Medienlandschaft. Marburg: Schüren, S. 124–149.

15. Fernsehen

Das Fernsehen ist – trotz der umfangreicheren Radionutzung und der gewachsenen Bedeutung des Internets – noch immer das **Leitmedium** der gesellschaftlichen Kommunikation. Es wird von den meisten Menschen als der zentrale Ort des gesellschaftlichen Diskurses angesehen, ihm wird von unterschiedlichen gesellschaftlichen Gruppen eine große Aufmerksamkeit entgegengebracht, und was hier erörtert wird, hat Einfluss auf zentrale Entscheidungsprozesse in verschiedenen gesellschaftlichen Teilbereichen.

Aufgrund seiner technischen Verbreitungsform, seiner institutionellen Organisation und seiner juristischen Konstitution gilt in Deutschland und in anderen Ländern das Fernsehen neben dem Hörfunk als Rundfunkmedium (*broadcasting*). Der Rundfunkstaatsvertrag der Länder in seiner überarbeiteten Form von 1992 definiert Rundfunk:

»Rundfunk ist die für die Allgemeinheit bestimmte Veranstaltung von Darbietungen in Wort, in Ton und in Bild unter Benutzung elektrischer Schwingungen ohne Verbindungsleitung oder längs oder mittels eines Leiters. Der Begriff schließt Darbietungen ein, die verschlüsselt verbreitet werden oder gegen besonderes Entgelt empfangbar sind, sowie Fernsehtext.«

Die Verbreitung von Tönen und später von Bildern durch Funkwellen verbindet beide Medien, sie ist der Ausgangspunkt und wird heute als **terrestrische Verbreitung** im Gegensatz zur **Verbreitung per Satellit** und durch das **Kabel** bezeichnet. Im Gegensatz zur Zeitung, zum Buch und zum Film ist die Verbreitung des Rundfunks ›unkörperlich‹ und lässt sich von Dritten nur schwer aufhalten. Sie ist zudem schnell, weil sie in Sekundenbruchteilen Töne und Bilder vom Ort ihrer Ausstrahlung zum Empfänger bringt. Diese Faktoren haben dazu geführt, dass heute kein anderes Medium eine vergleichbare Verbreitung wie Radio und Fernsehen besitzt.

15.1 Geschichtliche Voraussetzungen

Fernsehen ist ein relativ junges Medium. Seine Anfänge liegen jedoch schon in der zweiten Hälfte des 19. Jahrhunderts, als die ersten Ideen für ein »electrisches Fernsehen« (1891) aufkamen (Hickethier 1998, S. 13 ff.). Nach vielen Experimenten mit einem so genannten ›mechanischen Fernsehen‹, das auf einer Erfindung des deutschen Ingenieurstudenten Paul Nipkow (1884) aufbaute, entschied man sich in den 1930er Jahren für das elektronische Verfahren, bei dem ein Kathodenstrahl in einer Braunschen Röhre mit einem Lichtstrahl die Rückseite der Röhre ›beschreibt‹ und damit ein Bild erzeugt. Diese Technik wurde dann in der Folgezeit immer weiter verbessert, von einem Schwarzweiß-Bild in ein Farbbild überführt und heute sogar mit digitalen Bilderzeugungstechniken kombiniert (ebd., S. 8 f.). Diese Versuche, in Deutschland von der Elektroindustrie, der Reichsrundfunkgesellschaft und der Post betrieben, führten ab 1935 zur **Ausstrahlung eines ersten Programms** in Berlin, das noch mit vielen technischen Problemen zu kämpfen hatte. Vor allem der Verzicht auf einen Individualempfang (wie er beim Radio schon praktiziert wurde) und die kollektive Betrachtung des Programms in wenigen öffentlichen Fernsehstuben führten dazu, dass das Fernsehen vor 1945 ein Versuchsbetrieb blieb.

Erst ab 1948 etablierte sich in Deutschland das Fernsehen in seiner heutigen Form. Seit dem 25. 12. 1952 sendete der Nordwestdeutsche Rundfunk (NWDR) von Hamburg aus ein Programm, an dem sich nach und nach auch die anderen Landesrundfunkanstalten beteiligten. Mit Start des ersten Programms (»Deutsches Fernsehen«) der **Arbeitsgemeinschaft der Rundfunkanstalten Deutschlands (ARD)** am 1. 11. 1954 begann sich das Fernsehen als Massenmedium durchzusetzen. 1957 war die erste Teilnehmermillion erreicht und ein gutes Jahrzehnt später, 1969, hatten etwa 85 Prozent aller bundesdeutschen Haushalte einen Fernsehapparat.

Nach einem langen Verfassungsstreit zwischen der Bundesregierung und den Bundesländern schrieb das Bundesverfassungsgericht (BVerfG) in seinem ersten Fernsehurteil von 1961 den öffentlich-rechtlichen Charakter des Fernsehens fest. »**Öffentlich-rechtlich**« meint, dass das Fernsehen **staatsunabhängig** zu sein hat (das schließt die Mitwirkung von Vertretern der politischen Parteien in den Aufsichtsgremien nicht aus) und dass es **nicht kommerziell** betrieben werden soll, also keinen Gewinn erzeugen darf. Hintergrund ist die Gemeinwohlverpflichtung des Rundfunks, nach der die Interessen aller gesellschaftlichen Gruppen angemessen zu berücksichtigen und durch die Verbreitung von Information, Bildung und Unterhaltung die ›Grundversorgung‹ an Information herzustellen ist, die eine Voraussetzung für das Fortbestehen der Demokratie ist.

Mit diesem ersten Fernsehurteil des BVerfG war der Startschuss des **Zweiten Deutschen Fernsehens** gegeben, das von den Ministerpräsidenten der Länder 1961 als eine zentralistisch organisierte Anstalt gegründet wurde und das am 1. 4. 1963 mit der Ausstrahlung seines Programms begann. In den 1960er Jahren bauten die in der ARD vertretenen Landesrundfunkanstalten eigenständig geführte (teilweise auch gemeinsam mit anderen betriebene) **Dritte Programme** auf, die zunächst vor allem der Bildung und später verstärkt auch der Pflege regionaler Interessen dienten.

In der DDR entstand ebenfalls Anfang der 1950er Jahre neben dem schon bestehenden Hörfunk ein Fernsehbetrieb, der am 21. 12. 1952 mit seinem offiziellen Versuchsprogramm begann, das dann sukzessive ausgebaut wurde. Das **Fernsehen in der DDR** war zentralistisch organisiert und unterstand dem Staatlichen Rundfunkkomitee (ab 1968 einem eigenen Staatlichen Komitee für Fernsehen), das eine direkte Verbindung zum Politbüro der SED herstellte. Mit der deutschen Einheit wurde das Fernsehen der DDR abgeschafft und durch ein föderales System von Landesrundfunkanstalten ersetzt.

Die Einführung des **kommerziellen Fernsehens** am 1. 1. 1984 führte in der Bundesrepublik zu einem völligen Umbau des Rundfunksystems. Zunächst in den Kabelpilotprojekten, ab 1986 auch bundesweit, strahlten privatrechtlich organisierte Rundfunkunternehmen ihre Programme aus, wobei die ab 1982 von der Bundesregierung forcierte Verkabelung der Bundesrepublik wesentlich zu ihrer Ausbreitung beitrug. 1987 wurde zwischen den für den Rundfunk in Deutschland zuständigen Ministerpräsidenten der Länder der Rundfunkstaatsvertrag geschlossen, der das Nebeneinander von öffentlich-rechtlichem und privatrechtlichem Rundfunk (Hörfunk und Fernsehen) regelte.

Für die Zulassung und Kontrolle der kommerziellen Fernsehsender sind die Länder zuständig, die dafür spezifische **Landesmediengesetze** erlassen haben und die Aufgaben der Lizenzierung der Sender sowie die Kontrolle ihrer Besitzverhältnisse und die Einhaltung der Programmauflagen an neu gegründete **Landesmedienanstalten** übertragen haben. Diese Aufsicht des privatwirtschaftlichen Rundfunks ist selbst wiederum öffentlich-rechtlich organisiert (Hall 1997).

15.2   Grundlagen des Dualen Rundfunksystems

Der **Rundfunkstaatsvertrag** in seiner Fassung von 1992 legt in seiner Präambel fest: »Öffentlich-rechtlicher und privater Rundfunk sind der freien individuellen und öffentlichen Meinungsbildung sowie der Meinungsvielfalt verpflichtet. Beide Rundfunksysteme müssen in der Lage sein, den Anforderungen des nationalen und internationalen Wettbewerbs zu entsprechen« (zit. n. Hall 1997, S. 31). Ziel des Rundfunkstaatsvertrags ist es, eine Balance zwischen dem öffentlich-rechtlichen Rundfunk einerseits und dem privatrechtlichen Rundfunk andererseits herzustellen. Das Rundfunksystem wird deshalb auch als ›**Duales Rundfunksystem**‹ bezeichnet.

Mit dieser Verpflichtung und der Gebührenfinanzierung kommt dem mit der **Grundversorgung** beauftragten öffentlich-rechtlichen Rundfunk eine besondere Stellung zu, während dem privatrechtlichen Rundfunk aufgrund seiner Werbefinanzierung die Aufgabe einer **Zusatzversorgung** zugewiesen wird, für die weniger strenge Maßstäbe hinsichtlich Qualität und Reichweite gelten. Zur Sicherung der Grundversorgung gehört die flächendeckende Verbreitung, ein umfassender Programmstandard unter Berücksichtigung der wesentlichen gesellschaftlichen, kulturellen und politischen Strömungen sowie die Sicherung gleichgewichtiger Meinungsvielfalt. Öffentlich-rechtlicher Rundfunk erschöpft sich jedoch nicht in der Grundversorgung; zum klassischen Programmauftrag gehört auch die Weiterentwicklung des Rundfunks. Dazu zählt z. B. die Ausstrahlung der Kulturprogramme 3sat und Arte oder die Einrichtung der Spartenkanäle Phoenix und Kinderkanal.

Sicherung der Meinungsvielfalt: Die Meinungsvielfalt wird im öffentlich-rechtlichen Fernsehen durch die Unabhängigkeit der Anstalten von gesellschaftlichen Interessengruppen und der Regierung gewährleistet. Diese Unabhängigkeit soll weiter durch ein pluralistisch besetztes Aufsichtsgremium, den **Rundfunkrat** (beim ZDF dem Fernsehrat), gesichert werden. Der Rundfunkrat (bzw. Fernsehrat) setzt sich aus Vertretern der gesellschaftlich relevanten Gruppen zusammen. Die Zusammensetzung bestimmen jeweils die Landesparlamente in den Rundfunkgesetzen (sowie im ZDF-Staatsvertrag der Bundesländer). Der Rundfunkrat (bzw. Fernsehrat) wählt auch den **Intendanten,** der die Verantwortung für die jeweilige Anstalt und damit auch für das Programm trägt.

Auch der **privatrechtliche Rundfunk** ist zur Meinungsvielfalt verpflichtet. Im Rundfunkstaatsvertrag von 1994 heißt es unter den »Vorschriften für den privaten Rundfunk«: »Im privaten Rundfunk ist inhaltlich die Vielfalt der Meinungen im Wesentlichen zum Ausdruck zu bringen. Die bedeutsamen politischen, weltanschaulichen und gesellschaftlichen Kräfte und Gruppen müssen in den Vollprogrammen angemessen zu Wort kommen: Auffassungen von Minderheiten sind zu berücksichtigen« (zit. n. Hall 1997).

Konzentrationsbegrenzungen: Meinungsvielfalt ist auch von der Vielfalt und der Vielzahl der Programmanbieter abhängig. Ziel von Konzentrationsbeschränkungen im privatrechtlichen Rundfunk ist deshalb, das Entstehen einer »vorherrschenden Meinungsmacht« eines Medienunternehmens zu verhindern. In den neuesten Fassungen des Rundfunkstaatsvertrages wurde deshalb ein **Zuschaueranteilsmodell** verankert, nach dem ein Unternehmen mit seinen Programmen und Programmbeteiligungen im Durchschnitt eines Jahres nicht mehr als 30 % der Zuschauer erreichen darf. Für die Errechnung des Zuschaueranteils werden alle Programme gezählt, an denen ein Unternehmen zu mindestens 25 % beteiligt ist.

Für die Konzentrationsermittlung haben die Ministerpräsidenten der Länder eine **Kontrollinstanz** geschaffen: die »Kommission zur Ermittlung der Konzentration im Medienbereich (KEK)«, die ihren Sitz in Potsdam hat und deren Beschlüsse auch für die Landesmedienanstalten binden sind. Um die Beschlüsse der KEK wirksam durchsetzen zu können, haben die Länder ebenfalls im Rundfunkstaatsvertrag die Konferenz der Direktoren der Landesmedienanstalten (KDLM) geschaffen, die entscheidet, wenn KEK-Beschlüsse auf den Widerspruch einer einzelnen Landesmedienanstalt treffen.

Die privatrechtlichen Fernsehanbieter sind bei der Ausstrahlung eines Vollprogramms bzw. eines Spartenprogramms mit dem Schwerpunkt Information beim Erreichen eines Zuschaueranteils von 10 % (im Jahresdurchschnitt) verpflichtet, **Fensterprogramme** im Umfang von wöchentlich 260 Minuten (davon in der Zeit von 19.00 bis 23.30 Uhr 75 Minuten) zu schaffen, die unabhängigen dritten Anbietern überlassen werden und die »insbesondere in den Bereichen Kultur, Bildung und Information« eine zusätzliche Angebotsvielfalt gewährleisten sollen. Diese Regelung bildet den rundfunkpolitischen Hintergrund für die regionalen Informationssendungen bei RTL und SAT.1, die von gesonderten regionalen Fernsehanbietern produziert werden, ebenso für die Existenz der Kultursendungen von Alexander Kluge (dctp), von »Spiegel TV« u. a. innerhalb von RTL, SAT.1 und Vox.

Die Finanzierung des Fernsehens in der Bundesrepublik Deutschland geschieht auf unterschiedliche Weise (vgl. Pethig/Blind 1998):

Der öffentlich-rechtliche Rundfunk (Radio und Fernsehen) wird in der Hauptsache durch **Gebühren** finanziert, die jeder Rundfunkteilnehmer monatlich bezahlen muss, unabhängig vom Umfang seiner Nutzung der Programme. Zur Finanzierung tragen weiterhin in begrenztem Umfang die Ausstrahlung von **Werbung** und **Sponsoring**-Einnahmen bei.

Der privatrechtliche Rundfunk wird durch **Werbung** und durch **Sponsoring** finanziert, wobei die Werbekosten dafür letztlich als Teil der allgemeinen Geschäftsunkosten der Produkthersteller Teil der Produktpreise sind und von den Konsumenten bezahlt werden. Außerdem wird das (privatrechtliche) Abonnementsfernsehen (auch »Pay TV« genannt) durch die **Abonnementsgebühren** bezahlt, die für den Bezug einzelner Programme oder Programmpakete erhoben werden. Einziges deutsches Pay-TV-Programm ist Premiere, dessen Abonnementszahl 2003 (stagnierend) bei 2,4 Mio. Abonnenten lag.

Aus ihrer Geschichte heraus verstehen sich ARD und ZDF nicht nur als Sendeanstalten, sondern in erster Linie als **Programmproduzenten**. Der Anteil der reinen Eigenproduktionen ist jedoch aufgrund der Programmausweitung und Kostenexplosion bei der ARD rückläufig (er lag 1995 bei 36,4 %, 1981 betrug er noch 51,5 %). Die privatrechtlichen Sender haben die Programmproduktion weitgehend auf unabhängige oder in Abhängigkeit von ihnen betriebene Produktionsfirmen ausgelagert (*outsourcing*). Dadurch bleiben sie innerhalb ihrer Programmpolitik beweglicher und können ihre eigenen Kosten verringern.

15.3   Fernsehsender und ihre Programme

Ziel und Zweck der Rundfunkanstalten bzw. der Fernsehunternehmen ist es, Sendungen auszustrahlen. Im Bayerischen Rundfunkgesetz von 1948 z. B. heißt es: »Die Sendungen des bayerischen Rundfunks dienen der Bildung, Unterrichtung und Unterhaltung. Sie sollen von demokratischer Gesinnung, von kulturellem Verantwortungsbewusstsein, von Menschlichkeit und Objektivität getragen sein und der Eigenart Bayerns gerecht werden.« Ähnliche Formulierungen weisen auch die anderen Rundfunkgesetze auf.

Diese Sendungen werden in Programmen gebündelt. Im Gegensatz zum englischen ›programme‹, das die einzelne Sendung meint, wird im deutschen Sprachraum mit ›Programm‹ die Gesamtheit eines Angebots eines Senders in einem ›Kanal‹ gemeint. Diese Programme setzen sich aus einer Vielzahl von einzelnen Sendungen unterschiedlicher Art zusammen.

Der Rundfunkstaatsvertrag unterscheidet zwischen Vollprogrammen (mit vielfältigen Inhalten), Spartenprogrammen (mit im Wesentlichen gleichartigen Inhalten) sowie Satellitenfenster- und Regionalfensterprogrammen (als zeitlich begrenzte Programme innerhalb eines anderen Programms) (vgl. Hall 1997, S. 32).

15.3.1   Die öffentlich-rechtlichen Programme

Etabliert haben sich in der Bundesrepublik bei den öffentlich-rechtlichen Anbietern im Wesentlichen mehrere große Konstellationen:

- Die föderalistisch organisierte **ARD** mit ihrem Hauptprogramm »Erstes Deutsches Fernsehen«.
- Die ARD-Anstalten strahlen einzeln oder zu mehreren **die Dritten Fernsehprogramme** »Bayerisches Fernsehen« (vom BR), »hessen 3« (vom HR), »MDR-Fernsehen« (vom MDR), »NDR 3« (vom NDR und RB), »RBB« (von Radio Berlin-Brandenburg), »Südwest 3« (vom Südwestrundfunk, SWR, und dem SR) und das »Westdeutsche Fernsehen« (vom WDR) aus.
  Die einzelnen ARD-Anstalten sind wirtschaftlich und organisatorisch selbständige Unternehmen. Das Gemeinschaftsprogramm der ARD setzt sich aus Programmlieferungen der einzelnen Anstalten zusammen, die sich anteilsmäßig nach der Größe des Sendegebiets (Anzahl der Gebührenzahler) richtet. Das ARD-Programm wird durch die ARD-Programmdirektion (mit Sitz in München) koordiniert. Zwischen den einzelnen Anstalten besteht aufgrund der unterschiedlichen Größe ein – allerdings umstrittener – Finanzausgleich.
- Das zentralistisch organisierte **ZDF** mit seinem Hauptprogramm »Zweites Deutsches Fernsehen«.
- ARD und ZDF strahlen zusammen aus: die gemeinsam betriebenen **Spartenprogramme** »Phoenix. Ereignis- und Dokumentationskanal« sowie »Der Kinderkanal« sowie die Satellitenkulturprogramme »3sat« (zusammen mit dem Österreichischen Fernsehen und dem Schweizer Fernsehen) und »Arte« (Association Relative à la Télévision Européenne) (zusammen mit dem französischen Sender La Sept).

Zwischen der ARD und dem ZDF besteht auf vielen Ebenen eine Zusammenarbeit (Vertretung in internationalen Gremien, Programmgestaltung, Videotext, Rechteerwerb, Medienforschung, Aus- und Fortbildung, Technik, Gebühreneinzug).

Zusätzlich strahlen ARD und ZDF jeweils **digitale Programme** aus, die im Wesentlichen aus Wiederholungen zusammengesetzt sind. Bei der ARD handelt es sich um die Programme EinsExtra (ein Nachrichtenprogramm), EinsMuXx (das Erste Deutsche Fernsehen wird hier zeitversetzt gesendet) und EinsFestival (Wiederholungen von Fernsehfilmen und Serien). ARD Digital bietet zusätzlich auch 18 Fernseh- und 22 Hörfunkprogramme digital, zahlreiche per Fernbedienung abrufbare interaktive Zusatzdienste und einen multimedialen ARD-Online-Kanal. Das ZDF strahlt als eigene digitale Programme ZDFinfokanal, ZDFdokukanal und ZDFtheaterkanal aus.

Die beiden **Hauptprogramme von ARD und ZDF** sind Vollprogramme und werden werktags in der Zeit von 6.00 morgens bis ca. 2.30 Uhr ausgestrahlt. Beide Programme besitzen feste Programmstrukturen. Die Programmschemata zeichnen sich durch täglich wechselnde Schwerpunkte in den Hauptsendezeiten aus, die sich wöchentlich oder auch in einem größeren zeitlichen Abstand wiederholen. Nachrichtensendungen mit abgestuftem Umfang von 5 bis 15 Minuten (»Tagesschau«) bis zu 30 Minuten (»Tagesthemen«) kommen zu täglich gleich bleibenden Zeiten. Erkennbare Tendenz ist bei der ARD, wie im Radio zur vollen Stunde Nachrichten zu präsentieren.

Das **Angebotsspektrum der Hauptprogramme** umfasst alle Programmsparten von der aktuellen politischen Information über den größeren Dokumentarbericht und -film, über Fernsehspiel, Fernsehfilm und -serie bis hin zur Unterhaltungssendung, Sportübertragung, dem Kinospielfilm und der Theaterübertragung. Diverse, thematisch differenzierte Magazine, Ratgebersendungen und Zielgruppenangebote (z. B. für Kinder und Jugendliche, ältere Menschen) gehören ebenfalls dazu.

Die **Kompetenz der beiden öffentlich-rechtlichen Hauptprogramme** liegt sowohl in der politischen Information als auch in kulturell anspruchsvollen Sendungen, besonders im Fernsehspiel und im fiktionalen Fernsehfilm. Zwar haben die privatrechtlichen Programme mit der Eigenproduktion von fiktionalen Fernsehfilmen (TV-Movies) nachgezogen, doch dominiert immer noch der öffentlich-rechtliche Fernsehfilm.

Die **Satellitenprogramme 3sat und Arte** sind vorrangig Kulturprogramme. Das 3sat-Programm besteht zu einem großen Prozentsatz aus Wiederholungen von Sendungen, die bereits in den Hauptprogrammen gelaufen sind. Als ein von den Sendeanstalten der drei deutschsprachigen Länder Mitteleuropas gemeinsam getragenes Programm stellt 3sat einen im europäischen Rahmen integrativen Ansatz dar. Das deutsch-französische Kulturprogramm Arte wird zunehmend auch als Programmproduzent für experimentelle Sendungen tätig. Das Programm von Arte zeichnet sich durch so genannte ›Themenabende‹ aus: Sie stellen die verschiedenen Beiträge eines Abends unter einen thematischen Schwerpunkt. Diese Programmidee nimmt ein altes Programmkonzept wieder auf und stellt gegenüber den Mischangeboten der meisten anderen Sender eine programmliche Alternative dar. Sportsendungen fehlen auf Arte, auch Unterhaltungssendungen sind selten.

Die **Dritten Programme**, ursprünglich als Bildungs- und Kulturprogramme angelegt, haben sich in den 1970er und 80er Jahren weitgehend zu Vollprogrammen mit spezifischen Schwerpunkten entwickelt. Am Vormittag und teilweise auch am Nachmittag zeigen einige Dritte Programme ein gemeinsames Programm, oder es werden Sendungsblöcke übernommen. Einige Dritte Programme verstehen sich auch als Angebotsflächen, auf denen experimentiert werden darf (Fernsehspiel-Debütreihen auf S 3 und WDR 3) und neue Programmformen und Präsentationsweisen erprobt werden können, die in einigen Fällen später ins ARD-Programm übernommen werden.

15.3.2 Die privatrechtlichen Programme

Der vielfach verwendete Begriff des ›privaten Rundfunks‹ ist irreführend, weil die Programme Öffentlichkeit herstellen. Sie sind Eigentum von Unternehmen, die privatrechtlich organisiert sind. Richtiger ist es deshalb, vom **privatrechtlichen Rundfunk** im Gegensatz zum öffentlich-rechtlichen Rundfunk zu sprechen.

Der Fernsehmarkt wird im Wesentlichen von den Medienkonzernen **Bertelsmann/RTL** auf der einen und **SAT.1/Pro Sieben** (ehem. Kirch) auf der anderen Seite beherrscht. Sie haben verzweigte Senderfamilien aufgebaut, die ehemalige Kirch-gruppe befindet sich aufgrund der Insolvenz von Kirch-Unternehmen seit 2002 in der Auflösung. Zu Bertelsmann gehört (Stand 2002) die RTL-Group (zu 53,2 %), zu der die Programme RTL (zu 89 %), Super-RTL (zu 50 %), RTL II (zu 35,9 %), RTL Shop (zu 80 %), Vox (zu 99,7 %), n-tv (zu 49,2 %) sowie 24 Hörfunkbeteiligungen, 22 ausländische Fernseh- und 9 Hörfunkbeteiligungen zählen. Der Fernsehmarkt wird dadurch unübersichtlich, dass zu den beiden Konzernen jeweils eine Vielzahl von Produktions- und Vertriebsfirmen auf allen Ebenen der Medienproduktion und -distribution gehören.

Zusätzlich drängen vor allem internationale Medienkonzerne auf den deutschsprachigen Fernsehmarkt, der innerhalb Europas der größte ist. So ist schon jetzt der US-Konzern Time-Warner an den Musikprogrammen VIVA und VIVA 2 (zu je 19,8 %) beteiligt, Viacom betreibt den Musiksender MTV, der Disney-Konzern ist an Super RTL beteiligt.

Die Herausbildung der privatrechtlichen Programme ist durch rasche **Strukturveränderungen** gekennzeichnet und wird von heftigen Kontroversen der Anbieter untereinander und gegenüber den öffentlich-rechtlichen Programmen begleitet.

Ein immer größerer Teil der überregionalen Programme wird rund um die Uhr ausgestrahlt. Sie besitzen tagsüber ein starres, meist kleinteiliges Programmschema, das – zumeist mit einem Sendungsbeginn zur vollen Stunde (**Programm stripping**) – mit täglich ausgestrahlten Serien oder bei den Nachrichtenprogrammen durch Nachrichtensendungen besetzt wird. Im Abendprogramm werden in der Regel Kinospielfilme oder größere Unterhaltungssendungen angeboten.

Die **Schwerpunkte der privatrechtlichen Vollprogramme von RTL und SAT.1** liegen auf der Unterhaltung. Gezeigt werden vor allem Game Shows, Serien und Kinospielfilme, aber auch Talkshows, politische Diskussionen, Magazine und Nachrichtensendungen. In den 1990er Jahren hat sich eine Blockbildung bei den **Nachmittags-Talkshows** durchgesetzt, die heute von einer Blockbildung mit **Gerichtsshows** abgelöst wurde. Ähnliche Blockbildungen sind vereinzelt auch schon im Abendprogramm durch die Zusammenlegung von Kriminalfilmserien auf einen Wochentag zu beobachten. Im **Kinospielfilmangebot** dominieren amerikanische Filme sowie deutsche Unterhaltungsfilme. In den **journalistischen Formen** haben sich in den Nachrichtensendungen moderate Versionen des ›Infotainments‹ durchgesetzt, die die politischen Meldungen gefälliger in das Werbeumfeld einpassen sollen. In der **Sportberichterstattung** haben sich die kommerziellen Anbieter durch hohe Summen die Ausstrahlungsrechte spektakulärer Sportübertragungen (Fußball, Tennis) gesichert. Solche Live-Übertragungen bildeten Anfang der 90er Jahre zusätzliche Programmattraktionen. Das erkennbare Ziel, durch Monopolisierung einzelner Angebote Zuschauer zum eigenen Programm zu ziehen, ging jedoch nur begrenzt auf.

Die Programme sind in ihrer Gesamtheit von **Werbung** durchsetzt. Bei den Zuschauern regt sich wiederholt Unmut über den Umfang der Unterbrecherwerbung. Um den Zuschauer vom raschen Umschalten abzuhalten, hat RTL beispielsweise die Programmverbindungen (Ansagen, Logos) stark verkürzt. Dadurch entstehen ein hektischer Gesamteindruck und eine enge Verzahnung der Programmangebote. In immer kürzeren Abständen wurde in den letzten Jahren bei allen größeren Pro-

grammen das Design ›modernisiert‹ (*relauncht*). Dabei erlaubt die digitale Bildproduktion zusätzlich neue Varianten, so dass neue Formen der Programmästhe-
tik entstehen.

Privatrechtliche Spartenprogramme gibt es im Bereich der Fiktion, der Nachrichten, des Sports, der Musikvideos. Als Spartenprogramm im Bereich der Musikvideos zielt das im internationalen Verbund von London aus gesendete europäische
MTV-Programm mit seinem 24-Stunden-Programm vor allem auf junge Zuschauer.
Auch hier hat sich bei aller Einheitlichkeit des Programmflusses aus den aneinander
gereihten und durch Moderation lose zusammengehaltenen Videoclips eine relativ
feste Programmstruktur herausgebildet, die den musikdominierten Magazinpro-
grammen des Radios entspricht. Seit Dezember 1993 ist der Musikkanal VIVA 1 auf
Sendung, der sich an den Erfolg von MTV anhängt und der ebenfalls 1994 mit einem
zweiten Musikprogramm VIVA II in einigen Kabelnetzen startete.

Lokale und regionale Programme sind aufgrund der hohen Produktionskos-
ten eines Fernsehprogramms nur in begrenzter Weise in den Kabelnetzen präsent.
Bei den 37 lokalen und regionalen Anbietern überwiegt der Anteil an Information.
Neben den großstädtischen lokalen Fernsehprogrammen wie z. B. Hamburg 1
existieren noch zahlreiche lokale und regionale Fernsehanbieter, die jedoch nicht
immer ein selbständiges Programm, sondern oft nur einzelne Sendungen in den
verschiedenen Kabelnetzen anbieten.

15.3.3 Offene Kanäle im Fernsehen

Die Offenen Kanäle im Fernsehen gehören nicht zu den kommerziellen Programmen; sie sind infolge einer langen gesellschaftlichen Diskussion vor der Einführung des Dualen Rundfunksystems in den Kabelnetzen entstanden. In ihnen manifestiert sich die Vorstellung, die Medien als kulturelle Foren zu verstehen, zu
denen jeder Bürger Zutritt hat und wo er sich artikulieren kann.

42 Offene Fernseh-Kanäle existierten 1996 in verschiedenen Städten. Je nach
Engagement und Unterstützung (u. a. durch die Volkshochschulen) ermöglichen
sie eine eigenständige mediale Artikulation der Bürger. Die Themenpalette und die
Form der Präsentation variieren beträchtlich. Feste Programmschemata existieren
in der Regel nicht, die Beiträge werden in der Reihenfolge der Anmeldung, nach
dem Prinzip der Warteschlange gesendet. In den letzten Jahren haben sich bei
einigen Offenen Kanälen für einige Projekte auch feste Sendetermine durchgesetzt.
Die großen Hoffnungen, damit alternative Öffentlichkeitsstrukturen zu schaffen,
wie sie Anfang der 1980er Jahre noch bestanden, haben einer nüchternen Betrachtung Platz gemacht.

15.3.4 Programmperspektiven

Unter dem Stichwort der **Konvergenz der Programme** werden die Tendenzen ge-
genseitiger Anpassung von öffentlich-rechtlichen und privatrechtlichen Programmen seit Mitte der 1980er Jahre diskutiert. Dabei passen sich nicht nur die öffent-

lich-rechtlichen Programme (im Bereich der Serien und der Unterhaltung) den erfolgreichen Mustern der kommerziellen Anbieter an, sondern diese orientieren sich umgekehrt (insbesondere im Nachrichtenbereich) an öffentlich-rechtlichen Standards.

Da es für Programme heute aufgrund des vielfältigen Angebots grundsätzlich keine großen Zuschauermehrheiten mehr gibt, kommt es darauf an, neben den Unterhaltungsbedürfnissen, auf die sich schon die Hauptprogramme beziehen, auch andere Kommunikationsansprüche zu berücksichtigen. Mit dem weiteren Ausbau der Vertriebswege durch die digitalen Informationsnetze besteht die Möglichkeit, dass auch Minderheiten und Randgruppen ihre eigenen Kanäle und damit Foren zur Selbstdarstellung und Selbstverständigung erhalten.

15.4 Sendeformen des Fernsehens

Die Sendeformen, die das Fernsehen im Lauf seiner Geschichte ausgebildet hat, beziehen sich zum einen auf kulturelle Angebotsformen außerhalb des Fernsehens, indem sie diese adaptiert haben, zum anderen haben sie fernsehspezifische Eigenschaften herausgearbeitet, die sich deutlich von ähnlichen Formen anderer Medien unterscheiden. Der Medienwissenschaftler Wolfgang Neumann-Bechstein konstatierte: »Formen und Inhalte, nach denen Fernsehen in der Bundesrepublik bis heute strukturiert ist, stellen eine Tradition dar, in der sich historische, technische und kulturelle Einflüsse ebenso widerspiegeln wie die Traditionen des bürgerlichen Bildungsbegriffs« (Neumann-Bechstein 1997, S. 92).

15.4.1 Sparten, Genres und Formate

Die Programmformen werden auch **Programmsparten** oder **Programmgenres** genannt. Heute hat sich der Begriff der Programmformate bzw. der **Fernsehformate** eingebürgert (vgl. Kap. 9.4). Als Grundformen der Fernsehsendungen lassen sich folgende **Sendungstypen** benennen, die sich nach unterschiedlichen Kriterien voneinander unterscheiden:

- nach dem Modus ihrer Darstellungsweise (Fiktion/Dokumentation);
- nach ihrer Gestaltungsweise (fotografischer ›Realfilm‹/Animationsfilm);
- nach der Art der Fixierung/Nichtfixierung der Sendung (Live-Übertragung, Magnetaufzeichnung, Fernsehfilm);
- nach der Darstellungsform (Bericht/Narration/Präsentation);
- nach der Homogenität ihrer Darstellung (Dokumentation und Feature/Magazin und Nachrichtenform; Spielfilm/Fiktionales Special);
- nach Einteiligkeit/Mehrteiligkeit (Serialität);
- nach der Zielgruppenbezogenheit (Kinderprogramm; Seniorenprogramm, Frauensendung usf.)

Kennzeichen der Sendungsformen ist, dass sich kein stringentes, nur einer Kategorie verpflichtetes **System einer Sendungstypologie** herstellen lässt, sondern einzelne Sendungen verschiedenen Kategorien verpflichtet sein können. So kann eine Sendung z. B. als ein fiktionaler Fernsehfilm oder ein Fernsehspiel firmieren, läuft sie im Rahmen des Kinderprogramms, stellt sie eine Kindersendung dar. Sie kann als einzelner Film Teil einer Reihe oder einer Serie sein, aber durchaus auch selbständig gesendet werden (z. B. bei der »Tatort«-Reihe), sie kann sowohl fiktionale wie dokumentarische Elemente enthalten (etwa in den Filmen von Heinrich Breloer), kann Showelemente enthalten und fiktiv sein (Filme von Wolfgang Menge) usf. Die folgende Typologie gibt deshalb nur eine grobe Orientierung.

15.4.2   Sendungsformen

Nachrichtensendungen sind im Fernsehen durch ein relativ festes Regelwerk gekennzeichnet. Sie berichten in einer Dauer von 5 bis 15 Minuten (längere Sendungen werden auch Nachrichtenmagazine genannt), wobei die »Tagesschau« der ARD mit ihrer 20.00-Uhr-Sendung immer noch den unbestrittenen Standard vorgibt. Fernsehnachrichten wird ein hohes Maß an Glaubwürdigkeit zugebilligt. Von den ersten verlesenen Meldungen hat sich die Form der meist aus etwa 15 Meldungen und Berichten zusammengesetzten Sendung zu visuell präsentierten Nachrichten gewandelt. Der Trend zur Visualisierung ist international zu beobachten: Live-Berichte von Korrespondenten vor Ort, Filmberichte eines Ereignisses, selbst Stellungnahmen müssen inzwischen vor der Kamera gegeben werden. Deutlich wird zwischen Nachricht und Kommentar getrennt, in der Regel werden bei zweifelhaften Quellen diese Zweifel formuliert, wenn aufgrund der Aktualität einer Meldung eine Überprüfung noch nicht stattfinden konnte. Für die Fernsehnachrichten gilt der Maßstab des Nachrichtenwerts, der auch die Reihenfolge der Meldungen innerhalb der Sendung bestimmt (Weischenberg 2001).

   Live-Übertragungen (von engl. *alive*: lebendig) gelten als spezifische Form des Fernsehens, die das Medium vom Film unterscheidet, aber auch von anderen Medien abgrenzt. Die Live-Übertragung von Sportereignissen (Fußballweltmeisterschaften), politischen Geschehen wie Wahlen, Live-Berichten von Katastrophen geben den Zuschauern das Gefühl, unmittelbar mit den wichtigen Geschehen der Welt verbunden und zugleich aber in den eigenen vier Wänden zu sein, wodurch sie am Weltgeschehen ungefährdet teilhaben können. In einigen Programmsparten hat sich das Live-Prinzip als wenig sinnvoll erwiesen (z. B. im Bereich der Fiktion), in anderen wird es nur noch simuliert (Unterhaltungsshows) (Hallenberger/ Schanze 2000).

   War das Live-Prinzip in der Anfangszeit des Fernsehens bestimmend (weil es keine eigenen Aufzeichnungsmöglichkeiten gab), so ist mit der Magnetaufzeichnung (seit Anfang der 1960er Jahre) für den Zuschauer häufig nicht mehr erkennbar, ob er etwas live sieht oder es sich um eine ›Konserve‹ handelt. Deshalb bedarf es der äußeren Kennzeichnung des Live-Status durch einen Moderator oder durch Bildinserts. Kurzformen des Live-Berichts stellen die Korrespondentenberichte in den Nachrichtensendungen dar, die den Eindruck eines engen Kontakts mit der Welt und die Existenz eines großen ›globalen Dorfes‹ erzeugen.

Magazinsendungen nehmen das Programmprinzip mit seiner Mischung verschiedener Einzelsegmente innerhalb einer Sendungsform (die aus verschiedenen Einzelbeiträgen besteht) auf und variieren es. Die Vielfalt der Formen und Inhalte innerhalb eines Magazins wird durch einen Moderator zusammengehalten. Zwar gab es seit den Anfängen des Fernsehens magazinähnliche Sendungen (vgl. Rosenstein 1995), der Begriff hat sich jedoch erst mit der Einführung politischer Magazine Anfang der 1960er Jahre (»Panorama«, »Report«, »Monitor«) nachhaltig etabliert (Kreuzer/Schumacher 1988).

Magazine erscheinen in regelmäßigem (wöchentlichem oder mehrwöchentlichem) Abstand zu bestimmten Themenbereichen. Sie halten eine Nähe zur Aktualität, versuchen jedoch anders als die Nachrichtensendungen, Kontexte und Hintergründe aufzuzeigen. Magazine erscheinen inzwischen nicht nur zu politischen oder kulturellen Themen, sondern bestimmen als Form auch die Ratgebersendungen und Bildungsprogramme und sind auch im Kinderfernsehen (»Lach- und Sachgeschichten« in der »Sendung mit der Maus«) vertreten.

Dokumentation, Feature und **Dokumentarfilm** bilden die Großformen des dokumentierenden und berichtenden Fernsehens. Sie informieren in größerer Distanz zu einem Geschehen als die Nachrichtensendung. Die **Dokumentation** ist die oft kurzfristige Zusammenstellung von Material zu einem aktuellen Thema, häufig in der Form des »Brennpunkts«, die auch mit Live-Elementen – sei es die Studiomoderation, seien es die Korrespondenteneinspielungen – kombiniert wird. Die Form des **Features** kommt aus dem Hörfunk, steht hier in einer eher literarischen Tradition und bedeutet die Aufbereitung eines Themas allgemeiner Art (Städteporträts, Aspekte der gesellschaftlichen Entwicklung etc.). Der **Dokumentarfilm** im Fernsehen bezieht sich dagegen auf eine filmische Tradition, die sich, ausgehend von der für das Kino entwickelten Form des Kulturfilms, mehr und mehr der beobachtenden Reflexion der bundesdeutschen Verhältnisse verschrieben hat (Heller 1994). Neben den Filmen von Roman Brodmann, Wilhelm Bittorf, Dieter Ertel und anderen (SDR-Reihe »Zeichen der Zeit«) gab es andere Dokumentarfilmreihen (z. B. »Unter deutschen Dächern«), die mit Hilfe der Kamera Welterkundung betrieben. Hieraus haben sich anspruchsvolle Produktionen (etwa von Eberhard Fechner, Klaus Wildenhahn, Harun Farocki, Hartmut Bitomsky u. a.) entwickelt, die dafür stehen, dass im Vergleich mit dem Kino das Fernsehen zum zentralen Ort in der Erzeugung dokumentarischer Bilder geworden ist (Zimmermann 1994).

Wissenschafts- und Bildungssendungen sind von der Form her entweder Magazine oder Dokumentationen und zeichnen sich in der Regel durch einen besonderen didaktischen Ansatz und eine Bildungsintention aus (Freund/Köck 1994). Innerhalb des öffentlich-rechtlichen Fernsehens wurden sie durch Wissenschaftspublizisten wie Heinz Haber, Hoimar von Ditfurth, Bernhard Grzimek, Horst Stern und Heinz Sielmann in unterschiedlichen Themenbereichen populär.

Unterhaltungsshows umfassen Sendungen mit großen Nummernprogrammen einzelner Musikdarbietungen (vom Opernabend über Volksmusik bis zur Discosendung), Ratespiele, Quizsendungen (Gameshows) und Wettkampfsendungen. Hinzu kommen Formen des Kabaretts sowie in den 1990er Jahren Comedy-Sendungen

(z. B. RTL-»Samstagnacht«), die mit Parodie, Travestie und Satire vor allem jüngere Zuschauer ansprechen. Der Unterhaltungserfolg derartiger Sendungen und Reihen hängt wesentlich von den Ideen und einem überzeugenden Entertainer (z. B. Harald Schmidt) ab. Die etablierte Form der großen Sonnabend-Abend-Unterhaltung mit aufwendigen Shows und teuren Entertainern scheint in den letzten Jahren an Bedeutung verloren zu haben. Die Konkurrenz der Programme im Dualen Rundfunksystem hat auch zu einem enormen Verschleiß an Entertainern geführt (Foltin/Hallenberger 1990; Hallenberger 1994).

Talkshows stellen eine Variante der Diskussionssendungen dar, bei denen das Fernsehen unterschiedliche Leute, zumeist jedoch Prominente, ins Studio holt und miteinander reden lässt bzw. sie mit Fragen der Moderatoren (›Gastgeber‹) konfrontiert. Bei der ab 1974 etablierten, aus dem Amerikanischen kommenden Form der Talkshow geht es nicht primär um Sachverhalte, sondern um die Menschen, die einzelne Positionen unterhaltend vertreten (Foltin 1994). Am nachhaltigsten prägte die NDR-Talkshow »III nach neun« das Genre. Im privatrechtlichen Fernsehen kam es in den 1990er Jahren zu einer Ausweitung der Spannbreite der Talkshows: Von aggressiven »Confrontainment«-Sendungen reicht das Spektrum bis zu eher behäbigen Plaudersendungen. Als besondere Variante entwickelten RTL und SAT.1 die Nachmittags-Talkshows, bei denen oft Intimes und Persönliches von Alltagsmenschen öffentlich dargestellt und diskutiert wird. Daraufhin hat es öffentlichen Protest und Einspruch seitens der Aufsicht führenden Landesmedienanstalten gegeben, weil die Erörterung sexueller Abnormitäten nicht unbedingt in das für Kinder zugängliche Nachmittagsprogramm gehört.

Sportsendungen zählen seit den Anfängen des Fernsehens zu den beliebtesten Sendungen. Wettkämpfe, insbesondere auch Mannschaftskämpfe (z. B. im Fußball) erzeugen wegen des offenen Ausgangs eine hohe Spannung, das Regelwerk des Spiels macht den Wettkampf überschaubar (Foltin/Hallenberger 1994). Das Fernsehen hat eine Vielzahl von Präsentationsdramaturgien und Standards entwickelt, die derartige Spiele zusätzlich dynamisieren und abwechslungsreich machen, so dass sich der Fernsehsport zu einem eigenen Genre mit hohem Unterhaltungswert entwickelt hat. Zugleich war der Fernsehsport immer auch Anlass, Zuschauer an ein Programm zu binden, deshalb sind die Übertragungsrechte von Großveranstaltungen (Fußballweltmeisterschaften, Tennismeisterschaften, Olympiaden) heftig umkämpft.

Fernsehspiel und **Fernsehfilm** bilden die fiktionalen Grundformen des Fernsehens. Das Fernsehspiel entstand als elektronisch produzierte Variante des Theaterspiels. Es orientierte sich eine Zeit lang am Hörspiel und knüpfte in den 1950er Jahren auch an Spielfilmformen und -traditionen an. Ende der 50er Jahre entstanden die ersten filmisch produzierten fiktionalen Fernsehproduktionen, die sich in der Folgezeit gegenüber den elektronisch produzierten durchsetzten.

Der Fernsehfilm trat zunehmend auch in Konkurrenz zum Kinofilm. Während sich der bundesdeutsche Kinospielfilm in den 1960er Jahren in der Produktion seichter Unterhaltungsfilme verlor, setzten sich Fernsehspiel und Fernsehfilm kritisch mit der bundesdeutschen Realität auseinander. In den 70er Jahren entstanden durch das Film-Fernseh-Abkommen zahlreiche Kino-Fernseh-Koproduktionen, die als ›Neuer deutscher Film‹ Filmgeschichte schrieben, obwohl das Fernsehen sie erst ermöglicht hatte. In großen Formen wie den Mehrteilern konnte der Fernsehfilm Epochenpanoramen entwickeln (Hickethier 1980). Das privatrechtliche Fernsehen begann ab 1992 mit der Produktion eigener Fernsehfilme, die es **TV-Movies** nannte und die sich melodramatischer und kriminalfilmbezogener Themen annahmen, schneller geschnitten wurden und auf Stars setzten (Hickethier 2001).

Fernsehserien: Neben den Fernsehfilmen als Einzelfilmen stellte sich schon früh die große Attraktivität von Serien heraus. Erste lang laufende Serien waren in den 1950er Jahren die Familienserie »Die Schölermanns«, in den 1960er und 70er Jahren die Kriminalserien »Der Kommissar«, »Tatort«, »Derrick« u. a., die in den deutschen Fernsehprogrammen in Konkurrenz zu den eingekauften amerikanischen und britischen Serien traten. Auch hier differenzierte sich die Angebotsform zunehmend aus (vgl. Hickethier 1991). Ab 1992 entstanden die ersten deutschen Produktionen von täglich ausgestrahlten Serien (Daily Soaps) wie »Gute Zeiten, schlechte Zeiten«, die dann zur Jahrhundertwende zu den Reality Soaps (»Big Brother«) führten (Weber 2000). Serien gehören heute zu den wichtigsten unterhaltenden Programmformen des Fernsehens, wobei sich herausgestellt hat, dass die deutschen Zuschauer zunehmend an Serien interessiert sind, die im Hier und Jetzt der bundesdeutschen Verhältnisse spielen.

Kinospielfilme im Fernsehen gehören ebenfalls zu den populären Programmformen, wobei erstaunlich ist, dass diese für eine ganz andere Rezeptionssituation geschaffenen Produktionen im Fernsehen so erfolgreich ›funktionieren‹. Insgesamt gilt, dass heute die große Mehrheit der Kinofilme ihr Publikum vor allem im Fernsehen und nicht im Kino findet. Dabei hat die Zahl der Kinospielfilme im Fernsehen permanent zugenommen. Zeigte das ARD-Programm im Jahr 1954 ganze 55 Spielfilme, so betrug die Zahl der im deutschen Fernsehen gezeigten Spielfilme im Jahr 1990 bereits 4.966 und stieg bis zum Jahr 1996 auf 8.219 Filme an, die auf insgesamt 16.617 Sendeplätzen gezeigt wurden. Die Ausstrahlung von Kinospielfilmen, die seit den 1960er Jahren auch in Werkreihen erfolgte, sowie die Produktion von filmhistorischen Dokumentationen ließ in Deutschland erst eine Filmkultur entstehen, auf der heute das Kino aufbaut (Schneider 1990).

Kindersendungen stehen hier exemplarisch für die Art von Zielgruppensendungen, die sich an ein spezifisches Teilpublikum richten. Sie bemühen sich in ihren besten Ausprägungen um altersspezifische Formen der Wissensvermittlung, indem sie unterhaltsame Dokumentationsreihen und eine Art von Ratgeber-Unterhaltung anbieten. Kinderprogramme nehmen im Konkurrenzkampf der Medienanbieter eine besondere Stellung ein, weil mit ihnen die Zuschauer von morgen an das jeweilige Programm gebunden werden sollen (Erlinger 1994).

15.4.3 Werbung im Fernsehen

1956 begann im deutschen Fernsehen die Ausstrahlung von Werbung. Die **öffentlich-rechtlichen Anstalten** gründeten dafür so genannte Werbetochtergesellschaften, die als GmbHs organisiert sind und die für die jeweiligen Landesanstalten

Werbezeit verkaufen und mit den Einnahmen Programme produzieren. Diese Werbeausstrahlung war zunächst umstritten, wurde jedoch mit dem ZDF-Staatsvertrag 1961 als zusätzliche Einnahmequelle des öffentlich-rechtlichen Fernsehens festgeschrieben. Wegen dieser Festschreibung im Staatsvertrag benötigt das ZDF nicht wie die ARD-Anstalten die Konstruktion einer Werbetochter, sondern betreibt selbst die Werbeakquisition. Der ZDF-Staatsvertrag begrenzt die Ausstrahlung von Werbung im öffentlich-rechtlichen Fernsehen zeitlich: Die Hauptprogramme von ARD und ZDF dürfen werktäglich in der Zeit vor 20 Uhr jeweils höchstens 20 Minuten Werbung ausstrahlen.

Da sich die **privatrechtlichen Sender** fast vollständig durch Werbung finanzieren, unterliegen sie nicht diesen Beschränkungen, sind in der Ausstrahlung von Werbung aber auch nicht völlig frei. Der Anteil der Werbung darf nur bis zu 20 % ihrer täglichen Sendezeit und nicht mehr als 12 Minuten pro Stunde betragen. Der Rundfunkstaatsvertrag regelt detailliert, wann und wie oft eine Sendung durch Werbung unterbrochen werden darf (Pethig/Blind 1998). Siegfried J. Schmidt hat von einer Kommerzialisierung der Medienkommunikation gesprochen, weil das Marktdenken zum neuen Paradigma des gesamten medialen Denkens geworden sei (Schmidt/Spieß 1997). Die Expansion der Werbung innerhalb des Fernsehens ist dafür ein deutlicher Beleg.

15.5   Fernsehsendungen als öffentlicher Raum

Versteht man das Fernsehen als Medium, in dem auf anschaulich-visuelle Weise Probleme der Gesellschaft erörtert, diskutiert und problematisiert werden können, sind eine Vielzahl von Sendungen als Podien zu verstehen, auf denen einem bundesweiten Publikum Meinungen präsentiert werden. Zu diesen Podien haben jedoch nicht alle in gleicher Weise Zutritt, deshalb ist hier (abweichend vom Gebrauch des Begriffs ›Forum‹, wie ihn Newcomb/Hirsch 1992 verwenden) von einer Arena zu sprechen (vgl. Kap. 11). Hier soll es vor allem um die Unterhaltungsöffentlichkeiten im Fernsehen gehen.

15.5.1 Orte der Meinungsbildung

Politiker erreichen durch die Fernsehberichterstattung ein Publikum, das sie in dieser Größenordnung in keiner Veranstaltung an einem Ort erreichen können. In der Vielfalt seiner Programmformen bietet das Fernsehen **unterschiedliche Arenen** an, in denen gesellschaftliche Meinungen präsentiert werden können. Dabei vermitteln nicht unbedingt die ernsten und ›seriösen‹ Sendungen am erfolgreichsten Meinungen und Positionen. Viele Politiker nutzen lieber Talkshows, um dort ›andere‹ Seiten ihrer Persönlichkeit zu zeigen und sich auf diese Weise ein bestimmtes Image zuzulegen. Andere treten in Serienfolgen auf und demonstrieren damit Volkstümlichkeit. Nicht immer sind jedoch solche Imagekampagnen erfolgreich, nicht jeder Politiker präsentiert sich in Talkshows und Serienhandlungen wirklich überzeugend.

Meinungsbildung erfolgt auch in Unterhaltungssendungen, insbesondere in alltagsbezogenen Fernsehserien. Das Beispiel der »Lindenstraße« zeigt, dass solchen Serien als Arenen eine nicht zu unterschätzende Funktion für die Thematisierung von neuen Problemen und die Stiftung von neuen emotional gestimmten Zugängen zu diesen Problemen und Konflikten zukommt.

15.5.2 Fernsehsendungen als Modelle der Verhaltenssteuerung

In diesem Sinne sind Fernsehsendungen auch als **Modelle der Verhaltenssteuerung** zu verstehen. Sie liefern Bilder vom Verhalten anderer Personen, seien sie nun authentisch oder fiktional, die wir auf ihre Angemessenheit in den vorgegebenen Situationen überprüfen und zu denen wir uns als Zuschauer in Beziehung setzen können. Damit werden im Kontext der gesellschaftlichen Modernisierungen den Zuschauern neue Verhaltensmodelle bekannt und neue Anforderungen vertraut gemacht. Aus dem Interaktionszusammenhang der Serienfiguren kann der Zuschauer einzelne Verhaltenssegmente isolieren und sie zu Verhaltensanforderungen, die er aus seinem Alltag her kennt, in Beziehung setzen. Es sind vor allem Verhaltenssegmente im Kontext von Familie und direktem Wohnumfeld. Die Durchsetzung eines Wunsches, seine Verweigerung, ein Interessenkonflikt, eine sexuelle Beziehung – Serien zeigen, wie Protagonisten Herausforderungen des privaten Lebens bewältigen.

Amerikanische Untersuchungen haben danach gefragt, welche Verhaltensweisen in diesem televisionären »Hauptstrom der Gegenwartskultur« (Gerbner u. a. 1980) angeboten und wie sie von den Zuschauern rezipiert werden. Dieser Ansatz ist unter dem Begriff des ›Kultivierungseffekts‹ kontrovers debattiert worden. Es wurden immer wieder ähnliche Themenbereiche und Handlungsmuster aufgegriffen: kriminelle und andere sozial abweichende Aktivitäten, soziale Probleme, medizinische Entwicklungen sowie Liebes- und Eheprobleme (Katzmann 1972). Die Vertreter des Kultivierungseffektes (Gerbner u. a. 1976) zeigten, dass Vielseher die in der Realität vorkommende Zahl von Scheidungen, Untreue, unehelichen Kindern, schweren Krankheiten und Verbrechen deutlich höher einschätzten und ihre Realitätswahrnehmung der der Serien anglichen (Buerkel-Rothfuss/Mayes 1981). Auch bei anderen Aspekten wie der Repräsentanz von Berufsgruppen, z. B. Ärzten und Richtern, wurde das Realitätsbild von den Fernsehdarstellungen geprägt (Rössler 1988, S. 33 ff.). Serien haben also, so die Schlussfolgerung, einen beträchtlichen Anteil an den Vorstellungen von Realität und damit an der Konstruktion von Wirklichkeit. Dennoch dürfen solche Ergebnisse nicht überschätzt werden, da sie nicht zwangsläufig als kausale Ergebnisse der Seriennutzung angesehen werden können. Auch lassen sich die Befunde nicht einfach auf deutsche Verhältnisse zu übertragen, da Anteil und Einbindung von Serien in den bundesdeutschen Programmen anderen Prinzipien folgen. Gleichwohl stehen auch in den deutschen Serien Verhaltensweisen und einzelne Handlungssegmente im Vordergrund und ziehen das Zuschauerinteresse auf sich.

Fernsehsendungen, und besonders Serien, bieten durch ihre Präsenz über einen längeren Zeitraum spielerisch, weil immer wieder neu variierend und unterschiedlich abgestuft, verschiedene Verhaltensmodelle an. Sie bilden ein immer wieder präsentes Angebot von Verhaltensweisen, das dem Zuschauer einen **Orientierungsrahmen** liefert, in dem er sich mit einiger Sicherheit bewegen kann. Fernsehfamilien können im optimalen Falle in Ergänzung zur realen Umwelt treten und den Blick auf zusätzliche Situationen lenken, mit denen die Zuschauer in ihrem Alltag nicht konfrontiert werden.

15.6   Fernsehnutzung / Reichweiten / Zapping

Bei keinem anderen Medium wird in einem solchen Umfang Zuschauerforschung betrieben wie beim Fernsehen (vgl. Kap 10.2). Sieht man auf die Ergebnisse der Langzeitstudie Massenkommunikation, so hat sich der Umfang des Fernsehkonsums trotz des gewaltigen Ausbaus der Programme nur langsam erhöht (vgl. Tabelle in Kap. 10.2.1). Damit zeigt sich auch, dass der Zuschauer – statistisch gesehen – für die Mediennutzung nur ein Zeitbudget besitzt, das trotz vermehrter Programmangebote nur wenig erweiterbar ist. Erwerbstätigkeit und andere Verpflichtungen setzen dem Fernsehkonsum Grenzen.

Das Zuschauerverhalten ist mit statistischen Werten nur unzureichend beschrieben. Generell gilt, dass es nicht den Durchschnittszuschauer gibt, sondern sich die statistischen Werte aus einer breiten Streuung der Nutzungszahlen ergeben. Sie reicht von einer Minimaldauer von 6 Sekunden bis zu einer Maximaldauer von 12 Stunden und 55 Minuten pro Tag (ARD/ZDF 1997, S. 248). In der Zuschauerforschung wird deshalb zwischen den **Wenigsehern** und den **Vielsehern** unterschieden. Dabei interessiert sich die Zuschauerforschung vor allem für die Vielseher, weil sie an ihnen untersuchen möchte, ob sich – und wenn ja wie – das Weltbild der Menschen durch das Fernsehen verändert. Über einzelne Hypothesen ist die Forschung jedoch noch nicht hinausgekommen.

Neben den **unterschiedlichen Präferenzen** von Sendungen durch die Zuschauer, die unterschiedliche Nutzungsprofile entstehen lassen, gibt es **unterschiedliche Formen des Umgangs mit dem Fernsehen**. Denn ferngesehen wird ja nicht nur im Zustand höchster Konzentriertheit und Aufmerksamkeit. Fernsehen dient vielfach der schlichten **Regeneration**, wird zum Entspannen und Dösen genutzt. In den 1950er Jahren haben sich Formen der **Routinisierung** und **Ritualisierung** des Fernsehens herausgebildet, indem bestimmte Sendungen in Alltagsrituale eingebunden wurden bzw. selbst den Kern zu neuen Ritualen bildeten. Der Freitagabend-Krimi z. B. bildete über Jahrzehnte hinweg einen solchen Kern, ebenso die »Sportschau« oder die Westernserie »Bonanza« am Sonntagnachmittag. In den 1980er Jahren entstanden um einzelne Sendungen alters- und milieuspezifische **Kultformen** und Fernsehrituale – etwa um die Silvesterabendsendung »Dinner for one«, die inzwischen auch in der 35. Wiederholung immer noch ein begeistertes Publikum findet.

Die Vielzahl der Programme hat in Verbindung mit der Technik der Fernbedienung in den 1980er Jahren zu neuen Formen des Fernsehens geführt. Fernsehsendungen werden nur noch selten ganz gesehen, stattdessen schalten sich viele Zuschauer immer wieder mit der Fernbedienung in andere Programme, um zu sehen, was dort stattfindet. **Zapping und Switching** sind viel geübte Rezeptionsformen. Indem es dem Zuschauer erleichtert wurde, sich jederzeit beliebig aus den Sendungen herauszuziehen, wurden auch die dramaturgischen Konzepte der inhaltsbezogenen Zuschauerlenkung konterkariert. Damit reduzierte sich auch allgemein die Wirkung der Medienangebote. Als Reaktion darauf selbst bereits eine Art Zapping-Dramaturgie für die Angebotsgestaltung zu entwickeln, hat sich jedoch nicht bewährt. Der Switcher wechselt an einem Vier-Stunden-Abend oft mehr als hundertmal die Kanäle. Er entritualisiert sein Zuschauen auf radikale Weise, weil er die eingeschliffenen Gewohnheiten unterläuft und sich immer wieder quer dazu neue Augenreize sucht.

Möglich wurde auch das **zeitversetzte Fernsehen** mit Hilfe des **Videorecorders** im privaten Bereich. Mehr als 60 Prozent aller Haushalte besitzen heute bereits einen Recorder, mit dem Programme aufgezeichnet und zu einem späteren Zeitpunkt gesehen werden können.

Insgesamt sind diese Tendenzen als eine **Flexibilisierung des Zuschauens** zu verstehen. Schon Anfang der 1990er Jahre sah – statistisch gesehen – nur noch ein Prozent der Zuschauer an einem Abend mehrere Sendungen eines Programms geschlossen hintereinander. Strukturell korrespondiert ein solches Verhalten mit veränderten Anforderungen in den Arbeits- und Alltagsprozessen, in denen es zunehmend darauf ankam, mehrere Abläufe gleichzeitig zu koordinieren, schnell und sicher auf unerwartete Anforderungen reagieren zu können.

Die neue **Entritualisierung des Zuschauens** bedeutet, dass die Gewohnheitspublika abbröckeln und Programmmacher immer weniger auf Kontinuitäten des Gebrauchs setzen können. Das Switchen wird damit zu einem für die Programmplanung unkalkulierbaren neuen Ritual, das das Hin- und Herwandern selbst zum »Fernsehen an sich« erklärt.

Die Fernbedienung hat den Zuschauer in einer neuen, nicht wieder rückholbaren Weise freigesetzt, ihn zu einem selbstbestimmteren Umgang mit dem Medium befähigt. Deshalb ist er jedoch noch nicht zu seinem eigenen »Programmdirektor« geworden, wie kommerzielle Anbieter behaupten, denn er ist immer noch auf die vorgegebenen Programme angewiesen. Das Fernsehen verstärkt mit dieser Entwicklung gesellschaftliche Trends zur Individualisierung der Menschen.

Grundlegende Literatur

ARD/ZDF (Hg.): Was Sie über Rundfunk wissen sollten. Berlin: Vistas, S. 248.

Bausch, Hans (Hg.) 1980: Rundfunk in Deutschland. 5 Bde. München: dtv.

Erlinger, Hans-Dieter/Hans-Friedrich Foltin (Hg.) 1994: Unterhaltung, Werbung und Zielgruppenprogramme (Geschichte des Fernsehens in der Bundesrepublik Deutschland, Bd. 4). München: Fink.

Foltin, Hans-Friedrich/Gerd Hallenberger 1990: Unterhaltung durch Spiel. Quizsendungen und Game Shows des deutschen Fernsehens. Berlin: Spiess.

Hickethier, Knut 1998: Geschichte des deutschen Fernsehens. Stuttgart/Weimar: Metzler.

Kreuzer, Helmut/Heidemarie Schumacher (Hg.): Magazine audiovisuell. Politische und Kultur-magazine im Fernsehen der Bundesrepublik Deutschland. Berlin: Spiess.

Schneider, Irmela 1990: Film, Fernsehen & Co. Zur Entwicklung des Spielfilms in Kino und Fern-sehen. Ein Überblick über Konzepte und Tendenzen. Heidelberg: Winter.

Schwarzkopf, Dietrich (Hg.) 1999: Rundfunkpolitik in Deutschland. 2 Bde. München: dtv.

Weitere zitierte Literatur

Buerkel-Rothfuss, Nancy L./Sandra Mayes 1981: Soap opera viewing: the cultivation effect. In: Journal of Communication 31. Jg. (1981), H. 1, S. 108–115.

Erlinger, Hans-Dieter 1994: Fiktionale Geschichten im Fernsehen für Kinder. In: Erlinger/Foltin 1994, S. 371–402.

Foltin, Hans-Friedrich 1994: Die Talkshow. Geschichte eines schillernden Genres. In: Erlinger/ Foltin 1994, S. 69–112.

Foltin, Hans-Friedrich/Gerd Hallenberger 1994: Vom Sport im Fernsehen zum Fernsehsport. Zur Geschichte und aktuellen Situation der Sportsendungen. In: Erlinger/Foltin 1994, S. 113–142.

Freud, Bärbel/Wolfram Karl Köck 1994: Wissenschaftsvermittlung durch Fernsehen zwischen In-formation und Unterhaltung. In: Ludes, Peter u. a. (Hg.): Informations- und Dokumentar-sendungen (Geschichte des Fernsehens in der Bundesrepublik Deutschland, Bd. 3). Mün-chen: Fink, S. 175–202.

Gerbner, G./L. Gross 1976: Living with television: the violence profile. In: Journal of Communi-cation 26. Jg. (1976), H. 2, S. 173–199.

Gerbner, G. u. a. 1980: The »Mainstreaming« of America: Violence profile Nr. 11. In: Journal of Comunication 30. Jg. (1980), Nr. 3, S. 16–35.

Hall, Peter Christian 1997: Rundfunk in der Bundesrepublik Deutschland. Dualer Rundfunk: ein neues System – und die Folgen. In: ARD/ZDF, S. 15–86.

Hallenberger, Gerd 1994: Vom Quiz zur Game Show. Geschichte und Entwicklung der Wett-bewerbsspiele des bundesdeutschen Fernsehens. In: Erlinger/Foltin 1994, S. 25–68.

Hallenberger, Gerd/Helmut Schanze (Hg.) 2000: Live is life. Mediale Inszenierungen des Au-thentischen. Baden-Baden: Nomos.

Heller, Heinz-B. 1994: Dokumentarfilm im Fernsehen – Fernsehdokumentarismus. In: Ludes, Peter/Heidemarie Schumacher/Peter Zimmermann (Hg.): Informations- und Dokumentar-sendungen (Geschichte des Fernsehens in der Bundesrepublik Deutschland, Bd. 3). Mün-chen: Fink, S. 91–100.

Hickethier, Knut 1980: Das Fernsehspiel der Bundesrepublik. Themen, Form, Struktur, Theorie und Geschichte, 1951–1977. Stuttgart: Metzler.

Hickethier, Knut 1991: Die Fernsehserie und das Serielle des Fernsehens (Kultur, Medien, Kom-munikation: Lüneburger Beiträge zur Kulturwissenschaft 2). Lüneburg: Universität Lüne-burg.

Hickethier, Knut 2001: Spaltprozesse. Die Dramaturgie des Fernsehfilms als Verkaufsgespräch. In: epd medien Nr. 34/35 v. 5.5.2001, S. 3–8.

Katzman, Nathan 1972: Television soap operas: What's been going on anyway? In: Public Opinion Quarterly 36. Jg. (1972), S. 200–212.

Mikos, Lothar 2000: Das Leben als Show. Tendenzen der Fernsehunterhaltung zu Beginn des 21. Jahrhunderts. In: Medien praktisch (2000), H. 4.

Neumann-Bechstein, Wolfgang 1997: Die Programme – die Sendungen. In: ARD/ZDF, S. 87–188.

Newcomb, Horace M./ Paul M. Hirsch 1992: Fernsehen als kulturelles Forum. In: Knut Hicke-thier (Hg.): Fernsehen. Wahrnehmungswelt, Programminstitution und Marktkonkurrenz. Frankfurt a. M. u. a.: Lang, S. 89–108.

Pethig, Rüdiger/Sofia Blind (Hg.) 1998: Fernsehfinanzierung. Ökonomische, rechtliche und ästhetische Perspektiven. Opladen/Wiesbaden: Westdeutscher Verlag.

Rössler, Patrick 1988: Dallas und die Schwarzwaldklinik. Eine Programmstudie über Seifenopern im deutschen Fernsehen. München: Fischer.

Rosenstein, Doris (Hg.) 1995: Unterhaltende Fernsehmagazine. Zur Geschichte, Theorie und Kritik eines Genres im deutschen Fernsehen 1953–1993. Opladen: Westdeutscher Verlag.

Schmidt, Siegfried J./Brigitte Spieß 1997: Die Kommerzialisierung der Kommunikation. Frankfurt a. M.: Suhrkamp.

Weber, Frank (Hg.) 2000: Inszenierte Banalität zur Prime Time. Münster: Lit.

Weischenberg, Siegfried 2001: Nachrichten-Schreiben 2000 plus. Opladen: Westdt. Verlag.

Zimmermann, Peter 1994: Geschichte von Dokumentarfilm und Reportage. In: Ludes, Peter/Heidemarie Schumacher/Peter Zimmermann (Hg.): Informations- und Dokumentarsendungen (Geschichte des Fernsehens in der Bundesrepublik Deutschland, Bd. 3). München: Fink, S. 213–324.

16. Radio

16.1 Die Medialität des Akustischen und des Auditiven

Während Film und Fernsehen ihrer Medialität nach visuelle bzw. audiovisuelle Medien sind, ist das Radio ein nur auditiv wahrzunehmendes Medium. Als solches steht es im engen Zusammenhang mit den akustischen Speichermedien Grammofon, Tonband und CD sowie dem individuellen Verbreitungsmedium Telefon. Der Begriff des Akustischen leitet sich vom griechischen *akouein*: ›hören‹, der des Auditiven vom lateinischen *audere*: ›hören‹ ab. Beide Begriffe werden heute weitgehend synonym verwendet, wobei in den letzten Jahren der Begriff der Akustik stärker für die technische Apparatur, der des Auditiven stärker für den Prozess des Hörens gebraucht wird.

16.1.1 Hören

Das **Hören** ist im Gegensatz zum Sehen eine Sinneserfahrung, die der Mensch nur in geringem Umfang lenken kann. Beim Sehen kann er durch ein Öffnen und Schließen der Augen, durch Blinzeln sowie durch die Veränderung der Blickrichtung eine Auswahl des Wahrzunehmenden treffen, nicht aber beim Hören. Er kann zwar das Hören auf einzelne Geräusche, Stimmen oder auf musikalische Motive fokussieren, aber nicht wirklich alles andere ›ausblenden‹. Das Ohr wird deshalb gegenüber dem Auge häufig als ein ›passives‹, ›aufnehmendes‹ Sinnesorgan verstanden.

Das Hören dient vor allem der Orientierung im Raum (die Fähigkeit zum räumlichen Hören beruht auf der Wahrnehmungsdifferenz der beiden Ohren und der Verarbeitung dieser Differenz im Gehirn). Es dient dazu, dem Menschen Informationen über andere Lebewesen, die Beschaffenheit der Natur zu geben, aber auch über das für seine Augen verborgene Geschehen (etwas, was hinter seinem Rücken stattfindet). Wenn wir hören und dabei ›**hinhören**‹, hören wir nicht nur, sondern wir hören auch etwas (Schöning 1987, S. 127). Wir erzeugen eine auditive Gestalt, die sich von anderen Tönen abhebt. Das Fokussieren in eine Richtung, auf einen spezifischen Lautzusammenhang (der Hörer ›spitzt die Ohren‹), ist eine im Gehirn stattfindende Informationsselektion. Im kulturellen Rahmen wird ein Fokussieren des Hörens durch spezielle Sprecher/Hörer-Anordnungen (z. B. Sitzordnungen für die Zuschauer im Theater, erhöhte Bühnen für Sprecher, durch Markierungen von Hörtexten innerhalb von Programmen u. a.) gefördert. Deshalb wird von einem ›**Anhören**‹ gesprochen. Vom ›**Zuhören**‹ sprechen wir, wenn in dem akustisch Präsentierten Interaktionen stattfinden wie z. B. Gespräche, Dialoge, Erzählungen, und wir als Hörer dem Fortgang einer Geschichte ›lauschen‹.

Werner Faulstich hat die These aufgestellt, dass die Einsinnigkeit des Hörfunks (als Resultat der **Einsinnigkeit des Hörens**) sich als **Eindeutigkeit** gestalte, nicht aber als »Simplifikation«. Einerseits begrenze »das Akustische des Hörfunks die Zahl handelnder: handelnd sprechender, als sprechend handelnder Stimmen«, andererseits werde gerade der »Typenhaftigkeit von Figuren, von Stimmen« Wirklichkeit zugebilligt (Faulstich 1981, S. 49). Hören bedeute auch Sortieren der Klänge und Schaffen von Ordnung und Übersicht, dies verlange Eindeutigkeit im Akustischen, weil das Sehen als unterstützender Sinn fehle.

Weil das Radio dem Hörer nur Akustisches vermittelt, müssen Informationen über visuelle und andere nicht-akustische (haptische, gustatorische, olfaktorische) Eigenschaften in akustische Mitteilungen **transformiert** werden. Bei der Übertragung von Sportwettkämpfen und anderen Ereignissen müssen Reporter nicht-akustische Gegebenheiten beschreiben. Als typisch geltende Geräusche können Lokalitäten andeuten, bedürfen in der Regel jedoch zusätzlich der sprachlichen Benennung. Indem das Radio die Welt für den Hörer auf akustische Zeichen reduziert, konstruiert es umgekehrt aus den wahrgenommenen akustischen Zeichen eine Welt, und dies unabhängig davon, ob die Laute, die der Hörer hört, tatsächlich der Welt entstammen, für die die Zeichen stehen sollen, oder ob sie durch mechanische oder elektroakustische Prozeduren hergestellt werden (vgl. Kap. 4.6.5).

16.1.2 Sprache, Musik, Geräusche

»Die Hörwelt besteht aus Klängen und Geräuschen«, befand schon 1936 lapidar Rudolf Arnheim in seinem Buch *Der Rundfunk als Hörkunst* (Arnheim 1936/1979), der wohl ersten Radiotheorie, die weit über die Bemerkungen Bertolt Brechts, die jedoch immer als ›Radiotheorie‹ gehandelt werden (Brecht 1927–1932) hinausgeht. Arnheim fundiert seine Radiotheorie wahrnehmungspsychologisch. »Die Welt ist Klang« und »Vom Hören der Welt« nennt Joachim-Ernst Behrendt seine umfangreichen »Hörwerke« (Behrendt o. J.).

Akustische Informationen (**gesprochene bzw. gesungene Sprache, Musik und Geräusche**) können im Radio sowohl im Augenblick der Sendung (Live-Produktion) erzeugt, vorproduziert und in akustischen Speichern (Schallplatte, Tonband, CD, Festplatte) fixiert werden. Töne lassen sich in der vormedialen Wirklichkeit aufnehmen und speichern, sie können technisch bearbeitet, transformiert und durch elektroakustische Apparaturen erzeugt werden. Die technische Produktion der Töne hat im Lauf der Existenz des Radios zugenommen, sie hat auch die Sprache und Musik im Radio geprägt.

Mit der **elektroakustischen Herstellung von Klängen** hat sich ein »anderes Hören« eingestellt (Frisius 2002, S. 205 ff.). Der Musikwissenschaftler Rudolf Frisius spricht in diesem Zusammenhang von einer »unsichtbaren Musik«, weil die Entstehung der Musik nicht zu sehen ist, und führt deshalb auch in Anknüpfung an Pierre Schaeffer und François Bayle den Begriff der »akusmatischen Musik« ein, von dem sich der Begriff der »akustischen Kunst« ableitet (ebd.). Die Technisierung der Musik ist Teil einer grundsätzlichen Technisierung des Tons durch

das Radio und die akustischen Speichertechnologien (Weiterentwicklung der Schall-
aufzeichnung von der Fonografenwalze (1878) über die Wachsmatrize, die
Schellack- (1896) zur Langspielplatte (1931); die Erfindung des Tonbands (1935/
1941)). Zentraler Ort dieser Technisierung ist über lange Zeit hinweg der Rundfunk, er stellt als ein frühzeitig industrialisiertes Medium Töne auf arbeitsteilige
Weise her. In den letzten Jahrzehnten ist auch außerhalb des Radios eine ›Sound‹-
Produktion entstanden, die »technische Musik« herstellt bzw. Musik technisch
(re-)produziert (Klages 2002) und akustische Elemente für die audiovisuellen
Medien erstellt.

16.1.3 Zeitbasierte Struktur

Wie Film und Fernsehen ist das Radio ein zeitbasiertes Medium. Im Gegensatz
zum Visuellen – bei dem es auch ›stehende Bilder‹ gibt (durch die Übernahme des
englischen Begriffs ›Still‹ für ›Standbilder‹ vereinzelt auch ›stille Bilder‹ genannt) –
gibt es keine ›stehenden Töne‹. Das zu Hörende ist flüchtig. Die Töne geben »von
den Tätigkeiten der Dinge und Lebewesen Kunde«, denn »wenn ein Ding tönt, so
bewegt, so verändert es sich« (Arnheim 1979, S. 17). Töne erstrecken sich immer
über eine zeitliche Distanz. Nicht nur das Präsentative der Töne, sondern auch die
Performanz des Tönens (einschließlich der Performanz des Sprechens und Musi-
zierens) und über die zeitliche Sukzession das Erzählen und Argumentieren bestimmen also die Medialität des Radios. Damit werden auch Formen im dokumentarischen wie im fiktionalen Modus für das Medium prägend.

Die **Technisierung des Akustischen** (»Tonträger-Musik« – Blaukopf 1982,
S. 178) führte zu einer Standardisierung der Formen und einer Perfektionierung
der Klangproduktion, die die Reproduktion von Musik mit Hilfe technischer Geräte veralltäglicht und profanisiert hat. Die Verbesserung des Frequenzbereichs
von Aufnahme und Wiedergabe durch die Entwicklung der Rauschunterdrückung
durch Vormagnetisierung von Weber (1940) und Dolby (1966), die Möglichkeit
der Tonmontage (durch Schnitt und Klebung), der Mischung (Mehrspurgeräte),
die Entwicklung von der Monoaufnahme zur Stereoaufnahme, zum Kunstkopf,
dem Dolby Surround System und anderen technischen Formen der Klangerzeugung
(Klages 2002) haben zu einer Intensivierung des Raumtons, zu einer technisch erzeugten Illusionierung von akustischen Bewegungen im Raum, von Laut-/Leise-
Differenzierungen, Überlagerungen, Sampling-Formen etc. geführt. Es ist auffällig,
dass diese Möglichkeiten fast ausschließlich in zwei Programmbereichen eingesetzt
werden: in der Musik und in den künstlerischen Programmformen, dem Hörspiel
und dem Feature (vgl. Reinecke 1986).

Der Rundfunk trat bei seiner **Entstehung 1923** als ein akustisches Komplement zum damaligen Bildermedium ›Stummfilm‹ auf. Während sich das Radio
weiterhin als rein akustisches Medium behauptet hat, drängten die bewegten Bilder
zu einer Ergänzung durch den Ton, weil er die räumliche Wirkung zweidimen-
sionaler Bilder intensiviert und durch den oft auch unauffälligen Hintergrundton
(Atmosphäre – ›Atmo‹) den Realitätseindruck in den filmischen Bildern verstärkt.

Das Radio ist als zeitbasiertes Medium ein **Programmmedium**. Radioprogramme setzen sich aus verschiedenen akustischen Formen zusammen. Daraus ergeben sich – in den Industrieländern – unterschiedliche Programmstrukturen, die diese zeitlichen Abfolgen in Regeln umsetzen, sie standardisieren damit die Erwartungshaltungen des Publikums. Neben der Musikauswahl und der Musikmischung in unterschiedlichen Formatierungen sind in den meisten Programmen heute Moderation und Nachrichtengebung zentral gestaltende Elemente, hinzu kommen vereinzelt Reportagen, Berichte, Kommentare, Werbung sowie Programmtrailer unterschiedlicher Art (vgl. Prüfig 1993).

Seit den Anfängen des Radios hat die **Musik** den größten Anteil am Radioprogramm: Radiomusik bildete seit den 1920er Jahren für viele Hörer eine Alternative zur live gespielten Musik und zur Schallplatte und machte damit das neue Medium populär. Mit der Durchsetzung der anderen Tonträger (Tonband, Musikkassette, Compact Disc) hat die Bedeutung der Radiomusik allenfalls graduell abgenommen, weil das Radio sich aller Speichermedien bedienen kann. Die technischen Speicher- und Übertragungsmedien haben Inhalt und Form der Musik stark verändert (Jaschinski/Münch 1998).

Spezifisch für das Radio ist die **Verbindung von Sprache (Sprechen) und Musik**. Das Radio hat (gegenüber dem Gesang) in seinen verschiedenen Programmformen eine neue enge Verknüpfung zwischen Sprache und Musik hervorgebracht, die außerhalb des Radios lange Zeit nicht existent war. Heute ist im Radio eine klare Trennung zwischen Moderation und Musik oft kaum noch möglich, weil die Moderation über Eingangs- und Ausgangspassagen von Musikstücken gesprochen wird. Diese Entwicklung wurde in den 1990er Jahren in den Diskotheken aufgegriffen (vgl. Poschardt 1995). Weitere Verbindungen von Sprechen und Musik sind entstanden: Der paratextuellen Funktion von Musik für gesprochene Texte im Radio (Sendungsvorspann und -abspann, Jingles etc.) stehen sprachliche Paratexte bei Musiksendungen gegenüber. Die Verzahnung unterschiedlicher Sprach-/Musikzuordnungen strukturiert und sichert den Programmfluss.

Auffällig ist, dass das Radio deutlich **weniger erzählende und berichtende Formen** als das Fernsehen besitzt und die musikorientierten Programme weit in der Überzahl sind. Dieser gegenwärtige Zustand ist Ergebnis der wechselseitigen Beeinflussung der Medien, denn seit den 1960er und 1970er Jahren hat sich mit der Ausbreitung des Fernsehens die Funktion des Radios verändert. Weil das Radio heute vor allem neben anderen Tätigkeiten gehört wird (wozu die Einsinnigkeit des Mediums beiträgt), hat die einst umfangreiche Wortberichterstattung im Radio an Bedeutung verloren, hat sich der Anteil von dramaturgisch gestalteten, wortorientierten Programmformen verringert (vgl. Kap. 16.4).

16.2 Der Rundfunk als Medium und Institution

Zu den Merkmalen des Radios gehört das Primat des Verbreitens vor dem Produzieren und Speichern. Gegenüber Medien, bei denen die Zeichenkonfigurationen fest mit ihrem Träger verbunden sind (wie Buch, Zeitung und Film) und die damit

Gegenstandscharakter haben, sind die Rundfunkzeichen an einen Träger gebunden, der sich **nicht gegenständlich** als ein Produkt manifestiert, sondern aus Radiowellen besteht und damit etwas mit den anderen Sinnen nicht Fassbares darstellt. Radiosendungen sind zunächst an diese Übertragungsart gebunden; als weitere Formen kommen die Übertragung mithilfe eines ›Leiters‹ (Kabel) oder per Satellit hinzu, heute werden die Übertragungen auch noch digital codiert, wobei es diese digitale Form des Radios (wie auch des Fernsehens) auf allen drei Übertragungswegen gibt. Für das Radio ist die Verbreitungsform von zentraler Bedeutung, weil Radiosendungen – einmal ausgestrahlt – von einem beliebig großen Publikum im Einzugsbereich der Funkausstrahlung empfangen werden können – vorausgesetzt, die Hörer sind im Besitz eines Empfangsgeräts (vgl. Lenk 1997). In letzter Zeit werden einzelne Sendungen auch als Kassetten oder CDs (z. B. als »Hörbücher«) über den Buchhandel vertrieben, so dass sich hier eine neue Distributionsform (die eine alte ist und seit der Erfindung der Schallplatte besteht) durchsetzt.

16.2.1 Zur Entstehung des Rundfunks in Deutschland

Mit dem Rundfunk entstand in den 1920er Jahren **eine völlig neue Form eines Massenmediums**. Bis dahin gab es Übertragungsmedien nur als Individualmedien wie beim Telefon oder beim Telegrafen, der sich wie das Telefon immer nur an bestimmte Adressaten richtete. Die neue Form der Informationsverbreitung richtete sich unkontrolliert an viele Adressaten zugleich und wurde deshalb von den Regierungen in den verschiedenen europäischen Ländern zunächst mit großem Misstrauen betrachtet. In politisch eher unruhigen und instabilen Zeiten schien ein solches Medium leicht geeignet zu sein, größere Teile der Bevölkerung zu Unruhen und Revolten anzustiften. Als in der Novemberrevolution 1918 die damals gebildeten Arbeiter- und Soldatenräte in Berlin die halboffizielle Nachrichtenagentur des Deutschen Reiches, das »Wolff'sche Telegraphen-Bureau« (WTB), besetzten und über den Telegrafen die Nachricht verbreiteten »An Alle! Hier hat die Revolution einen glänzenden, fast ganz unblutigen Sieg errungen. Der am Morgen ausgebrochene Generalstreik führte zu einer vollständigen Stilllegung sämtlicher Betriebe« (zit. n. Dahl 1983, S. 17), war den staatlichen Instanzen die Macht dieses neuen Mediums plastisch vor Augen geführt worden. Was hätte geschehen können, wenn diese Nachricht an Millionen von Radiohörern gegangen wäre? Diese große Zahl an Funkteilnehmern gab es jedoch zu diesem Zeitpunkt noch nicht, wohl aber einige Zehntausende in den Funkkompanien der Wehrmacht, die inzwischen Funkgeräte aktiv bedienen konnten und die von der »Hauptfunkstelle Königswusterhausen« des Heeres nicht nur den täglichen drahtlosen Kriegsnachrichtendienst«, sondern auch Musiksendungen empfangen hatten. Aus dieser historischen Situation erklärt sich der starke Wille, das neue Medium in eine fest gefügte Institution einzubinden, damit zu zähmen und die Radiokommunikation dauerhaft zu kontrollieren, sowohl auf der Seite der Programmausstrahlung als auch auf der Seite des Empfangs.

Das neue Medium Rundfunk (»An Alle!«) war, wie es Bertolt Brecht später formulierte, zunächst ein von der breiten Bevölkerung ›**nicht bestelltes**‹ **Medium**, sondern wurde von den Elektrokonzernen (wie z. B. Telefunken) durchgesetzt. Mit dem Rundfunk entstand ein Bedarf nach rundfunktechnischen Geräten sowohl auf der Produzenten- als auch auf der Rezipientenseite, damit ließen sich die im Krieg aufgebauten Produktionskapazitäten für militärische Funkgeräte einer neuen Bestimmung zuführen. Bei der institutionellen Fassung des Rundfunks verbanden sich industrielle und staatliche Interessen.

Unter Beteiligung der Landesregierungen entstanden in Deutschland die **Rundfunkgesellschaften** als Betreiber von Radioprogrammen und unterlagen in ihrer Programmgestaltung zahlreichen Auflagen. Promotor des »öffentlichen Unterhaltungsrundfunks« war der leitende Telefunken-Mitarbeiter Hans Bredow, der 1919 als Staatssekretär in das für den Rundfunk zuständige Postministerium gewechselt war. Erst 1923 kam es in Deutschland zum Programmbeginn des Rundfunks, nicht zuletzt deshalb, weil der Staat angesichts der großen Inflation und Wirtschaftskrise in diesem Jahr an einem schnellen Verbreitungsmittel interessiert war, auf das er maßgeblichen Einfluss hatte. Am 29. 10. 1923 begann vom Dachboden des Berliner Vox-Hauses aus die von der Schallplattenfirma Vox mitgegründete »Berliner Radiostunde« mit ihrem Programm, ein staatliches Unternehmen, der »Drahtlose Dienst«, sorgte für Nachrichten (Dahl 1983, S. 27 f.).

Der Empfang des Radioprogramms sollte auch dadurch **kontrolliert** werden, dass der Besitz eines Empfangsgeräts an eine Lizenz gebunden war, die der Hörer (als Teilnehmer des Rundfunkverkehrs) bei der Post beantragen musste und für die er – nach der Genehmigung – eine monatliche Gebühr zu entrichten hatte. Die Erteilung einer Lizenz zum Radiohören war anfangs durchaus nicht selbstverständlich, so dass in der Folge zahlreiche Anleitungen zum Selbstbau von Radiogeräten entstanden und schwarz gehört wurde.

Die **Technik des neuen Mediums** war anfangs so angelegt, dass aus einem Empfangsgerät (das aus einem kleinen Detektor, einer langen Antenne und Kopfhörern bestand) durch Umbau ein Sendegerät erzeugt werden konnte, wovon jedoch selbst die in der zweiten Hälfte der 1920er Jahre entstehenden Amateurfunkvereine und Radiogemeinschaften abrieten, weil es aufgrund der Elektrizität nicht ungefährlich war. Von diesem – sehr primitiven – technischen Ausgang zehren heute noch die Radioutopien, dass jeder Empfänger immer auch zu einem Sender werden könne. Mit der Weiterentwicklung der Radiotechnik wurden die Radioempfangsgeräte jedoch schon bald auf das Nur-Hören ausgerichtet, so wie sich umgekehrt die Sendegeräte zu einer eigenen Technologie weiterentwickelten. Mit dem Radio verbanden sich in den 1920er Jahren – ähnlich wie mit dem Film – große Hoffnungen auf eine **grenzenlose, weil grenzüberschreitende Kommunikation** sowie Visionen einer neuen Zeit und eines neuen Menschenbildes, die vor allem von Schriftstellern entwickelt wurden (vgl. Hay 1975).

Der **staatliche Einfluss auf den Rundfunk** blieb über die Weimarer Zeit bestehen und wurde 1932 soweit verstärkt, dass von einer Verstaatlichung des Rundfunks gesprochen werden kann. Damit war für die Indienstnahme des Radios durch die Nationalsozialisten 1933 der Boden bereitet. Zwischen 1933 und 1945 wurde der Rundfunk zu einem zentralen Vermittler des nationalsozialistischen Gedankenguts und damit, dem Film vergleichbar, zum Propagandamedium. 1941 konstatierte der Rundfunkwissenschaftler Gerhard Eckert in *Der Rundfunk als Führungsmittel* in durchaus zustimmender Weise: »Das politische Wirken des Nationalsozialismus ist untrennbar mit dem propagandistischen Einsatz des Rundfunks verbunden« (Eckert 1941, S. 246). In der durch die Medialität suggerierte und ideologisch genutzte Teilhabe an einem Geschehen an verschiedenen Orten der Welt, von denen in kürzester Zeit berichtet werden konnte, und in der mit Hilfe der technischen Klänge erzeugten, oft rauschhaft erlebten Teilhabe an einer medial präsenten »Volksgemeinschaft« lagen die propagandistischen Effekte des Mediums (vgl. Kap. 10.4).

16.2.2 Rundfunk nach 1945

Weil der Rundfunk als NS-Propagandainstrument verwendet worden war, kam es nach 1945 zu einem völlig anderen, nämlich **föderalistisch und öffentlich-rechtlich** organisierten Aufbau des Rundfunks (vgl. Hall 1997). Vorbild war die britische BBC. Die Alliierten setzten in den Westzonen das öffentlich-rechtliche Prinzip durch, in der Sowjetischen Besatzungszone entstand ein zentralistischer Staatsrundfunk. Durch die Etablierung einer auch gegenüber den Landesregierungen und den Alliierten kritischen Rundfunkberichterstattung gewann der Rundfunk den Charakter einer übergeordneten Instanz und **wirkte integrativ für das Gemeinwesen** der entstehenden Bundesrepublik und die in ihr teilweise neu geschaffenen Bundesländer (z. B. Niedersachsen, Nordrhein-Westfalen, Baden-Württemberg). Für das kollektive Bewusstsein in den Bundesländern hat der Rundfunk – in der Form der Landesrundfunkanstalten – eine kaum zu überschätzende Rolle gespielt. Integrativ wirkte er vor allem für die etwa 12 Millionen Flüchtlinge, die aus den Gebieten östlich der Elbe in die Bundesrepublik kamen. Auch heute noch erzeugen die Programme der Landesrundfunkanstalten integrative Effekte, indem sie sowohl regionale als auch überregionale Themen vermitteln. Zu den Integrationseffekten trug die technische Veränderung der Rundfunkausstrahlung entscheidend bei: Von der Lang- und Mittelwelle, die länderübergreifend war, wechselte die Ausstrahlung zur Ultrakurzwelle (UKW), die qualitativ besser war, deren Reichweite aber nur ca. 150 km beträgt. Dadurch sind die Empfangsbereiche der Landesrundfunkanstalten stärker auf einzelne Bundesländer fokussiert.

Die Rundfunkanstalten sind – darin der Tradition des Rundfunks aus der Weimarer Zeit folgend – nicht nur Distributions-, sondern auch **Produktionsinstanzen**, die in starkem Maße das ausgestrahlte Programm selbst produzieren. Dies ist durchaus nicht selbstverständlich, wenn man sich heute kommerziell geführte Radiosender ansieht, die bis auf die Moderation fast ausschließlich aus eingekauften Musikbeiträgen oder sogar aus von zentralen Pogrammunternehmen vertriebenen ›Mantelprogrammen‹ bestehen.

Als Produktionsunternehmen sind die Rundfunkanstalten **Teil der Kultur eines Landes**, nehmen die Impulse außerhalb des Rundfunks auf und verarbeiten sie in ihren Programmen, sie geben umgekehrt durch ihre Programme Impulse an die Kultur außerhalb des Rundfunks und prägen diese mit. Die Vielfalt der unterschiedlichen Radioprogramme führt dazu, dass das Radio in vielen Bereichen der auditiven Künste, des Musiklebens sowie der Informationsvermittlung noch immer eine zentrale Rolle spielt.

Das Verständnis, das hier vom Radio als **Programmmedium** entwickelt worden ist, bezieht sich, wie oben schon einmal angedeutet, auf das Konzept des Rundfunks, wie es in den westlichen Industrieländern entwickelt worden ist. Radio kann jedoch – gerade weil es (im Vergleich mit den audiovisuellen Medien) ein relativ leicht und kostengünstig zu produzierendes, ›schnelles‹ Medium ist, auch ganz anders organisiert und in seinen Angeboten strukturiert werden. Der Blick auf die Radioentwicklung in Afrika, Südamerika und Asien, aber auch in anderen europäischen Ländern zeigt ganz andere, bürgernähere Formen eines Kommunikationsmediums, die sehr viel mehr Partizipation der Nutzer ermöglichen und es sehr viel stärker in Organisation von Alltag, von Bildung, von sozialen Servicefunktionen und in die Selbstorganisation von sozialen Gruppen einbindet (vgl. Kleinsteuber 1991).

16.3   Radioprogramme

Das Programm ist ein wesentliches Merkmal des Rundfunks. Ausgehend von einer Programmstruktur, wie sie sich seit den 1920er Jahren unter Rückgriff auf Programmformen in den anderen Medien zunächst als eine additive Struktur herausgebildet hat (vgl. Kap. 9.5), haben sich mit der Veränderung des Radios zu einem Tagesbegleitmedium neue Programmkonzepte entwickelt.

16.3.1   Zur Entstehung der Rundfunkprogramme

Der Rundfunk etablierte ab 1923 die **Angebotsform des Programms**, die es in dieser ausgedehnten und differenzierten Ausprägung bis dahin noch nicht gab. Aus den Angebotsabfolgen theatraler Veranstaltungsmedien mit ihrem zeitlich strukturierten Wechsel verschiedener Darbietungen auf der einen Seite sowie dem Aktualitätsgebot und der Themenvielfalt der Presse auf der anderen Seite entwickelte sich mit der Form des Rundfunkprogramms eine neuartige Präsentationsstruktur. Sie bedeutete eine Verdichtung der gesellschaftlichen Kommunikation und bot eine neue, am Anfang in ihren Möglichkeiten noch nicht zu überschauende Basis zur Ausdifferenzierung der Angebotsformen.

Bereits in den ersten Jahren bildeten sich bei den damals vorhandenen neun regionalen Sendegesellschaften relativ konstante Programmstrukturen heraus. Sie unterschieden innerhalb eines Wochenschemas zwischen den Werktagen und den Sonntagen und boten Sendungen einzelner Programmsparten zu festen Zeiten und in einem bestimmten regelmäßigen Rhythmus an (vgl. Leonhard 1997, Bd. I, S. 353 ff.). Der Rundfunk nach 1945 knüpfte am Vorbild des Rundfunks der Weimarer Republik an. Als **Programmauftrag** wurde die »Verbreitung von Nachrichten und Darbietungen bildender, unterrichtender und unterhaltender Art« (Hess. Rundfunkgesetz v. 2. 10. 1948) in dieser oder einer ähnlichen Form festgeschrieben.

Die Radioprogramme der ersten sechs **Landesrundfunkanstalten** wurden zunächst auf Mittelwelle ausgestrahlt. Der Aufbau von UKW-Netzen seit Anfang der 1950er Jahre ermöglichte auch die Ausstrahlung zweiter Programme, die zumeist als anspruchsvolle Kulturprogramme konzipiert waren. In den 1970er Jahren kamen, zuerst vom Bayerischen und vom Hessischen Rundfunk, dann auch von anderen Sendern, so genannte Servicewellen hinzu, in denen Unterhaltungsmusik und kurze aktuelle Meldungen dominierten. Ihr Erfolg zeigte, dass das Radio mit der Ausbreitung des Fernsehens seine Funktion verändert hatte und seitdem hauptsächlich als Begleitmedium dient. Vierte und fünfte Programme entstanden in den 80er Jahren, zumeist als Jugend-, Bildungs- oder Ausländerprogramme bzw. als Programme mit speziellen Aufgaben. Mit der rundfunkpolitischen Entwicklung vermehrte sich auch die Zahl der Sender und Programme.

Auch in der **DDR**, in der der Rundfunk zentralistisch organisiert war, entstanden UKW-Programme. In den 1980er Jahren bestanden fünf Programme mit unterschiedlichen Schwerpunkten. Die nach der deutschen Einigung in den neuen Bundesländern 1991 neu gegründeten Landesrundfunkanstalten (MDR, ORB) organisierten ihre Programme nach dem Vorbild der bestehenden bundesdeutschen Anstalten.

Eine grundlegende Veränderung erfuhr der bundesdeutsche Rundfunk ab 1984 durch die **Zulassung kommerzieller Programmanbieter**. Die Zahl der Hörfunkprogramme hat sich seither explosionsartig vervielfacht. Ende 1998 gab es nach Angaben der Arbeitsgemeinschaft der Landesmedienanstalten (ALM) 178 Hörfunkveranstalter, davon 9 mit bundesweiten, 31 mit landesweiten und 138 mit lokalen Programmen.

Neben der analogen Ausstrahlung von Programmen über Antenne, Satellit und Kabel hat sich eine **digitale Ausstrahlung von Radioprogrammen** über das Astra Digital Radio (ADR) und für das Fernsehen über das Digitale Video Broadcasting (DVB) und andere technische Systeme etabliert. Im Hörfunkbereich haben sich in den letzten Jahren eigenständige Internetradios gebildet, hinzu kommen zusätzliche informierende und werbende Online-Dienste der einzelnen Anbieter.

16.3.2 Öffentlich-rechtliche Radioprogramme

Die öffentlich-rechtlichen Rundfunkanstalten (Landesrundfunkanstalten, Deutschlandradio) strahlen in Deutschland über 50 regional begrenzte Hörfunkprogramme über UKW bzw. über Mittelwelle aus, davon werden einige Programme in unterschiedlichem Umfang regional und lokal auseinander geschaltet. Neben diesen Programmen sendet die Bundesanstalt »Deutsche Welle« Hörfunkprogramme auf Deutsch und in 33 Fremdsprachen über Mittel- und Kurzwelle sowie über Satellit aus. Sie dienen vor allem der **Außenrepräsentation der Bundesrepublik Deutschland** in der Welt. Ihnen stehen ca. 50 über Kurzwelle bzw. Satellit zu empfangende deutschsprachige Programme anderer Länder gegenüber. Zu diesen Programmen ist 1999 der bei den deutschen KFOR-Truppen im Kosovo stationierte deutschsprachige Bundeswehrsender Radio Andernach gekommen.

Die Programme der Landesrundfunkanstalten werden von diesen selbst nach dem Verhältnis von Wort- und Musikanteil sowie nach der Charakterisierung der Programme durch die ›Musikfarben‹ und Art und Themen der Wortbeiträge unterschieden. Danach betrug der Anteil der Musik in allen Programmen im Jahr 2000 62,5 % (1981: 55,0 %). Der Anteil von Information und Service betrug im Jahr 2000 durchschnittlich 25,3 %. Kennzeichen der Programmentwicklung im Radio ist jedoch weniger der statistische Durchschnitt der Anteile der Programmgenres, sondern die Tatsache, dass sich die verschiedenen Programme einer Landesrundfunkanstalt ›gegeneinander‹ profilieren und damit unterschiedliche Zielgruppen ansprechen. Dabei lassen sich **mehrere Programmtypen** unterscheiden.

1. **Integrierte Mischprogramme (Vollprogramme)** enthalten das gesamte Spektrum von Information, Bildung und Unterhaltung und verstehen sich heute in der Regel als Familienprogramme, die sich an alle Hörer und Hörerinnen, vor allem aber auch an ein älteres Publikum, richten. Die einzelnen Sendungen haben ein deutlich voneinander abgesetztes Erscheinungsbild. Die Programmwoche wechselt nach einem festen Schema, die einzelnen Programmsparten und Gattungen haben periodisch, meist wöchentlich wiederkehrende Programmplätze, die von einzelnen Redaktionen gefüllt werden. Stündlich wird bis auf wenige Ausnahmen eine fünfminütige Nachrichtensendung gebracht. Magazine und Informationssendungen sind am frühen Vormittag, zur Mittagszeit und am Vorabend zu hören. Der späte Vormittag und der Nachmittag sind meist der unterhaltenden Musik vorbehalten, das Abendprogramm stellt eine längere Unterhaltungssendung, eine Musiksendung oder ein Hörspiel in den Mittelpunkt.
2. **Musikdominierte Tagesbegleitprogramme** sind aus den so genannten Service- und Autofahrerwellen der 1970er Jahre entstanden und gehen von einer **Verbindung des Radiohörens mit anderen Tätigkeiten** (nebenbei gehörte Programme) aus. Sie haben das ›Kästchenprinzip‹ der festen Programmformen des Vollprogramms aufgegeben und bieten tagsüber meist zwei-dreistündige Magazinsendungen an, die von einem Moderator präsentiert werden und in denen sich unterhaltende Musiktitel und Wortbeiträge abwechseln. Das Programmschema ist in der Regel werktags konstant, prägend ist die Wahl der Musiktitel und ihre Platzierung, da durch sie vor allem dem Programm eine charakteristische Färbung (›**Musikfarbe**‹) gegeben und damit eine bestimmte Publikumsschicht angesprochen wird.
3. **Kulturprogramme** legen den Schwerpunkt auf die Darbietung ernster Musik (Konzerte, Opernaufführungen), das kulturelle Wort (in der Form von Kulturberichten, der Kulturkritik, des Radioessays und Studiodiskussionen) sowie das Hörspiel. Kulturprogramme sind stärker wortbetont, sie pflegen vor allem

längere Beiträge zu bringen. Zum Wochenende wird häufig eine »Lange Nacht« zu einem ausgewählten Thema veranstaltet. Diese Programme richten sich mit ihren intellektuell oft anspruchsvollen Sendungen an ein Publikum, das prozentual eine Minderheit darstellt. Als eine besondere Variante eines Kulturprogramms, das gleichzeitig auch bereits eine Art Spartenprogramm darstellt, bieten einige Sender auch Programme für ethnische Minderheiten (»Radio Multi-Kulti« von RBB, »Funkhaus Europa« vom WDR) an.

4. **Spartenprogramme** zielen auf ein bestimmtes Programminteresse des Publikums, z. B. Nachrichten, Sportberichte, Musik, und stellen dieses Interesse deutlich in ihren Mittelpunkt. Sie besitzen in der Regel ein werktags immer gleiches Strukturgitter und sind eher kleinteilig organisiert. Nachrichtenprogramme (beispielsweise Bayern 5 oder Inforadio in Berlin), die auch »Infoprogramme« genannt werden, enthalten eine strikte Abfolge von Nachrichtensendungen (in der Regel alle halbe Stunde bzw. alle 20 Minuten), die Zwischenzeit wird mit weiteren Informationsberichten gefüllt.

5. **Zielgruppenprogramme** sind vor allem die Jugendprogramme, wie z. B. das ab Anfang 1993 gemeinsam von SFB und ORB (heute RBB) produzierte »Radio Fritz«, das NDR-Jugendprogramm »N-Joy« und »Eins live« vom WDR. Sie besitzen zumeist eine differenzierte Programmstruktur und wollen Jugendliche durch ein inhaltliches, speziell auf ihre Interessen ausgerichtetes Angebot ansprechen.

16.3.3 Privatrechtliche Radioprogramme

Das Angebot der privatrechtlichen Radioprogramme ist schwer zu überschauen. Es handelt sich hier um Programme, die für einzelne Bundesländer flächendeckend ausgestrahlt werden, sowie um Programme, die nur für einzelne Regionen oder Lokalbereiche (z. B. in Baden-Württemberg, Bayern und Nordrhein-Westfalen) senden. Sie können dort Radio-Ketten angehören (z. B. Radio Charivari, Radio Gong, Radio 7) oder Mantelprogramme von Programmgesellschaften beziehen. Das Angebot verteilt sich im Wesentlichen auf zwei Programmtypen: auf musikdominierte Begleitprogramme und auf Spartenprogramme.

Die meisten kommerziellen Radioprogramme etablieren sich als **musikdominierte Tagesbegleitprogramme,** die nebenbei gehört und deshalb von einer eingängigen Musikmischung geprägt werden. In der Programmgestaltung hat sich der dem amerikanischen Rundfunk entlehnte Begriff des **Formats** durchgesetzt. Er meint die strikte profitorientierte Ausrichtung des Programms auf eine Musikfarbe. Nach einer Erhebung der Landesmedienanstalten definierten sich 1996 bereits 90 Prozent aller kommerziellen Anbieter über einen Formatbegriff. 46,8 % stuften ihr Programm als AC (Adult Contemporary) ein, 6,8 % als MOR (Middle of the Road), 6,7 % als Oldies, 5,2 % als EHR (European Hit Radio), 4,1 % als Melodie und genauso viele als CHR (Contemporary Hit Radio). Mit der Ausrichtung auf Formate setzte nach amerikanischem Muster häufig gleichzeitig eine deutliche Profilierung im Sinne der Werbewirtschaft ein.

Zum Formatradio gehören auch der **Stil der Moderation**, die Art und Weise der Nachrichtenpräsentation, die Einbindung der Werbung in die Programme, Promotionaktionen und Spiele sowie die akustische Bearbeitung (Soundprocessing) und damit das gesamte Image des Senders. Prägend ist, wie die Programme selbst ›gebaut‹ und gestaltet sind und ob der Stil eher sachlich-neutral, dynamisch oder aggressiv gehalten wird. Im Vordergrund steht immer eine größtmögliche Akzeptanz durch ein Publikum, die in einer größtmöglichen ›Durchhörbarkeit‹ gesehen wird, sowie in der Verträglichkeit des Programms mit der Werbung, durch die sich die Sender finanzieren.

Spartenprogramme folgen im kommerziellen Bereich den gleichen Prinzipien wie die musikdominierten Begleitprogramme. Weil auch sie von der Werbung abhängig sind, müssen sie möglichst hohe Einschaltquoten erreichen und sich weitgehend am Geschmack von Publikumsmehrheiten ausrichten. Zu ihnen zählen auch die jugendadressierten Programme wie z. B. »sunshine live« (Baden-Württemberg) und »Kiss FM«.

Gab es bislang schon in zahlreichen Dienstleistungsunternehmen (z. B. Kaufhäusern, Flughäfen) Programme, die meist aus unterhaltender Hintergrundmusik bestanden, so entstanden und entstehen Programme, die auf die spezifischen Teilpublika ausgerichtete Informationen und Werbung anbieten. »Hit Radio Antenne« produziert z. B. seit Mai 1998 mit »Radio MS Arkona« ein »Business und Event-Radio« für das Kreuzfahrtschiff Arkona. Ein anderes Beispiel ist das »Bloomberg Business Radio« (WBBR), das ebenso wie »Bloomberg TV« bereits in einige deutsche Kabelnetze eingespeist wird.

Zu den nicht-kommerziellen privatrechtlichen Radioprogrammen gehören Programme, die aus den **Radioinitiativen und Bürgerradios** Ende der 1970er Jahre entstanden sind. Sie erlebten ein wechselhaftes Schicksal und sind teilweise in kommerziellen Programmen oder in Offenen Kanälen aufgegangen. Neben »Radio Dreyeckland« (Freiburg) gehören dazu u. a. »Radio Jade« (Wilhelmshaven), »Radio Sthörfunk« und »Radio Z« (Nürnberg).

16.4 Radiohören und Rundfunknutzung

Das Radio ist heute ein ständig präsentes Medium, das so gut wie alle Bevölkerungsgruppen erreicht. Viele Haushalte besitzen heute mehrere Radiogeräte. Das Radio konnte aufgrund seines Charakters als Tagesbegleitmedium seit den 1980er Jahren seine Reichweite und die tägliche Hördauer ausbauen und liegt damit über der durchschnittlichen Sehdauer des Fernsehens. Die Radionutzung stieg von 73 Minuten im Jahr 1970 auf 135 Minuten 1980 und 170 Minuten 1990, um im Jahr 2000 bei durchschnittlich 206 Minuten, also knapp dreieinhalb Stunden täglich zu liegen (Basisdaten 2002, S. 64).

Radiohören begleitet andere Tätigkeiten im Haushalt, bei der Berufsarbeit und im Straßenverkehr. Häufig werden neben dem Radiohören auch Zeitungen, Zeitschriften und Bücher gelesen. Die vollständige Konzentration auf das Radioprogramm ist heute als Rezeptionshaltung eher selten und geschieht vor allem bei

Radiohören und andere Tätigkeiten 2002

Radiohören und andere Tätigkeiten	Personen ab 14 Jahre			Alter in Jahren						
	insges.	männl.	weibl.	14–19	20–29	30–39	40–49	50–59	60–69	70–u. m.
Essen	31	27	34	17	16	27	31	35	43	38
Arbeiten im Haus	40	20	59	10	17	40	47	50	54	43
Arbeiten außer Haus	45	66	26	21	79	79	67	45	6	1
Auto fahren	29	37	22	13	38	41	41	35	19	6
Sonstige Tätigkeiten	42	45	39	41	29	34	40	45	56	47
im Haus gesamt	119	95	140	73	66	107	124	137	159	134
außer Haus gesamt	80	109	54	49	127	125	113	85	31	11

Quelle: Media Perspektiven Basisdaten 2002, S. 69; Angaben in Minuten pro Tag.

bestimmten, von den Hörern dann auch gesuchten Sendungen. Als Tagesbegleiter werden dem Radio überwiegend stimmungsbezogene Funktionen zugeschrieben, das Radio gilt wegen seiner vielen Musikprogramme auch als ein Instrument des *mood managements*. Vor allem die Verbindung von Autofahren und Radiohören hat sich als eine ausgeprägte Kulturtechnik entwickelt. Radiohören als »Tonspur für das Lebenskino« (Rutschky 1985) zu verstehen meint, dass sich bestimmte Lebenssituationen mit dem Sound des Radios verbunden und die erlebten Situationen sich mit zusätzlichen, durch die Radiotöne erzeugten »Reizen des Imaginären« (ebd.) ›aufgeladen‹ haben.

Neben der Stimmungslenkung dient das Radio durch seine zahlreichen Nachrichtensendungen und aktuellen Berichte des Zeitgeschehens als eine Art »**Frühwarnsystem**« (Hickethier 1992), das rasch über unerwartete und katastrophische Ereignisse informiert und dabei in seinem Einsatz beweglicher als das Fernsehen erscheint. Wenn bei längerer Radionutzung dieselbe Nachricht mehrmals gehört wird, wird sie deshalb häufig als Bestätigung empfunden, dass sich in der Zwischenzeit nichts Neues ereignet hat. In diesem Sinne kommt dem Radio eine subjektiv bedeutsame Informationsfunktion zu.

Werner Faulstich hat in diesem Zusammenhang von einem »Bulletin«-Charakter des Hörfunks gesprochen und in der **Live-Form der Nachrichtengebung** eine besondere Struktur des Radios ausgemacht: »Die Meldung als verkürzte, zusammenfassende Wiedergabe eines wichtigen Ereignisses nach seinem vollständigen Ablauf suggeriert Wahrheit und Objektivität«, und es entsteht der Eindruck bei vielen Hörern, durch den Verzicht auf Emotionen bei der Darstellung kündige sich »in der komprimierten Form« die »blanke Wahrheit« an (Faulstich 1981, S. 21). Der von den Hörern in den Nachrichten erwartete Objektivitätsgestus resultiert aus dem Live-Charakter der Nachrichtengebung, der häufig auch Dramatik suggeriert. Die Hörfunknachricht, so Faulstich, »reproduziert dramatische Wirklichkeit oder präsentiert Wirklichkeit als dramatische« (ebd.).

16.5   Die radiokulturellen Formen Hörspiel und Feature

Das Radio hat zahlreiche Programmformen entwickelt, die zunächst aus einer Adaption der Formen anderer Medien (Theater, Literatur, Musik, Zeitung) entstanden, sich aber rasch verselbständigten und eine eigene audiofone Gestalt gewannen. Hier soll nur auf zwei künstlerische Formen – das Hörspiel und das Feature – eingegangen werden.

16.5.1   Stationen des Hörspiels in Deutschland

Der Begriff ›Hörspiel‹ besteht seit etwa 1924, neben ihm gab es anfangs noch Bezeichnungen wie ›Sendespiel‹, ›Rundfunkdrama‹ oder ›Schallspiel‹ (vgl. Soppe 1978, S. 88 ff.), doch setzte sich die Bezeichnung ›Hörspiel‹ rasch durch.

Als **fiktionale Form des Rundfunks** gilt das Hörspiel den einen als »junge Kunstform«, die durchaus in der kulturellen Zeitströmung verankert ist (Schwitzke 1972, S. 9 ff.), den anderen als »junge Gattung«, wie bspw. der Hörspieltheoretiker Stephan Bodo Würffel schreibt: »Die drahtlose Telegrafie bildete die wichtigste Voraussetzung der Entwicklung des Rundfunks und der an ihn gebundenen Gattung Hörspiel« (Würffel 1978, S. 1).

Das Hörspiel stellte etwas **wahrnehmungsbezogen völlig Neues** dar: Es ist keine mündliche Erzählung durch einen Erzähler, sondern eine akustische Inszenierung, die ganz ohne Bild auskommt und durch ihre Gestaltung der Töne bei den Hörern Bilder im Kopf evoziert. Hörspiel ist eine wahrnehmungsästhetisch ganz eigene Form – unabhängig davon, ob eine literarische Vorlage verwendet wurde oder nicht. Das Hörspiel wird zum Hörspiel erst durch die Inszenierung des Akustischen, durch die allein im Reich der Töne sich verwirklichende Entstehung einer Vorstellungswelt, die bis zu einem akustischen Wahrnehmungsrausch (etwa bei den Collageproduktionen des Neuen Hörspiels) gehen kann.

Neben dem literarischen Hörspiel entstand schon sehr früh das **Experiment mit akustischen Materialien**, indem Geräusche als illusionsunterstützendes Mittel eingesetzt wurden. Daraus entstand das Konzept, sich der Geräusche auch als eigenständiges Gestaltungsmittel zu bedienen. Das **Hörbild** verband reportageartige Kurzszenen miteinander, der ›akustische Film‹ bzw. der Hörfilm versuchte, die Montagetechnik des Films in das Hörspiel einzubringen. Ende der 1920er/Anfang der 30er Jahre bediente man sich auch der vom Tonfilm stammenden Möglichkeit, Ton als Lichtton auf Film aufzuzeichnen und ihn dann später zu schneiden und zu montieren. Daraus entstand auch das Konzept des **Schallfilms**, bei dem eine mehrspurige akustische Aufnahme auf Film zu komplexen akustischen Inszenierungen führen sollte (Eckert 1939, S. 55 ff.). Diese Entwicklung wurde dann durch die ab 1940 einsatzfähige Magnetaufzeichnung überflüssig und führte dazu, dass nach dem Krieg die Live-Produktion von Hörspielen durch Produktionen ersetzt wurde, bei denen das Magnetband zum Einsatz kam.

Die hohe Zeit des **literarischen Hörspiels** liegt in den 1950er Jahren, in denen das Radio zu dem zentralen Medium wurde. Vor allem die jüngeren Autoren arbeiteten in dieser Zeit viel für den Rundfunk, weil sie hier Honorare erhielten, die ihnen der in der Nachkriegszeit noch wenig ausgebaute literarische Buchmarkt nicht bieten konnte. Die Autoren der Gruppe 47 (u. a. Günter Eich, Heinrich Böll, Ingeborg Bachmann, Günter Grass, Martin Walser, Ilse Aichinger) schrieben zahlreiche Hörspiele und wurden damit – vor ihren sonstigen literarischen Werken – einem breiten Publikum bekannt. Den literarischen Strategien der Moderne kam das Hörspiel mit seinen Techniken entgegen, der Einsatz des Tonbandes in aufwändigen Studioeinrichtungen ermöglichte durch Schnitt und Montage, Überblendung, Geräuscheinsatz komplexe Erzählweisen mit häufigem Raumwechsel und mehrsträngiger Handlungsführung (vgl. Schneider 1985, S. 190), wobei die Formen der geschlossenen Dramaturgie dominierten.

Theoretischer Kopf des **literarischen Hörspiels** war der Hamburger Hörspieldramaturg Heinz Schwitzke, der seine Position, dass das Hörspiel vor allem aus dem künstlerischen Wort zu entspringen habe, in zahleichen Publikationen immer wieder vertrat und dessen Hauptwerk 1963 erschien. Doch Schwitzkes Verständnis einer geschlossenen Dramaturgie des Hörspiels war Anfang der 1960er Jahre nicht mehr unangefochten. So forderte Friedrich Knilli in seiner Dissertation über das Schallspiel (1961), endlich von der Inszenierung von Literatur Abstand zu nehmen und das Hörspiel aus akustischen Materialien zu gestalten und damit ein »totales Schallspiel« als neue Kunstform zu etablieren.

Zahlreiche jüngere Autoren fanden in den 60er Jahren über den Weg der Popliteratur, der konkreten Poesie und andere neue Formen der Literatur zu einem akustischen Hörspiel, wie es Knilli gefordert hatte. Es nannte sich **Neues Hörspiel** und entwickelte Formen der »offenen Dramaturgie« (Schöning 1987, S. 138). Der Begriff ›Neues Hörspiel‹ geht auf ein Radio-Essay des WDR-Hörspieldramaturgen Klaus Schöning von 1968 zurück; Schöning selbst wurde zum theoretischen Kopf des Neuen Hörspiels (Schöning 1969, 1970, 1974, 1982, 1987). Autoren wie Wolf Wondratschek, Paul Pörtner, Friederike Mayröcker, Ernst Jandl, Gerhard Rühm, Helmut Heißenbüttel und andere produzierten für das Neue Hörspiel, indem sie montierten und collagierten, O-Ton-Material verwendeten, die neuen Radiotechniken wie die Bandmaschinen, Sampler, Verzerrer und anderes einsetzten. Schöning setzte auch auf eine Zusammenarbeit mit Musikern (Mauricio Kagel, John Cage u. a.), für die er im WDR mit dem Hörspielstudio und im Studio für elektronische Musik neue Arbeitsmöglichkeiten schuf. In den Hörspielkonzepten spiegelten sich die unterschiedlichen Weltsichten der Autoren wider, und nicht zufällig wurden mit dem Neuen Hörspiel hohe Zielsetzungen verbunden: die Emanzipation des Hörers und die Realisierung der Brechtschen Radiotheorie, aus dem Konsumenten endlich einen Produzenten zu machen (vgl. Schöning 1982).

Nach dem Neuen Hörspiel ging **die experimentelle Entwicklung** seit den 1980er und 90er Jahren vor allem in drei Richtungen:

- Neben dem Einsatz der **radiofonen Mittel** der Montage, des Spiels mit Stimmen, Geräuschen und Musik kam das **Spiel mit dem Distributionsmedium**. Hörspiel- und Radiokunstprojekte arbeiteten via Funkbrücke zusammen und versuchten – in einer Art gelenkter Spontaneität – ein multiperspektivisches Spiel von mehreren Orten aus über den Äther hinweg.

- Die schon vom Studio für elektronische Musik im WDR in den 1950er Jahren begonnene enge **Zusammenarbeit von Hörspiel und Musik** (John Cage, Karlheinz Stockhausen u. a.) wurde weiter ausgebaut. Eine umfangreiche Tradition elektronischer Klangkunst entstand mit maßgeblicher Beteiligung des Rundfunks (vgl. Schöning 1987, S. 137 f.). In Frankfurt trat vor allem der Musiker Heiner Goebbels durch zahlreiche Produktionen hervor, in Berlin arbeiten der Musiker Klaus Buhlert, Ulrich Gerhardt und andere an akustischen Realisationen. In München entwickelte die Hörspielredaktion des Bayerischen Rundfunks unter Herbert Kapfer und Barbara Schäfer das Konzept »Hörspiel als Musikproduktion« (vgl. Knappe 1999, S. 122 ff.). Musiker und Komponisten erzeugen in unterschiedlichen Brechungen und Mischungen rhythmisierte Klangräume und neue verdichtete Hörerlebnisse durch Montage, Sampling und Synthesizing der digitalen Produktion.
- Verstärkt wird das multimediale Zusammenspiel von Hörspiel, Video und Internet seit den 1990er Jahren gesucht. Unter dem Stichwort ›**Medienkunst**‹ hat sich die Hörspielredaktion des BR den akustischen Formen zugewandt. Prototyp war von Andreas Ammer und FM Einheit die Produktion »Apocalypse live« (1994): auf der Bühne aufgeführt, im Radio gesendet, als Medienshow wieder ins Theater gekommen und als CD gepresst. »Mediale Vernetzungen« ist das Stichwort dieser Hörspielvariante (ebd. S. 118).

Trotz der hitzig ausgetragenen Kontroversen über neue Formen des Hörspiels bestehen die älteren Formen bis heute weiter. Das literarische Hörspiel, oft »Illusionshörspiel« genannt, bedient die Unterhaltungsbedürfnisse eines breiten Hörspielpublikums. Es hält sich vor allem in seinen Genrevarianten wie dem Kriminalhörspiel. Die offenen Formen des Neuen Hörspiels sind heute selbstverständlicher Bestandteil des Hörspielangebots. Begünstigt wurde diese Entwicklung dadurch, dass das Hörspiel in den Radioprogrammen eine Randexistenz einnimmt und ein kleines, aber anspruchsvolles Publikum gefunden hat, das stärker auf akustische Inszenierungen als auf traditionelle Erzählhörspiele setzt.

16.5.2 Das Radio-Feature

Neben dem Hörspiel entstand schon in den 1920er Jahren eine Sendeform, die sich nicht im Modus des Fiktionalen, sondern des Dokumentarischen mit der Wirklichkeit auseinandersetzt. Sie nannte sich anfangs ›Hörbericht‹, ›Hörbild‹ oder auch ›Hörfolge‹ und wird heute als Feature bezeichnet. Heinz Schwitzke benannnte damit eine größere Erzählform, in der ein »Bericht über wirkliches Geschehen« gegeben wird (Schwitzke 1963, S. 132). Das Referenzverhältnis zur Wirklichkeit war ihm jedoch weniger wichtig, entscheidend war für ihn der »Feature-Stil« (ebd., S. 135).

Der **Begriff des Features** (das Gemachte, Gestellte, Gestaltete) stammt aus dem Englischen und wird einerseits für den Spielfilm (*feature film*) verwendet, andererseits im Radio für größere dokumentarische Formen. Über die britische Besatzungsmacht kamen Begriff und Form dieser Radiogattung nach 1945 in die deutschen Radioprogramme, zunächst beim Nordwestdeutschen Rundfunk, bald auch bei anderen Sendern. Anfangs war die Abwehr dieses Begriffs vor allem bei den Theoretikern groß (vgl. Kapeller 1951/52). Alfred Andersch betonte das **Gemachte des Features**: »›Feature‹ bedeutet niemals den Inhalt einer Sache, sondern ihre Erscheinungsweise« (Andersch 1953, S. 95). Noch dreißig Jahre später formulierte der langjährige Leiter der SFB-Feature-Abteilung Peter Leonhard Braun: »Es ist die Form größerer Wortproduktion, die am häufigsten verwendet wird und von der man am wenigsten weiß« (Braun 1981, S. 27). Die Debatte um den Begriff lässt sich fortsetzen (vgl. Auer-Krafka 1980).

Ein Thema der Wirklichkeit wird in einer größeren, von einem Autor gestalteten Sendung dargeboten. Dabei gibt es für das Feature keine spezifische Form (so wie auch das Hörspiel keine für die Gattung verbindliche Form kennt). Das Radio-Feature ist **dem Dokumentarfilm verwandt** (um den es eine vergleichbare Namensdiskussion nicht gegeben hat) (Hülsebus-Wagner 1983, S. 73 ff.).

Das bekannteste Feature der Frühzeit stammt von Ernst Schnabel und wurde unter dem Titel »Der 29. Januar 1947« am 16. Mai 1947 vom NWDR gesendet. Auf eine Umfrage »Was erlebten Sie am 29. Januar?« erhielt der NWDR 35.000 Hörerbriefe, aus deren Inhalt Schnabel das Feature baute und von 156 Sprechern vortragen ließ. Das Feature, das auf diese Weise den besonders kalten Nachkriegswinter von 1946/47 thematisierte, wurde zu einem Dokument der Nachkriegszeit. Die Städte- und Reisefeatures brachten in den frühen 1950er Jahren die Welt außerhalb Deutschlands im Radio zur Anschauung und erfreuten sich großer Beliebtheit (Lindemann 1981).

Zum Vorreiter des neuen **O-Ton-Features** avancierte in den 1960er Jahren der Sender Freies Berlin und hier der Feature-Autor Peter Leonhard Braun. Das erste voll-stereofone Feature war die Sendung »Hühner« (1967), die vor allem von Geräuschen der Hühner auf Bauernhöfen und in den Legebatterien riesiger Aufzuchtanstalten bestimmt war. Weitere Braun-Features waren »Catch as catch can« (1968), »Hyänen« (1971) und »Glocken in Europa« (1974). Neben Braun wandten sich auch andere Autoren des SFB-Features (Klaus Lindemann, Siegfried Niemann u. a.) dem O-Ton-Feature zu. Sicherlich war diese Entwicklung auch durch das Interesse am technischen Experiment mit der Stereofonie geprägt, doch damit wurde auch ein neues Hörerlebnis, eine neue Form der Welterfahrung möglich. Das Hören ernst nehmen, die Welt als gehörte und nicht nur als beschriebene und erzählte zu erleben, das war die neue Entdeckung des Features. »Originalton und Stereophonie gewinnen besondere Bedeutung, als durch sie die Geräusche im Feature von ihrer bloß illustrierenden Funktion in den Wortfeatures zu eigenständigen, ja dominanten Bestandteilen des Features werden«, hieß es 1984 in einer Beschreibung der Feature-Arbeit des SFB (Hickethier 1984, S. 6). Der Einsatz der Kunstkopf-Technik, die zu einer Intensivierung des akustischen Raumeindrucks beitrug, führte jedoch zu keinen grundsätzlichen Veränderungen im Feature. In den 1980er Jahren kam es stattdessen wieder zu einer Rückbesinnung auf die Möglichkeiten der sprachlichen Darstellung.

16.6 Audiofonie

Der WDR-Hörspieldramaturg Klaus Schöning hatte 1970 vom »Hörspiel als verwalteter Kunst« (S. 48) gesprochen und damit darauf aufmerksam gemacht, dass die Entwicklung des Hörspiels ohne den Kontext der Rundfunkinstitution nicht denkbar sei. Dass dieses Verhältnis zur Institution kritisch werden könnte, wurde mit der Kommerzialisierung des Rundfunks sichtbar. Eine wirklich akustische Kunst, so der damalige Hörspielleiter des SFB Ulrich Gerhardt, könne nur außerhalb der Radioinstitutionen entstehen. Er nannte sie »Audio Art«: »Heute ist dafür ohne Mitwirkung des Radios auf breiter Basis eine wirklich radikale akustische Kunst auf Tonträgern aller Art und als Live-Performance eine nicht mehr zu überhörende Realität. Dieser Kunst ist es gleichgültig, ob sie gesendet wird oder nicht: Sie entsteht, weil sie entstehen muss, aus sich selbst heraus« (Gerhardt 1985, S. 90).

16.6.1 Audio Art – außerhalb des Radios

Der Begriff der »Audio Art« stammt von einer amerikanischen Kunstzeitschrift neuer Art, die ab 1973 von den amerikanischen Künstlern William Furlong und Barry Barker gegründet worden war und aus Tonbandkassetten mit Interviews und Selbstdarstellungen von Künstlern bestand (Gooding 1992, S. 13).

Die reale Basis für die Entwicklung einer Audiokunst außerhalb der Rundfunkanstalten bildet die Technik. Schon mit den ersten Tonbandgeräten, die außerhalb der Rundfunkanstalten in den 1950er Jahren zu kaufen waren, wurden Hörstücke unterschiedlicher Art hergestellt. In den 70er Jahren entstanden mit den alternativen Radioprogrammen (wie Radio Dreyecksland) neue Möglichkeiten, akustische Kunst zu vertreiben und zu publizieren. In Berlin war es in den 80er Jahren der nicht-kommerzielle alternative Radiosender »Radio 100«, der sich einen Audiokunst-Programmplatz (»Hörspieltrichter«) leistete, auf dem auch Autoren ihre selbst produzierten akustischen Werke präsentieren konnten.

In den 1990er Jahren fand durch die Digitalisierung der Speicher- und Bearbeitungstechniken eine technische Revolution der akustischen Produktion statt. Auf den akustischen ›Workstations‹ konnten nun die Autoren ihre Hörspiele und akustischen Produktionen selbst erarbeiten, unabhängig von den ökonomischen Zwängen der Rundfunkanstalten und der privaten Studios, die für die Musikproduktion entstanden waren.

Parallel zu dieser Entwicklung im Produktionsbereich bildete sich mit den »Hörbüchern«, den Kaufkassetten, CDs und anderen akustischen Speichermedien ein neuer radiounabhängiger Markt für das Hörspiel, der sich stetig differenziert. Er stellt noch keinen Massenmarkt dar, bietet aber im Kunstbereich einem interessierten Publikum ein breites Repertoire an Produktionen. Die von Ulrich Gerhardt 1985 beschworene Vision einer anstaltsunabhängigen Audiokunst ist heute deutlicher als damals in ihren Konturen erkennbar: nicht als etwas völlig Anderes als die Radiokunst, aber doch als eine Ergänzung.

16.6.2 Tonbänder, Musikkassetten, CDs, Klanginstallationen

Der Weg aus den Rundfunkanstalten hinaus auf einen ›freien‹ Markt mit CDs, Musikkassetten etc. stellte eine Distributionsalternative zum Programmmedium Radio dar. Mit den ersten semiprofessionellen Tonbandgeräten außerhalb der Rundfunkanstalten, die in den 1950er Jahren zum Einsatz kamen, entstand eine Amateurbewegung, die selbst akustische Produktionen herstellte, kleine Spulenbänder (z. B. von BASF) als akustische Briefe versandte usf. Mit der Erfindung der (analogen) Musikkassette weitete sich diese Entwicklung aus, weil sie benutzerfreundlich ist, als Speicher standardisiert (wie es später bei der Videokassette erst durch heftige Verdrängungskämpfe zustande kam) und vielseitig verwendet werden kann (»Mixtapes«). Trotz der raschen Durchsetzung der (digitalen) CD hielt sich die Musikkassette bis heute, nicht nur im Bereich des kommerziellen Kinderhörspiels, sondern auch der privaten Nutzung, weil sie gegenüber der CD als »warm«, »emotional« und »organisch« gilt und sich auf ihr der »Soundtrack zum Leben« speichern lasse (vgl. http://www.kassettengeschichten.de).

Neben den akustischen Speichermedien entstand eine künstlerische Bewegung, mit akustischen Mitteln in Form von Installationen und Performances akustische Räume zu schaffen. Hatte sich das Herstellen von Hörräumen im Hörspiel an den Standards der Abspielakustik der Radiohörer ausgerichtet, so waren jetzt neue Formen der akustischen Inszenierung denkbar. Indem Künstler in Galerien und theatralen Veranstaltungsräumen begannen, direkt Hörräume als Klanginstallationen oder ›Klangskulpturen‹ zu bauen, realisierten sie die von Klaus Schöning schon 1970 avisierten »akustischen multiperspektivischen Environments«.

Als ein umfassender Ansatz, akustische Ereignisproduktion auch theoretisch zu fassen, ist das von Helga de la Motte-Haber vorgelegte Konzept der Klangkunst anzusehen, das von den Performances und Installationen über die ›Klangorganisation im öffentlichen Raum‹ und die ›Klangskulpturen‹ bis zu deren technischen und kunsttheoretischen Voraussetzungen reicht (de la Motte-Haber 1999). Der konzeptionelle Zugriff beschränkt sich allerdings auf die künstlerischen Formen und grenzt das Radio mit seinen akustischen Gattungen aus. Ein integraler Ansatz steht demnach noch aus.

Grundlegende Literatur

Arnheim, Rudolf 1936/1979: Rundfunk als Hörkunst. München: Hanser (Erstausgabe London: Faber & Faber 1936).

Dahl, Peter 1983: Radio. Sozialgeschichte des Rundfunks für Sender und Empfänger. Reinbek bei Hamburg: Rowohlt.

Kleinsteuber, Hans J. (Hg.) 1991: Radio – das unterschätzte Medium. Erfahrungen mit nichtkommerziellen Lokalstationen in 15 Staaten. Berlin: Vistas.

Klages, Thorsten 2002: Medium und Form – Musik in den (Re-)Produktionsmedien. Osnabrück: epos Music.

Lenk, Carsten 1997: Die Erscheinung des Rundfunks. Einführung und Nutzung eines neuen Mediums 1923–1932. Opladen: Westdeutscher Verlag.

Leonhard, Joachim Felix (Hg.) 1997: Programmgeschichte des Hörfunks in der Weimarer Republik. 2 Bde. München: dtv.

Motte-Haber, Helga de la (Hg.) 1999: Klangkunst. Tönende Objekte und klingende Räume (Handbuch der Musik im 20. Jahrhundert, Bd. 12). Laaber: Laaber Verlag

Schöning, Klaus (Hg.) 1970: Neues Hörspiel. Essays, Analysen, Gespräche. Frankfurt a. M.: Suhrkamp.

Weitere zitierte Literatur

Andersch, Alfred 1953: Versuch über das Feature. Anlässlich einer neuen Arbeit Ernst Schnabels. In: Rundfunk und Fernsehen 10. Jg. (1953), H. 1, S. 94–97.

Auer-Krafka, Tamara 1980: Die Entwicklungsgeschichte des westdeutschen Rundfunk-Features von den Anfängen bis zur Gegenwart. Wien: Diss.

Basisdaten 2002: Media Perspektiven Basisdaten: Daten zur Mediensituation in Deutschland 2002. Frankfurt a. M.: Media Perspektiven.

Behrendt, Joachim-Ernst o. J.: Die Welt ist Klang. Nada Brahma. Frankfurt a. M.: Netzwerk Medien-Cooperative/Zweitausendeins.

Behrendt, Joachim-Ernst o. J.: Vom Hören der Welt. Das Ohr ist der Weg. Frankfurt a. M.: Netzwerk Medien-Cooperative/Zweitausendeins.

Blaukopf, Kurt 1982: Musik im Wandel der Gesellschaft. Grundzüge der Musiksoziologie. München: Piper.

Braun, Peter Leonhard 1981: Radio-Feature – Mythos und Praxis. In: Medium 11. Jg. (1981), H. 8, S. 27–28.

Brecht, Bertolt 1927–1932: Radiotheorie von 1927 bis 1932. In: Ders.: Gesammelte Werke. Bd. 18: Schriften zur Literatur und Kunst I. Frankfurt a. M.: Suhrkamp 1967, S. 117–134.

Döhl, Reinhard 1992: Das Hörspiel zur NS-Zeit. Darmstadt: Wissenschaftliche Buchgesellschaft.

Eckert, Gerhard 1939: Hörspiel und Schallfilm. Vom Werden, Wesen und Zukunft des Hörspiels. Berlin: Verlag für Recht und Verwaltung.

Eckert, Gerhard 1941: Der Rundfunk als Führungsmittel. Heidelberg u. a.: Kurt Vowinckel Verlag.

Faulstich, Werner 1981: Radiotheorie. Eine Studie zum Hörspiel »The War of the Worlds« (1938) von Orson Welles. Tübingen: Narr.

Frisius, Rudolf 2002: Das andere Hören. Unsichtbare Musik oder akustische Kunst? In: Ungeheuer, Elena (Hg.): Elektroakustische Musik (Handbuch der Musik im 20. Jahrhundert, Bd. 5). Laaber: Laaber Verlag, S. 205–259.

Gerhardt, Ulrich 1985: Hat das Hörspiel als Radiokunst noch eine Chance? In: Hickethier, Knut (Red.): Brauchen Fernsehspiel und Hörspiel eine neue Dramaturgie? (Schriften der Dramaturgischen Gesellschaft, Bd. 20). Berlin: Dramaturgische Gesellschaft, S. 75–91.

Gooding, Mel 1992: Audio Arts – das Werk. In: Furlong, William (Hg.): Audio Arts. Beunruhigende Versuche zur Genauigkeit. Leipzig: Reclam, S. 9–37.

Hall, Peter Christian 1997: Rundfunk in der Bundesrepublik Deutschland. Dualer Rundfunk: ein neues System – und die Folgen. In: ARD/ZDF (Hg.): Was Sie über Rundfunk wissen sollten. Berlin: Vistas, S. 15–86.

Hay, Gerhard (Hg.) 1975: Literatur und Rundfunk 1923–1933. Hildesheim: Gerstenberg.

Hickethier, Knut 1984: Die Welt als Hör-Raum in der Zeit. Zur Geschichte der Programmform ›Feature‹. In: epd/Kirche und Rundfunk Nr. 53 v. 7. 7. 1984, S. 4–7.

Hickethier, Knut 1992: Gebrauchsformen. Radio im Zeitalter der Bilder. In: epd/Kirche und Rundfunk Nr. 98 v. 12. 12. 1992, S. 4–9.

Hülsebus-Wagner, Christa 1983: Feature und Radio-Essay. Hörfunkformen von Autoren der Gruppe 47 und ihres Umkreises. Diss. Aachen: CoBRa Medien.

Jaschinski, Andreas/Thomas Münch 1998: Musik im Rundfunk. In: Fischer, Ludwig (Hg.): Die Musik in Geschichte und Gegenwart. Kassel u. a.: Bärenreiter und Stuttgart/Weimar: Metzler, Bd. 8, S. 618–627.

Kapeller, Ludwig 1951/52: Feature – die neue Form des Hörspiels? In: Rufer und Hörer 6. Jg. (1951/52), S. 32–36.

Kapfer, Herbert (Hg.) 1999: Vom Sendespiel zur Medienkunst. Die Geschichte des Hörspiels im bayerischen Rundfunk. München: belleville.

Knappe, Mathias 1999: Von Mozart und der Hitparade lernen. Das Hörspiel im Bayerischen Rundfunk von 1974–1999. In: Kapfer 1999, S. 75–130.

Knilli, Friedrich 1961: Das Schallspiel. Stuttgart: Kohlhammer.

Lermen, Birgit 1975: Das traditionelle und das neue Hörspiel im Deutschunterricht. Paderborn: Schöningh.

Lindemann, Horst 1981: Dem Wirklichen zugewandt. Das Feature im Nachkriegs-Hörfunk. In: Medium 11. Jg. (1981), H. 4, S. 2–7.

Poschardt, Ulf 1995: DJ Culture. Diskjockeys und Popkultur. Hamburg: Rogner und Bernhard.

Prüfig, Katrin 1993: Formatradio – ein Erfolgskonzept? Ursprung und Umsetzung am Beispiel Radio FFH. Berlin: Vistas.

Reinecke, Christoph 1986: Montage und Collage in der Tonbandmusik bei besonderer Berücksichtigung des Hörspiels. Eine typologische Betrachtung. Diss. Hamburg.

Rutschky, Michael 1985: Tonspur für das Lebenskino. Über das Hörspiel im Medien-Alltag. SWR Sendung v. 3. 10. 1985 (unveröff. Manuskript).

Schneider, Irmela 1985: Zwischen den Fronten des oft Gehörten und nicht zu Entziffernden: Das deutsche Hörspiel. In: Thomsen, Christian W./Irmela Schneider (Hg.): Grundzüge der Geschichte des europäischen Hörspiels. Darmstadt: Wissenschaftliche Buchgesellschaft, S. 175–206.

Schöning, Klaus (Hg.) 1969: Neues Hörspiel. Texte, Partituren. Frankfurt a. M.: Suhrkamp.

Schöning, Klaus (Hg.) 1974: Neues Hörspiel O-Ton. Der Konsument als Produzent. Versuche. Arbeitsberichte. Frankfurt a. M.: Suhrkamp.

Schöning, Klaus (Hg.) 1982: Spuren des Neuen Hörspiels. Frankfurt a. M.: Suhrkamp.

Schöning, Klaus 1987: Auf den Spuren der »akustischen Kunst« im Radio. In: Dokumenta 8 (Red.: Monika Goedl). Bd. 1: Aufsätze. Kassel: Dokumenta, S. 127–141.

Schwitzke, Heinz 1963: Das Hörspiel. Dramaturgie und Geschichte. Köln/Berlin: Kiepenheuer und Witsch.

Schwitzke, Heinz (Hg.) 1972: Sprich, damit ich dich sehe. Sechs Hörspiele und ein Bericht über eine junge Kunstform. München: List.

Soppe, August 1978: Der Streit um das Hörspiel 1924/25. Berlin: Volker Spieß.

Wessels, Wolfram 1985: Hörspiele im Dritten Reich. Zur Institutionen-, Theorie- und Literaturgeschichte. Bonn: Bouvier.

Würffel, Stefan Bodo 1978: Das deutsche Hörspiel. Stuttgart: Metzler.

17. Computer/Internet

Das jüngste, komplex angelegte gesellschaftliche Medium ist das **Netzmedium** (Neverla 1998) oder auch **Computer/Internet**. Schon die Bezeichnung macht deutlich, dass sich der Massenmedienbegriff, wie er für Film, Fernsehen und Radio entwickelt wurde, nicht einfach auf Computer/Internet übertragen lässt.

Computer und Netz stellen im Sinne von Harry Pross ein **tertiäres Medium** dar (vgl. Kap. 3.2.2), darin vergleichbar dem Kino, dem Fernsehen und dem Radio. Der Hybridcharakter des digitalen Mediums führt dazu, dass auch Formen aus älteren (sekundären) Medien in der Adaption durch das Netzmedium auf die Ebene eines tertiären Mediums gehoben werden (der Brief wird z. B. zur E-Mail). Computer und Internet wurden, anders als z. B. die Rundfunkmedien, nicht als ein bereits ›fertiges‹ Medium gesellschaftlich implantiert, sondern erweitern sukzessiv ihre Funktionsmöglichkeiten.

In den Debatten der 1990er Jahre entstand die Vorstellung vom Computer/Internet als einem **Supermedium**, in dem alle anderen Medien aufgehen würden. Zum einen seien die Prinzipien von Computer und Internet nicht nur dem menschlichen Gehirn nachgebildet, sondern an der digitalen Maschine ließen sich zum anderen auch umgekehrt die Strukturen des Denkens ablesen. Computer und Netz bildeten letztlich – entsprechend der These von McLuhan, dass die Medien Sinnesprothesen der Menschen seien – nach außen verlagerte Funktionen des menschlichen Geistes, des Denkens und Fühlens (Coy 1994, S. 32). Zum anderen wurde der Mensch als **Funktionselement** des technischen Apparats verstanden, das in diesen als Form von »Feedback-Schleifen eingebaut« sei (Bolz 1994, S. 13). Der Mensch sei nicht mehr »Werkzeugbenutzer«, sondern stattdessen, so der Medientheoretiker Norbert Bolz, »Schaltmoment im Medienverbund« (ebd.). Nachdem die in starkem Maße phantasiegesättigte Diskussion der Subjektseite der ›neuen Medien‹ etwas abgeklungen ist, etabliert sich alternativ der eher handlungspragmatische Begriff der **Plattform**, der die Betonung darauf legt, dass sich im Netzmedium Unterschiedliches präsentieren lasse. Dieser Begriff wird sowohl umfassend als auch nur auf Teilbereiche des Netzmediums (z. B. »Jugendplattform« – Demmler/Anfang 2003, S. 82) bezogen verwendet.

Bei den seit dem Ende des 19. Jahrhunderts entstandenen technisch-apparativen Medien Film, Radio und Fernsehen hatten sich die technischen Lösungen einerseits für die Speicherung von Informationen (und damit verbunden auch die Bearbeitung) und andererseits für die Vermittlung (Distribution) in getrennten historischen Entwicklungslinien herausgebildet. Die Verknüpfung von Speicherung, Bearbeitung und Distribution potenzierte die Bedeutung der technisch-apparativen Massenmedien.

Auch bei dem neuen digitalen Medium gab es **zwei getrennte Entwicklungen**, die in den 1970er Jahren zusammentrafen und daraus in den folgenden Jahrzehnten ein neues, einflussreiches Massenmedium werden ließen. Es handelt sich dabei um die Entwicklung des Computers als Speicher- und Bearbeitungsmedium und die Entstehung des Netzmediums, das sich landläufig mit dem Namen ›Internet‹ (›**Inter**connected **Net**‹) verbindet.

17.1   Computer

Der Computer stellt ein **Speicher- und Bearbeitungsgerät** dar, das aus Rechenmaschinen (Gottfried Wilhelm Leibniz, Charles Babbage, Konrad Zuse) entstanden ist und schon bei den Apparaturen Zuses in den 1930er Jahre mit elektromagnetischen Schaltungen, Relais und programmkontrolliert arbeitete. 1946 entwickelte der Mathematiker John von Neumann die fünf noch heute vorhandenen **Funktionseinheiten: Steuerwerk, Rechenwerk, Speicher, Eingabewerk und Ausgabewerk**.

Das Programm als Bearbeitungsvorschrift wird mit den Daten sowie den Zwischen- und Endergebnissen in einzelnen Zellen des Speichers abgelegt, über Adressennummern werden die Inhalte der Speicherzellen aufgerufen und können bearbeitet werden. Unterschieden wird zwischen einem Betriebssystem und verschiedenen Anwenderprogrammen (Gabriel 1997, S. 13 ff.).

Grundprinzip ist die **Überführung aller Zeichen und Zeichenvorgänge in Rechenoperationen.** Alle Informationen werden in einen binären Kode übersetzt und als Signale elektrisch übertragen. Neben dem Rechner ist der Speicher ein weiteres zentrales Element des Computers. Alle Texte können in ihrem binären Kode elektromagnetisch über entsprechende Befehle gespeichert und jederzeit wieder rückübersetzt und einer Bearbeitung oder Ausgabe zugänglich gemacht werden. Die Ausgabe kann sowohl als Datensatz auf einem weiteren transportablen Speicher (z. B. Diskette, CD-ROM) als auch in einer auf Papier ausgedruckten Version erfolgen, die ohne Apparatur lesbar ist. Weil Dateien in mobilen Speichern aufbewahrt werden können, liegt es nahe, Rechner auch direkt miteinander zu verbinden und einen Datenaustausch zu ermöglichen (vgl. Kap. 17.2.2).

Der **Computer als Schreibinstrument** ist in der Lage, Texte aus Textbausteinen, die gespeichert vorliegen, zusammenzusetzen. Ein Autor kann permanent an einem Text weiterarbeiten und diesen immer wieder verändern, am Ende seiner Texterstellung lassen sich, in der Regel, keine Bearbeitungsvorgänge mehr erkennen. Der Computer erzeugt eine ›glatte‹ Oberfläche des Textes, er kann mit entsprechenden Formatierungs- und Layoutprogrammen auch die Aufgaben eines Setzers und Grafikers erledigen. Zweifellos hat diese Form von Texterstellung gegenüber früheren (Handschrift, Schreibmaschine) Folgen für die Beschaffenheit des Textes: Texte verändern sich in ihrer Struktur (behauptet wird, dass Texte dadurch tendenziell länger, lässiger formuliert und mit mehr Verweisen auf andere Texte versehen werden), auch schwinden durch das mühelose Einfügen von eigenen und fremden Textteilen »die Grenzen zwischen den Texten« (ebd., S. 22).

Weil der Computer als erweiterte Rechenmaschine alle Zeichen und Zeichenoperationen in Rechenvorgänge transformiert, liegt es nahe, nicht nur sprachliche Texte, sondern auch **visuelle Texte** und **auditive Texte** als Rechenvorgänge zu codieren, sie auf der technischen Ebene mit Schrifttexten zusammenzuführen und damit **multimediale Texte** zu erzeugen. Die Entwicklung scheint dabei einer Wunschkonstellation (Winkler 1997) zu folgen, die auf die Verwirklichung eines **umfassenden Supermediums** hinausläuft. Für diese sehr verbreitete Vorstellung (vgl. Zielinski 1989) hat Achim Bühl fünf Paradigmenwechsel herausgearbeitet, die für diese Veränderungen stehen.

Mensch-Maschine-Schnittstellen

	1. Paradigmenwechsel	2. Paradigmenwechsel	3. Paradigmenwechsel	4. Paradigmenwechsel	5. Paradigmenwechsel
Beschreibung	Batch-Großrechner	Terminal-Großrechner	PC	vernetzter, multimedialer PC	Virtual Reality
Verarbeitung	Stapelbetrieb	Time-Sharing-Betrieb	Single-User-Mode	Netzbetrieb	Agenten, künstliche Intelligenz
Jahrzehnt	1960–69	1970–79	1980–89	1990–99	2000–
Standort	Computerraum	Terminalraum	Schreibtisch	variabel	virtuell
Anwender	Experten	Spezialisten	Einzelpersonen	Gruppe	virtuelle Subjekte
Schnittstelle	Kartenleser Magnetband	Terminals Tastatur	Bildschirm Menüs, Maus	Modems VR-Brille CD-ROM Videokarten	VR-Handschuh neuronale Schnittstelle
Datendarstellung	Großbuchstaben, Zahlen	Text, Vektorengrafik, Zeilenorientierung	Schriftsätze Rastergrafik Grafikorientierung	Handschrift Sprache	multidimensionale Symbole

Quelle: Bühl 1997, S. 102 f.

Auch wenn diese Übersicht schematisch und vor allem der prognostizierte fünfte Paradigmenwechsel problematisch ist, macht sie die vorhandene Dynamik gut sichtbar. Deutlich wird, dass Miniaturisierung der Rechner und ihre Vernetzung miteinander einhergehen.

17.2 Netze

Durch den Anschluss eines Computers an ein Netz wird dieser vom bloßen Arbeitsgerät eines Individuums zu einem **End- bzw. Teilgerät des Netzes,** oder anders gesagt: zu einem Terminal, mit dem man Texte von anderen ›Netzbewohnern‹ anfordern oder in den Speicher des eigenen Rechners laden, diese Texte wiederum mit eigenen Texten verbinden und eigene Texte an andere Adressaten schicken kann.

17.2.1 Zur Entstehung des Netzmediums

Anfangs stellten Computer »Unikate mit einer je eigenen Binnenstruktur« (Kammer 2001, S. 531) dar. Die Verbindung mehrerer Computer ergab sich aus zwei Bedürfnissen: Zum einen gab es (in den USA) in der Zeit des Kalten Krieges die

militärische Forderung, den Datenaustausch bei einer partiellen Zerstörung der Verbindungswege weiter zu ermöglichen und damit eine Kommandostruktur zu gewährleisten. Daraus entstand das Prinzip des dezentralen Netzes mit einer spezifischen Form des Datentransports. Zum anderen wollte man in der Forschung **die vorhandenen Ressourcen effektiver nutzen.**

Das **Prinzip des dezentralisierten Netzes** besteht darin, dass zur Versendung der Dateien diese in einzelne Datenpakete zerlegt werden. Diese Datenpakete werden mit Empfänger- und Absenderadressen versehen und jedes der einzelnen Datenpakete sucht sich den schnellsten Weg durch die vorhandenen Netzteile (und umgeht möglicherweise blockierte Netzstränge). Ende der 1960er Jahre entstand in den USA das erste ›**paketvermittelnde**‹ **Netz** (Arpanet), das vier Rechner an unterschiedlichen Orten miteinander verband. Der Betrieb wurde dadurch möglich, dass Übergabeprotokolle für den Transport der Dateien definiert und auf den Rechnern installiert wurden, so dass ein Datenaustausch stattfinden konnte (ebd., S. 532). 1972 wurde in Washington das Arpanet mit damals 40 Rechnern öffentlich vorgestellt und in der Folge immer weiter ausgebaut.

Da sich mit dem Netz nicht nur der Austausch von wissenschaftlichen Texten und Informationen betreiben ließ, sondern zusätzlich eine individuelle (teilweise auch private) Kommunikation entstand (Kammer 2001, S. 532), separierte man 1983 das militärische Netz Milnet und integrierte es in das Defense Data Work der USA, während das Arpanet den Wissenschaftlern überlassen blieb, das 1990 in das 1986 gegründete NSFnet (der National Science Foundation) integriert wurde (Fritz 2001, S. 27 ff.). Beim NSFnet entstand auch das Prinzip der Domain-Adressierung.

Die ursprünglich für den wissenschaftlichen und militärischen Datenaustausch geschaffenen Netze wurden von einer weitgehend homogenen Gruppe von Spezialisten der technischen und naturwissenschaftlichen Disziplinen genutzt. Auf deren Anspruchsniveau waren die Programme ausgerichtet. In den 1990er Jahren kam es mit der Öffnung der Netze für die kommerzielle und private Nutzung zu einer Veränderung durch stärker anwenderfreundliche Programme mit grafischen Benutzeroberflächen (insbesondere durch Windows von Microsoft). Diese Entwicklung wurde in den USA ab 1993 von der politischen Initiative gefördert, eine neue nationale Informationsinfrastruktur aufzubauen (der damalige US-Vizepräsident Al Gore prägte den Begriff des »Information Highway«). Mit der Vereinfachung der Nutzung durch neue Software wurde der **Übergang von einem nicht-kommerziellen Wissenschaftsnetz zu einem Universalnetz** eingeleitet, das von großen Teilen der Bevölkerung genutzt wird. Aus dieser Nutzungsverschiebung resultieren jedoch zahlreiche technische Probleme in der nicht einheitlich gewachsenen Netzstruktur.

Das **Internet** gewann an Bedeutung durch das europäische Kernforschungszentrum CERN, weil hier nach einem Konzept von Tim Berners-Lee das **World Wide Web** (WWW) entstand, bei dem ein Übergabeprotokoll verwendet wurde, um lokale Netzwerke in Genf, Cambridge und Pisa miteinander zu verbinden, das Anfang der 1990er Jahre als ›Hypertext Transfer Protocol‹ (HTTP) die Grundlage für das Internet lieferte. Es ermöglichte, verschiedene Texte miteinander zu verknüpfen. Mit Hilfe der von Marc Andresen entwickelten Internet-Browser Mosaic und Netscape konnten dann auch Bilder und Töne als Dateien miteinander verbunden und verschickt werden. Um diese Informationen speichern, bearbeiten und vermitteln zu können, ist das World Wide Web in einer standardisierten Programmsprache (Hypertext Markup Language – HTML) verfasst. Daneben bestehen andere Netze, die sich anderer Protokolle (und anderer Protokollsprachen) bedienen.

Das Internet besteht aus vielen einzelnen Netzen (oder auch Diensten). Neben dem World Wide Web sind z. B. zu nennen:

- das WAIS (Wide Area Information Server), ein Gemeinschaftsprojekt von Thinking Machines, Apple und Dow Jones seit 1989, um einen Online-Zugang zum Wall Street Journal zu ermöglichen (Gabriel 1997, S. 91), und
- Gopher, ein universitätsinternes Informationssystem der Universität von Minnesota, das seit 1991 besteht.
- Anfang der 1990er Jahre waren auch die für die Kommunikation wichtigen Dienste wie FTP (File Transfer Protocol), Telnet, News und E-Mail ausgebaut.

Der Ausbau der Netzstruktur muss in einem engen Zusammenhang mit der Globalisierung von Ökonomie, Politik und Kultur gesehen werden.

17.2.2 Netzstruktur

Kommunikationsnetze gab es schon vor der Entstehung des Internets. Das Telefon ist z. B. ein älteres Netzmedium, ähnlich stellte auch noch früher die Post des Fürsten von Thurn und Taxis ein Kommunikations- und Verkehrsnetz dar. Die Basis für das Internet – als ein für eine Massennutzung verwendetes Austauschsystem – ist damit die ohnehin schon bestehende intensive technische Vernetzung der Gesellschaft, auf ihr sitzt quasi das Internet als eine neue Struktur auf und verbindet die bisher getrennten Netze. Dem Netzmedium ist die Tendenz zur umfassenden globalen Ausdehnung eigen, es lässt aber auch durchaus separate Netze mit beschränktem Zugang (Local Area Network – LAN) zu.

Beim Auf- und Ausbau der Netze ging man zwei Wege: Zum einen wurden **eigenständige Netzverbindungen** aufgebaut, die auch heute noch den Datenverkehr zwischen den Universitäten und ihren internen Netzen regeln. In der Bundesrepublik entstand ab 1984 das Deutsche Forschungsnetz, die Bundesregierung investierte in den Ausbau des deutschen Wissenschaftsnetzes seit 1984 180 Mio. DM (Goldmann/Herwig/Hooffacker 1995, S. 69). Das BitNet, das 1981 zwischen der City University of New York, der Yale University und anderen Universitäten entstand und sich ab 1984 auf die israelischen und die europäischen Universitäten ausweitete, wurde später mit anderen Netzen zusammengelegt. Auch das britische »high-speed academic network« SuperJanet erweiterte sich mehrfach (zuletzt 2001 zum SuperJanet 4) (vgl. Dodge 2003). Hinzu kamen weitere ›eigene‹ Netze, weil vor allem für den E-Commerce und für ständig erreichbare Service-Dienste permanente Verbindungen (Standleitungen) benötigt wurden (Fritz 2001, S. 35 f.).

Zum anderen bediente man sich beim Ausbau der bereits bestehenden Kommunikationsnetze. Für den Einstieg wird vor allem das **Telefonnetz** genutzt, hinzu kommen weitere Möglichkeiten des elektrischen Datentransports über Seekabel, Satelliten, Funkübertragungen in unterschiedlichen Frequenzbereichen, die für das Internet genutzt werden. In den 1980er Jahren kamen zunehmend Glasfasernetze zum Einsatz. Auch an die Verwendung von Stromnetzen wurde gedacht. Seit einigen Jahren ist die Nutzung von Funknetzen (Wireless Lan) zu beobachten.

Überspitzt formuliert benutzt das Internet die bestehenden Kommunikationsnetze letztlich parasitär. Gerade darin begründet sich auch seine rasche Durchsetzbarkeit, weil für das neue Netzmedium keine grundsätzlich anderen und eigenen Distributionsstrukturen aufgebaut werden mussten (wie dies z. B. bei Radio und Fernsehen der Fall war), sondern die vorhandenen nur erweitert und intensiviert wurden. Die bestehenden Netze werden weiterhin in ihren ursprünglichen Funktionen benutzt. Die Online-Kommunikation tritt als **zusätzliche Funktion** hinzu, mit Hilfe von Software (Programmen) können die bestehenden Netze unterschiedlichster Art (bis zu den Stromnetzen) für die Online-Kommunikation genutzt werden. Durch zahlreiche technische Verbesserungen wurden die Datenübertragungskapazitäten der bestehenden Netze beträchtlich erweitert und in Kombination mit den neu aufgebauten Netzen entsteht eine **neue Distributionsform**.

Der Architektur des Internets liegt eine **Client-Server-Struktur** zu Grunde. Der Server (der Rechner eines Dienstleistungssystems, z. B. T-Online, AOL oder hamburg.de usf.) stellt einen Dienst bereit, den der Client nutzt. Der Client (Nutzer) erstellt und versendet, empfängt und verarbeitet die Datei, der Server übernimmt die Speicherung der Datei auf dem Server-Rechner, den Transport sowie zusätzliche Bereitstellungen und Dienstleistungen. Ein Web-Server hält Informationsangebote bereit und bearbeitet die Anfragen des Web-Clients. Wenn der Client ein bestimmtes Dokument verlangt, schickt der Server es ihm und schließt danach wieder die Verbindung. Der Web-Browser des Clienten interpretiert die vom Server geschickten Daten und bildet sie als Text, Bild etc. auf der Bildschirmoberfläche ab (Fritz 2001, S. 40 f.).

Der Computer des Nutzers als ein Endpunkt des Netzes (Terminal) ist also mit einem **Server** verbunden, bei privaten Nutzern zumeist über das Telefonnetz. Der Server wiederum ist mit zentralen Sammel- und Verteilstellen (**Routern**) über Hochleistungsnetze verknüpft und leitet die Daten weiter. Zehn der weltweit dreizehn Root-Server stehen in den USA, zwei in Europa und einer in Japan. Es bildet sich also eine sternförmige Netzstruktur heraus, die wiederum durch zahlreiche Parallelleitungen und Querverbindungen Ausweichmöglichkeiten besitzt. Aus der Mischung der sternförmigen Netzstrukturen mit ringförmigen Strukturen sowie direkt ›vermaschten‹ Rechnern ist eine komplexe und unübersichtliche Netzstruktur mit zahlreichen ›Knoten‹ entstanden. Um z. B. eine Information an eine Adresse yahoo.com zu schicken, wird die Datei in Deutschland über vielleicht 20 verschiedene Rechner zu Übergabepunkten (*peer points*) bis zu einem Router geleitet, der die Datei per Satellit oder Kabel in die USA weiterleitet, wo sie über weitere Rechner bis zu Yahoo gelangt. Von dort kommt die Antwortdatei den gleichen oder einen leicht veränderten Weg wieder zurück.

Neben dem Internet gibt es zahlreiche andere Netze, die nur unter bestimmten Bedingungen oder vielen Netzbenutzern überhaupt nicht zugänglich sind. So wie die Forschungsinstitutionen in den 1980er Jahren ein internes Netz zur Verständigung aufgebaut hatten, zu dem selbstverständlich nicht alle Netzbenutzer Zutritt hatten, bestehen heute in vielen Forschungseinrichtungen, aber auch in Unternehmen und Verbänden Informationsnetze, die nur für die dort Arbeitenden zugänglich sind (diese Netze werden **Intranets** genannt).

Um den Datentransport zu ermöglichen, muss der Benutzer seine Anfragen (Dateien) mit **identifizierbaren Adressen** versehen. Diese werden mit den einzelnen Datenpaketen, in die eine zu verschickende Datei zerlegt wird, verbunden und über die Netzrouten an den Adressaten verschickt. Dabei können die Datenpakete unterschiedliche Wege durch das Netz wählen. Beim Adressaten bzw. dem ihm vorgeschalteten Server werden sie wieder zusammengesetzt. Da die Adressierung der zu verschickenden Datenpakete eindeutig sein muss, sollen diese auch wirklich das Ziel erreichen, können Adressen z. B. nicht mehrfach vergeben werden. **Institutionen** müssen diese Adressen vergeben, über ihre Vergabe ›Buch führen‹ und das Netz so weit strukturieren, dass die Adressen auch automatisch zugeordnet werden. Von 1993 bis 1998 war dafür das Internet Network Information Center (InterNic) in den USA verantwortlich, die die Adressenvergabe in Deutschland an das Deutsche Network Information Center (Denic) delegiert hatte. Seit 1999 ist die Adressvergabe dezentralisiert, für die Top Level Domains .com, .net und .org ist Internet Corporation for Assigned Names and Numbers (ICANN) zuständig (Fritz 2001, S. 34).

17.3 Hybridmedium

Indem der Computer zu einem Zugangs- und Endgerät des Netzes wurde, indem sich also der zuvor nur als Speicher- und Bearbeitungsmittel individuell genutzte Computer um die Distributionsfunktion erweiterte, wurde er zu einem Kommunikationsmedium. Der Benutzer kommuniziert via Computer und Netz mit anderen Benutzern, die ebenfalls über ein Endgerät verfügen. Computer und Netz bilden damit eine mediale Einheit, wobei es zur medialen Besonderheit des Mediums gehört, dass der Computer auch weiterhin zur individuellen Nutzung des Schreibens, Betrachtens oder Spielens (z. B. bei den auf den Computer ladbaren Computerspielen) ohne Netzbenutzung verwendet werden kann. Auch wenn der Charakter des Netzmediums als Massenmedium umstritten ist (vgl. Rössler 2003, S. 505), sind die kommunikativen und medialen Funktionen unumstritten, die sowohl massenmediale als auch individualmediale Eigenschaften umfassen (Weischenberg 1998). Joachim R. Höflich (1997) hat deshalb von einem **Hybridmedium** gesprochen.

Von besonderer Bedeutung wurde die Entwicklung des **World Wide Web** (WWW), das vielfach mit dem Internet gleichgesetzt wird, aber einen speziellen Dienst darstellt. Ausgangspunkt war hier die Definition eines neuen Kommunikationsprotokolls, der Aufbau eines Testservers und die Erstellung einer Programmbibliothek sowie 1993 der WWW-Browser Mosaic, der als Oberfläche für die Navigation durch das Netz diente (Fritz 2001, S. 39). Das WWW ist eine Kombination von Hypermedia (Hypertext) und Multimedia. Hypertext ermöglicht ein ›Surfen‹ in andere Seiten mithilfe markierter Wörter (Links), die grafische Benutzeroberfläche ermöglicht ein einfaches Handhaben.

Neben den im **Hypertext** gegebenen textuellen Verknüpfungsformen (vgl. Kap. 7.5), die ermöglichen, dass man sich innerhalb eines thematischen oder argumentativen Zusammenhangs problemlos von einem zum nächsten Text (durch Anklicken der Hypertext-Adresse) bewegen kann, ohne erst selbst umständlich Verbindungen suchen und aufbauen zu müssen, bietet die Vernetzung weitere Formen: die Einrichtung von **Diskussionsforen, Newsgroups** und **Chatrooms**, wobei der Chat die gleichzeitige Netzbenutzung der Kommunikationspartner erfordert, sowie den Austausch von **elektronischen Briefen (E-Mails)**, die die Kommunikation als Austausch von Informationen, Meinungen etc. fördern und beschleunigen. Mit der Fülle der möglichen Informationskontakte, der Undurchsichtigkeit und mangelnden Übersichtlichkeit entstanden spezifische Programme, die das Suchen von unbekannten Texten (auf ein Stichwort hin) in einen zumeist begrenzten Teil des WWW ermöglichen (ohne dass dem Nutzer die Kriterien für die Auswahl der nachgewiesenen Texte vermittelt wird). Diese Programme werden metaphorisch als **Suchmaschine** (*search engines*) bezeichnet, weil vollautomatische Spiders (Robots) das WWW absuchen und Indexe erstellen. Eher spielerisch sind die elektronischen Helferlein, die **Avatare**, die den User beim Gebrauch von Programmen und Spielen unterstützen sollen (Boeing 1999).

Vor allem die Kombination dieser Möglichkeiten führte zu einem intensiven Ausbau der elektronischen Netze in den 1990er Jahren, neben der E-Mail-Kommuniktion war nun auch die Beteiligung an Chatforen und Newsgroups möglich. Die Perspektive der **Virtual Reality**, die Schaffung künstlicher, durch den Rechner selbst generierter Welten, wurde seit Mitte der 1990er Jahre diskutiert und als weitere Ausbaustufe formuliert (vgl. Bühl 1997, Bolz/Kittler/Tholen 1994), sie wird in Computerspielen und virtuellen Shopping Malls bereits ansatzweise realisiert.

Große technologische Anstrengungen wurden darauf verwendet, dem Computer/Netz-Medium Qualitäten und Eigenschaften des Films sowie der Programmmedien Radio und Fernsehen einschließlich der Möglichkeiten der Live-Vermittlung zu verschaffen. Dabei geht es vor allem darum, die riesigen Datenmengen, die ein digitalisierter Spielfilm umfasst, möglichst schnell zu transportieren und zu bearbeiten. Die Technologie des ›Streamings‹ (Dateien werden nicht erst vollständig geladen, sondern bereits während des Ladens auf dem Bildschirm gezeigt, so dass Filme, Radio- und Fernsehsendungen auch auf dem PC-Bildschirm zu betrachten sind) sowie der Einbau von Fernsehkarten in den Computer erlauben heute eine Präsentation **massenmedialer Angebote**.

Das Netzmedium ist insofern ein »**Integrationsmedium**« (Rössler 2003, S. 509), als es nicht nur unterschiedliche Formen der Kommunikation (Multimedia) mithilfe der Digitalisierung integriert, sondern auch unterschiedliche Märkte näher zueinander rückt und sie zudem über die Hypertext-Struktur intern miteinander verbindet (vgl. Kap. 7.5).

Das Medium Computer/Internet ist also bestimmbar durch

1. seine **Technik** (Medientechnik),
2. seine **Medialiät** (als Set spezifischer Eigenschaften) (vgl. Kap. 3.3) und
3. den **Gebrauch**, der von ihm gemacht wird (und zu Institutionalisierungen führt) (vgl. Kap. 17.7).

1. Bemerkenswert an der **Technik des Mediums** ist, dass sie sich – stärker als dies bei den Rundfunkmedien der Fall ist – als ein weitgehend ›**geschützter Bereich**‹ (*protected mode*) dem tieferen Verständnis und damit auch der Beeinflussung der meisten Nutzer entzieht. Zwar gibt es – wie schon bei der Einführung des Rund-funks – eine Gruppe von Medienbenutzern, die sich aktiv der Technologie anneh-men und insbesondere für den Gebrauch eigene Programme entwerfen und (teil-weise auch subversiv) anwenden, doch ist dieser technisch kenntnisreiche Gebrauch eher randständig und in starkem Maße mit der gesellschaftlichen Implantations-phase des Mediums verbunden.

2. Die **Medialität von Computer/Internet** besteht zum einen aus der Über-nahme der medialen Eigenschaften der schon vorhandenen Medien sowohl der Individual- als auch der Massenkommunikation, wobei ihre technisch neue Fas-sung auf der Basis der digitalen Speicherung, Bearbeitung und Vermittlung neue Eigenschaften erzeugt hat. Die Bildschirmbezogenheit des Fernsehens wurde auf-genommen und erweitert (Abkehr von der Zeilenübermittlung des analogen Fern-sehens) und der Live-Aspekt der Rundfunkmedien durch die Herstellung der Texte, Bilder und Töne in »Echtzeit« ersetzt, d. h., die Erzeugung durch den Rechner er-folgt so schnell, dass es vernachlässigbare Wartezeiten gibt bis Text, Bild und Ton auf dem Bildschirm erscheinen bzw. aus dem Lautsprecher kommen.

Als besondere **mediale Eigenschaft** des neuen Mediums sind vor allem fol-gende Aspekte herauszustellen:

- die **Erweiterung der Textmengen**, auf die der Mediennutzer zugreifen kann, die neue Selektions- und Vermittlungstechniken evoziert hat;
- die **neuen Möglichkeiten der Speicherung und Bearbeitung** von Texten sowie der **Erzeugung multimedialer Texte**;
- die **Verbindung von Individual- und Massenkommunikation**, bei der wech-selnd unterschiedliche Funktionen aufgerufen werden können;
- die **Interaktivität**, die den Gebrauch des Medium bestimmt.

Vor allem die **Interaktivität** wird als Spezifikum des neuen Mediums diskutiert. Sechs verschiedene Stufen der Interaktivität lassen sich dabei unterscheiden:

- Ein- und Ausschalten des Geräts, nutzerbestimmte Wechsel zwischen den An-geboten;
- Auswahl aus mehreren zeitversetzt ausgestrahlten Kanälen in einem Multi-Ka-nal- oder Multi-Perspektiv-Fernsehen;
- Empfang von wahlweise nutzbaren Zusatzinformationen zum Fernsehsignal, mit oder ohne Programmbezug;

- individueller Abruf von gespeicherten Inhalten (z. B. Media-on-demand);
- kommunikative Interaktion und aktive Benutzerführung mit direktem Rück-kanal (z. B. Videokonferenzsysteme und Internet);
- Kommunikationsinhalte werden durch den Nutzer direkt beeinflusst und ver-ändert (z. B. durch das Hinzufügen eigener Inhalte) (Böck-Bachfischer 1996, S. 12, Postel 2001, S. 8 f.)

17.4   Wunschkonstellationen und Utopien des neuen Mediums

Das Entstehen des Internets faszinierte in den 1990er Jahren ein wachsendes Publi-kum. Es erschien die Realisation aller Kommunikationsutopien zu versprechen, die sich seit den 1920er Jahren mit der Entwicklung neuer Medien verknüpft hat-ten: Man könne mit allen auf der Welt kommunizieren, sich selbst medial jederzeit äußern und von seinem Rechner aus problemlos an das Wissen der Welt gelangen (vgl. Kleinsteuber 1996).

Die Erwartungen an das neue Medium formulierten sich im Wesentlichen auf drei unterschiedlichen Ebenen: als **subjektbezogene Wünschen**, als **künstlich-ästhetische Versprechungen** und als **politisch-ökonomische Potenziale**.

Die visionären Vorstellungen waren nicht von Anfang an vorhanden, son-dern entwickelten sich erst langsam, da die Pioniere des Mediums erst einmal ihre eigenen Kommunikationsbedürfnisse befriedigen wollten. So schreiben z. B. Haf-ner/Lyon 1997 rückblickend zu der ›ungeplanten‹ Entstehung des E-Mail-Systems: »Die Schöpfer des Arpanet hatten keine große Vision; sie wollten kein erdum-spannendes Nachrichtensystem erfinden. Doch als die ersten paar Dutzend Knoten installiert waren, verwandelten die ersten Benutzer das System miteinander ver-bundener Computer in ein Instrument zur persönlichen wie fachbezogenen Kom-munikation. Die Benutzung des Arpanet als ausgefeiltes Postsystem war einfach ein guter Hack« (Hafner/Lyon 1997, S. 224 f.). Die Technologie des neuen Netz-mediums wurde erst in einem breiteren gesellschaftlichen Diskurs mit Visionen und Utopien aufgeladen, als sich die künstlerischen Konzepte einer neuen ›Virtuel-len Realität‹ mit den überhöhten Gebrauchsversprechen einer auf neue Absatz-märkte spekulierenden Medienindustrie und subjektiven Erlebniswünschen poten-tieller Nutzer trafen. In der Kombination der Erwartungen gelang es, das Internet mit dem **Image des Modernen, Zukunftsträchtigen** zu verbinden und damit auch gesellschaftlich durchzusetzen.

17.4.1   Subjektbezogene Erwartungen

Die Vorstellungen, die sich mit dem Internet verbanden, entsprachen **alten, anthro-pologisch begründeten Wunschvorstellungen**, sich mit Hilfe der Medien über weite Strecken schnell miteinander verständigen zu können, von möglichst über-all her alle nur denkbaren Informationen zu erhalten, dabei nicht nur ›passiv‹ von anderen ausgesuchte Angebote zu nutzen, sondern selbst die Angebote auszusuchen, in diese aktiv einzugreifen und sie verändern zu können – mit anderen Worten: kommunikativ im Sinne des Austauschgedankens zu sein. Wiederholt wird zur Legitimation eines solchen Begehrens eine Forderung aus Brechts ›Radiotheorie‹ zitiert, man könne nun endlich beim Internet aus dem Distributionsmedium (das dem Nutzer vorgefertigte Programme liefert) ein Kommunikationsmedium machen (vgl. Brecht 1927–32).

Für die **technisch Interessierten** stellte sich das Netzmedium als ein hoch komplexes technisches Medium heraus, das gleichwohl erlaubte, dass der technisch versierte Nutzer seinen Apparat selbst verändern und nach seinen Wünschen beeinflussen konnte. Diese Möglichkeit der technischen ›Manipulation‹ erweckte den Anschein von Herrschaft über die Technik. Das Medium erinnerte an die Bastelclubs zu Beginn der Durchsetzung des Radios, bei dem ebenfalls vom Radio ein technisches Faszinosum ausging und dies zahlreiche Amateurvereine entstehen ließ. Der Computer erlaubte sehr viel mehr als das Radio: Nicht nur das Schreiben von eigenen Programmen war möglich, sondern man konnte sich auch in andere Rechner einwählen und in diesen sogar Veränderungen vornehmen. ›Hacker‹ gelangten auf diese Weise sogar in abgeschottete militärische Rechner, so dass als Folge neue Programme zum Schutz und zur Abwehr solcher unerwünschten Kommunikation geschaffen werden mussten. Hier erhielten subversive Theorien ihre Nahrung.

Hinzu kam der durch das Internet ermöglichte Zugang zu Informationen jedweder Art und dies weltweit. Dabei war nicht die Qualität der Informationen entscheidend, im Gegenteil: Dass man als ›Surfer‹ durch die Informationswelten auch auf vieles stieß, was eher zweifelhaft war, erhöhte das eigene **Überlegenheitsgefühl** und bestätigte zugleich die Erkenntnis, dass die anderen Netzbenutzer auch nicht sehr viel schlauer waren als man selbst. Das ›Surfen‹ im Netz konnte zudem anonym erfolgen (dass die eigenen Daten überall gespeichert werden konnten, war für viele ohne Belang), so dass man sich als eine Art von **Informationsvoyeur** durch das Netz treiben lassen konnte.

Einstiegsvehikel für eine weitere Gruppe waren Videospiele, die rasch eine Erweiterung als **Computerspiele** fanden, an Omnipotenzwünsche der Nutzer appellierten und neue Herausforderungen an die Reaktionsfähigkeit der Nutzer stellten. Der Computer erschien als eine Art Gegner, den man durch seine Geschicklichkeit besiegen konnte und der durch immer neue Steigerungen der Ausstattung der Spiele und der von ihnen gesetzten Anforderungen Interesse, Aufmerksamkeit und Zeit der Nutzer band. Über die Computerspiele bildeten sich neue soziale Gemeinschaften mit eigenen Regeln und Ritualen.

Die immaterielle Welt der digitalen Zeichen schien die **alten Besitzunterschiede aufzuheben**, die Entmaterialisierung der Kommunikation versprach, Umweltbelastungen zu reduzieren (die Vision des »papierlosen« Büros), die Arbeit als Telearbeit flexibler sowie körperlich leichter zu machen und insgesamt mehr den Bedürfnissen der Arbeitnehmer anzupassen. Die Welt insgesamt schien dadurch freundlicher und friedlicher zu werden.

17.4.2 Ein neues Medium der Künste

Hinzu kamen weitere Visionen, die als **ästhetische Konzeptionen neuer medialer Welten** – der Virtuellen Realität, des Cyberspace, des Cyberpunks, des Cyborgs u. a. – von Autoren wie William Gibson (Gibson 1985), aber auch Künstlern wie Peter Weibel, Publizisten wie Florian Rötzer u. a. propagiert wurden. Alles schien denkbar. Alles schien möglich zu sein in einer neuen digitalen Welt. Da mit der neuen Technologie, die alle anderen Technologien aufzuheben und zu ersetzen schien, neue Sinnlichkeiten, neue Performances und neue Wissensformen möglich schienen, verbanden sich mit dem neuen Medium zahlreiche Phantasien einer veränderten neuen Welt, die bislang vor allem im Bereich der Science-Fiction gedacht worden waren.

Die aus der Digitalisierung entstehenden neuen medialen Techniken entfachten vor allem in den Künsten eine große Attraktivität. Zum einen, weil mit ihnen eine neue Materialität (besser: Immaterialität) verbunden ist und damit **neue Gestaltungsmöglichkeiten** evoziert werden, zum anderen, weil sie die Gestaltungsprozesse selbst radikal verändern und neu strukturieren. Neue multimediale Kombinationsmöglichkeiten sind entstanden, die sich zudem noch mit den theoretischen und literarischen Phantasien verbinden ließen.

Folgerichtig entstand die Vision, dass die »digitale Kunst« die bestehenden Künste aufhebe und »genealogisch mit dem Kino, dem Video und dem Fernsehen, mit dem Theater und der Oper, mit dem Happening, der Performance und der kinetischen Kunst verbunden« sei. Die digitale Kunst sei geeignet, »die einzelnen Kunstformen in eine integrale Kunstform zu verschmelzen« (Rötzer/Weibel 1993, S. 11). Das »hypermediale Kunstwerk« wurde zum Ideal vieler Theoretiker. In den 1990er Jahren entstanden zahlreiche Theorien über den Cyberspace (Aukstakalnis/Blatner 1994), eine neue digitale Spielkultur (Rötzer 1995), die Hyperkultur (Klepper/Mayer/Schneck 1996) bis hin zur Cyber-Moderne (Faßler 1999) u. a. m. Der Medientheoretiker Manfred Faßler rief 1999 sogar einen »Cybernetic Turn« aus (Faßler 1999, S. 11 ff.).

17.4.3 Politische und ökonomische Erwartungen

An die Vision eines neuen Kommunikationsmediums knüpften **politische Utopien** an, mit dem Netz könne eine direktere und damit intensivere Bürgerbeteiligung am politischen Geschehen (cyberdemocracy) entstehen. Die Gesellschaft sei auf dem Wege in eine »Cybersociety« (Bühl 1996) und das Internet ermögliche den Wechsel von einer (vom Fernsehen dominierten) Zuschauerdemokratie zu einer »Beteiligungsdemokratie« (Leggewie/Mahr 1998). In den Computernetzen könne ein *free flow of information* stattfinden, an dem alle Menschen in allen Ländern teilhaben und in dem sich »antihierarchische Reden« ausbreiten könnten (Borchers 1995). Es bildeten sich jedoch rasch Regeln für die Kommunikation (›Netiquette‹) heraus, und am Ende der 90er Jahre wurde das Problem des Eingriffs von Moderatoren in die Diskussion auf Foren erörtert, schließlich auch das der Zensur und staatlicher Reglementierungen. Subversion wurde nur so lange zugelassen, wie sie nicht den Status quo gefährdete. Die Hoffnung, die Klaus Plake u. a. haben, dass sich durch die Internet-Öffentlichkeiten Macht relativiere und dass Propaganda durch das »Monitoring einer globalen Öffentlichkeit« (Plake/Jansen/Schuhmacher 2001, S. 153 ff.) im Netz an ihr Ende gekommen sei, ist eher skeptisch einzuschätzen.

Daneben entstanden auch **ökonomische Phantasien** eines neuen E-Commerce mit einem schier grenzenlosen Ausbau eines globalen Marketings, in denen vor allem aus der Virtualität selbst eine ganz neue Art der Ökonomie entstehen würde. Diese Utopien wurden vor allem von Politik und Wirtschaft gepflegt, die von der Etablierung eines neuen Mediensystems **neue ökonomische Impulse** erwarteten:

- Zum einen eine Revolutionierung der bestehenden Produktion und Distribution durch eine Beschleunigung produktionsinterner Planungs- und Kommunikationsabläufe, durch die Rationalisierung von Produktionsvorgängen, durch die Etablierung neuer Distributionsmedien (inklusive der Werbung und der Produktinformation); zahlreiche Bereiche der Produktionsplanung, Vertriebsorganisation, Bürokommunikation sowie des Finanzwesens wurden grundlegend beeinflusst (vgl. Fritz 2001).
- Zum anderen durch die Schaffung eines neuen Bedarfs an medialen Unterhaltungs- und Informationsmedien und ein verstärktes Angebot digitaler Produkte.

Politik und Wirtschaft erhofften sich einen dauerhaften Wirtschaftsaufschwung, mit dem Internet schien sich sogar eine ›neue Ökonomie‹ zu etablieren (New Economy). »Nicht Einnahmen und Ausgaben für die umgeschlagenen Waren sollten darüber entscheiden, ob das Unternehmen als lukrativ angesehen wurde. Die Zahl tatsächlicher oder potentieller Kunden ist das Erfolgskriterium«, schrieb *Der Spiegel* (Scriba 2000, S. 121).

Der Zusammenbruch der ›New Economy‹ in den Jahren 2002/03 bedeutete jedoch kein Ende des E-Commerce, sondern nur dessen vorsichtigere und nüchternere Weiterentwicklung. Die hypertrophen Vorstellungen wichen einer stärkeren Realitätsorientierung. Es hatte sich gezeigt, dass auch im Bereich des Neuen Mediums die **Gesetze der alten Ökonomie** weiterhin gelten und es sich bei der vielfach kostenlosen Abgabe von Software und kostenlosen Nutzung des Mediums um traditionelle Strategien der Nutzergewinnung bei der Implementierung eines neuen Mediums handelte.

17.5 Das Netzmedium und seine Institutionen

Aufbau und Unterhalt dieser High-Tech-Anlagen (Server, Leitungssysteme etc.) sind kostenintensiv; um sie zu erbauen, zu warten und weiterzuentwickeln, bedarf es eines großen Kapitaleinsatzes, der nicht von Individuen zu leisten ist. Es handelt sich hier also um ein neues »**Industriesegment**, das seinen Schwerpunkt im Be-

reich der Datenverarbeitung hat und aufgrund von Kosten- und Wachstumsper-
spektiven ein ungeheures Potenzial verspricht« (Weischenberg 1998, S. 41), und
dabei gleichzeitig »um **Unternehmen neuen Typs**«, die weltweit agieren, dabei
»aber oft kaum sichtbar [sind], da keine großen Produktionsanlagen mit viel Personal unterhalten werden müssen« (ebd.).

17.5.1 Ökonomie des Netzes

Nichts ist so undurchsichtig wie die Ökonomie des Netzmediums, seine institutionellen Strukturen und Machtzentren. Sind bei den Zeitungen die Verlage, beim
Film die Produzenten, Verleiher, Kinotheaterkonzerne benennbar, sind bei den
Rundfunkmedien die öffentlich-rechtlichen und privatrechtlichen Anbieter längst
beschrieben und werden in der Zusammensetzung ihrer Eigentümer längst öffentlich diskutiert, so bleibt das Netzmedium weitgehend ohne Darstellung und
öffentliche Debatte. Damit verstärkt sich der Eindruck, als habe man es hier nicht
mit Unternehmensstrukturen zu tun, als sei alles einfach existent und ›irgendwie
frei‹ zugänglich und beliebig benutzbar.

Zu unterscheiden ist zwischen der **Ökonomie des Online-Mediums**, also wie
sich das Medium selbst finanziert und dessen Unternehmens- und Marktstrukturen aussehen, und der **Internetökonomie:** also der Frage, wie sich die Wirtschaft
des Netzes bedient und welche Folgen sich daraus für unterschiedliche Wirtschafts-
bereiche ergeben.

Die Frage »Wem gehört das Internet?« wurde wiederholt gestellt. Natürlich
sind Antworten wie »es gehört keinem« oder »es gehört allen, die es benutzen wollen« wenig hilfreich. Denn sie verdecken eher die tatsächlichen Strukturen, als dass
sie sie erhellen. Zu unterscheiden sind 1. Netzbetreiber, 2. Provider, die einen Zugang
zum Internet anbieten, 3. Software-Lieferanten, die für den Betrieb der Computer
und einzelner Internetdienste Programme anbieten, und 4. die Hardware-Lieferanten, die die technischen Geräte stellen. Hinzu kommen einige Institutionen, die
das Funktionieren des Netzes aufrechterhalten.

1. Die **Netze** als Teilnetze gehören zum einen staatlichen Einrichtungen,
den Universitäten, dann auch Organisationen, Unternehmen und Privatpersonen.
Grundlage des Netzes sind die Kabelsysteme, deren Eigentümer häufig die Telefongesellschaften sind. Die drei größten sind die amerikanischen Unternehmen
MCI, Alternet/UNet und Sprint, danach kommen AT&T, British Telecom und
die Deutsche Telekom sowie weitere Unternehmen. Die drei größten Unternehmen sind untereinander verknüpft (›peeren‹ miteinander), alle anderen dürfen
nur an definierten Peering-Points gegen Entgelt empfangen und senden. Das
Geld im Internet wird also vor allem mit den Telefonnetzen verdient. Die Telefongesellschaften (vor allem AT&T) haben seit den 1980er Jahren neue weltweit
verlegte Glasfaserkabel in Betrieb genommen, bei denen die Informationen nicht
mehr als elektrische Impulse, sondern als optische Signale weitergegeben werden, z. B. bei dem Seekabel Flag (Fiberoptic link around the world) zwischen
Europa und Japan.

2. Die **Provider** sind Dienstleister, die den Zugang organisieren. Hier sind zunächst die großen Telefongesellschaften selbst mit eigenen Providern (z. B. T-Online der Deutschen Telekom) vertreten, dann aber auch eigenständige große Unternehmen wie z. B. American Online (AOL). Daneben gibt es zahlreiche mittlere und kleine Provider, die den Zugang zum Netz ermöglichen. Sie stellen Server, Zusatzprogramme und Dienste zur Verfügung und finanzieren sich durch die Gebühren der User, die Zugangsleistungen und Dienste des Providers in der Regel abonnieren. Die Provider finanzieren sich außerdem über die Werbung auf ihren Seiten und dadurch, dass sie Internetauftritte von Firmen etc. in ihren Portalen platzieren. Um diese Provider herum haben sich zahlreiche, dem Online-Medium zuarbeitende Unternehmen angesiedelt, die Webdesign und Webpublishing betreiben und die inhaltliche Darstellung für die Anbieter im Netz aufbereiten.

3. Die **Software-Lieferanten** vertreiben die Programme für die Computer und die Netzunternehmen. Wichtigster Lieferant ist der Microsoft-Konzern, der es durch die Entwicklung von anwenderfreundlichen grafikorientierten Programmen (Windows, Internet Explorer) und vor allem deren aggressive Vermarktung geschafft hat, ein weitgehendes Monopol in diesem Bereich aufzubauen. Daneben konnte sich bislang immer noch, wenn auch mit einem kleinen Marktanteil, Macintosh halten, ein Unternehmen, das sowohl eigene Programme als auch eigene Rechner herstellt. Bei den Betriebs- und Anwendungsprogrammen ist der Code in der Regel nicht mehr offen gelegt. Damit wird zwar ein störungsfreier Gebrauch gesichert, es können aber auch Programmfunktionen mitgeliefert werden, die der User nicht wünscht, weil sie ihn in seinem Mediengebrauch ausspähen und ohne sein Wissen Informationen über ihn nach außen liefern. Hier hat sich bereits eine kritische Öffentlichkeit gebildet. Auf der Ebene der Serverprogramme ist eine solche Monopolstellung weniger eindeutig. Hier verlor die Webserver-Software von Microsoft seit dem Ende der 1990er Jahre gegenüber der kostenlos abgegebenen Server-Software Apache an Boden. Eine entsprechende Entwicklung im User-Bereich, durch die Unix-Programme initiiert, ist noch nicht sehr erfolgreich.

4. Bei den **Hardware-Lieferanten** ist zu unterscheiden zwischen den Computerherstellern, die Endgeräte produzieren und in einem heftigen Verdrängungswettbewerb stehen (der anfangs führende Konzern IBM gab seine Vormachtstellung an zahlreiche kleinere Konzerne ab), und den Lieferanten der Internettechnik, die durch ihre Technologie großen Einfluss auf die Netze haben. Fast 80 % aller Router werden z. B. vom kalifornischen Konzern Cisco Systems hergestellt, der damit den weltweiten Datenverkehr prägt.

Neben seinen physikalischen Gegebenheiten (hardware) besteht das Netz auch aus **Regeln und Standards**, den Protokollen und Vereinbarungen (software), ohne die es nicht funktionieren würde. Diese Standards werden in den Quellcodes offen gelegt (Request for Comment – RFC). Ihre Zugänglichkeit ist dann in Gefahr, wenn große Konzerne den Zugang zur Technik monopolisieren und die Programmstrukturen nicht mehr offen legen. Im **World Wide Web Consortium** (W3C), 1994 am Massachusetts Institute of Technology gegründet, sind heute 370 Institute und

Firmen zusammengeschlossen und legen gemeinsam die Regeln fest, nach denen das Web funktioniert.

Eine Art ›**Internetregierung**‹ besteht in der ICANN, die für die Domain-Systeme, die Internetprotokolle und die Überwachung der Rootserver zuständig ist. Zwar wurden in dieses Gremium nach einer öffentlichen Diskussion in den vergangenen Jahren in einer direkten Online-Wahl fünf der Direktoren durch die User gewählt, aber deren Amtszeit ist 2002 ausgelaufen. Im ICANN bestimmen heute vor allem die amerikanische Regierung und die amerikanische Wirtschaft, denn das Internet ist immer noch vor allem ein »›Kind‹ der USA« (all4homepages.de 2003). Vor allem bei der Vergabe neuer Top Level Domains (»aero«, »biz«, »coop«, »infor«, »museum«, »name« und »pro«) gab es massive Einflussnahmen der amerikanischen Wirtschaft. Die Erweiterungen machen auch deutlich, dass es für die Systematik und Zuteilung keine verbindlichen Methoden gibt (Lischka 2003). Alternative Unternehmen, die andere Top Level Domains etablieren wollen (wie z. B. die deutsche Firma Beat-Nic oder das amerikanische News.net), haben sich bislang nicht durchsetzen können.

17.5.2 Internetökonomie

Das Interesse an der Ökonomie des Netzes ist deshalb nicht groß, weil das Netz vielen als ›bloße technische Apparatur‹ erscheint, die keinen Einfluss auf die Inhalte habe. Auch wenn Adressenvergabe, Standardisierung der Rahmen der Internetseiten (Frames), Form und Kosten des Datentransports etc. durchaus Bedeutung für die Inhalte haben, konzentriert sich das Interesse der öffentlichen Aufmerksamkeit vor allem auf die Internetökonomie, weil es bei ihr um die Anbieter und Abnehmer von Internetangeboten geht.

Mit Internetökonomie ist der **Einsatz des Internets in unterschiedlichen Wirtschaftsbereichen** gemeint. Das Internet wird genutzt als neues Kommunikationsmittel: Mit ihm

- kann Werbung betrieben werden;
- können die Anbieter von Waren und Dienstleistungen schier unbegrenzt und jederzeit veränderbar Informationen über ihre Angebote dem Netznutzer präsentieren;
- können sie ihre Inhalte weitgehend unabhängig von der Einflussnahme der Institutionen der Medien darbieten;
- erhalten sie Informationen über die Nutzer, die ihre Internetseiten mit den Angeboten besuchen, und können daraus ein Profil der Interessenten gewinnen;
- können die Nutzer per Link direkt Bestell-, Kauf- und Bezahlvorgänge durchführen (zum Internet-Marketing vgl. Fritz 2001).

Das Netz wird damit zu einem Marktplatz mit einem eigenen Geschehen. Wesentliche Voraussetzung dafür war die Durchsetzung des Kreditkartensystems als einer Form des elektronischen Geldes. E-Commerce konzentriert sich vor allem auf standardisierte, nicht verderbliche Produkte (z. B. Bücher, Unterhaltungsproduktionen, Kleidung, Computer), Serviceleistungen (Reservierung und Buchen von Reisen) und Finanzgeschäfte (Online-Banking). Hinzu kommen Anzeigenmärkte, Gebrauchtwarenbörsen, Online-Auktionen etc. Der größte Umsatz entsteht weniger im Geschäft mit ›Endverbrauchern‹, sondern mehr im Business-to-Business-Bereich (ebd., S. 19). Im Jahre 1999 sollen die Online-Unternehmen allein 6 Mrd. DM ausgegeben haben, nur um ihren Namen im Netz bekannt zu machen (Scriba 2000, S. 121). Trotz der Rückschläge im Internet-Marketing in den Jahren 2002/03 hat das Online-Shopping und E-Banking zugenommen. 62 % aller Internet-Nutzer sollen nach einer Studie des US-Marktforschungsunternehmens Ipso-Reid schon einmal online eingekauft haben (Schotzger 2003a).

Mit den Online-Märkten entstehen neue Kommunikations- und Marktstrukturen. Unternehmen nutzen verstärkt die anderen Medien, um auf Internetdarstellungen aufmerksam zu machen. Formen der ›crossmedialen‹ Mischung haben in den letzen Jahren zugenommen und werden inzwischen von den Medienunternehmen auch gezielt gesucht.

17.6   Die ›alten‹ Medien online

Ein Beispiel für eine derartige Verkoppelung von älteren Medien und Internet stellen die Internet-Auftritte von Kino, Fernsehen, Radio und Presse dar. Sehr schnell nach Durchsetzung des Netzmediums als ein auch privat genutztes Medium legten sich die gesellschaftlich etablierten Massenmedien ›Internetauftritte‹ zu. Dies ist zunächst durchaus nicht selbstverständlich gewesen, besitzen diese Medien doch selbst bereits eine eigene mediale Öffentlichkeit, um ein Publikum zu erreichen. Sie nutzen das Internet und andere digitale Formen als **Komplementärmedium**: vor allem, um **Informationen über ihre Programme** zu vermitteln, es also als selbst gesteuerten Ersatz der Programmzeitschriften anzubieten und auf diese Weise unbeeinflusst von Dritten ihre Informationen an das Publikum zu vermitteln. Kurzfristig können Programmänderungen verbreitet und in größerem Umfang zusätzliche Informationen zu einzelnen Themen angeboten werden.

Hinzu kommen weitere Funktionen. Möglich wurde es jetzt, über Sendungen anschließend im Netz weiter zu diskutieren, also **Chatgroups** einzurichten. Hier waren zunächst weniger die Medienanbieter selbst aktiv, sondern Fangruppen einzelner Sendungen (zumeist Serien) gründeten eigene Fan-Homepages mit Chatrooms, in denen sich die **Fan-Community** über das Medienprodukt verständigte. Dieses Kommunikationsbedürfnis greifen viele Medienunternehmen auf, um Informationen über mögliche Vorlieben und Zuschauerbedürfnisse zu erlangen. Die von den Medien organisierten Chatrooms (etwa im Anschluss an die Harald-Schmidt-Show oder die Polittalkshow Sabine Christiansen) sind in der Regel moderiert, d. h., sie werden vorsortiert und gesteuert.

Weitere Formen sind **Themenarchive und Sendungsarchive**. Hier können Nutzer z. B. die Themen von Tagesschau- und Tagesthemensendungen vergangener Tage und Wochen, aber auch einzelne Zeitungsartikel eines kurzfristig zurückliegenden Zeitraums erkunden, können zusätzlich Informationsmaterialien (z. B.

bei Ratgebersendungen) erhalten usf. Dies gilt insbesondere für die Rundfunkmedien, wodurch wiederum deren Eigenart als zeitbezogene Programmmedien sichtbar wird.

In der weiteren Entwicklung haben sich aus dieser Zusammenarbeit von älteren Medien und Netz **neue und eigenständige Formen der Medienkommunikation** ergeben, etwa wenn Internet-Serien kreiert werden oder neue Formen der Informationsvermittlung im Netz entstehen, die vom Radio oder vom Fernsehen angeregt, im Netz aber interaktiv betrieben werden können.

Auch entstehen **neue Formen der Mediennutzung**, bei der die Programmmedien einen massenmedialen Einstieg in einen Themenbereich bieten und über das Internet eine daran anschließende Form von themenzentrierter elektronischer Gemeinschaft ermöglichen, in der unterschiedliche Formen des Mediengebrauchs – Abruf von Informationen, Austausch im Chat und Versenden von E-Mails – nebeneinander genutzt werden. In den letzten Jahren haben sich zusätzliche **Cross-over-Kombinationen** ergeben. So bietet z. B. der Musiksender VIVA zusammen mit der Zeitung *Bild am Sonntag* ein Chatforum an, die Programmzeitschrift *TV Movie* zusammen mit dem Fernsehsender RTL II einen SMS-Chat, bei dem die Nutzer Kurznachrichten mit dem Handy verschicken können. Hier erschließen sich die beteiligten Unternehmen über die Telefongebühren zusätzliche Einnahmequellen (Breunig 2003, S. 51). Weitere Kombinationsmöglichkeiten sind denkbar und führen zu komplexen Verkoppelungen unterschiedlicher Medien.

Die Nutzer gebrauchen das Netzmedium auch in Verbindung mit anderen Medien. Nach statistischen Erhebungen wird das Netz dazu verwendet, Musik anzuhören und ›herunterzuladen‹ (Musik-Downloads) (44 % der Internet-User), sowie zunehmend auch, um sich Videos und Bilder zu beschaffen oder zu verschicken (67 %), Online-Games zu spielen (38 %) und Musikdateien auf CDs zu ›brennen‹ (24 %) (Schotzger 2003a).

17.7   Online-Nutzung

Die Nutzung des Netzmediums spielt in vielen Lebens- und Arbeitsbereichen eine wichtige Rolle. Wie bei den anderen Medien auch entwickeln sich unterschiedliche Nutzungsformen, beim Computer/Internet unterschiedliche »Computerstile« (Bühl 1999).

Ende 2002 hatten nach einer Nielsen-Studie, die in 11 Ländern durchgeführt wurde, in diesen Ländern 580 Mio. Menschen Zugang zum Netz, davon in den USA 168,6 Mio. (29 Prozent); in Europa mit 135,3 Mio. (23 Prozent) hat inzwischen Deutschland mit 41,8 Mio. Usern den höchsten Anteil. Asien ist mit 75,5 Mio. (13 Prozent) und Lateinamerika mit 14,3 Mio. (2 Prozent) beteiligt (Schotzger 2003b). Erkennbar sind eine rasche Ausbreitung des Mediums sowie ein starker Anstieg der Nutzungszeiten.

Auffällig ist, dass in den kleineren europäischen Ländern die Internetverbreitung pro Kopf deutlich höher ist als in den größeren Ländern wie Deutschland und Großbritannien, ebenso hat sich herausgestellt, dass in diesem in starkem

Onlinenutzung in Deutschland					
	in Mio.	in Prozent	durchschnittl. tägl. Nutzung in Min.		
			werktags	Wochenenden	Mo–So
1997	4,1	6,5	71	87	76
1998	6,6	10,4	76	80	77
1999	11,2	17,7	82	85	83
2000	18,3	28,6	91	90	91
2001	24,8	38,8	104	114	107
2002	28,3	44,1	112	144	121
Quelle: Media Perspektiven Basisdaten 2002, S. 83					

Maße internationalisierten Netz die Nutzung »inhaltlich überwiegend nach nationalen bzw. nach sprachräumlichen Verweismustern funktioniert« (Zimmer 2002, S. 141 f.)

Gegenüber dem Modell der Massenkommunikation, wie es für Radio und Fernsehen gilt, ist für die Online-Kommunikation das Modell **elektronisch medialisierter Gemeinschaften** angemessener, bei dem die starre Rollentrennung zwischen Kommunikator und Rezipient aufgehoben ist. Das Publikum wird zur elektronischen Gemeinschaft, tendenziell geht der Charakter des Öffentlichen verloren oder wird zumindest im Bereich des E-Mails und der Mailinglisten in Relation zum Privaten unscharf.

Seit den 1990er Jahren werden die **Online-Nutzer** in einschlägigen Studien (GfK-Online-Monitor, ARD/ZDF-Online-Studie) regelmäßig untersucht. Bis in die zweite Hälfte der 90er Jahre dominierte das Bild des jungen, männlichen, gebildeten, berufstätigen Nutzers. Dieses Profil hat sich mit der weiteren Ausbreitung der Internetnutzung immer stärker verloren, auch wenn die Teilnahme an der Online-Kommunikation weiterhin abhängig ist von den »klassischen Faktoren Alter, formaler Bildungsgrad und Berufstätigkeit« (Eimeren/Gerhard/Frees 2001, S. 384). Im Zentrum der Nutzung des Netzmediums stehen das Versenden und Empfangen von E-Mails, eine interessengeleitete Informationssuche, das Surfen im Netz, eine Nachfrage nach aktuellen Nachrichten, das Herunterladen von Dateien und in zunehmendem Maße die Abwicklung von Banktransaktionen (E-Banking) sowie der Kauf ausgewählter Waren (E-Commerce). Dabei spielen besonders die Online-Ableger der Massenmedien eine bedeutende Rolle, weil sie als Informationsquellen bei den Nutzern eingeführt sind, über einen redaktionellen Stab verfügen und dadurch seriöse aktuelle Informationen anbieten bzw. im Unterhaltungsbereich Zusatzinformationen zu bereits etablierten Stars und Marken liefern können.

Zu den Untersuchungen zur Nutzung der Netzkommunikation gehört auch die Erforschung der Aufmerksamkeitserzeugung durch die Gestaltung der Webseiten, die unter dem Begriff der **Usability** erfasst wird, hier aber vor allem der Schnelligkeit des Erfassens, der Verständlichkeit der Mitteilungen und der Beschleunigung der Kommunikation dient (vgl. Schweiger/Reisbeck 1999).

Grundlegende Literatur

Bolz, Norbert/Friedrich Kittler/Christoph Tholen (Hg.) 1994: Computer als Medium. München: Fink.

Fritz, Wolfgang [2]2001: Internet-Marketing und Electronic Commerce. Grundlagen – Rahmenbedingungen – Instrumente. Wiesbaden: Gabler.

Höflich, Joachim R. 1997: Zwischen massenmedialer und technisch vermittelter interpersonaler Kommunikation – der Computer als Hybridmedium und was die Menschen damit machen. In: Beck, Klaus/Gerhard Vowe (Hg.): Computernetze – ein Medium öffentlicher Kommunikation? Berlin: Spiess, S. 85–104.

Kammer, Manfred 2001: Geschichte der Digitalmedien. In: Schanze, Helmut (Hg.): Handbuch der Mediengeschichte. Stuttgart: Kröner, S. 519–554.

Neverla, Irene 1998: Das Netz-Medium. Kommunikationswissenschaftliche Aspekte eines Mediums in Entwicklung. Opladen/Wiesbaden: Westdeutscher Verlag.

Winkler, Hartmut 1997: Docuverse. Zur Medientheorie der Computer. München: Boer.

Rössler, Patrick 2003: Online-Kommunikation. In: Bentele, Günter/Hans-Bernd Brosius/Otfried Jarren (Hg.): Öffentliche Kommunikation. Handbuch Kommunikations- und Medienwissenschaft. Wiesbaden: Westdeutscher Verlag, S. 504–522.

Weitere zitierte Literatur

Aukstakalnis, Steve/David Blatner 1994: Cyberspace. Die Entdeckung künstlicher Welten. Köln: vgs.

Böck-Bachfischer, Nikola 1996: Interaktive Medien im elektronischen Medienmarkt. Diss. München.

Boeing, Nies 1999: Avatare und Agenten. In: Die Woche v. 21.5.1999.

Bolz, Norbert 1994: Computer als Medium – eine Einführung. In: Ders./Friedrich Kittler/Christoph Tholen, S. 9–16.

Borchers, Detlef 1995: Redeschlacht ohne Pardon. In: Die Zeit v. 13.1.1995.

Brecht, Bertolt 1927–1932: Radiotheorie von 1927 bis 1932. In: Ders.: Gesammelte Werke. Bd. 18: Schriften zur Literatur und Kunst I. Frankfurt a.M.: Suhrkamp, S. 117–134.

Breunig, Christian 2003: Onlineangebote für Jugendliche. In: Media Perspektiven (2003), H. 2, S. 50–66.

Bühl, Achim 1996: Cybersociety. Mythos und Realität der Informationsgesellschaft. Köln: PapyRossa.

Bühl, Achim 1997: Die virtuelle Gesellschaft. Opladen/Wiesbaden: Westdeutscher Verlag.

Bühl, Achim 1999: Computerstile. Vom individuellen Umgang mit dem PC im Alltag. Wiesbaden: Westdeutscher Verlag.

Coy, Wolfgang 1994: Aus der Vorgeschichte des Mediums Computer. In: Bolz/Kittler/Tholen 1994, S. 19–37.

Demmler, Kathrin/Günther Anfang 2003: Jugend im pädagogischen Netz. Jugendplattformen im Test. In: medien + erziehung 47. Jg. (2003), Nr. 2, S. 82–86.

Dodge, Martin 2003: Atlas of Cyberspaces. http://www.cybergeography.org

Eimeren, Birgit van/Heinz Gerhard/Beate Frees 2001: ARD/ZDF-Online-Studie 2001: Internetnutzung stark zweckgebunden. In: Media Perspektiven (2001), H. 8, S. 382–397.

Faßler, Manfred 1999: Cyber-Moderne. Medienevolution. Globale Netzwerke und die Künste der Kommunikation. Wien/New York: Springer.

Gabriel, Norbert 1997: Kulturwissenschaften und Neue Medien. Wissensvermittlung im digitalen Zeitalter. Darmstadt: Wissenschaftliche Buchgesellschaft.

Gibson, William 1985: Neuromancer (Roman). München: Heyne.

Goldmann, Martin/Claus Herwig/Gabriele Hooffacker 1995: Internet. Per Anhalter durch das globale Datennetz. Reinbek bei Hamburg: Rowohlt.

Hafner, Katie/Matthew Lyon 1997: Arpa Kadabra. Die Geschichte des Internet. Heidelberg: dpunkt.

Kleinsteuber, Hans J. (Hg.) 1996: Der »Information Superhighway«. Amerikanische Visionen und Erfahrungen. Opladen: Westdeutscher Verlag.

Klepper, Martin/Ruth Mayer/Ernst-Peter Schneck 1996: Hyperkultur. Zur Fiktion des Computerzeitalters. Berlin/New York: de Gruyter.

Leggewie, Claus/Christa Mahr 1998: Internet und Politik. Von der Zuschauer- zur Beteiligungsdemokratie. Köln: Bollmann.

Lischka, Konrad 2003: Scherzbolde im Whitehouse.net. In: Frankfurter Rundschau v. 21. 2. 2003, S. 14.

Plake, Klaus/Daniel Jansen/Birgit Schuhmacher 2001: Öffentlichkeit und Gegenöffentlichkeit im Internet. Politische Potenziale der Medienentwicklung. Wiesbaden: Westdeutscher Verlag.

Postel, Matthias 2001: Internet und Fernsehen. Vom asynchronen zum synchronen Content bei Live-Events. Münster/Hamburg/London: Lit.

Rötzer, Florian 1995: Schöne neue Welten? Auf dem Weg zu einer neuen Spielkultur. München: Boer.

Rötzer, Florian/Peter Weibel (Hg.) 1993: Cyberspace. Zum medialen Gesamtkunstwerk. München: Boer.

Schotzger, Erwin 2003a: Online-Shopping und E-banking weltweit immer beliebter. In: Pressetext Deutschland. http://www.pressetext.at/pte.mc?pte=030219033 (22. 2. 2003).

Schotzger, Erwin 2003b: Globale Webpopulation erreicht 580 Mio. In: Pressetext Deutschland. http://www.pressetext.at/pte.mc?pte=030221012 (22. 2. 2003).

Schweiger, Wolfgang/Monika Reisbeck 1999: Bannerwerbung im Web. Zum Einfluss der Faktoren Animation und Platzierung auf die Selektion. In: Wirth, Werner/Wolfgang Schweiger (Hg.): Selektion im Internet. Opladen: Westdeutscher Verlag, S. 221–248.

Scriba, Jürgen 2000: Spiel nach neuen Regeln. Das Internet beflügelt die Wirtschaft. In: Der Spiegel, Nr. 8, 2000, S. 120–122.

Weischenberg, Siegfried 1998: Pull, Push und Medien-Pfusch. Computerisierung – kommunikationswissenschaftlich revisited. In: Neverla 1998, S. 37–62.

Zielinski, Siegfried 1989: Audiovisionen. Kino und Fernsehen als Zwischenspiele in der Geschichte. Reinbek bei Hamburg: Rowohlt.

Zimmer, Jochen 2002: Die Entwicklung des Internets in globaler Perspektive. In: Hans Bredow Institut (Hg.): Internationales Jahrbuch Medien. Baden-Baden: Nomos, S. 138–148.

Teil V
Das wissenschaftliche Feld

18. Medienanalyse

Medienwissenschaft hat seit ihren Anfängen in den 1960er Jahren drei Hauptarbeitsbereiche umrissen: Medienanalyse, Medientheorie und Mediengeschichte. Diese Dreiteilung ist weitgehend Konsens unter den Medienwissenschaftlern der Zeit gewesen, so dass es dazu keiner systematischen Begründungen bedurfte. Diese Arbeitsbereiche bestehen auch heute, ihre Grenzen verschwimmen jedoch und werden durch zusätzliche Aspekte ergänzt, die die wissenschaftliche Auseinandersetzung mit den Medien in neuen Konstellationen denken. Sie werden meist von anderen Konzepten (Gender Studies, Cultural Studies) bestimmt und greifen dann Formen der drei zentralen Arbeitsbereiche der Medienwissenschaft auf.

Die Konzeptualisierung der Arbeitsbereiche erfolgt – wie bei allen neueren Wissenschaften – in Anlehnung an die von den älteren Wissenschaften entwickelten Begriffssysteme, Modelle und Verfahren. Diese drei Arbeitsfelder werden untereinander im engen Zusammenhang gesehen.

Medienanalyse setzt sich in zumeist exemplarischer Weise mit den Medienprodukten (z. B. einzelnen Filmen, Fernsehsendungen und Radiosendungen) auseinander und analysiert deren Bedeutungskonstruktionen, die Strukturen und die ästhetische Gestalt. Dazu entwickelte die Medienanalyse – in Anlehnung an text- und kulturwissenschaftliche Analysekonzepte der Literatur-, Theater-, Kunst- und Musikwissenschaft – ein eigenes Beschreibungs- und Begriffssystem. Sie überprüft (verifiziert oder falsifiziert) die allgemeinen Aussagen der Medientheorie und der Mediengeschichtsschreibung, indem sie sie am konkreten Produkt untersucht.

Medientheorie dagegen sucht nach den allgemeinen Merkmalen der Medien, ihren Strukturen und systematisiert die Aussagen über *den* Film, *den* Rundfunk, *das* Fernsehen oder *die* Medien. Medientheorie entstand in den Anfängen als Theorie einzelner Medien aus der Kritik an den Medien und ihren Produktionen (beim Film z. B. Balázs, Kracauer, Arnheim), ihre Vorbilder entnahm sie in der Frühzeit der Ästhetischen Theorie sowie den Kunsttheorien, später auch sozialwissenschaftlichen Theoriekonzepten. Die wissenschaftliche Theoriebildung veränderte die Ausgangskonzepte in den 1970er und 1980er Jahren mit Blick auf semiotische, kommunikations- und kulturwissenschaftliche Aspekte der Medien.

Mediengeschichte beschäftigt sich mit dem ›Gewordensein‹ der Medien, also der historischen Entwicklung der Medien, ihrer Geschichte. Medienwissenschaft geht von einer grundlegenden Historizität ihrer Gegenstände, aber auch ihrer Methoden und ihrer Theoriebildung aus. Die Erforschung der Geschichtlichkeit der Medien bildet ihre Basis. Sie orientiert sich dabei zum einen an literatur-, theater- und kunstwissenschaftlicher Geschichtsschreibung, zum andern an allgemein historiografischen Modellbildungen und Prinzipien, wie sie in der (allgemeinen) Geschichtswissenschaft entwickelt worden sind.

Medienanalyse betreibt die Erforschung der Einzelprodukte als **Basis für jede Theoriebildung**, die Theorie wiederum liefert die Basis für eine erkenntnisorientierte Analyse. Medienanalyse untersucht die Genese einer Medienproduktion als Beispiel für eine historisch verstandene Erkenntnis und interessiert sich für die Einbindung des einzelnen Produkts in einen historischen Kontext. Sie liefert damit das Material für die Geschichtsschreibung. Die allgemeine Geschichte bildet einen Rahmen für die Einordnung der analytischen Befunde der konkreten Analysen einzelner Medienproduktionen. Die Medientheorie sucht nach einer Systematisierung der durch die Mediengeschichtsschreibung bereitgestellten historischen Befunde im Sinne von historisch fundierten verallgemeinerten Aussagen über die Medien. Die Mediengeschichte nimmt wiederum die Theoriekonzepte als Orientierung für ihre historiografischen Untersuchungen.

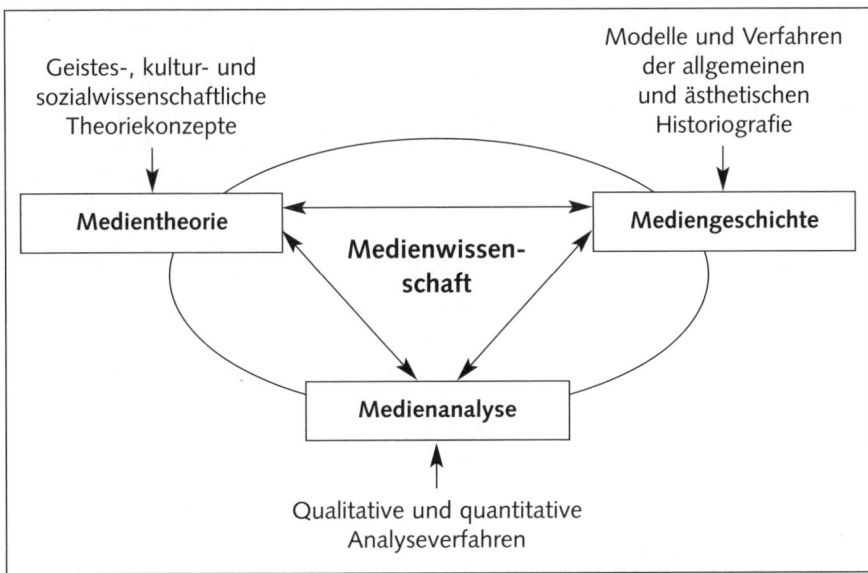

Zum Verhältnis von Analyse, Theorie und Geschichte

Diese ›Dreieinigkeit‹ von Medienanalyse, Medientheorie und Mediengeschichte stellt als Konstruktion zwangsläufig ein Idealmodell dar. Dieses differenzierte sich mit der weiteren Entwicklung der Medienwissenschaft in den 1980er und 1990er Jahren. Vereinzelt wurde es in Frage gestellt, wenn das in diesem Modell enthaltene Verhältnis von Besonderem und Allgemeinem, von Paradigmatik und Systematik neu eingeschätzt wurde. Gleichwohl bleibt es als ein heuristisches Modell erhalten.

Als ein solches, Medienwissenschaft strukturierendes Konzept, ist es sinnvoll, weil es durch die ihm eingeschriebene Arbeitsteilung eine Differenzierung von Methoden impliziert. In neueren Darstellungen wird gelegentlich unter dem Begriff ›Medienanalyse‹ eine gesamte Fachentwicklung in ihren zentralen Konzepten gefasst, so dass die Arbeitsfelder Medientheorie und Medienanalyse ununterscheidbar werden (vgl. Rosenstein 2002 vs. Rusch 2002). Ein solcher Verzicht auf Differenzierung erscheint problematisch.

Medienanalyse, Medientheorie und Mediengeschichte entstehen historisch aus der **Medienkritik**, die sich wiederum auf die älteren Traditionen der Literatur- und Theaterkritik seit dem 18. Jahrhundert berufen kann. Kritik verstand sich zunächst als Räsonnement des kritischen Bürgers, der die Kritik von Kunstprodukten zum Anlaß der Selbstfindung als Bürger und zum Diskurs über die Welt nahm. Kritik als Textkritik wurde bereits im 18. Jahrhundert zur »eigentlichen Vernunfttätigkeit« (Berghahn in Hohendahl 1985, S. 14), mit der Kritik wurde nicht nur ›Verständnis‹ des Textes im vordergründigen Sinn erzeugt, sondern in der Kritik (und später in der Analyse) etwas Anderes im Text zum Sprechen gebracht. Dieses Grundverständnis bleibt auch der Analyse als Medienanalyse erhalten.

Mit der Professionalisierung des Berufs des Kritikers (Habermas 1962, Hohendahl 1974, 1985) und dem Entstehen der auf die einzelnen technischen Medien bezogenen Medienkritik (vgl. Diederichs 1986, Grob/Prümm 1990, Hickethier 1994a) kam es auch hier zu einer **Funktionsdifferenzierung** zwischen der publizistischen, häufig auf den Tag bezogenen Rede über die Medien (vgl. Kap. 2.3.1) und der wissenschaftlichen Medienanalyse als analytischer Auseinandersetzung mit den Medienprodukten. Hintergrund der Entwicklung nach 1945 war vor allem die Auseinandersetzung der Kritischen Theorie mit den modernen Massenmedien, die dann auch die kritische Auseinandersetzung mit den Medien im universitären Zusammenhang stimulierte. Medienkritik, so führte z. B. Theodor W. Adorno am Beispiel der Filmkritik aus, habe »ihr Filmerlebnis als Formerlebnis« zu erfahren und zu beschreiben (zit. n. Frauen und Film H. 35/1983, S. 3).

18.1   Medienanalyse als wissenschaftliche Praxis

Analyse bedeutet Zerlegung eines Ganzen in seine Teile, meint aber auch die begriffliche Fassung eines Vorbegrifflichen, z. B. eines audiovisuellen medialen Produkts mit seinen vielfältigen nicht-sprachlichen Elementen, in eine in der Regel medial differente, zumeist sprachliche Beschreibung und Darstellung. Analyse ist also nicht nur ein Sprechen über mediale Gegenstandsbereiche, sondern beinhaltet häufig auch eine Transformation vorgefundener medialer Zeichenkomplexe in andere (meist sprachliche) Zeichen. Analyse ist deshalb häufig mit dem Prozess der Transkription verbunden, ist mit diesem jedoch nicht identisch.

Hans-Dieter Kübler hat ›Medienanalyse‹ »primär als Sammelbegriff für alle wissenschaftlichen Untersuchungen von Medien« bezeichnet, »sofern sie theoriegeleitet, möglichst verallgemeinerbar, nachprüfbar sind und sich dem wissenschaftlichen Diskurs stellen« (Kübler 2001, S. 43). Eine solche Definition erscheint zu umfassend, um operationabel werden zu können. Kübler hat den Analysebegriff auf die Produktanalyse eingeschränkt (ebd.).

Die Analyse eines Spiel- und Dokumentarfilms, eines Fernsehspiels oder einer Fernsehunterhaltungssendung, eines Hörspiels oder eines Features geht als Produktanalyse von einer abgeschlossenen Produktion aus. Ihre Untersuchung soll Erkenntnisse über die spezifische Struktur dieses einzelnen Produkts, die Eigenschaften des Mediums in einem erweiterten Sinne oder einem übergeordneten thematischen, stilistischen oder sonstigen Zusammenhang erzeugen.

Daneben hat sich mit der Weiterentwicklung der Medienwissenschaft die Analyse auch **auf andere Aspekte der Medien** ausgedehnt. Wenn von einer sektorialen Gliederung des Medienprozesses und in dessen Folge von einer sektorialen Gliederung der Medienanalyse ausgegangen wird, ist zu unterscheiden zwischen

- der **Analyse der Produktion** und einzelner Produktionsfaktoren und -prozesse (vgl. Kap. 10.1);
- der **Analyse der Technik,** der durch sie erzeugten Medialität und ihre Auswirkungen auf die Medienproduktionen, ihre Formen und Inhalte (vgl. Kap. 3.3);
- der **Analyse der Medienprodukte,** ihrer Inhalte und Gestaltung;
- der **Analyse der Rezeption** der Medienproduktionen und Wahrnehmung der Medien sowie ihrem Gebrauch (vgl. Kap. 10.2).

Hier geht es im Folgenden um allgemeine Aspekte der Produktanalyse. Im Vordergrund stehen kultur- und textwissenschaftlich ausgerichtete Analyseverfahren, weniger die sozialwissenschaftlichen Ansätze.

18.2   Das Exemplarische und das Allgemeine

Jedes Analysekonzept wird von dem Grundimpuls getragen, im jeweils Einzelnen und Besonderen das Allgemeine und Ganze sichtbar zu machen: In **kulturwissenschaftlichen Konzepten** wird das Einzelne als exemplarisch verstanden. An ihm, so die Grundannahme, stellen sich die Merkmale des Ganzen pars pro toto dar. Da das Ganze analytisch schwer zu fassen und auch in einem einzigen Analyseprozess nicht zu bewältigen ist, wird das Einzelne untersucht, wobei häufig »generalisierende Aussagen und Wertungen über Medien, Inhalte, Darstellungsweisen und Wirklichkeitsbilder« intendiert werden (Kübler 2001, S. 44). In **sozialwissenschaftlichen Konzepten** wird zwar eine größere Gruppe von Medienproduktionen in den Blick genommen, aus diesen werden aber nur methodisch stark isolierte Elemente ausgewählt, deren Häufigkeit innerhalb des Samples der untersuchten Medienprodukte nach unterschiedlichen Verfahren ausgezählt wird (vgl. Bonfadelli 2002, Mayring 2003).

Beruht der kulturwissenschaftliche Ansatz auf der Prämisse, das Ganze in seinem Aufscheinen im Einzelnen interpretativ sichtbar zu machen, so beruht der sozialwissenschaftliche Ansatz nach Max Weber (1911/1986) darauf, durch eine messende Erfassung kleinster Elemente zu ›gesicherten‹ Aussagen zu kommen und auf dieser Basis schließlich irgendwann zu einem komplexen Aussagesystem zu gelangen. Es liegt auf der Hand, dass die Gültigkeit der **Prämissen beider Ansätze** angezweifelt werden kann. Da es grundsätzlich jedoch keine alternativen Modelle gibt, können die Zweifel nur durch ständige methodische Reflexion im Verfahren der Analyse selbst eingeschränkt werden.

Beide Ansätze unterscheiden sich dahingehend, dass die exemplarisch vorgehende **interpretative Analyse** in den Medienprodukten vor allem ein eigenständiges Kulturprodukt sieht, das in seiner ästhetischen Beschaffenheit zu untersuchen ist, während die **quantitativ messende Analyse** im Medienprodukt vor allem einen Spiegel gesellschaftlicher Zustände und Konflikte sieht.

18.2.1 Die Funktion des Exemplarischen

Die exemplarisch vorgehende Medienanalyse greift auf alte Praktiken der kulturellen Überlieferung zurück, nach der kulturelles Wissen durch die **Vertiefung in kulturell zentral gesetzten Werken (Schriften und Bildern)** weitergegeben wird. Solche auch als kanonisch verstandenen Werke prägten die Schrift- und Bildkulturen seit der Antike. Seit den Anfängen der Interpretation haben sich die verwendeten Verfahren mehrfach gewandelt, auch hat die Bedeutung des Kanons von Schriften und Bildwerken abgenommen. Gleichwohl stellt das exemplarische Lernen eine weiterhin unbestrittene kulturelle Praxis dar.

In der Interpretation und Deutung der Werke wird **kulturelle Aneignung** praktiziert und kulturelle Kontinuität (durch eine Anverwandlung des kulturell Tradierten) hergestellt. Dabei setzt die exemplarisch vorgehende Analyse eine umfassende Kenntnis der kulturellen Traditionen und ästhetischen Kontexte voraus, um im Einzelnen das Allgemeine zu erkennen und es in der spezifischen Weise, in der es in diesem Einzelnen angesprochen, zitiert und einbezogen wird, sichtbar zu machen.

Als ein analytisches Verfahren hat sich diese Praxis spätestens seit Gotthold Ephraim Lessings *Hamburgischer Dramaturgie* etabliert (Lessing 1769/1985). Lessing hatte aus der Analyse und Interpretation von Dramentexten, Inszenierungen und Aufführungen ein dramaturgisches Regelwerk entwickelt. Er geht auf ›**induktive**‹ Weise vor, also von den Einzelwerken und ihren Phänomenen aus auf das Ganze schließend, nicht ›**deduktiv**‹, also von einer zuvor als allgemein gesetzten Theorie aus das Einzelne ableitend. Im einzelnen Fall, so ist bei einem solchen Vorgehen die Annahme, scheint das allgemeine Konzept, das theoretisch zu fassende Verständnis des Mediums (in Lessings Fall des Theaters) auf, deshalb war es auch durch die Analyse des einzelnen Produkts zu erkennen und zu kritisieren. Die exemplarisch untersuchten Beispiele bildeten auf diese Weise die Basis für ein neues allgemeines Konzept, eine Dramaturgie der Dramen (wie z. B. bei Lessing), eine Filmdramaturgie oder Filmtheorie oder eine Medientheorie.

Ein sich auf diese Tradition begründendes allgemeines Analysekonzept muss jedoch folgende Aspekte klären:

- Gibt es einen Kanon, der als solcher die Auswahl der zu analysierenden und für die Theoriebildung heranzuziehenden Werke bestimmt?
- Bildet sich der Gegenstandsbereich einer Medientheorie auch im zu Analysierenden, im Einzelprodukt so weit ab, so dass das für die Theoriebildung benö-

tigte Material tatsächlich wenigstens annähernd hinreichend aus Einzelanalysen gewonnen werden kann?

1. **Kanonexistenz und Kanonbedeutung.** In den Medien gibt es heute keinen verbindlichen Kanon zentraler Werke mehr, an denen sich eine allgemeine Theorie der Medien entwickeln ließe. Die Zentren der jeweiligen Medienproduktwelt werden ganz unterschiedlich gesehen. Besteht der Kanon der Filme z. B. aus den »hundert besten Filmen«, die häufig von Filmzeitschriften und Filmpublizisten im Zehnjahresabstand zusammengestellt werden? Handelt es sich dabei nur um einen Kanon der deutschen oder europäischen Filme oder einen des Hollywood-Kinos?

Bei den Kanonbildungen spielt oft die nationale Herkunft (und filmische Kenntnis) des Autors der Kanonliste eine Rolle. Und was definiert die Aufnahme eines Films in den Kanon: sein ökonomischer Erfolg, seine ästhetische Gestaltung, seine Bedeutung für die filmgeschichtliche Entwicklung der Filmgestaltung, seine Beliebtheit bei einem Publikum? Die Kriterien können unterschiedlich gesetzt werden. Aber es gibt auch ganz grundsätzliche Fragen: Wird nicht heute die Theorieentwicklung eher von der Peripherie des Mediums, von ihren Grenzziehungen und Grenzüberschreitungen her bestimmt? Kanonlisten sind deshalb immer nur punktuelle und interessenbezogene Zusammenstellungen, deren Zustandekommen kritisch zu hinterfragen ist und deren Bedeutung allenfalls heuristisch ist.

2. **Analyse- und Theoriewissen.** Das aus exemplarischen Einzelanalysen gewonnene Wissen kann sich zwangsläufig nur auf diese einzelnen Werke beziehen und die in diesen realisierten allgemeinen Prinzipien eines Mediums. Das übergreifende Wissen, das bspw. Filmgruppen (Genres z. B.), intertextuelle und intermediale Zusammenhänge oder die technischen und organisatorischen Dimensionen eines Mediums betrifft, ist damit kaum zu erfassen. Die exemplarische Analyse von Einzelwerken bezieht sich infolgedessen hauptsächlich auf die ästhetischen Strukturen, also auf die ästhetische Gestaltung der Einzelprodukte (vgl. Schnell 2000), und sucht sich für die Produkte das nötige Kontextwissen als ein Wissen über die konkreten Produktions- und Rezeptionsbedingungen zu verschaffen: und damit auch über die konkreten ästhetischen Entscheidungen in diesem jeweiligen Einzelfall des Medienprodukts. Dieses Wissen ist wiederum mit dem Wissen über die allgemeinen Produktions- und Rezeptionsbedingungen in Beziehung zu setzen, das wiederum durch die Synthese des Wissens von anderen Einzelfällen gewonnen und durch Generalisierungen entstanden ist.

18.2.2 Die Bedeutung theoretischer Kategorien

Für die Einzelanalyse werden heuristische Annahmen aus der Theorie und der Medienhistoriografie gewonnen. Sie lenken und organisieren die Ermittlung des jeweils konkreten Wissens um die Produktion und Rezeption des Einzelbeispiels. Um z. B. etwas über die Entstehung des Films »Metropolis« (D 1926) zu erfahren, muss man allgemein etwas über die Filmproduktion in der Weimarer Republik und etwas über die Ufa als Filmproduzentin wissen, und man muss Kategorien zur Betrachtung des Stummfilms zur Verfügung haben.

Für die exemplarische Analyse eines medialen Einzelprodukts gibt es – nach Medien verschieden – unterschiedlich umfangreiche Systematiken und Beschreibungsanleitungen, die Kategorien und Verfahren der Analyse bereitstellen. Am umfangreichsten sind **Beiträge zur Filmanalyse** vorhanden. Dies hängt mit der Entstehung der Medienwissenschaft zusammen. Neben unzähligen Einzelanalysen zu Filmen, die hier nicht annähernd systematisch erfasst werden können, gibt es für die Filmanalyse auch eine Reihe von Methoden- und Kategoriendarstellungen. Die Hinwendung von Medienwissenschaftlern aus den Literatur- und Theaterwissenschaften hat – mit ihrem Wechsel von schriftlichen zu audiovisuellen Analyseobjekten – zu verstärkten Anstrengungen der Kategorienbildung für die Erfassung der bewegten Bilder und Töne geführt. Seit den ersten methodischen Überlegungen von Gerd Albrecht (1964) sind zahlreiche Kategoriensysteme für die Analyse vorgestellt worden (Knilli/Reiss 1971, Faulstich 1976, 1988, Kuchenbuch 1978, Korte 1986, Hickethier 2001, Borstnar/Pabst/Wulff 2002), auch hat es wiederholt Beiträge zur methodischen Reflexion der Medienanalyse als Wissenschaftsfeld gegeben (Paech 1975, Korte/Faulstich 1988, Kanzog 1991).

Auffällig ist – und dies ist hier nur zu konstatieren –, dass es dabei vorrangig um die Darstellung und Differenzierung der Kategorien, weniger um Systematisierungen von Verfahrensanleitungen ging. Eine Ursache dafür ist darin zu sehen, dass die Debatte über die Methoden der Analysen stellvertretend für eine Diskussion der Filmtheorie als einer allgemeinen Theorie eines Mediums geführt wurde. Auch sind die hermeneutischen Verfahren insgesamt nur schwer in einer verbindlichen Systematisierung zu fassen.

Einführungen in die Fernsehanalyse sind zumeist aus einer Verlängerung der filmanalytischen Kategorienbildung entstanden (Knilli/Reiss 1971, Kübler 1979, Hickethier 1994b, Bauer/Ledig/Schaudig 1997, Hickethier 2001, Bostnar/Pabst/Wulff 2002), was seine Ursache in der medialen Nähe der Film- und Fernsehbilder hat.

Einführungen in die Hörfunkanalyse – vergleichbar den analytischen Kategoriensystemen für Film und Fernsehen – sind bislang allenfalls in Ansätzen vorhanden (Schätzlein 2000, Schmedes 2002).

Für das **Internet** gibt es zwar zahlreiche Arbeiten zu einzelnen Aspekten, aber eine systematische Einführung in die Analyse des Mediums Internet und seiner Produkte ist ebenfalls nur in Ansätzen sichtbar (Münker/Rösler 1997).

In den letzten Jahren sind auch Ansätze für eine **medienübergreifende Analysesystematik** entstanden. Die eher sach- als methodenorientierte Darstellung zum *Grundwissen Medien* (Faulstich 2002) ist vom gleichen Autor durch eine modulartig konstruierte Darstellung des gesamten wissenschaftlichen Feldes ergänzt worden (Faulstich 2003). Übergreifende Ansätze, die aber noch kein Analyseinstrumentarium bereitstellen, liegen von Claus Pias u. a. (1999), eher umschreibend auf die Kategorie der Poesie zielend auch von Jochen Hörisch (1999), auf die Kategorie der Ästhetik gerichtet von Ralf Schnell (2000) und auf die einer Universalität bezogen von Hans-Dieter Kübler (2000a, b) vor. Noch gehen die Ansätze weit auseinander, eine allgemeine Analysesystematik ist aus diesen ersten Konzeptualisierungen des medialen Zusammenhangs erst noch zu entwickeln. Die Einführung in die Medienwissenschaft (dessen 18. Kapitel Sie gerade lesen) versteht sich als ein kategorialer Aufriss dazu.

18.2.3 Die Bedeutung des Kontextwissens

Es wäre ein naives Verständnis, wollte man glauben, man müsste nur eine Vielzahl von Einzelanalysen durchführen, um aus der additiven Zusammenschau der Einzelergebnisse eine Theorie des Mediums zu gewinnen. **Allgemeines und fallbezogenes Wissen** gehen eine **Wechselbeziehung** miteinander ein. Generalisierungen müssen immer wieder auf ihre Gültigkeit für den Einzelfall überprüft werden, Einzelbefunde müssen sich auf ihre Generalisierungsfähigkeit hin befragen lassen. Aufgrund eines allgemein vorhandenen Wissens, dessen sich der Analysierende vergewissern muss, kommt er zu Annahmen für den Einzelfall, die er in der genauen Beschäftigung mit dem Produkt und den von ihm zu erschließenden Kontexten überprüft.

Es wurde bei einem solchen analytischen Vorgehen schon zwischen dem **Produkt**, seinen internen Strukturen (also der Thematik, den verwendeten Motiven, der ästhetischen Gestaltung etc.) und dem **produktbezogenen Kontext** unterschieden. Auch hier gilt: Der Analysierende betrachtet einen Film nicht allein nach den produktimmanenten Aspekten, sondern trägt immer Kategorien und Wissen von außen an diesen heran, über die er aufgrund seines allgemeinen kulturellen Wissens bzw. aufgrund speziell erworbener Kenntnisse verfügt. Dieses Kontextwissen ist möglichst genau zu verifizieren, weil in ein derartiges ›Vorwissen‹ häufig populäre Annahmen mit eingehen, die vielleicht in der Alltagsrede über die Medien (vgl. Kap. 2) Geltung haben, sich aber bei genauer Betrachtung nicht halten lassen, ja vielleicht nur Vorurteile und falsches Wissen darstellen oder in dem spezifisch zu untersuchenden Fall gerade nicht wirksam geworden sind.

Nicht immer lässt sich genaues produktbezogenes Kontextwissen für die jeweilige Analyse finden, zum einen, weil die gesuchten Angaben nicht dokumentiert sind, sie nicht allgemein zugänglich sind oder ihre Suche arbeitsökonomisch nicht vertretbar wäre. D. h., die eigentlich durch die Einzelanalyse beabsichtigte Überprüfung des allgemeinen Wissens im Bereich der Medientheorie und der Mediengeschichte kommt nur begrenzt zustande. Vor allem in Medienanalysen, die im universitären Rahmen (Seminararbeiten) durchgeführt werden, gibt es deshalb das Verfahren, eine **Interpolation** zwischen dem vorhandenen allgemeinen Wissen über Produktions- und Rezeptionsstrukturen, über ästhetische Traditionslinien und dem konkreten Fall herzustellen. D. h., es wird angenommen, dass die als allgemein angenommenen Bedingungen für eine Produktion auch in dem konkreten Einzelfall gelten. Als deutlich ausgewiesene Konstruktion sind solche Interpolationen möglich, sie verlangen jedoch letztlich implizit nach einer noch zu leistenden konkreten Verifikation. Kontextbereiche sind

- die **inhaltlichen** (thematischen und ästhetischen) Überlieferungen und Bezüge zu ähnlichen und vergleichbaren Produktionen;
- die **personellen** Bezüge im Bereich der Produktion und dadurch die in die betreffende Produktion eingehenden Konzepte;
- die **institutionellen** Zusammenhänge, die für die Produktion und Distribution von Produkten eine Rolle spielen, die allgemeinen historischen (gesellschaftlichen, politischen und ökonomischen) Zusammenhänge.

Weiterhin bestehen in unterschiedlicher Form kontextuelle Querverweise sowohl zu anderen Produkten des gleichen Mediums (intertextuelle Bezüge) als auch zu Produktionen gleicher oder ähnlicher Art in anderen Medien (intermediale Bezüge) (vgl. Kap. 9.1).

18.2.4 Perspektivität der Analyse

Zu den Bedingungen der Analyse gehört, dass Analysen als Ergebnisse wissenschaftlicher Arbeit nicht losgelöst davon sind, dass sie innerhalb wissenschaftlicher Diskurse stehen, sich auf diese beziehen und von Wissenschaftlern mit spezifischen (nicht immer explizit ausgewiesenen) Intentionen verfasst worden sind (vgl. Kap. 2). Dies bedeutet nicht, dass sie völlig subjektiv und beliebig sind, sie entwickeln in der Regel eine sich durch Verweise auf andere Autoren legitimierende Argumentation, sie enthalten damit jedoch auch einen in der nachvollziehenden Lektüre erkennbaren Standpunkt und eine Perspektive auf das Objekt der Analyse. Diese Perspektivität lässt sich durch eine Zeit- und eine Subjektbezogenheit und im Weiteren als eine ›Blickrichtung‹ der Analyse bestimmen, wobei hier mit der Kategorie des Blicks eine Medienkategorie in das Analysefeld eingebracht wird.

    1. Zeitbezogenheit. Jede Analyse steht selbst innerhalb einer Zeit und eines Interessen- und Erwartungshorizontes. Schon allein, dass eine Analyse zu einem bestimmten Zeitpunkt durchgeführt wird, hat Ursachen und Gründe (und sei es, dass ein Dozent es für wichtig hielt, ein Seminar zu diesem Thema abzuhalten). Diese Kontextualität der Analyse selbst ist in die Reflexion der Bedingungen der Analyse mit einzubeziehen.

    2. Subjektbezogenheit. Dabei ist auch zu bedenken, dass die Analysierenden selbst durch bestimmte Bedingungen geprägt sind und ein spezifisches Weltbild und Vorwissen besitzen, die für die Analyse von Bedeutung sind. Es macht einen Unterschied, ob ein 1945 geborener Wissenschaftler einen Film von 1995 betrachtet oder ein 1975 geborener, weil beide ein jeweils anderes kulturelles Allgemeinwissen einbringen. Es stellt einen Unterschied dar, ob es sich um eine Frau oder einen Mann handelt und sich dabei unterschiedliche genderbezogene Aspekte auswirken usf.

    Deshalb ist grundsätzlich von einer Perspektivität der Analyse auszugehen, auch wenn diese nicht ausgewiesen wird. Eine überzeitlich gültige ›objektive‹ Medienanalyse gibt es nicht. Objektivität im Sinne einer naturwissenschaftlichen Gesetzmäßigkeit, die unter gleichen Bedingungen zeitübergreifend immer wieder zu den gleichen Ergebnissen kommt, ist für kulturwissenschaftliche Objekte nicht gegeben. Der Analysierende ist Teil des Analyseprozesses selbst, und sein Standpunkt geht in die Analyse mit ein, ohne dass er dies verhindern kann.

Der kulturelle Nutzen von Medienanalysen besteht gerade darin, dass aus einem spezifischen historischen Blick, aus der generations- und positionsbezogenen Perspektive auf das Medienprodukt unterschiedliche Ergebnisse resultieren, die kulturell für die Gewinnung eines aktuellen Selbstverständnisses in einer Kultur eine Rolle spielen.

Intersubjektivität der Argumentation. Die Perspektivität der Analyse bedeutet nicht, dass jede exemplarische Medienanalyse subjektiv und deshalb beliebig ist. Jede Analyse muss ihre Position möglichst differenziert darstellen und sie intersubjektiv vermitteln, d. h. durch Argumentation, durch Belegführung, durch innere Logik eine Argumentation entwickeln und nachvollziehbar machen, auch wenn der Adressat der Analyse über ein anderes kulturelles Kontextwissen verfügt. Nur auf diese Weise sind unterschiedliche kulturelle Perspektiven überhaupt vermittelbar.

3. Blickrichtungen der Analyse. Wenn hier von der Perspektivität der Analyse gesprochen wird, dann ist noch über allgemeine perspektivische Richtungen von Analysen zu sprechen. Grundsätzlich ist bei einer exemplarischen Analyse der Ausgangspunkt der mediale Text, das Medienprodukt. Von diesem aus werden die weiteren Kontexte (also Produktion und Rezeption) in jeweils zu differenzierender Weise erschlossen. Die kommunikationswissenschaftliche Analyse geht dagegen häufig von den hier als Kontext bezeichneten Kommunikationsverhältnissen, also von Kommunikator und Rezipient, aus und weist dem Produkt eine nachgeordnete Stellung zu.

Die medienwissenschaftliche Analyse weist als eine Analyse des Medienprodukts den Produkten einen besonderen Stellenwert zu, weil sie davon ausgeht, dass erst in der Konkretion der einzelnen Produktion die Wirksamkeit des Zusammenspiels der verschiedenen gestaltenden Faktoren und Elemente sichtbar wird, und weil nur über die Produktionen selbst, nicht aber über die bloßen Intentionen der ›Macher‹ (als Teil der Kommunikatorenseite), kommuniziert wird und nur durch sie Wirkungen entstehen.

Eine differenzierte Darstellung des Verhältnisses von quantitativen und qualitativen Methoden in der Medienanalyse hat Hans-Dieter Kübler vorgelegt und dabei die häufig zu lesende Hoffnung noch einmal formuliert, dass sich quantitative und qualitative Methoden »zunehmend ergänzen und wechselseitig befördern« (Kübler 1999, S. 268). Solche gegenseitigen Ergänzungen finden jedoch allenfalls punktuell statt. Von besonderem Interesse sind hier vor allem Ansätze, die sich von sozialwissenschaftlicher Seite aus um eine **qualitativ ausgerichtete Inhaltsanalyse** bemühen (Bonfadelli 2001).

18.3   Analysekonzepte

Die Analyse einzelner Medienproduktionen kennt unterschiedliche methodische Ansätze und hat diese – wenn auch in unterschiedlichem Umfang – analog den Analysekonzepten in den Geisteswissenschaften entwickelt. Dazu zählen neben den Analyseverfahren der oft auch als ›formal‹ bezeichneten Medienanalyse, die sich selbst aber auch als eine **hermeneutische, auf das Sinnverstehen ausgerichtete, Analyse** versteht (vgl. dazu Hickethier ³2001), die **dekonstruktivistische Analyse**, der es weniger um eine – in einer Gesamtdeutung sich wieder zusammenfügende – Interpretation und umfassendes Sinnverstehen geht, sondern vielmehr darum, die verschiedenen Elemente und Diskursverweise in den Produktionen sichtbar zu machen und sie als gleichberechtigt nebeneinander stehen und in ihrer Explikation wirken zu lassen (vgl. Zima 2002).

Ziel dieser Analysekonzepte ist es, die Auseinandersetzung mit dem jeweils einzelnen Produkt als eine in sich selbständige wissenschaftliche Erkundung zu verstehen und die Analyse nicht nur als Belegsuche für eine vorgefasste theoretische Position zu benutzen.

18.3.1   Formale und hermeneutische Analyse

Die **formal-hermeneutische Medienanalyse** geht zunächst davon aus, dass das Medienprodukt in seiner spezifischen Medialität zu erfassen ist, wobei seine ästhetischen Elemente als Bestandteile einer Gestaltung von zentraler Bedeutung für das Produkt, seine Inhalte und seine Wirkungen sind.

Formal sind Analyseverfahren dann, wenn sie vor allem auf die Kategorisierung der verwendeten Gestaltungsmittel abheben und diese kategorial zu bestimmen versuchen. Eine Gefahr dieses Ansatzes liegt darin, dass der Funktion der Mittel für das Entstehen von Bedeutung nicht mehr genügend Beachtung geschenkt wird und die Analyse sich oft nur auf eine klassifikatorische Beschreibung reduziert. An die formale Analyse schließen Konzepte an, wie sie Klaus Kanzog mit den Ansätzen der Filmphilologie (1991) und der Filmrhetorik entwickelt hat (2001).

Hermeneutisch sind die verwendeten Verfahren dann, wenn die Analyse nicht allein der Beschreibung des Medienprodukts dienen soll, sondern davon ausgegangen wird, dass in der genauen Erfassung des Medienprodukts auch Bedeutungen sichtbar werden, die sich bei einer ersten Rezeption nicht unbedingt erschlossen haben. Die Analyse soll also **vorhandene kulturelle Bedeutungspotenziale des einzelnen Medienprodukts** sichtbar machen, wobei gerade auch in den unterschiedlichen ästhetischen Merkmalen der Produkte Bedeutungstraditionen eingeschrieben sind, die, wenn auch nicht offenkundig, wohl aber wirksam sind (vgl. Kap. 5 und 6).

Indem diese Bedeutungspotenziale durch die Analyse explizit gemacht werden, wird das Verständnis (und der ästhetische Genuss) des Medienprodukts gesteigert, das Medienverständnis und damit die kulturelle Qualifikation des Rezipienten erweitert. Hermeneutisch ist dieses Verfahren insofern, als es zu einer möglichst in sich stimmigen Interpretation des Medienprodukts gelangen will, also von einem Bemühen um ein Sinnverstehen getrieben wird (vgl. Hickethier 2001, S. 3).

Thomas Koebner hat die **Zielsetzung der hermeneutischen Medienanalyse** am Beispiel des Films deutlich formuliert:

»Interpretation heißt auch Verständigung. Sie verlangt, Gefühle und Eindrücke zu präzisieren, sich in den Bedeutungshorizont eines Werkes (oder einer Werkgruppe) hineinzubewegen, so dass es zur Überschneidung mit dem jeweils eigenen Erfahrungs- und Denkhorizont kommt. Interpretation ist ein Prozess der Orientierung im Werk, das dadurch allmählich vertrauter wird, seine Brüche und Tiefen erschließt. Sie ist aber auch ein Prozess der Orientierung im Kopf der Betrachter. Bei der Interpretation treten Publikum und Kunstprodukt, Subjekt und Objekt in ein beide umgreifendes Spannungsfeld ein, in dem ästhetische und soziale, psychische und historische Dimensionen einander durchdringen und sichtbar werden« (Koebner 1990, S. 6).

Aus diesem Grundverständnis haben sich differenzierte Ansätze ergeben, die durch die (implizite oder explizite) Vorgabe unterschiedlicher Erkenntnisinteressen 1) stärker strukturalistisch vorgehen, 2) sich biografisch orientieren, 3) historisch operieren, 4) genrespezifisch ausgerichtet sind (ausführlicher Faulstich 1988). Deutlich wird dabei, dass die genaue analytische (und dies heißt immer auch sprachliche) Erfassung des Produkts sich mit spezifischen Fragestellungen verbinden kann.

18.3.2 Ideologiekritische, feministische und andere Analysekonzepte

Das Vorhaben, Bedeutungen im Medienprodukt zur Sprache zu bringen, die sich auf den ersten Blick nicht unmittelbar erschließen, liegt auch anderen Analyseansätzen zugrunde. Die **ideologiekritische Medienanalyse** stellt die Analyse eines Medienprodukts in einen sozialen bzw. gesellschaftskritischen Kontext. Sie sieht das Produkt als Teil einer durch die Machtkonstellationen in der Gesellschaft bedingten Kommunikationssituation und geht davon aus, dass sich diese Machtkonstellation in die Medienprodukte einschreibt und sie präformiert. Die Analyse hat die Funktion der Medienprodukte innerhalb dieses Machtkampfes sichtbar zu machen, indem sie die Ideologie-Bestandteile (Ideologeme) in den Produkten erkennbar macht und benennt. Weil in den Medienprodukten (insbesondere in Filmen und Fernsehsendungen) die Ideologien sich selbst den Anschein von einer selbstverständlichen ›Natur‹ der Verhältnisse geben, muss die Analyse diesen Anschein von Natur destruieren (vgl. Knilli 1971). Die Hoffnung, die Analysen würden den Rezipienten den ›Schleier der ideologischen Verblendung‹ von den Augen reißen, so dass diese die wahren gesellschaftlichen Machtverhältnisse erkennen könnten, hat sich jedoch nicht bestätigt.

Auch die **feministische Medienanalyse**, die im Anschluß an den einflussreichen Aufsatz von Laura Mulvey über das ›Visuelle Vergnügen im Kino‹ (1975), der sich mit der Blickkonstruktion des Kinos und der Frau als Objekt im Männerkino beschäftigte, entstand, sucht letztlich nach den verborgenen Gender-Konstruktionen, die die Medienprodukte in ihren Erscheinungsweisen präformieren (vgl.

Gottgetreu 1992, Riecke 1998, Kaplan 2000). Letztlich versteht sich die feministische Filmanalyse, wie sie vor allem in der Zeitschrift *Frauen und Film* (seit 1974)
zu finden ist, immer auch als eine ideologiekritische Analyse, weil es darum geht
die Ideologien der männerdominierten Gesellschaft in den Medienprodukten auf-
zudecken. In enger Verbindung mit den feministischen bzw. genderorientierten
Analyseansätzen stehen die Ansätze einer **psychoanalytisch orientierten Filmanalyse**, die vor allem den Arbeiten von Sigmund Freud und Jacques Lacan verpflichtet ist (vgl. z. B. Samuels 1998, Žižek u. a. 2002). Daran hat sich dann auch eine
Analyse der Männerbilder in den Medien angeschlossen (vgl. Kaltenecker/Tillner
1995), ähnlich sind daraus weitere Diskurse der rassenkritischen Analysen (vgl.
z. B. Dyer 1994), der Queer Theory (Jagose 2001, Hanson 1999) u. a. weitere Ana-
lyse-Varianten entstanden.

Im Gegensatz zu diesen eher subjekttheoretisch fundierten Analysekonzepten, die sich hauptsächlich im Bereich des Films finden, stehen Ansätze zu einer
kognitionstheoretischen Medienanalyse, die sich – in der Regel in Anlehnung an
filmtheoretische Arbeiten von David Bordwell und Kristin Thompson – den Medienproduktionen zuwendet, um zu erfahren, wie im Einzelnen bei der Rezeption
des Medienprodukts Wissen vermittelt wird bzw. wie beim Rezipienten bestimmte
Vorstellungen entstehen und welche Rolle dabei die Medienproduktionen mit
ihren Strukturen spielen (vgl. Borstnar/Pabst/Wulff 2002, auch Eder 2001). Hier
besteht eine enge Verbindung mit den formalen Analysemethoden.

18.3.3   Dekonstruktivistische Analyse

Dass vor allem in der hermeneutisch orientierten Filmanalyse (aber letztlich auch
in der ideologiekritischen und feministischen Filmanalyse) die Analyse-Ergebnisse
wieder in einer konsistenten Interpretation zusammengeschlossen werden, hat zur
Kritik herausgefordert. Die Vertreter der dekonstruktivistischen Analyse gehen davon aus, dass in den Produkten Widersprüche unausgetragen vorhanden sind. Nicht
nur die ästhetischen Elemente einer Produktion sind Bestandteile eines tieferen
(dem einfachen Sehen verborgenen) Sinns, der selbst wiederum Kohärenz beansprucht, sondern ein Produkt kann sich auch aus Brüchen und Fragmenten konstituieren, die sich nicht in einer tieferen Bedeutung zu einer Kohärenz einer einzigen
Aussage zusammenschließen. **Widersprüchlichkeit, Inkonsistenz, Unvereinbarkeit der Elemente** stellen deshalb nach dieser Auffassung keine Unvollkommen-
heiten des Produkts dar, sondern sind für dieses konstitutiv. Das Produkt wird als
ein Schnittpunkt von in ihm zusammentreffenden unterschiedlichen Diskursen
gesehen, die die Analyse als Argumentationslinien sichtbar zu machen hat. Diese
hat weiterhin zu zeigen, dass im Produkt Bausteine divergierender ästhetischer Be-
deutungssysteme enthalten sein können, die sich der assoziativen Wahrnehmung
erschließen, ohne dass sie in einem stimmigen Interpretationskonzept widerspruchs-
los mit den anderen Gestaltungsmerkmalen aufgehen müssen.

Die dekonstruktivistische Analyse versucht, diese Divergenzen in der Untersuchung aufrechtzuerhalten und für die Vorstellungsarbeit der Rezipienten offen zu

halten und damit für diese selbst produktiv zu machen. Sie wirft der hermeneutischen Analyse vor, durch die Interpretation das ästhetische Werk (und sie hat hier vor allem Kunstwerke vor Augen) festzuschreiben, damit seine Mehrdeutigkeit zu reduzieren und für einen kreativen Umgang mit den Werken ›abzutöten‹ (Müller 1990).

Was aber kann das für den Text der Analyse bedeuten? Ist nicht die Beschreibung postmoderner Filme, die mit dem Fragmentarischen, dem Bruch und der Differenz arbeiten, oder die Beschreibung von Hörcollagen von Heiner Goebbels oder Andreas Ammer immer schon eine Vereindeutigung des Mehrdeutigen, weil es aus dem Audiovisuellen oder Akustischen in einen Schrifttext überführt wird? Die Analyse bedient sich ja zumeist der Aufsatzform und fügt zwangsläufig das zu Analysierende in eine neue Form und Anordnung. Ulrike Bergermann (2002) hat deshalb z. B. in ihrer Filmanalyse von »Alien« die analytischen Befunde zum Film mit Reflexionen zur Digitalität gebrochen, die vom Film wegführen, wenn sie vom Problem der Matrix oder der Digitalisierung handeln. Der Text nimmt den Film zum Schnittpunkt verschiedener Argumentationen und verzichtet darauf, diese eins zu eins miteinander in Deckung zu bringen. Aber ist dies wirklich schon dekonstruktivistisch? Oder entzieht sich der Film (und noch viel mehr das Fernsehen und das Radio) aufgrund seiner medialen Struktur dem Dekonstruktivismus?

Leider ist diese methodische Debatte bislang nicht wirklich geführt worden. Die Tradition der Medienanalyse, die sich vor allem methodisch als Film- und Fernsehanalyse entwickelt hat, ist vor allem formalanalytisch ausgerichtet gewesen (vgl. Faulstich 1976, Kuchenbuch 1978, Korte 1986, Hickethier [3]2001). Eine dekonstruktivistische Medienanalyse ist erst in Ansätzen sichtbar. Das Feld der methodischen Konzepte ist insgesamt offen, vergleichende Ansätze, wie sie in der Literaturwissenschaft z. B. David E. Wellbery (1985) vorgelegt hat, fehlen in der Medienwissenschaft.

Grundlegende Literatur

Bauer, Ludwig/Elfriede Ledig/Michael Schaudig (Hg.) 1997: Strategien der Filmanalyse (diskurs film Bd. 1). München: Diskurs Film.

Bonfadelli, Heinz 2002: Medieninhaltsforschung. Konstanz: UVK.

Borstnar, Nils/Eckhard Pabst/Hans Jürgen Wulff 2002: Einführung in die Film- und Fernsehwissenschaft. Konstanz: UVK.

Eder, Jens 2001: Dramaturgie des populären Films. Hamburg: Lit.

Faulstich, Werner [3]2002: Grundkurs Filmanalyse. Konstanz: UVK.

Faulstich, Werner 2003: Einführung in die Medienwissenschaft. Probleme – Methoden – Domänen. München: Fink.

Grob, Norbert/Karl Prümm (Hg.) 1990: Die Macht der Filmkritik. Positionen und Kontroversen. München: edition text und kritik.

Hickethier, Knut 1994a: Geschichte der Fernsehkritik. Berlin: Edition Sigma.

Hickethier, Knut [3]2001: Film- und Fernsehanalyse. Stuttgart/Weimar: Metzler.

Kanzog, Klaus 1991: Einführung in die Filmphilologie (diskurs film Bd. 4). München: Diskurs Film.

Kanzog, Klaus 2001: Grundkurs Filmrhetorik. München: diskurs film.

Korte, Helmut 1986: Systematische Filmanalyse. Braunschweig: HfBK.

Münker, Stefan/Alexander Roesler 1997: Mythos Internet. Frankfurt a. M.: Suhrkamp.

Mulvey, Laura 1975: Visual Pleasure and Narrative Cinema. In: Screen Vol. 16 (1975), No. 3, S. 6–18.

Pias, Claus u. a. (Hg.) 1999: Kursbuch Medienkultur. Die maßgeblichen Theorien von Brecht bis Baudrillard. Stuttgart: DVA.

Weitere zitierte Literatur

Albrecht, Gerd 1964: Die Filmanalyse – Ziele und Methoden. In: Everschor, Franz (Hg.): Filmanalyse 2. Düsseldorf: Altenberg, S. 233–270.

Bergermann, Ulrike 2002: Reproduktionen. Digitale Bilder und Geschlechter in »Alien«. In: Baisch, Katharina/Ines Kappert/Marianne Schuller/Elisabeth Strowick/Ortrud Gutjahr (Hg.): Gender Revisited. Subjekt- und Politikbegriffe in Kultur und Medien. Stuttgart/Weimar: Metzler, S. 149–171.

Diederichs, Helmut H. 1986: Anfänge deutscher Filmkritik. Stuttgart: Fischer & Wiedleroither.

Dyer, Richard 1994: Weiss. In: Frauen und Film (1994), H. 54/55, S. 65–80.

Faulstich, Werner 1976: Einführung in die Filmanalyse. Tübingen: Narr.

Faulstich, Werner 1988: Die Filminterpretation. Göttingen: Vandenhoeck & Ruprecht.

Gottgetreu, Sabine 1992: Der bewegliche Blick. Zum Paradigmawechsel in der feministischen Filmtheorie. Frankfurt a. M.: Peter Lang.

Habermas, Jürgen 1962: Strukturwandel der Öffentlichkeit. Neuwied/Berlin: Luchterhand.

Hanson, Ellis (Hg.) 1999: Out Takes. Essays on Queer Theory and Film. Durham: Duke University Press

Hickethier, Knut (Hg.) 1994b: Aspekte der Fernsehanalyse. Methoden und Modelle. Hamburg: Lit.

Hörisch, Jochen 1999: Ende der Vorstellung. Poesie der Medien. Frankfurt a. M.: Suhrkamp.

Hohendahl, Peter Uwe 1974: Literaturkritik und Öffentlichkeit. München: Piper.

Hohendahl, Peter Uwe (Hg.) 1985: Geschichte der deutschen Literaturkritik. Stuttgart: Metzler.

Jagose, Annamarie 2001: Queer Theory. Berlin: Querverlag.

Kaltenecker, Siegfried/Georg Tillner 1995: Objekt Mann. Zur Kritik der heterosexuellen Männlichkeit in der englischsprachigen Filmtheorie. In: Frauen und Film (1995), H. 56/57, S. 115–132.

Kaplan, E. Ann (Hg.) 2000: Feminism and Film. Oxford: Oxford University Press.

Knilli, Friedrich (Hg.) 1971: Die Unterhaltung der deutschen Fernsehfamilie. Ideologiekritische Analysen. München: Hanser.

Knilli, Friedrich/Erwin Reiss 1971: ABC für Zuschauer. Einführung in die Film- und Fernsehanalyse. Gießen: Anabas.

Koebner, Thomas 1990: Autorenfilme. Elf Werkanalysen. Münster: PapMAkS.

Korte, Helmut/Werner Faulstich (Hg.) 1988: Filmanalyse interdisziplinär (Beiheft 15 zur Zeitschrift für Literaturwissenschaft und Linguistik). Göttingen: Vandenhoeck & Ruprecht.

Kuchenbuch, Thomas 1978: Filmanalyse. Köln: Prometheus.

Kübler, Hans-Dieter 1979: Fernsehen. In: Faulstich, Werner (Hg.): Kritische Stichwörter zur Medienwissenschaft. München: Fink, S. 85–126.

Kübler, Hans-Dieter 1999: Qualitative versus quantitative Methoden in der Medienanalyse. In: Leonhard, Joachim u. a. (Hg.): Medienwissenschaft. Ein Handbuch zur Entwicklung der Medien und Kommunikationsformen. Berlin/New York: de Gruyter, Bd. 1, S. 256–272.

Kübler, Hans-Dieter 2000a: Mediale Universalität. In: medien + erziehung 44. Jg. (2000), H. 5, S. 279–289.

Kübler, Hans-Dieter 2000b: Mediale Kommunikation. Tübingen: Niemeyer.

Kübler, Hans-Dieter 2001: Medienanalyse. In: Schanze, Helmut (Hg.): Handbuch der Mediengeschichte. Stuttgart: Kröner, S. 41–71.

Lessing, Gotthold Ephraim 1769/1985: Hamburgische Dramaturgie. In: Ders.: Werke. Bd. 6. Frankfurt a. M.: Deutscher Klassiker Verlag, S. 181–694.

Mayring, Philipp ⁸2003: Qualitative Inhaltsanalyse. Grundlagen und Techniken. Weinheim/Basel: Beltz.

Müller, Harro 1990: Zur Kritik herkömmlicher Hermeneutikkonzeptionen in der Postmoderne. In: Diskussion Deutsch 21. Jg. (1990), H. 116, S. 589–599.

Paech, Joachim (Hg.) 1975: Film- und Fernsehsprache I. Frankfurt a. M.: Diesterweg.

Riecke, Christiane 1998: Feministische Filmtheorie in der Bundesrepublik Deutschland. Frankfurt a. M.: Peter Lang.

Rosenstein, Doris 2002: Medienanalyse. In: Schanze, Helmut (Hg.): Metzler Lexikon Medientheorie/Medienwissenschaft. Stuttgart/Weimar: Metzler, S. 203–207.

Rusch, Gebhard 2002: Medientheorie. In: Schanze, Helmut (Hg.): Metzler Lexikon Medientheorie/Medienwissenschaft. Stuttgart/Weimar: Metzler, S. 252–255.

Samuels, Robert 1998: Hitchcock's Bi-Textuality. Lacan, Feminisms and Queer Theory. Albany: State University of New York Press.

Schätzlein, Frank 2000: Akustische Spielformen. Zur Produktion, Technik und Struktur des Hörspiels. Hamburg (unveröff. Magisterarbeit).

Schmedes, Götz 2002: Medientext Hörspiel. Ansätze einer Hörspielsemiotik am Beispiel der Radioarbeiten von Alfred Behrens. Münster: Waxmann.

Schnell, Ralf 2000: Medienästhetik. Zu Geschichte und Theorie audiovisueller Wahrnehmungsformen. Stuttgart/Weimar: Metzler.

Weber, Max 1911/1986: Zu einer Soziologie des Zeitungswesens. In: Langenbucher, Wolfgang R. (Hg.): Publizistik- und Kommunikationswissenschaft. Ein Textbuch zur Einführung in ihre Teildisziplinen. Wien: Braunmüller, S. 18–24.

Wellbery, David E. (Hg.) ³1985: Positionen der Literaturwissenschaft. Acht Modellanalysen am Beispiel von Kleist »Das Erdbeben von Chili«. München: Beck.

Zima, Peter V. 2002: Dekonstruktion. München: Francke.

Žižek, Slavoj u. a. 2002: Was Sie schon immer über Lacan wissen wollten und Hitchcock nie zu fragen wagten. Frankfurt a. M.: Suhrkamp.

19. Mediengeschichte

Mediengeschichtsschreibung geht davon aus, dass Medien die gesellschaftliche Kommunikation determinieren. Sicherlich bestehen kulturanthropologisch allgemeine Kommunikationsbedürfnisse und für die entwickelten sozialen Systeme prinzipielle Notwendigkeiten zur gesellschaftlichen Selbstverständigung, doch entfalten sich diese in den jeweiligen historisch konkreten Situationen nach Maßgabe der medialen Möglichkeiten. Die medialen Bedingungen präfigurieren das, was die Menschen mit den Medien machen, so stark, dass bei vielen Medien der Bezug der medialen Kommunikation auf vormediale Verhältnisse wenig sinnvoll erscheint und von ›Kommunikation‹ im traditionellen Sinne eines Austausches von Informationen und Bewertungen nur noch sehr begrenzt gesprochen werden kann. Dass sich z. B. Menschen im Fernsehen millionenfach täglich erneut Kriminalgeschichten anschauen, die stereotyp einem gleichen Handlungsschema folgen, kann nicht mehr als ›Kommunikation‹ verstanden werden. Psychische Formen der Rekreation und Regeneration und mentale Aspekte, die sich mit diesem Mediengebrauch verbinden (vgl. Hickethier 1999a), müssen jedoch von einer Mediengeschichtsschreibung ebenfalls erfasst werden.

19.1   Zum Gegenstandsverständnis

Mediengeschichtsschreibung interessiert sich besonders für die sekundären und tertiären Medien (vgl. Kap. 3.2.2), weil den apparativ vermittelten Bedeutungen gesellschaftlich größere Aufmerksamkeit geschenkt wird. Die sekundären und tertiären Medien haben eigene, in der Regel technisch bedingte Wahrnehmungs- und Wirkungsformen entwickelt, die zu kulturell bedeutsamen Instanzen der Weltvermittlung und Realitätserzeugung geworden sind, deren Wandel Einblicke in die Veränderungen einer Gesellschaft geben.

Gerade weil der Anspruch der Medien auf Realitätsvermittlung besteht, hat sich immer wieder die Frage nach dem Realitätsstatus der Medien gestellt. Vor allem die Medien, die als autonome Systeme der scheinhaften Realitätserzeugung gelten, z. B. Zeitung, Film, Radio und Fernsehen (Halbach/Faßler 1998, S. 35), sind für die Medienhistoriografie von Bedeutung, weil sich an ihnen Traditionen dieser Realitätserzeugung aufzeigen lassen, die auch heute noch den Mediengebrauch prägen. Weil damit ebenso die Frage nach unserer Erkenntnis von Welt verknüpft ist, gewinnt die Mediengeschichtsschreibung wachsende Bedeutung.

Alle Definitionsversuche für Medien (vgl. Kap. 2) strukturieren sich nach dem Prinzip der aufsteigenden Komplexität. Mediengeschichtsschreibung hat sich seit ihren Anfängen vor allem den komplexen, gesellschaftlich institutionalisierten Formen der Medien zugewandt.

19.1.1 Felder der Mediengeschichtsschreibung

Grundsätzlich lassen sich drei große Felder der Mediengeschichtsschreibung unterscheiden:

1. Mediengeschichtliche Darstellungen, die sich als **Geschichten der künstlerischen Medien bzw. der Künste** (der Literatur, der Musik, der Bildenden Kunst, der Darstellenden Kunst etc.) verstehen und den Medienaspekt in der Regel nicht thematisieren, sondern sich jeweils als Historiografie der Inhalte und vor allem der Formen künstlerischer Auseinandersetzung mit der Welt begreifen. Zumeist handelt es sich dabei um eine epochen- und urheberbezogene Geschichtsschreibung, die anhand differenzierter Selektionsprinzipien Œuvre-Geschichten ausgewählter Urheber erstellt.

Noch heute versteht sich Literaturgeschichte vor allem als Geschichte der Inhalte, Formen und Gestaltungsweisen und erörtert nur selten die Medialität des ›Buches‹ oder z. B. des ›Kalenders‹. Insbesondere die institutionellen Aspekte des Literaturbetriebs (Verlagsgeschichte, Bibliotheksgeschichte etc.) sind bislang nur ansatzweise aufgearbeitet worden (vgl. z. B. Martino 1990, Wittmann 1991). Mediale Aspekte werden vor allem dort untersucht, wo Literatur in anderen als den scheinbar naturgegebenen Medien auftauchen, z. B. in der Presse (als Feuilleton- oder Zeitungsroman, vgl. Neuschäfer u. a. 1986) oder im Film (vgl. die zahllosen Untersuchungen zu Literaturverfilmungen, historisch umfassend bei Paech 1997, als Übersicht bei Albersmeier/Rohloff 1989).

Die Geschichtsschreibung der künstlerischen Medien bildete unterschiedliche Konzepte und historiografische Traditionen heraus. Z. B. diente die lange Zeit vor allem nationalphilologisch orientierte Literaturgeschichtsschreibung mit ihren Konzepten der ›Nationalliteratur‹ zumeist der Gewinnung und Erhaltung einer kulturellen und nationalen Identität. Auffällig ist, dass es schon der in der zweiten Hälfte des 19. Jahrhunderts entstehenden Theatergeschichtsschreibung sehr viel weniger überzeugend gelang, Theatergeschichte als Weg zum ›Nationaltheater‹ stimmig darzustellen. Die Geschichte der Bildenden Kunst drängte noch stärker auf einen internationalen Rahmen.

2. Mediengeschichtliche Darstellungen, die sich als **Geschichte der technisch-apparativen Massenmedien** der Presse, dem Film, dem Radio und dem Fernsehen zuwenden und hier unterschiedliche Konzepte entwickeln. Sie gehen dabei in der Regel zunächst technikgeschichtlich, dann institutions- und kommunikatorgeschichtlich sowie in den letzten zwanzig Jahren auch programm- und rezeptionsgeschichtlich vor.

Vor allem der Aspekt der **Institutionalisierung** hat diese Mediengeschichtsschreibung geprägt. Da die Produktion von Medienangeboten (Produkten) bei diesen Programmmedien einen aufwendigen Prozess darstellt, der einen immer umfangreicheren ›Apparat‹ erfordert, ist zwangsläufig eine auf die Institution und ihre Organisationsformen ausgerichtete Geschichtsschreibung entstanden. Zeitungsgeschichte entwickelte sich z. B. aus der Geschichte einzelner Wirtschaftsunternehmen der Zeitungsbranche, wobei der Beitrag der Zeitungen zur nationalen

Meinungsbildung im Vordergrund stand (vgl. Stöber 1998). An einem solchen Ansatz knüpfte dann implizit auch die Rundfunkgeschichtsschreibung an.

Die **Geschichte der Massenmedien** ist vergleichsweise gut aufgearbeitet, vermutlich deshalb, weil sich einerseits ihre institutionellen und technischen Aspekte mit bewährten Konzepten der allgemeinen Geschichtsforschung erschließen ließen und die Darstellung ihrer programm- und rezeptionsbezogenen Problemstellungen andererseits auf die kunst- und literaturgeschichtlichen Konzepte zurückgreifen konnte. Letzteres gilt vor allem für den Film, der von historisch arbeitenden Publizistikwissenschaftlern in der Regel nicht zu den Massenmedien gerechnet wird.

3. Mediengeschichtliche Darstellungen, die, als **Geschichte der Medientechnologien**, von der Digitalität ausgehend über die Massenmedien hinaus auch die Individualmedien in ihren Gegenstandskanon einbeziehen und dabei kulturgeschichtlich sowohl zeitlich als auch räumlich ausgreifen. Sie liefern häufig stärker theoretisch inspirierte Konstruktionen und legen weniger Wert auf eine beschreibende Kohärenz einer Medienentwicklung.

Die Erweiterung der Mediengeschichte um die Erörterung von Medien allgemeiner Art – häufig unter Missachtung der Geschichte der Massenmedien – führt einerseits zur Bildung von durch Medien determinierte, Jahrhunderte übergreifende Epochen (Bolz 1993, Kerckhove 1995) und andererseits zu großen Chronologien (Hiebel u. a. 1999) und Querschnittsuntersuchungen (Kittler 1987). Daneben werden auch einzelne, bislang wenig beachtete technische Apparaturen und Prinzipien, wie z. B. das Relais (Siegert 1993), untersucht. In diesen Ansätzen wird zumeist der Aspekt der Technik besonders herausgestellt.

19.2   Darstellungsweisen der Mediengeschichte

Grundsätzlich lassen sich mediengeschichtliche Untersuchungen auch nach ihrer Darstellungsweise unterscheiden:

Chronikalische Darstellungen, wie sie Hans Helmut Prinzler (1995) für den Film, Joan Kristin Bleicher (1993) für das Fernsehen und Hans H. Hiebel u. a. (1999) allgemein für die Medienentwicklung vorgelegt haben, sind vor allem auf eine möglichst genaue Darstellung der wesentlichen Stationen einer Medienentwicklung ausgerichtet. Sie dienen als Basis einer Mediengeschichtsschreibung, der es dann, sich davon abgrenzend, stärker auf die Darstellung von Zusammenhängen und Verbindungen ankommt. Auf besonderes Interesse stoßen technikzentrierte Chronologien, wie sie neben Hiebel u. a. auch Goebel (1953), Abramson (1987) und Flichy (1994) erstellt haben. Obwohl es hier vor allem um die Bereitstellung von Daten geht, ist erstaunlich, wie stark nationale Perspektiven und Gewichtungen derartige Chronologien prägen.

Biografische und autobiografische Darstellungen finden sich vor allem als lebensgeschichtliche Berichte prominenter Regisseure, Produzenten, Techniker und Manager. Sie geben häufig einen intimen Einblick in Entscheidungsprozesse der Medienproduktion. Für den Film sind Werkmonografien von Regisseuren und

Filmschauspielern allein schon von ihrer Zahl her ein wesentlicher Bestandteil der Filmgeschichtsschreibung. In anderen Bereichen ist die Biografik weniger stark vertreten. Für das Fernsehen haben Strobel/Faulstich (1998) zur Stargeschichte vier Bände vorgelegt.

Nicht alle autobiografischen Darstellungen erheben den gleichen Anspruch auf Authentizität. Schauspielerbiografien sind z. B. häufig unter marktstrategischen Gesichtspunkten von Ghostwritern geschrieben und paraphrasieren als individuelle Erlebnisse, was ohnehin schon in allgemeinen Mediengeschichtsdarstellungen berichtet wird. Gleichwohl darf damit die biografische Mediengeschichtsschreibung nicht gänzlich abgewehrt werden, insbesondere zu einzelnen Technikern und Erfindern (z. B. Ardenne 1984) oder zu einzelnen Medienfunktionären ganz unterschiedlicher Provenienz liegen aufschlussreiche Studien vor.

Seit den 1970er Jahren gibt es in der Folge der Oral-History-Forschung – unter dem Stichwort der ›Medienbiografie‹ – auch autobiografische Zuschauerberichte (z. B. Hickethier 1980, Kübler 1982), wobei dieser Zweig der Medienbiografik jedoch nicht sehr weit ausgebaut worden ist.

Strukturdarstellungen versuchen, die Defizite der personenbezogenen Betrachtungsweise zu vermeiden, indem sie die Institutionen selbst quasi als handelnde Einheiten betrachten, deren Handlungen sich in den Strukturen der Medien (Organisation, Angebot, Nutzung etc.) objektivieren. Narrative Strukturbeschreibungen sind vor allem in den älteren mediengeschichtlichen Darstellungen anzutreffen. Sie lösen Geschichte häufig in ›Geschichten‹ auf und neigen zur Anekdotenbildung (vgl. z. B. Rhein 1954).

Von derartigen Ansätzen rückt die neuere Mediengeschichtsschreibung ab und bemüht sich um komplexere Darstellungsformen, in denen verschiedene Prinzipien miteinander verbunden werden: Längsschnittuntersuchungen, Querschnittdarstellungen, Tabellen, exemplarische Beispielbeschreibungen usf. Auch werden Strukturdarstellungen mit biografischen Darstellungen kombiniert und mit ausgewählten Werkanalysen verbunden. Versucht wird, möglichst viele erreichbare Materialquellen einzubeziehen, insbesondere auch medieninterne Dokumente.

19.3   Kunst-, Sozial- oder Mediengeschichte?

Ob die Medienhistoriografie eine Kunstgeschichte oder eine Sozialgeschichte anstrebt, ist historisch unterschiedlich beantwortet worden. Für die Filmgeschichte ist eine Orientierung an der Kunstgeschichtsschreibung offenkundig, wobei heute weniger mit der wertenden Kategorie der Kunst operiert wird, sondern eher von einer **textorientierten Mediengeschichte** gesprochen wird.

Für große Teile der Mediengeschichtsschreibung ist eine **sozialgeschichtliche Fundierung** bestimmend, bei der Mediengeschichte häufig ein Teilgebiet einer Sozial- und Alltagsgeschichte darstellt (vgl. z. B. Schildt 1995) und entweder als Rezeptionsgeschichte der Medien in den Blick kommt oder als Geschichte der Berufsgruppe der Medienmacher (Journalisten, Autoren etc.) verstanden wird. Zahlreiche sozialgeschichtliche Paradigmen haben Eingang in die Mediengeschichtsschreibung gefunden, wobei der Mediengeschichtsschreibung oft zum Vorwurf gemacht wird, dass sie keine eigenen, medienbezogenen Kriterien entwickelt habe.

Aus der Erfahrung, dass Mediengeschichte die ästhetischen Aspekte (also die Darstellungsmittel und -formen der Medien) berücksichtigen muss, weil nur über sie die historische Veränderung der Wahrnehmung angemessen erfasst werden kann, hat sich der Ansatz entwickelt, in der Mediengeschichte **die Entfaltung und Durchsetzung unterschiedlicher Medialitäten** herauszustellen. Hier kam, vor dem Hintergrund ihrer Veränderung durch die digitalen Medien, zunächst die Entstehung der Schriftkultur in den Blick (vgl. Wenzel 1995).

Von der neueren **technisch orientierten Mediengeschichte** werden Medien als technisch-kulturelle Systeme verstanden, die zuallererst in ihrer Erscheinungsweise und inneren Logik dargestellt werden und erst danach auch in ihren sozialen Folgen. Für eine technisch determinierte Mediengeschichte bilden nicht die sozialen Verhältnisse die Basis für die Medienentwicklung, sondern die technischen Bedingungen der Medien determinieren das Soziale. Ein solchermaßen geltendes »medientechnisches Apriori« (Spreen 1998) wird nicht nur für die Gegenwart mit ihrer Digitalisierung ganzer Lebensbereiche angenommen, sondern auch für die Vergangenheit, so dass z. B. der Mediengebrauch Epochengrenzen (Stichwort »Gutenberg-Galaxis«) definiert.

Mit dieser neuesten **Modelldebatte** verbunden ist eine wachsende Distanz der Mediengeschichtskonzepte gegenüber den Medieninhalten – den Themen, Stoffen und Formen. Schon in der sozialwissenschaftlich orientierten Mediengeschichtsschreibung erscheinen die Medieninhalte oft als wenig wichtig, in der technisch orientierten Mediengeschichtsschreibung treten sie noch weiter in den Hintergrund. Seit den 1980er Jahren haben sich jedoch auch gegenläufige historiografische Interessen herausgebildet, die sich (wie z. B. das Konzept der Programmgeschichte) wieder stärker den Medieninhalten und ihren Gestaltungen zuwenden.

Der Lüneburger Medienwissenschaftler Werner Faulstich hat Anfang der 1990er Jahre die These vertreten, Mediengeschichte könne es ebenso wie Medientheorie heute nur noch als **Geschichte und Theorie der Medien insgesamt** geben (Faulstich 1991, S. 19). Sein zentrales Argument ist, dass sich Medien erst durch ihre wechselweise aufeinander bezogenen Verflechtungen definieren. Mediengeschichte, als eine umfassende historiografische Konstruktion, müsse deshalb als Geschichte der Medien im Zusammenspiel des Medienverbunds, der Mediensysteme beschrieben werden (Faulstich 1996 ff.).

Unter historiografischen Aspekten ist eine umfassende Geschichte der Medien sicher ein anzustrebendes Ziel. Sie stellt eine Synthese dar und setzt die Erforschung der Geschichte der einzelnen Medien voraus. Ohne die im Material detaillierte Erforschung der einzelnen Medien – vom Flugblatt über das Telefon bis zu Fernsehen und Internet – kann schon aus arbeitsökonomischen Gründen keine Gesamtdarstellung entstehen.

Am Rande sind noch **populäre historiografische Darstellungen** zu erwähnen, die in den letzten Jahren insbesondere für Radio und Fernsehen vorgelegt wurden. In ihnen werden oft in Form eines nostalgischen Rückblicks Medientwicklungen beschrieben und mit einer individuellen Erlebnissicht verknüpft (vgl. z. B. Schindler 1999, Weber 1999). Derartige Publikationen hat es für den Film schon in früheren Zeiten gegeben (vgl. z. B. Riess 1956). Sie bauen häufig auf Erinnerungen auf oder auf vorhandene wissenschaftliche Darstellungen, die sie vereinfachen oder zumeist ins Anekdotische wenden. Ihre Bedeutung haben sie als Formen der Popularisierung mediengeschichtlichen Wissens; für den wissenschaftlichen Gebrauch sind sie jedoch kritisch zu prüfen.

19.4   Mediengeschichte als Geschichte der Massenmedien

Der historiografische Blick auf die Medien richtet sich primär auf die gesellschaftlich **institutionalisierten Medien,** die für die gesellschaftliche Kommunikation von Bedeutung sind und die vor allem für die historiografische Darstellung auch eigene ›Spuren‹ innerhalb der Geschichte hinterlassen haben. Die Massenmedien dienen nicht nur der gesellschaftlichen Kommunikation, sie bringen auch verselbständigte, fixierte und damit archivierbare Produkte hervor, an denen sich vergangene Stadien der gesellschaftlichen Kommunikation untersuchen lassen.

Zeitung und Zeitschrift, die Presse also, sind ebenso wie jedes andere schriftliche Dokument der Geschichtsschreibung Material für das Erkennen des historischen Gegenstands. Die Presse geriet deshalb schon früh als Objekt der Geschichtsschreibung in den Blick, indem die Bedingungen der Zeitungs- und Zeitschriftenproduktion, der Textverfassung wie der Textrezeption reflektiert und analysiert wurden. Von hier aus lag es nahe, mit dem Hinzukommen weiterer Massenmedien (Film, Radio und Fernsehen), diese in ihren historischen Objektivationen ebenfalls zum Gegenstand historiografischer Tätigkeit werden zu lassen. Neben der Funktion, historisches Material für thematisch unterschiedliche Historiografien zu liefern, bilden Zeitungen, Zeitschriften, Filme, Radio- und Fernsehsendungen als archivierte Medienprodukte auch Material für eine eigenständige Medienhistoriografie sowie für eine medial vielfältig (z. B. im Fernsehen oder Radio selbst) operierende Geschichtsschreibung.

Die Geschichtsschreibung der Massenmedien hat nicht als universelle begonnen, sondern setzte bei einzelnen **Feldern der Mediengeschichte** ein. Wenn heute – im Anschluss an rundfunkgeschichtliche Forschungen – nach **vier Arbeitsfeldern** unterschieden wird, dann liegt dieser Unterteilung ein informationstheoretisches Kommunikationsmodell zugrunde, das heute für die Beschreibung von gesellschaftlicher Kommunikation kaum noch verwendet wird, gleichwohl aber zur Herausbildung von medienwissenschaftlichen Teilbereichen geführt hat:

1. **Institutionsgeschichte** (als die Geschichte der Kommunikatoren und ihrer Institutionen);
2. **Technikgeschichte** (als Geschichte der medialen apparativen Technologien);
3. **Programm- und Produktgeschichte** (als Geschichte der medialen Produkte und ihrer Angebotspräsentationen) sowie die
4. **Rezeptions- und Wahrnehmungsgeschichte** (als Geschichte der Zuschauer und ihres Gebrauchs der Medien).

19.4.1 Institutionsgeschichte

Institutionsgeschichte zeichnet in den Medien die Entstehung der Medieninstitutionen (z. B. die Ufa, die Berliner Funkstunde oder das ZDF) nach, setzt sich mit den wirtschaftlichen und politischen Rahmenbedingungen auseinander, soweit sie sich in der institutionellen Entwicklung spiegeln und diese nachweisbar determinieren. Sie stellt die organisatorischen Entwicklungen der Institution in ihren zentralen Einheiten und Gliederungen dar. Die Herstellung der Medienprodukte und die Medienprodukte selbst erscheinen dabei oft als nachgeordnete Ergebnisse der institutionellen Entwicklung. Institutionsgeschichte versteht sich implizit als eine Art Basisgeschichtsschreibung, weil sie den **tradierten Verfahren der Geschichtsschreibung** am ehesten entspricht.

Mediengeschichte als Institutionsgeschichte begann mit der Darstellung einzelner Zeitungen und Hoftheater im 19. Jahrhundert, setzte sich dann vor allem in der Rundfunkgeschichte mit der Darstellung einzelner Sendeanstalten fort (z. B. Wehmeier 1979, Lersch 1990, Dussel/Lersch/Müller 1995) und findet sich schließlich auch in der Filmgeschichte (z. B. zur Ufa-Geschichte vgl. Kreimeier 1992, Bock/Töteberg 1992).

19.4.2 Technikgeschichte

Technikgeschichte ist die Geschichte der medialen Erfindungen und Technologien. Sie entsteht zunächst aus dem Interesse, alte Technologien in der kulturellen Erinnerung zu bewahren und die technischen Leistungen, die mit ihnen verknüpft sind, nicht zu vergessen. Technikgeschichte wurde deshalb vor allem von den Sammlern und Archivaren medialer Technologien betrieben, dann auch von den Technikern, den Ingenieuren und Erfindern selbst. Da in vielen Medienbetrieben kein auf das eigene Handeln bezogenes historisches Bewusstsein vorhanden ist, geraten technische Bedingungen und Veränderungen leicht in Vergessenheit. Die Notwendigkeit der Technikgeschichtsschreibung wird deshalb immer virulenter. Ohne die differenzierten Technikdarstellungen der Ingenieurhistoriker ließe sich selbst bei den jüngeren Massenmedien keine Geschichte mehr rekonstruieren (für das Fernsehen vgl. z. B. Goebel 1953, Bruch 1967, Zielinski 1989). Da sich die jeweilige technisch-apparative Differenz der verschiedenen Medien für viele Mediennutzer nicht immer unmittelbar in der Erscheinung der Produkte erschließt, sind in der Technikgeschichte auch die **Folgen der technischen Veränderungen** für die Medienprodukte und ihren kommunikativen Gebrauch zu reflektieren.

19.4.3 Programm- und Produktgeschichte

Die Geschichte der Medienprodukte setzt in der Regel bei der Darstellung unterschiedlicher Werkgruppen (produzentenbezogen, genrebezogen, themen- und motivbezogen etc.) und einzelner Medienproduktionen ein und führt erst spät zu Auseinandersetzungen mit den medialen Präsentations- und Darstellungsstrategien.

Der Aspekt des **Programms als eines Verbunds heterogener Produktionen** wird letztlich erst mit der Rundfunk- und Fernsehgeschichte thematisiert und führte ab 1976 im »Studienkreis Rundfunk und Geschichte« zu einer längeren methodischen Debatte (Halefeldt 1976, Lerg 1982, Weigend 1982, Hickethier 1982), aus der integrale historiografische Konzepte hervorgingen (z. B. für den Weimarer Rundfunk durch das Deutsche Rundfunkarchiv, vgl. Leonhard 1998, und für das Fernsehen der Bundesrepublik, vgl. Kreuzer/Thomsen 1993/94, Hickethier 1998). Gleichwohl bleibt Programmgeschichte aufgrund der ungeheuren Materialfülle bei den Massenmedien methodisch ein Problem und ist schwer zu bewältigen.

19.4.4 Rezeptionsgeschichte

Rezeptionsgeschichte und mediale Wahrnehmungsgeschichte wurden erst in jüngster Zeit zum Arbeitsfeld der Mediengeschichtsschreibung. Dies hängt mit den veränderten medientheoretischen Grundannahmen zusammen. Dominierte lange Zeit die Vorstellung, Zuschauen, Hören und Lesen seien letztlich formlos, ohne eigene Geschichte und nichts anderes als ein Reflex der Medienangebote, so hat sich mit der explosionsartigen Vermehrung der Medienangebote die Bedeutung der Angebotsauswahl durch die Nutzer – und damit deren aktives Verhalten und Mitgestalten der medialen Kommunikation – in den Vordergrund geschoben. Seit der Mediennutzer als ein aktiv Handelnder gilt, wird ihm auch eine Geschichte seines medialen Gebrauchs zugestanden. Zu unterscheiden ist zwischen der Historiografie einzelner medialer Publika in ihrer sozialen Zusammensetzung und Eigenheit – der Geschichte der Rezeption einzelner Medien, Angebotsformen und Einzelprodukte (meist aufgrund demoskopischer Erhebungen) – und der Geschichte langfristiger Veränderungen der kulturellen Wahrnehmung mit und durch die Veränderung der Mediennutzung.

Ausgearbeitet sind erst wenige Ansätze: Die Geschichte des Lesens (Engelsing 1974, Manguel 1998) blickt auf die längste und umfangreichste Forschungstradition zurück, während die Geschichte des Radiohörens (Riedel 1999, Marßolek/von Saldern 1999), des Fernsehens (Hickethier 1994) und des Kinobesuchs (Paech/Paech 2000) jüngeren Datums sind und erst in wenigen Ansätzen bestehen.

Hier wäre auch eine ›Kommunikationsgeschichte‹ anzusiedeln, die sich als handlungsbezogene Geschichte der gesellschaftlichen Kommunikation versteht, wobei die kommunikationswissenschaftlichen Ansätze unter diesem Begriff jedoch bislang hauptsächlich eine Geschichte der Massenmedien verstanden haben.

19.5   Geschichte der einzelnen Massenmedien

Die Geschichtsschreibung der einzelnen Massenmedien kann hier nur andeutungsweise skizziert werden. Dabei soll die Frage nach der Thematisierung der jeweiligen Medialität im Vordergrund stehen.

19.5.1 Pressegeschichte

Pressegeschichte ist in ihrer Entstehung **institutionsgeschichtlich orientiert**, selbst dort, wo sie topografisch vorgeht (Mendelssohn 1982). Dies gilt auch für neuere Darstellungen zur Pressegeschichte (z. B. Koszyk 1972 ff.), aber ebenso für die sich kritisch mit der Macht einzelner Konzerne auseinander setzenden Untersuchungen (zum Springer-Konzern z. B. Müller 1968). Eine einführende und zugleich systematisierende Darstellung hat Rudolf Stöber (2000) vorgelegt.

Forschungsökonomisch liegt es aufgrund der Materialfülle nahe, Pressegeschichte nicht von den Themen und den einzelnen Beiträgen her zu konzipieren, sondern den Beitrag der Zeitungen für das Entstehen öffentlicher Meinungen – bzw. der »öffentlichen Stimmungen« (Stöber 1998) – zu untersuchen. Untersuchungen zu einzelnen Textformen der Presse (Reportage, Feuilleton, Zeitungsroman) blieben bislang eher randständig.

Der institutionsgeschichtlichen Pressegeschichte ist die Tendenz eigen, Geschichte der ›überlebenden‹ Medieninstitutionen zu schreiben, weil diesen Medienunternehmen – schon allein aufgrund ihrer Existenzdauer – eine größere historische Wirkungsmacht als den kleineren und kurzfristigen Unternehmen unterstellt wird. Mediale Aspekte werden vor allem in den Veränderungsprozessen der Drucktechnik und der Vertriebswege gesehen, wobei die technischen Veränderungen durch das soziale Gefüge der betrieblichen Institutionen gerahmt werden und damit als domestiziert erscheinen.

Die Pressegeschichte ist einzubinden in die Geschichtsschreibung von Schrift und Druck (vgl. Giesecke 1991) sowie von Literalität und Visualität, wie sie sich in der illustrierten Presse dann besonders ausgeprägt konkretisiert finden. Davon ausgehend sind auch Untersuchungen notwendig, die die jeweiligen **Epochenumbrüche** von der Literalität zur Visualität in den technisch-apparativen Medien konkret darstellen. Das Stichwort vom »Ende der Gutenberg-Galaxis« (McLuhan) erscheint zu pauschal, um historische Gültigkeit beanspruchen zu können, weil vom Ende der Schriftdominanz nicht die Rede sein kann, sondern Schrift, Bild und Ton vielfache mediale Verbindungen eingegangen sind.

19.5.2 Filmgeschichte

Filmgeschichte setzt anders als die Pressegeschichte an und konzentrierte sich lange Zeit auf die Erforschung einzelner Filme und deren Urheber, die Regisseure, Autoren und Schauspieler (z. B. Toeplitz 1979 ff., Gregor/Patalas 1962, Faulstich/Korte 1991 ff., Segeberg 1996 ff.). Eine methodologische Debatte über die Filmgeschichtsschreibung ist auf breiterer Basis erst Ende der 1980er Jahre im Rahmen der Gesellschaft für Film- und Fernsehwissenschaft entstanden (vgl. Hickethier 1989, Filmhistoriografie 1996, Hickethier/Müller/Rother 1997). Einen methodischen Einstieg dazu geben auch Bock und Jacobsen in ihrem Sammelband zur Filmrecherche, der vor allem ein Band über die Erschließung der Filmgeschichte und Filmgeschichtsschreibung ist (Bock/Jacobsen 1997).

Überraschenderweise ist die **Institutionsgeschichte des Films** (resp. der Kinowirtschaft) relativ schwach ausgebildet. Zwar sind in neuerer Zeit einige Arbeiten zu Filmunternehmen entstanden (Kreimeier 1992, Bock/Töteberg 1992), doch ein systematischer Aufriss fehlt bislang noch. Nicht zuletzt aufgrund der vielgestaltigen ökonomischen Struktur des Kinobereichs mit seinen oft kurzlebigen Unternehmen bestehen hier noch große Wissenslücken.

Die Erörterung der **Medialität des Films** mündet in die Diskussion der medialen Dispositivstrukturen (Zielinski 1989, Paech 1994), die vom Kino ausgehend auch auf andere Medien produktiv ausgeweitet wurde (vgl. Hickethier 1991, Lenk 1997). Der Dispositivbegriff dient dazu, die einzelnen Elemente der technischen Wahrnehmungsanordnung des Kinos mit den Filmstrukturen einerseits und den Produktions- und Distributionsformen andererseits in ein historiografisch zu nutzendes Konzept einzubinden (vgl. Kap. 11). Dazu tragen filmhistorische Untersuchungen bei, die sich detailliert mit den Distributions- und Produktionsstrukturen des Kinos in einzelnen Phasen beschäftigen. Vor allem für die frühe Zeit des Kinos liegen dazu Arbeiten vor (z. B. Müller 1994).

Am differenziertesten ist die **Produktgeschichte des Films** entwickelt, also die Geschichte einzelner Filme, ihrer Regisseure, Autoren und Darsteller, der Genres und Gattungen. Filmgeschichte ist in diesem Sinne vor allem eine Geschichte der ästhetisch anspruchsvollen Spielfilme. Umfassende Darstellungen der Filmgeschichte einerseits ›im Weltmaßstab‹ (z. B. Toeplitz 1979 ff.) und andererseits im nationalen Maßstab (Jacobsen/Kaes/Prinzler [2]2003) liegen mit unterschiedlichem Anspruch auf umfassende Darstellung vor. Vor allem in den letzten Jahren sind hier zahlreiche neue Arbeiten erschienen. Dabei wurde die Frage nach der Medialität des Films vor allem auf der Ebene seiner Produktgestaltung untersucht. Einen Einblick in die Möglichkeiten einer solchen Medienhistoriografie gibt die als Filmgeschichte in Einzelfilmanalysen konzipierte fünfbändige Fischer-Filmgeschichte (Faulstich/Korte 1991 ff.).

Wenig entwickelt ist die **Rezeptionsgeschichte des Films**. Ursache für dieses Defizit ist, dass die einzelnen Bereiche der Filmdistribution historisch erst langsam erschlossen werden. Eine Geschichte des Kinos – oder richtiger der Kinos – hat in der Form einer lokalen Kinogeschichtsschreibung in den 1980er Jahren eingesetzt. Dabei handelt es sich einerseits um Darstellungen der frühen Durchsetzung des Kinos, andererseits um die Untersuchung der Verzahnung von filmischer Erlebniswelt und der Lebenswelt der Zuschauer. Wichtigste Arbeiten sind vor allem die Untersuchungen von Anne Paech über die Kinogeschichte von Osnabrück (Paech 1985), methodisch aufschlussreich Hoffmann/Thiele über Ostfriesland (Hoffmann/Thiele 1989). Die Frage einer Filmgeschichtsschreibung aus der Region und dem Lokalen heraus wurde dann auch methodologisch erörtert (Steffen/Thiele/Poch 1993). In diese lokalen Kino-Geschichten sind in unterschiedlicher Breite historische Darstellungen der Rezeption eingearbeitet. Eine umfassende Geschichte des Kinopublikums, geschweige denn eine Geschichte des Kinozuschauens und der Kinowahrnehmung gibt es jedoch bislang noch nicht. Einen eigenen Zugang zur Thematisierung des Kinos im Film und in der Literatur haben Anne und Joachim Paech (2000) vorgelegt.

19.5.3 Hörfunk- und Fernsehgeschichte

Die Rundfunkgeschichte (Radio- und Fernsehgeschichte) ging anfangs von der Institutionsgeschichte aus, was nahe liegt, da in den **Institutionen der Rundfunkanstalten** das historische Material lagert (vgl. stellvertretend Bausch 1980). Daraus hat sich, nicht zuletzt durch die Arbeit des Studienkreises Rundfunk und Geschichte, eine differenzierte Mediengeschichtsforschung entwickelt (vgl. Kreuzer/Thomsen 1993/94, Hickethier 1998, Schwarzkopf 1999, Dussel 1999), deren wesentliche Aspekte schon oben bei der Erörterung der Arbeitsfelder einer entfalteten Geschichtsschreibung der Massenmedien dargestellt wurde.

Die historische Erörterung der **Medialität des Radios und des Fernsehens** ist wenig entwickelt. Dies hängt zum einen mit der Institutionsbezogenheit der Rundfunkgeschichtsschreibung zusammen, zum anderen damit, dass aufgrund der ungeheuren Programmmengen die Erörterung des Audiofonen und Televisuellen zumeist nur abstrakt erfolgte. So ist z. B. das ›Audiovisuelle‹ – als ein ja nicht nur im Fernsehen, sondern auch im Kino und dann auch im Internet anzutreffendes mediales Charakteristikum – in seiner historischen Entwicklung erst noch zu untersuchen und nicht als mehr oder weniger historisch unverändert anzunehmen.

Die **historische Untersuchung von ›Medialität‹** in den einzelnen Medien kann nicht ohne Einbeziehung der anderen Aspekte der Mediengeschichte erfolgen. So lässt sich die Frage nach der Geschichte des Radiofonen und Televisuellen nicht ohne Berücksichtigung der Technik und der Distribution schreiben, weil hier insbesondere das Moment der Live-Übertragung bzw. der Live-Produktion eine Rolle spielt.

19.5.4 Geschichte des Netzmediums

Die Frage der Geschichte des Netzmediums stellt sich unmittelbar mit der Entstehung von Computern und Computernetzen. Obwohl beim Netz sehr früh ein Bewusstsein von der Bedeutung des Mediums vorhanden war, wurden (wie bei den früheren Medien der öffentlichen Kommunikation) die Anfänge kaum archiviert und dokumentiert. Gerade beim Internet stellt sich das Problem der Archivierbarkeit der Netzkommunikation grundsätzlich, da das Internet und die Digitalität umfassend alle Bereiche des gesellschaftlichen Lebens erfassen und durchdringen, so dass eine historische Dokumentation allenfalls noch punktuell erfolgen kann. Ungelöst ist das Problem der Sicherung der historiografischen Befunde und mit ihr die Frage nach der Weiterexistenz von Mediengeschichtsschreibung überhaupt, wenn deren Material immer flüchtiger wird.

Geschichtsschreibung des Internets wird bislang vor allem als eine Geschichte der technischen Bedingungen der Netzherstellung, etwa der Genese aus dem militärischen Arpanet, betrieben, häufig in launiger Anekdotenform (Hafner/Lyon 1997). Die Darstellungen des Netzmediums differenzieren sich jedoch zunehmend, wobei der Übergang zwischen Theoriebildung, Geschichtsschreibung und Zustandsbeschreibung des Netzmediums aus unterschiedlichen Zeitphasen changiert. Mit der Herausbildung, Formfindung und Konsolidierung des Netzmediums werden in den nächsten Jahren neue Konzepte zu entwickeln sein (vgl. Kap. 17).

Die Mediengeschichte des Computers/Netzes wird differenztheoretisch auf eine von den älteren Massenmedien scheinbar unabhängige technologische historische Linie bezogen, die nicht aus der Entwicklung des Films, des Radios und des Fernsehens hervorgeht, sondern an einem anderen Punkt ansetzt: an der Geschichte der Rechenmaschine, über deren Weiterentwicklung die Linie der Codier- und Decodiermaschinen (Enigma) und der digitalen Rechner Alan Turings bis in die Gegenwart reicht. Sucht man nach den Gemeinsamkeiten, so stellen Radio, Fernsehen und das Netzmedium durch die Elektrizität begründete Medien dar, zu denen heute auch der Film gehört, der aber von seiner Genese her die Elektrizität nicht unbedingt benötigt. Mit dem Blick auf die Elektrizität weitet sich Mediengeschichte zwangsläufig weiter aus, auch wenn es nicht um **eine Mediengeschichte der Elektrizität** gehen kann.

Wie die Elektrizität wird auch die Digitalisierung alle Lebensbereiche durchdringen, dennoch wird das Netzmedium – nach den bisherigen Erkenntnissen der Mediengeschichtsschreibung – die älteren Medien nicht völlig verdrängen. Stattdessen wird es zu neuen Arbeitsteilungen und Funktionszuweisungen zwischen den Medien kommen. Das Modell der Ausdifferenzierung von kulturellen Systemen steht bei dieser Auffassung als mediengeschichtliches Modell Pate. Welche Prinzipien sich jedoch letztlich in der Mediengeschichtsschreibung durchsetzen, wird die Zukunft zeigen.

19.6   Mediengeschichte als Geschichte des Medienverbundes

Werner Faulstichs These, Mediengeschichte habe eine Geschichte des Medienverbundes zu sein (vgl. Kap. 19.4), wirft die Frage nach den leitenden Kategorien auf: Wenn nicht die institutionelle Einheit der einzelnen Medien oder der kontinuierliche Fluss der Medienangebote, was stiftet dann das die einzelnen Medien Verbindende? Denkbar sind übergreifende Kategorien wie die der ›Kommunikation‹, der ›Kultur‹, des ›medialisierten Alltags‹ oder auch der ›Öffentlichkeit‹. Faulstich selbst hat in den bisher vorliegenden drei Bänden seiner umfassenden Mediengeschichte vor allem den **Aspekt der Öffentlichkeit** favorisiert. Unterschiedliche Medien lassen sich auf diese Weise in ihrem Zusammenspiel, aber auch in ihrer distinktiven Funktion genauer bestimmen. Auf eine ähnliche Vorgehensweise zielen auch die Cultural Studies, wenn sie die aktive Rolle der Mediennutzer im Zusammenspiel der verschiedenen Medienverflechtungen untersuchen.

Ein weiterer Ansatz medienübergreifender Mediengeschichte hat sich mit dem Begriff der ›**Medialität**‹ verbunden. Theoretischer Ausgangspunkt sind die in den 1960er Jahren heftig umstrittenen Schriften Marshall McLuhans (1964/68). Sie führten in der Folge zu neuen Forschungen über die Mündlichkeit und Schriftlichkeit von Kultur (Ong 1987, Havelock 1990) und untersuchen – vor dem Hintergrund der Durchsetzung visueller und audiovisueller Medien seit der Jahrhundertwende – die grundlegenden kulturellen Medialitäten der Frühzeit, insbesondere die Herausbildung der Schriftkultur. Walter J. Ongs Kategorien für die »Technologisierung des Wortes« (›oral‹, ›chirografisch‹, ›typografisch‹ und ›elektronisch‹) boten an, Mediengeschichte nicht mehr nur auf die technisch-apparativen Massenmedien zu beschränken, sondern sie sehr viel umfassender und letztlich als **Kulturgeschichte im weitesten Umfang** zu verstehen. Ziel der diesem Vorgehen verpflichteten Ansätze ist es, eine mediengeschichtliche Grundkonstruktion zu entwickeln, die von den Kulturtechniken in der Antike bis zur Debatte über die neuen Medien reicht. Dabei wird Geschichte im Wesentlichen nach der schon von McLuhan entwickelten Gliederung in ein Zeitalter vor dem Buchdruck, die Gutenberg-Ära und das Zeitalter der elektronischen Medien (seit der Erfindung des Funks am Ende des 19. Jahrhunderts) unterschieden.

Die umfassende **Ausdehnung der Mediengeschichtsschreibung auf die gesamte Kulturgeschichte** hat unterschiedliche Folgen:

1. Zum einen werden nun auch **Medien mit einem geringen Grad gesellschaftlicher Institutionalisierung** untersucht, etwa Telefon, Brief, Flugblatt, Schreibmaschine, Grammofon. Dazu kommen auch technische Apparaturen, die nur in begrenzter Weise den Anspruch eines eigenständigen Mediums erheben können, etwa das Relais oder der Lautsprecher, weil sie meist in komplexere Medienapparaturen integriert sind. Wie sich hier der Medienbegriff bis in die Bezeichnung einzelner Gerätetypen ausweitet und damit letztlich über Gebühr ausdehnt, lässt sich an dem seit 1995 laufenden amerikanischen Internetprojekt *The Dead Media Project* ablesen, das inzwischen über 350 Eintragungen ›toter‹ (historisch abgelegter) Medien verzeichnet, die von der Laterna Magica und dem Heliografen über Agfa Gevaerts Familienkamera, die Brieftauben und Tattoos bis zu ›Dead ASCII Variants‹ und ›RCA Sound Synthesizer‹ reichen (Dead Media Project 1999). Der auf diese Weise ausgeweitete Medienbegriff droht, seine Trennschärfe zu verlieren und für eine spezifische Geschichtsschreibung unbrauchbar zu werden, weil nun auch bloße technische Varianten und Teiltechniken (etwa das Malteserkreuz am Filmprojektor) zum Medium erklärt werden wie auch »Licht, Wasser, Sand, Wärme, Steine, Luft, usw.« (Maresch 1996, S. 13).

2. Zum anderen hat die Konstruktion von ›Medialität‹ insbesondere für den historischen Zeitraum vor Beginn der Neuzeit zu einer medientheoretischen Diskussion geführt, die zu einer neuen Beschäftigung mit dem Verhältnis von **Kultur, Medien und Gedächtnis** und damit mit den Medien der Antike (vgl. die Arbeiten von Jan und Aleida Assmann u. a. 1983, 1988) als auch mit den Medien des Mittelalters geführt haben, insbesondere im Übergang von der Mündlichkeit zur Schriftlichkeit (vgl. stellvertretend Giesecke 1991, Wenzel 1995).

3. Mit der Ausweitung des Medienbegriffs wird die Geschichte – und nicht nur die Mediengeschichte – neu definiert, indem die Medien zu Geschichte prägenden Faktoren (zum »**medientechnischen Apriori**«: Spreen 1998) werden und damit die alten Determinanten wie Politik bzw. soziale Verhältnisse ablösen. Denn nur so macht eine Geschichte des ›Gutenbergzeitalters‹ oder die ›Geschichte der elektronischen Ära‹ Sinn. Zweifel sind auch hier angebracht, ob die Medien – und damit vor allem die Medientechnik – wirklich als entscheidende Determinanten des historischen Prozesses angesehen werden können.

Die neue mediengeschichtliche Konzeptionsdebatte steht erst am Anfang, und ob sich daraus eine neue Mediengeschichtsschreibung ergibt, wird die wissenschaftliche Praxis zeigen. Denn immer noch gilt, dass weniger die programmatischen Debatten, sondern die vorgelegten Ausführungen einer Mediengeschichte diese bestimmen.

Grundlegende Literatur

Abramson, Albert 1987: The History of Television, 1880 to 1941. Jefferson: McFarland.

Bausch, Hans (Hg.) 1980: Rundfunk in Deutschland. 5 Bde. München: dtv.

Bleicher, Joan Kristin 1993: Chronik zur Programmgeschichte des deutschen Fernsehens. Berlin: Edition Sigma.

Dussel, Konrad 1999: Deutsche Rundfunkgeschichte. Konstanz: UVK.

Faulstich, Werner 1996 ff.: Die Geschichte der Medien. Bisher 4 Bde. Göttingen: Vandenhoeck & Ruprecht. Bd. 1: Das Medium als Kult (1997); Bd. 2: Medien und Öffentlichkeiten im Mittelalter 800–1400 (1996); Bd. 3: Medien zwischen Herrschaft und Revolte 1400–1700 (1998); Bd. 4: Die bürgerliche Mediengesellschaft 1700–1830 (2002).

Flichy, Patrice 1994: Tele. Geschichte der modernen Kommunikation. Frankfurt a. M./New York/ Paris: Campus.

Giesecke, Michael 1991: Der Buchdruck in der frühen Neuzeit. Eine historische Fallstudie über die Durchsetzung neuer Informations- und Kommunikationstechnologien. Frankfurt a. M.: Suhrkamp.

Hickethier, Knut 1998: Geschichte des deutschen Fernsehens. Stuttgart/Weimar: Metzler.

Hiebel, Hans H. u. a. 1999: Große Medienchronik. München: Fink.

Jacobsen, Wolfgang/Anton Kaes/Hans Helmut Prinzler (Hg.) ²2003: Geschichte des deutschen Films. Stuttgart/Weimar: Metzler.

Kreuzer, Helmut/Christian W. Thomsen (Hg.) 1993/94: Geschichte des Fernsehens in der Bundesrepublik Deutschland. 5 Bde. München: Fink.

Prinzler, Hans Helmut 1995: Chronik des deutschen Films 1895–1994. Stuttgart/Weimar: Metzler.

Schanze, Helmut (Hg.) 2001: Handbuch der Mediengeschichte. Stuttgart: Kröner.

Segeberg, Harro (Hg.) 1996 ff.: Mediengeschichte des Films. 3 Bde. München: Fink.

Stöber, Rudolf 2000: Deutsche Pressegeschichte. Konstanz: UVK.

Toeplitz, Jerzy 1979 ff.: Geschichte des Films. 5 Bde. Berlin: Henschel.

Wilke, Jürgen (Hg.) 1999: Mediengeschichte der Bundesrepublik Deutschland. Köln u. a.: Böhlau.

Weitere zitierte Literatur

Albersmeier, Franz-Josef/Volker Roloff (Hg.) 1989: Literaturverfilmungen. Frankfurt a. M.: Suhrkamp.

Ardenne, Manfred von 1984: Mein Leben für Fortschritt und Forschung. München: Nymphenburger.

Assmann, Aleida/Jan Assmann/Christof Hardmeier (Hg.) 1983: Schrift und Gedächtnis. Beiträge zur Archäologie der literarischen Kommunikation I. München: Fink.

Assmann, Jan/Tonio Hölscher (Hg.) 1988: Kultur und Gedächtnis. Frankfurt a. M.: Suhrkamp.

Bock, Hans-Michael/Michael Töteberg (Hg.) ²1992: Das Ufa-Buch. Frankfurt a. M.: Zweitausendeins.

Bock, Hans Michael/Wolfgang Jacobsen (Hg.) 1997: Recherche Film: Quellen und Methoden der Filmforschung. München: text und kritik/Cinegraph.

Bolz, Norbert 1993: Am Ende der Gutenberg-Galaxis. Die neuen Kommunikationsverhältnisse. München: Fink.

Bruch, Walter 1967: Kleine Geschichte des deutschen Fernsehens. Berlin: Haude & Spener.

Dead Media Project, The 1999: http://www.deadmedia.org/ (21. 7. 2003).

Dussel, Konrad/Edgar Lersch/Jürgen K. Müller 1995: Rundfunk in Stuttgart 1950–1959. Stuttgart: SDR.

Engelsing, Rolf 1974: Der Bürger als Leser. Lesergeschichte in Deutschland 1500–1800. Stuttgart: Metzler.

Faulstich, Werner 1991: Medientheorien. Göttingen: Vandenhoeck & Ruprecht.

Faulstich, Werner (Hg.) 1992: Grundwissen Medien. München: Fink.

Faulstich, Werner/Helmut Korte (Hg.) 1991 ff.: Fischer Filmgeschichte. Frankfurt a. M.: Fischer Taschenbuch (5 Bde.).

Filmhistoriographie 1996. In: Montage/av 5. Jg. (1996), H. 1 (mit Beiträgen von Michèle Lagny, Pierre Solin, Paul Kusters, Jens Ruchatz, Ulrich Kriest, Nico de Klerk u. a.).

Goebel, Gerhart 1953: Das Fernsehen in Deutschland bis zum Jahre 1945. In: Archiv für das Post- und Fernmeldewesen 5. Jg. (1953), Nr. 5, S. 259–393.

Gregor, Ulrich/Enno Patalas 1962: Geschichte des Films. Gütersloh: Mohn.

Hafner, Katie/Matthew Lyon 1997: Arpa Kadabra. Die Geschichte des Internet. Heidelberg: dpunkt.

Halbach, Wulf R./Manfred Faßler 1998: Einleitung in die Mediengeschichte. In: Faßler, Manfred/ Wulf Halbach (Hg.): Geschichte der Medien. München: Fink, S. 17–54.

Halefeldt, Horst O. 1976: Programmgeschichte – Vorüberlegungen zu Konzeption und Quellen- lage. In: Mitteilungen des Studienkreises Rundfunk und Geschichte 2. Jg. (1976), H. 3, S. 23–28.

Havelock, Eric A. 1990: Schriftlichkeit. Weinheim: Beltz.

Hickethier, Knut 1980: Kino und Fernsehen in den Erinnerungen ihrer Zuschauer. In: Ästhetik und Kommunikation 11. Jg. (1980), H. 42, S. 53–66.

Hickethier, Knut 1982: Gattungsgeschichte oder gattungsübergreifende Programmgeschichte? Zu einigen Aspekten der Programmgeschichte des Fernsehens. In: Studienkreis Rundfunk und Geschichte. Mitteilungen 8. Jg. (1982), Nr. 3, S. 144–155.

Hickethier, Knut (Hg.) 1989: Filmgeschichte schreiben. Ansätze, Entwürfe und Methoden (Schrif- ten der GFF Bd. 2). Berlin: Edition Sigma.

Hickethier, Knut 1991: Apparat – Dispositiv – Programm. Skizze einer Programmtheorie am Bei- spiel des Fernsehens. In: Ders./Siegfried Zielinski (Hg.): Medien/Kultur. Schnittstellen zwischen Medienwissenschaft, Medienpraxis und gesellschaftlicher Kommunikation. Berlin: Spieß, S. 421–447.

Hickethier, Knut 1994: Zwischen Einschalten und Ausschalten. Fernsehgeschichte als Geschichte des Zuschauens. In: Werner Faulstich (Hg.): Handlungsrollen im Fernsehen. München: Fink (Geschichte des Fernsehens der Bundesrepublik Deutschland. Hg. v. Helmut Kreuzer und Chris- tian W. Thomsen, Bd. 5). München: Fink, S. 237–306.

Hickethier, Knut 1999a: Fernsehen und kultureller Wandel. In: Jürgen Wilke (Hg.): Massenme- dien und Zeitgeschichte (Schriftenreihe der DGPuK, Bd. 26). Konstanz: UVK, S. 143–159.

Hickethier, Knut 1999b: Zwischen Gutenberg-Galaxis und Bilder-Universum. Medien als neues Paradigma, Welt zu erklären. In: Geschichte und Gesellschaft 25. Jg. (1999), H. 1, S. 146–171.

Hickethier, Knut/Eggo Müller/Rainer Rother (Hg.) 1997: Der Film in der Geschichte (Schriften der GFF 6). Berlin: Edition Sigma.

Hoffmann, Detlef/Jens Thiele (Hg.): Lichtbilder – Lichtspiele. Anfänge der Fotografie und des Kinos in Ostfriesland. Marburg: Jonas.

Kerckhove, Derrick de 1995: Schriftgeburten. Vom Alphabet zum Computer. München: Fink.

Kittler, Friedrich A. 1986: Grammophon, Film, Typewriter. Berlin: Brinkmann & Bose.

Kittler, Friedrich A. 1987: Aufschreibesysteme. 1800–1900. München: Fink.

Kittler, Friedrich A. 2002: Optische Medien. Berlin: Merve.

Koszyk, Kurt 1972 ff.: Deutsche Presse (Geschichte der deutschen Presse, Bd. III und IV, 1914–1949). Berlin: Colloquium.

Kreimeier, Klaus 1992: Die Ufa-Story. München: Hanser.

Kübler, Hans-Dieter 1982: Medienbiographien. In: Medien + Erziehung 26. Jg. (1982), H. 4, S. 194–205.

Lenk, Carsten 1997: Die Erscheinung des Rundfunks, Einführung und Nutzung eines neuen Mediums 1923–1932. Opladen: Westdeutscher Verlag.

Lerg, Winfried B. 1982: Programmgeschichte als Forschungsauftrag. Eine Bilanz und eine Begründung. In: Studienkreis Rundfunk und Geschichte. Mitteilungen 8. Jg. (1982), H. 1, S. 6–17.

Lersch, Edgar 1990: Rundfunk in Stuttgart 1934–1949. Stuttgart: SDR.

Manguel, Alberto 1998: Eine Geschichte des Lesens. Darmstadt: Wissenschaftliche Buchgesellschaft.

Maresch, Rudolf 1996: Mediatisierung: Dispositiv der Öffentlichkeit 1800/2000. In: Ders. (Hg.): Medien und Öffentlichkeit. Positionierung, Symptome, Simulationsbrüche. München: Boer, S. 9–29.

Marßolek, Inge/Adelheid van Saldern (Hg.) 1999: Radiozeiten. Herrschaft, Alltag Gesellschaft. Potsdam: Verlag für Berlin-Brandenburg

Martino, Alberto 1990: Die deutsche Leihbibliothek. Geschichte einer literarischen Institution (1756–1914). Wiesbaden: Harrassowitz.

McLuhan, Marshall 1964/1968: Unterstanding Media. New York u. a.: McGraw-Hill 1964 (dt. Düsseldorf/Wien: Econ 1968).

Mendelssohn, Peter de 1982: Zeitungsstadt Berlin. Menschen und Mächte in der Geschichte der deutschen Presse. Frankfurt a. M.: Ullstein.

Müller, Corinna 1994: Frühe deutsche Kinematographie. Formale, wirtschaftliche und kulturelle Entwicklungen 1907–1912. Stuttgart/Weimar: Metzler.

Müller, Hans Dieter 1968: Der Springer-Konzern. Eine kritische Studie. München: Pieper.

Neuschäfer, Hans-Jörg u. a. 1986: Der französische Feuilletonroman. Die Entstehung der Serienliteratur im Medium der Tageszeitung. Darmstadt: Wissenschaftliche Buchgesellschaft.

Ong, Walter J. 1987: Oralität und Literalität. Die Technologisierung des Wortes. Opladen: Westdeutscher Verlag.

Paech, Anne 1985: Kino zwischen Stadt und Land. Geschichte des Kinos in der Provinz: Osnabrück/Marburg: Jonas.

Paech, Anne/Joachim Paech 2000: Menschen im Kino. Film und Literatur erzählen. Stuttgart/Weimar: Metzler.

Paech, Joachim ²1997: Literatur und Film. Stuttgart/Weimar: Metzler.

Pross, Harry 1987: Geschichte und Mediengeschichte. In: Bobrowsky, Manfred/Wolfgang Duchkowitsch/Hannes Haas (Hg.): Medien- und Kommunikationsgeschichte. Ein Textbuch zur Einführung. Wien: Braunmüller, S. 8–15.

Rhein, Eduard 1954: Das Wunder der Wellen. Berlin: Deutscher Verlag.

Riedel, Heide 1999: Lieber Rundfunk... 75 Jahre Hörergeschichte(n). Berlin: Vistas.

Riess, Curt 1956: Das gab's nur einmal. Das Buch der schönsten Filme unseres Lebens. o. O. [Hamburg]: Hamburger Verlag der Sternbücher.

Schildt, Axel 1995: Moderne Zeiten. Freizeit, Massenmedien und ›Zeitgeist‹ in der Bundesrepublik der 50er Jahre. Hamburg: Christians.

Schindler, Nina (Hg.) 1999: Flimmerkiste. Ein nostalgischer Rückblick. Hildesheim: Gerstenberg.

Schwarzkopf, Dietrich (Hg.) 1999: Rundfunkpolitik in Deutschland. 2 Bde. München: dtv.

Siegert, Bernhard 1993: Relais – Geschicke der Literatur als Epoche der Post 1751–1913. Berlin: Brinkmann & Bose.

Spreen, Dierk 1998: Tausch, Technik, Krieg. Die Geburt der Gesellschaft im technisch-medialen Apriori. Berlin/Hamburg: Argument.

Steffen, Joachim/Jens Thiele/Bernd Poch (Hg.) 1993: Spurensuche. Film und Kino in der Region. Oldenburg: BIS.

Stöber, Rudolf 1998: Die erfolgverführte Nation. Stuttgart: Stenier.

Strobel, Ricarda/Werner Faulstich 1998: Die deutschen Fernsehstars. 4 Bde. Göttingen: Vandenhoeck & Ruprecht.

Weber, Wolfgang Maria 1999: 50 Jahre Deutsches Fernsehen. München: Battenberg.

Wehmeier, Klaus 1979: Die Geschichte des ZDF. Teil 1. Entstehung und Entwicklung 1961–1966. Mainz: v. Hase & Köhler.

Weigend, Norbert 1982: Theoretische Anforderungen und Möglichkeiten in der Planung programmgeschichtlicher Forschung. In: Studienkreis Rundfunk und Geschichte. Mitteilungen 8. Jg. (1982), Nr. 3, S. 132–143.

Wenzel, Horst 1995: Medialität von Literatur als Problem der Literaturwissenschaft. In: Jäger, Ludwig (Hg.): Germanistik. Disziplinäre Identität und kulturelle Leistung. Weinheim: Beltz/ Athenäum, S. 121–134.

Wittmann, Reinhard 1991: Geschichte des deutschen Buchhandels. München: Beck.

Zielinski, Siegfried 1989: Audiovisionen. Kino und Fernsehen als Zwischenspiele in der Geschichte. Reinbek bei Hamburg: Rowohlt.

Zielinski, Siegfried 2002: Archäologie der Medien. Zur Tiefenzeit des technischen Hörens und Sehens. Reinbek bei Hamburg: Rowohlt.

20. Medientheorie

Die Umwelt wird auf der Basis von Vorstellungen, die die Menschen von ihr haben, wahrgenommen. »Beobachtung ist stets Beobachtung im Licht von Theorien«, formulierte einer der wichtigsten Wissenschaftstheoretiker, Karl Popper. Theorie ist »das Netz, das wir auswerfen, um ›die Welt‹ einzufangen – sie zu rationalisieren, zu erklären und zu beherrschen. Wir arbeiten daran, die Maschen des Netzes immer enger zu machen« (Popper 1994, S. 31). Theorien sind immer an ein – oft nicht explizites – Vorverständnis gebunden, mit denen sich die Reflexion über sie auseinander zu setzen hat. Daraus ergibt sich, dass Theorien aus einem Geflecht von Bedingungen und Explikationen auf unterschiedlichen Ebenen bestehen (vgl. auch Seiffert 1996). Theorien stellen weiterhin in sich dynamische Konstruktionen dar, die nicht nur in ihren Aussagen Veränderungen unterliegen, sondern selbst auch noch die eigene Dynamik erklären müssen.

20.1 Das Problem der Theorie

Die Theorie der Theorie ist unter dem Begriff der **Wissenschaftstheorie** heute ein eigenständiges Forschungsfeld (vgl. Chalmers 2001) und beschäftigt sich mit den Bedingungen der Theoriebildung, der notwendigen Beschaffenheit einer Theorie und dem Verhältnis von Theorie, Erkenntnis und Wirklichkeit. Theoriebildung wird vor allem an naturwissenschaftlichen Beispielen diskutiert, doch gelten die Grundprinzipien auch für sozialwissenschaftliche, kulturwissenschaftliche und ästhetische Theorien. Als Theorie wird die Formulierung von Gesetzmäßigkeiten bzw. Regelhaftigkeiten verstanden, wobei diese nicht aus der Verallgemeinerung von Beobachtungen entsteht, sondern der Beobachtung als etwas Eigenständiges gegenübertritt und diese anleitet (Theoriegeleitetheit von Beobachtungen und Erfahrungen). Theorien sind in ihrer Geltung bestimmbar, sie gelten für einen bestimmten Zeitraum (bis sie durch andere Theorien ersetzt werden) und müssen mit Phänomenen der Realität in einer Korrespondenz stehen. Theorien gelten in den Naturwissenschaften dann als wahr, wenn sich die Natur nach ihnen verhält, wobei Theorien keine Erklärung darüber geben, was die Natur dazu bringt, sich nach den Theorien zu verhalten. Ganz offensichtlich sind **sozial- und kulturwissenschaftliche sowie ästhetische Theorien** von einer anderen Art. Sozial- und kulturwissenschaftliche Theorien beziehen sich auf das Verhalten der Menschen untereinander, ästhetische Theorien auf Gestaltungsprozesse. Hier gelten weniger die Bedingungen der Verifikation und Falsifikation in experimentellen Situationen, sondern die Erklärungstiefe von Prozessen, und ob sie Phänomene möglichst umfassend darstellen können.

Die Theorie eines Gegenstands besteht aus **allgemeinen, systematisierten Aussagen** über ihn, die in sich widerspruchsfrei sein sollen, um ein plausibles

Aussagen-System zu ergeben. Theoriegeschichtlich sind unterschiedliche Formen der Theoriebildung entstanden. Unterschieden wird auch in den sozial- und kulturwissenschaftlichen sowie in den ästhetischen Theorien zwischen einer **Objekt-(Beschreibungs-)sprache und einer Metasprache**, die sich mit der Logik wissenschaftlicher Aussagen auseinander setzt. Theoriebildung, die mit Beobachtungssprachen operiert und deren Aussagen durch die Sinneserfahrung überprüfbar sind, findet vor allem in den Kunst- und Medientheorien des 20. Jahrhunderts statt.

Der Begriff der ›**Medientheorie**‹ wird seit Beginn des 21. Jahrhunderts inflationär gebraucht. Doch nicht alle Äußerungen zu den Medien stellen eine ›Theorie‹ dar. Nicht jeder Versuch, Medien »häufig nur auf vereinzelte Beobachtungen und/oder auf Hypothesen […] in viele Richtungen hin zu befragen« (Helmes/Köster 2002, S. 21), wie es Helmes und Köster unternehmen und damit alle möglichen marginalen Äußerungen aus den Werken prominenter Philosophen herausnehmen und als ›Theorie‹ ausgeben, ist schon eine Medientheorie. Ebenso ist auch der Diskurs über die Medien noch nicht ›Medientheorie‹, wie Kümmel und Löffler für die Zeit von 1888 bis 1933 vorschlagen und dann alle möglichen publizistischen Texte zusammenstellen. Auch wenn Kümmel/Löffler (2003) sich um die Entstehungszeit der Mediendiskurse bemühen und in den frühen Texten viele später immer wieder aufgegriffene Schlüsselbegriffe finden, muss doch heute an eine Medientheorie ein höherer Anspruch gestellt werden, einer, der zumindest in Ansätzen den Prinzipien der Wissenschaftstheorie genügt.

Wenn das letzte Kapitel dieser Einführung dem Thema ›Medientheorie‹ gewidmet ist, dann deshalb, weil innerhalb der Medienwissenschaft der Bereich ›Medientheorie‹ als ein abgrenzbares Arbeitsgebiet auftritt. ›Medientheorien‹ sind – im Gegensatz zu den wissenschaftstheoretisch definierten Theoriekonzepten – unterschiedliche Entwürfe zu einer Gesamtsicht der Medien. Diese können ganz unterschiedlicher Art sein, so dass an dieser Stelle über den Charakter solcher systematisierten Aussagensysteme nachgedacht werden soll.

Der Begriff ›Medientheorie‹ taucht in unterschiedlichen Verwendungen auf:

- im Rahmen eines sehr allgemeinen Gegensatzes von ›**Theorie und Praxis**‹,
- in der Form individueller ›**Medientheorien**‹ einzelner Theorie-Auteure und
- als systematische, **wissenschaftsorientierte Theorieansätze**.

20.1.1 Theorie und Praxis

In einer weit verbreiteten, vorwissenschaftlichen Gegenübersetzung von **Theorie und Praxis** wird der als ›Praxis‹ bezeichneten Arbeit in der Medienproduktion (Herstellung und Vermittlung von Filmen, Radio- und Fernsehsendungen) alles das gegenübergestellt, was sich als Reflexion der Medien darstellt. Die Theorie gilt dabei als das Wissen, das aus der Kenntnis der Praxis durch die Verallgemeinerung erwächst und wiederum Anleitung für neue Praxis sein kann. Theorie hat hier sowohl den Charakter der Erkenntnissammlung als auch den der Prognose und Anleitung zu einer veränderten (besseren, reflektierten) Praxis. Bei den aus dieser Vorstellung entspringenden Formen der Theorie handelt es sich in der Regel um

Schrifttexte über die Medien, die selbst in einem Medium (zumeist im Medium Buch) publiziert werden.

Die Reflexion kann direkt **anwendungsbezogen** (als Regelanweisung bzw. Rezeptur für die Optimierung der Praxis) oder auch **anwendungsunabhängig** auftreten. Auffällig ist, dass der Nutzen der Theorie für die Praxis zunehmend bezweifelt wird. Häufig wird bei skeptischen Einschätzungen der Theorie der Gegensatz zur Praxis relativ einfach gehalten. Wenn z. B. Wirkungsannahmen einer Medienaussage formuliert werden und als ›Theorie‹ auftreten, so dass der ›Praktiker‹ sagt, »theoretisch« mag dies ja so sein, nur aus der »Praxis« wissen wir, dass es sich leider anders verhalte. Dem auf Allgemeingültigkeit insistierenden Wissen der Theorie wird dann zumeist ein anderes Wissen, ein stark mit der Praxis verhaftetes Erfahrungswissen gegenübergestellt. Dabei wird nicht immer geprüft, ob die gegenteiligen Aussagen sich auf den gleichen Sachverhalt beziehen.

Das Theorie-Praxis-Verhältnis wird im Bereich der Medien heute häufig unter dem Stichwort der ›**Beratung**‹ diskutiert. Theorie (in diesem Fall die Wissenschaftler) sollen andere gesellschaftliche Bereiche (z. B. die Politik) ›beraten‹, wie man sich den Medien gegenüber effektiv zu verhalten habe, wie man diese für die eigenen Interessen sinnvoll nutzen oder mögliche negative Folgen bei der medialen Vermittlung der eigenen Positionen abwehren kann.

Solche Beratungsfunktionen sind problematisch, weil sie die Gefahr bergen, im Wissen um die Interessenlage des zu Beratenden Gefälligkeitsexpertisen zu erzeugen. Diese Gefahr besteht oft dort, wo direkte ›Handreichungen‹ erwartet werden, konkrete Anweisungen, was zu tun und was zu lassen sei, um Erfolg zu haben. Wenn Theorie jedoch den Anspruch ernst nimmt, verallgemeinertes Wissen zu bieten, kann sie nicht für den konkreten Einzelfall das Rezept liefern, weil dieser Einzelfall dann durchaus eine Randposition im Spektrum der Einzelfälle einnehmen kann, für das die Theorie Geltungsanspruch erhebt. Umgekehrt besteht auch die Gefahr der »negativen Gefälligkeit« (Blumenberg 2000, S. 21), dass Wissenschaft (als Theorie) nur noch negative Entwicklungen beschwört und überall die Apokalypse am Werk sieht.

Das Verhältnis von Theorie und Praxis wird im Bereich der Medien zusätzlich dadurch kompliziert, dass sich die Medien in ihren Bedingungen und Erscheinungsweisen gegenwärtig sehr **schnell verändern** und deshalb die Prognostik der Theorie oft dadurch in Zweifel gezogen wird, dass die Theorie die gesamte Medienentwicklung nicht in der Geschwindigkeit, in der sie sich vollzieht, angemessen reflektieren kann. Dabei stellt sich die Frage, ob Theorie sich nicht ohnehin gegenüber der Veränderungsdynamik distanziert verhalten und auf eine ›Langsamkeit‹ der Reflexion setzen soll, um eine eigenständige Erkenntnisgewinnung zu ermöglichen.

20.1.2 Theorien der Theorie-Auteure

Als ›Medientheorien‹ werden auch Texte bezeichnet, die Erklärungen und Deutungen der Medien liefern, die sich durch einen originellen Ansatz auszeichnen. Das hängt mit dem ursprünglich antiken δεωρία (›Anschauen‹, ›Betrachtung‹, ›Erkenntnis‹) zusammen, dessen erster Bestandteil des Wortes δεωρός bereits in der Antike etymologisch vom Wort für Gott (δεός) hergeleitet wurde (Koller 1958, S. 284). Der Medientheoretiker als der heimliche Gott der Medien und der Medienwissenschaft? In den Mediendiskursen werden sie häufig so gehandelt (vgl. Kloock 1995, Block/Heibach 2002) und sie tragen selbst durch Öffentlichkeitspräsenz und den Gestus ihrer Theorien dazu bei.

Bei den hier als Theorien der Theorie-Auteure bezeichneten Arbeiten werden in der Regel einzelne Aspekte der Medien besonders hervorgehoben bzw. diese in einer bislang nicht gesehenen oder neu gedeuteten Weise dargestellt. Medientheoretische Texte dieser Art werden zumeist eng mit dem Namen ihrer Urheber (Autoren) verbunden. So reicht es schon, die Namen »Flusser«, »Virilio« oder »Enzensberger« zu nennen, um das Stichwort ›Medientheorie‹ aufzurufen. Bei diesen Texten handelt es sich also um ›Werke‹ in einem traditionellen Sinn: Diese Theorien lassen sich auch als **Individualtheorien**, die vom großen Gestus eines Autors leben, als Theorien von Autoren bezeichnen. Mit den in der allgemeinen Wissenschaftstheorie entwickelten Theorie-Konzepten (z. B. von Stegmüller 1973, Carnap 1968) haben sie in der Regel wenig zu tun.

Wichtig für diese Gruppe von Theorien ist der ›Markencharakter‹, der durch die Identifikation von Theorie und Autorenname gefördert wird. Wenn z. B. Kloock/ Spahr bei Marshall McLuhan hervorheben, dass seine Theorie über enge Fachkreise hinaus bekannt geworden sei (Kloock/Spahr 1997, S. 39), dann wird hier der Markencharakter einer Theorie angesprochen, der es erlaubt, eine Theorie auf einen Satz (»The medium ist the message«) zu reduzieren und diesen als Spielgeld im publizistischen Diskurs einzusetzen.

Deutlich lassen sich innerhalb der individualistischen Medientheorien **zwei große Gruppen von Theorie-Auteuren** unterscheiden:

1. Eine Gruppe meist älterer Theorien, die ihre Sonderstellung als ›Theoriemarken‹ durch die Rezeption erhalten haben, weil Intellektuelle einer späteren Epoche in ihnen ein Modell entdeckten, das für die spätere Zeit zu einem Leitbild werden konnte. Dazu gehören vor allem die Arbeiten von Walter Benjamin (*Das Kunstwerk im Zeitalter seiner technischen Reproduzierbarkeit*, 1936/40) und von Günter Anders (*Die Antiquiertheit des Menschen*, 1956). Der Theorie-Ruhm entsteht dadurch, dass Werk und Leben in eins gesetzt werden und in der Theorie eine weit über die eigene Zeit hinausweisende Leistung gesehen wird.

2. Bei einer zweiten Gruppe von Medientheorien /Medientheoretikern wird der Auteur-Ruhm durch die aktive Inszenierung der Autoren selbst mit befördert: Neben ihren Schriften werden sie selbst als Inszenatoren der eigenen Person als Seher und Deuter des aktuellen Zeitgeschehens tätig und in dieser Funktion von den Medien selbst benötigt. Die Sicht der Theorie-Auteure beansprucht für sich, *den* Angelpunkt der Medienwelt gefunden zu haben. Häufig wird, von einem spektakulären Einzelwerk ausgehend, die dort entwickelte Idee durch andere Medien bzw. Kulturbereiche dekliniert.

Bei Paul Virilio lässt sich dies exemplarisch nachvollziehen. Der Ausgangspunkt seiner auf Beschleunigung setzenden Medientheorie ist seine Abhandlung über das Kino, an dem er seine beiden zentralen Motive ›Beschleunigung der Wahrnehmung‹ und ›Die Geburt der Medien als Kriegsinstrumente‹ erstmals dargestellt und miteinander verbunden hat (Virilio 1986). In weiteren Schritten wird das Modell Bewegung und Geschwindigkeit, verallgemeinert (Virilio 1989) und in einem Paradoxon formuliert: *Rasender Stillstand* (Virilio 1997), auf das Fernsehen übertragen (Virilio 1993), auf den Körper bezogen (Virilio 1994) und wieder weiter verallgemeinert zu einer apokalyptischen Sicht der Gegenwart, die aufgrund eines Geschwindigkeitsrausches immer weniger zum Leben fähig ist (Virilio 1995, 1998).

Es geht also weniger um systematische Beschreibung und Herstellung einer möglichst umfassenden Theorie, sondern die Beschwörung einer Perspektive, die bei Virilio in eine immer weiter ausgreifende Apokalypse mündet. Die Arbeiten Vilém Flussers neigen z. B. zu einer emphatischen, fast hymnischen Verklärung der telematischen Gesellschaft, auf die Flusser die Entwicklung der digitalen Medien sich zubewegen sieht.

Es liegt nahe, dass die Selbstinszenierungen für die Ausgestaltung der Medientheorien spezifische Effekte mit sich bringen. Da es nicht um eine umfassende systematische Darstellung eines Mediums geht, sondern die Medien in ihren konkreten Erscheinungsweisen selbst nur Symptome für eine Entwicklung sind, werden assoziative und analogische Verknüpfungen bevorzugt. Von einer Bemerkung des Philosophen Husserl über den Nullpunkt ist der Weg zur Mondlandung 1969 und zum Big Bang nicht weit (vgl. Virilio 1992, S. 126 ff.). Medientheorie – wenn sie denn nicht zu einer allgemeinen Philosophie über die Welt an sich geworden ist – bedient sich nur der Medien als Material, um mit ihnen weitreichende Gedankengänge zu ermöglichen.

20.1.3 Wissenschaftsorientierte Medientheorien

Mit ›Medientheorie‹ ist eine überindividuelle **Systematik von Aussagen über die Medien** gemeint, die ausgehend vom gesammelten Wissen eine Form von Verallgemeinerung anstrebt, bei der das Zufällige vernachlässigt und das Grundsätzliche herausgearbeitet werden. Hier gibt es letztlich keine individuellen Handschriften eines Theorieautors mit seinen Besonderheiten, sondern es werden verallgemeinerbaren Erkenntnisse zu einem die Wissenschaft anleitenden ›Theoriegebäude‹ zusammengefügt. Eine solche Medientheorie kann hier nur in ihren Bedingungen skizziert werden, weil es sie als eine ausgeführte und dargestellte noch nicht gibt.

20.2 Theoriecharakter, Geltungsanspruch und Gegenstandskonstitution

Theorien, so formulierte es Dieter Henrich 1982 für den Bereich der Kunsttheorien, »haben nur dann Erschließungskraft, wenn sie Elemente und Formationsbedingungen von großer Allgemeinheit namhaft machen, die nicht jedermann und jederzeit ohnedies geläufig sind« (Henrich 1982). Theorien – im Sinne von Henrich verstanden – stellen deshalb eine Art von **Perspektiv oder Okular** dar, durch das der Gegenstand, also in diesem Fall die Medien, neu gesehen werden. Ein solches Theorieverständnis gilt nicht nur für die Künste und ihre Theorien, sondern auch für die Medientheorien, die sich dem Paradigma einer Kunst- bzw. Kulturtheorie verpflichtet fühlen. Für die gesellschaftswissenschaftlichen Theorien gilt dagegen in Anlehnung an naturwissenschaftliche Theoriebildung, dass Theorien eher als Zusammenfassungen der aus den Einzelforschungen resultierenden Ergebnisse verstanden werden, die, einem Modell folgend, eine umfassende Beschreibung des Sujets ermöglichen. Deutlich ist damit auch der latent wirksame **Gegensatz zwischen den sich daraus ergebenden normativen und deskriptiven Theorien** angesprochen.

Dieter Henrich resümiert in seinen metatheoretischen Überlegungen zu den Kunsttheorien das wohl endgültige Scheitern der Hoffnung, eine verbindliche ›**Einheitstheorie**‹ für die Kunst – als eine Theorie der ästhetischen Erfahrung – finden zu können. Obwohl immer angestrebt, ist sie letztlich nicht zustande gekommen. Mit der Verwissenschaftlichung der Ästhetischen Theorie (als einer philosophischen Theorie) und ihrem Wandel zu einem Verbund unterschiedlicher Kunsttheorien (in den einzelnen Kunstwissenschaften) ist eine Vielzahl von »Elementartheorien« (Henrich) einzelner Künste und Kunstaspekte entstanden. In den 1990er Jahren schien das Konstrukt ›Medientheorie‹ der Hoffnung eine neue Basis zu bieten, eine Einheitstheorie der nun medialen ästhetischen Erfahrung schaffen zu können. Doch sind bei Sichtung der vorliegenden Konzepte und Entwürfe die Aussichten gering, dass sich die Hoffnung erfüllt.

20.2.1 Geltungsansprüche

Von der Medientheorie wird ein systematischer Zugang zu den Medien verlangt, d. h., von den Aussagen einer Medientheorie wird erwartet, dass zwischen ihnen ein systematischer Zusammenhang von Aussagen über die Medien besteht (dies muss jedoch kein System-Zusammenhang im Sinne der Systemtheorie sein).

Medientheorien, auch wenn sie den Anspruch auf universale, überzeitliche Geltung erheben, sind immer nur (als synchrone Schnitte durch eine historische Entwicklung) **für einen begrenzten historischen Zeitabschnitt verfasst.** Ihr jeweils behaupteter Universalismus gilt nur so lange, wie das verwendete theoretische Paradigma sich als brauchbar zur Beschreibung eines Zustands erwiesen hat. Zu einem bestimmten Zeitpunkt hat sich die Entwicklung der Medien so weit von diesem Denkmuster und der Theorie entfernt, dass ein anderes Paradigma den neuen Medienzustand besser erklären kann und deshalb eine neue Theorie entstehen lässt. Diese von der Medienrealität bestimmte Theoriedynamik resultiert daraus, dass sich die Medientheoretiker – ob bewusst oder unbewusst – immer auf eine konkrete Medienrealität beziehen, die sie theoretisch zu fassen versuchen.

Am **Beispiel der Kommunikationsmodelle** war dieser Zusammenhang schon in Kap. 3.4 angesprochen worden. Bei der Ausformulierung einer Theorie hat also der Autor in der Regel eine konkrete Mediensituation vor Augen, auf die er, ohne dies immer explizit auszuweisen, Bezug nimmt. Werner Faulstich hat davon gesprochen, dass Medientheorien »stets einen Reflex der Entwicklung des Mediums selbst« darstellen (Faulstich 1998, S. 23). Gerhard Maletzke z. B. reflektiert mit seiner *Psychologie der Massenkommunikation* 1963 die Mediensituation der 1950er Jahren in den USA und in der Bundesrepublik Deutschland. Sein Modell der Massenkommunikation erweist sich in den 1990er Jahren als problematisch. Niklas Luhmann dagegen hat mit *Die Realität der Massenmedien* 1996 die Medien der 1990er Jahre reflektiert, ob dieses Modell auch für historische Phasen der Medienentwicklung Geltung beanspruchen kann, wäre zu untersuchen. Medientheorien bestehen deshalb nicht unbegrenzt, sondern können immer nur einen Geltungsanspruch für einen bestimmten Zeitraum erheben.

Wenn **Theorien als strukturierte Aussagesysteme** verstanden werden, sind sie auf unterschiedliche Weise überprüf- und kritisierbar:

1. Auf der Ebene der **Substanz der Aussagen**: Theorien können in ihrer Substanz daraufhin überprüft werden, ob sie wesentliche Aussagen über ihren Gegenstand machen, ob diese umfassend in dem Sinne sind, dass sie die zentralen Erkenntnisse einer Zeit über den Gegenstand berücksichtigen oder sich zumindest zu diesen verhalten. Sie können auch dahingehend überprüft werden, ob sie – in Relation zur Realität der Medien – zutreffende Aussagen machen. Als zutreffend gelten Aussagen, die sich in Übereinstimmung mit Erfahrungsbefunden aus dem Umgang der Menschen mit den Medien befinden. Theorien müssen in ihren Aussagen – so könnte als Anspruch an sie formuliert werden – ihren Gegenstand möglichst umfassend abdecken.

Theorien stehen zu ihrem Gegenstand immer in einem reflektierenden Verhältnis, d. h., sie treffen Aussagen über vorhandene, beobachtbare und erfahrbare Phänomene der Medien. Theorien befinden sich deshalb gegenüber ihrem Sujet, das sich historisch ständig verändert, in einem **Zustand des Nachhinein**. Die Aussagen der Theorie betreffen deshalb immer einen Zustand der Medien, der gewesen ist. Zwar können die Aussagen so stark verallgemeinert werden, dass sie als überzeitliche erscheinen, dennoch sind sie auch dann noch immer an einen spezifischen historischen Zustand der Medien gebunden.

Mit dem Hinweis auf die **Historizität jeder Theorie** ließe sich leicht jede Theorie aushebeln, lässt sich doch der Geltungsanspruch von Theorien leicht mit den jeweils neuesten medialen Entwicklungen empirisch in Frage stellen. Denn die Theorie kann niemals alle zukünftigen Entwicklungen prognostizieren, so dass immer ein Widerspruch zwischen der Medienrealität und der Theorie auftreten kann. Auch kann die Medienforschung zu Erkenntnissen gekommen sein, die in ihrer Detailliertheit noch nicht im Aussagensystem einer Theorie verarbeitet worden sind. Diesem historischen Aktualitätsverfall versuchen Theorien durch eine erhöhte **Allgemeinheit ihrer Aussagen** zu entgehen. Für die Rezeption von Theorie besteht deshalb die Aufgabe, nicht gleich vorschnell eine Theorie zu falsifizieren, sondern sich zu ihr ›produktiv‹ zu verhalten, indem die Lektüre selbst eine ›**Aktualisierung**‹ **der Theorie** vornimmt: Die Grundprinzipien der Theorie werden mit neuen Phänomenen des Sujets in Übereinstimmung gebracht und dadurch wird eine neue Sichtweise auf die Medien und ihre Phänomene gewonnen. Bei dieser produktiven Lektüre gibt es jedoch Grenzen der Adaptionsfähigkeit, so dass in zeitlichen Abständen Medientheorien als Aussagensysteme neu formuliert werden müssen.

2. Auf der Ebene der **Struktur der Aussagen**: Eine Theorie kann in der Systematik ihrer Aussagen beleuchtet werden. Aussagen sind Beschreibungs- und Erklärungssätze, die in sich einer bestimmten Textstruktur folgen. Ihre Plausibilität und Argumentationslogik lassen sich beschreiben.

In der Regel stellt sich für eine Theorie zentral die Frage nach ihrem **Ausgangspunkt** und ihren **Prämissen**. Diese werden nicht immer offen formuliert, oft deshalb nicht, weil sich die Autoren darüber wenig Gedanken gemacht haben bzw. weil sie ihre Grundannahmen als selbstverständlich angesehen haben. Indem diese durch eine kritische Lektüre expliziert werden, können sie die Theorie als problematisch erscheinen lassen. Sind jedoch erst einmal die Grundannahmen akzeptiert, stellt sich die Aufgabe, die interne Logik der Theorie auf unentdeckte Widersprüche hin zu untersuchen.

Theorien stellen in der Regel ein zentrales **Paradigma**, ein zentrales Verständnis der Medien, heraus, das in der Ausführung der Theorie in seinen wesentlichen Aspekten ›ausgeschrieben‹, also entfaltet und differenziert wird. Damit gilt auch für die Theoriebildung die schon bei der Darstellung von ›Wissenschaft‹ erörterte Form der Paradigmenbildung (vgl. Kap. 1.3), wie sie Thomas S. Kuhn (1969) beschrieben hat.

20.2.2 Theoriekontexte

Medientheorien sind in der Regel keine singulären Theorien, die von einzelnen Theoriegenies entwickelt worden sind, sondern stehen im Zusammenhang mit übergeordneten Theoriebildungen. Sie beziehen sich in der Art ihres Denkens und in ihrer zentralen Begriffsbildung zumeist auf übergeordnete Theoriekomplexe. Sie lassen sich unterscheiden in **drei große Gruppen**, wobei die Unterscheidung nicht sehr trennscharf ist, da es zahlreiche Überschneidungen gibt, weil bei der Theoriebildung häufig auf unterschiedliche übergeordnete Teiltheorien zurückgegriffen wird.

1. Medientheorien sind in ihrer Genese zunächst **Kunsttheorien bzw. ästhetische Theorien**. Sie wenden sich den seit dem Ende des 19. Jahrhunderts entwickelten technisch-apparativen Medien (Film, Radio, Fernsehen) zu und sehen bis in die 1950er Jahre hinein vor allem in den Künsten (Literatur, Theater, Bildende Kunst, Musik) analoge Formbereiche des menschlichen Ausdrucks, so dass **Medientheorien als Kunsttheorien** formuliert werden.

Als prototypisch kann dabei vor allem die **Theorie des Kinofilms** gelten, zum einen weil er das erste technisch-apparative visuelle Medium war, das von den tradierten Künsten – insbesondere Theater, Malerei und Bildende Kunst – als eine zentrale Herausforderung angesehen wurde. Der Film musste sich in dieser kulturellen Konfrontation in den ersten Theorieentwürfen (vgl. z. B. Häfker 1913) vor allem als ein Kunstmedium behaupten, was auch der Dominanz des fiktionalen Films im Kino seit den 1910er Jahren entsprach (vgl. Müller 1994). Emilie Altenlohs frühe Schrift *Zur Soziologie des Kinos. Die Kino-Unternehmung und die sozialen Schichten ihrer Besucher* (Altenloh 1914) verstand sich erklärtermaßen nicht als eine Theorie des Kinos, sondern als eine empirische Erkundung seines Publikums. Ähnlich suchte auch der amerikanische Theoretiker Vachel Lindsay 1915 mit *The Art of the Moving Picture* im Vergleich des Films mit den anderen Künsten eine Abgrenzung zu liefern. In den entwickelten Kinotheorien der 1920er und frühen 30er Jahre wurde dabei nicht einfach auf ›Kunst‹ allgemein zurückgegriffen, wie Titel *Film als Kunst* (Arnheim 1932) oder *Rundfunk als Hörkunst* (Arnheim 1936/1979) nahe legen, sondern wiederum auf die den Kunsttheorien in der jeweiligen Zeit zugrunde gelegten allgemeineren Theorien: Bei Rudolf Arnheim z. B. sind es gestalttheoretische Ansätze, die in der Wahrnehmungspsychologie entwickelt worden sind.

Béla Balázs, ein anderer Theoretiker des Films in den 1930er Jahren, bezieht sich dagegen mit seinem ersten filmtheoretischen Buch *Der sichtbare Mensch* (Balázs 1924) auf eine Theorie der Physiognomie, die er für eine Theorie des Films fruchtbar macht. Balázs ist ein gutes Beispiel für das dialektische Verhältnis von allgemeiner Theorie und einer auf ein Medium ›angewandten‹ Theorie. Die Physiognomik – als eine psychologische Theorie, die vom Äußeren des Menschen auf sein Inneres schließen wollte, ihre Wurzeln bei Goethe und Lavater im 18. Jahrhundert hat und bereits von Georg Chr. Lichtenberg heftig kritisiert worden war – hatte sich als wissenschaftlicher Erklärungsansatz nicht bewährt. Sie bot aber für die »Analyse des Stummfilms erstaunliche Analysequalitäten« (Diederichs 1982, S. 37), die Balázs in seiner Theorie herauszuarbeiten wusste. Balázs rezipierte damit die Physiognomik auf eine spezifische und neue Weise und gab ihr in seinem theoretischen Rahmen als »Kunsttheorie eines Künstlers« (Fehér nach Diederichs 1982, S. 23) einen neuen Charakter. Hugo Münsterbergs filmtheoretischer Beitrag *The Photoplay* von 1916 (dt. 1996) geht dagegen von einem psychologischen Ansatz der Psychotechnik aus und begründete damit ein neues Kunstkonzept (Schwanitz 1996, S. 21 ff.).

Waren es bis in die 1960er Jahre hinein vor allem wahrnehmungstheoretische Ansätze, aus denen sich Medientheorien speisten, so sind diese in der letzten Zeit als Bezugsrahmen häufig durch **Kognitionstheorien** ersetzt worden, wobei die Frage nach den Gestaltungsmitteln eines Mediums dahingehend beantwortet wird, dass nach ihrem Beitrag zur Erzeugung bzw. Vermittlung des medialen Wissens gesucht wird. Kognitionsorientierte Filmtheorien (z. B. Bordwell 1985) können als Beispiele für diese Richtung gelten.

2. Zurückgegriffen wird weiterhin auf übergeordnete **soziale Theorien**, die sich mit dem gesellschaftlichen Zusammenleben der Menschen beschäftigen und über den Blick auf die sozialen Verhältnisse auch auf die Medien zu sprechen kommen, weil diese als Mittel des Sozialen in Erscheinung treten. Wichtigster Vertreter ist hier sicherlich Talcott Parsons, der den Medienbegriff sehr ausgreifend für die Erklärung sozialer Zusammenhänge verwendet hat. Paradigmatisch wurde seine Erklärung des Geldes als Medium der Gesellschaft (vgl. Parsons 1980). In kritischer Auseinandersetzung mit Parsons sind vor allem die kommunikationstheoretischen Arbeiten von Jürgen Habermas (1981) zu sehen. Das Theoriekonzept des sozialen Handelns wird bei einer solchen Bezugnahme zur Erklärung von Kommunikation als einer Sonderform des sozialen Handelns herangezogen und beispielsweise zu einer Theorie des kommunikativen Handelns ausgebaut.

Ausgehend von anderen gesellschaftstheoretischen Grundbegriffen bildeten auch andere sozialwissenschaftliche Theorieentwürfe einen Ansatzpunkt für Medientheorien, wenn z. B. von **systemtheoretischen oder konstruktivistischen Ansätzen** aus Medientheorien konzipiert wurden (Luhmann 1996, Schmidt 1996). Die gesell-schaftstheoretische Dimensionierung von Medientheorie hat vor allem in den 1960er und 70er Jahren stattgefunden und dabei in kritischer Analyse von Machtstrukturen und Herrschaftsverhältnissen den Zusammenhang von Massenkommunikation, Staat und Gesellschaft unter Rückgriff auf Konzeptionen der **Politischen Ökonomie** her-ausgearbeitet. Dazu gehören nach den eher beschreibenden Ansätzen von Ralf Zoll/ Eike Hennig (1970) vor allem theoretische Entwürfe von Oskar Negt/Alexander Kluge (1972), Franz Dröge (1972), Horst Holzer (1975, 1994), Dieter Prokop (1981) u.a.

Medientheorien können auch ökonomische Theorien sein, juristische oder pädagogische (usw.), die letztlich alle als soziale Theorien gelten können, weil sie – auf unterschiedlich akzentuierte Weise – Individuum und Gesellschaft im Zu-sammenhang mit den Medien sehen.

3. Medientheorien können sich auch auf **Wissenschaftsdisziplinen** bezie-hen, die ihren je unterschiedlichen Methodenansatz als einen differenten Zugang zur Realität verstehen und über die sich daraus ergebenden unterschiedlichen Methoden definieren. Dies ist häufig der Fall, wenn Medientheorien aus einer spe-zifischen wissenschaftlichen Perspektive (z. B. von der Medienpädagogik, dem Medienrecht oder der Philosophie) aus formuliert werden.

Einerseits ist ein solcher Zusammenhang mit übergeordneten Theorie-zusammenhängen notwendig, weil Medien nicht losgelöst als singuläre Erschei-nungen auftreten und Medientheorie diese Einbindungen in Bezugssysteme, die für Individuum und Gesellschaft Gültigkeit beanspruchen, ebenfalls benötigt. An-dererseits ist es notwendig, dass Medientheorie **nicht als bloßer Anwendungsfall** einer Metatheorie erscheint, sondern ihre Eigenständigkeit betont, die sich aus der spezifischen Zuwendung zu den Medien ergibt. Denn auch die Medien sind nicht einfach nur Anwendungsfälle von Gesellschaft und Individuum, sondern besitzen eine eigene Dimension, die sich auch prägend auf die Konstituierung von Gesell-schaft und Individuum und deren Verhältnis zueinander auswirkt.

20.2.3 Sujetumfang von Medientheorien

Für die Medientheorie stellt sich damit auch die Frage nach ihrer Reichweite. Wie umfassend sind die Aussagen, die eine Theorie trifft? In der **Reichweite der Theo-rie** lassen sich folgende Unterscheidungen treffen:

- allgemeine Medientheorien (z. B. Medienanthropologie als Theorierahmen)
- gesellschaftliche Medientheorien (z. B. Theorie der ›Mediengesellschaft‹)
- Medientheorien, die die einzelnen Medien übergreifen
- Einzelmedientheorien (z. B. Theorie des Films, des Fernsehens usf.)
- Theorien von Mediensektoren (z. B. Theorien der Medientechnik, Pro-grammtheorien usf.); Theorien von Produktion und Rezeption (z. B. Wir-kungstheorien)
- Theorien von Mediensparten (z. B. Theorie der Information oder der Unterhaltung)

- Theorien von Mediengattungen (z. B. Theorie des Fernsehspiels, des Hörspiels, des Features)
- Theorien von Mediengenres (z. B. Theorie des Western oder des Kriminalgenres)
- Theorien von Formaten (z. B. Theorie der Daily Soap)
- Theorien zu einzelnen Sendungen (z. B. Theorie des »Millionenspiels« oder von »Big Brother«)
- Theorien einzelner Gestaltungsprinzipien (z. B. Montagetheorien)

Der hier systematisch entfaltete Katalog möglicher Theoriebildungen wird nicht gleichmäßig bedient, sondern wird im wissenschaftlichen Diskurs an unterschiedlichen Punkten fokussiert. Es liegt auf der Hand, dass der Theorieanspruch mit dem Gegenstandsumfang der Theorie wächst. Es lassen sich jedoch auf allen Ebenen Verallgemeinerungsstufen von Einzelanalysen und -befunden entwickeln, die für sich einen Theorieanspruch erheben, indem sie die verallgemeinerten Erkenntnisse in einen größeren, oft universalen Rahmen bringen. So kann z. B. der Anspruch geltend gemacht werden, mit der Theorie der Montage oder mit der Theorie des Seriellen die Kultur der Moderne insgesamt zu erklären. Entscheidend ist bei derartigen Theorieentwürfen jedoch, dass sich für derartige übergreifende Geltungsansprüche immer auch Belege finden, die das Wirken von derartigen Prinzipien als zwingend und nicht nur als metaphorische oder analogische Konstruktionen erscheinen lassen.

Werner Faulstich hat zwischen **Einzelmedien- und (medienübergreifenden) Medientheorien** unterschieden und dabei die These vertreten: Die »Hoch-Zeit der Einzelmedientheorien scheint in den meisten Fällen bereits abgeschlossen oder überholt« zu sein (Faulstich 1998, S. 23), weil diese sich in etwa nach dem gleichen Schema entwickelt hätten, also einem allgemeinen Grundmuster folgten, und ihre Spezifik nicht in ihren medialen Besonderheiten gefunden hätten. Hier sind zumindest Zweifel erlaubt. Theorieentwicklung hat auf allen Ebenen der Theoriebildung stattzufinden.

Es kann nicht sein, dass z. B. die Theoriebildung im Bereich des Fernsehens mit der ersten deutschsprachigen Fernsehtheorie von Gerhard Eckert (1953) abgeschlossen zu sein hat, so wie Faulstichs Beispielkette für die Radiotheorie (Brecht 1932, Eckert 1941, Fischer 1964) endet. Wichtige grundlegende Veränderungen der Medien Radio und Fernsehen haben erst weit nach den 1950er Jahren stattgefunden (Ausweitung der Programme zu einem permanenten Programmdurchlauf, Vermehrung der Programme, Digitalisierung, das Entstehen anderer Rezeptionsformen durch Fernbedienungen und Programmvielfalt usf.), ihnen würde durch ein derartiges Theorieverständnis eine theoretische Durchdringung untersagt werden. Auch ist die Entwicklung allenfalls in den Eckdaten für die verschiedenen Medien ähnlich verlaufen. Wie wollte man die Entwicklung des Films und des Kinos mit der des Fernsehens auf einen theoretischen Rahmen zwingen, ohne schon allein die gravierenden Differenzen bei Produktion und Distribution bis zur Unkenntlichkeit zu verwischen? Theorieentwicklung muss deshalb auf allen Ebenen stattfinden, denn medienübergreifende Theoriebildung setzt die Kenntnis der je einzelnen Medien voraus.

Faulstich hat insofern jedoch Recht, dass die Theorieentwicklung in den einzelnen Teilbereichen der Medienentwicklung nicht in Unkenntnis voneinander geschehen kann. Sich mit dem Wechsel vom Stummfilm zum Tonfilm (1928/29) zu beschäftigen, setzt zumindest das Bewusstsein von der Entstehung des Radios (1922/23) und der technischen Erzeugung, Distribution und Speicherung von Tönen, Klängen bei Schallplatte, Grammofon (ab 1878) und dann später (ab 1940) des Magnetofonbandes voraus. Eine Theorie der Digitalisierung des Kinofilms sollte zumindest umrissweise von der Digitalisierung der Fotografie, des Fernsehens und des Radios wissen. Die These, dass Medienentwicklung nach einem gleichen Schema ablaufe, harrt noch einer differenzierten Darstellung.

Entscheidend für die »Erschließungskraft« (Henrich) einer Theorie ist jedoch weniger der Gegenstandsumfang als vielmehr die erhellende Kraft des Paradigmas, mit der sie einen Zugang zu unterschiedlichen Aspekten der Medien gewinnt.

20.3   Verhältnis von Realität – Medium – Subjekt

Gegenüber einer Medientheorie kann der Anspruch erhoben werden, eine Vorstellung vom Verhältnis zwischen Individuum und Realität zu erzeugen, in der das Medium eine Rolle spielt. Im Kapitel 2.4 war bereits über das Verhältnis von Medien und Realität gesprochen worden. ›Realität‹ war dort als eine menschliche Konstruktionsleistung beschrieben worden, die ›im Hintergrund‹ unserer Sinneswahrnehmungen ständig vollzogen wird und aus der sich ein **intuitives Realitätsverständnis** ergibt, das auf Stabilität und Kontinuität hin angelegt ist und sich den Menschen als eine unhinterfragbare Gewissheit darstellt. Dieser Aspekt wurde auch auf die kulturellen Gewissheiten, Routinen und Gewohnheiten bezogen, die sich ebenfalls zu einem weitgehend konsistenten und von großen Mehrheiten der Bevölkerung wenig hinterfragten Realitätsbild verfestigt haben. Daraus ergab sich, dass Medien also keine irgendwie allgemein vorhandene Wirklichkeit abbilden, sondern dass sie **eine eigene Medienwirklichkeit erzeugen**, also Bilder (hier im weitesten Sinne verstanden) von Realität, die nach spezifischen Gesichtspunkten der Medien organisiert sind.

Für die Medientheorie lassen sich jeweils drei verschiedene Grundannahmen festhalten:

1. Für die Relation ›**vormediale Realität und Medium**‹ gilt:
- Medien bilden die Wirklichkeit ab (Abbildungstheorien);
- Medien sind Teil der Realität und werden als ein spezifischer Teil der Realität erfahren (also nach eigenen Bedingungen, die mit denen anderer Realitätssegmente nicht unbedingt vergleichbar sind);
- Realität wird nur über Medien erfahren (Realität ist Medienrealität).

2. Analoges gilt für die Relation ›**Medium und Subjekt**‹:
- die Subjekte bedienen sich der Medien als Instrumente;
- die Subjekte erfahren Medien als Teil der Umwelt;
- die Subjekte definieren sich durch Medien und nur durch Medien.

20.4   Darstellungsformen von Theorie

Für Medientheorien gilt, dass sie sich weitgehend der medialen Form der Schrift, und hier besonders des gedruckten Wortes und des Buches, bedienen. Alle Theorie-konstruktionen sind damit von der Sprache und der sprachlichen Logik deter-miniert. Denkbar wäre doch gerade im Kontext der audiovisuellen Medien eine Theoriedarstellung, die sich auch dieser Medien bedient. Zwar gibt es bereits audio-visuelle Darbietungen von Theorie (dabei werden in der Regel die verbalsprach-lichen Schrifttexte mit Bildern illustriert und durch audiofone Darbietungen ergänzt), eine ganz anders geartete Theoriedarstellung in einem anderen Medium ist jedoch noch nicht in Sicht – vielleicht bleibt sie ja auch aus grundsätzlichen Überlegungen eine theoretische Utopie.

Unterscheidbar in der Theoriedarstellung sind zwei Grundhaltungen, die sich in den verschiedenen Medientheorien zumindest als gegensätzliche Prinzi-pien erkennen lassen:

1. Theorien wollen das Sujet möglichst nachhaltig verständlich machen (Trans-parenzgebot). Sie zielen auf eine **Erhellung der darzustellenden Sachverhalte** ab. Diese Theorien sehen sich auch in einem engen Zusammenhang, weil sie auf ständige Verifizierbarkeit ihrer Sätze Wert legen. So viel wie möglich muss mit den konkreten individuellen Erfahrungen der Mediennutzer kompatibel und an gesellschaftliche Rahmentheorien anschlussfähig sein. Häufig wird dabei auf vorhandene Begriffsbildungen und Kategorien zurückgegriffen. Ver-ständlichkeit ist ein hohes Ziel.

2. Theorien wollen zur **produktiven Auseinandersetzung der Subjekte mit den Medien** beitragen (Stimulationsgebot). Sie bedienen sich deshalb durch meta-phorische Sprechweise und assoziativen Gedankengang häufig eher Strategien der Verdunkelung und Verrätselung, weil sie eine Stimulation der Phantasie er-hoffen. Hierbei handelt es sich häufig um singulär vertretene Theorien, die sich nicht um eine Anschlussfähigkeit anderen Theorien gegenüber bemühen, son-dern eher mit dem Gestus eines individuellen Deutungsversuchs auftreten und sich dementsprechend auf Begriffssysteme bzw. auf singuläre semantische Auf-ladungen vorhandener Begriffe stützen.

Hier wird bewusst auf eine Zuweisung vorhandener Theorien zu den beiden Grund-haltungen verzichtet, sondern dies als eine Aufgabe zur Erkundung von Theorien dem Leser überlassen.

Suchen wir weiterhin nach einem systematisierenden Zugriff auf Theorien, lassen sich diese folgendermaßen unterscheiden:

a) **Theorien als Formen der individuellen Weltdeutung.**
Die Erkenntnisse dieser Theorien sind stark auf das Subjekt des Theoretikers bezogen und lassen sich nur als dessen Gesamtwerk verstehen. Der Theoretiker tritt auf als eine Art von Theorie-Künstler, als ein Visionär.

b) **Theorien als ein wissenschaftliches Aussagesystem mit einer spezifischen Struktur.**

Theorie stellt sich als eine **systematisch entfaltete Beschreibung und Verallgemeinerung des Wissens über die Medien** dar. Der Fokus ist nicht mehr das
schreibende Individuum, sondern die Wissenschaft selbst. Die dafür notwendigen Konzepte liegen jedoch allenfalls in Ansätzen vor. Die Erkenntnisse sind
subjektunabhängig, das Gebäude der Wissenschaft baut auf Erkenntnissen auf,
die sich verallgemeinern lassen und sich gegenseitig stützen. Die theoretischen
Texte lassen sich nach ihrer Erkenntnisdichte staffeln: Lexikonartikel – Einführungen – Fachdarstellungen – allgemeine Medientheorien – Medienphilosophie usf.

Grundlegende Literatur

Arnheim, Rudolf 1932/1974: Film als Kunst. Berlin: Rowohlt; hier zit. nach: München: Hanser.
Balázs, Béla 1924: Der sichtbare Mensch. In: Ders. 1982/84: Schriften zum Film. Bd. I. Budapest/
    München/Berlin: Hanser u. a., S. 43–143.
Benjamin, Walter 1936/1964: Die Kunst im Zeitalter ihrer technischen Reproduzierbarkeit.
    Frankfurt a. M.: Suhrkamp.
Habermas, Jürgen 1981: Theorie des kommunikativen Handelns. 2 Bde. Frankfurt a. M.: Suhrkamp.
Henrich, Dieter 1982: Theorieformen moderner Kunsttheorie. In: Ders./Wolfgang Iser (Hg.):
    Theorien der Kunst. Frankfurt a. M.: Suhrkamp, S. 11–32.
Kuhn, Thomas S. [2]1969: Die Struktur wissenschaftlicher Revolutionen. Frankfurt a. M.: Suhrkamp.
Pias, Claus u. a. (Hg.) 1999: Kursbuch Medienkultur. Die maßgeblichen Theorien von Brecht bis
    Baudrillard. Stuttgart: DVA.

Weitere zitierte Literatur

Altenloh, Emilie 1914: Zur Soziologie des Kino. Die Kino-Unternehmung und die sozialen Schich-
    ten ihrer Besucher. Jena: o. A. (Nachdruck Hamburg 1977 o. A.).
Arnheim, Rudolf 1936/1979: Rundfunk als Hörkunst. München: Hanser. Erstmals 1936 als:
    Radio. London: Faber & Faber (Deutsche Erstausgabe 1979).
Block, Friedrich W./Christane Heibach 2002: Medientheorie und Medienphilosophie. In: Filk/
    Grisko 2002, S. 20–31.
Blumenberg, Hans 2000: Verführbarkeit des Philosophen. Frankfurt a. M.: Suhrkamp.
Brecht, Bertolt 1927–1932: Radiotheorie von 1927 bis 1932. In: Ders.: Gesammelte Werke. Bd. 18:
    Schriften zur Literatur und Kunst I. Frankfurt a. M.: Suhrkamp, S. 117–134.
Bordwell, David [3]1985: Narration in the Fiction Film. London: Methuen (als Paperback: London:
    Routledge 1986).
Chalmers, Alan F. [5]2001: Wege der Wissenschaft. Einführung in die Wissenschaftstheorie. Berlin/
    Heidelberg: Springer.
Carnap, Rudolf 1968: Einführung in die symbolische Logik. Wien: Springer.
Diederich, Helmut H. 1982: Einleitung zu Béla Balázs: Schriften zum Film Bd. I. Budapest/Mün-
    chen/Berlin: Hanser u. a., S. 13–41.
Dröge, Franz 1972: Wissen ohne Bewusstsein. Materialien zur Medienanalyse. Frankfurt a. M.:
    Athenäum Fischer Taschenbuch.
Eckert, Gerhard 1941: Der Rundfunk als Führungsmittel (Studien zum Weltrundfunk und Fern-
    sehrundfunk 1). Heidelberg u. a.: Kurt Vowinckel Verlag.
Eckert, Gerhard 1953: Dramaturgie des Fernsehens. Emsdetten: Lechte.
Faulstich, Werner [3]1998: Medientheorie. In: Ders. (Hg.): Grundwissen Medien. München: Fink,
    S. 21–28.

Feldmann, Erich1972: Theorie der Massenmedien. München/Basel: Reinhardt.

Filk, Christian/Michael Grisko (Hg.) 2002: Einführung in die Medienliteratur. Eine kritische Sichtung. Siegen: Carl Böschen.

Fischer, Eugen Kurt 1964: Das Hörspiel. Stuttgart: Kröner.

Häfker, Hermann 1913: Kino und Kunst (Lichtbühnen-Bibliothek 2). M. Gladbach: Lichtbildnerei Volksvereins-Verlag.

Helmes, Günter/Werner Köster 2002: Texte zur Medientheorie. Stuttgart: Reclam.

Holzer, Horst 1975: Theorie des Fernsehens. Fernsehkommunikation in der Bundesrepublik Deutschland. Hamburg: Hoffmann und Campe.

Holzer, Horst 1994: Medienkommunikation. Eine Einführung. Opladen: Westdeutscher Verlag.

Kloock, Daniela 1995: Von der Schrift- zur Bild(schirm)kultur. Berlin: Volker Spiess.

Kloock, Daniela/Angela Spahr 1997: Medientheorien. Eine Einführung. München: Fink.

Knilli, Friedrich 1961: Das Hörspiel. Stuttgart: Kohlhammer.

Koller, Hermann 1958: Theoros und Theoria. In: Glotta 36. Jg. (1958), S. 273–286.

Kracauer, Siegfried 1960: Theorie des Films. Hier: Frankfurt a. M.: Suhrkamp 1973.

Kümmel, Albert/Petra Löffler 2003: Medientheorie 1888–1933. Texte und Kommentare. Frankfurt a. M.: Suhrkamp.

Luhmann, Niklas [2]1996: Die Realität der Massenmedien. Opladen: Westdeutscher Verlag.

Maletzke, Gerhard 1963: Psychologie der Massenkommunikation. Hamburg: Hans-Bredow-Institut.

Müller, Corinna 1994: Frühe deutsche Kinematographie. Formale, wirtschaftliche und kulturelle Entwicklungen 1907–1912. Stuttgart/Weimar: Metzler.

Münsterberg, Hugo 1916/1996: The Photoplay. A Psychological Study. New York. Deutsch: 1996: Das Lichtspiel. Eine psychologische Studie. Hg. von Jörg Schwanitz. Wien: Synema

Negt, Oskar/Alexander Kluge 1972: Öffentlichkeit und Erfahrung. Frankfurt a. M.: Suhrkamp.

Parsons, Talcott 1980: Zur Theorie der sozialen Interaktionsmedien. Opladen: Westdeutscher Verlag.

Popper, Karl [10]1994: Logik der Forschung. Tübingen: Mohr.

Prokop, Dieter 1981: Medien-Wirkungen. Frankfurt a. M.: Suhrkamp.

Schmidt, Siegfried J. 1996: Die Welt der Medien. Grundlagen und Perspektiven der Medienbeobachtung. Braunschweig/Wiesbaden: Vieweg.

Schwanitz, Jörg 1996: Psychotechnik, idealistische Ästhetik und der Film als mental strukturierter Wahrnehmungsraum: die Filmtheorie von Hugo Münsterberg. In: Münsterberg 1916/1996, S. 9–25.

Seiffert, Helmut 1996: Einführung in die Wissenschaftstheorie 2: Geisteswissenschaftliche Methoden. München: Beck.

Virilio, Paul 1986: Krieg und Kino. Logistik der Wahrnehmung. München: Hanser.

Virilio, Paul 1989: Der negative Horizont. Bewegung/Geschwindigkeit/Beschleunigung. München: Hanser.

Virilio, Paul 1992: Rasender Stillstand. Essay. München: Hanser.

Virilio, Paul 1993: Krieg und Fernsehen. München: Hanser.

Virilio, Paul 1994: Die Eroberung des Körpers. Vom Übermenschen zum überreizten Menschen. München: Hanser.

Virilio, Paul 1995: Fluchtgeschwindigkeit. Essay. Frankfurt a. M.: Fischer.

Virilio, Paul 1998: Ereignislandschaft. Essay. München: Hanser.

Vogel, Matthias 2001: Was sind Medien? In: Ders.: Medien der Vernunft. Eine Theorie des Geistes und der Rationalität auf der Grundlage einer Theorie der Medien. Frankfurt a. M.: Suhrkamp, S. 114–158.

Zoll, Ralf/Eike Hennig 1970: Massenmedien und Meinungsbildung. Angebot, Reichweite, Nutzung und Inhalt der Medien in der BRD. München: Juventa.

Teil VI
Anhang

Standardwerke der Medienwissenschaft

Bausch, Hans (Hg.) 1980: Rundfunk in Deutschland. 5 Bde. München: dtv.

Bentele, Günter/Hans-Bernd Brosius/Otfried Jarren (Hg.) 2003: Öffentliche Kommunikation. Handbuch Kommunikations- und Medienwissenschaft. Wiesbaden: Westdeutscher Verlag.

Dussel, Konrad 1999: Deutsche Rundfunkgeschichte. Eine Einführung. Konstanz: UVK.

Faßler, Manfred/Wulf R. Halbach (Hg.) 1998: Geschichte der Medien. München: Fink.

Faulstich, Werner 1996 ff.: Die Geschichte der Medien. Bisher 4 Bde. Göttingen: Vandenhoeck & Ruprecht. Bd. 1: Das Medium als Kult (1997); Bd. 2: Medien und Öffentlichkeiten im Mittelalter 800–1400 (1996); Bd. 3: Medien zwischen Herrschaft und Revolte 1400–1700 (1998); Bd. 4: Die bürgerliche Mediengesellschaft 1700–1830 (2002).

Faulstich, Werner (Hg.) ⁴2000: Grundwissen Medien. München: Fink.

Faulstich, Werner 2003: Einführung in die Medienwissenschaft. Probleme – Methoden – Domänen. München: Fink.

Giesecke, Michael 1998: Der Buchdruck in der frühen Neuzeit. Frankfurt a. M.: Suhrkamp.

Hagener, Malte/Michael Töteberg 2000: Film – an International Bibliography. Stuttgart/Weimar: Metzler.

Häusermann, Jürg 1998: Radio. Tübingen: Narr.

Hickethier, Knut 1998: Geschichte des deutschen Fernsehens. Stuttgart/Weimar: Metzler.

Hickethier, Knut ³2001: Film- und Fernsehanalyse. Stuttgart/Weimar: Metzler.

Hiebel, Hans H. u. a. 1999: Große Medienchronik. München: Fink.

Jacobsen, Wolfgang/Anton Kaes/Hans Helmut Prinzler (Hg.) ²2003: Geschichte des deutschen Films. Stuttgart/Weimar: Metzler.

Kaase, Max/Winfried Schulz (Hg.) 1989: Massenkommunikation. Opladen: Westdeutscher Verlag.

Kloock, Daniela/Angela Spahr 1997: Medientheorien. Eine Einführung. München: Fink.

Koebner, Thomas (Hg.) 2002: Sachlexikon des Films. Stuttgart: Reclam.

Kreuzer, Helmut/Christian W. Thomsen (Hg.) 1993/94: Geschichte des Fernsehens in der Bundesrepublik Deutschland. 5 Bde. München: Fink.

Krotz, Friedrich 2001: Die Mediatisierung kommunikativen Handelns. Wiesbaden: Westdeutscher Verlag.

Leonhard, Joachim Felix u. a. (Hg.) 1999: Medienwissenschaft: Ein Handbuch zur Entwicklung der Medien und Kommunikationsformen. Berlin: De Gruyter.

Monaco, James ³2001: Film verstehen. Kunst, Technik, Sprache, Geschichte und Theorie des Films und der Medien. Reinbek bei Hamburg: Rowohlt.

Nöth, Winfried ²2000: Handbuch der Semiotik. Stuttgart/Weimar: Metzler.

Nowell-Smith, Geoffrey (Hg.) 1998: Geschichte des internationalen Films. Stuttgart/Weimar: Metzler.

Pias, Claus u. a. (Hg.): Kursbuch Medienkultur. Die maßgeblichen Theorien von Brecht bis Baudrillard. Stuttgart: DVA.

Prinzler, Hans Helmut 1995: Chronik des deutschen Films 1895–1994. Stuttgart/Weimar: Metzler.

Pross, Harry 2000: Zeitungsreport. Deutsche Presse im 20. Jahrhundert. Stuttgart/Weimar: Verlag Hermann Böhlaus Nachfolger Weimar.

Rautenberg, Ursula (Hg.) 2003: Reclams Sachwörterbuch des Buches. Stuttgart: Reclam.

Schanze, Helmut (Hg.) 2001: Handbuch der Mediengeschichte. Stuttgart: Kröner.

Schanze, Helmut (Hg.) 2002: Metzler Lexikon Medientheorie/Medienwissenschaft. Ansätze – Personen – Grundbegriffe. Stuttgart/Weimar: Metzler.

Schnell, Ralf 2000: Medienästhetik. Zu Geschichte und Theorie audiovisueller Wahrnehmungsformen. Stuttgart/Weimar: Metzler.

Segeberg, Harro (Hg.) 1996 ff.: Mediengeschichte des Films. 3 Bde. München: Fink.

Stöber, Rudolf 2000: Deutsche Pressegeschichte. Konstanz: UVK.

Toeplitz, Jerzy 1979 ff.: Geschichte des Films. 5 Bde. Berlin: Henschel.

Wilke, Jürgen (Hg.) 1999: Mediengeschichte der Bundesrepublik Deutschland. Köln u. a.: Böhlau.

Würffel, Stefan Bodo 1978: Das deutsche Hörspiel. Stuttgart: Metzler.

Sachregister

Personenregister